Philippe Masson

DIE DEUTSCHE ARMEE

1935–1945

PHILIPPE MASSON

DIE DEUTSCHE ARMEE

Geschichte der Wehrmacht 1935-1945

Vorwort und Anmerkungen von
J. A. Graf Kielmansegg

Aus dem Französischen von
August Graf Kageneck

Mit 17 Karten

HERBIG

Umschlaggestaltung: Marianne Hartkopf, München
Herstellung: VerlagsService Dr. Helmut Neuberger
& Karl Schaumann GmbH, Heimstetten
Satz: Fotosatz Völkl, Puchheim
Gesetzt aus: 11/12,8 Punkt Times Ten Roman
Druck: Jos. C. Huber, Dießen
Binden: R. Oldenbourg, Kirchheim
Printed in Germany 1996
ISBN 3-7766-1933-3

Vorwort

Als Verleger und Übersetzer mich fragten, ob ich ein Vorwort und Anmerkungen zu diesem Buch zu schreiben bereit sei, zögerte ich. Ich fragte mich, ob es einen Sinn haben könne, die in den seit 1945 vergangenen 50 Jahren nahezu unüberschaubar gewordene Zahl von in Deutschland erschienenen Büchern und Veröffentlichungen über das Dritte Reich, den Zweiten Weltkrieg und Hitler um ein weiteres umfangreiches Buch zu vermehren. Was gab es da noch zu sagen? Eine Geschichte der Wehrmacht mußte ja im wesentlichen ihre Geschichte im Kriege sein, was Philippe Masson wohl auch dazu gebracht hat, in der französischen Originalausgabe dem Titel die Jahreszahlen 1939–1945 hinzuzufügen.

Die Wehrmacht entstand unter dieser Bezeichnung durch das »Gesetz für den Aufbau der Wehrmacht« vom 16. März 1935 aus der Reichswehr, gleichzeitig mit dem Beginn der Vergrößerung des bisherigen 100 000-Mann-Heeres und der Einführung der allgemeinen Wehrpflicht. So existierte die Wehrmacht bis zur Kapitulation 1945 fast genau zehn Jahre. Von diesen zehn Jahren gab es nur vier wirkliche Friedensjahre, und näher betrachtet nicht einmal diese. Die Wiederbesetzung des Rheinlandes 1936, als die Wehrmacht noch mitten in ihrem Aufbau begriffen war, stand unter kriegsähnlichen Bedingungen, da eine militärische Reaktion der Siegermächte, vor allem Frankreichs, keineswegs auszuschließen war. Ich erinnere mich noch genau an den Einsatzauftrag des Bataillons, in dem ich damals Adjutant war, auf hinhaltenden Widerstand zwischen Rhein und Neckar.

So machte ich meine Zusage für ein Vorwort von dem Eindruck abhängig, den ich nach der genauen Lektüre des ganzen Buches haben würde, denn die kurzen Angaben, die ich erhalten hatte, genügten mir nicht. Dann begann ich zu lesen, und bald wußte ich, daß ich die Anfrage bejahen würde. Philippe Massons »Geschichte der deutschen Armee« fesselte mich mehr und mehr, nicht nur durch das, was in ihr beschrieben wird, sondern auch durch die Art und Weise und den Stil, in dem sie geschrieben ist. Zudem wurde mir

bewußt, daß die deutsche Geschichtsschreibung es in einem halben Jahrhundert nach Kriegsende nicht fertiggebracht hat (oder nicht fertigbringen wollte?), ein Buch über die Geschichte der Wehrmacht zu produzieren. Wenn Masson in seinem Vorwort schreibt, daß es »erstaunlicherweise« in Frankreich noch kein Werk über die deutsche Wehrmacht gäbe, so ist dies wohl in Deutschland noch erstaunlicher. Das mag am deutschen Zeitgeist liegen. Selbst wissenschaftliche Gesamtdarstellungen des Zweiten Weltkrieges sind im Lauf der Jahre nur vier erschienen, von denen die sehr gute von Tippelskirch eine rein militärische Kriegsgeschichte ist und die Bücher von Dahms, Rauh und Weinberg überwiegend politisch und wirtschaftlich bestimmt sind und keine Geschichte der Wehrmacht. Das gleiche gilt für das vielbändig angelegte, vom Militärgeschichtlichen Forschungsamt herausgegebene Werk »Deutschland und der II. Weltkrieg«, das noch auf seine Vollendung wartet.
Noch etwas war mir nach der Lektüre von Massons Buch klargeworden: Es verlangt mehr als nur ein Vorwort. Für den deutschen Leser mußte dieses für Franzosen geschriebene und in Paris 1994 erschienene Werk, das ihnen die Armee zeigen sollte, die Frankreich nach sechs Wochen besiegt hatte, eine Einführung haben. Der Übersetzer August Graf Kageneck erzählte mir, daß man unter anderem auch deswegen auf den Gedanken gekommen sei, an mich heranzutreten, weil ich als Offizier das Dritte Reich von Anfang bis Ende und die ganze Geschichte der Wehrmacht im Frieden, in der Truppe und im Krieg, an der Front in drei Panzerdivisionen 1939 bis 1942 und 1944/45 erlebt habe. Von Mai 1942 war ich bis zu meiner Verhaftung durch die Gestapo nach dem 20. Juli 1944 als Generalstabsoffizier in der Operationsabteilung des Generalstabes des Heeres, ab Sommer 1943 als Vertreter des Abteilungschefs General Heusinger, des späteren ersten Generalinspekteurs der Bundeswehr. Von den hohen Offizieren der Führungsabteilungen des Oberkommandos des Heeres und des Oberkommandos der Wehrmacht, deren beider Oberbefehlshaber Adolf Hitler war, lebt außer mir niemand mehr. Ich mache diese Angaben über mich aus dem einzigen Grund, daß der Leser weiß, aus welcher Kenntnis und welcher Perspektive heraus dieses Vorwort und meine Anmerkungen im Text geschrieben sind.

Eine Einführung muß mit dem Autor und dem Übersetzer bekannt machen. Der letztere, August Graf von Kageneck, war im

Kriege junger Panzeroffizier. Sein nur in Frankreich erschienenes Buch »Lieutenant de Panzer« fand viel Beachtung in der Presse. Graf Kageneck wurde Journalist und war lange Jahre Korrespondent der »Welt« in Paris, wo er jetzt auch lebt. Der Autor, Philippe Masson, ist ein weit über Frankreich hinaus bekannter Historiker, spezialisiert auf Militärgeschichte in allen ihren Facetten und Zusammenhängen, der 30 Jahre lang Professor für Geschichte und Strategie an der École Supérieure für Seekriegsführung der französischen Marine war. Sein bekanntestes Buch heißt »Ein totaler Krieg«.

In seinem Vorwort schreibt der Autor, daß er eine Lücke in der französischen Geschichtsschreibung ausfüllen möchte. Das ist ihm hervorragend gelungen. Mit vorliegender Übersetzung wird auch im deutschsprachigen Raum eine Lücke beseitigt. Ich lasse Masson – bei geringfügigen Kürzungen des französischen Textes – selbst sprechen:

> »Muß noch betont werden, daß die deutsche Armee sich im Mittelpunkt des Zweiten Weltkrieges befindet? Sie hat den Blitzkrieg erfunden, und sie hat zwischen 1939 und 1942 phantastische Siege errungen. Dann hat sie mit ungewöhnlichem Mut mehr als zwei Jahre lang bis zum bitteren Ende einer riesigen Koalition die Stirn geboten, ohne jemals schwach zu werden. [Im Französischen wird das Wort ›armée‹ für Heer, Luftwaffe und Marine verwendet, während der Begriff ›Wehrmacht‹ alle drei Teilstreitkräfte umfaßt.]
>
> Erstaunlicherweise gibt es in Frankreich kein Buch über die deutsche Armee. Das Werk des Historikers Benoist-Méchin endet 1939. Fünf angekündigte weitere Bände, die die Zeit von 1939 bis 1945 zum Gegenstand haben sollten, sind nie erschienen.
>
> Dieses Buch will eine Lücke schließen. Es handelt nicht nur vom deutschen Heer, sondern auch von der Luftwaffe und der Kriegsmarine. Es beschränkt sich nicht auf militärische Operationen, sondern versucht, die verborgenen Triebfedern dieser Armee aufzuspüren: in der Führung, in der Doktrin, in der Rüstung, in der Feindaufklärung und in der Politik. Sie alle zusammen mögen erklären, wie es zu diesen aufsehenerregenden Siegen und zu diesem in der Geschichte einmaligen Desaster kommen konnte.
>
> Schließlich soll das Buch ein letztes, oft übersehenes Phäno-

men beleuchten. Mit gänzlich neuen, erst am Schluß des Krieges auftretenden Waffensystemen, wie den ballistischen Flugkörpern, den dieselelektrisch angetriebenen U-Booten oder den Düsenjägern, war eine neue Wehrmacht im Entstehen, die damit am Anfang der militärischen Revolution in der zweiten Hälfte des 20. Jahrhunderts stand.«

Das Buch hält, was Masson in seinem Vorwort verspricht. Man kann sagen, daß er nichts von Wichtigkeit im Gesamtgeschehen um die Wehrmacht vergißt. Er bringt dabei nur wenig Neues, was nach 50 Jahren Forschung auch kaum möglich sein kann, aber doch die eine oder andere fast unbekannt gebliebene oder vergessene Tatsache. Neu ist seine Sichtweise. Er arbeitet intensiv mit den Quellen, die er in der Literatur findet. Diese und damit den Forschungsstand kennt er gut, auch wenn beim deutschen ihm einiges fehlt. Er zitiert viel.

Besonders interessant sind Massons Zusammenfassungen und die Wertungen von Geschehen und Menschen nicht nur auf der deutschen, sondern gerade auch auf der alliierten Seite, die durchaus nicht immer mit denen in der einschlägigen deutschen Literatur übereinstimmen. Hierbei muß man sich immer wieder vor die deutschen Augen halten, daß die anerkennenden und positiven Aussagen seines ausgewogenen Urteils ebenso von einem Franzosen stammen wie die kritischen und negativen. Man kann vielleicht über diese und jene Interpretationen und Bewertungen anderer Ansicht sein, aber auf jeden Fall sind sie bemerkens- und nachdenkenswert. Er sieht und erwähnt auch das Böse, er beschreibt es aber ohne Urteil als historische Tatsache.

Das Buch ist umfangreich, in sich aber in einer konzisen Klarheit geschrieben, historisierend und hermeneutisch, manchmal vielleicht etwas zu summarisch in einer kühlen und völlig unvoreingenommenen, niemals moralisierenden Art. Von »Erbfeindschaftsgefühlen«, die bei einem Franzosen nicht überraschend wären, findet man keine Spur, und von einer ideologisch bestimmten Färbung, auf die man in deutschen Veröffentlichungen gar nicht so selten stößt, ist nichts zu merken. Diese »Geschichte« liest sich wie eine spannende und dramatische Geschichte. Es gelingt Masson, die großen Zusammenhänge der Geschehnisse herauszuarbeiten und dabei immer wieder Querverbindungen und Quereinwirkungen sichtbar zu machen. Er hat die Fähigkeit zu Selektion und Straffung wie auch zum erzählerischen Detail.

Der Autor ist sehr gut über die jeweilige materielle Lage und die Rüstungsproduktion beider Seiten orientiert und sieht deutlich die oft vernachlässigte Bedeutung des Materials bzw. dessen Mängel durch Mangel richtig. In diesem Zusammenhang ist das Kapitel 16 mit der überraschenden Überschrift »Fall und Auferstehung« besonders interessant. Hier legt Masson nicht nur die erstaunliche Stabilisierung der deutschen Fronten dar, die nach dem Verlust Siziliens und Süditaliens, der mißlungenen Abwehr der Invasion in Nordwestfrankreich und an der Mittelmeerküste ebenso gelang wie nach dem katastrophalen Zusammenbruch der Heeresgruppe Mitte an der Ostfront, der schlimmer und verlustreicher war als bei Stalingrad. Er zeigt auch auf der Seite des Materials und der Produktion ein oft vernachlässigtes Phänomen auf, das am Ende des Krieges in Erscheinung tritt. Es war, um aus der Rezension des »Quotidien« zu zitieren, »mit dem neuen Material V1, V2, Düsenantrieb für Flugzeuge, Elektroantrieb für U-Boote eine New-Look-Wehrmacht, die damit eine neue Grundlage schuf und so am Ursprung der militärischen Revolution der zweiten Hälfte des 20. Jahrhunderts stand«. All diese Neuheiten hatten die Westalliierten und die Sowjetunion nicht. Allerdings: die revolutionärste Waffe, die Atombombe, mit der die USA den Krieg gegen Japan beendeten, hatte Deutschland nicht.
Ab 1939 wird natürlich die Geschichte der Wehrmacht zu einer auf sie zentrierten Geschichte des Krieges und streckenweise auch zur militärischen Kriegsgeschichte. Hierzu ließe sich einiges sagen, so zu manchen operativen Betrachtungen, die zwar nicht direkt falsch sind, aber doch gelegentlich zu sehr vereinfachen. Auch Zahlen, für die es sowieso oft keine ganz zuverlässigen Angaben gibt, erscheinen manchmal ungenau. Aber all dies ist nirgends so unrichtig, daß es schaden oder den Wert des Buches beeinträchtigen würde. Dort, wo für den deutschen Leser etwas Ergänzendes oder Klarstellendes zu sagen ist, geschieht dies in Fußnoten. Das menschliche Drama der letzten Kriegsmonate, das aus der Zerstörung der Städte und der Millionenflucht aus dem Osten des Reiches entstand, schildert Masson ungeschminkt.
Masson ist Spezialist für Seemacht- und Seekriegsgeschichte. Das merkt man daran, daß er dem Seekriegsgeschehen relativ viel Raum widmet. Vor allem aber – und das ist etwas in der deutschen militärgeschichtlich-politischen Literatur nur selten zu findendes – kennzeichnet er sehr richtig das seit jeher aus den geogra-

phischen Verhältnissen erklärbare kontinental bestimmte deutsche strategische Denken. Er hebt das uralte Problem der kriegerischen Auseinandersetzung zwischen Seemacht und Landmacht hervor, für welches das früheste Beispiel der Kampf der Griechen gegen die Trojaner ist. Im Lauf der Geschichte hat die Seemacht, sofern sie in genügendem Ausmaß über das verfügte, was man heute »projection of power« nennt, immer gewonnen, die Landmacht nur dann, wenn es ihr gelang, stark und erfolgreich auf See zu gehen. Das hat Deutschland in beiden Weltkriegen vergeblich zu erreichen versucht.

Man kann – in etwas vergröbernder Weise – Historiographie in eine feuilletonistische und eine akademisch-wissenschaftliche gliedern und auf den ersten Blick Massons Buch der ersteren Art zuordnen. Das wäre nicht richtig. Seine Geschichte der Wehrmacht ist erzählende Historiographie, eine übersichtlich gruppierte, auf einem umfassenden und soliden wissenschaftlichen Kenntnisstand aufgebaute Geschichtsschreibung, die Fakten, Vorgänge, Abläufe mit bemerkenswert klaren Interpretationen, Bewertungen und Beurteilungen auch von Personen unvoreingenommen darlegt. Bei Höhepunkten flicht Masson geschickt persönliche Kampfberichte von Teilnehmern ein und ebenso immer wieder detaillierte Schilderungen von Einzelgeschehen. Aus seiner unverkrampften Sicht der Menschen und der Dinge schreibt er sozusagen eine Geschichte in der Geschichte, die der Wehrmacht und ihres Umfeldes. Dies alles in einer schon durch die Tempuswahl des durchgehenden Präsenz lebendigen, anschaulichen und fesselnden Diktion.

Nicht gerade üblich ist die formale Methodik des Autors in der Anordnung des Textes. Schon die Überschriften der 18 Kapitel geben eine überraschende Einteilung des Stoffes. Innerhalb der Kapitel beginnt die Beschreibung in den thematisch gegliederten einzelnen Abschnitten in einer auf den ersten Blick manchmal ungeordnet wirkenden Art und Weise mit einer kurzen, komprimierten Skizzierung zeitlich längerer Abläufe, um danach erneut von vorn anzufangen und diese ausführlich zu schildern, um dann zu Bewertungen und Beurteilungen zu kommen. Alles ist flüssig, farbig und gut lesbar geschrieben und bringt das immer dramatischer werdende Geschehen im Ganzen und im Einzelnen deutlich und auch für den wissenschaftlich nicht gebildeten Leser begreifbar heraus.

Massons Werk hat in der französischen Presse viel Beachtung und in den Rezensionen große Anerkennung gefunden. In diesen kann man Bewertungen wie »remarquable, goût de l'évocation, sens de la progression dramatique, art de la synthèse, admirable, magistral, fascinant« lesen.
Natürlich erscheint immer wieder die Figur von Adolf Hitler, vom Thema des Buches her fast ausschließlich in dessen Eigenschaft als Oberbefehlshaber der gesamten Wehrmacht und, ab Dezember 1941, auch des Heeres. Historiker werden sich damit auseinanderzusetzen haben, wie weit Masson in dem, was er zu und über Hitler sagt und was nicht nur verurteilend und negativ ist, richtig sieht. Bemerkenswert ist es bestimmt, daß hier ein Franzose kein einziges Mal die nationalsozialistische Weltanschauung als Motivation für die Soldaten erwähnt, wohl aber den Glauben an den Führer. Das Fehlerhafte, Hybride, Böse und Verbrecherische Hitlers macht Masson ganz deutlich. Es sei mir erlaubt, an dieser Stelle als Ergänzung zu Massons Hitlerbild etwas zu sagen, das meinen ganz persönlichen Eindruck wiedergibt, den ich aus der Nähe während zweieinhalb Jahren gewonnen habe. Dies bezieht sich hier nur auf Hitler als den die militärischen Operationen unmittelbar führenden Kriegsherrn – Feldherr möchte ich ihn nicht nennen. Das Oberkommando des Heeres, dem ich als Generalstabsoffizier in der Operationsabteilung angehörte, war von Hitler und seinem Oberkommando der Wehrmacht nicht nur räumlich getrennt und so nicht seiner dauernden Einwirkung als Person und Oberbefehlshaber ausgesetzt, die – heute für viele unbegreiflich – sehr stark war. Täglich habe ich aber das, was Hitler in der operativen Führung der Ostfront plante, urteilte, entschied und befahl, ebenso wie sämtliche Meldungen und Schreiben der Heeresgruppen auf meinen Tisch bekommen und an der nötigen Umsetzung für die Front mitgearbeitet. Persönlich habe ich ihn als Begleiter des Chefs des Generalstabes des Heeres und des Chefs der Operationsabteilung immer wieder einmal bei den Lagebesprechungen und anderen Gelegenheiten erlebt, nach dem Attentat vom 20. Juli 1944 bis zu meiner Verhaftung täglich. So entstand mein Bild von Hitler. Hier ist nicht der Platz, es wiederzugeben. Masson läßt bei seinem Hitlerbild, das er immer wieder, aber besonders in Kapitel 13 zeichnet, fast alles andere außer seinen »Feldherren-Qualitäten« außer Betracht. Zu diesen möchte ich einiges ergänzend sagen. Hitler hatte instinktiv oft theoretisch richtige und

auch kühne Gedanken, aber keinerlei Verständnis für das ihm sowieso verhaßte generalstabsmäßige Denken und die daraus entspringende Prüfung der praktischen Durchführbarkeit, die Analyse der Notwendigkeiten und Möglichkeiten, die Abwägung des Für und Wider. Er hat aber nicht nur falsche Entscheidungen gefällt, von denen es allerdings einige fundamentale gibt: der Stopp des Vormarschs auf Moskau 1941, Stalingrad 1942 und Kursk 1943. Mindestens genauso verhängnisvoll, vor allem nach Kursk, war, daß er aus der Lage heraus zwangsläufig gewordene Entscheidungen vor sich herschob oder gar nicht entschied, bis es zu spät war. Wenn er sich einmal festgelegt hatte, war er durch nichts und niemand davon abzubringen. Sein ein einziges Mal – vor Moskau – richtiges Prinzip des Festhaltens um jeden Preis erstarrte in völliger operativer Unbeweglichkeit und hatte verheerende Folgen. Es hat im Verlauf des Ostfeldzugs ab 1942 unnötigerweise etwa 80 Divisionen gekostet, wie nach dem Kriege berechnet wurde. Hitlers fast besessene Überzeugung war, daß »fanatischer Wille« und »nationalsozialistischer Geist« fehlende Kräfte und Material ersetzen konnten.
Da ich diese Einführung für das Buch eines Franzosen schreibe, möchte ich zwei französische Charakterisierungen von Hitler anführen, die kurz sagen, was Hitler war. Es ist das gleiche, auch wenn sie 40 Jahre auseinanderliegen. Die erste stammt aus einer Studie über Hitler, die 1950 in einer Zeitschrift erschien, und lautet: »Il était un génie du mal« – Er war ein Genie des Bösen. Die andere steht in der Kritik von Massons Buch im »Quotidien« vom 29. Juni 1994: »Il évoque le génie maléfique du Führer« – Er (Masson) weist auf das unheilvolle Genie des Führers hin. Das Substantiv zu »maléfique« heißt »maléfice«, was Behexung, Bezauberung bedeutet, und Masson spricht von dem »Verzauberungseffekt Hitlers«.
Ein Letztes soll zu der »Geschichte der Wehrmacht« gesagt werden. Durch das ganze Buch zieht sich eine respektvolle Anerkennung des großen Könnens und der bis zuletzt durchgehaltenen ungeheuren Leistung des deutschen Soldaten und der deutschen Truppenführung auf allen Ebenen im Kriege, losgelöst von der Tatsache einer größtenteils schuldlosen Verstrickung der Wehrmacht in ein von nur wenigen als solches erkanntes verbrecherisches System. Daß es auch schuldhaftes Verhalten gegeben hat, verschweigt Masson keineswegs. Ein gleiches, ja noch mehr aner-

kennendes Urteil ist mir, und nicht nur mir, immer wieder bei Offizieren der alliierten Armeen, mit denen ich im Rahmen der NATO zusammengearbeitet habe, entgegengebracht worden und findet sich auch in den Memoiren hoher Befehlshaber der alliierten Truppen im Kriege. In der deutschen wissenschaftlichen historischen Literatur habe ich nichts dergleichen gefunden, allenfalls finden Leiden und Opfer eine Erwähnung. Dafür fehlt es in Deutschland nicht an Anklagen und Verurteilungen der Wehrmacht, die in letzter Zeit in eine öffentliche Kampagne der pauschalisierenden Diffamierung und Kriminalisierung der Wehrmacht als Ganzes mündeten, die nur noch nach Verbrechen und Verbrechern sucht. So ist es gut, wie dies der »Quotidien« schreibt, daß es ein französischer Historiker ist, der eine Lücke in der Geschichtsschreibung mit der erforderlichen Genauigkeit und unemotionalen Distanzierung füllt. Das führt Masson auch zu der Unterstreichung der deutschen überlegenen »maîtrise tactique« – nicht der strategischen –, bei der er auch die von der Wehrmacht angewandte Auftragstaktik (er gebraucht das deutsche Wort) erwähnt. Er kommt zu der Feststellung, daß die Wehrmacht des Krieges »ein Modell ebenso im offensiven wie im defensiven Sinn« bleibt und daß sie für das 20. Jahrhundert das ist, was die napoleonische Armee für das 19. war. Dieser Vergleich ist auch in anderer Hinsicht interessant. Napoleon wie Hitler wollten England über Rußland schlagen, und ihre Armeen haben beide den entscheidenden Kampf nach verblüffenden Erfolgen in den ersten Jahren aus den gleichen Gründen so total verloren, wie kein anderer Krieg verlorengegangen ist. Aber die beiden Armeen wurden taktisch und technisch die Modelle für die großen Siegermächte nach den Kriegen. In Rezensionen der französischen Presse wird das Buch Philippe Massons mehrfach die »épopée de l'armée allemande« genannt. Épopée ist nach dem Larousse die Schilderung einer Folge von heroischen Taten oder auch ein poetischer Bericht heroischer Abenteuer. In der Geschichte der Wehrmacht geschieht beides, Abenteuer und Taten.

Ich meine, es sollte nachdenklich machen, daß es eine deutsche Geschichte der Wehrmacht nicht gibt und daß in den 50 Jahren nach dem Kriege kein deutscher Politiker so etwas gesagt hat wie der Präsident der Französischen Republik, François Mitterrand, in seiner letzten Rede, die er anläßlich der 50. Wiederkehr des Kriegsendes auf deutschem Boden in Berlin gehalten hat: »Ich habe erfahren, welche Tugenden, welchen Mut das deutsche Volk besitzt. Bei den deutschen Soldaten, die in so großer Zahl starben, kommt es mir kaum auf die Uniform an und noch nicht einmal auf die Ideen, die ihren Geist bestimmten. Sie hatten Mut. Sie waren in diesem Sturm losmarschiert unter Einsatz ihres Lebens. Sie haben seinen Verlust für eine schlechte Sache hingenommen, aber wie sie es taten, hat mit dieser Sache nichts zu tun. Es waren Menschen, die ihr Vaterland liebten – dessen muß man sich gewahr werden.«

Im Februar 1996 J. A. Graf Kielmansegg

1
Von der Reichswehr zur Wehrmacht

Am 20. April 1939, dem 50. Geburtstag Adolf Hitlers, wird Berlin zur Bühne eines grandiosen, beinahe surrealistischen militärischen Spektakels. In Charlottenburg, auf der neuen Ost-West-Achse, defilieren vier Stunden lang Panzer, gepanzerte Fahrzeuge, Truppentransporter und Kanonen an einem Hitler vorbei, der mit steinerner Miene und zum Deutschen Gruß weit ausgestrecktem Arm, umgeben von den Diplomaten aus der ganzen Welt, das Schauspiel genießt. Von Hunderten von Flugzeugen begleitet, alles in allem 40 000 Mann. Zwölf Kameramänner der Wochenschau filmen die Ereignisse, über die zwischen 10.30 und 15 Uhr alle deutschen Rundfunksender berichten.

Nach dieser Demonstration der Stärke ist kein Zweifel mehr möglich: Das Reich hat schwer aufgerüstet. Ist es vielleicht schon zur stärksten Militärmacht der Welt geworden? Diese beunruhigende Feststellung wirft die Frage auf: Hatte Deutschland nach dem großen Krieg wirklich ernsthaft abgerüstet?

Betrachtet man die materielle Seite, kann man die Frage nur bejahen. Die Weimarer Republik hatte sich nach mehrfachen Warnungen der Sieger in den Jahren 1921 und 1922 widerwillig zur Erfüllung der Klausel des Versailler Vertrages bereit gefunden.

Aus der »provisorischen Reichswehr« von 300 000 Mann, in den unmittelbaren Nachkriegsjahren aus den Trümmern der kaiserlichen Armee* aufgebaut, ist eine neue Reichswehr von 100 000 Mann geworden, davon 4000 Berufsoffiziere, die sich langfristig verpflichtet haben. Die Dienstzeit beträgt 25 Jahre für die Offiziere und zwölf Jahre für die Unteroffiziere und Mannschaften – eine Armee von sieben Infanterie- und drei Kavalleriedivisionen, die auf sieben Wehrkreise verteilt sind. Die Republik hatte sich ferner verpflichtet, alle paramilitärischen Verbände, Freikorps und vaterländischen Vereine aufzulösen. Die neue deutsche Armee befolgt auch in ihrer Ausrüstung die Klauseln des Vertrages. Sie hat auf alles moderne Material wie Flugzeuge, Panzer, schwere Artillerie oder chemische Waffen verzichtet. Im Grunde ist sie eine bessere Grenzschutz- und Sicherheitstruppe. Das linke Rheinufer bleibt entmilitarisiert,

---

* Es hat keine »kaiserliche« Armee gegeben. Die »deutsche Armee« bis 1918 setzte sich aus der preußischen, der bayerischen und der sächsischen Armee und den an die preußische Armee angegliederten Kontingenten der übrigen Bundesstaaten zusammen. Der Kaiser war in einem Krieg als »Bundesfeldherr« der Oberbefehlshaber.

ebenso ein Streifen von 50 Kilometern Tiefe auf dem rechten Ufer des Flusses. Deutschland darf in dieser Zone kein einziges Bataillon unterhalten und keinerlei Befestigungen anlegen.
Um das Maß voll zu machen, muß sich Deutschland bis 1927 den Inspektionen einer internationalen Kontrollkommission unterziehen, die, unter Führung des französischen Generals Nollet, die Einhaltung der Abrüstungsbestimmungen überwacht. Der Kommission gehören amerikanische, italienische, französische und britische Offiziere an.[1]
Die Deutschen lassen ihren Unwillen spüren, unterwerfen sich aber bis 1927 korrekt der peniblen Kontrolle ihres gesamten Territoriums. Zunächst veranlaßt die Kommission die massive Vernichtung von Kriegsmaterial. Die Liste dieser »Tabula rasa« ist eindrucksvoll: 15 700 Flugzeuge, 30 000 Motoren, 60 000 Geschütze, 130 000 Maschinengewehre, sechs Millionen Gewehre, 38 Millionen Granaten, 490 Millionen Patronen, 900 000 Funkgeräte, 212 000 Feldtelefone, 2000 Flammenwerfer, 31 Panzerzüge und 2200 Brückenpontons.
Die Kommission führt auch die Zerstörung der Land- und Seebefestigungen Deutschlands durch. England nahm sich besonders der Befestigungen von Helgoland an, wo sich im Kriege die größte deutsche U-Boot-Basis befunden hatte. Ferner geht es um die Stillegung oder Umwandlung der gesamten sowohl staatlichen wie privaten Rüstungsindustrie sowie der Arsenale der Armee. So werden z. B. bei Krupp – traditionell mit dem deutschen Militarismus identifiziert – 6000 Werkzeugmaschinen zerstört. Deutschland darf nur 33 Fabriken zur Ausrüstung seines Heeres und seiner Marine unterhalten. Jegliche Einfuhr von Rüstungsgütern ist ihm strikt untersagt.
Eine beeindruckende Bilanz. Es muß aber gesagt werden, daß die Abrüstungspolitik der Sieger niemals akzeptiert wird – weder vom Offizierskorps noch von der überwiegenden Mehrheit des deutschen Volkes. Sie ist Bestandteil des Diktats von Versailles, und dieses Diktat wird als Demütigung* empfunden, als

---

* Und als Demütigung Deutschlands und besonders der Armee, also der Reichswehr, durch zum Teil diskriminierende Auflagen und Begrenzungen organisatorischer, personeller und materieller Art. Dies war, was Offiziere wie Soldaten angeht, der Hauptgrund für die Begeisterung, als ab 1934 die Fesseln von Versailles zerrissen wurden, die nicht etwa eine Begeisterung für das NS-System als solches war, was beim Röhm-Putsch ganz deutlich wurde.

die vorübergehende Amputation der Souveränität einer großen Nation. Es ist klar, daß dieser Zustand nur ein momentaner sein kann.

Im Zuge der beginnenden Entspannung gegen Ende der zwanziger Jahre, des Paktes von Locarno, des Briand-Kellogg-Paktes, des Eintritts Deutschlands in den Völkerbund, machen sich die Alliierten zum Zeitpunkt der Auflösung der Kontrollkommission selbst hierüber keine Illusionen mehr. Für Marschall Foch kann die Wehrlosigkeit eines 65-Millionen-Volkes kein Dauerzustand sein. Man muß sich also auf alles gefaßt machen.

General Nollet kommt zu derselben Einsicht.

»Als es noch Sitte war, nach einer Niederlage die gesamte männliche Bevölkerung niederzumachen, die Frauen zu entführen, die Kinder zu massakrieren, konnte man von einem Sieg noch die Auslöschung des Feindes erwarten. Beim heutigen Grad unserer Zivilisation bleibt der Vorteil der zahlenmäßigen Überlegenheit trotz der Niederlage dem erhalten, der sie besitzt …

Ein moderner Krieg bringt außerdem alle Kräfte einer Nation zum Einsatz. Ohne Übertreibung kann man sagen, daß unter Kriegsgerät auch der größte Teil der Industriekapazität eines Landes verstanden werden kann. Somit kann das Kriegsgerät einer Nation also nie ganz vernichtet werden. Die Folge: Die Abrüstung einer Nation kann immer nur vorübergehend sein. Eine große Nation kann nur ausgeschaltet werden, wenn man ihre moralische Kraft bis zu einem Punkt ruiniert, wo sie sich selbst aufgibt …

Die Erinnerung an die durchlittenen Leiden und die schmerzliche Niederlage schwindet mit der Zeit dahin. Das Vertrauen kommt wieder, das Nationalbewußtsein erwacht wieder. Und damit der Wille, das Unglück des Vaterlandes zu beheben, ihm seinen Platz in der Welt zurückzugewinnen …*

Das deutsche Volk konnte von den Alliierten nicht vernichtet werden. Es wird auferstehen. Wer glaubt, daß ein Volk sich nur vorübergehend besiegt geben würde, müßte die Geschichte anhalten. Ein solcher Glaube wäre ein verhängnisvoller Irrtum, um so verhängnisvoller, wie der Lauf der Ereignisse sich beschleunigt.«[2]

---

* Diese Worte von General Nollet beschreiben sehr zutreffend Stimmung und Empfinden in der Reichswehr.

General von Seeckt, Chef der Heeresleitung* bis 1927, übt seine Funktion in genau diesem Geiste aus, in der Perspektive einer Auferstehung, dem Aufbau einer nationalen, von allen Fesseln freien Armee. Für von Seeckt muß diese neue Armee zunächst eine Eliteschule, eine Kaderschmiede sein. Es macht ihm keine Mühe, unter den 40 000 Offizieren der provisorischen Reichswehr die 4000 Führer einer neuen Armee auszusuchen. Er wählt sie aus nach Haltung, Autorität und Kompetenz.**

Es macht ihm keine Mühe, jedes Jahr unter den bis zu 90 000 Bewerbern die nötigen 9500 Freiwilligen zu rekrutieren. In physischer, intellektueller und moralischer Hinsicht gibt es also eine mitleidlose Auswahl. Man wählt hauptsächlich junge Burschen aus ländlichem oder kleinstädtischem Milieu aus. Ausgeschieden werden Bewerber aus industriellen Ballungsgebieten und – Bewerber jüdischen Glaubens.

Die Armee muß in der Optik des Generals vermeiden, in einen Routinebetrieb zu verfallen. Die Ausbildung darf sich nicht auf ein oder zwei Jahre beschränken, sondern muß über die Gesamtheit der Verpflichtung dauern. Seeckt nutzt eine der wenigen Lücken des Versailler Vertrages, der keine Begrenzung für die Zahl der Unteroffiziere vorsieht, und läßt mehr als die Hälfte des Mannschaftsbestandes zu Gefreiten und Unteroffizieren ausbilden.***

---

* Der Oberbefehlshaber der Reichswehr war, anders als heute bei der Bundeswehr, der Reichspräsident, also erst Ebert, dann Hindenburg. Daß nach Hindenburgs Tod der Oberbefehl durch das Gesetz »über das Oberhaupt des Deutschen Reichs«, welches das Amt des Reichspräsidenten mit dem des Reichskanzlers vereinigte, auf Hitler überging, erschien den allermeisten Deutschen fast selbstverständlich.
General von Seeckt, dem ja nur das Heer unterstand, und seine Nachfolger hatten das Amt des Chefs der Heeresleitung, neben dem auf gleicher Ebene der Chef der Marineleitung stand. Der ihnen politisch und administrativ übergeordnete Reichswehrminister hatte keine Befehls- und Kommandogewalt, wodurch den Chefs der Heeres- bzw. Marineleitung das Immediatrecht gegenüber dem Reichspräsidenten zustand.

** Das trifft so nicht zu. Es gab keine entsprechende Anordnung für die Truppenverbände, also Regimenter und selbständige Bataillone. Diese suchten ihre Freiwilligen und Offiziersanwärter ganz unabhängig selbst aus und stellten sie ein.

*** Die Zahl der Gefreiten und Unteroffiziere war für jede Einheit festgelegt und stand in einem normalen Verhältnis zu den jeweils in einer Kompanie, Schwadron, Batterie vorhandenen Mannschaften. Aber das Ziel war, möglichst viele Mannschaften zu Unteroffizieren auszubilden, die es dann im Lauf der Zeit meist auch wurden.

Alle Offiziere und Unteroffiziere werden in die Lage versetzt, Funktionen der beiden jeweils höheren Dienstgrade auszuüben.* Ein »Gemeiner« kann also das, was ein Unteroffizier können muß, der Feldwebel kann zum Leutnant werden, der Leutnant ein Bataillon führen. Aufgrund dieser Konzeption wird die Reichswehr zu einem »Führerheer«, was Marschall Foch während der Friedenskonferenz bereits warnend vorausgesagt hatte.
Der ehemalige Generalissimus der alliierten Armeen hatte sich für den Besiegten eine Armee von 300 000 kurzfristig dienenden Einberufenen gewünscht. Aber die Engländer wollten davon nichts wissen. Sie konnten sich nicht vorstellen, daß eine Reichswehr etwas anderes sein könnte als ihr eigenes Berufsheer. So wurde letztlich die Reichswehr zum Rahmen für die künftige nationale Armee nach 1935. Noch eines: Während seines Militärdienstes erhält jeder Freiwillige eine zweite berufliche Ausbildung neben der militärischen. Er soll dem Staat nach der Rückkehr ins Zivilleben nicht als sozial Deklassierter zur Last fallen.
Obwohl die Reichswehr also keine Wehrpflichtigenarmee ist, soll sie im engen Kontakt zur Bevölkerung bleiben. Sie soll kein Fremdkörper in der Nation sein. In jedem Regiment pflegt eine »Traditionskompanie« die Überlieferung aufgelöster Truppenteile. Diese Kompanien halten Kontakt zu Veteranenverbänden. Man achtet darauf, daß die Rekruten da Dienst tun, wo sie zu Hause sind, damit sie das Band ihrer Familie, ihrer Gegend, ihrem Dorf nicht verlieren.
Seeckt bemüht sich auch, Forderungen der Alliierten auf organisatorischem Gebiet abzuschwächen. Er schafft eine neue Einrichtung: das Truppenamt. Es soll, natürlich getarnt, den von Versailles ebenfalls verbotenen »großen Generalstab« ersetzen. Ähnlich verfährt er mit der Ausbildung der höheren Offiziere, die früher der von Versailles ebenfalls verbotenen berühmten »Kriegsakademie« oblag. Ihre Funktion übernehmen dezentralisierte Einrichtungen in jedem Wehrkreis.

---

* Das ungeschriebene, aber überall angewendete Grundprinzip war, nach Möglichkeit jeden Soldaten, gleich welchen Dienstgrades, so auszubilden, daß er einen eine Stufe höheren Dienstgrad und die nächsthöhere Funktion – also nicht zwei, wie der Autor annimmt – einnehmen bzw. ausfüllen konnte. Dieses erfolgreich verwirklichte Prinzip hat es ab 1934 hauptsächlich ermöglicht, in relativ kurzer Zeit die Reichswehr praktisch ohne Qualitätsverlust zunächst zu verdreifachen. Demgegenüber brachten die weiteren Vergrößerungen laufend Qualitätsverluste.

Auf dem Gebiet der Ausrüstung erweist sich Seeckt als ein wahrhaftiger Erneuerer. Aus dem zurückliegenden Konflikt zieht er die Lehre, daß der nächste Krieg ein Krieg der Bewegung sein wird, gestützt auf den Verbund von Panzern und Flugzeugen. In gewissem Sinne bringt das Verbot des Besitzes von moderner Ausrüstung der Reichswehr Vorteile. Es erspart der neuen deutschen Armee einen Überhang an Material, das mehr und mehr veraltet. Dem Truppenamt obliegt es also, sich ständig über neue Entwicklungen auf dem Gebiet der Rüstung bei den fremden Mächten auf dem laufenden zu halten, eine solide Dokumentation zusammenzustellen über deren aktuelle neue Ausrüstungen. Diese Arbeit wird nicht gerade erleichtert durch ein weiteres Verbot des Versailler Vertrages: Deutschland darf in seinen auswärtigen Botschaften keine Militärattachés unterhalten. Man studiert also heimlich Prototypen neuer Waffensysteme. Eine der Geheimklauseln des Rapallo-Vertrages von 1922 erlaubt es Deutschland, diese Prototypen in der UdSSR zu erproben, an Übungen im Verbund von Panzern und Flugzeugen teilzunehmen, u. a. in Lipetzk nahe Moskau. Es darf sogar Spezialisten dieser Waffengattungen in Rußland ausbilden. Unter dem totalen Verbot jeglicher Luftstreitkräfte hält Seeckt sich ständig in seinem Stab eine Gruppe von 60 Fachleuten, alles ehemalige Jagdflieger des Ersten Weltkrieges.

Bemühungen auf dem Gebiet der Forschung finden ihre Parallele in getarnten Subventionen an die Industrie, die sie in die Lage versetzen sollen, jederzeit eine Serienproduktion aufnehmen zu können. Dies geht relativ einfach bei der chemischen Industrie und gewissen Branchen des Maschinenbaus. Hersteller von landwirtschaftlichen Geräten zum Beispiel sind in der Lage, von heute auf morgen einen leichten Kampfwagen zu bauen. So begrenzt diese Initiativen bleiben müssen, sie erlauben der Industrie gleichwohl die schnelle Aufnahme der Produktion bei Beginn der Aufrüstung nach der Machtergreifung Hitlers.

Was die Politik angeht, so besteht Seeckt auf dem absoluten Heraushalten der Armee aus der Parteipolitik. Die Soldaten leisten den Eid nicht auf den Reichspräsidenten, sondern auf die Verfassung von Weimar. Sie dürfen nicht wählen und keiner politischen Partei angehören. So sind sie letzter Hort der Einheit der Nation im Falle einer schweren innenpolitischen Krise.

Dennoch stößt diese Seecktsche Politik nicht nur nach außen, sondern auch im Innern an ihre Grenzen. Die »unpolitische Armee« ist einer strikten Haushaltskontrolle unterworfen und erweckt Verdächtigungen bei der Linken. Philipp Scheidemann zögert nicht, im Reichstag gewisse Versuche einer heimlichen Wiederaufrüstung zu brandmarken.

Der Verzicht auf jegliches moderne Material erweist sich als permanentes Hindernis einer anderweitig perfekten und hochmotivierten Ausbildung der Mannschaften. Sowohl nach Truppenstärke wie nach Ausrüstung und Bewaffnung stellt die neue deutsche Armee ein recht dürftiges militärisches Instrument dar. Alle Kriegsspiele des Chefs der Heeresleitung weisen nach, daß die Reichswehr keinen Konflikt mit Frankreich, ja nicht einmal mit Polen durchstehen könnte. In allen denkbaren Kombinationen und auf allen Ebenen der Hierarchie sieht sich die Führung – wegen der dehnbaren deutschen »Auftragstaktik« – gezwungen, einen rückhaltenden Abwehrkampf zu führen, mit zwingend deprimierenden Resultaten. Das kann den immer deutlicher hervortretenden Willen zu Neugeburt und Neubewaffnung nur beflügeln.

Die Lage der Kriegsmarine ist nicht besser. Am Ende des Krieges war sie tief gedemütigt worden. Es war die Hochseeflotte gewesen, die die roten Fahnen hißte und die Revolution auslöste, die nach und nach die Häfen und die Industriezentren erfaßte und die Monarchie zur Abdankung zwang.

Der Waffenstillstand in Rethondes hatte die Auslieferung aller U-Boote an die Briten und die demütigende Übergabe der Hochsee-Einheiten in Scapa Flow verlangt, wo sie sich auf Befehl des Admirals Reuter am Vorabend der Unterzeichnung des Friedensvertrages selbst versenkten.

Was Versailles den Deutschen läßt, ist nur noch die Karikatur einer Flotte: eine Gesamttonnage von 100 000 Tonnen (von 140 000 unter Einbeziehung der Reserve-Einheiten), die sich verteilt auf sechs alte Schlachtschiffe der »Schlesien«-Klasse zu je 10 000 Tonnen, schon 1914 als veraltet eingestuft, sechs Kreuzer zu je 6000 Tonnen, zwölf Zerstörer von je 800 Tonnen und zwölf Torpedoboote von je 600 Tonnen. U-Boote und Seeflugzeuge sind strikt untersagt. Der Gesamt-Mannschaftsbestand ist auf 15 000, davon 1500 Offiziere, begrenzt. Das genügt nicht einmal, um alle zugelassenen Schiffseinheiten zu bemannen.

Zu allem Unglück wird die Marine, wegen ihrer Meutereien von

1917/1918 hinreichend mit der Rechten verfeindet, noch zum Buhmann der Linken, als sie sich 1920 am Kapp-Putsch beteiligt und eine ihrer drei Marinebrigaden, unter dem Befehl des Kapitänleutnants Ehrhardt, Berlin besetzt. So ist die Marine noch mehr ihrer Wurzeln im Volk beraubt, als es schon die junge Reichswehr im allgemeinen ist.

Zunächst unter dem Admiral Zenker, dann unter seinem Nachfolger Raeder, setzt eine Analyse der Kriegsführung der kaiserlichen Marine im Ersten Weltkrieg und der letztlich enttäuschenden Rolle der Hochseeflotte ein. Zwei Männer stehen sich gegenüber: Während Raeder in seinem Werk über den »Kreuzerkrieg« im Ersten Weltkrieg für eine Flotte der Gleichgewichtigkeit zwischen Linienschiffen und leichten Einheiten für einen Kaperkrieg eintritt, will Wegener, Admiral und Seekriegstheoretiker, die einst von Tirpitz kreierte Schlachtschiff-Flotte erhalten wissen. Seekriegsziel kann nicht die Zerstörung der gegnerischen Flotte sein, also die von dem US-Theoretiker Admiral Mahan verfochtene »Seeschlacht«, sondern die Aufrechterhaltung der maritimen Verbindungen.[3]

Um einen künftigen Konflikt mit einem Maximum von Erfolg bestehen zu können, muß Deutschland sich aus einer extrem ungünstigen geostrategischen Lage befreien. Es verfügt nur über die schmale Basis der »Deutschen Bucht«, die es der britischen Marine erlaubt hat, dem Reich durch die Sperrung der Straße von Calais und der Nordseezugänge alle Verbindungen zu kappen. Von Anfang eines neuen Konfliktes an müßte daher Deutschland die wichtigsten norwegischen Häfen und die französische Kanalküste bis Brest in Besitz nehmen. Raeders kühne Seekriegsstrategien werden indes als wenig opportun und eher utopisch bezeichnet, 1926 verworfen. Später, beim Norwegenfeldzug von 1940, sollte Raeders Doktrin allerdings voll zur Anwendung kommen.

Während dieser ganzen Periode führt die Marine Kriegsspiele durch, die von einem Konflikt mit einer französisch-polnischen Allianz ausgehen. Die Resultate sind nicht weniger deprimierend als die der Kriegsspiele beim Heer. Zur Not kann von einer Beherrschung der Ostsee und der Aufrechterhaltung der Seeverbindungen zu Schweden und Ostpreußen ausgegangen werden. Die Sperrung des Sunds für französische Seestreitkräfte erscheint allenfalls im Bereich der Möglichkeiten zu liegen.

Ein Zusammenstoß mit Frankreich in der Nordsee dagegen, selbst unter der Bedingung einer wohlwollenden Neutralität Großbritanniens, gibt Anlaß zu klarem Pessimismus. Sogar bei Nutzung aller Möglichkeiten, auch des Nachtkampfes, erscheint das Offenhalten der Seeverbindungen ausgeschlossen. Nichts könnte auch die französische Marine hindern, Anlandungen von Landstreitkräften an der deutschen oder dänischen Nordseeküste durchzuführen. Man kann noch hoffen, daß die Haltung Italiens Frankreich zwingen könnte, ein starkes Kontingent im Mittelmeer zu unterhalten und einen Teil der Atlantikflotte im Atlantik gegen einen möglichen Kaperkrieg leichter deutscher Kreuzer zu dislozieren.
Einer solch wenig ermutigenden Lage gegenüber versteift sich die Kriegsmarine auf eine revisionistische Haltung. Sie arbeitet auf eine maritime Parität mit Frankreich hin und äußert den Wunsch, Deutschland möge an der Washingtoner Abrüstungskonferenz teilnehmen oder in Separatverhandlungen mit England zu einer höheren und besseren Tonnage für deutsche Schiffe kommen. Das aber sind nur fromme Wünsche, die weder im Reichswehrministerium noch in der Wilhelmstraße* ernstgenommen werden.
Dennoch, es setzt eine gewisse Modernisierung der Flotte ein, die den Vorzug hat, mit den Klauseln von Versailles konform zu sein. Zwischen 1921 und 1928 werden fünf leichte Kreuzer und zwölf Zerstörer von je 800 Tonnen auf Kiel gelegt. Der 1928 beschlossene Bau des Panzerschiffes »Deutschland« dagegen, welches eines der veralteten Schlachtschiffe der »Schlesien«-Klasse ablösen soll, wird, obwohl auch er dem Versailler Vertrag entspricht, unerwartete internationale Konsequenzen zur Folge haben.
Mit einer Wasserverdrängung von 10000 (in Wahrheit 12000) Tonnen, einer Bewaffnung von acht 28-Zentimeter-Geschützen, einer Geschwindigkeit von 27 Knoten und einem beachtlichen Aktionsradius bringt dieses Schiff – die Angelsachsen nennen es spöttisch »pocket battle ship« (Westentaschen-Kreuzer) – die Signatarmächte des Washingtoner Abkommens ganz schön durcheinander. Dies um so mehr, als zwei weitere Schiffe desselben Typs auf Kiel gelegt werden. Die Bewaffnung der »Deutschland« ist stärker als die aller anderen bekannten schweren Kreuzer, deren Geschütze nur ein Kaliber von 20,3 Zentime-

* »Wilhelmstraße« war die auch im Ausland und in der Öffentlichkeit allgemein gebrauchte Bezeichnung für das dort gelegene Auswärtige Amt.

tern haben, und mit einer Geschwindigkeit von 27 Knoten hat sie die meisten ihrer Gegner, die nur maximal 22 Knoten machen, nicht zu fürchten.
Die Indienststellung des »Westentaschen-Kreuzers« zwingt Frankreich zur Antwort. Es legt die Schlachtkreuzer »Dünkirchen« und »Straßburg« auf. Italien setzt eins drauf und verkündet den Bau zweier 35 000-Tonnen-Schlachtschiffe, was wiederum Frankreich zwingt, die beiden gleich großen Schiffe »Richelieu« und »Jean Bart« zu bauen. Der Bau der deutschen Panzerschiffe leitet also, gänzlich unerwartet, ein neues maritimes Wettrüsten ein, und dies nach der Londoner Seekriegskonferenz von 1930.
Die Neukonstruktionen verschaffen der Kriegsmarine eine ozeanische Kapazität. Gleichwohl können sie eine gewisse Mutlosigkeit bei der Marineleitung nicht beseitigen, die sich in zahlreichen Rücktritten niederschlägt. Für den pensionierten Großadmiral Tirpitz ist der Verlust von Seemacht einem Prestigeverlust des Reiches gleichzusetzen, und er warnt vor Auswirkungen auf den Handel. Admiral von Levetzow, der erste hohe Marineoffizier, der sich den Nationalsozialisten anschließt, fragt sich, ob es lohne, der Tradition der kaiserlichen Marine nachzutrauern, und stellt bekümmert fest, daß die neue Kriegsmarine nur noch ein zusammengewürfelter Haufen von »Schiffsattrappen« sei.
Ab 1930 aber weht ein neuer Wind. Im Gegensatz zu einer weitverbreiteten Ansicht ist es die Reichsregierung unter den Kanzlern Müller und vor allem Brüning, die, drei Jahre vor der Berufung Adolf Hitlers zum Kanzler, ohne Druck von seiten der Reichswehr die Grundlage schafft zu einer umfassenden Neuaufrüstung und einer Armee, die eindeutig umfangreicher ist als die von Versailles zuerkannte Streitkraft. Zunächst gibt es hierfür zwei Gründe: die Auflösung der interalliierten Kontrollkommission und die von Stresemann erwirkte vorzeitige Evakuierung des linken Rheinufers im Jahre 1930.
Im April 1932 zögert Brüning nicht, auf sehr viel nachdrücklichere Weise als Stresemann die revisionistischen Ziele des Reiches zu präzisieren. Auf territorialem Gebiet beschreibt der Kanzler die deutsche Haltung wie folgt:

1. Die Wiedereingliederung Danzigs in das Reich und die Herausgabe von Westpreußen und Ostoberschlesien durch Polen.
2. Bau eines Freihafens nahe der Weichselmündung und dessen Anbindung an Polen durch eine Eisenbahnlinie.

3. Deutsches Desinteresse an Memel und Litauen.
4. Herausgabe eines Teiles der früheren Kolonien.

Angeblich hegte Brüning auch den Wunsch nach sofortiger oder späterer Rückgabe des Saargebiets und von Eupen-Malmedy.
Brüning wünscht außerdem eine der wesentlichen Klauseln des Vertrages in Gang zu setzen, die besagt, daß die deutsche Abrüstung Vorspiel einer allgemeinen Abrüstung sein solle. Folglich formuliert er folgende militärischen Forderungen des Reiches:[4]

1. Anerkennung des Prinzips des »gleichen Rechts für alle« in der Bewaffnung. Es wird nur angewandt, wenn eine allgemeine Reduzierung der Bewaffnungen nach einer zweiten Abrüstungskonferenz oder nach Ablauf von fünf Jahren nicht zustande kommt.
2. Zustimmung der Versailler Signatarmächte zu einer Umwandlung der Reichswehr in eine Milizarmee etwa gleicher Stärke unter Verkürzung des Wehrdienstes um die Hälfte binnen fünf Jahren.
3. Freiheit der Errichtung von Befestigungen an den Grenzen des Reiches oder in den demilitarisierten Gebieten.
4. Sofortige Zulassung des Baus von Prototypen schwerer Offensivwaffen und Möglichkeit, die deutschen Streitkräfte mit schweren Defensivwaffen auszurüsten.
5. Die Ersetzung des Artikels V des Versailler Vertrages durch die neue Konvention – unter Aufrechterhaltung des Prinzips allgemeiner Abrüstung – und deren Annahme durch den Völkerbund.

Diese Vorschläge macht Brüning während der Genfer Abrüstungskonferenz von 1932, in Form »privater und direkter Unterhaltungen« mit Tardieu, Mac Donald, Grandi und dem amerikanischen Unterstaatssekretär Stimson, der zu einer Neufassung des Versailler Vertrages neigt. Parallel dazu finden deutsch-französische Gespräche in Luxemburg statt.
Brüning setzt auf eine Verschleppung der Abrüstungskonferenz und auf sich abzeichnende Meinungsverschiedenheiten zwischen Anglo-Amerikanern und Franzosen, um zumindest eine Teillösung zu erreichen. Amerikaner und Briten setzen in der Tat die französische Delegation unter Druck, um sie zu einer Reduzierung der französischen Streitkräfte im Mutterland auf 200 000 Mann zu bewegen. Eine etwa gleichwertige Reduzierung soll für die Streitkräfte Polens, der Tschechoslowakei und Italiens gelten.

Paris verlangt für seine Zustimmung die Errichtung einer militärischen Kontrolle und eine Garantie der Briten gegen jede Aggression.

Die Absicht Brünings scheitert letzten Endes. Aber die Reichswehr setzt mit Wissen und Zustimmung der Zivilgewalt einen »Umbau« der Streitkräfte in Gang, der bis 1938 abgeschlossen sein soll. Die Reichswehr bleibt im Prinzip eine auf eine dreijährige Dienstzeit gegründete Berufsarmee, aber sie wird durch ein etwa gleich großes Territorialheer verstärkt, in dem der Soldat drei Monate Dienst und anschließend kurze Wehrübungen macht. Diese »doppelte Armee« wird schließlich 21 Divisionen mit einer Gesamtstärke von 300 000 Mann umfassen.

Der Umbauplan sieht darüber hinaus gepanzerte und Fliegerstreitkräfte vor, wenn auch in einem bescheidenen Ausmaß. Diese neue Reichswehr müßte in der Lage sein, mit einiger Aussicht auf Erfolg einen Krieg gegen Polen zu führen. Der Plan der Heeresleitung geht dabei deutlich von der baldigen Wiedereinführung der allgemeinen Wehrpflicht aus.

Im Zeichen des »Umbaus« präsentiert auch die Marine, immer im Bestreben einer »Parität mit Frankreich«, ein Programm für eine »ausgewogene Flotte«. Sie folgt dem Konzept Raeders: sechs bis acht Linienschiffe, drei Flugzeugträger, sieben schwere Kreuzer, zwölf leichte Kreuzer, 82 Zerstörer und 80 U-Boote, Gesamttonnage: 579 000 Tonnen. Dem ehrgeizigen Plan gegenüber fällt die Ausführung erst einmal bescheiden aus und beschränkt sich auf vier Zerstörer von je 2200 Tonnen, die 1934 in Dienst gestellt werden sollen. Sie sind sehr viel größer, als es Versailles erlaubt. Nebenher werden Pläne für den Bau zweier »Super-Dünkirchen«* (überschwere Kreuzer) entworfen.[5]

Mit der Berufung Hitlers zum Reichskanzler tritt die Aufrüstung in ihre entscheidende Phase. Schon am 3. Februar 1933, vier Tage nach der Machtergreifung, kündigt der neue Reichskanzler vor den Befehlshabern des Heeres und der Marine eine Neuorientierung an. Er sagt, daß er die volle politische Verantwortung auszuüben gedenke, die für ihn Voraussetzung ist, um einen neuen »Willen zur Verteidigung« zu wecken. Der Führer bleibt vage hinsichtlich der Wiedereinführung der allgemeinen Wehrpflicht, aber

---

* »Dunkerque« (Dünkirchen) war der Name des damals modernsten französischen Schlachtschiffs.

was er sagt, gefällt den Generälen, die eine Rehabilitierung der Armee in der öffentlichen Meinung wünschen und darauf hoffen dürfen, daß die Armee wieder zur wichtigsten Einrichtung im Staate werden wird.

Gleichwohl wird die Aufrüstung mit Diskretion behandelt. Der Auszug Deutschlands aus Abrüstungskonferenz und Völkerbund als Folge der Nichtgewährung einer reellen Gleichberechtigung durch die bisherigen Kontrollmächte läßt keine Illusionen aufkommen. Hitler jedenfalls zeigt sich viel vorsichtiger als der ihm als Reichswehrminister aufgedrängte General von Blomberg. Die Aufrüstung soll, verfügt er, mit voller Energie, aber größter Diskretion weiterbetrieben werden.

Aber Deutschland gerät damit in eine Gefahrenzone, vergleichbar jener, die Admiral Tirpitz zu Beginn des Jahrhunderts mit seinem Begriff »Risiko-Gedanken« gekennzeichnet hatte. Aufrüstung kann man nicht im leeren Raum betreiben. Es gibt das internationale Umfeld. Und es gibt die Saarfrage. Solange sie nicht gelöst ist, ist höchste Vorsicht geboten.

Hitler wird bis 1935 nicht müde, seinen Friedenswillen zu beteuern, ja sich als einen »Friedensapostel« anzubieten. Aus Opportunitätsgründen verlangt er nach einer internationalen Abrüstung. Gleichzeitig führt er Verhandlungen mit Frankreich und Großbritannien und schließt 1934 einen Nichtangriffspakt mit Polen.

Der französischen Regierung schlägt er im Dezember 1933 vor, die deutschen Streitkräfte auf 300 000 Mann, also auf die Höhe der im Mutterland stationierten Streitkräfte Frankreichs, zu begrenzen, dazu eine Luftwaffe, die nur halb so stark wie die französische sein soll. Nach einigem Zaudern verwirft das Kabinett Doumergue im April 1934 diesen Vorschlag. Es wünscht, seine »volle Handlungsfreiheit« wiederzuerlangen, und setzt jetzt auf eine Verstärkung der »kleinen Entente«, insbesondere mit der Tschechoslowakei. Eine sich plötzlich abzeichnende Krise im Inneren des Dritten Reiches, die sich dann in der »Nacht der langen Messer« (Niederschlagung des Röhm-Putsches) am 30. Juni 1934 entlädt, scheint den Ausschlag für diese Entscheidung gegeben zu haben.

Ribbentrop dagegen, als Sonderbotschafter nach London entsandt, kann einen eindeutigen Erfolg verzeichnen. Die konservative Regierung akzeptiert das Prinzip einer Vergrößerung der Kriegsmarine unter der Bedingung, daß die Tonnage nicht 35 Prozent der britischen überschreitet. Deutsche U-Boote dürfen sogar

45 Prozent der Tonnage der britischen, in gewissen Fällen sogar 100 Prozent erreichen.

London zieht es vor, die Rolle eines »Kontrolleurs« des deutschen maritimen Aufschwungs zu spielen. Es hat nie ganz die Gefahr einer sowjetischen Bedrohung in der Ostsee aus den Augen verloren. 1937 gibt es einen neuen Vertrag, der es der deutschen Kriegsmarine erlaubt – immer unter Hinweis auf die sowjetische Gefahr –, ebenso viele U-Boote wie die britische zu unterhalten. Im Gegenzug verzichtet Deutschland auf den Bau schwerer Kreuzer und verspricht, in dieser Kategorie bei einem Maximum von 8000 Tonnen pro Einheit zu bleiben.

Im weiteren Verfolg einer Politik des Maßes und der Vorsicht richtet sich der Aufbauplan des Heeres nach den Richtlinien von 1932, die im Herbst 1933 und dann noch einmal im April 1934 aktualisiert werden. Demnach muß das Heer am Stichtag 1. Mai 1935 eine Stärke von 300000 Mann haben und im Kriegsfall über 63 Divisionen verfügen.[6]

Diese Verstärkung bringt ein Problem der Reserven mit sich. Es veranlaßt das Heer, in Zusammenarbeit mit der nationalsozialistischen Partei jährlich 250000 SA-Männer und sieben Bataillone Grenzpolizei militärisch auszubilden. Anfang 1935 sind die gesteckten Ziele mehr oder weniger erreicht. Das aktive Heer umfaßt bereits mehr als 280000 Mann. Diese Vergrößerung konnte dank Einberufung einer großen Zahl Freiwilliger mit variablen Dienstzeiten erreicht werden.

Auch bei der Seekriegsrüstung bleibt Hitler vorsichtig, ja zögerlich. Schon in seinem Buch »Mein Kampf«, mehr noch in einem im Oktober 1932 erschienenen Zeitungsartikel geht er äußerst hart mit der Politik eines Tirpitz ins Gericht. Die Schöpfung einer Hochseeflotte hatte für ihn zur Folge, daß Großbritannien sich dem Lager der Feinde Deutschlands zuwandte. Während des Krieges hatte die Hochseeflotte sich im Gegensatz zu den Besatzungen der U-Boote, deren Heroismus Hitler lobt, in Inaktivität geübt und war bestenfalls eine »schwimmende Artillerieschießschule« gewesen.[7]

Nicht anders als das Heer hatte auch die Marineführung die Machtergreifung der Nationalsozialisten begrüßt und in ihr die Rückkehr der nationalen Einheit und die Befreiung von den Ketten von Versailles gesehen. Aber die Admirale sind trotzdem beunruhigt. Die vom Führer in »Mein Kampf« skizzierten Expansionspläne betreffen ausschließlich das Festland und gehen von einer Freundschaft mit England aus. Die Lebensraumpolitik begünstigt eindeutig das Heer und droht, der Marine eine untergeordnete Rolle zuzuweisen. Raeder versucht Hitler in wiederholten Noten für eine maritime Politik zu gewinnen. Er nutzt dabei dessen Leidenschaft für große Schlachtschiffe und die genaue Kenntnis der Fachliteratur, vor allem von »Meyer's Taschenbuch der Kriegsflotten«. Den Lehren Tirpitz' folgend, unterstreicht der Admiral, daß die Weltbedeutung eines Landes eng von einer Seestreitmacht abhängt und daß eine Kriegsmarine sehr gut zur Hilfsstreitmacht einer Politik der kontinentalen Ausdehnung werden kann, indem sie die Seeverbindungen des Reiches in Ost- und Nordsee offenhält, dies vor allem bei wohlwollender Neutralität Großbritanniens. Eine neue »gleichrangige« Marine müsse, fordert Raeder, in der Lage sein, einer Allianz Frankreich-Polen die Stirn zu bieten.

Zwei Jahre lang bleibt Hitler, wenn auch teilweise überzeugt, skeptisch gegenüber den Thesen seines Admirals. Die Etatmittel der Marine betreffen zunächst die Erneuerung der Infrastruktur, Arsenale, Werften, Küstenbefestigungen. Erst 1934 genehmigt er den Bau eines ersten U-Bootes und die Kiellegung zweier überschwerer Kreuzer von 32 000 Tonnen (»Super-Dünkirchen«), der »Scharnhorst« und der »Gneisenau«. An Artillerie den französischen Schiffen unterlegen (28 gegen 33 Zentimeter), sind die beiden Schiffe robuster und besser gepanzert als ihre Konkurrenten.[8] Hitler bemüht sich also um jeden Preis, nicht das Mißtrauen der Briten zu wecken, mit denen er langfristig eine Partnerschaft in einer Art globaler Aufteilung der Interessensphären sucht. England die Meere, Deutschland das Festland und die Ausdehnung nach Osten.

Nach dem Londoner Flottenabkommen vom 18. Juni 1935 zeigt sich Hitler in bester Laune. Er ist erleichtert. »Dies ist der schönste Tag meines Lebens«, versichert er. Die Kriegsmarine dagegen verheimlicht nicht ihre Enttäuschung. Die Parität mit Frankreich ist immer noch nicht erreicht. Dazu hätte es der Hälfte der Tonnage der britischen Flotte bedurft, aber Hitler hatte sich strikt geweigert, auf einer solchen Basis mit den Briten zu verhandeln. Das Resultat ist mit 450 000 Tonnen Gesamttonnage mehr als zufriedenstellend. Die deutschen Werften werden nun bis in das Jahr 1941 hinein voll ausgelastet sein.

Neben den bereits aufgelegten schweren Kreuzern »Scharnhorst« und »Gneisenau« sieht der weitere Bauplan folgende Einheiten vor:

die beiden Schlachtschiffe »Bismarck« und »Tirpitz«, die schweren Kreuzer »Admiral Hipper«, »Blücher«, »Prinz Eugen«, »Seydlitz« und »Lützow«, ferner zwei Flugzeugträger, mehrere große Zerstörer von jeweils 2200 Tonnen sowie U-Boote für den Atlantik- und einen küstennahen Einsatz. Der Anlage nach sind alle diese Schiffe darauf ausgelegt, alle gleichklassigen Schiffe der französischen Flotte zu übertreffen. So verdrängen die fünf schweren Kreuzer 13 000 statt der vereinbarten 10 000 Tonnen. Die »Bismarck« und die »Tirpitz« übertreffen den französischen Konkurrenten »Richelieu« mit 42 000 Tonnen Wasserverdrängung um 7000 Tonnen.

In der Hypothek eines Konfliktes mit Frankreich werden schwere deutsche Schiffe in der Nordsee und im Atlantik operieren und die deutschen Verbindungen sichern können. U-Boote können ins westliche Mittelmeer eindringen und französische Truppentransporte auf der Route Algier – Marseille unterbinden. Die Verschlechterung der Beziehungen zu Italien wird Frankreich außerdem zwingen, starke Seestreitkräfte in Toulon und Bizerta zu unterhalten. Insgesamt also haben sich die strategischen Perspektiven der Kriegsmarine für den Fall eines Konfliktes mit Frankreich und Polen in wenigen Jahren entscheidend zu ihren Gunsten verändert.

Auf dem Gebiet der Luftrüstung hegt Hitler nicht die gleichen Bedenken. Er kann sich ganz auf seinen Weggefährten Hermann Göring verlassen, Nummer zwei des Regimes, preußischer Ministerpräsident und Reichsluftfahrtminister. Mit seinem Staatssekretär Erhard Milch, dem Vorstandsmitglied der Lufthansa, teilt indes auch Göring eine gewisse Politik der Vorsicht.

Die Entwicklung der künftigen Luftwaffe vollzieht sich unter großer Geheimhaltung, unter dem Mantel der Lufthansa. Die Gesellschaft erwirbt Transportmaschinen, die zu Bombern umgebaut werden können, wie die Junkers 52, und sie bildet künftige Kampfpiloten aus. Der Nachtflugausbildung wird dabei besondere Aufmerksamkeit gewidmet.[9]

Göring subventioniert großzügig Luftsportvereine, die Segel- oder Sportflugzeugflug betreiben. Diese Verbände sind die Keimzellen der künftigen Besatzungen der Luftwaffe.

Aus dem Nichts heraus schafft das Luftfahrtministerium eine Infrastruktur. Flugplätze, Flugzeugschuppen, Werkstätten schießen aus dem Boden. Große Kredite gibt es für die Flugzeugwerke und die Ausbildung der Flugzeugführer. 1933 beschäftigt die deutsche

Flugindustrie 600 Personen, 1939 sind es 220000. Im gleichen Rhythmus bewegen sich die Produktionszahlen: 1933 verlassen ganze 36 Maschinen die Flugzeugwerke. Sechs Jahre später sind es über 8000. In wenigen Jahren ist in Europa eine neue erstklassige Luftstreitmacht entstanden.

Im März 1935 zählt die Streitmacht 800 Flugzeuge aller Kategorien, 2000 am Ende des Jahres. Nach streng militärischen Maßstäben sind dies jedoch nicht alles Kampfflugzeuge. Als solche können gerade einmal 800 gelten, und dies sind Flugzeuge der ersten Generation, in nichts vergleichbar mit den Militärmaschinen der ausländischen Luftwaffen.

Das Jahr 1935 bringt die große Wende in der deutschen Wiederaufrüstung. Am 16. März läßt Hitler die Maske fallen. Er kündigt einseitig den Vertrag von Versailles und verkündet die deutsche Wehrhoheit. Gleichzeitig führt er ab 1. Oktober die allgemeine Wehrpflicht – Dienstzeit ein Jahr – ein, und Göring verkündet die Schaffung der Luftwaffe.

Mehrere Ereignisse mögen diese aufsehenerregenden Entschlüsse erläutern. Mit dem Tod des Reichspräsidenten von Hindenburg sieht sich Hitler in der Rolle des Führers des Reiches. Die Saarfrage ist mit dem Plebiszit vom 13. Januar 1935 auf triumphale Weise für sein Regime gelöst worden. Mehr als 90 Prozent der Saarländer haben für den Anschluß ans Reich gestimmt. Die Bedrohung eines französischen Gegenschlages ist damit gebannt. Den Beschluß der französischen Regierung, den Militärdienst auf zwei Jahre zu verlängern, interpretiert Hilter als eine Gefahr für die Sicherheit des Reiches. In Wahrheit erklärt sich diese Maßnahme aus dem Bedürfnis der Franzosen, die schwachen Geburtsjahrgänge der Nachkriegsjahre auszugleichen. Sie bewirkt keinerlei Erhöhung der französischen Streitkräfte, dient dem Reich aber als Vorwand zur Wiedereinführung der allgemeinen Wehrpflicht. Gleichzeitig führt Deutschland, wiederum unter Bruch des Versailler Vertrages, den großen Generalstab und die ehrwürdige, 1810 von Scharnhorst geschaffene Kriegsakademie wieder ein. 125 Jahre nach ihrer Gründung organisiert man eine feierliche Wiedereröffnungsfeier, in Gegenwart Hitlers und mit einer großen Zahl von Generälen und hohen Offizieren.

Alle diese Vorgänge rufen keinerlei Reaktionen Frankreichs hervor. Paris hofft noch, daß es bei einer begrenzten deutschen Aufrüstung bleibt. Auch England bewegt sich nicht. Es erwartet einen

positiven Abschluß des Flottenabkommens im Juni. Die Aufrüstung kann also vor aller Augen vor sich gehen. Im Herbst 1936 verfügt das Heer bereits über 36 Infanterie- und drei Panzerdivisionen. Im Kriegsfall können 73 Divisionen mobilisiert werden.
Die offene Aufrüstung zieht indes starke Belastungen der Wirtschaft nach sich. Rüstungsbetriebe der Reichswehr der zwanziger Jahre, meist im Zentrum des Landes gelegen, sind den neuen Erfordernissen der Wehrmacht nicht mehr gewachsen. Die Ruhr wird wieder zur ersten Rüstungsschmiede. Um sie zu schützen, wird eine Besetzung der entmilitarisierten Rheinlandzone notwendig. Ursprünglich erst für 1937 vorgesehen, wird sie schon am 7. März 1936 durchgeführt.
Es handelt sich um einen schier unglaublichen Überraschungscoup Hitlers und um einen schwerenVerstoß gegen die 1919 festgelegte und in Locarno erneuerte letzte Sicherheitsgarantie für Frankreich. Die militärische Besetzung des Rheinlandes verläuft zwar ohne jede Störung, aber der deutschen Generalität ist es anfangs nicht ganz wohl bei der Sache. Sogar Hitler bezeichnet später die 48 Stunden nach dem Einmarsch ins Rheinland als die »aufregendste Zeitspanne« in seinem Leben: »Wären die Franzosen damals ins Rheinland eingerückt, hätten wir uns mit Schimpf und Schande wieder zurückziehen müssen, denn die militärischen Kräfte, über die wir verfügten, hätten keineswegs auch nur zu einem mäßigen Widerstand ausgereicht.«
Aufgrund einer Reihe von Gründen, auf die hier nicht näher eingegangen werden kann – der Wahlkampf zur Nationalversammlung, mangelnde Entschlußkraft der militärischen Führung, tiefsitzender Pazifismus in der Bevölkerung, Zurückhaltung der Briten –, reagiert Frankreich nicht. Paris begnügt sich mit einem Protest beim Völkerbund.
Die Rheinlandbesetzung ist lange Gegenstand von leidenschaftlichen und oft irrtümlichen Kommentaren gewesen. Als Begründung für ein gegen internationale Verträge verstoßendes Unternehmen hat Hitler mit seinem üblichen Geschick die Ratifizierung des französisch-sowjetischen Paktes von 1935 durch das französische Parlament angeführt. Er empfand sie als gegen den Geist von Locarno gerichtet, womit er nicht so ganz unrecht hatte.[10]
Im Gegensatz zu einer weitverbreiteten Meinung ist die Besetzung nicht gegen den Willen der Wehrmachtsführung angeordnet worden. Aus logistischen Gründen und aus Furcht vor einer schnellen

und brutalen Reaktion Frankreichs hatte diese lediglich auf einer anfänglich mehr symbolischen Operation unter Einsatz einiger weniger Bataillone bestanden. Die Kapazität der Eisenbahnbrücken über den Rhein erlaubte außerdem keinen Transport von größeren Einheiten. Für den Fall eines französischen Einschreitens war den Truppen ein hinhaltendes Rückzugsgefecht hinter Rhein und Ruhr befohlen worden, um erst dann einen größeren Kampf aufzunehmen. Dies aber wurde nicht als Rückzieher empfunden.

1936 war das Reich also in der Lage, einen Krieg zu führen, wenn auch mit begrenzten Mitteln. In seinem Rheinland-Poker wußte sich Hitler der Unterstützung der Armee und der immensen Mehrheit des Volkes sicher, das sich niemals mit einer permanenten Demilitarisierung des linken Rheinufers und Teilsouveränität abgefunden hatte. Eine Niederlage wäre als eine nationale Demütigung empfunden worden und hätte das Prestige des Führers nur noch erhöht.

Nach der Rheinlandbesetzung erfährt die deutsche Wiederaufrüstung eine Phase neuer Beschleunigung, die erst durch den Kriegsausbruch unterbrochen wird. Im Herbst 1936 wird der Wehrdienst auf zwei Jahre verlängert. Die Wehrmacht wächst damit auf einen Mannschaftsbestand von einer Million Mann und verfügt im September 1939 über 50 aktive Divisionen, davon sechs Panzer-, sechs motorisierte Infanteriedivisionen und vier Kavalleriedivisionen. Der Anschluß Österreichs und die Zerschlagung der Tschechoslowakei haben ihre Schlagkraft mit der Aufnahme von acht österreichischen Divisionen und der gesamten tschechischen Rüstungsindustrie erheblich erhöht. Von nun an tritt die Aufrüstung des Heeres zurück, um der der Luftwaffe Platz zu machen. Bis 1942 wird diese ihre Stärke vervierfachen und dann 20 000 Kampfflugzeuge umfassen. Ab 1938/1939 kommt die Aufrüstung auch der Marine zugute, die den Plan Z auflegt und damit ihre Tonnage auf über eine Million erhöht, das Zehnfache der Flotte von 1933.[11] Diese Flottenvergrößerung ist Folge einer großen strategischen Veränderung. Noch vor der Sudetenkrise von 1938 glaubt Hitler nicht mehr an eine Allianz mit Großbritannien. Die Royal Navy wird zum Seekriegsgegner Nummer eins, Frankreich fällt auf den zweiten Rang zurück. Als London am 28. April 1939 Beistandsgarantien an Polen, Rumänien und Griechenland gibt, kündigt Hitler das Londoner Flottenabkommen vom Juni 1935. Er akzeptiert den Plan Z der Kriegsmarine und stellt sich damit auf einen künf-

tigen Konflikt mit Großbritannien ein. Hitler besteht darauf, daß der ursprünglich für 1947/1948 vorgesehene Plan Z bis spätestens 1945 verwirklicht wird.
Der Plan Z ist eine Synthese der Theorien Hitlers und Raeders. Immer besessen von seinen großen Schiffen, besteht der Führer auf dem Bau von sechs großen Einheiten der M-Klasse von je 56000 Tonnen und einer Bestückung mit 40,6-Zentimeter-Geschützen. Zwei werden noch vor September 1939 aufgelegt. Wenn sie auch an Zahl den anderen unterlegen bleiben muß, will die Kriegsmarine in der Qualität überlegen bleiben. Die japanische Marine verfolgt übrigens mit ihren Schiffen der Jamato-Klasse das gleiche Ziel. Zu dem neuen Schlachtschiffverband sollen schwere und leichtere Kreuzer für den Kaperkrieg im Atlantik treten. Der Plan Z sieht weiterhin den Bau von zwei zusätzlichen Flugzeugträgern, leichten Kreuzern, Zerstörern sowie 225 U-Booten vor. Auch sollen 55 Marineflieger-Staffeln aufgestellt werden.
Nach dem Krieg ist vielfach kritisiert worden, daß die Vorschläge von Dönitz nicht befolgt wurden. Anstatt sich in ein grandioses, an die Grenzen der wirtschaftlichen Kraft Deutschlands gehendes Schiffsbauprogramm zu stürzen, hätten Hitler und Raeder sich besser für den Bau einer starken U-Boot-Flotte entscheiden sollen. Hätte die deutsche Marine zu Anfang des Krieges über eine Flotte von 300 U-Booten mit einer durchgehenden Größe von jeweils 500 Tonnen verfügt, hätte diese die britischen Seeverbindungen nachhaltig gefährden können.
Diese These bedarf indes einer Korrektur. Im September 1939 ist Dönitz nur einer unter vielen Kapitänen zur See, und wenn er auch schon mit der Ausbildung der neu aufgestellten U-Boot-Flottillen betraut ist, so ist sein Einfluß auf die Marineführung noch gering. Dönitz ist skeptisch hinsichtlich der Nutzung großer Überseeschiffe und glaubt, wie Raeder, an die Zukunft einer U-Boot-Waffe, auch wenn deren Wirkung eingeschränkt erscheint durch die Einführung des Geleitzugsystems und eines neuartigen Gerätes zur Aufspürung von Unterwasserschiffen durch Ultraschall (ASDIC). So tritt Dönitz erst kurz vor Ausbruch des Krieges mit dem Vorschlag des Baus einer U-Boot-Flotte von 300 Einheiten unterschiedlicher Größe hervor.
Dönitz' Position unterscheidet sich zu diesem Zeitpunkt nicht wesentlich von der Raeders. Dieser hat soeben das 139. U-Boot in Auftrag gegeben. Der Admiral scheint noch entschlossen, das

Londoner Zusatzabkommen von 1936 zu respektieren, welches den totalen U-Boot-Krieg untersagt und nur den Angriff auf Kriegsschiffe und Truppentransporter gestattet.
Die größte Divergenz besteht zwischen Hitler und Raeder und betrifft die Nutzung der neuen »großen und gleichberechtigten« Kriegsmarine. Hitler verfolgt mit dem Plan Z eine Abschreckungspolitik gegenüber Großbritannien, während Raeder einen Konflikt für das Jahr 1945 nicht ausschließt. Nach seinen eigenen Worten sucht er die »Lösung des englischen Problems« – die Rache für Scapa Flow.
Raeder schließt die »große Schlacht« entsprechend früheren Vorstellungen nicht aus. Aber er zieht ihr den Einsatz von Kampfgruppen im Atlantik vor. Sie sollen die Handelswege des Reiches schützen und zusammen mit U-Booten feindliche Truppentransporte unterbinden. Nach dem Beitritt Deutschlands zur Londoner Konferenz von 1936 rückt die Perspektive eines allgemeinen Handelskrieges nach dem Muster von 1915 oder von 1917/1918 erst einmal in weite Ferne.
Vom Jahre 1938 an setzt also eine forcierte Aufrüstung ein, die alle drei Wehrmachtteile – das Heer, die Luftwaffe und die Marine – zugleich erfaßt. Man muß sich fragen, wie Deutschland sich einer solchen gigantischen Aufgabe gewachsen zeigen konnte, zu der noch der Bau des Westwalls hinzukommt, der allein ein Fünftel des der Wehrmacht zugeteilten Stahls benötigt. General Thomas, Beauftragter für Wirtschaftsfragen in der Wehrmachtsführung, stellt mit Recht die Frage, ob es klug ist, die Aufrüstung »horizontal«, d. h. quantitativ zu betreiben und die »vertikale«, also die vorsorgliche Aufrüstung (Ausrüstung in Munition, Treibstoffen, Ersatzteilen) zu vernachlässigen.[12]
Es ist in der Tat schwer vorstellbar, wie ein einer Voll- oder Teilblockade unterworfenes Deutschland ohne eigene Ressourcen an Erdöl oder strategischen Rohstoffen die Bedürfnisse eines nahezu voll motorisierten Heeres, einer Marine von über einer Million Tonnen und einer Luftwaffe von 20000 Flugzeugen hätte befriedigen können.
Das Problem wird noch komplizierter durch das Nichtvorhandensein jeglicher Koordination unter den drei Wehrmachtsteilen. Der im April 1933 zum Reichskriegsminister und Oberbefehlshaber der Wehrmacht ernannte General von Blomberg hat praktisch keinerlei Autorität über Marine und Luftwaffe, die sich beide direkt an den

Führer wenden. Trotz seiner Verantwortung für den Vierjahresplan hat Göring nur einen begrenzten Einfluß auf die Industrie, der sich auf einige große Betriebe der synthetischen Industrie beschränkt.
Deutschland steht übrigens nicht allein diesem äußerst schwierig zu bewältigenden Problem der Ingangsetzung einer Kriegswirtschaft in Friedenszeiten gegenüber. Frankreich sollte im Kriegswinter 1939/1940 dieselben Schwierigkeiten haben. England hat im Jahre 1943 die gleichen Probleme, die nur mit amerikanischer Hilfe überwunden werden können. Sogar die Vereinigten Staaten sehen sich 1942, dem ersten Jahr ihres Kriegseintritts, größten Hindernissen bei der Umstellung ihrer Wirtschaft gegenüber – ihre Rüstungsproduktion läuft erst 1943 voll an.
In Deutschland kommt hinzu, daß die Wirtschaft im Jahre 1937 eine Überhitzung erfährt, die sich in hoher Inflation, Rohstoffmangel und Knappheit der Arbeitskräfte äußert. Die Arbeitslosigkeit ist inzwischen restlos beseitigt. Das Reich muß Arbeitskraft einführen, z. B. aus Italien. Spannungen treten auf, wenn es um Facharbeiter geht, die sich die Betriebe gegenseitig abjagen.
Entgegen einer weitverbreiteten Ansicht ist die Wirtschaft des Reiches keine Kriegswirtschaft, und das beachtliche Wachstum ist nicht alleinige Folge der Rüstungspolitik. Zwar wächst der Rüstungshaushalt zwischen 1933 und 1939 von 0,8 auf 130 Milliarden Reichsmark und dessen Anteil am Bruttosozialprodukt von einem auf 23 Prozent. Dieses allerdings hat sich im selben Zeitpunkt verdoppelt und entspricht etwa dem Großbritanniens. 1943 werden die Rüstungsausgaben des Reiches auf 60 Prozent des Bruttosozialprodukts steigen.[13]
Nichtsdestoweniger fließt ein großer Teil der Produktion in die großen industriellen Vorhaben des Regimes. Hitler nimmt sich persönlich der Motorisierung des Reiches an. Er errichtet die Volkswagenfabrik in Wolfsburg und läßt 5000 Kilometer Autobahnen bauen, die keineswegs nur strategischen Zielen dienen sollen. Sein Interesse für Architektur führt schon bald zu ins Unwirkliche gesteigerten Groß- und Monumentalbauten, für die er fünf »Musterstädte« bestimmt: Berlin, Nürnberg, München, Hamburg und Linz an der Donau. Andere Städte folgen diesem Beispiel.
Mit seinem megalomanen Städtebau folgt Hitler einem »eiskalten politischen Kalkül«: Nur mit solchen Prestigebauten kann man einem Volk das Bewußtsein seiner eigenen Größe vermitteln und es von der Gleichrangigkeit mit allen anderen Völkern, selbst dem amerikanischen, überzeugen.[14]

Der soziale Wohnungsbau wird darüber nicht ganz vernachlässigt, selbst wenn ein chronisches Defizit nicht beseitigt werden kann. Trotz eines praktischen Lohnstopps, abgemildert durch ein System von Zusatzstunden, Prämien und Ausbildungshilfen, gedeiht die Konsumwirtschaft. Entgegen den Worten Görings, das deutsche Volk ziehe die Kanonen der Butter vor, versuchen die Deutschen, beides miteinander zu verbinden. Am Vorabend des Kriegsausbruchs 1939 befindet sich die deutsche Wirtschaft somit in der Schwebe zwischen Friedens- und Kriegszustand.

Man muß sich fragen, ob die Rüstungsanstrengungen dieser letzten Vorkriegsjahre dem hohen Anspruch einer kontinentalen Strategie, der Errichtung eines »Großdeutschland«, der Niederwerfung Polens und der anschließenden Expansion nach Osten zur Schaffung neuen »Lebensraums« genügen konnten. Wiederholte das »Dritte Reich« mit dem Aufbau einer großen Marine nicht den Fehler, den Tirpitz zu Beginn des Jahrhunderts beging? Mit den erheblichen Etatmitteln für den Plan Z, die auf Kosten des Heeres und der Luftwaffe gingen, stürzte es sich in ein von vornherein verlorenes Rüstungswettrennen. Von 1937 an unternahm auch die Royal Navy ein großes Rundumerneuerungs- und Entwicklungsprogramm, das alle Chancen hatte, die Kriegsmarine binnen sieben Jahren weit zu überholen.

Keine der anderen Großmächte allerdings folgte im großen Rüstungswettrennen des Endes der dreißiger Jahre dem Beispiel des Reiches und forcierte ein globales Aufrüstungsprogramm. Frankreich gab seinem Heer und seiner Luftwaffe den Vorzug. Großbritannien konzentrierte sich auf seine Marine- und Luftstreitkräfte, reduzierte sein Heer auf 30 Divisionen. Die Sowjetunion warf ihre Anstrengungen auf Heer und Luftwaffe. Die USA schließlich beschränkten ihre industrielle Macht auf die Errichtung einer Flotte für beide Ozeane und einer kraftvollen Luftstreitmacht. Aus dem ursprünglichen Rüstungsziel von 200 Divisionen wurden schließlich nur 90, davon 16 gepanzerte.

Die Aufrüstung des Reiches, die bereits in den letzten Jahren des Weimarer Regimes einsetzte, hat sich in vollem Einklang zwischen Hitler und der Wehrmachtsführung vollzogen. Das gleiche gilt für die Besetzung des Rheinlandes. Ernsthafte Spannungen aber haben sich zwischen beiden Partnern gleichzeitig in der politischen und vor allem in der strategischen Zielsetzung ergeben.

2
Gleichschaltung

Die Anfänge des Dritten Reiches sind sattsam bekannt. Sie sind gekennzeichnet von einer schnellen und totalen Eroberung der politischen Macht. Kaum einen Monat nach Hitlers Berufung zum Reichkanzler, am 27. Februar 1933, dient der Brand des Reichstages dem neuen Regime zur völligen Unterwerfung der Gegner mit dem Verbot der kommunistischen Partei und der Errichtung der ersten Konzentrationslager. Wenige Wochen später bringen Neuwahlen Hitler zwar nicht die absolute Mehrheit im Reichstag, aber immerhin 288 von 647 Sitzen. Das genügt ihm, auch die SPD auszuschalten und andere politische Formationen zur Selbstauflösung zu zwingen. Im Sommer 1933 verfügt Hitler über die ausschließliche politische Vollzugsgewalt und regiert mit einer Einheitspartei. Deutschland hat sich über Nacht in einen totalitären Staat verwandelt.

Die Gleichschaltung erstreckt sich auch auf die Gewerkschaften. Sie verschwinden und werden durch eine Einheitsgewerkschaft, die »Arbeitsfront«, ersetzt. Die Mitgliedschaft ist Zwang. An ihrer Spitze steht Robert Ley. Gleichgeschaltet werden nach und nach die Wirtschaft und die Kirchen, denen man jede Einmischung in die Politik verbietet und die sich auf eine strikte Betätigung im geistlichen Bereich beschränken müssen.

Nur die Armee kann sich anfangs noch der Übernahme entziehen, wenn sie auch einige Umbesetzungen im hohen Kommandobereich seitens des Regimes hinnehmen muß. Hitler behält Blomberg zunächst auf seinem Posten als Reichswehrminister bei, der ihm von Reichspräsident Hindenburg aufgenötigt wurde. Aber der General von Hammerstein als Chef der Heeresleitung wird durch von Fritsch ersetzt. Die Umbesetzungen betreffen schließlich 40 höhere Offiziere.

Zu Beginn des Dritten Reiches stehen sich Hitler und die Armee distanziert in einer Phase der Beobachtung gegenüber. Den Generälen bringt der neue Reichskanzler gemischte Gefühle entgegen, irgendwo zwischen Bewunderung und Mißtrauen. Wie die meisten Deutschen bewundert er die bemerkenswerte operative Kompetenz der militärischen Führung. Auf der anderen Seite empfindet er, wie die meisten ehemaligen Frontsoldaten, eine Verbitterung dem hohen Offizierskorps gegenüber, dem er vorwirft, die Leiden und Opfer der Soldaten unnötig vermehrt zu haben. »Man hätte alle Generäle des Ersten Weltkriegs zum Teufel jagen sollen«, wird er später einmal in seinen Tischgesprächen sagen.

Während seiner Kampfzeit hatte es keinen direkten Zusammenstoß mit der Armee gegeben, aber mit einigen ihrer Chefs, so z. B. mit dem General von Lossow beim Novemberputsch 1923, wenngleich auch von Lossow damals in offenem Aufruhr gegenüber der Regierung stand. Hitler hat auch die undurchsichtige Haltung des Generals von Schleicher, Reichswehrminister und Reichskanzler während der letzten Monate der Weimarer Republik, übelgenommen.

Trotz beruhigender Worte des Präsidenten Hindenburg an die Armee nach der Machtergreifung Hitlers, sie möge doch vertrauensvoll mit der neuen Führung zusammenarbeiten, verharrt der neue Kanzler der Reichswehr gegenüber in einer extrem vorsichtigen Haltung. Was er will, ist die Unterwerfung des Offizierskorps. Aber dieses Ziel braucht Zeit und Geduld. In gewisser Hinsicht ist die große Feier des »Tages von Potsdam« am 21. März 1933 in der Garnisonkirche mit dem Grab des großen Friedrich eine Warnung für Hitler, selbst wenn dieser unbekannte Soldat des Ersten Weltkriegs lange die Hand des greisen Feldmarschalls von Hindenburg drückt. Zwei Armeen stehen sich unversöhnlich gegenüber: die Reichswehr und das braune Heer der Hitlerschen Sturmabteilungen.

Auch die Reichswehr hält sich zunächst bedeckt dem neuen Mann gegenüber. Die deutsche Armee hat sich seit 1914 stark verändert. Das elitäre Offizierskorps ist weitgehend homogen geblieben. Aber es ist kein Orden, keine Kaste mehr, die nicht den öffentlichen Gerichten unterworfen ist und ihre eigene Ehrengerichtsbarkeit kennt. Nach der Ausrufung der Republik beherrscht sie nicht mehr den Staat, und sie untersteht nicht mehr dem alleinigen Willen eines Monarchen.

Die Reichswehr leistet den Eid auf die Verfassung und steht unter dem Oberbefehl des Reichspräsidenten. Sie kann gegen einen auswärtigen Gegner eingesetzt werden zur Verteidigung des Reiches, aber ebenfalls zur Wiederherstellung der Ordnung im Inneren, im Rahmen von Ausnahmegesetzen, über die das Staatsoberhaupt in außergewöhnlicher Machtfülle verfügt.

So war es z. B. 1923, bei der Ruhrbesetzung, als es galt, in Hamburg, in Bayern und in Sachsen spartakistische Aufstände niederzuwerfen. Immer aber hat sich die Reichswehr an die strikten Regeln ihres ersten Oberbefehlshabers General von Seeckt gehalten, sich aus allen politischen Streitigkeiten herauszuhalten.

Mit der Wahl Hindenburgs zum Reichspräsidenten im Jahre 1925 rückt die Stellung der Armee im Staate wieder in eine relative Nähe zu der, welche sie im Kaiserreich eingenommen hatte. Die Mehrheit der Offiziere wünscht sich jetzt eine Rückkehr zur Monarchie, und dies erscheint nicht ausgeschlossen. Den größten Einfluß auf den Staat wird die Reichswehr schließlich am Ende der Weimarer Republik ausüben, unter den Kabinetten von Papen und Schleicher. Unter dem weitverbreiteten Trauma einer tiefen wirtschaftlichen Krise, einer entmutigend instabilen politischen Situation, gekennzeichnet von ständigen Kämpfen von imponierenden »politischen Armeen«, wie dem »Stahlhelm« der Deutschnationalen, dem »Reichsbanner Schwarz-Rot-Gold« der Sozialdemokraten und des Zentrums, der »Roten Fahne« der Kommunisten und den braunen und schwarzen Stoßtrupps der nationalsozialistischen Partei ist sie letzte Zuflucht und einziger ruhender Pol.

Bei Hitlers Machtübernahme spürt die Armee den Gezeitenwechsel. Diesmal handelt es sich nicht um eine weitere Episode oder ein neues Kapitel der Geschichte der Republik. Diesmal hat man ein vollkommen neues Phänomen vor Augen: die Einrichtung eines neuen Regimes totalitären Zuschnitts. Das alte Regime war an Entkräftung zugrunde gegangen, nachdem alle denkbaren politischen Kombinationen erschöpft waren. Hitlers Erscheinen wird als das kleinere Übel empfunden.

Die Methoden der neuen Herren sind es nicht, die die Offiziere beunruhigen und zunächst in abwartender Haltung verharren lassen, wie die Abschaffung der Demokratie und der Grundfreiheiten, die Errichtung einer Einheitspartei und die Ausschaltung der Linken oder die Appelle an die nationale Einheit und die nationale Verteidigung. Ganz im Gegenteil.

Ohne die geringste Gegenwehr wird auch in der Wehrmacht das von Reichswehrminister Blomberg auf die Streitkräfte angewandte Gesetz vom 7. April 1932 über die Neufassung des Beamtenstatuts akzeptiert, welches die Juden aus öffentlichen Funktionen ausschließt. 50 Personen fallen schließlich dieser Maßnahme zum Opfer. Auch das neue Parteiemblem der NSDAP, der Adler, der ein Hakenkreuz in seinen Klauen trägt, wird ohne Murren auf Mütze und Waffenrock der Uniform genäht. Die grelle rote Fahne mit dem Hakenkreuz als neue Nationalflagge erregt ebenfalls kein Mißfallen.

Dagegen bleibt die Armeeführung unnachgiebig in zwei Punkten: Sie muß einziger Waffenträger der Nation bleiben, und sie muß ein Mitspracherecht in der Außenpolitik haben, sobald die diplomatischen Aktivitäten des Reiches auf einen bewaffneten Konflikt hinauszulaufen drohen.

Was den ersten Punkt angeht, so ist es die Struktur der Partei als solche, die die Offiziere beunruhigt. Es gibt eine große »braune Armee« von SA-Männern, deren Haltung zweideutig ist. Nach dem Urteil von General Schleicher ist die nationalsozialistische Partei noch keineswegs innerlich gefestigt. Hitler beherrscht zwar den Apparat, aber er muß mit Ambitionen seiner Unterführer rechnen. Gregor Strasser sieht sich als Nummer zwei der Partei und Nachfolger Hitlers. Noch beunruhigender ist die Haltung des Hauptmanns Röhm, Schöpfer und Organisator der Sturmabteilungen. Man verdächtigt den Mann, eine »zweite Revolution« zu betreiben, die zur Verstaatlichung der Industrie und zu revolutionären sozialen Reformen führen soll.

Röhms Sturmabteilungen erleben nach der Machtergreifung einen enormen Zuwachs durch die Aufnahme Zehntausender von bekehrten Mitgliedern der aufgelösten »Roten Front«. Hinzu kommen die Truppen des »Stahlhelm«. Schließlich umfaßt Röhms »Armee« drei Millionen Mann, ein furchtgebietender Haufen. Röhm wird auch verdächtigt, seine SA im Zuge einer radikalen Reform der Reichswehr in die Armee eingliedern zu wollen. Er möchte gerne Verteidigungsminister werden und aus seiner Gefolgschaft das Territorialheer machen, das ursprünglich als zweite »Milizarmee« neben der Reichswehr vorgesehen war. Aber es geht nicht mehr um eine Stärke von 100 000, sondern von zwei Millionen Mann, die das alte Berufsheer nach und nach absorbieren würden. Ohne die allgemeine Wehrpflicht einführen zu müssen, würde das Reich damit über eine große nationale »Volksarmee« verfügen.

Im Ausland ist das Anwachsen der SA natürlich nicht verborgen geblieben. Es ist der erklärten Friedenspolitik gegenüber den Westmächten abträglich und erschwert die parallel dazu betriebene heimliche Aufrüstung. Die Gespräche mit Frankreich und Großbritannien werden beherrscht vom Thema SA.

Die gegen Röhm vorgebrachten Anschuldigungen sind stark übertrieben. Sie enthalten eine gute Dosis Gerede und böswillige Gerüchte. Gewiß sind die Befürchtungen der Armee nicht pure

Einbildung. Seit 1931, also schon zwei Jahre vor der Machtergreifung, ist die SA bereits mit der Wehrertüchtigung der künftigen Rekruten der Reichswehr betraut.* Diese behält sich die eigentliche militärische Ausbildung vor. Aber die SA beachtet nicht immer die Grenzen, betreibt »Wehrsport« und kauft sogar heimlich Waffen zur Schießausbildung ihrer paramilitärischen Einheiten.
Röhm weckt schließlich die Eifersucht der übrigen hohen Parteigenossen. Man wirft ihm Großmannssucht vor, Hang zu Luxus und Schlemmerei, Vorliebe für prächtige Automobile und sogar eine gewisse homosexuelle Neigung. Auch mit der Disziplin seiner Truppe soll es nicht zum besten stehen, und die Qualität der Rekrutierung läßt angeblich bedenklich nach.
Drei Männer haben es auf ihn abgesehen: General von Reichenau, Chef des Ministeramtes bei Blomberg, entschlossen, das Primat der Armee im Namen des Offizierskorps durchzusetzen, Göring, entschlossen, sich nicht vom Platz der Nummer zwei verdrängen zu lassen, und schließlich Himmler, der »Mann vom anderen Stern«, entschlossen, die Vorherrschaft der SS über die SA zu gewinnen.[1]
Im Frühjahr 1934 erreicht die Verschwörung gegen Röhm ihren Höhepunkt. Trotz seines politischen Flairs läßt auch Hitler sich beeinflussen und glaubt an einen Putschversuch Röhms und der SA, der dann zur »zweiten Revolution« führen und unweigerlich einen blutigen Bürgerkrieg unter Einschaltung der Armee nach sich ziehen müßte. Papen warnt in seiner Rede in Marburg sogar vor einer Militärdiktatur.
Hitler hat lange gezögert, aber jetzt schlägt er zu. Er will Röhm ausschalten und die SA entmachten, von der mehrere Führer, wie Lutze, Hitler total ergeben sind. Wie so oft in der Geschichte des Dritten Reiches wird auch diesmal ein scheinbar nebensächliches Ereignis Hitlers Entscheidung beschleunigen: Die Nachricht von der ernsthaften Erkrankung des Reichspräsidenten von Hindenburg konfrontiert ihn unvermittelt mit der Frage der Nachfolge des alten Soldaten.

---

* Das trifft so nicht zu. Es gab keinen derartigen Auftrag an die SA, und diese hätte auch nicht alle zukünftigen Rekruten erfassen können, sondern nur soweit diese SA-Mitglieder waren. »Wehrertüchtigung« wurde allerdings betrieben, aber auch in der Hitlerjugend und im Stahlhelm, solange dieser existierte.

Diese Perspektive ist schon seit geraumer Zeit Gegenstand eines Geheimabkommens zwischen der Armee und dem Kanzler. Bei einer Konferenz an Bord des Panzerschiffs »Deutschland« am 12. April 1934, an der neben Hitler die Generäle Blomberg und Fritsch teilnehmen, hat man sich darauf geeinigt, daß die Armee nichts gegen eine Nachfolge Hindenburgs durch Hitler hat, wenn diese verbunden ist mit einer schnellen und substantiellen Verminderung der Bestände der SA.[2]

Von nun an werden sich die Ereignisse überschlagen und in die »Nacht der langen Messer« am 30. Juni münden. Am 25. Juni wird die Reichswehr im gesamten Reichsgebiet in Alarmzustand* versetzt. Schon drei Tage vorher war die SS mobil gemacht worden. Am 29. Juni läßt General von Blomberg im »Völkischen Beobachter« wissen, daß die Armee voll hinter Kanzler und Reich stehe.

Am Tage darauf setzt die große Abrechnung ein. Sie wird einige Tage dauern. Mehrere Dutzend höhere SA-Führer werden ohne Urteil standrechtlich erschossen. Der Homosexualität Verdächtige erhalten einen Genickschuß. Röhm weigert sich, dem Befehl zum Selbstmord nachzukommen, und wird zwei Tage nach seiner Verhaftung in seiner Zelle liquidiert. Hitler nutzt die Gelegenheit und entledigt sich Gregor Strassers sowie der Generäle von Bredow und Schleicher. Letzterem hat er nie seine Intrigen gegen ihn vergessen. Alles in allem zählt man 90 Hinrichtungen und Hunderte von Verhaftungen.

Gleichwohl verschwindet die SA nicht ganz. Aber sie wird durchkämmt, ihre Stärke beschnitten. Der neue Chef heißt Viktor Lutze. Unter Kontrolle der Armee darf die SA weiter Wehrsport betreiben und künftige Rekruten auf den Wehrdienst vorbereiten. Aber das Tragen von Waffen bleibt ihr strikt untersagt.

Die Armee kann mit dem Ergebnis zufrieden sein, bis auf einen Punkt: Der große Sieger dieser »Nacht der langen Messer« heißt Himmler. Er erhält die Erlaubnis, vier motorisierte Regimenter aufzustellen. Hitler beeilt sich zu versichern, daß dies keine Einschränkung des Waffenträger-Monopols der Militärs ist. Die vier

---

* Das geschah für die Truppe erst am 29. Juni vormittags. Von Hitlers Absichten für eine Abrechnung wußte der Chef der Heeresleitung, General Frhr. von Fritsch, nichts. Er hat mir (er war mein Onkel), als ich ihn später danach fragte, gesagt, daß nur Reichenau und Blomberg vorher orientiert waren.

neuen Einheiten, »SS-Leibstandarte«, »Adolf Hitler«, »Germania« und »Das Reich«, sind, wie er sagt, nur eine Prätorianergarde, der der Schutz seiner Person und die Aufrechterhaltung der inneren Ordnung obliegt. In Wahrheit stellen diese Regimenter in einem immer mehr um sich greifenden »SS-Staat« die Basis für die künftige Waffen-SS dar, die ab 1943 zu einem ernsthaften Rivalen der Armee wird.

Noch vor dem Ende des reinigenden Gewitters manifestiert sich die Genugtuung des Offizierskorps in einem Tagesbefehl Blombergs vom 1. Juli an die Truppe, der einem Akt der Unterwerfung gleichkommt.

»Der Führer hat mit soldatischer Entschlossenheit und vorbildlichem Mut die Verräter und Meuterer selbst angegriffen und niedergeschmettert. Die Wehrmacht als der Waffenträger des gesamten Volkes, fern vom innerpolitischen Kampf, wird danken durch Hingebung und Treue! Das vom Führer geforderte gute Verhältnis zur neuen SA wird die Wehrmacht mit Freude pflegen im Bewußtsein der gemeinsamen Ideale. Der Alarmzustand ist überall aufgehoben.«

Auch Hindenburg übermittelt dem Reichskanzler am 2. Juli ein Dankestelegramm:

»Aus den mir erstatteten Berichten ersehe ich, daß Sie durch Ihr entschlossenes Zugreifen und die tapfere Einsetzung Ihrer eigenen Person alle hochverräterischen Umtriebe im Keime erstickt haben. Sie haben das deutsche Volk aus einer schweren Gefahr gerettet. Hierfür spreche ich Ihnen meinen tiefempfundenen Dank und meine aufrichtige Anerkennung aus.«

Auch die Armee pflichtet einem Dekret des Reichskabinetts vom 3. Juli bei, das die Ereignisse des 30. Juni als legitim und voll mit dem Recht des Staates auf Notwehr im Einklang befindlich einstuft.

Einziger Mißklang in diesem Konzert der Zustimmung: der mutige und energische Protest des Generals von Hammerstein und des greisen Generalfeldmarschalls Mackensen gegen die Ermordung der Generäle Schleicher und von Bredow. Erst 1935 wird Hitler die beiden Generäle in der Krolloper vor einer Gruppe von Offizieren rehabilitieren.

Die Zeit schreitet rasch voran. Am 1. August 1934 schließt Generalfeldmarschall von Hindenburg auf seinem Gut Neudeck die Augen. In Übereinstimmung mit der Abmachung auf der

»Deutschland« verkündet Hitler sofort, daß die Funktionen des Reichspräsidenten und des Reichskanzlers von jetzt ab in einer Person vereinigt und auf ihn übergehen werden. Er ernennt sich zum »Führer und Reichskanzler«. Am 19. August läßt er sich den Erlaß in einer Volksabstimmung von 89 Prozent der Wähler bestätigen.

Schon am 2. August haben alle hohen militärischen Befehlshaber – Blomberg, Fritsch und Raeder – den Treueid auf Hitler geleistet. In allen Kasernen und auf allen Schiffen sprechen am gleichen Tage Soldaten und Matrosen den neuen Eid, dessen Wortwahl nicht den geringsten Zweifel läßt:

»Ich schwöre bei Gott diesen heiligen Eid, daß ich dem Führer des Deutschen Reiches und Volkes, Adolf Hitler, dem Oberbefehlshaber der Wehrmacht, unbedingten Gehorsam leisten und als tapferer Soldat bereit sein will, jederzeit für diesen Eid mein Leben einzusetzen.«

Die Armee glaubt, mit der Niederwerfung der »Röhm-Revolte« einen großen Sieg errungen zu haben. Sie sieht ihrem Anspruch, alleiniger Waffenträger der Nation zu sein, voll Genüge getan und damit der Gefahr, in einem Massenheer aufzugehen, entronnen zu sein. Der eigentliche Sieger dieser Kraftprobe aber ist Adolf Hitler. Er hat seine Autorität über die Partei gefestigt, den Westmächten neues Vertrauen eingeflößt und vor allem seinen Einfluß auf die Wehrmacht entscheidend vermehrt. In einem Erlaß über die Wehrmacht, am 16. März 1935 von Blomberg im Kabinett vorgelegt, läßt er sich als Chef des Staates und Chef der Regierung offiziell bestätigen.[3]

Paragraph 3 des Erlasses legt fest, daß »der Führer und Reichskanzler Oberster Befehlshaber der Wehrmacht« ist und unter seiner Oberaufsicht der Reichskriegsminister als Oberbefehlshaber der Wehrmacht vorsteht.

Während der drei folgenden Jahre wird zwischen Armee und Staatsgewalt eine große Harmonie herrschen. Die zunächst verdeckte, dann offene Aufrüstung findet im Offizierskorps volle Zustimmung. Sie erfüllt die kühnsten Träume, die man noch 1933 hegen konnte. General von Reichenau gibt das Gefühl seiner Kameraden so wieder: »Es hat noch keinen Staatsmann in Deutschland gegeben, der der Armee eine solche Fülle von Entwicklungsmöglichkeiten geboten hat, wie der Reichskanzler Adolf Hitler.«

Im Gegensatz zu einer weitverbreiteten Auffassung gibt es kei-

nerlei Kritik der Offiziere am Tempo der Aufrüstung, auch wenn der überstürzte Ausbau von sieben auf 36 Großverbände ohne die gepanzerten und motorisierten Divisionen in den Jahren 1936/1937 zu einer vorübergehenden operativen Schwäche der Armee führt. Die Zurückhaltung der Wehrmachtsführung während der Rheinlandbesetzung, die ein Jahr früher als von der Planung vorgesehen abläuft, hat ausschließlich logistische Gründe, die sich auf die ungenügende Kapazität der Rheinbrücken beziehen.* Das Nichteinschreiten der Westmächte und die verblüffend schnelle Beendigung der Krise führen jedenfalls auch den letzten Zweiflern den außerordentlichen politischen Instinkt des Führers vor Augen.
Der Honigmond zwischen Hitler und den Militärs dauert das ganze Jahr 1936 hindurch an, das gekennzeichnet ist vom großen Erfolg der Olympischen Spiele, und sogar noch das Jahr 1937. Das Regime hat sich nach tumultuösen Anfängen scheinbar stabilisiert. Es wird endlich »respektabel«. Die erste Vertrauenskrise tritt ein am 5. November 1937 bei einer geheimen Zusammenkunft in der Reichskanzlei, deren Inhalt von Oberst Hoßbach, dem Adjutanten der Wehrmacht bei Hitler, später aus dem Gedächtnis aufgezeichnet worden ist. Teilnehmer an der Sitzung sind außer Hitler Außenminister von Neurath, General Blomberg sowie die Befehlshaber der drei Wehrmachtsteile, von Fritsch, Göring und Raeder.[4]
Hitler führt zunächst aus, daß das Reich niemals zu einer wirtschaftlichen Autarkie finden und seinen Mangel an Rohstoffen und Nahrungsmitteln nur durch Exporte ausgleichen könne. Der Erwerb ausreichenden Lebensraumes werde daher unvermeidlich sein. Dieser Raum betreffe zunächst Österreich und die Tschechoslowakei, die beide »blitzartig schnell« zu besetzen und dem Großdeutschen Reich einzuverleiben seien. In der Folge könne man eine Ausdehnung in Richtung Polen und vor allem der Ukraine ins Auge fassen.
Hitler verheimlicht nicht die Schwierigkeiten eines solchen Unternehmens. Aber, so fragt er, hätten nicht Männer wie Friedrich

---

* Dies trifft nicht zu. Die Kapazität der Rheinbrücken reichte aus. Die Besetzung des Rheinlandes mit relativ geringen Kräften hatte den Grund, daß man die Masse der Armee östlich des Rheins belassen wollte. Die Abwehr eines französischen Angriffs, mit dem man ja rechnen mußte, war damals nur am Rhein und östlich davon möglich.

der Große oder Bismarck sehr viel größere Risiken auf sich genommen und letzten Endes triumphiert? Hitler ignoriert auch nicht das Vorhandensein von Garantieverträgen für Österreich und die Tschechoslowakei. Aber man kenne ja den Wert von Verträgen, im übrigen könne eine Expansionspolitik erleichtert werden durch innere Krisen in Frankreich oder einen Konflikt Frankreichs und Großbritanniens mit Italien am Mittelmeer, etwa im Zusammenhang mit dem Bürgerkrieg in Spanien. Somit biete sich die Möglichkeit, sich Österreichs und der Tschechoslowakei mit friedlichen Mitteln zu bemächtigen. Gleichwohl dürfe man einen bewaffneten Konflikt nicht ausschließen. Jedenfalls sei es sein »unabänderlicher Entschluß«, spätestens 1943 die Frage des deutschen Raumes zu lösen, da die deutsche Rüstung zu veralten drohe. Möglich wäre auch ein Auslösen schon im Jahre 1938.

Die Ausführungen Hitlers werfen eine grundsätzliche Frage auf: die Frage nach dem Privileg der Armee, über militärische Implikationen der Außenpolitik gehört zu werden. Während Raeder zuzustimmen scheint, machen Blomberg, Fritsch und sogar Göring Einwände. Die deutsche Armee sei auf einen Konflikt in Europa nicht vorbereitet, sagen sie. Drei Tage später präsentiert Fritsch, in voller Übereinstimmung mit seinem Generalstabschef General Beck, dem Führer ein Memorandum, in dem seine Bedenken aufgeführt werden. Diese Bedenken werden von Hitler sofort beiseite gefegt, und der Oberbefehlshaber der Armee muß sich von seinem Chef einen Mangel an Mut vorwerfen lassen.

Hitler verhehlt nicht seine Enttäuschung. Wie es seine Gewohnheit ist, nutzt er die Gelegenheit, seinen Generälen die Leviten zu lesen und damit seinen Einfluß auf die Wehrmacht noch zu verstärken. Blomberg heiratet wenige Tage später eine Sekretärin seines Ministeriums. Ein vertraulicher Polizeibericht weist nach, daß die Dame seit langem bei den Behörden als Prostituierte gemeldet ist. Gleichzeitig wird aufgrund eines scheinbar glaubwürdigen Zeugen der Heeresoberbefehlshaber von Fritsch der Homosexualität beschuldigt. Das Offizierskorps reagiert auf beide Vorkommnisse mit Entsetzen. Einige Herren empfehlen Blomberg, sich das Leben zu nehmen.

Weder im einen noch im anderen Fall scheint es Intrige oder böse Absicht gegeben zu haben.[5] Der Polizeibericht im Fall Blomberg erweist sich als korrekt, während die Anschuldigungen gegen Fritsch auf einer offensichtlich irrigen Zeugenaussage beruht ha-

ben. Fritsch wird umständlich rehabilitiert und wieder in das Heer aufgenommen. Er fällt 1939 im Polenfeldzug an der Spitze seines Regiments.*
Zunächst aber ersucht man Blomberg, aus gesundheitlichen Gründen zurückzutreten, und versetzt Fritsch in den einstweiligen Ruhestand. Hitler ernennt den General von Brauchitsch zu seinem Nachfolger. Brauchitsch ist ein reinrassiger Repräsentant der preußischen Traditionen, aber dem Staatschef gegenüber fühlt er sich in einer Schuld. Nach einer schwierigen Scheidung von seiner ersten Frau ist er von Hitler mit viel Verständnis behandelt worden, und seine zweite Frau ist eine überzeugte Nationalsozialistin.
Blomberg dagegen wird nicht ersetzt. Hitler selbst tritt seine Nachfolge an, er fügt seinen Ämtern das des Reichskriegsministers hinzu und gründet mit dem OKW einen neuen, übergeordneten Generalstab über den drei Wehrmachtsteilen, mit General Keitel an der Spitze und Jodl als Chef der Operationsabteilung.
Beide werden bis 1945 im Amt bleiben, zwei der ganz seltenen Ausnahmen in der Besetzung der höchsten Funktionen. Keitel ist ein Arbeitstier, gelehriger und exemplarischer Gefolgsmann Hitlers, absolut in seiner Treue zum Führer. Bald hat er seinen Spitznamen weg: Lakeitel. Jodl ist von anderem Stoff. Auch er ist dem Führer zutiefst ergeben und glaubt an dessen militärisches Genie. Aber er ist ein unabhängiger Charakter und gilt als der beste Kopf der Wehrmacht.
Mit der Schaffung des OKW ist ein Hindernis beseitigt worden: die Person Blombergs, der die Wehrmacht als Reichskriegsminister und Oberbefehlshaber dem direkten Einfluß Hitlers noch entzogen hatte. Jetzt ist der Führer beides zugleich und damit die Armee in ihren drei Teilstreitkräften Wehrmacht-Heer, Wehrmacht-Luftwaffe und Wehrmacht-Marine total seinen Direktiven unterworfen.

---

* Die Darstellung der Blomberg-Fritsch-Krise ist zu sehr vereinfacht und läßt die weit in die Zukunft reichenden Folgen nicht erkennen. Die Vorgänge waren viel komplizierter. Tatsächlich waren es zwei Krisen, die zeitlich zusammenfielen, aber zunächst keinen inneren Zusammenhang hatten. Was Blomberg angeht, braucht man von einer Intrige nicht zu sprechen, wohl aber bei Fritsch. Sie wurde von Heydrich und Himmler in Gang gesetzt, um Fritsch auszuschalten und zu verhindern, daß er Nachfolger Blombergs wurde. Hitler ergriff die sich ihm bietende Gelegenheit, sich des Generalobersten zu entledigen, der ihm in verschiedener Hinsicht im Wege stand.

Trotzdem bleibt es bei Irritationen zwischen Heer und der neuen Führung. Der Anschluß Österreichs im März 1938 hatte reibungslos funktioniert und trotz der Bedenken des OKH keine Krise hervorgerufen. Konfliktpotential häuft sich dagegen bei der Sudetenkrise auf. Benesch ordnet im Anschluß an die Österreichbesetzung Ende März eine Teilmobilisierung der tschechischen Armee an, obwohl noch keine direkte Bedrohung an seinen Grenzen auftritt. Hitler nutzt dies; unterzeichnet am 30. Mai seine Weisung »Grün« und beauftragt das OKW, einen entsprechenden Operationsplan auszuarbeiten: »Es ist mein unabänderlicher Entschluß, die Tschechoslowakei in absehbarer Zeit durch eine militärische Aktion zu zerschlagen. Den politisch und militärisch geeigneten Zeitpunkt abzuwarten oder herbeizuführen, ist Sache der politischen Führung. ... Die richtige Wahl und entschlossene Ausnützung eines günstigen Augenblicks ist die sicherste Gewähr für den Erfolg. Dementsprechend sind die Vorbereitungen unverzüglich zu treffen ...«

Wieder einmal verfolgt Hitler zwei Ziele. Einmal will er die Tschechoslowakei beseitigen, die er als einen in Versailles geschaffenen künstlichen Staat und eine Bedrohung der Flanke des Reiches, besonders im Hinblick auf Luftangriffe, ansieht. Zum zweiten will er die Wehrmachtsführung zwingen, seinen Willen zu respektieren. Sie soll sich künftig nur noch als ausführendes Organ seiner Entscheidungen betrachten. Schließlich glaubt er wieder an die Sicherheit seiner Intuition und ist überzeugt, den Kraftakt ohne das Risiko eines allgemeinen Kriegs bewältigen zu können.

Die Militärs reagieren mit Entsetzen auf diese Ankündigung. Deutschland ist nach ihrer Ansicht noch nicht in der Lage, einen allgemeinen Konflikt bestehen zu können. Jodl notiert:

»Noch einmal flammt der ganze Gegensatz auf, der sich ergibt aus der Erkenntnis des Führers, wir müssen noch in diesem Jahre, u. der Auffassung des Heers, wir können noch nicht, da sicherlich die Westmächte eingreifen u. wir ihnen noch nicht gewachsen sind.«

Die Reserviertheit der führenden Generäle ist um so größer, als nach der Tradition der kaiserlichen Armee die bewaffnete Macht nicht nur das Recht, sondern das Privileg, ja die Pflicht hat, beim Auslösen außenpolitischer Aktionen, die zu einem Konflikt führen können, ein Wort über die Chancen eines Erfolges mitzureden. Dieses Privileg konnte in früheren Zeiten sogar zur Ausschaltung der politischen Entscheidungsbefugnisse führen. Er-

staunlicherweise wußte so zum Beispiel Wilhelm II. erst 1914 vom Nichtvorhandensein eines Operationsplanes nur gegen das zaristische Rußland. Die Generalstäbler wußten, daß ein Vorgehen gegen Rußland nahezu automatisch einen Krieg mit Frankreich nach sich ziehen würde. Der Kanzler Bethmann Hollweg wiederum wußte nichts von einem Plan, das neutrale Belgien anzugreifen, dessen internationale Auswirkungen, besonders auf Großbritannien, sich später als verhängnisvoll herausstellen sollten.
In den darauffolgenden Jahren ist es wieder der Große Generalstab, der etwa 1916 der politischen Leitung den totalen U-Boot-Krieg aufnötigt und die Gefahr eventueller amerikanischer Reaktionen nicht wahrhaben will. Er widersetzt sich 1917 den ersten Friedensfühlern in Richtung Entente, er diktiert die Bedingungen des Friedens von Brest-Litowsk, erzwingt 1918 die Wiederaufnahme der Offensive im Westen, um schließlich nach deren Scheitern einen Waffenstillstand und die Abdankung des Kaisers zu oktroyieren.
Traditionsgemäß ist es Beck, der Chef des Generalstabes, der sich am Vorabend der Tschechoslowakeikrise zum Sprecher der Bedenken des Oberkommandos macht. Beck empfindet keinerlei Sympathien für den Benesch-Staat. Er verurteilt auch nicht den Krieg, aber er ist überzeugt, daß die Affäre zum Ausbruch eines europäischen Krieges führen kann. Frankreich und die Sowjetunion, beide durch Beistandspakte mit Prag verbunden, würden ihren Verpflichtungen nachkommen. Er ist vor allem sicher, daß England sich sofort auf die Seite Frankreichs stellen wird, mit allen daraus resultierenden schlimmen Folgen. Schließlich weiß er, daß die Tschechoslowakei über hervorragende Grenzbefestigungen verfügt, deren Überwindung Zeit und Opfer fordern wird.[6]
Da Beck nicht direkt bei Hitler zugelassen werden kann, bemüht er sich bei Brauchitsch um eine Demarche. Er bombardiert ihn zunächst mit Noten, bevor er am 16. Juli ein Memorandum vorlegt, in dem er all seine Einwendungen noch einmal zusammengefaßt hat.[7]
Der Schluß der Denkschrift erhielt folgende endgültige Fassung: »Aufgrund meiner vorausgegangenen Darlegungen halte ich mich heute für verpflichtet – im Bewußtsein der Tragweite eines derartigen Schrittes, aber unter Berufung auf die mir nach meiner Dienstanweisung für die Vorbereitung und Ausführung eines Krieges erwachsende Verantwortung –, die dringende Bitte auszu-

sprechen, *den Obersten Befehlshaber der Wehrmacht zu veranlassen, die von ihm befohlenen Kriegsvorbereitungen einzustellen* und die Absicht der gewaltsamen Lösung der tschechischen Frage so lange zurückzustellen, bis sich die militärischen Voraussetzungen dafür grundlegend geändert haben. Zur Zeit halte ich sie für aussichtslos, und diese meine Auffassung wird von allen mir unterstellten Oberquartiermeistern und Abteilungschefs des Generalstabes, soweit sie mit der Frage der Vorbereitung und Ausführung des Krieges gegen die Tschechoslowakei dienstlich befaßt sind, geteilt.«

Beck vertritt die Ansicht, daß alle Generäle sich zu Hitler begeben und ihn von seinem Abenteuer abzubringen versuchen sowie fordern sollten, daß im Reich wieder ein »legales System« eingeführt und zu den preußischen Tugenden der Rechtschaffenheit und Einfachheit zurückgefunden werden solle. Im Falle einer Weigerung sollten sie geschlossen ihren Rücktritt erklären.

Brauchitsch möchte nicht so weit gehen wie sein Chef des Stabes, er erklärt sich aber zu einer Besprechung mit allen Befehlshabern des Heeres bereit. Beck liest den versammelten Generälen sein Memorandum vom 16. Juli vor. Alle Anwesenden pflichten ihm bei, mit zwei Ausnahmen: den Generälen von Reichenau und Busch. Brauchitsch seinerseits bleibt zwar reserviert, ist aber bereit, das Becksche Memorandum dem Führer vorzulegen.

Die Antwort Hitlers läßt nicht lange auf sich warten. Für den 10. August ruft er alle verantwortlichen Militärs auf dem Berghof zusammen. Drei Stunden lang läßt er ein Gewitter über sie niedergehen, beschuldigt sie der Feigheit, Charakterschwäche und des Mangels an Vertrauen in das Genie ihres Obersten Befehlshabers. Einige wagen noch Bedenken vorzubringen, aber am Ende ziehen sie alle die Köpfe ein, besiegt und erdrückt von der Macht des Willens dieses Mannes. Einige Tage später geht eine Mitteilung Hitlers an Brauchitsch ein, in der er sich jede weitere Einmischung der Militärs in seine politischen Entscheidungen verbittet und »blinden Gehorsam« von seinem Generalstabschef und allen seinen Generälen verlangt.

Eine Tradition bricht zusammen. Der Generalstab sieht sich auf den Rang eines Erfüllungsgehilfen zurückgedrängt, mit dem strikten Verbot, irgendeinen Einfluß auf die Politik zu nehmen. Die zivile hat die militärische Macht besiegt.

Die Demütigung der Generäle ist um so größer, als der Führer

sich nunmehr nicht scheut, in die operative Planung einzugreifen, was ein Wilhelm II. nie gewagt hätte. Eine Konferenz am 10. September in Nürnberg führt dies allen vor Augen. Hitler befiehlt General Adam, dem Beauftragten für den Bau des Westwalls, die Befestigungen auf einige Hauptstoßrichtungen hin auszulegen. Auch bestimmt er, welche Art von Befestigungen anzulegen sind. Den großen und auffälligen Werken mit einer nicht immer ausreichenden Bewaffnung zieht er kleine, aber tief gestaffelte Bunker zum Schutz der Truppe vor Bombardierungen und Artilleriefeuer vor, ohne den offenen Begegnungskampf auszuschließen. Zu diesem Behufe verfügt er den sofortigen Bau von 600 weiteren Bunkern, die mit 1600 Kanonen bestückt werden sollen.
Zur Verblüffung der Experten wirft Hitler auch den von Jodl und Brauchitsch ausgearbeiteten »Fall Grün« durcheinander. Er verwirft die Idee eines Zangenangriffs auf Mähren aus Schlesien und Niederösterreich heraus mit dem Ziel, die böhmische Hochebene zu isolieren, und befiehlt eine Umordnung der Angriffskeile. Jetzt soll ein direkter Stoß auf Pilsen und Prag aus dem Raum Nürnberg durch die Sudeten und die tschechischen Grenzbefestigungen hindurch gewagt werden.
Diesen Stoß soll eine Panzerdivision mit Luftunterstützung führen. Sabotageakte sudetendeutscher Trupps im rückwärtigen Gebiet der Tschechen sollen das Unternehmen durch Lähmung der Nachrichtenverbindungen und Nachschubwege erleichtern.
Dieser Eingriff in den Fachbereich der Militärs irritiert Generalstabschef Halder. Auch Keitel ist erregt, aber im umgekehrten Sinne. Aus Nürnberg zurück und konfrontiert mit den Zögerlichkeiten seiner Mitarbeiter, verbittet er sich ab sofort »jede Kritik, jedes Zögern und jeden Defätismus«. Jodl seinerseits notiert: »Der Führer weiß ferner, daß der Ob. d. H. seine kommand. Generale gebeten hat, ihn zu unterstützen, um dem Führer die Augen zu öffnen über das Abenteuer, in das zu stürzen er sich entschlossen hat. Er selber habe leider keinen Einfluß mehr auf den Führer.
So herrschte denn in Nürnberg eine kalte u. frostige Atmosphäre, u. es ist tieftraurig, daß der Führer das ganze Volk hinter sich hat, nur nicht die führenden Generale des Heeres. Sie können m. E. nur mehr durch die Tat gutmachen, was sie durch mangelnde Seelenstärke u. durch Mangel an Gehorsam gesündigt haben. Es ist dasselbe Problem wie 1914. Es gibt nur einen Ungehorsam in der Armee, den der Generale, u. er entspringt letzten Endes ihrer

Überheblichkeit. Sie können nicht mehr glauben u. nicht mehr gehorchen, weil sie das Genie des Führers nicht anerkennen, in dem sie z. Teil sicher noch den Gefreiten des Weltkriegs sehen, aber nicht den größten Staatsmann seit Bismarck.«[8]

Der »Fall Grün« kommt schließlich nicht zur Anwendung. Hitler wird seinen »kleinen Krieg«, Generalprobe für den großen Krieg, nicht haben. Angesichts der Konzessionen der Westmächte auf der Münchener Konferenz vom 29. September 1938 sieht er sich gezwungen, seinen Plan einer Zerschlagung der Tschechoslowakei vorerst hintanzustellen. Aufgeschoben ist aber nicht aufgehoben. Der letzte Akt wird sich am 15. März 1939 mit der Besetzung Prags vollziehen. Diesmal arbeitet das OKW die entsprechenden Pläne aus, das OKH hat sie durchzuführen, ohne jeden Widerspruch.

Die tschechoslowakische Krise bringt eine wichtige Veränderung in die Beziehungen Hitlers zu seiner Armee. Er hat die Auseinandersetzung mit der Generalität gewonnen, das OKH ist entmachtet. Der positive Ausgang von München läßt den Sieg des Führers noch strahlender erscheinen. Jetzt glaubt auch endlich die Mehrheit der Generäle an die phänomenale politische Eingebungskraft des Obersten Befehlshabers.

Aber es bleibt ein tiefes Unbehagen zurück. Sein Sieg führt bei Hitler zu einer zunehmenden Vereinsamung, die sich während des Zweiten Weltkriegs immer verhängnisvoller auswirken wird. Hitler hegt dem Generalstab gegenüber jetzt eine kaum verhohlene Verachtung. Er beschuldigt ihn der Charakterschwäche und der Feigheit.

»Ich dachte immer«, wird er eines Tages sagen, »der Generalstab sei ein Moloch, den ich ständig an der Leine halten müßte, damit er die Leute nicht anspringt.« Dieses Urteil jedoch verrät bei Hitler in Wahrheit eine totale Unkenntnis der Mentalität der meisten Offiziere. Die Wahl einer Berufsoffizierslaufbahn ist nicht unbedingt gleichzusetzen mit Aggressivität und Kriegslüsternheit. Sie entspringt im Gegenteil dem Verlangen, einer Ordensinstitution anzugehören, deren Regeln, Entsagungen und moralischem Anspruch man zu folgen bereit ist. So jedenfalls hat es einmal Alfred de Vigny beschrieben.

Natürlich hatte Hitler mit der Aufrüstung tiefe Befriedigung bei seinen Generälen ausgelöst. Aber diese sahen in ihr mehr die Wiedergutmachung eines in einem aufgezwungenen Vertrag angetanen Unrechts. Die Wiederauferstehung einer großen Armee, der Aufbau einer mächtigen Luftwaffe und einer stolzen Marine war für sie ein Akt der Genugtuung und der Würde. In voller Legitimität hatte das Reich in ihren Augen einen Anspruch auf ein militärisches Instrument, welches seinem demographischen und wirtschaftlichen Potential entsprach. Mit der Wiederbewaffnung verband sich in ihren Augen nicht notwendigerweise ein Revanche-, noch weniger ein Eroberungskrieg. Für das Oberkommando des Heeres stellte sich die Frage eines begrenzten Konfliktes zur Errichtung einer deutschen Hegemonie über Mitteleuropa frühestenfalls für 1942 oder 1943, im Gegensatz zur Luftwaffe und zur Marine, die sich auf einen großen Konflikt ab 1945 einstellten. Für niemanden aber kam ein neuer Weltkrieg in Frage.*

Trotz der Legende des »Dolchstoßes in den Rücken«, die am 19. November 1918 bei der Vernehmung Hindenburgs über die Ursachen der Niederlage zum erstenmal vor dem Reichstag lanciert worden war, wußte der Große Generalstab nur zu genau, daß in Wahrheit Zusammenbruch und Revolution in Deutschland erst zustande gekommen waren, nachdem die Front ihre Niederlage eingestanden hatte. Und das, weil die Militärs den Krieg nach ihrem Gutdünken und ohne jede Einmischung der Politik geführt hatten.

Damals hatte man nicht gezögert, dies zuzugeben. Im Oktober 1918 hatte ein Vertreter des Generalstabes ebenfalls vor dem Reichstag die Unfähigkeit der Armee eingeräumt, mit den gegnerischen Kampfwagen fertig zu werden. Alle Offiziere wußten auch um die Folgen der Blockade auf die Moral der Truppe und des Hinterlandes und um die Unfähigkeit der Marine, die seit Anfang des Krieges bestehende Überlegenheit der feindlichen Flotten auf den Weltmeeren zu beseitigen.

Die Demonstration des Generals Beck entbehrte nicht der Dramatik. Langfristig hatte er mit seiner Analyse recht. Genausowenig wie das Deutschland Wilhelms II. war auch das Hitlersche Reich in der Lage, einen Konflikt gegen eine Weltkoalition zu bestehen. Auf der anderen Seite war der Generalstabschef kurzfristig im Irrtum. Er hatte die Entschlußfähigkeit der westlichen De-

* Es ist bemerkenswert, wie richtig hier der Franzose Masson das Denken und Fühlen der damaligen deutschen militärischen Führungsschicht sieht und beschreibt.

mokratien und der Tschechoslowakei überschätzt und die zweideutige Rolle der Sowjetunion falsch interpretiert. Sowohl bei der Münchener Konferenz wie bei der Besetzung Prags hatten Hitlers Voraussagen sich als richtig erwiesen. Sowohl Österreich wie die Tschechoslowakei waren auf friedlichem Wege besetzt worden.

Beck bleibt das einzige Opfer der Krise von 1938. Er tritt am 31. August zurück. Halder wird sein Nachfolger. Niemand bedauert den Rücktritt des Generalstabschefs, der, um Becks Unglück vollständig zu machen, erst am 31. Oktober bekanntgemacht wird. Er ist auch der einzige, der im letzten Augenblick versucht, ein Komplott gegen den Führer zu organisieren. Die Ironie der Geschichte will es, daß dieser Versuch von allen weiteren, die unternommen werden, der am besten geplante bleibt:
Witzleben, Befehlshaber im Wehrkreis III (Berlin-Brandenburg), soll demnach Berlin besetzen, sich der Person Hitlers bemächtigen und diesen vor ein Gericht stellen, das ihn nach Anhörung von Fachleuten als »unverantwortlich« aburteilen soll. Für den Fall einer Reaktion der an der tschechischen Grenze aufmarschierten SS-Streitkräfte soll General Hoepner mit seiner in Thüringen stationierten Panzerdivision ihnen den Weg nach Berlin abschneiden. Bis zur Errichtung einer provisorischen zivilen Gewalt soll das Militär die Macht im Reich übernehmen.
Der Putschplan kommt nicht zur Ausführung. Zur Rechtfertigung der Aufgabe ihres Vorhabens berufen sich die Verschwörer später auf die kompromißbereite Haltung der Westmächte und die Kapitulation Chamberlains vor Hitler, nicht ohne den Ablauf der Ereignisse als Erfolg ihrer Planungsarbeit darzustellen. Auch wenn man die Verantwortung von Franzosen und Engländern nicht leugnen kann, so ist das Versagen der Männer um Beck doch auf deren Unentschlossenheit zurückzuführen.* Nach Ansicht aller, die ihn kannten, besonders Guderians, ist Beck ein ängstlicher, zögerlicher und von Skrupeln geplagter Charakter, der endlos das

* Von Versagen zu sprechen, ist in diesem Fall die unrichtige Sicht. In der Beurteilung Becks und anderer Verschwörer war es nach dem Abkommen von München, das wohl allen Deutschen als Rettung des Friedens und als Erfolg Hitlers erschien, so, daß das Volk einen Militärputsch weder verstehen noch gar gutheißen würde. Ein Staatsstreich aber gegen das Volk erschien unmöglich. Ob er doch hätte erfolgen sollen und Erfolg gehabt hätte, ist eine nicht zu beantwortende Frage.

Für und Wider abwägt. Halder war nicht sehr viel anders. Keiner von beiden war ein wahrer Verschwörer und noch weniger ein Mann der Tat.[9]

Das Scheitern des Plans ist auch auf die zahlenmäßige Minderheit der Verschwörer und den mangelnden Rückhalt im Volk zurückzuführen, selbst wenn die Mehrheit der Deutschen im Herbst 1938 einem neuen Krieg mit Schrecken entgegensieht. Neben Beck und Halder beschränkt sich die Zahl der Verschwörer auf einige Generäle wie Hammerstein, Witzleben, Stülpnagel, Hoepner, Thomas oder Adam sowie einige politische Persönlichkeiten wie den ehemaligen Leipziger Oberbürgermeister Goerdeler, von Neurath, Schacht oder Graf Bernstorff. Hinzu kommen Vertreter aufgelöster Parteien oder Überläufer von den Nationalsozialisten, wie Nebe oder Gisevius.

Die überwiegende Mehrzahl der Deutschen steht bei aller Furcht vor einem Krieg vertrauensvoll hinter einer Regierung, die ihnen Wohlstand und Würde wiedergegeben und die Fesseln von Versailles gesprengt hat. Keiner von den hohen und höchsten Offizieren, wie Keitel, Jodl, Reichenau, Busch, Göring oder Raeder, ist dem Führer gegenüber feindlich eingestellt. Selbst ein Mann wie Fritsch kann sich trotz allen instinktiven Mißtrauens gegenüber Hitler einer gewissen Zuneigung zum Nationalsozialismus nicht entziehen. Nur wenige Monate nach seiner schändlichen Kaltstellung enthält er sich nicht, im Anschluß an den Erfolg der Münchener Konferenz folgendes zu Papier zu bringen:* »Es ist eigentlich merkwürdig, daß so viele Menschen trotz der doch unbestreitbaren gewaltigen Erfolge des Führers in diesem letzten Jahr mit wachsender Sorge in die Zukunft sehen ... Bald nach dem Kriege kam ich zur Ansicht, daß drei Schlachten siegreich zu

---

* Es handelt sich um eine Stelle aus einem persönlichen Brief (das Original ist in meinem Besitz) vom 11.12.1938 an eine vertraute Freundin, der ohne den Zusammenhang, in den er gehört, ohne Zitierung eines wenig später an dieselbe Adressatin geschriebenen Briefes und ohne Interpretation ein falsches Licht auf Fritsch wirft. Dies weiter darzulegen, würde an dieser Stelle zu weit führen. Daß Fritsch kein Nationalsozialist war oder geworden ist, läßt sich belegen. Wohl aber war er bis zu seinem Sturz nicht gegen Hitler eingestellt und begrüßte sicher nicht alles, aber vieles, was Hitler außenpolitisch erreichte und in bezug auf die Wehrmacht tat. Er tat, was er konnte, um die Armee von nationalsozialistischer Indoktrination freizuhalten. Er war davon überzeugt, daß Hitler so oder so unentrinnbar Deutschlands Schicksal war. Das hat er mir nach seinem Sturz wörtlich so gesagt.

schlagen seien, wenn Deutschland wieder mächtig werden sollte. 1. die Schlacht gegen die Arbeiterschaft, sie hat Hitler siegreich geschlagen. 2. gegen die katholische Kirche, besser gesagt gegen den Ultramontanismus, u. 3. gegen die Juden. In diesen Kämpfen stehen wir noch mitten drin. Und der Kampf gegen die Juden ist der schwerste. Hoffentlich ist man sich über die Schwere dieses Kampfes überall klar.«

Bei den Stabs- und jüngeren Offizieren ist die Zustimmung zum neuen Regime am stärksten, wandelt sich die Verehrung für die Person des Führers bereits in Schwärmerei. Nach dem Krieg wird Brauchitsch sich auf diesen Tatbestand berufen, um seine Zurückhaltung in den dreißiger Jahren zu begründen. Otto John, dem späteren Präsidenten des Verfassungsschutzes, vertraut er an: »Wollen Sie mir vielleicht erklären, warum ausgerechnet ich im Jahre 1938 etwas gegen Hitler unternehmen sollte? Das deutsche Volk hatte ihn gerufen, die Arbeiter und jedermann auf der Straße waren begeistert von der Art und Weise, wie er seine Aufgaben bewältigte.«

Diese Situation erinnert in gewisser Weise an die Napoleonische Zeit. Auch bei den Marschällen des Kaisers dominierte die Skepsis, so stark, daß einige von ihnen zum Verrat bereit waren. Die Mannschaften dagegen und die Menge der Staatsdiener brachten Napoleon einen wahren Kult entgegen.

Mit dem »Prager Poker« ist der letzte Beweis erbracht. Armee und Generalstab sind gleichgeschaltet, zumindest vorläufig. Als es zur Enthüllung des Angriffsplans gegen Polen kommt, gibt es nicht mehr die geringste Opposition. Eine Debatte bleibt aus. Nur General Thomas, verantwortlich für das Nachschubwesen, erhebt einige Bedenken wirtschaftlicher Art, die von den Ereignissen überholt werden. Jeder ist plötzlich dafür, daß mit Polen abgerechnet wird. Die Disziplin, aber auch der Glaube an die Unfehlbarkeit des Führers spielen eine Rolle. Hitlers meisterhafter Coup eines Paktes mit Stalin am 23. August 1939 beseitigt den letzten Vorbehalt, den die Militärs noch gegen seine Politik haben konnten: ein mögliches Einschreiten der Westmächte.

Niemand glaubt jetzt mehr an einen großen Konflikt. Jeder hält ein zweites Wunder von München für möglich. Oder man glaubt nur an einen »kleinen Krieg« gegen Polen, der sogar eine gewisse Begeisterung auslöst. 20 Jahre lang hat man sich darauf vorbereitet. Polen gilt in den Augen der meisten Offiziere als ein künstliches Gebilde, als ein rückständiger Staat, der deutsche Minderheiten unterdrückt. Ein Krieg gegen Polen wird daher gewünscht und erscheint legitim. Schließlich geht es um die Rückgewinnung verlorener Provinzen und die Rückführung von drei Millionen Landsleuten in den Schoß des Vaterlandes.

Die Kriegserklärung Frankreichs und Großbritanniens am 3. September 1939 wird daher mit Erstaunen und Empörung zur Kenntnis genommen. Jodl muß zugeben, daß sich der Führer zum erstenmal getäuscht hat. Hitler ist verblüfft, gibt sich aber gelassen. Für ihn ist die Kriegserklärung der beiden Demokratien nur eine Geste. Weder Frankreich noch Großbritannien wollen sich wirklich in einen großen Konflikt stürzen, glaubt er. Wenn Polen erst einmal niedergeschlagen ist, wird es für einen Verständigungsfrieden im Westen noch eine große Chance geben.

3
Bluff oder Ernst?

Seit dem Ende des Zweiten Weltkriegs ist die Wehrmacht von 1939 Gegenstand unaufhörlicher Kontroversen gewesen. Nach dem Urteil einiger sei sie mit einem militärischen Potential in den Krieg eingetreten, das unvergleichlich viel schwächer als das von 1914 gewesen wäre: eine unbedeutende Marine, eine Luftwaffe ohne strategische Bomber, ein zusammengewürfeltes Heer, Opfer einer zu schnellen und ungeordneten Aufrüstung, versehen mit bedenklichen Lücken im Führerkorps und in der Bewaffnung. Im Grunde sei die Wehrmacht zu Beginn des Krieges ein Potemkinsches Dorf gewesen, eine imposante Fassade, in Wahrheit also ein gigantischer Bluff, auf den die westlichen Politiker und Militärs hereingefallen wären.

Mit dem Bluff hat es etwas auf sich. Mitten in der Sudetenkrise wird der Generalstabschef der französischen Luftwaffe, General Vuillemin, von Göring zu einem Besuch bei der jungen Luftwaffe eingeladen. Der Besuch umfaßt Forschungsbüros, Erprobungszentren, Fabriken und Ausbildungseinheiten. Der General kann sich Bombenabwürfe im Horizontal- und Sturzflug auf feste und bewegliche Ziele ansehen, er wohnt einem Übungsschießen der Flak bei. Alles ist dazu da, ihm ein nahezu idealisiertes Bild der deutschen Luftstreitkräfte vorzuführen. Aber der General merkt nicht, daß man ihm einen Türken gebaut hat. Auf mehreren Plätzen hat er in verschiedenen Funktionen immer dieselbe Einheit gesehen. Zurück in Paris, äußert Vuillemin die Überzeugung, daß die französische Luftwaffe der deutschen im Ernstfall nur 14 Tage lang widerstehen könnte.[1]

Alle großen Militärparaden in Berlin – 1937 vor Mussolini oder 1939 zum 50. Geburtstag des Führers – enthalten ebenfalls einen guten Teil Täuschung. Immer eröffnen »klassische« Truppenteile wie Infanterie oder Kavallerie den Vorbeimarsch, ehe motorisierte Verbände als »Filetstücke« vorbeidefilieren. Einige gepanzerte Einheiten marschieren zweimal an der Tribüne vorbei, was die Militärattachés der fremden Mächte veranlaßt, 500 Panzer pro Panzerdivision anzusetzen, statt der durchschnittlich 250 wirklichen. Die ausgiebig im Ausland, vor allem in der westlichen Welt, verbreiteten Wochenschauen von den Militärparaden tragen ebenfalls dazu bei, ein blendendes Bild der neuen deutschen Armee zu vermitteln.

Alles wird vorzüglich organisiert und in Szene gesetzt: der Bau des Westwalls, Übungen der jungen Panzerwaffe, die Stapelläufe neu-

er Schiffe wie der »Bismarck« oder des Flugzeugträgers »Graf Zeppelin«. Besonderen Eindruck auf die westlichen Beobachter machen die Übungen der Kampf- und Sturzkampfflugzeuge sowie die reibungslos ablaufenden Luftschutzübungen.
Die Drohung massiver Luftangriffe auf die Zivilbevölkerung hat ohne Zweifel zur Appeasement-Politik und den Zusammentritt der Konferenz von München beigetragen. Chamberlain selbst hat dies vor Mitgliedern seines Kabinetts später eingeräumt. Gleichwohl verfügte die Luftwaffe im Jahre 1938 über keinen einzigen Bomberverband, der in der Lage gewesen wäre, London zu bombardieren.
Im übrigen waren solche Demonstrationen militärischer Stärke nicht alleinige Sache des Dritten Reiches. Die großen Paraden der Roten Armee am 1. Mai oder am Gedenktag der Oktoberrevolution standen dem in nichts nach. Auch Frankreich liebt solche Entfaltungen. Als das britische Königspaar Paris im Juli 1938 besucht, defilieren 50000 Mann auf dem Champs-Élysées und fliegen 600 Flugzeuge über das Schloß von Versailles. Am 14. Juli 1939 führt ein Vorbeimarsch von 650 Panzern ein eindrucksvolles, aber irreführendes Bild von der französischen militärischen Stärke vor. Unbestreitbar aber sind es die Paraden der Wehrmacht, die den unwiderstehlichen Eindruck von bewaffneter Macht vermitteln.
Merkwürdigerweise verfällt Hitler selbst dieser ständigen Beeinflussung durch militärisches Gepränge. Man erlebt es am 9. August 1939, als Göring und Milch ihm neues Material der Luftwaffe vorführen: Prototypen von Flugzeugen mit Raketen- oder Düsenantrieb, luftdrucksichere Pilotenkanzeln für Höhenflüge, Drei-Zentimeter-Schnellfeuerkanonen. Nach Ansicht seiner Umgebung beseitigt diese Vorführung Hitlers letzte Zweifel und beschleunigt seinen Entschluß, Polen selbst unter dem Risiko eines großen Konfliktes anzugreifen.[2] Er übersieht, daß noch keiner von diesen Prototypen frontreif ist. Sämtliche vorgeführten Systeme werden erst 1944 zum Einsatz kommen.
Am 3. September sieht sich trotzdem die gesamte Wehrmachtführung in starke Unruhe versetzt. Der Krieg ist viel zu früh losgegangen. Die Endstufe der Land- und Luftrüstung soll erst 1942/43 erreicht sein, die der Seerüstung erst zwei oder drei Jahre später. Brauchitsch und Halder glauben, daß Polen allein in etwa drei Monaten niedergerungen werden kann, daß die Wehrmacht aber unfähig ist, einen Zwei-Fronten-Krieg zu führen.

Ohne Generalmobilmachung kann das Reich insgesamt etwa 100 Divisionen auf die Beine stellen. Aber nur 40 stehen für einen Abwehrkampf im Westen zur Verfügung, davon zehn aktive. Sie verfügen weder über Panzer- noch über Luftunterstützung. Der Westwall ist bei weitem nicht fertig und weist große Lücken auf. Die deutsche Westfront hat also alle Chancen, über den Rhein zurückgedrängt zu werden, mit allen katastrophalen Folgen für die deutsche Kriegswirtschaft.

Großadmiral Raeder ist nicht weniger pessimistisch. Er weiß, daß seine Marine noch mehr hinter den Planzielen zurückhinkt als Heer und Luftwaffe. In einem Memorandum vom 3. September zögert er nicht, die Fehlkalkulation Hitlers in der polnischen Frage auszusprechen: »Am 1.9.1939 trat Deutschland in den Krieg mit England ein, da dieses – entgegen der Annahme des Führers, England brauche wegen der polnischen Frage nicht zu kämpfen – glaubte, im jetzigen Augenblick in Verbindung mit der polnischen Frage als Vorwand kämpfen zu sollen, da es früher oder später nach seiner Auffassung doch mit Deutschland, und dann möglicherweise unter militärisch ungünstigen Verhältnissen (erfolgter Ausbau der deutschen Flotte) hätte kämpfen müssen.«[3]

Der Pessimismus war also weit verbreitet. Die Stimmung ist eine völlig andere als im August 1914. Damals waren Armee und Marineführung überzeugt, mit einem voll gebrauchsfähigen Instrument in den Krieg einzutreten. Generäle und Admirale des Jahres 1939 bewahrten eine nostalgische Erinnerung an dieses wundervolle Ganze. In der Tat stellte die deutsche Armee von 1914 ein bemerkenswertes Kampfinstrument dar, ohne Zweifel das beste seiner Zeit. Alles war vorausschauend berechnet und geordnet, von den Feldblusen des Feldheeres über den besten praktischen Einsatz der Maschinengewehre und der Artillerie bis zur genauen Festlegung von Angriffs- und Verteidigungstaktik. An allen Fronten und über den ganzen Zeitraum des Konfliktes hinweg waren die Verluste des deutschen Heeres immer geringer als die der Gegner. Die Marine stand dem in nichts nach. Schlachtschiffe und Schlachtkreuzer waren von außerordentlicher Robustheit und konnten schwerste Treffer einstecken. Die Artillerie war gut bestückt. Die Mannschaften waren hervorragend ausgebildet.

Trotzdem scheiterte der deutsche Feldzugsplan schon im Herbst

1914 nach den Schlachten an der Marne und in Flandern. Deutschland sah sich einem langen Zwei-Fronten-Krieg ausgesetzt. Die Hoffnung, Frankreich in sechs Wochen zu schlagen, schwand. Trotz wiederholter taktischer Erfolge war Deutschland unfähig, die Entscheidung an sich zu reißen. Der Marine gelang der durchgreifende Erfolg gegen die Royal Navy nicht, sie konnte nicht einmal die Seeverbindungen der Alliierten dauerhaft unterbrechen.

Trotz aller Unvollkommenheit wird dagegen die Wehrmacht von 1939 drei Jahre lang die spektakulärsten Siege zu Lande und in der Luft auf so unterschiedlichen Kriegsschauplätzen wie Westeuropa, Nordafrika und Rußland erringen. Sie wird ihren Gegnern eine neue Art der Kriegsführung aufzwingen und der Welt die Erinnerung an eines der besten militärischen Instrumente der Geschichte zurücklassen.

Allerdings klafft im September 1939 eine gewaltige Lücke zwischen Planungen und Durchführung. Das Heer umfaßt zwar 100 Divisionen, aber sie sind sehr unterschiedlich ausgestattet. Mehr als 80 Prozent der Großverbände bestehen aus Fußtruppen und entsprechen in der Zusammensetzung den Vorgängerinnen von 1917/18.

In den Wochenschauen vom Polen- und vom Frankreichfeldzug oder vom ersten Rußlandsommer 1941 sehen wir Marschkolonnen junger Infanteristen mit offenen Uniformkrägen und entblößten Häuptern, die endlose Märsche absolvieren müssen, begleitet von pferdebespannter Artillerie und ebensolchen Trossen. Eine solche Division ohne Panzer und sonstige motorisierte Fahrzeuge defiliert am 14. Juni 1940 in Paris auf dem Champs-Élysées.

Mit Ausnahme der aktiven Divisionen mit voller Sollstärke sind die Offizier- und Unteroffizierstellen ungenügend besetzt. Das Heer hat nur 19 500 Offiziere, im Gegensatz zur französischen Armee, die zu Kriegsbeginn 30 000 Offiziere zählt. Trotz der forcierten Ausbildung von jährlich bis zu 4000 Offiziersanwärtern muß man auf altgediente Offiziere der kaiserlichen Armee zurückgreifen und mehrere hundert Polizeioffiziere in die Wehrmacht übernehmen. Die Panzerdivisionen sind mehrheitlich mit leichten Panzern der Typen I und II ausgerüstet, die zwar schnell, aber nur schwach gepanzert sind und als Bewaffnung nur über Maschinengewehre und Zwei-Zentimeter-Kampfwagenkanonen

verfügen. Mittlere und schwere Panzer der Typen III und IV, bestückt mit 3,7- bzw. 7,5-Zentimeter-Kanonen, verlassen eben erst die Fließbänder. Zur Verstärkung der gepanzerten Verbände hat man 450 tschechische Skoda-Panzer mit 3,7-Zentimeter-Kanonen übernommen.[4]
Zu Beginn des Polen-Feldzuges kann die Luftwaffe 2200 Flugzeuge in die Luft bringen, je zur Hälfte Jagdmaschinen und Bomber. Im Unterschied zur britischen RAF verfügt sie über keine Maschinen mit großem Aktionsradius, die in der Lage wären, strategische Ziele anzugreifen.
Die Mängel sind unbestreitbar, aber es gibt auch positive Seiten. Die Wehrmacht ist nicht, wie die anderen Armeen, mit veraltetem Rüstungsgut aus dem letzten Krieg belastet. Sie verfügt über neues Material von hervorragender Qualität. Die Infanterie nutzt zwar noch den Karabiner 98, dessen ballistische Leistungen übrigens bemerkenswert sind, aber sie hat das sehr gute MG 34 und einen ebenso guten Acht-Zentimeter-Granatwerfer. Die zahlenmäßige Unterlegenheit der Artillerie ist durch den Ersatz der alten 7,7-Zentimeter-Feldhaubitze, die dem gängigen französischen 75-Millimeter-Modell entsprach, durch neue 10,5-Zentimeter- und 15-Zentimeter-Geschütze ausgeglichen worden. Diese schwereren Feldhaubitzen sind zahlenmäßig etwa der französischen Artillerie ebenbürtig.[5]
Die Wehrmacht hat auch überschwere Kanonen entwickelt, wie die Mörser von 57, 64 oder gar 80-Zentimeter-Kaliber. Sie sind für den Beschuß der Maginotlinie gedacht, kommen aber erst bei den Belagerungen von Sewastopol und Leningrad zum Einsatz.
Auch bei der Luftabwehr gibt es Unterschiede. Die deutschen Einheiten verfügen über eine exzellente leichte Fla-Artillerie von schnell schießenden Zwei- und 3,7-Zentimeter-Kanonen, die bei den Franzosen und sogar bei der Roten Armee fehlen. Wenn die Panzerabwehr am Anfang zwar nur über die Einheits-PAK von 3,7-Zentimetern verfügt, mit der auch Bunker bekämpft werden sollen, so kann sie auf die 8,8-Zentimeter-Kanone rechnen. Sie war ursprünglich als schwere Fla-Artillerie gedacht, hat sich aber bis zum Kriegsende als hervorragende Panzerabwehrwaffe bewährt und ab 1942 wurden auch schwere Panzer und Sturmgeschütze damit ausgerüstet. Sie kann als die beste mittlere Kanone des Zweiten Weltkriegs gelten.

In einem weiteren Unterschied zur französischen Armee beschränkt sich die Pioniertruppe nicht auf den Bau von Befestigungen, sondern verfügt über sehr gut ausgerüstete Einheiten für das Überschreiten von Wasserhindernissen. In der Defensive bewährt sie sich bei Zerstörungen zum Aufhalten des Gegners. Den ganzen Krieg über zwingen deutsche Pioniere den Gegner einen Krieg mit Minen auf und verwenden ständig verbesserte, für Panzer, Festungswerke und Infanteristen vernichtende Sprengmittel.

Das Defizit im Führerkorps gleicht die Wehrmacht durch ein hervorragendes, allen anderen Armeen überlegenes Unterführerkorps aus. Nach Einführung der allgemeinen Wehrpflicht im Jahre 1935 kann die Wehrmacht auf 100 000 Berufsunteroffiziere der Reichswehr zurückgreifen, die in der von Seeckt konzipierten »Kaderarmee« der zwanziger Jahre herangebildet wurden. Erinnern wir daran, daß Seeckt die Ausbildung jedes Unterführers in den nächsthöheren Dienstgrad angeordnet hatte. Das kam jetzt zum Tragen.

Die deutsche Armee von 1939 zählt 53 voll aufgestellte aktive Divisionen. Das ist mehr als die Hälfte der Gesamtstreitkräfte und damit ein höherer Anteil als bei den gegnerischen Armeen. Der Ausbildungsstand der Mannschaften in den Reservedivisionen ist trotz des Mangels an Unterführern und Teilen der Ausrüstung erheblich besser als in der französischen Armee. Die Reservisten sind alle viel jünger. Das liegt an der hohen Bevölkerungszahl von 81 Millionen, gegenüber nur 42 in Frankreich. In jedem Jahrgang ist der Anteil der jüngeren höher als in Frankreich, und Deutschland kennt nicht, wie Frankreich, »hohle Jahrgänge« mit ungünstiger Demographie. In den Reservedivisionen dienen 1939 viele Soldaten, die am Ende des Ersten Weltkrieges noch eingezogen wurden, also jetzt 40 Jahre alt sind. Aber es gibt auch Soldaten der »weißen Jahrgänge«, die wegen Versailles zwischen 1919 und 1935 nicht eingezogen wurden, aber die ausgezeichnete Wehrsportschule der SA durchlaufen haben, ehe sie die militärische Ausbildung empfingen. Was die Qualität der Stäbe angeht, so läßt diese trotz schwieriger Nachwuchslage nichts zu wünschen übrig.

Die eigentliche Überlegenheit der Wehrmacht aber liegt in ihren Eliten und in ihrer Doktrin. Damit ist sie allen anderen überlegen. Im September 1939 verfügt das deutsche Heer über ein bemer-

kenswertes Instrument an gepanzerten und motorisierten Einheiten.* Einmalig in Europa ist deren Gliederung. Sie sind in sechs Panzerdivisionen und vier motorisierte Infanteriedivisionen sowie vier leichte Kavalleriedivisionen gegliedert, von denen jede über eine Panzerabteilung verfügt. Zur selben Zeit beschäftigt sich Großbritannien noch mit der Aufstellung einer ersten Panzerdivision. Die französische Armee zählt zwar sieben motorisierte Divisionen, darunter aber nur zwei »leichte mechanisierte Divisionen« (DLM), die etwa einer deutschen Panzerdivision vergleichbar, aber viel schwächer sind. Fast alle französischen Panzer sind in Bataillone zu je 30 bis 50 Kampfwagen gegliedert, die Infanteriedivisionen unterstehen. Erst im Winter 1939/40 entschließt man sich, drei eigentliche Panzerdivisionen aufzustellen, die aber alle den entsprechenden deutschen Divisionen unterlegen sind.
Die Entwicklung der deutschen Panzerwaffe hat ihren Ursprung im Ersten Weltkrieg. Nach dem Waffenstillstand mußten viele Offiziere zugeben, daß die Niederlage in großem Maße auf die Ignoranz gegenüber dem Panzereinsatz zurückzuführen war. Merkwürdiges Verkennen seitens einer hohen militärischen Führung, die auf anderen Gebieten der Waffenentwicklung, etwa dem der schweren Artillerie, der Mörser, der Flammenwerfer oder der Kampfgase, eine erstaunliche Voraussicht gezeigt hatte.
Diese Unterlassung hatte ein Vertreter des Großen Generalstabes am 1. Oktober 1918 vor dem Reichstag eingeräumt. »Wir können den Feind nicht mehr besiegen. Der erste Grund dafür, und der entscheidende, ist der Panzerkampfwagen. Der Feind hat ihn in erheblichem und für uns überraschendem Maße eingesetzt. Die Panzer haben unsere vordersten Linien durchbrochen und den Weg für die Infanterie geöffnet, sind bis in das Hinterland durchgestoßen und haben dort eine Panik ausgelöst, worauf unsere Kampfführung zusammenbrach.«[6]
Das Verbot für die Reichswehr, Panzer zu unterhalten, fördert in Zukunft das Interesse der Offiziere für alles, was Motorisierung

* Es gab fünf Panzerdivisionen, vier leichte mechanisierte Divisionen und vier motorisierte Divisionen, diese ohne Panzer. Dazu zwei selbständige Panzerbrigaden, die je nach Lage zugeteilt werden sollten. Diese Gliederung hat sich im Polenfeldzug nicht bewährt. Die leichten mechanisierten Divisionen wurden vor Beginn des Frankreichfeldzuges in Panzerdivisionen umgewandelt.

und gepanzerte Verbände angeht. General von Seeckt selbst vertritt die Ansicht, daß ein künftiger Krieg im Zeichen des Motors stehen wird.
General Lutz versammelt alle Offiziere um sich, die sich mit der künftigen deutschen Panzerwaffe beschäftigen. Unter ihnen ist ein gewisser Major Guderian. Er ist mit der Ausarbeitung einer Studie über den Gebrauch schneller Truppen in einer von den Fesseln des Versailler Vertrages befreiten Armee beauftragt. Guderian vertritt die Ansicht, daß eine solche Truppe nicht auf Panzerschutz verzichten könne. Lutz pflichtet ihm bei. Er betont, daß die Durchbrüche deutscher Truppen an der Westfront während der Ludendorffschen Frühjahrsoffensive 1918 zur Schlachtentscheidung geführt hätten, wenn sie von starken Panzerverbänden getragen und ausgewertet worden wären.
Die künftigen Panzermänner halten sich nicht bei der Theorie auf; sie machen erste praktische Übungen und fabrizieren dazu Kampfwagen aus Sperrholz und Leinen. Es werden Einheiten aus Panzerautos und Kraftradschützen (Krad-Schützen) aufgestellt.* Geheimabkommen mit der Sowjetunion erlauben es ihnen, Prototypen von wirklichen Panzern auf Übungsplätzen der Roten Armee zu testen und Vorführungen sowjetischer Modelle beizuwohnen.
Als Hitler an die Macht kommt und sich nun die bislang heimliche Aufrüstung vor aller Augen vollziehen kann, ist das Versuchsstadium bereits abgeschlossen. Im Frühjahr 1934 wird General Lutz offiziell zum Inspekteur der schnellen Truppen ernannt. Guderian ist sein Stabschef. Nach und nach entwickelt sich eine Doktrin des Gebrauchs dieser Truppen. In einem Artikel des »Handbuchs der neuen Kriegswissenschaften«, erschienen 1935, äußert Guderian seine Überzeugung, daß neue Kampfmittel wie das Flugzeug oder der Panzer dem Bewegungskrieg wieder zum Durchbruch verhelfen würden.
Diese Überzeugung kommt noch stärker zum Ausdruck in einem Buch, das 1937 erscheint und als maßgebend bezeichnet werden muß: »Achtung Panzer!« Es handelt sich um eine perfekte Anweisung für den Gebrauch gepanzerter Truppen. Guderian stellt die bahnbrechende These auf, daß Panzer im Gegensatz zur vorherrschenden Meinung nicht in kleinen verzettelten Paketen, son-

* Diese Einheiten hat es damals nicht gegeben.

dern in geballter Masse und im Rahmen gepanzerter Divisionen zum Einsatz kommen müssen.[7]

Die künftige Panzerdivision wird über eine eigene Panzeraufklärungsabteilung aus Panzerspähwagen und Krad-Schützen verfügen. Sie wird schwere Panzer für den Einbruch und leichtere Panzer für dessen anschließende Auswertung haben. Aufgesessene Infanterie wird die Panzer begleiten und an der Entfaltung teilnehmen. Um ihren Charakter als unabhängiger gepanzerter Großverband zu vervollständigen, wird die Division eine Panzerabwehrabteilung, ein Artillerieregiment, eine Fla-Abteilung, ein Pionierbataillon, eine Fernmeldeabteilung sowie Nachschub- und technische Einheiten enthalten.

Auch die seit dem Ende des Ersten Weltkrieges schnell voranschreitende Funktechnik findet Eingang in Guderians Panzerdivision. Der Führer eines Panzerkeils hat mittels Bordsprechfunk alle seine Panzer an der Leine und kann seine Truppe aus dem eigenen Panzer heraus von vorne führen. Auch hier erweist sich Guderian als Pionier. Vor und während dem Weltkrieg war er einer Funknachrichtentruppe zugeteilt gewesen und hatte deren Nützlichkeit in einem künftigen Krieg erkannt.

Ohne Zweifel hatten Lutz und Guderian sich von den Konzeptionen fremder Militärtheoretiker wie des Briten Liddel Hart oder des Amerikaners Fuller inspirieren lassen. Sicher hatten sie auch das 1934 erschienene wichtigste Buch des Franzosen Charles de Gaulle »Für eine Berufsarmee« gelesen, in dem der spätere General seine Theorien einer modernen Kriegsführung entwickelte. Der deutsche Generalstab hat 500 Exemplare des Titels erwerben lassen, der sich allerdings in einigen wichtigen Punkten von Guderians »Achtung Panzer!« unterscheidet. Das eine führt die Ideen des französischen Generals Estienne über den Gebrauch von Kampfwagen hinaus fort und ist ein Kompendium brillanter Theorien, in dem allerdings die Rolle der Verbindung zwischen Flugzeug und Panzer kaum erwähnt wird. Das andere enthält eine präzise Gebrauchsanweisung für den Krieg der verbundenen Waffen. Wir haben es also mit einem Theoretiker und einem Pragmatiker zu tun.

In einem sind sich indes der Franzose und die beiden Deutschen ähnlich: Alle drei stoßen auf totales Unverständnis im eigenen Lager. 1935 sind die Ideen eines Generals Beck nicht sehr weit von denen der französischen militärischen Führung entfernt. Der Chef des deutschen Generalstabes ist keineswegs ein Gegner des Panzers, aber er sieht in ihm nur ein Mittel zur Unterstützung des Infanterieangriffs. Guderian mit seinen Panzerdivisionen eilt ihm zu weit voraus.

Beck ist auch skeptisch hinsichtlich der »Vorne-Führung« großer Panzerverbände. Er hält sich an ein Wort von Schlieffen aus dem Jahre 1903: Zur Führung großer Verbände bedarf es dreier Dinge: eines Tisches, einer Karte und eines Telefons.[8]

Im Gegensatz zu einem Mann wie de Gaulle können die deutschen Panzerspezialisten von der Autorität eines allerhöchsten Chefs profitieren, der alle Bedenken beiseite fegen wird. Während einer Übung in Kunersdorf im Jahre 1935 beweist Hitler einmal mehr seine ungewöhnliche Intuition. Sofort hat er die Bedeutung des neuen Kampfmittels erkannt: Guderian gegenüber zeigt er sich begeistert. »Das ist genau das, was ich brauche«, ruft er aus. »Das will ich haben.«[9]

Mit dem Panzer verfügt Hitler über das schnelle und zugleich Menschenleben schonende Kriegsgerät, von dem er schon 1932 dem späteren Danziger Senatspräsidenten Rauschning vorgeschwärmt hatte. »Der nächste Krieg wird nicht mehr wie der von 1914 sein. Keine Infanterieangriffe mehr, kein Masseneinsatz von Menschen. Das alles ist überholt. Ich versichere Ihnen, daß man auch keinen Stellungskrieg mit starren Fronten mehr erleben wird. Das war eine Perversion des Krieges. Der letzte Krieg war letztlich degeneriert. Diesmal werden wir die Überlegenheit zu nutzen wissen, die der Bewegungskrieg uns verschafft.«[10]

Bertrand de Jouvenel, der französische Philosoph, unterstreicht, daß die Panzerwaffe ganz der nationalsozialistischen Mystik entsprach. »Die damaligen Führer des Reiches hatten alle den großen Krieg mitgemacht. Sie waren Flieger, Stoßtruppführer, Abenteurer gewesen. Sie wußten um den Überraschungseffekt und den Schock, der den Gegner betäubt und lähmt. Was oft einem kleinen Haufen von Stoßtrupplern gelungen war, warum sollte es nicht auf ein ganzes Volk in Waffen anwendbar sein.«[11]

Schließlich gibt es als zusätzlichen Trumpf die Luftwaffe. Aber sie verfügt über keine strategischen Bomberverbände, und die Engländer werden nicht müde, darauf hinzuweisen. Dieses Manko entspricht nicht den Lehren des großen italienischen Luftwaffen-Theoretikers Douhet. Man führt es auf die dilettantische Denkart Görings zurück, und man macht auch den frühen Unfalltod des ersten Generalstabschefs der jungen Luftwaffe im Jahre 1937 dafür verantwortlich.[12]

In der Tat hat General Wever die Aufstellung eines Fernbombergeschwaders empfohlen, das mit viermotorigen Flugzeugen ausgerüstet sein sollte. Die Flugzeuge sollten den Namen »Ural« tragen, da sie Ziele der sowjetischen Rüstungsindustrie bis weit in den Ural hinein bekämpfen sollten. Wevers Nachfolger Jeschonnek hat den Gedanken wieder fallenlassen.

Das Problem ist komplex. In Wahrheit hat 1939 noch keine der großen Militärmächte ein Instrument zur Führung eines strategischen Bomberkrieges in Händen. Sowohl in England wie in den Vereinigten Staaten stecken Bomberverbände noch »in den Kinderschuhen« und werden erst 1942 voll wirksam. Weder Frankreich noch Italien, noch die Sowjetunion oder Japan sehen die Aufstellung solcher Verbände vor. Nur die beiden erstgenannten großen Seemächte lenken ihre rüstungspolitischen Überlegungen bereits in diese Richtung.

Wever hatte übrigens eine Luftflotte von nur 400 strategischen Bombern vorgesehen, eine Zahl, die sich vor dem Hintergrund der Erfahrungen des Zweiten Weltkrieges als zu ungenügend erwies. Die alliierte Luftoffensive gegen das Reich von 1940 bis 1945 sollte schließlich allein den Verlust von 40 000 meist viermotorigen Bombenflugzeugen verursachen.

Die deutsche Flugzeugindustrie ist zu Beginn des Krieges noch mitten in der Entwicklung und nicht in der Lage, einen genügend starken Motor für einen schweren Bomber zu bauen. Jeschonnek ordnet an, sich in bezug auf einen strategischen Bomber auf die Heinkel 177 zu konzentrieren. Das ist ein originelles Flugzeug mit zwei Motoren mit Doppelpropellern.

Die Produktion der He 177 kommt schwer voran, denn sie leidet an vielen Kinderkrankheiten. Statt wie vorgesehen 1940, wird sie erst Ende 1942 frontreif und dient als Versorgungsflugzeug für die in Stalingrad eingeschlossene 6. Armee. 1944 wird sie noch kurz für ihren eigentlichen Zweck als Fernbomber eingesetzt.

Der strategische Einsatz von Bombern ist auch nicht Sache einer Kontinentalmacht, die, wie das Reich, als einzige eine Doktrin für ihre Luftwaffe entwickelt hat. Am Vorabend des Krieges ist diese eine Unterstützungswaffe für die Bodentruppen. In gewisser Hinsicht ist sie der verlängerte Arm der Panzerdivision. Hierfür sind mehrere Gründe ausschlaggebend. Mit dem kompletten Wegfall einer Luftstreitmacht zwischen 1919 und 1933 sind beim Wiederaufbau nur wenige Männer verfügbar, die am Ende des Ersten Weltkrieges noch engagierte Piloten waren. Die meisten von ihnen stammen übrigens aus dem Heer, wie Kesselring oder Jeschonnek, beide aus der Artillerie hervorgegangen. Die Erfahrungen der von Wolfram von Richthofen geführten »Legion Condor« im spanischen Bürgerkrieg laufen schon auf eine enge Zusammenarbeit von Fliegern und motorisierter Truppe hinaus. Hinzu kommt, daß Männer wie Lutz oder Guderian die Luftwaffe bereits auf ihre Doktrin vom Gebrauch gepanzerter Verbände festgelegt haben.

So ist die Luftwaffe von Anfang an als ein Instrument zur Unterstützung des Kampfes der Bodentruppen, vor allem der Panzer, konzipiert. Diese Zusammenarbeit wird teilweise Sache des Sturzkampfbombers Junkers 87 sein, der in Spanien erprobt wurde und 1939 die weltweit einzige Maschine ihrer Art ist. Während der ersten Kriegsjahre haben diese Flugzeuge – wegen ihrer eingebauten Sirenen von den Piloten »Posaunen von Jericho« getauft – eine materiell und psychologisch verheerende Wirkung.

Vorgesehen ist auch eine Luftunterstützung durch Bombardierungen von Stäben, Nachschubwegen, Aufmarschstraßen, Truppenkonzentrationen, Eisenbahnknotenpunkten und Brücken im Hinterland des Gegners. Der strategische oder halbstrategische Aspekt ist nicht ganz ausgeschlossen. Fernbomber sollen feindliche Industriezentren, vor allem der Luftfahrtindustrie, und Zentren politischer Entscheidungen angreifen.

Angriffe auf die Zivilbevölkerung sind nicht Teil der Doktrin der Luftwaffe, außer im Fall von Repressalien. Überraschungsangriffe auf feindliche Flugplätze zu Beginn eines Konfliktes zur Ausschaltung feindlicher Luftüberlegenheit mit anschließendem Niederkämpfen der Jagdabwehr im Luftkampf dagegen sind ausdrücklich vorgesehen.

Im Vergleich zur französischen Luftwaffe verfügt die deutsche, ebenso wie das deutsche Heer oder die Marine, über ein sehr gutes Nachrichtenübermittlungswesen auf der Basis der Chiffriermaschine »Enigma«. Auch nutzt sie die Vorteile des Sprechfunks. Die Luftwaffenschulen sind die ersten in der Welt, die Funknavigation und Präzisionsbombenabwurf bei Nacht lehren.

Die Luftwaffe ahmt das System der verbundenen Waffen des Heeres nach und stellt Luftflotten auf, in denen Bomber, Sturzkampf-

bomber und Jagdflugzeuge im selben Verband eng zusammenwirken. Natürlich gibt es auch Nah- und Fernaufklärung. Schließlich ist sie 1939 die einzige Luftstreitmacht der Welt, die über eine komplette Lufttransport-Komponente verfügt.
Die Luftwaffe hat hervorragende Flugzeuge. Das Jagdflugzeug Messerschmitt 109 wird den ganzen Krieg über eingesetzt werden, unter ständiger Verbesserung seiner Eigenschaften. Die zweimotorige Schwestermaschine Me 110 erweist sich zunächst als ungeeignet für den Tagesjagdeinsatz, wird aber ab 1942 zu einem brauchbaren Nachtjagd-Instrument. Unter den Bombenflugzeugen ist die Dornier 17 schon etwas überholt, aber die Heinkel 111, später ergänzt durch die ausgezeichnete Junkers 88 für den Horizontal- und Sturzflugeinsatz, ist ihrer Zeit an Robustheit und Aktionsradius weit voraus. Die deutschen Maschinen sind zu Anfang des Konfliktes allen gegnerischen Flugzeugen überlegen.
Die Qualität der Besatzungen läßt ebenfalls nichts zu wünschen übrig. Die Mehrheit des fliegenden Personals sind Längerdienende (bis zwölf Jahre). Sie sind sehr gut ausgebildet und verfügen über genügend Schulen. Nach dem Frankreichfeldzug 1940 hat die Luftwaffe noch eine Reserve von 10 000 Einsatzpiloten. Erst ab 1942 beginnen die Reserven an Personal angesichts der immer weiter ausgedehnten Fronten in Rußland und Afrika zu schwinden, und das Niveau der Piloten fängt an zu sinken.
Eine weitere Elite stellen die Luftlandetruppen dar. Mitte der dreißiger Jahre ist Deutschland zusammen mit der Sowjetunion das einzige Land, welches sich für diese gänzlich neue Truppengattung zu interessieren beginnt. Amerikaner und Franzosen hatten sich am Ende des Ersten Weltkrieges damit beschäftigt, den Gedanken aber nicht weiter verfolgt. 1939 haben weder England noch Frankreich nennenswerte Fortschritte auf dem Gebiet gemacht. In letzterem Land gibt es zwar Versuchseinheiten von »luftbeförderten Infanterie-Zügen«, für deren Gebrauch die Führung aber noch keine Doktrin erarbeitet hat.[13]
Trotz der Skepsis von Beck und wieder einmal auf Betreiben von Hitler persönlich, stellt der Luftwaffengeneral Student die »7. Fliegerdivision« auf, den ersten geschlossenen Großverband aus reinen Fallschirmjägern. Gleichzeitig formiert das Heer die 22. Luftlandedivision, zusammengesetzt aus Erdkampftruppen, die mittels Lastenseglern ins Einsatzgebiet befördert werden. Von den ersten Stunden des 10. Mai 1940 an, Beginn des Angriffs im

Westen, werden diese beiden Einheiten in Belgien und Holland Beweise ihres Könnens liefern.

Auch in der Flugabwehr unterscheidet sich die Luftwaffe von fast allen anderen Luftstreitkräften. Sie hat eine starke Flakartillerie aus 21 Regimentern mit 60000 Mann aufgestellt, das sind zwei Drittel ihres gesamten Mannschaftsbestandes. Zu Beginn des Krieges stellt die Luftwaffe die gesamte leichte und schwere Flugabwehr der großen Einheiten des Heeres. Bei den schweren Flakbatterien wird bereits Radar zum Aufspüren feindlicher Flugzeuge und zur Feuerleitung verwendet.

Die Kriegsmarine befindet sich von allen drei Teilstreitkräften der Wehrmacht in der zweifelsfrei schwierigsten Situation. Ihre Aufrüstung hat später eingesetzt als die der anderen Streitkräfte; die Erfahrung lehrt außerdem, daß die Neuaufstellung einer Flotte immer länger dauert als die eines Heeres oder einer Luftwaffe.

1939 verfügt die Kriegsmarine nur über drei Panzerschiffe von je 12000 Tonnen, die beiden schweren Kreuzer »Scharnhorst« und »Gneisenau«, sechs leichte Kreuzer, 22 Zerstörer, zwölf Torpedoboote und 57 U-Boote, von denen nur 20 im Atlantik operieren können. Die Gesamttonnage von 250000 Tonnen ist damit der der vereinigten französischen und britischen Marine mit fast zwei Millionen Tonnen hoffnungslos unterlegen.

Außerdem ist die deutsche Marine, wie übrigens auch die französische oder italienische, ohne jeden Flugzeugträger. Der »Graf Zeppelin« ist noch nicht fertig und wird auch 1942 noch nicht fertig sein. Der Einsatz von trägergestützten Seeflugzeugen gehört ebenfalls nicht ins strategische Denkschema eines Raeder. Die deutsche Seefliegerei zählt 1939 ganze 228 Flugzeuge. Viele von ihnen sind veraltete, auf Landbasen stationierte Flugboote oder leichte Bordflugzeuge auf Panzerschiffen und schweren Kreuzern. Einige von ihnen können als Torpedo-Flugzeuge gegen Seeziele eingesetzt werden. Andere sind zur Aufklärung oder Feuerleitung der Schiffsartillerie da. Reine Seeflugzeuge bleiben am Schluß nur wenige übrig. Die meisten sind in die Luftwaffe übernommen worden.

Denn auch die Luftwaffe unternimmt, was wenig bekannt ist, Angriffe von Land aus auf Seeziele. Schon im Frühjahr 1939 werden Übungen in Fernaufklärung über See und Bekämpfung von gegnerischen Seestreitkräften abgehalten. Als Folge werden zwei Kampfflugzeug-Geschwader für den See-Einsatz, das KG 26 und das KG 30, aufgestellt. Ab 1940 bilden sie das X. Fliegerkorps und zeichnen sich mit ihren Heinkel 111 und Junkers 88 besonders im Norwegenfeldzug aus. Auch der Einsatz von Seeminen aus der Luft wird geübt. Von Kriegsbeginn an wird die 9. Fliegerdivision solche Aufträge übernehmen.[14] Auch auf diesem Gebiet hat die Luftwaffe zu Beginn des Krieges eine klare Überlegenheit über die Streitkräfte von Briten und Franzosen.

Wie 1914/18, muß sich Deutschland auch 1939 mit seiner extrem nachteiligen geographischen Lage abfinden. Seine Flotte ist in der Deutschen Bucht eingeschlossen. Sie kann nicht durch den Kanal, und um in den Atlantik zu kommen, muß sie die Britischen Inseln nördlich umfahren. Schon im September 1939 ist daher Deutschland von aller Zufuhr über See abgeschnitten.

Großadmiral Raeder ist aus verständlichen Gründen nicht sonderlich optimistisch, als der Krieg beginnt. Am 3. September schreibt er: »Was die Kriegsmarine anbetrifft, so ist sie selbstverständlich im Herbst 1939 noch keineswegs für den großen Kampf mit England hinreichend gerüstet. Sie hat zwar in der kurzen Zeit … eine gut ausgebildete, zweckmäßig aufgebaute U-Bootswaffe geschaffen, … die aber trotzdem noch viel zu schwach ist, um ihrerseits kriegsentscheidend zu wirken. Die Überwasserstreitkräfte sind aber noch so gering an Zahl und Stärke gegenüber der englischen Flotte, daß sie – vollen Einsatz vorausgesetzt – nur zeigen können, daß sie mit Anstand zu sterben verstehen und damit die Grundlage für einen späteren Wiederaufbau zu schaffen gewillt sind … kriegsentscheidend aber können auch die Panzerschiffe nicht wirken.«[15]

Das Bild ist etwas zu schwarz gemalt. Aus ihrer zahlenmäßigen Unterlegenheit wird die deutsche Marine die alliierten Flotten den ganzen Krieg über mehr unter Druck setzen, als dies die kaiserliche Flotte während des Ersten Weltkrieges vermochte. Sie kann ihre Schwächen kompensieren, vor allem durch ihre modernen Schiffe, gegenüber denen die veralteten und meist nur mühsam überholten Einheiten der Royal Navy oder der französischen Flotte wie Museumsstücke erscheinen.

Würde man einen friedlichen Wettlauf zwischen den drei Flotten organisieren, wären die fünf deutschen Schlachtschiffe allen französischen und britischen Konkurrenten an Geschwindigkeit überlegen, mit Ausnahme dreier kleiner britischer Kreuzer und der beiden französischen Kreuzer der »Dünkirchen«-Klasse.

Wir sagten schon, daß sich die deutschen Schiffe, wie schon 1914/18, durch ihre extrem hohe Robustheit auszeichneten. Ihre Hochseefähigkeit ist gut, und sie haben einen großen Aktionsradius, was bei der französischen Konkurrenz nicht immer zutrifft. Die Artillerie der Schlachtschiffe »Scharnhorst« und »Gneisenau« ist hervorragend, besser als die der Schiffe der französischen »Dünkirchen«-Klasse. Beide Schiffe haben disziplinierte und gutausgebildete Besatzungen. Von 1939 bis 1942 werden sie als perfekt aufeinander abgestimmte Kampfgruppen einen verheerenden Kreuzerkrieg im Atlantik führen.
Ohne revolutionär zu sein, sind auch die U-Boote neuer und besser als die der anderen Marinen. Ihre Druckkörper sind geschweißt und nicht genietet, die Boote können somit erheblich tiefer tauchen. Sie haben sehr gute Dieselmotoren, bemerkenswerte Sehrohre und Torpedos, die schon mit elektronischen Rechnern ins Ziel gelenkt werden. Ein schwacher Punkt ist die pannenanfällige Magnetzündung der Torpedoköpfe, die die Kommandanten in den ersten Monaten des Krieges um so manchen Erfolg bringt. Verantwortlich für die hervorragende Ausbildung der Besatzungen der U-Boote ist der Kapitän zur See Dönitz. Seine U-Boot-Flotte kann drei Schiffstypen einsetzen: das 250 Tonnen große Boot II D, geeignet zur Ausbildung und zum Einsatz in der Nordsee, das Standardboot VII C von 500 Tonnen und das Modell IX C von 740 Tonnen.
Die Kriegsmarine hat noch einen anderen Vorteil: Sie ist die einzige bei Kriegsbeginn, die magnetische Minen durch Minenleger, U-Boote oder Seeflugzeuge zum Einsatz bringen kann. Auch experimentiert sie bereits mit akustischen und selbstsuchenden Minen.
Für die Aufspürung feindlicher Schiffe setzt die Kriegsmarine noch nicht, wie die britische mit ihrem Detektionsgerät ASDIC, auf den Ultraschall. Dagegen verfügt sie über ausgezeichnete Hydraphone, mit denen U-Boote und Überwasserschiffe ausgerüstet sind. Auch beim Radar hat sie die Nase vorn. 1939 sind deutsche Schiffe die einzigen, die mit dem »Seetakt 70«-Gerät radargestützte Navigation und Feuerleitung besitzen. Nicht weniger als die anderen Wehrmachtsteile hat auch die Marine einen guteingefahrenen Dechiffrierdienst, dem es gelingt, bis zum Sommer 1940 die Codes der französischen und der britischen Admiralität zu knacken. Dem ist zu verdanken, daß die Norwe-

gen-Operation im Frühjahr 1940 nahezu unbeobachtet ablaufen konnte.
Bis zum Sommer 1943 können auch die Codes der britischen Handelsmarine enttarnt werden. Außerdem nutzt die Marine das Wehrmachts-Chiffriergerät ENIGMA, dessen Sicherheit allerdings von der Wehrmachtführung überschätzt wird, was zu schweren Rückschlägen ab 1943 führen wird.
Der letzte Vorteil der Kriegsmarine liegt schließlich darin, daß sie, mit Ausnahme von Nord- und Ostsee, nicht ihre Nachschublinien sichern muß. Sie kann ihre ganze Kraft auf die Bekämpfung der gegnerischen Versorgungskonvois richten und den Gegner zu einer permanenten Verzettelung seiner Streitkräfte zwingen.
Die Kriegserklärung bewirkt eine völlige Umschichtung des Schiffsbauprogramms. Der Plan Z wird auf Eis gelegt. Nur die bereits vom Stapel gelaufenen Einheiten, wie die beiden großen Schlachtschiffe »Bismarck« und »Tirpitz«, deren Indienststellung für 1941 vorgesehen ist, sollen vollendet werden. Der Bau von 56 000-Tonnen-Kreuzern der Klasse M wird fallengelassen. Der Akzent ruht jetzt ausschließlich auf dem Bau von U-Booten. Schlechte Versorgung mit Rohstoffen und Mangel an qualifiziertem Schiffsbaupersonal allerdings verzögern das Programm. Die Kriegsmarine kann erst 1942/43 über die geforderten 300 U-Boote verfügen, ohne die sie die Atlantikschlacht gegen die feindlichen Geleitzüge nicht gewinnen kann.
Dönitz hat immer auf der Betreibung eines großen U-Boot-Programms bestanden. Noch am 1. September 1939 verlangt er in einem Memorandum: »Die U-Boot-Waffe muß mit allen, auch außerhalb des normalen Rahmens liegenden Mitteln auf einen Stand gebracht werden, der sie befähigt, ihre Hauptaufgabe, nämlich die Niederringung Englands im Kriege, zu lösen.«
Dönitz' Vertrauen in seine U-Boote ist gut begründet. Er hat eine originelle Taktik entwickelt, die auf seinen Erfahrungen bei der kaiserlichen Marine im Ersten Weltkrieg mit nächtlichen Torpedoboot-Angriffen auf französische Schlachtschiffe an den Nordsee-Eingängen beruht. Er will kleine Kampfgruppen von U-Booten, sogenannte »Rudel«, schaffen, die über Funk gesteuert werden – entweder von einem Leit-U-Boot oder von einer Zentrale an Land, wo man alle eingehenden Funksprüche sammelt. Die Rudel sollen über Wasser und bei Nacht angreifen. Das Unterwasserhorchgerät ASDIC brauchen sie somit nicht zu fürchten.

Schon 1937 hatten Großübungen zur See die Vorteile einer solchen Taktik aufgezeigt, die aus dem U-Boot ein schnelles und kaum auszumachendes Torpedoboot macht.

Das also ist die Wehrmacht von 1939. Sie ist keine Massenarmee, sie ist auch kein Potemkinsches Dorf. Sie ist ein geschlossenes Ganzes, das aus vielen hochwertigen Einzelteilen besteht. Sie ist ohne Frage zu einem großen Teil auch das Werk Hitlers, der fähige Erneuerer wie Lutz, Guderian, Student oder Dönitz in die Lage versetzt, veraltete Theorien über den Haufen zu werfen und einer noch entschieden konservativen Wehrmachtführung neue und wagemutige Doktrinen aufzuzwingen. Sie sind es, die aus den deutschen Streitkräften ein Instrument gemacht haben, das seinesgleichen in der Welt sucht.

Was die Moral angeht, so sind Nuancen angebracht. Zur Überraschung Hitlers gibt es bei Kriegseintritt des Reiches keinerlei Szenen der Begeisterung*, wie sie noch die Mobilmachung im August 1914 gekennzeichnet hatten. Die Bevölkerung reagiert auf die Ankündigung des Kriegsausbruches mit Entsetzen und Resignation. Analogien mit der Stimmung in Frankreich fallen ins Auge. Von freudiger Zustimmung kann keine Rede sein.

Seit 1919 haben zwei Tendenzen um die deutsche Seele gestritten. Die eine ist eine resolut pazifistische Strömung. Sie kommt aus der Sozialdemokratie, von den Liberalen, von einigen Kreisen des Zentrums und von den Gewerkschaften. Die andere Strömung ist nationalistisch, militaristisch. Sie wird genährt von gewissen Veteranenverbänden wie dem »Stahlhelm«, von pangermanischen Vereinigungen, patriotischen Gruppen, studentischen Verbindungen und von Schriftstellerkreisen um Ernst Jünger herum, die den Krieg als Schicksal, als ein unausweichliches Fatum, ja als »den Vater aller Dinge« darstellen.

Diese Strömung war stets dominierend in den konservativen Rechtsparteien gewesen, hatte aber nach und nach auch bei den Liberalen und im Zentrum um sich gegriffen und schließlich sogar die Kirchen erfaßt, die nicht zögerten, den Krieg theologisch zu rechtfertigen. Die wirtschaftliche Krise trug das Ihre dazu bei, den Gedanken an eine »Wiederwehrhaftmachung« populär zu ma-

---

* Auch bei den Soldaten der Wehrmacht gab es keine Begeisterung, aber das Gefühl, gegen Polen etwas Berechtigtes zu tun.

chen. Eine Art intellektuelle Aufrüstung hatte eingesetzt, als Reaktion auf den dekadenten Pazifismus der Republik, eine Aufrüstung, die den Krieg glorifizierte, an Opfergeist und militärische Tugenden appellierte.
Der Nationalsozialismus macht sich beide Strömungen zu eigen. Von 1933 bis 1938 wird Hitler nicht müde, zur Tarnung seiner Aufrüstung seine Friedensliebe zu versichern und Deutschlands friedliche Absichten zu beschwören. Er selbst spricht zynisch von der »Friedensplatte«, die er aufgelegt habe. Er will überzeugen. Ein englischer Zeitungskorrespondent spricht ihn eines Tages auf einen französischen Politiker an, der Deutschlands Haltung als zwiespältig und Hitlers Friedensproklamation als Tarnungsmanöver für Kriegsvorbereitungen bezeichnet hatte. Hitler antwortete ihm: »Man sieht, daß dieser Politiker nie ein Volk geführt hat. Wie können Sie Ihrem Volk zehn Jahre lang von Frieden sprechen und ihm plötzlich erklären, daß es von einem auf den anderen Tag Krieg führen muß?«
Erst nach der Sudetenkrise von 1938, als Hitler sieht, daß die Deutschen nicht sonderlich kriegslüstern sind, entschließt er sich zu einer psychologischen Kehrtwendung. Am 10. November 1938 führt er in einer Geheimsitzung vor der deutschen Presse in München aus: »... Es ist selbstverständlich, daß eine solche jahrzehntelang betriebene Friedenspropaganda auch ihre bedenklichen Seiten hat; denn es kann nur zu leicht dahin führen, daß sich in den Gehirnen vieler Menschen die Auffassung festsetzt, daß das heutige Regime an sich identisch sei mit dem Entschluß und dem Willen, einen Frieden unter allen Umständen zu bewahren.
Das würde aber nicht nur zu einer falschen Beurteilung der Zielsetzung dieses Systems führen, sondern es würde vor allem auch dahin führen, daß die deutsche Nation, statt den Ereignissen gegenüber gewappnet zu sein, mit einem Geist erfüllt wird, der auf die Dauer als Defaitismus gerade die Erfolge des heutigen Regimes (weg)nehmen würde und (weg)nehmen müßte.
Der Zwang war die Ursache, warum ich jahrelang nur vom Frieden redete. Es war nunmehr notwendig, das deutsche Volk psychologisch allmählich umzustellen und ihm langsam klarzumachen, daß es Dinge gibt, die, wenn sie nicht mit friedlichen Mitteln durchgesetzt werden können, mit Mitteln der Gewalt durchgesetzt werden müssen. Dazu aber war es notwendig, nicht etwa nun

die Gewalt als solche zu propagieren, sondern es war notwendig, dem deutschen Volk bestimmte außenpolitische Vorgänge so zu beleuchten, daß die innere Stimme des Volkes selbst langsam nach der Gewalt zu schreien begann. Das heißt also, bestimmte Vorgänge so zu beleuchten, daß im Gehirn der breiten Masse des Volkes ganz automatisch allmählich die Überzeugung ausgelöst wurde: Wenn man dies eben nicht im Guten abstellen kann, dann muß man es mit Gewalt abstellen; so kann es aber auf keinen Fall weitergehen ...«[16]

Im deutschen Volk gibt es, hinter einer grundsätzlichen Neigung zum Frieden, eine »latente Kampfbereitschaft«, die sich bei großen militärischen Siegen entflammt, aber auch der Grund ist für eine außerordentliche Widerstandskraft, die den ganzen Krieg über dauern und es befähigen wird, unendlich viel größere Leiden als während des Ersten Weltkrieges zu ertragen.

Derselbe Geist herrscht in der Wehrmacht. Während des Polenfeldzuges gibt es Einheiten, deren Kampfgeist zu wünschen übrig läßt. Aber diese Einheiten sind aus Reservisten des letzten Krieges zusammengesetzt, die die demütigende Niederlage erlebt haben und nicht an eine neue Form des Krieges zu glauben bereit sind.

Eine völlig andere Haltung dagegen herrscht in den aktiven Divisionen und unter den Besatzungen der Panzer und Flugzeuge. Die gesamte junge Generation vibriert in einer unbändigen Bereitschaft zum Einsatz.* Die Auflösung des Versailler Vertrages, der wirtschaftliche Aufschwung, die Aufbauleistungen des neuen Regimes, die Schaffung Großdeutschlands, das Gefühl, einer großen einigen Volksgemeinschaft anzugehören – das alles verschafft ihr ein Gefühl des Stolzes und einen fanatischen Willen zum Sieg. Die Zeit in der Hitlerjugend, im Arbeitsdienst, schließlich im Ehrendienst in der Wehrmacht kann die Entschlossenheit, die »neue Ordnung« zu verteidigen, nur noch bekräftigen. Mit all dem verfügt die Wehrmacht über einen klaren psychologischen Vorteil gegenüber einer französischen Armee, an der Zweifel und Resignation nagen.[17]

So kann sich die Wehrmacht von 1939 auf drei Vorteile gegenüber ihren Gegnern stützen: Ihr Material ist neu und erstklassig. Als einzige sind ihre Truppen nach völlig neuen, teilweise

---

* Diese Aussage ist nicht falsch, aber in der Diktion stark überzeichnet.

revolutionären Doktrinen ausgebildet. Die Mannschaften in den jungen Eliteeinheiten schließlich bersten vor Kampfbereitschaft. Diese Überlegenheit kann durch eine simple Feststellung untermauert werden: Den ganzen Krieg über und auf allen Gebieten ist die Wehrmacht ein Modell für alle feindlichen Armeen.

4
»Blitzkrieg«

Am Morgen des 1. September 1939 beginnt der Feldzug gegen Polen. Er entwickelt sich von Anfang an in einer Weise, die die optimistischsten Voraussagen über den Haufen wirft. Die Wehrmacht setzt 60 Divisionen, davon zehn Panzerdivisionen, und 1600 Flugzeuge ein. Die Polen können dem 50 zum Teil noch in Mobilmachung befindliche Divisionen entgegenstellen, die weder über moderne Panzer noch Flugzeuge verfügen und deren Hauptstoßkraft nach wie vor die Kavallerie ist.

An der Spitze des XIX. Armeekorps aus vier motorisierten und gepanzerten Divisionen erfüllt Guderian vom ersten Tage an einen wesentlichen Auftrag: Er soll, aus Pommern antretend, den polnischen Korridor mit seiner Geburtsstadt Kulm durchbrechen und die Verbindung zur in Ostpreußen stehenden 3. Armee herstellen. Trotz einiger auf die Unerfahrenheit der Truppe zurückzuführenden Pannen entledigt er sich seines Auftrages in weniger als drei Tagen und beweist damit die Stoßkraft gepanzerter Verbände.

Als Bestandteil der Heeresgruppe von Bock nimmt das XIX. Armeekorps anschließend zusammen mit den aus Schlesien vorstoßenden Truppen der Heeresgruppe Rundstedt an der ersten großen Einkesselungsschlacht teil, die schon am 8. September im Raum Warschau zum Abschluß kommt. Die polnische Armee, ununterbrochenen Luftangriffen ausgesetzt, löst sich auf. Die in den Kesseln von Graudenz, Kutno, Modlin und Krakau eingeschlossenen Divisionen müssen sich nach und nach ergeben.

Am 8. September beginnt die zweite große Operation. Sie führt zur Einschließung von Brest-Litowsk, wo Guderian am 14. September eintrifft, und von Lemberg. Am 17. September beginnt der Einmarsch der Roten Armee in Polen. Warschau, ununterbrochen bombardiert und von aller Zufuhr abgeschnitten, kapituliert am 27. September. Die letzten polnischen Truppen, die sich nicht nach Rumänien absetzen konnten, legen am 5. Oktober die Waffen nieder.

Dem deutsch-sowjetischen Vertrag vom 28. September gemäß kommt es zur vierten polnischen Teilung. Im Austausch mit Galizien fällt Litauen an die sowjetische Einflußzone. Die UdSSR annektiert die Gebiete östlich des Bug. Deutschland findet seine Ostgrenze von 1913 wieder. Auf Bitten Moskaus läßt Deutschland einen Plan zur Schaffung eines Rumpfpolens fallen und errichtet auf seinem Gebiet das »Generalgouvernement Warschau«.

Die Wehrmacht hat eine eklatante Demonstration einer neuen Art von Kriegführung geliefert, wie sie General von Seeckt schon in den zwanziger Jahren angekündigt hatte, einer Kriegführung, die von der westlichen Presse sofort den Namen »Blitzkrieg« erhält. Während die Franzosen auf einen polnischen Widerstand bis in das Frühjahr 1940 hinein gehofft und das deutsche Oberkommando eine Feldzugszeit von drei Monaten angesetzt hatte, war Polen in Wirklichkeit in wenigen Wochen zusammengebrochen. Der Unterschied in den Verlustzahlen erläutert den Abgrund zwischen zwei militärischen Konzeptionen. Während die polnischen Verluste sich auf 66000 Tote, 200000 Verwundete und 700000 Kriegsgefangene belaufen, zählt die Wehrmacht nur 10500 Tote, 30000 Verwundete und 3500 Vermißte.
Die deutschen Panzerkeile hatten überraschend auf engsten Angriffsstreifen den Kampf begonnen, waren durchgestoßen und hatten die feindlichen Kräfte eingeschlossen. Hitler besucht nach dem Ende des Feldzuges den vom XIX. Korps Guderians in nur 48 Stunden durchstoßenen Korridor und zeigt sich verwundert über die geringe Zahl der deutschen Verluste. 150 Tote und 700 Verwundete – nicht zu vergleichen mit den verheerenden Verlusten, die eine gleiche Operation im Ersten Weltkrieg gekostet hätte. Hitler rechnet den Erfolg übrigens in erster Linie der Luftwaffe an.
Die Panzer haben allerdings Schwächen im Straßenkampf gezeigt, für den sie nicht geplant sind. Guderian und Bock haben diese Erfahrungen in Brest-Litowsk und Warschau gemacht. Die polnische Hauptstadt hat sich erst nach intensivem Artilleriebeschuß und schweren Luftbombardements ergeben.
Die Rolle der Luftwaffe hat sich ebenfalls als ausschlaggebend erwiesen. Sturzkampfbomber und Schlachtflieger haben direkt vor den angreifenden Truppen in die Kämpfe eingegriffen, mit materiell und psychologisch verheerenden Folgen für eine polnische Armee, die weder über Flak noch über Jagdschutz verfügte. Die Legende des Sturzkampfbombers Junkers 87 ist geboren. Die Luftwaffe hat vom ersten Tag des Krieges an die Luftüberlegenheit über eine polnische Luftwaffe von nur 400 meist veralteten Flugzeugen erkämpft, in dem sie sie entweder am Boden zerstörte oder abschoß.
Als verheerend haben sich auch die Angriffe der Kampfgeschwader auf die rückwärtigen Verbindungen der polnischen Armee

herausgestellt. Der Oberbefehlshaber der polnischen Posen-Armee, General Kutzeba, hat die fürchterliche Wirkung dieser Bombenangriffe eingeräumt. »Alle Bewegungen, alle Truppenkonzentrationen, alle Marschstraßen waren permanent einem verheerenden Feuer aus der Luft ausgesetzt. Die Brücken waren zerstört, die Furten verstopft, die Artilleriestellungen vernichtet. Eine Fortsetzung des Kampfes wäre einem Selbstmord gleichgekommen. Auf der Stelle zu bleiben war ebenfalls nicht möglich, die deutsche Luftwaffe hätte uns in ein Massengrab gebombt, wir hatten ja keinerlei Jagdschutz.«[1] Die Besatzungen des Fliegerkorps Richthofen haben bis zu 400 Einsätze pro Tag absolviert und damit entscheidend auch zur schnellen Übergabe der Garnison von Warschau beigetragen.

Dieser blendende Sieg ist zugleich Quelle wichtiger Erfahrungen. Die deutsche Armee hat den »frisch-fröhlichen Krieg« wiederentdeckt. Hitler ist außer sich vor Freude. Mehrere Male hat er während des Polenfeldzuges die vorderste Front besucht und sich dabei offenbar mit Genugtuung an seine eigene Zeit als Soldat im Ersten Weltkrieg erinnert gefühlt. Oberst Rommel, der spätere Wüstenfuchs, der das Führer-Begleitbataillon kommandiert, ist beeindruckt vom persönlichen Mut des Führers. Seiner Frau schreibt er: »Er hat mir viel Ärger gemacht, denn er wollte partout immer bei den vordersten Truppen sein und fand es offenbar aufregend, mitten im feindlichen Feuer vorzugehen.«

Die Wehrmachtführung ist zufrieden, mit Polen abgerechnet zu haben, einem Staat, den man seit 1919 ablehnte. Zufrieden auch über das Ausbleiben einer entsprechenden französischen Reaktion im Westen, die angesichts äußerst schwacher deutscher Sicherungen verheerende Folgen hätte haben können. Der einzige französische Vorstoß erfolgte vor Saarbrücken, da, wo der Westwall am stärksten war.

Die französische Haltung scheint das Urteil Hitlers zu bestätigen, wonach die Kriegserklärung Großbritanniens und Frankreichs am 3. September nur eine platonische Geste gegenüber Polen gewesen sei und die Demokratien keinerlei Lust auf einen großen Konflikt hätten. Hitler hält einen Frieden nach wie vor für möglich.

Zweimal, am 6. und am 10. Oktober, macht er vor dem Reichstag einen Kompromißvorschlag, betont allerdings, daß weder Deutschland noch die Sowjetunion bereit seien, das in Versailles geschaffene Polen wiederherzustellen. Die Zurückweisung dieser

Vorschläge scheint den Führer nicht sonderlich zu überraschen. Er ist jetzt entschlossen, die Entscheidung im Westen zu suchen und noch vor dem Winter mit einer Großoffensive loszuschlagen, die auch Belgien und die Niederlande einschließen soll.

Die Führung von OKW und OKH, Keitel, Jodl, Göring, Raeder, Brauchitsch und Halder, werden von Hitler am 10. und am 27. Oktober über seine Absichten ins Bild gesetzt. Während Keitel, Jodl und Raeder teils begeistert, teils liebedienerisch diesen Absichten zustimmen, zeigen sich Brauchitsch, Halder und sogar Göring überrascht und beunruhigt. Das Projekt des Führers ist ihren eigenen Intentionen diametral entgegengesetzt.

Das OKH ist nicht überzeugt, daß die Methoden des Polenfeldzuges ohne weiteres auf den westlichen Kriegsschauplatz übertragen werden können. Es klingt erstaunlich, aber die Schlußfolgerungen eines Brauchitsch und Halder sind nicht weit von denen entfernt, die in Frankreich der Oberkommandierende General Gamelin anstellt. In Polen ist die Wehrmacht auf eine Armee gestoßen, die noch mitten in der Mobilmachung steckte und die noch dazu in einer geostrategisch äußerst ungünstigen Position, im Raum Posen massiert, leicht von zwei Zangenbewegungen aus Schlesien und Ostpreußen einzukesseln war.

Im Westen sind die Bedingungen vollkommen andere. Die deutsche Armee muß in engen Angriffsstreifen losschlagen, flankiert von Befestigungen in Frankreich wie in Belgien, gegen einen total mobilisierten und vollständig ausgerüsteten Gegner. Das deutsche Oberkommando hat noch den Ersten Weltkrieg vor Augen. Es ist überzeugt, daß die französische Armee hundertprozentig solide ist und von hochqualifizierten Offizieren geführt wird. Bei einer Begegnung in Paris anläßlich der Weltausstellung von 1937 hat General Gamelin auf den deutschen Generalstabschef Halder einen nachhaltigen Eindruck gemacht.[2]

Auch die Panzerspezialisten Guderian, Hoepner und Reichenau sind gegen eine Offensive im Winter, die das Risiko in sich birgt, im Schlamm steckenzubleiben. Göring seinerseits rät ebenfalls ab. Seine Luftwaffe würde bei der Kürze des Tageslichtes nicht voll zum Einsatz kommen können.

Es gibt auch Leute, die noch immer eine Ausweitung des Konflikts fürchten. Eine Verletzung der Neutralität Belgiens und der Niederlande zum Beispiel würde alle Chancen auf einen Verständigungsfrieden zunichte machen. Die militärischen Führer raten also zum Abwarten. Die deutschen Streitkräfte sollten sich in der Verteidigung einrichten, Verstärkungen abwarten, nicht die Initiative ergreifen und sich auf alliierte Offensiven 1940 oder 1941 vorbereiten. Hitler bleibt unerschütterlich. Der »Fall Gelb« für eine Offensive im Westen wird endgültig für den 12. November festgesetzt. Aber er wird mehrfach, hauptsächlich der Wetterlage wegen, aufgeschoben werden.

Statt dessen regen die Pläne Hitlers eine neue Verschwörung der Generäle an, die man seit 1938 begraben glaubte. Brauchitsch läßt sich vor Keitel zu einer massiven Kritik der Vorhaben Hitlers hinreißen, was zu einer schweren Krise zwischen OKW und OKH führt. Andere führende Köpfe der Wehrmacht, wie der Generalstabschef Halder, sein Stellvertreter General Karl Heinrich von Stülpnagel, von Leeb, der Oberbefehlshaber der Heeresgruppe C, Admiral Canaris und Oberst Oster von der Abwehr, die eng mit Beck und Goerdeler zusammenarbeiten, planen die Beseitigung des Hitlerregimes. Parallel dazu versucht man, über den Vatikan die Intentionen der Briten zu erkunden.[3]

Die Verschwörer fühlen sich ermutigt durch eine Rede Chamberlains vor dem Unterhaus, die auszugsweise in Deutschland bekannt und, mit positiven Kommentaren eines britischen Diplomaten in Bern versehen, in Widerstandskreisen verteilt wird. Demnach hatte der britische Premierminister erklärt:

»Wir sind nicht aus Rachegefühlen in den Krieg eingetreten, sondern ausschließlich zur Verteidigung der Freiheit des polnischen Volkes ... Wir suchen keinerlei materiellen Vorteil für uns selbst, wir verlangen vom deutschen Volk nichts, das seinen Stolz verletzen könnte. Was wir wollen ist kein Sieg, sondern die Errichtung eines besseren internationalen Systems, welches es unseren Kindern erlauben soll, ohne Furcht vor einem Krieg zu leben.

Ich bin überzeugt, daß alle Völker Europas einschließlich des deutschen, den Frieden wollen. Einen Frieden, der es ihnen ermöglicht, anders zu leben als in Furcht und ihre Mühen und Talente auf die Entwicklung ihrer Kultur, die Verwirklichung ihrer Ideale, die Erhöhung ihres materiellen Wohlstandes zu lenken.«

Brauchitsch verspricht nun seinen Mitverschwörern, zur Tat zu schreiten, falls Hitler ein von ihm verfaßtes Memorandum zur Lage verwerfen sollte. Am 15. November wird der Chef des OKH, begleitet von Halder, von Hitler empfangen. Brauchitsch führt noch einmal die schon am 17. Oktober vorgebrachten Bedenken gegen eine Offensive vor dem Winter auf: die Ungunst der Jahreszeit, der hohe Stand der Vorbereitung der französischen Armee, der ungenügende Bereitschaftsgrad der deutschen Streitkräfte. Er hat sogar den Mut, sich, wie schon in Polen geschehen, jede Einmischung des Führers in die Kompetenz der militärischen Führung zu verbitten. Das OKH, sagt er, wünsche in Zukunft allein für die Durchführung einer militärischen Operation verantwortlich zu sein.

Brauchitsch spielt seinen letzten Trumpf aus: Er beklagt den mangelnden Schneid der deutschen Infanterie, der dem der Armee von 1914/18 deutlich unterlegen sei. Es habe in Polen, so sagt er, Fälle von Ungehorsam gegeben, die an Vorkommnisse der letzten Phase des letzten Krieges erinnert hätten.

Diese Enthüllung des obersten Heeresbefehlshabers provoziert eine äußerst brutale Reaktion Hitlers, der sich bis dahin in eisiges Schweigen gehüllt hatte. Der Führer will Beweise für das Gesagte, präzise Fakten, die Namen der betroffenen Einheiten, die Zahl der verhängten Todesurteile. Er will das Problem persönlich regeln und kündigt an, daß er sich sofort per Flugzeug an die Front begeben werde.

Dann wendet er sich direkt an Brauchitsch. Er zieht über den »Geist von Zossen« (Sitz des OKH südlich von Berlin, Anm. d. Übers.) her, über den Defätismus der Generalstäbler. Die Generäle überschüttet er mit Vorwürfen, die seien lauter Drückeberger und Feiglinge. Dann verläßt er den Raum und knallt die Tür hinter sich zu. Brauchitsch und Halder bleiben versteinert zurück. »Eine der peinlichsten Szenen, denen ich je beigewohnt habe«, notiert Halder später in sein Notizbuch. Brauchitsch ist so beeindruckt, daß er bei seiner Rückkehr nach Zossen unfähig ist, einen zusammenhängenden Bericht über das Erlebte zu geben.

Einziges Resultat dieser denkwürdigen Szene ist die sofortige Beendigung aller Putschvorbereitungen. Brauchitsch wird einmal mehr ersucht, sich gefälligst den Weisungen des Führers zu unterwerfen. Die Gencräle sind niedergeschlagen. Vor allem fürchten sie, ihre Putschpläne könnten verraten worden sein. Halder befiehlt äußerste Vorsicht. Stülpnagels Versuche, Bock und Rundstedt zum Mitmachen bei dem Putschversuch zu überreden, erweisen sich als kompletter Fehlschlag. Nur Oberst Oster bleibt bei der Stange und unterrichtet den holländischen Militärattaché in Berlin über den geänderten Angriffstermin für die große Offensive im Westen.

Zwei weitere bis heute ungeklärte Zwischenfälle tragen zur Entmutigung der Verschwörer bei. Am 9. November gelingt es Agenten des Sicherheitsdienstes (SD), an der holländischen Grenze nahe Venlo zwei britische Geheimagenten festzunehmen. Ein sie begleitender holländischer Agent kommt bei dem Unternehmen ums Leben.

Walter Schellenberg, Leiter der Spionageabwehr Inland der Gestapo, hatte sich als Hauptmann Schemmel und Vertreter des deutschen Widerstandes ausgegeben. Man sei am Vorabend eines Putsches mit dem Ziel, den Führer zu ermorden. Bevor man losschlagen würde, wünsche man von seiten der Westmächte Garantien für die Zukunft des Reiches. »Wir sind Deutsche, und wir müssen in erster Linie an die Zukunft unseres Landes denken.«

In der Tat hatte es kurz vor dem Termin von Venlo im Münchner Bürgerbräu-Keller ein Attentat gegeben. Hitler hatte dort aus Anlaß des 9. November, dem Jahrestag des Putschversuches von 1923, eine Rede vor Parteigenossen gehalten. Kurz vor Schluß der Kundgebung, aber nach Hitlers Weggang, war eine Bombe hinter dem Rednerpult explodiert, die sieben Menschen tötete und mehr als 60 verletzte. Als Attentäter wurde ein gewisser Georg Elser ermittelt, ein ehemaliger Kommunist, der noch am gleichen Abend an der Schweizer Grenze verhaftet werden konnte. Gerüchte, wonach er vom britischen Secret Service manipuliert worden sei oder beide Vorfälle, der von Venlo und der von München von Himmler und Heydrich eingefädelt worden seien, haben sich nicht bestätigt.

Die Entführung seiner beiden Agenten in Venlo verstärkt das schon äußerst große Mißtrauen des britischen Geheimdienstes gegenüber jedem Kontakt zur deutschen Widerstandsbewegung. Auf der anderen Seite kommt der Fall Venlo kurz vor Beginn der Westoffensive den Deutschen gelegen, denn er zeigt die enge Verbindung zwischen englischem und niederländischem Geheimdienst auf und läßt die angebliche holländische Neutralität in einem merkwürdigen Licht erscheinen.

Weitere Folgen des Attentats sind eine erhöhte Popularität des Führers, größere Kampfentschlossenheit des deutschen Volkes und neuentfachter Haß auf England. Die Rolle des Secret Service erscheint einmal mehr im schwärzesten Licht. Ganz gleich, um welches politische Verbrechen es sich in diesem Jahrhundert gehandelt hat, das Attentat auf den russischen Grafen Witte, der gewaltsame Tod Lord Kitcheners, die Ermordung des österreichischen Thronfolgers Franz Ferdinand, des französischen Pazifisten Jaurès oder des jugoslawischen Königs Alexander – sie werden alle dem britischen Geheimdienst angelastet.

Nach dem Münchner Attentat, verstärkt Hitler seine Kontrolle über die Wehrmachtführung noch weiter. Am 23. November ruft er seine Generäle wieder einmal in der Reichskanzlei zusammen. Zunächst hält er ihnen das Versagen der obersten militärischen Führer zu Beginn des Ersten Weltkrieges vor, die Nervenzusammenbrüche des Oberkommandierenden Prittwitz in Ostpreußen nach dem russischen Einmarsch oder Moltkes im Westen nach der Marneschlacht. »Wenn diese Herren so tapfer gewesen wären wie der einfache Soldat, wären solche Niederlagen nicht passiert«, sagt er verächtlich.[4]

»Alles geht darauf hinaus, daß jetzt der Moment günstig ist, in 6 Monaten kann es aber vielleicht nicht mehr so sein.

Als letzten Faktor muß ich in aller Bescheidenheit meine eigene Person nennen: unersetzbar. Weder eine militärische noch eine zivile Persönlichkeit könnte mich ersetzen. Die Attentatsversuche können sich wiederholen. Ich bin überzeugt von der Kraft meines Gehirns und von meiner Entschlußkraft. Kriege werden immer beendigt nur durch Vernichtung des Gegners. Jeder, der anders denkt, ist unverantwortlich. Die Zeit arbeitet für den Gegner. Jetzt ist ein Kräfteverhältnis, das sich für uns nicht mehr verbessern, sondern nur verschlechtern kann. ... Mein Entschluß ist unerschütterlich. Ich werde Frankreich im günstigsten Moment und so früh wie möglich angreifen. Die Neutralität Belgiens und Hollands ist mir egal. Niemand wird uns vorwerfen, sie verletzt zu haben, wenn wir erst einmal den Sieg errungen haben.« Und er fährt fort: »Jede Hoffnung auf Kompromisse ist kindisch: Sieg oder Niederlage! Dabei geht es nicht um ein nationalsozialistisches Deutschland, sondern darum, wer künftig in Europa dominiert. Diese Frage ist des höchsten Einsatzes wert. Mein Leben spielt keine Rolle dabei. Ich habe das deutsche Volk zu großer Höhe geführt, wenn man uns auch jetzt in der Welt haßt. Dieses Werk setze ich auf das Spiel. Ich habe zu wählen zwischen Sieg oder Vernichtung. Ich wähle den Sieg.«

Die Rede verfehlt nicht ihre Wirkung. Alle sind wie elektrisiert.

Der Vorwurf der Feigheit, sagt Oster später, verwandelte auch die

Entschlossensten in Lämmer. Die Ansprache vom 23. November setzt den Hoffnungen der Fronde indes kein Ende. Auf Drängen Schachts, von Hassells und Osters wird noch einmal versucht, Zusagen der Engländer und Amerikaner hinsichtlich der Zukunft eines von Hitler befreiten Deutschland via Vatikan zu erhalten. Von Hassel arbeitet eine Denkschrift aus, in der von einem künftigen dauerhaften Friedenszustand in Europa und Sicherheitsgarantien gegen jede Rückkehr aggressiver Politik die Rede ist. Dabei ist festzuhalten, daß die Gegner Hitlers nicht etwa an ein Deutschland in den Grenzen von 1937 denken, sondern an ein Großdeutschland mit Österreich, den Sudeten und den deutsch-polnischen Grenzen von 1913 …

Am 4. April 1940 unterbreitet General Thomas dem Chef des OKH, von Brauchitsch, den »Bericht X«, dem die von von Hassel nach seinen Kontakten mit den Westmächten erarbeiteten Vorschläge zugrunde liegen. Brauchitsch aber weist jeden weiteren Gedanken an einen Umsturz weit von sich und droht seinem Gesprächspartner sogar mit Verhaftung. Nach dem Kriege wird er Thomas gegenüber behaupten, daß seine Weigerung der damaligen Stimmungslage im deutschen Volk entsprochen habe. »All das roch nur noch nach Hochverrat. Trotzdem habe ich nichts gegen Ihre Freunde unternommen. Ich habe den Bericht durchgelesen, aber ich konnte damit nichts anfangen. Es hätte nicht die geringste Mühe gekostet, Hitler festnehmen zu lassen. Es waren genügend mir ergebene Offiziere vorhanden, die sich dieses Auftrages entledigt hätten. Aber das war nicht das Problem. Warum hätte ich es tun sollen? Ich hätte gegen den Willen des deutschen Volkes handeln müssen. Seien wir ehrlich. Ich wußte ziemlich genau, was das Volk wirklich dachte. Mein Sohn und einige seiner Freunde hatten mir ständig über die Stimmung berichtet. Das Volk stand damals geschlossen hinter Hitler, und das traf besonders für die Arbeiter zu. Keiner hatte je vorher so viel für die Verbesserung ihrer Lage getan wie Hitler.«

Ein anderer Umstand, der zur Aufgabe jeder Putschidee bei den Verschwörern beitrug, war das Wissen um den unmittelbar bevorstehenden Norwegenfeldzug. Jetzt, da der Krieg wirklich beginnen würde, konnte Widerstand nur noch mit Hochverrat gleichgesetzt werden.

Im Oberkommando hält den ganzen Winter über eine intensive Spannung an. Mehrfach wird die Auslösung des »Plans Gelb« aus

Witterungsgründen verschoben. Ein weiterer Gegenbefehl folgt am 10. Januar 1940. Eine deutsche Kuriermaschine ist im Nebel vom Weg abgekommen und hat bei Mechelen in Belgien notlanden müssen. An Bord befanden sich zwei hohe Generalstabsoffiziere mit Unterlagen über die Offensivpläne im Westen. Die Belgier haben die beiden Offiziere festgenommen und die gefundenen Dokumente an die Alliierten weitergegeben, die daraufhin ihre Truppen in Alarmbereitschaft versetzten.

Die Angelegenheit versetzt OKW und OKH in Rage. Einmal mehr muß der jüngste Angriffstermin, der 17. Januar, verschoben werden. Hitler tobt und verlangt nach schärferen Sicherheitsmaßnahmen. Belgier und Alliierte glauben an ein deutsches Täuschungsmanöver.

Im Gegensatz zu den Franzosen, deren Truppen in lähmendem Nichtstun dahindämmern, nutzen die Deutschen die Zeit der Tatenlosigkeit, um ihre Truppen laufend zu verstärken und deren Ausbildungsstand zu verbessern. Durch Einberufung neuer Reservistenjahrgänge wird die Stärke der Wehrmacht auf 143 Divisionen gebracht. Einige Kavalleriedivisionen sind in Panzerdivisionen umgewandelt worden, deren Zahl jetzt zehn und deren Stärke 2700 Panzer und 700 Panzerspähwagen beträgt.

Verstärkt laufen jetzt die mittleren und schweren Panzertypen III und IV von den Bändern, wenngleich die leichteren Typen I und II in den Regimentern in der Überzahl bleiben. Überall wird hektisch geübt, um die in Polen aufgetretenen Ausbildungsmängel zu beseitigen. Die Luftwaffe schläft auch nicht und bringt die Zahl ihrer Einsatzflugzeuge auf 4000.

Die Wehrmacht ist an der Front nicht tatenlos geblieben, wenn auch der Wehrmachtbericht darüber wenig verlauten läßt. Im etwa 20 Kilometer tiefen Niemandsland zwischen der französischen Grenze und der Maginot-Linie unternehmen deutsche Späh- und Stoßtrupps kühne Überfälle auf französische Feldposten, heben diese aus und bringen Gefangene ein. Bis zu zehn solcher Feldposten werden weggenommen und bald darauf an derselben Stelle von den Franzosen wieder besetzt, was gegen jede militärische Vernunft spricht. Oft leisten solche Feldposten nicht einmal Widerstand, was nicht für ihre Kampfmoral spricht. Die Wehrmacht erwirbt sich somit schon im Vorfeld der großen Entscheidung eine moralische Überlegenheit über den französischen Gegner.[5]

Für das OKH ist diese Überlegenheit vor allem das Ergebnis einer intensiven Propagandatätigkeit.* Betraut damit ist in erster Linie die Truppe selbst, die seit dem 1. April 1939 über eine eigene Propagandastaffel unter Leitung des Oberstleutnants Hasso von Wedel verfügt. Gedacht ist zunächst an den Schutz der eigenen Truppe vor feindlicher Propagandaeinwirkung.[6]
Zur Zeit der Kriegserklärung gibt es beim Heer acht Propaganda-Kompanien (PK), bei der Luftwaffe vier und bei der Marine zwei. Von Beginn der Feindseligkeiten an wendet die Propaganda ihr Hauptaugenmerk der französischen Armee zu. Flugblätter, Lautsprecher, Spruchbänder und direkte Kontaktaufnahmen werden als Mittel eingesetzt. Offiziere, Mannschaften, ja Zivilisten wie der Gauleiter von Baden nehmen direkte Verbindung mit französischen Soldaten auf. Hitler selbst glaubt an die Durchschlagskraft der psychologischen Waffe. Er läßt sich Flugblätter kommen und entwirft selbst Texte für deren bessere Gestaltung.
Die Propaganda stellt Fragen nach Art und Sinn des Krieges. Mit unterschiedlichen Texten wird immer dasselbe Thema variiert: Wenn Deutschland nicht angreift, so nicht, weil es nicht kann, sondern weil es den Konflikt nicht unnötig ausweiten und das Schlimmste verhüten will. Das Reich hat den Krieg nicht erklärt. Es befindet sich in keinerlei Gegensatz zu Frankreich. Frankreich ist im Interesse Englands und der Kapitalisten der City in den Krieg eingetreten, die einen Konflikt von fünf Jahren zur Eintreibung fetter Kriegsgewinne brauchen.
Aber Deutschland wird nicht ewig warten. Es wird angreifen, und Angriffsziel Nummer eins wird die Maginot-Linie sein. Einmal mehr wird es Frankreich sein, das die Hauptlast des Krieges tragen und noch höhere Opfer als 1914/18, von denen es sich noch nicht erholt hat, bringen muß. Warum also nicht gleich aufhören? Warum nicht das Angebot des Führers annehmen und Frieden schließen? Jeder Mann soll nach Hause zurückkehren, sein Haus, seine Familie, seine Arbeit wiederfinden dürfen. Machen wir also

---

* Die Wirkung der von der Wehrmacht betriebenen Propaganda war tatsächlich groß, größer aber noch der Erfolg der von Goebbels ausgehenden. Als ich bald nach dem Waffenstillstand mit meinem Quartiergeber, einem Industriellen, eine von ihm herbeigeführte Unterhaltung über die französische Niederlage hatte und dabei die militärischen Siege unter dem Oberbefehl Hitlers erwähnte, antwortete er mir: »Hitler – nein. Hitler hat nicht den Krieg gewonnen, das war Goebbels. Er hat die Moral unserer Soldaten zerstört.«

Schluß! Und daß Frankreich und Deutschland den Platz finden mögen, der ihnen im neuen Europa zugewiesen ist.[7]

Diese Argumentation wird mit präzisen Angaben untermauert. Die deutsche Propaganda weist darauf hin, daß es keine englischen Truppen in vorderster Linie gibt. Die Briten ziehen es vor, sich in Nizza oder Paris zu vergnügen. Die Luftwaffe trifft am Himmel nur auf französische Flugzeuge. Im Ersten Weltkrieg waren die Verluste der Franzosen dreimal höher als die der Briten. Und die Wehrmacht? Sie ist stark – Polen ist in drei Wochen besiegt worden. Die französischen politischen und militärischen Verantwortlichen hatten mit einem viel längeren Widerstand gerechnet. Im Ersten Weltkrieg hielt Deutschland eine Front von 2600 Kilometer Länge, heute ist diese auf 250 Kilometer zusammengeschrumpft. Man muß dieser Propaganda viel Geschick bescheinigen. Sie entspricht dem Empfinden der Massen in Frankreich, sie ist kohärent und bedient sich einfacher, eindringlicher Formen, sie hat bereits den »Slogan« erfunden. Interessanterweise erwähnt sie mit keinem Wort die Sowjetunion oder den Stalin-Ribbentrop-Pakt.

Die psychologische Bearbeitung wird begleitet von genauesten Angaben über französische Truppenbewegungen. Der Stab der Heeresgruppe C läßt zum Beispiel per Lautsprecher die Verschiebung von Truppen im Bereich der gegenüberliegenden 3. französischen Armee verkünden. Die Überstellung der 3. marokkanischen Infanteriedivision von Ligny-en-Barrois zur Nachbararmee wird präzise gemeldet. Als die 1. marokkanische Infanteriedivision an der Front ankommt, wird sie von Lautsprechern in arabischer Sprache empfangen. Den Propaganda-Kompanien gelingt es so, die Moral der französischen Truppen mit dem Eindruck, das deutsche Oberkommando sei stets bestens über den Feind unterrichtet, zu untergraben und den weitverbreiteten Glauben an eine »fünfte Kolonne« zu stärken.

Das deutsche Oberkommando ist im Winter 1939/40 stets bestens über die schlechter werdende Moral der französischen Truppen unterrichtet und verstärkt daher laufend seine Propaganda-Aktion. Im Februar 1940 heißt es in der Lagebeurteilung einer Propaganda-Kompanie: »Familienprobleme, der harte Winter, Unzufriedenheit mit dem Sold, die Beziehungen zu den Briten und andere Probleme dieser Art haben in letzter Zeit hier und da Unzufriedenheit, Niedergeschlagenheit und Zweifel an der Berechtigung des Krieges bei den französischen Streitkräften aufkommen lassen. Jetzt, wo ein großer Teil dieser Streitkräfte in Kasernen und Ruhestellungen liegt und daher besonders empfänglich für eine demoralisierende Aktion ist, müssen diese Tendenzen verstärkt und die Truppe auf die Härte des bevorstehenden Kampfes hingewiesen werden. Der augenblickliche Zeitpunkt ist hierfür besonders günstig.«[8]

Die Propaganda ist auch für die rückwärtigen Gebiete und die französische Zivilbevölkerung bestimmt. Rundfunkstationen wie »Humanité« und »La Voix de la Paix« tragen zur Wirksamkeit bei. Diese Propagandasender erhalten ihre Weisungen zunächst von Goebbels, später von einem gewissen Dr. Adolf Raski. Radio »Humanité« gibt sich für einen mobilen französischen Geheimsender aus, der von französischem Boden aus sendet und von der seit 1939 verbotenen kommunistischen Partei betrieben wird. Die Sendungen fordern die Franzosen auf, ihre Steuern nicht zu bezahlen und ihr Geld von den Banken abzuheben. Äußerst heftige Angriffe werden gegen die französische Regierung gerichtet, die man beschuldigt, standrechtliche Erschießungen vorzunehmen. Von militärischen Aktionen ist kaum die Rede. Es geht darum, Trübsal zu verbreiten und das Vertrauen der Bevölkerung in das Regime zu erschüttern.

Einer der Redakteure dieses Senders ist niemand Geringerer als Ernst Togler, ein kommunistischer Dissident. Togler war nach dem Reichstagsbrand vom Berliner Reichsgericht vom Verdacht der Mitwirkung freigesprochen worden. Seine Sendungen verraten einen Mann vom Bau, einen routinierten Fachmann der Desinformation. Seine Sendungen werden bei Beginn der Offensive noch zunehmen und bei der französischen Bevölkerung zuweilen Panikreaktionen auslösen.

Die Winterpause erlaubt der Wehrmachtführung eine Überarbeitung des Operationsplanes. Man hat fälschlich behauptet, die erste Fassung von »Fall Gelb« habe in der Anlage dem Schlieffen-Plan von 1914 geähnelt. Gelb sieht keine Umzingelung und Vernichtung der alliierten Armeen, sondern einen begrenzten Schlag eher präventiven Charakters vor. Die Besetzung Hollands, Belgiens und eines Teiles Nordfrankreichs soll nur einem alliierten Vorstoß zuvorkommen, das Ruhrgebiet vor Angriffen der Royal Air Force bewahren und die Basis für einen Luft- und Seekrieg gegen Großbritannien schaffen.

Hitler hat von Anfang an eine instinktive Abneigung gegen diesen Plan erkennen lassen. Er sucht eine Entscheidungsschlacht und wundert sich über die Zuteilung massiver Angriffseinheiten an die vor Holland und Belgien stehende Heeresgruppe B des Generals von Bock zum Nachteil der Heeresgruppe A von Rundstedts, die vor den Ardennen aufmarschiert ist.

Hitler ändert den Plan des OKH ab und unterstellt Rundstedt das XIX. Armeekorps Guderians mit seinen beiden Panzerdivisionen, einer motorisierten Infanteriedivision und zwei Eliteeinheiten, dem Regiment »Großdeutschland« und der »Leibstandarte-SS Adolf Hitler«. Auftrag für das Korps: Durchbruch durch die Ardennen und Bildung eines Brückenkopfes auf dem linken Maas-Ufer bei Sedan. Das Korps wäre so in der Lage, selbständig weiter vorstoßen zu können für den Fall, daß von Bock mit seiner Heeresgruppe in Belgien hängenbleibt. Auf Betreiben des Führers taucht so zum erstenmal der schicksalhafte Name Sedan im Operationsplan auf, und zwar in bezug auf eine völlig neue Lösung mit dem Ziel einer Zertrümmerung der französischen Mittelfront. Hitler geht am 20. November noch einen Schritt weiter und regt eine neue Schwerpunktbildung bei der Heeresgruppe Rundstedt an. Der Grund für diesen Entschluß ist einleuchtend. Seit Oktober kann die Funkaufklärung der Heeresgruppe C die Funkverbindung zwischen dem französischen Kriegsministerium und den Armeen, den Polizeidiensten im Inneren und sogar den in Nordafrika und Syrien stehenden Truppen entschlüsseln und mitlesen.[9]

Dieser Erfolg setzt das deutsche Oberkommando in die Lage, sich ein genaues Bild von der französischen militärischen Organisation zu machen. Dadurch bestätigt sich, daß die Zweifel Hitlers an der Stärke der französischen Armee berechtigt waren. Das erlaubt Hitler auch, die Entwicklung der alliierten Strategie zu verfolgen, die für den Fall eines deutschen Angriffs durch Belgien einen begrenzten Gegenangriff entlang der Schelde und der Dyle auf der allgemeinen Linie Löwen—Namur vorsieht.

Falls das Gros der alliierten Streitkräfte in Belgien eindringen sollte, würde die Durchführung des »Plans Gelb« die Heeresgruppe B von Bocks einem verlust- und risikoreichen Frontalzusammenstoß aussetzen. Durch Verlegung des Schwerpunktes nach Süden und einen Stoß gegen die Maas bei Sedan könnte die Heeresgruppe A den Schwachpunkt des französisch-britischen Dispositivs treffen.

Diese Dislozierung empfiehlt sich um so mehr, als das Risiko eines Gegenangriffs in der Flanke nach der Verschiebung der französischen strategischen Reserve geschwunden ist. Die 7. Armee des Generals Giraud ist in der Tat aus dem Raum Reims nach Norden in den Raum Lille – Dünkirchen verlegt worden.
Die wiederholte Verschiebung des Angriffstermins den ganzen Winter über führt schließlich zu einer kompletten Umschreibung des »Plans Gelb«, die begünstigt wird durch das Zusammentreffen der Ideen des Führers mit denen des Generals von Manstein. Unabhängig von den Gedankengängen seines obersten Kriegsherrn, hat nämlich der Generalstabschef der Heeresgruppe A nie aufgehört, den vom OKH ausgearbeiteten »Plan Gelb« einer heftigen Kritik zu unterziehen.
Schon am 31. Oktober hat Manstein seinem Oberbefehlshaber Rundstedt ein Memorandum geschickt, in dem er folgendes ausführt: »Von einem Anfangserfolg gegen Belgien und gegen die ihm zu Hilfe geeilten Alliierten kann ausgegangen werden. Der Gesamtsieg aber hängt nicht von diesem Anfangserfolg ab. Er hängt ab von der Vernichtung aller gegnerischen Streitkräfte in Belgien und in Frankreich nördlich der Somme.« Manstein fügt hinzu: »Gleichzeitig müssen mit Sicherheit zu erwartende französische Gegenangriffe aus Süden und Südosten verhindert werden.«[10]
Der Generalstabschef der Heeresgruppe A macht folgenden Vorschlag: »Von dieser Überlegung geht für die Heeresgruppe A zwingend die Überzeugung aus, daß der Schwerpunkt der Gesamtoperation auf den Südflügel übertragen werden muß. Aus dem Raum südlich Lüttich muß ihr Stoß über die Maas oberhalb Namurs hinweg auf der Achse Arras – Boulogne erfolgen, so daß alle Streitkräfte, die der Gegner nach Belgien geworfen hat, entlang der Somme durchschnitten werden, anstatt daß sie auf die Somme zurückgeworfen werden müssen.«
Insgesamt viermal drückt Manstein mit seinen Vorschlägen nach. Am 26. und am 30. November und dann noch einmal am 6. und 12. Dezember richtet er neue Memoranden an Rundstedt, der sie jedesmal an das OKH weiterleitet. Brauchitsch und Halder aber weigern sich, sie überhaupt anzunehmen. Sie sehen darin nur das Bemühen des Oberbefehlshabers der Heeresgruppe A, sich die Hauptrolle bei der Durchführung des »Planes Gelb« zuzuschanzen.

Am 12. Januar, einen Tag nach dem Zwischenfall von Mechelen, macht Manstein einen neuen Vorstoß. Er hält die Verstärkung der Heeresgruppe A durch das Panzerkorps Guderian für ungenügend. Die Heeresgruppe müsse über drei Armeen verfügen: zwei für den Schutz der linken Flanke bis zur Oise, zur Ausschaltung zu erwartender Gegenangriffe, und eine gepanzerte Stoßarmee, die den Maasübergang zwischen Dinant und Fumay zu erzwingen und bis Saint Quentin durchzustoßen habe, »um dem vor dem Nordflügel auf die Somme zurückweichenden Feind in die Flanke zu stoßen«. – »Nur so«, schließt Manstein, »sichert die Fortführung der Operationen den vollständigen Sieg über die französische Armee.«
Wiederum weigern sich Brauchitsch und Halder, die Empfehlungen des Generalstabschefs der Heeresgruppe A an das OKW weiterzuleiten. Das Projekt Manstein ist allerdings Gegenstand von Kartenbesprechungen am 7. und am 14. Februar. Die Schlußfolgerungen sind indes negativ. Die Ardennen mit ihren engen und kurvenreichen, tief eingeschnittenen Straßen eignen sich nicht zu einem Durchstoß großer gepanzerter Verbände. Auch die Maas, hinter der die Franzosen seit September 1939 in gutausgebauten Stellungen liegen, stellt ein unüberwindliches Panzerhindernis dar, dessen Bezwingung ungewiß ist.
Guderian, nach seiner Ansicht befragt, macht sich stark, den Maasübergang am fünften, vielleicht schon am vierten Tag der Offensive bewerkstelligen zu können. Halder hält eine solche Beurteilung für »absurd«. Für ihn sind acht bis neun Tage das Minimum. Die Ironie der Geschichte will es, daß die Schlußfolgerungen des OKH genau mit denen des französischen Oberkommandos übereinstimmen. Nach dessen Ansicht sind die Ardennen für Panzer »undurchdringlich«.
Trotz der negativen Reaktion des OKH wird der Manstein-Vorschlag nicht ad acta gelegt. Ein Zufall verhilft ihm sogar schließlich zum Durchbruch. Am 30. Januar begegnen sich in Koblenz der Heeresadjutant des Führers, Oberst Schmundt, und Manstein. Und der General spricht mit dem Oberst natürlich über seinen Ardennen-Plan. Der Oberst ist überrascht, bei Manstein »dieselben Ideen, wenn auch präziser formuliert, zu finden, die der Führer uns dauernd vorträgt«. Hat Schmundt dem Führer von seiner Begegnung mit Manstein berichtet? Man weiß es nicht. Jedenfalls hat Hitler am 13. Februar nach einer Tagebuchnotiz von Jodl ent-

schieden, die Heeresgruppe A auf der Achse Sedan nachhaltig zu verstärken, da der Feind mit Sicherheit dort den Hauptstoß nicht erwartet. Der Führer befiehlt, daß Rundstedt zwei Panzerdivisionen der Heeresgruppe B und eine dritte aus der allgemeinen Heeresreserve zugeführt werden.

Die endgültige Entscheidung fällt am 17. Februar. An diesem Tage empfängt Hitler, wie üblich, die neu ernannten Kommandierenden Generäle der Korps. Unter ihnen ist auch Manstein, der mit der Führung des XXXVIII. Armeekorps in Stettin beauftragt wurde. Die Maßnahme ist nicht, wie man annehmen könnte, ein Versuch, den unbequemen General loszuwerden.* Die Versetzung war seit Herbst 1939 vorgesehen.

Hitler und Manstein kommen ins Gespräch, und Manstein ist frappiert von der Art und Weise, wie Hitler mit großer Schnelligkeit Ideen entwickelt, die haargenau denen entsprechen, die seit Monaten in der Heeresgruppe A diskutiert werden. Hitler ist begeistert, einen »Fachmann« vor sich zu haben, der genauso denkt wie er. Er akzeptiert Mansteins Operationsplan und befiehlt die komplette Umschreibung des »Plans Gelb« im Sinne einer Zerschmetterung des feindlichen Aufmarsches durch Schwerpunktbildung entlang einer Linie Lüttich Süd – Charleroi.

Die Rollen der beiden Heeresgruppen B und A sind also einfach vertauscht worden. Hitler entscheidet, daß Bock in Südholland und Belgien angreift. Dessen Rolle ist sekundär, soll dem Gegner aber als Hauptstoß erscheinen und seine Aufmerksamkeit während der ersten Tage der Offensive fesseln. Bocks Angriff soll ferner das Maximum der alliierten Truppen nach Belgien hineinlocken und gleichzeitig die rechte Flanke Rundstedts decken, dem der eigentliche Hauptstoß aufgetragen ist.

Dieser Perspektive entspricht die neue Zusammensetzung der Heeresgruppe A: 45 Divisionen, davon sieben Panzerdivisionen. Ihr Auftrag: Vorstoß durch die Ardennen zur Maas, Überschreiten des Flusses zwischen Dinant und Sedan, Weiterstoß bis Saint Quentin und darüber hinaus. Vor den sprachlosen beiden Ge-

---

* Zwischen Halder und Manstein bestand eine manchmal kaum verborgene, persönlich gefärbte Rivalität. Es war Halder, der Mansteins Ablösung als Chef des Stabes der Heeresgruppe A seit Herbst 1939 (Entstehung des Manstein-Plans) betrieben hatte. Für Halder war Manstein unbequem, und er wollte ihn deshalb aus dem Generalstab loswerden.

nerälen Brauchitsch und Halder zeichnet Hitler selbst mit einem grünen Kreidestift die Richtung des Hauptstoßes und zieht die Linie über Abbeville bis zur Mündung der Somme in den Kanal durch. Speerspitze der Heeresgruppe wird das XIX. Armeekorps Guderians sein mit dem Auftrag, den Maasübergang mit Unterstützung einer ganzen Luftflotte zu erzwingen.

Bock, der die Rolle eines Lockvogels spielen soll, erhält nur 29 Divisionen, davon drei Panzerdivisionen. Hitler kümmert sich persönlich um die Maßnahmen, die zur Ablenkung der Aufmerksamkeit der Franzosen vom Hauptkriegsschauplatz dienen sollen: Luftlandungen in Holland sowie Fallschirmjägerabsprünge in Belgien auf den Albert-Kanal und das Fort Eben-Emael. Außerdem befiehlt der Führer, daß der Vorstoß auf Dinant und Sedan in den ersten Wehrmachtberichten nicht erwähnt werden soll.

Nach einer letzten Bedenkzeit erklärt sich das OKH zum Nachgeben bereit und geht nun fieberhaft an die Arbeit der Neufassung des Angriffsplans. Ende Februar ist es soweit. Von den insgesamt zehn Panzerdivisionen des Heeres werden der Heeresgruppe A sieben zugeteilt. Sie sind mehrheitlich mit mittleren und schweren Panzern ausgerüstet. Die restlichen drei Panzerdivisionen, die für den Einfall in Holland und in Mittelbelgien vorgesehen sind, werden nicht auf einen starken gepanzerten Gegner treffen und können mit leichteren Panzern auskommen. Die Mehrheit der motorisierten Infanteriedivisionen ist ebenfalls der Heeresgruppe A unterstellt.

Fast alle Divisions- und Korpskommandeure glauben jetzt an den Erfolg des Unternehmens und begeistern sich sogar dafür. Am 25. April wagt General Fromm, der Befehlshaber des Ersatzheeres, die Prophezeiung, daß man Holland und Belgien in einem Zug durchqueren und das Schicksal der französischen Armee in 14 Tagen besiegeln werde. Er ist überzeugt, daß die Franzosen ebenso schnell wie Polen aufgeben und die Engländer nach ein paar Tagen Kampfes resignieren werden. »In diesem Augenblick wird der Führer einen sehr gemäßigten Frieden anbieten, wie es würdig eines großen Staatsmannes ist.« Ende des Winters ist das Vertrauen der Stäbe in das Unternehmen um so größer, als der Norwegenfeldzug trotz aller pessimistischen Voraussagen mit einem eklatanten Sieg geendet hat.

Trotz ihrer Schwächen hat sich die Kriegsmarine zu Anfang des Krieges als weniger anfällig erwiesen, als Raeder es bei der fran-

zösisch-britischen Kriegserklärung befürchtet hatte. Seiner Doktrin getreu setzt der Großadmiral die Gesamtheit seiner Flotte in der, wie er sagt, »Schlacht um die Seeverbindungen« ein, wenn auch der totale Kaperkrieg von Hitler erst am 16. November nach dem Scheitern seiner Bemühungen um einen Verständigungsfrieden mit England befohlen wird. Die Ergebnisse des Einsatzes der Großeinheiten in diesem Kriege sind indes enttäuschend. Die »Deutschland«, die am 24. August aus Wilhelmshaven ausgelaufen ist, versenkt in zwei Monaten im Nordatlantik nur zwei Schiffe, ehe sie Anfang November nach Deutschland zurückkehrt und in »Lützow« umbenannt wird. Zwischen dem 21. und dem 27. November versucht die »Kampfgruppe Scharnhorst/Gneisenau« einen Ausfall in den Atlantik, aber zwischen den Färöern und Island stößt sie auf den britischen Kreuzer »Rawalpindi«, versenkt ihn und dreht wieder um, aus Sorge, von der britischen Home Fleet abgefangen zu werden.
Der ernsteste Fehlschlag betrifft das Panzerschiff »Admiral Graf Spee«. Am 21. August ausgelaufen, hat das Schiff zunächst auf Kaperkrieg im Indischen Ozean, dann im Südatlantik neun Schiffe versenkt, ehe es aufgespürt und von drei britischen Kreuzern zum Kampf gestellt wird. Beschädigt und nur noch mit der Hälfte seines Munitionsbestandes versehen, flüchtet die »Spee« nach Montevideo, wo die uruguayische Regierung ihr nur einen 72stündigen Aufenthalt gewährt.
Durch eine von den Briten eingefädelte Fehlinformation glaubt der Kommandant des Kreuzers, Kapitän zur See Langsdorff, daß er sich weit überlegenen britischen Kräften gegenübersieht, und bittet Berlin um Instruktionen. Er erhält die Erlaubnis, sein Schiff im Rio de la Plata zu versenken. Drei Tage später erschießt sich der Offizier. Die Angelegenheit wirft einen Schatten auf die Kampfbereitschaft der Kriegsmarine.
Dönitz hat mit seiner Doktrin mehr Glück. Die U-Boote bewähren sich im Kampf gegen die feindliche Flotte besser als die Kreuzer. U 29 versenkt am 17. September den englischen Flugzeugträger »Courageous«. Am 14. Oktober schleicht sich Günther Prien mit seinem U 47 in die Bucht von Scapa Flow und setzt den Panzerkreuzer »Royal Oak« auf Grund. Der Mannschaft wird bei ihrer Rückkehr nach Deutschland ein triumphaler Empfang bereitet. Nach ihrem Marsch durch das Brandenburger Tor wird sie von Hitler empfangen. Unerfreuliche Pannen der Torpedos bei

den U-Booten indes berauben manchen Kommandanten größerer Anfangserfolge. So kann sich der angeschlagene Flugzeugträger »Ark Royal« vor dem Untergang retten. Immerhin erringen die U-Boote bemerkenswerte Erfolge gegen die feindliche Handelsmarine.
Auch die Luftwaffe beteiligt sich am »Tonnagekrieg« mit Angriffen gegen die englische Ostküste und Verlegen von Magnetminen in die Hauptfahrrinnen der gegnerischen Schiffahrt. Diese neuartige Waffe verursacht der französischen und der britischen Marine herbe Verluste, ehe beide ein Abwehrmittel gefunden haben.
Alles in allem bleiben die Resultate dieser ersten Begegnungen auf See eher mittelmäßig und haben keinerlei merklichen Einfluß auf die Entwicklung des Krieges. Am 10. Januar 1940 betragen die den feindlichen Flotten zugefügten Verluste insgesamt nur 755 000 Tonnen, davon 420 000 durch die U-Boote, 272 000 durch Minen und nur 60 000 durch Überwassereinheiten. 14 U-Boote sind verlorengegangen. Die Resultate werden etwas besser in den beiden ersten Monaten des Jahres 1940, nehmen dann aber mit der Vorbereitung des Unternehmens Norwegen wieder ab.
Der Gedanke, etwas gegen Skandinavien zu unternehmen, geht von Rosenberg und Raeder aus. Rosenberg, der »Beauftragte des Führers für die Überwachung der gesamten geistigen Schulung und Erziehung der NSDAP« und Leiter des »Außenpolitischen Amtes der NSDAP« (APA), träumt von einem großgermanischen Block, der ganz Nordeuropa umfassen soll. Raeder hat die Operationsabteilung im Marinestab am 3. Oktober mit der Klärung der Frage beauftragt, ob man Norwegen unter diplomatischem Druck zur Überlassung der Häfen Trondheim und Narvik veranlassen könne, um Großbritannien von der Einfuhr von Holz, Erdöl und Erzen abzuschneiden. Dieses Vorgehen würde den Handelskrieg gegen England deutlich verschärfen und sich günstig auf den Tonnagekrieg auswirken.[11]
Raeder hat nur einen alten Plan wiederaufgenommen, den einer seiner Vorgänger, Admiral Wegener, wie wir wissen, schon 1923 im Lichte der Erfahrungen des Ersten Weltkrieges entworfen hatte, um die geostrategische Position Deutschlands zu verbessern. Wegener hatte aber nur das mittlere Norwegen ins Auge gefaßt und die Region um Narvik ausgeschlossen.
Raeder geht einen Schritt weiter und unterbreitet Hitler am 20. Oktober einen Plan zur Besetzung Norwegens. Der Führer ist

skeptisch. Ganz auf seinen westlichen Aufmarschplan konzentriert, verwirft er die Vorschläge des Großadmirals. Er will den Konflikt nicht verschärfen und wünscht keine Verletzung der Neutralität Norwegens, eingedenk der verheerenden Folgen des Einfalls in Belgien 1914. Raeder versucht es noch einmal am 8. Dezember, ohne größeren Erfolg.

Dann kommt es wieder einmal zu einer unvorhergesehenen, aber entscheidenden Begegnung. Hitler trifft den Norweger Quisling, eine eigenartige Persönlichkeit, ehemaliger Verteidigungsminister und Führer einer kleinen, extrem rechten nationalistischen Partei. Quisling informiert den Führer, daß die Engländer eine Landung in Norwegen beabsichtigen und daß die einzige vorbeugende Maßnahme gegen eine solche Gefahr die Machtergreifung in Norwegen durch seine Partei sei. Der Mann ist offenbar gut informiert oder verfügt über eine sichere Intuition. Seit Oktober 1939 insistiert Winston Churchill, erster Lord der Admiralität, auf einer Initiative gegen Skandinavien, ohne bisher auf viel Gegenliebe bei Chamberlain und den Franzosen zu stoßen.

Hitler zeigt sich von Quislings Darlegungen beeindruckt, weigert sich aber noch, die Neutralität eines skandinavischen Landes zu verletzen und Streitkräfte abzustellen, die er dringend im Westen braucht. Gleichwohl beauftragt er das OKW mit der Bildung eines Arbeitsstabes, der eine »Studie Nord« ausarbeiten soll. Nach seiner Vorstellung kann es sich vorerst nur um die Planung von Maßnahmen gegen eine eventuelle britisch-französische Landung in Norwegen handeln.

Als im Winter 1939 die Sowjetunion über Finnland herfällt, gewinnt das Problem Norwegen ein neues Gewicht. Die Franzosen planen die Entsendung eines Expeditionskorps nach Petsamo, um den Finnen zu Hilfe zu eilen und die Erzminen im Norden Norwegens, wichtigste Rohstoffquelle Deutschlands, zu besetzen.[12]

Die Engländer sind realistischer und wollen eine begrenzte Operation in Richtung Narvik. Denn Narvik ist Ausgang der Winterstraße für das nordnorwegische Eisenerz, das nicht per Schiff über den gefrorenen bottnischen Meerbusen befördert werden kann. Wenn erst einmal Narvik genommen ist, könnte man anschließend Bergen, Trondheim und Stavanger besetzen. Der britische Standpunkt setzt sich schließlich durch, und im Januar 1940 versammelt sich ein Expeditionskorps in Schottland und im französischen Brest.

Das OKW schließt eine erste »Studie Nord« ab, die die handstreichartige Besetzung der Schlüsselbasen entlang der norwegischen Küste einschließlich Narviks vorsieht. Eine Überlassung Narviks an die Engländer kann nicht in Frage kommen. Norwegen kann nicht Schauplatz eines Abnützungskrieges für das Reich werden. Am 20. Januar erhält das Unternehmen Norwegen den Codenamen »Weserübung«.
Durch einen neuen Zwischenfall überstürzen sich die Ereignisse. Am 16. Februar wird südlich von Bergen das deutsche Handelsschiff »Altmark« vom britischen Zerstörer »Cossak« gestellt. Die »Altmark«, das ehemalige Begleitschiff des selbstversenkten Panzerschiffes »Admiral Graf Spee«, ist auf dem Heimweg vom Südatlantik nach Deutschland. An Bord befinden sich neben der Mannschaft 299 britische Matrosen, die bei der Versenkung ihrer Schiffe durch die »Spee« übernommen worden waren. Obwohl sich die »Altmark« in norwegischen Hoheitsgewässern befindet, wird sie von der »Cossak« gestoppt, die Gefangenen werden befreit, das Schiff wird versenkt.
Der Zwischenfall stärkt in London das Lager der Befürworter einer Intervention in Norwegen, denn Oslo hat das deutsche Schiff in seinen Hoheitsgewässern laufen lassen. Ironischerweise kommt man in Berlin zu denselben Schlußfolgerungen. Hitler ordnet eine schnellere Gangart für »Weserübung« an. General von Falkenhorst, der bei Ende des Ersten Weltkrieges Verbindungsoffizier des deutschen Generalstabs beim finnischen Oberkommando war, wird mit der Leitung der Operation betraut. Vorgesehen sind sechs Divisionen, 1500 Flugzeuge und die gesamte Streitmacht der Kriegsmarine.
Die Landungsoperationen sollen gleichzeitig in Narvik, Trondheim, Bergen, Kristiansand, Egersund und Oslo stattfinden. Die Truppen werden auf getarnten Handelsschiffen und Einheiten der Kriegsmarine transportiert, mit Ausnahme der Narvik-Gruppe, deren Transport auf schnellen Zerstörern, geschützt von der »Kampfgruppe Scharnhorst/Gneisenau«, unternommen werden soll. Dänemark, dessen Flugplätzen man sich für eine Versorgungsluftbrücke versichern will, wird in die Operation eingeschlossen.
Am 3. März entscheidet Hitler, daß die Operation noch vor »Plan Gelb« erfolgen soll. Er setzt für den Beginn die Daten 9. oder 10. April an, ohne die geringste Information über die Absichten

des Gegners zu haben. Er ahnt nicht, daß dessen Pläne inzwischen über den Haufen geworfen wurden. Die Unterzeichnung eines Friedensvertrages zwischen der Sowjetunion und Finnland am 13. März enthebt Briten und Franzosen ihres Interventionsvorwandes. Das britisch-französische Expeditionskorps wird aufgelöst.
Allerdings wird mit der Ernennung Paul Reynauds zum Ministerpräsidenten am 28. März alles wieder geändert. Das Expeditionskorps tritt wieder zusammen. Briten und Franzosen bereiten nun eine Landung in Narvik vor, der sie den Codenamen »Wilfred« geben. Vorher sollen die Gewässer um Narvik vermint werden. So läuft nun alles auf eine Begegnungsschlacht zwischen den Streitkräften von »Wilfred« und »Weserübung« hinaus.
Für Hitler, Raeder und das OKW sind die Risiken enorm: Nähe der britischen Home Fleet, Gefahr von gegnerischen U-Booten, feindliche Luftaufklärung. Trotzdem sind alle zuversichtlich. Raeder sagt: »Die Unternehmung verstößt an sich gegen alle Regeln der Seekriegslehre. Nach dieser wäre sie nur bei Besitz der Seeherrschaft durch uns durchführbar. Diese aber haben wir nicht. Im Gegenteil, wir führen die Unternehmung angesichts der weit überlegenen englischen Flotte durch. Trotzdem glaubt der OB der Marine, daß – völlige Überraschung vorausgesetzt – der Hintransport der Truppen gelingen kann und wird.«
Für Hitler ist es gerade der total unrealistische Charakter des Unternehmens, der den Erfolg garantiert. Niemand kann in Wahrheit den Verlauf dieses Unternehmens voraussagen, das man später als »die kühnste Operation der Kriegsgeschichte« bezeichnet hat.
»Weserübung« wird zum Erfolg. Am Abend des 9. April sind alle Ziele erreicht. Dänemark wurde praktisch ohne Widerstand besetzt, und 10 000 Mann sind in den norwegischen Häfen angelandet worden. Die Luftwaffe kann schon überall von dänischen und südnorwegischen Flugplätzen aus eingreifen.
Es hat keinerlei Begegnung mit der schon am 7. April ausgelaufenen Home Fleet gegeben. Die Verluste halten sich in Grenzen. Der Erfolg der Operation beruht einmal auf der sehr schlechten Wetterlage, die der britischen Luftwaffe jedes Eingreifen verwehrt, und zum zweiten auf der Wirksamkeit der deutschen Dechiffrierdienste, die eine genaue Überwachung der Bewegungen der Home Fleet ermöglichte. Die alliierte Abwehr wiederum hatte die Informationen der eigenen Militärattachés

in den skandinavischen Hauptstädten über eine deutsche Landung für ein deutsches Täuschungsmanöver gehalten und nicht reagiert.

Die zehn Zerstörer des Kapitän z. See Bonte haben bei tobender See Narvik erreicht, nachdem sie unterwegs zwei norwegische Küstenwachtboote versenkt und ihre 2000 Gebirgsjäger unter dem Befehl des Generals Dietl abgesetzt hatten. Die Stadt ist fest in deutschen Händen. »Scharnhorst« und »Gneisenau« haben in dichtem Schneetreiben einen kurzen Feuerwechsel mit dem britischen Schlachtkreuzer »Renown« gehabt, der ohne Folgen blieb. Die britische Admiralität schließt aus dem Zusammenstoß, daß die beiden schweren deutschen Schiffe einen neuen Versuch zum Durchbruch in den Atlantik unternommen haben.

In Mittelnorwegen ist ebenfalls alles planmäßig verlaufen. Der Kreuzer »Karlsruhe« ist allerdings von einem U-Boot torpediert worden, und das Schwesterschiff »Königsberg« ist von den norwegischen Küstenbatterien vor Bergen bewegungsunfähig geschossen worden. Einige Tage später wird es von Flugzeugen des britischen Flugzeugträgers »Furious« versenkt.

Im Oslo-Fjord hat es schwere Verluste gegeben. Das Panzerschiff »Lützow«, die frühere »Deutschland«, und der leichte Kreuzer »Emden« sind von den Küstenbatterien beschädigt worden. Der schwere Kreuzer »Blücher« wird von mehreren 28-Zentimeter-Geschossen einer Küstenbatterie getroffen und anschließend torpediert. Er sinkt in den Wassern des Fjords. Auf dem Land läuft es besser. Der Flugplatz der Hauptstadt, Fornebu, wird von Infanteristen besetzt, die von Flugzeugen vor Ort befördert wurden, anschließend wird Oslo eingenommen. Aber die norwegische Regierung folgt nicht dem Beispiel Dänemarks und weigert sich, zu kapitulieren. Der König widersetzt sich der Aufnahme Quislings in das Kabinett. Er verkündet, daß der Widerstand im Inneren des Landes fortgesetzt wird, und ruft die Alliierten zu Hilfe.

Vorerst kann die Luftwaffe das Vordringen der alliierten Kriegsschiffe noch in Grenzen halten, die es nicht gewohnt sind, mit Luftangriffen vom Festland aus fertig zu werden. Am Nachmittag des 9. April werden das Schlachtschiff »Nelson«, die Kreuzer »Southampton« und »Glasgow« von deutschen Fliegerbomben getroffen. Der Zerstörer »Gurkha« wird versenkt. Die britische Marine muß ihren Plan, die Einfahrt in die Fjords von Trondheim und Bergen zu erzwingen, aufgeben.

Der französische Admiral Barjut hat die Schlacht um Norwegen später einmal als die einer See- gegen eine Luftmacht bezeichnet. »Es war der Kampf einer Seestreitkraft ohne Flugzeuge gegen eine von schwachen maritimen Kräften unterstützte Luftmacht. Es war der Kampf der See- gegen die Lufthoheit.«[13]

Trotzdem werden die deutschen Truppen in den folgenden Tagen verstärkt. Trotz der Anwesenheit britischer U-Boote im Kattegat und im Skagerrak, die zehn Transportschiffe versenken, können die Garnisonen von Oslo, Kristiansand und Bergen planmäßig aufgefüllt werden. Zwischen den dänischen Flugplätzen und Stavanger ist eine Luftbrücke eingerichtet worden. Die Luftwaffe kann ferner den Flugplatz von Vaernes bei Trondheim nutzen. Gegen schwachen Widerstand der desorganisierten norwegischen Armee können deutsche Infanteriekolonnen, unterstützt von leichten Panzern, die wichtigsten Straßen im Zentrum und im Süden des Landes in Besitz nehmen.

Es bleibt ein neuralgischer Punkt: Narvik. Die Stadt ist trotz eines gewissen Anfangserfolges nicht fest in deutscher Hand. Kapitän z. See Bonte kann mangels genügender Treibstoffversorgung mit seinen Zerstörern nicht so schnell in die Heimat zurücklaufen, wie der Plan dies vorsieht. Schon am 10. April gibt es eine erste britische Reaktion: Fünf britische Zerstörer unter dem Kommando des Captain Warburton Lee dringen in den Fjord ein, versenken zwei deutsche Zerstörer und beschädigen drei weitere. Aber auch zwei britische Zerstörer sinken. Die anderen müssen sich zurückziehen. Die beiden Flottillenchefs, Warburton Lee und Bonte, fallen in dem Gefecht.

Drei Tage später fällt die Antwort der Briten noch massiver aus. Das Schlachtschiff »Warspite« dringt in den Fjord ein, begleitet von acht Zerstörern, und versenkt alle restlichen deutschen Zerstörer. Die Garnison von Narvik ist isoliert. Aber Dietl gibt nicht auf. Er bewaffnet 2500 Matrosen, die sich retten konnten, aus erbeuteten norwegischen Arsenalen und reiht sie in seine Gebirgsjäger ein. Einige Tage später landen alliierte Truppen in Harstad am Eingang des Narvik-Fjords und vollenden die Einschließung der deutschen Garnison.

Hitler reagiert äußerst nervös, am Rande der Panik. Jodl muß ihm gut zureden, ihn daran erinnern, daß ein Krieg voller Unwägbarkeiten ist und daß die wichtigste Eigenschaft eines Chefs darin besteht, Nerven zu bewahren und dem Unvorhergesehenen ins

Auge zu sehen. Die Deutschen haben Glück. Sie profitieren von dem unheilbaren Durcheinander im gegnerischen Lager.
Die Briten halten sich nicht bei Narvik auf. Sie konzentrieren weitere Aktionen auf das Zentrum des Landes. Am 14. und am 18. April kommt es zu Landungen in Namsos und Andalsnes. Das Ziel der Aktion ist klar: konzentriert auf Trondheim vorstoßen. Aber die Deutschen haben keine Mühe, das Manöver auszuhebeln. Sie stoßen auf schlecht ausgebildete und schlecht ausgerüstete Truppen ohne jeden nennenswerten Nachschub, die schnell von ihren Basen abgeschnitten werden.
Entscheidend aber ist die Aktion der Luftwaffe. Sie lähmt die Landeoperationen und zerstört das angelandete Material. Sie demoralisiert mit ihren unaufhörlichen Angriffen die alliierten Truppen, die jeglicher Luftabwehr entbehren müssen und keine Deckung finden. Als die Alliierten am 29. April und am 3. Mai ihre Truppen wieder auf die Schiffe zurückbringen wollen, gibt es ein Desaster. Viele Transporter werden schwer beschädigt, zwei Zerstörer versenkt, der Franzose »Bison« und der Brite »Afridi«. Letztlich sind die Deutschen Anfang Mai Herr der Lage in Mittel- und Südnorwegen.
Der letzte Akt spielt in Narvik. Nach der Aufgabe von Namsos und Andalsnes beschließen die Alliierten, einen Brückenkopf in Nordnorwegen zu behalten. Harstad am Eingang des Narvik-Fjords wird zur Ausgangsbasis, in der alle Mittel zusammengezogen werden. Französische, polnische und britische Truppen stehen bereit. Zwei Flugzeugträger, die »Furious« und die »Glorious«, kreuzen in den Lofotengewässern. Ab 21. Mai stehen in Bardufoss zwei Staffeln Hurricane zu Luftangriffen zur Verfügung. Das Ganze steht unter dem Befehl von Lord Cork und General Auchinleck.
Dietls Lage spitzt sich zu. Unter großen Schwierigkeiten versucht die Kampfgruppe Feurstein, die zur 2. Gebirgsdivision gehört, entlang der Küstenstraße nach Norden vorzudringen. Der Marsch wird nicht nur durch die schlechten Straßenverhältnisse aufgehalten, sondern auch durch ein schwaches Kontingent alliierter Truppen, das in Bodö gelandet ist. Hitler will zur Entlastung Verstärkungen in den Lyngen-Fjord nördlich von Tromsö werfen, die von den beiden Ozeandampfern »Bremen« und »Europa« unter dem Schutz der »Scharnhorst« und einer Zerstörerflottille dorthin befördert werden sollen. Aber bis die beiden Passagierschiffe ihre

Umrüstung beendet haben, ist es zu spät geworden, und das Unternehmen wird abgesagt.
Die Verstärkungen beschränken sich schließlich auf einige Fallschirmjäger-Kompanien. Für den Fall einer Aufgabe Narviks soll Dietl sich entlang der Eisenbahn auf den norwegischen Gebirgskamm zurückziehen, der parallel zur schwedischen Grenze verläuft. Die Luftwaffe auf ihrer Basis in Trondheim bleibt für das Gesamtunternehmen der entscheidende Faktor. Den ganzen Mai über greifen Stukas und Bomber feindliche Kriegsschiffe und Geleitzüge an, und nicht ohne Erfolg. Zwei polnische Schiffe, der Zerstörer »Grom« und der Truppentransporter »Chobry«, werden versenkt. Das gleiche Schicksal ereilt den britischen Kreuzer »Curlew«. Mehrere große Einheiten werden beschädigt.
Aber diese Schläge können den alliierten Gegenangriff nur verzögern. Am 13. Mai besetzen die Truppen des alliierten Expeditionskorps unter dem Befehl des französischen Generals Béthouart zunächst Bjerkvik und das norwegische Arsenal Elvegaard. Der Hauptstoß erfolgt zwei Wochen später. Nach starker Feuervorbereitung durch Kriegsschiffe können die alliierten Truppen am 28. Mai bei Narvik landen und Dietl aus seiner Garnison vertreiben. Der Gebirgsjäger-General muß sich an die schwedische Grenze zurückziehen, um nicht eingeschlossen zu werden. Der Luftwaffe gelingt es, den britischen Kreuzer »Cairo« aus dem alliierten Verband heraus zu versenken.
Zur Überraschung der Deutschen folgen die Alpenjäger des Generals Béthouart den Gebirgsjägern Dietls nicht auf ihrem Rückzug. Inzwischen hat sich der am 10. Mai begonnene Frankreichfeldzug für die Alliierten in ein Desaster verwandelt. Sie haben Norwegen fallengelassen. Die Einnahme Narviks dient nur zur Zerstörung der Bahnlinie für den Erztransport, der Hafenanlagen und des Elektrizitätswerks. Unter dem Schutz eines Schneesturms räumt das Expeditionskorps in den Nächten zwischen dem 4. und dem 8. Juni Narvik, ohne daß die erschöpften Deutschen sich dessen bewußt werden.
Narvik soll der Kriegsmarine trotzdem noch einen letzten Erfolg bringen. Unter dem Befehl des Admirals Marschall läuft am 4. Juni eine starke Kampfgruppe aus Kiel aus, bestehend aus den beiden Panzerkreuzern »Scharnhorst« und »Gneisenau«, dem schweren Kreuzer »Hipper« und vier Zerstörern. Das unter dem Codenamen »Juno« laufende Unternehmen soll Narvik durch

Angriffe auf feindliche Truppentransporter vor Harstad entlasten. Aufgrund fragmentarischer Luftaufklärungsergebnisse und trotz richtiger Informationen des B-Dienstes ändert Marschall seine Marschrichtung und verpaßt auf diese Weise einen britischen Transporter-Geleitzug. Aber er stößt auf den Flugzeugträger »Glorious«. In dem Gefecht wird die »Scharnhorst« von einem britischen Torpedo getroffen, aber die »Glorious« und ihre beiden Begleitzerstörer werden von der Artillerie der deutschen Schiffe versenkt. Der Verlust ist um so herber für die Briten, als an Bord der »Glorious« auch die Piloten der beiden Hurricane-Staffeln mit untergehen.

Das Norwegen-Unternehmen bleibt eine der erstaunlichsten Verbundoperationen der Geschichte, denn es verstößt gegen alle Regeln der Seekriegsschule.

Vom ersten Tage an kann die Kriegsmarine alle norwegischen Häfen mit Ausnahme Oslos besetzen. Zwei Aktionen verdienen, besonders festgehalten zu werden. Die Vorstöße der »Scharnhorst-Kampfgruppe« in Richtung Narvik am 9. April und der Vorstoß am 27. April derselben Kampfgruppe in die Gewässer nördlich der Lofoten im Rahmen des Unternehmens »Juno« sind in die Seekriegsgeschichte eingegangen. Denn sie ereigneten sich in einem Seegebiet, das von der britischen Flotte beherrscht wurde, und in Breiten, in die sich im ganzen Ersten Weltkrieg kein Schiff der deutschen Hochseeflotte gewagt hatte.

Der Erfolg rührt in erster Linie von der Funkaufklärung der Kriegsmarine her, der es der deutschen Führung erlaubte, ständig über die Positionen der gegnerischen Flotte unterrichtet zu sein. Der Admiralstab war in der Lage, täglich 30 bis 80 Prozent des britischen Funkverkehrs mitlesen und so die Absicht der Home Fleet vorausberechnen zu können. Andererseits hatte sich die britische Admiralität häufig über den Sinn deutscher Überlegungen getäuscht und war von der Annahme ausgegangen, deutsche Schiffe wollten nur in den Atlantik durchdringen.

Verglichen mit den Verlusten der Alliierten, waren die deutschen Ausfälle erträglich, wenn auch schmerzlich. Drei Kreuzer, zehn Zerstörer und sieben U-Boote gingen verloren, mehrere große Einheiten wie die »Lützow« oder die »Scharnhorst« wurden teilweise schwer beschädigt. Wenn Churchill später zur Verniedlichung des norwegischen Fiaskos behauptete, die Verluste der Deutschen in Norwegen hätten ihnen später eine Landung in

Großbritannien unmöglich gemacht, so trifft das nicht zu. Die Kriegsmarine war für ein solches Landeunternehmen großen Stils nie wirklich gerüstet.

Als schwerwiegend stellten sich die Versager bei den deutschen Torpedos heraus, die viele U-Boot-Kommandanten um manchen Erfolg brachten. Ohne diese technischen Mängel der U-Boote wäre der deutsche Sieg in Norwegen vermutlich früher erfolgt und vollständiger ausgefallen. Vor allem hätten die Alliierten an der Landung in Narvik Ende Mai gehindert werden können. Die Liste der alliierten Kriegsschiffe, die von deutschen U-Booten angegriffen, aber nicht getroffen wurden, ist eindrucksvoll: die Schlachtschiffe »Warspite« und »Valiant«, die Kreuzer »Effingham«, »Enterprise« und »Bertin« sowie mehrere Zerstörer. Diese Pannen hatten zu einer schweren moralischen Krise bei den U-Boot-Besatzungen geführt.[14]

Trotz begrenzter Mittel haben auch die sechs oder sieben Heeresdivisionen in Norwegen einen eindrucksvollen Beweis ihrer Fähigkeit geliefert. Sie haben ihre Gegner oft lächerlich gemacht, wie Churchill es selbst später zugab, indem sie angeblich unzugängliche Wege benutzten und den Gegner immer überraschend, mit großer taktischer Beweglichkeit angriffen. Nur eine große zahlenmäßige Überlegenheit – 15 000 gegen 3000 Mann – erlaubte es den Alliierten, Narvik zu besetzen, nach wochenlanger Vorbereitung und unter Nutzung starker Unterstützung aus der Luft und von See. Dennoch gelang es ihnen nicht, die Truppen Dietls am Ausbruch zu hindern.

Die größte Leistung aber lieferte die Luftwaffe, wie Jodl selbst es in seinem Bericht über den Feldzug vom 29. Juni unterstreicht. Sie bewährte sich auf drei Gebieten: Errichtung von Luftbrücken, Unterstützung der Truppe im Erdkampf, unablässige Angriffe der Häfen und der feindlichen Seestreitkräfte. Auf letzterem Gebiet hat die Luftwaffe eine erstaunliche Meisterschaft bewiesen, denn sie verwehrte dem Gegner die Passagen von Trondheim und Bergen, und sie machte ihm zugleich jeglichen Vorstoß im Zentrum Norwegens unmöglich. Zum erstenmal in der Geschichte hat die Luftwaffe den Beweis erbracht, daß eine Seestreitkraft, die in der Nähe von Küsten operiert, über starke Flugabwehr und genügend Jagdschutz auf Trägern verfügen muß, um siegreich zu bleiben.

Schließlich bedeutet die Besetzung Norwegens eine erhebliche Verbesserung der geostrategischen Lage Deutschlands. Scapa

Flow ist noch 250 Kilometer von Südnorwegen entfernt und liegt im Aktionsradius der Luftwaffe. Getreu den Wünschen des Admirals Wegener verfügt die Kriegsmarine nun über einen »Balkon« zum Atlantik und ist nicht mehr in der Deutschen Bucht eingeschlossen.

Ab 1941 ist die deutsche Luftwaffe in der Lage, im Verein mit Über- und Unterwasserstreitkräften von Nordnorwegen aus die alliierten Geleitzüge von und nach Murmansk zu unterbinden. Diese Dauerbedrohung stellt für die Royal Navy eine schwere Zusatzbelastung dar, denn sie muß dagegen nun jahrelang ein starkes Flottenkontingent in Scapa Flow unterhalten. Aber die Norwegenbesetzung hat auch ihren perversen Effekt für die Deutschen. Das Reich muß dorthin erhebliche Kräfte abzweigen, denn Hitler und das OKW leben in der ständigen Furcht vor einer alliierten Landung. Nichtsdestoweniger stärkt »Weserübung« den Deutschen den Rücken für die nun beginnende große Initiative im Westen.

5
Sieg im Westen

Am Abend des 9. Mai verläßt Hitler an Bord seines Sonderzuges »Amerika« Berlin in Richtung Hamburg. Überall ist die Rede von einem Besuch des Führers in Norwegen. Kurz nach Mitternacht ändert der Zug in der Gegend von Hannover seine Fahrtrichtung und biegt nach Südwesten ab. Um vier Uhr morgens hält er in Euskirchen. Eine Wagenkolonne bringt den Führer und seine Begleitung nach Münstereifel, von dort ins nahe »Felsennest«, eine gutgetarnte Bunkeranlage in den Eifelwäldern zwischen der Stadt und der belgischen Grenze.
Hitler wendet sich an seine Umgebung: »Meine Herren, die Offensive gegen die Westmächte hat begonnen.« Gleichzeitig hört man am Himmel und auf der Erde das Dröhnen von Tausenden von Motoren, bald überlagert von Abschüssen der Artillerie. Der Führer hat einmal mehr ein riesiges Pokerspiel begonnen. Und einmal mehr wird er gewinnen. Die Kampagne im Westen wird nicht der von 1914 ähneln. Sie wird sich abspielen mit unverschämtem Glück und einer verblüffenden Leichtigkeit. Es wird ihr etwas Irreales anhaften.
»Fall Gelb« beginnt um 5.30 Uhr mit Angriffen der Luftwaffe auf Flugplätze in Belgien, in Ost- und in Nordfrankreich. Die entferntesten Ziele sind Lyon, Brion und Chateauroux im südlichen Mittelfrankreich. Straßenkreuzungen und Verschiebebahnhöfe liegen ebenfalls im Fadenkreuz der deutschen Bomberpiloten.
Dem Täuschungsplan des OKW entsprechend liegt der Schwerpunkt des deutschen Angriffs bei Heeresgruppe B des Generals von Bock im Abschnitt Lüttich – Maastricht – Nordholland. Der Angriff beginnt mit einem spektakulären Luftlandemanöver.
Unter dem Befehl von General Student wird das Gros der 7. Fallschirmjägerdivision und der 22. Luftlandedivision in Holland abgesetzt. In den frühen Morgenstunden besetzen die Fallschirmjäger die intakten Maasbrücken bei Moerdijk, den Flughafen von Rotterdam und die Brücken über die Neue Maas. In Den Haag stoßen die Männer Students auf starken holländischen Widerstand. Sie können keinen Geländegewinn machen. Mehr als 170 Junkers-Transportmaschinen werden zerstört. Student selbst wird schwer verwundet. Von 7000 vorgesehenen Mann haben nur 2000 gelandet werden können. Sie müssen sich zäh verteidigen. Die Hoffnung, Den Haag im Handstreich zu nehmen und sich der holländischen Regierung zu bemächtigen, schwindet.
Am 12. Mai stoßen die 9. Panzerdivision und die Vorausabteilun-

gen der 18. Armee des Generals von Küchler zu den Fallschirmjägern. Rotterdam kapituliert am darauffolgenden Tag, nicht ohne einen verheerenden Luftangriff über sich ergehen lassen zu müssen, der fast 1000 Tote kostet, einen Luftangriff, der im letzten Moment abgesagt werden sollte, was jedoch die fliegenden Verbände nicht mehr erreichte. Am 14. Mai ergibt sich Holland, dessen Defensivsystem zusammengebrochen war. Königin Wilhelmine flieht auf einem Zerstörer nach England. Schon haben die Truppen Küchlers die französische 7. Armee, die den Holländern und den Belgiern im Raum Breda zu Hilfe geeilt war, über die Schelde zurückgeworfen. Am 16. und 17. Mai müssen französische Torpedoboote in aller Eile und unter ständigen deutschen Luftangriffen die an der Scheldemündung bei Walcheren und auf der Halbinsel von Süd-Beveland gelandeten französischen Truppen evakuieren. Am Morgen des 10. Mai sollen deutsche Truppen auch die Maasübergänge im Norden von Lüttich in Besitz nehmen, aber ein Bataillon des Regiments Brandenburg kann die beiden Brücken von Maastricht nicht vor der Zerstörung bewahren. Pioniere müssen eine Pontonbrücke schlagen, über die am 11. Mai die ersten Voraustruppen der Armee Reichenau die Maas überschreiten.

Zwischen Maastricht und Lüttich klappt es besser. Auf Lastenseglern verladene Pionier-Stoßtrupps erobern zwei von drei vorhandenen Brücken, andere besetzen im kühnen Sprung das Fort von Eben-Emael, das den Lauf der Maas mit seinem Feuer bestreichen kann. 55 Fallschirmpioniere, auf zehn Lastensegler verteilt, landen auf dem Fort, sprengen Kuppeln und Beobachtungstürme mit Hohlhaftladungen, werfen Sprengstoffladungen durch die Luftschächte in das Innere des Forts. Am nächsten Tag um die Mittagsstunde kapituliert die belgische Besatzung.

Nun ist der Weg zwischen Maastricht und Lüttich frei für die 6. Armee von Reichenaus und das Panzerkorps Hoepners. Die belgischen Verteidiger, denen der Maasübergang der Deutschen den Rückzug verlegt hat, müssen ihre Stellung am Albert-Kanal aufgeben, Lüttich räumen und sich auf die Dyle zurückziehen, an deren Lauf sich das britische Expeditionskorps und die 1. französische Armee zur Verteidigung eingerichtet haben. Zu einem ersten Zusammenstoß zwischen deutschen und französischen Panzern kommt es am 13. Mai. Die 3. und 4. Panzerdivision Hoepners und die beiden mechanisierten Infanteriedivisionen des französischen Generals Prioux stehen sich gegenüber. Das Gefecht ist kurz und

hart. Die beiden französischen Divisionen müssen sich nach hartnäckigem Widerstand auf die Enge von Gembloux zurückziehen. Für das deutsche Oberkommando ist diese Begegnung ein Anlaß zur Freude. Sie zeigt, daß ganz nach dem »Plan Gelb«, die besten Truppen des Gegners massiv in Belgien einmarschiert sind und auf einer Linie Antwerpen – Brüssel – Namur Position bezogen haben. Franzosen und Briten sind in die von den Deutschen gestellte Falle gegangen. Sie führen genau die Bewegung aus, die den Erfolg des deutschen Ardennenvorstoßes sichern wird. Die Luftwaffe begnügt sich mit der Beobachtung des feindlichen Aufmarsches. Nicht ein einziges Mal greift sie ein. »Wir werden vor Freude darüber weinen«, jubiliert Hitler.
Während dieser Zeit brechen die sieben Panzerdivisionen der Heeresgruppe A des Generals von Rundstedt planmäßig durch die Ardennen. Die Panzeraufklärung ist nur auf unbesetzte Straßensperren gestoßen. Belgische Ardennenjäger und Kavalleristen der 2. französischen Kavalleriedivision leisten heftigen Widerstand. Am Spätnachmittag des 12. Mai erreichen die deutschen Vorausabteilungen die Höhen von Dinant, Monthermé und Sedan und das rechte Maasufer.
Die ersten Flußübergänge erfolgen bei Einfall der Dunkelheit nördlich Dinant im Angriffsstreifen des Panzerkorps Hoth. Panzergrenadiere der 7. Panzerdivision unter dem Befehl Rommels überschreiten den Fluß auf dem Staudamm der Insel Houx. Erste Panzer werden in der Nacht mit Fähren über den Fluß gesetzt. Das Tempo des Übergangs steigert sich am nächsten Morgen nach dem Bau einer Pontonbrücke. Am Abend des 13. Mai gibt es einen soliden deutschen Brückenkopf auf dem linken Maasufer von zehn Kilometern Tiefe.
Der Widerstand, auf den die Deutschen treffen, ist nur sporadisch. Die Voraustruppen der 9. französischen Armee des Generals Corap haben sich damit begnügt, die Höhen des gegenüberliegenden Ufers zu besetzen, ohne den Flußlauf unter Feuer zu nehmen. Weiter südlich können die Grenadiere der beiden Panzerdivisionen des Korps Reinhardt die Flußinsel vor dem Städtchen Monthermé in Besitz nehmen, werden am weiteren Vordringen aber durch den hartnäckigen Widerstand der 102. französischen Festungsdivision gehindert.
Der spektakulärste Übergang erfolgt im Bereich des Korps Guderian rechts und links von Sedan, bei den Ortschaften Donchery

und Bazeilles, genau da, wo die Deutschen im Jahre 1870 die Armee des Kaisers Napoleon III. einzingelten. Am Mittag beginnt der Angriff auf die Außenforts von Sedan auf dem anderen Maasufer. Panzerabwehr- und Panzerkanonen nehmen die Schießscharten der Bunker unter Feuer, während Stukas sich wie Hornissen auf die übrigen Befestigungsanlagen stürzen. Rundstedt wohnt dem Schauspiel bei. Bomberstaffeln decken in dem allgemeinen Höllenlärm Artillerie- und Infanteriestellungen mit ihren Bombenteppichen zu, fast ohne dabei von feindlicher Flugabwehr oder feindlichen Jagdflugzeugen gestört zu werden.

Die Infanterie tritt um 16.00 Uhr zum Angriff an, überwindet auf Sturm- und Schlauchbooten den Fluß, erklimmt im Feindfeuer das jenseitige Ufer. Die französischen Stützpunkte fallen einer nach dem anderen. Bei den rückwärtigen Einheiten bricht Panik aus. Bei dem Ruf »Die Panzer kommen« reißen sie aus, während noch kein einziger deutscher Kampfwagen den Fluß überschritten hat. Bei Einbruch der Nacht haben die deutschen Sturmtruppen die Uferhöhen besetzt und sind in den Wald von Maffré eingedrungen. Pioniere bauen eine Pontonbrücke, über die als erste leichte Flak-Einheiten über den Fluß gehen. Am Morgen des 14. Mai hält Guderian ebenfalls einen soliden Brückenkopf auf dem linken Maasufer.

Schon an diesem Tage zeichnet sich der Erfolg ab. Es gibt faktisch keine französische Reaktion auf die deutschen Vorstöße. Zwar wird das Korps Reinhardt vor Monthermé noch aufgehalten, aber der Brückenkopf von Hoth im Norden von Dinant ist jetzt 20 Kilometer tief. Guderian stößt bereits weiter auf Mézières vor und kann Reinhardt bei Monthermé entlasten. Seine 1. Panzerdivision wendet sich nach Westen, links flankiert vom Regiment »Großdeutschland«, das sich der Gegenangriffe zweier französischer Divisionen erwehren muß.

Inzwischen versucht die alliierte Luftwaffe, die Kriegsbrücke bei Sedan zu zerstören. 145 Bomber, begleitet von 100 Jagdflugzeugen, greifen an. Sie stoßen auf verbissene deutsche Luftabwehr. Die Flak schießt die Hälfte der angreifenden Maschinen ab, ohne daß der Brücke der geringste Schaden zugefügt wird. Guderian über die Flak: »Ein Ruhmestag der Kanoniere.« Alles läuft wie geschmiert. Am Abend des 14. Mai ist die feindliche Front in einer Breite von 70 Kilometern aufgerissen.

Am Morgen darauf treten die Panzer in Aktion. In der Einbruchsstelle von Gembloux müssen die beiden Panzerdivisionen von Hoepner mit der erbitterten Gegenwehr zweier französischer mechanisierter Divisionen – entspricht etwa einer deutschen Panzergrenadierdivision – fertig werden. Sie erleiden hohe Verluste. Dies ist die erste große Panzerschlacht des Zweiten Weltkrieges. Die deutschen Propaganda-Kompanien filmen die Szene, später Hauptbestandteil des Films »Sieg im Westen«, in dem der Gegner als ein tapferer und hartnäckiger Kämpfer geschildert wird. Am Abend haben die beiden französischen Divisionen mehr als die Hälfte ihres Bestandes verloren.

Der Schwerpunkt der deutschen Offensive liegt indes weiter auf dem linken, südlichen Flügel der Heeresgruppe A. Der 15. und der 16. Mai bringen neue Gewißheit. Zusammen mit der 5. Panzerdivision vernichtet die 7. Panzerdivision Rommels fast die Gesamtheit der französischen 1. Reservekavalleriedivision, die mitten im Aufmunitionieren überrascht wird. Rommel marschiert Tag und Nacht, passiert die belgisch-französische Grenze und dringt jetzt in Frankreich vor. Am 16. Mai abends steht er vor Avesnes und Le Cateau. In 48 Stunden haben seine Panzer 100 Kilometer zurückgelegt und die 9. französische Armee vollkommen durcheinandergebracht, an den Rand der Auflösung getrieben. Seit Beginn des Feldzuges haben Rommels Männer bei eigenen Ausfällen von nicht ganz 100 Mann Toten und Verwundeten fast 100 feindliche Panzer, 30 gepanzerte Fahrzeuge und 27 Kanonen vernichtet. Guderian bleibt seinem Nachbarn nichts schuldig. Auf seiner rechten Flanke vom Panzerkorps Reinhardt geschützt, dringt er mit seinen drei Panzerdivisionen rasch nach Westen vor, Richtung Oise und Saint Quentin. Am Abend des 16. Mai ist der Erfolg nahezu vollständig. An diesem Tage muß General Gamelin, der Oberkommandierende der französischen Armee, bei einer dramatischen Sitzung im Quai d'Orsay – in Gegenwart Churchills, Reynauds und Daladiers – zugeben, daß er über keinerlei Reserven mehr verfügt und die Schlacht praktisch als verloren angesehen werden muß.

In den darauffolgenden Tagen rückt das IXI. Panzerkorps so schnell vor, daß Rundstedt, Kleist und Hitler sich zu beunruhigen beginnen. Alle befürchten einen französischen Gegenangriff in der linken Flanke Guderians. Der Führer sagt seinen Generälen, daß die Bedrohung nicht nur militärisch, sondern politisch und psychologisch sei. »Auf keinen Fall darf es irgendeinen Rückschlag für uns geben, der die Moral der französischen Armee und nicht nur der Armee, sondern der politischen Führung bedenklich wiederherstellen würde.«[1]

Guderian wird befohlen, eine Pause einzulegen, um den Infanteriedivisionen zu erlauben, auf die Panzer aufzuschließen und sich auf alle möglichen französischen Reaktionen vorzubereiten. Guderian aber weiß von seiner Luftaufklärung sehr genau, daß nicht die geringste Bedrohung seiner linken Flanke besteht. Er droht mit Rücktritt, wenn er gestoppt werden sollte. Kleist erlaubt ihm daraufhin, seine »bewaffnete Aufklärung« fortzusetzen. Der Vormarsch beginnt von neuem.

Die einzigen Zwischenfälle sind zwei französische Gegenangriffe der 4. französischen Panzerdivision unter dem Kommando des Obersten de Gaulle am 17. und 19. Mai in Richtung Montcornet und Crécy-sur-Serre. Französische Panzer stoßen in die Nähe des Hauptgefechtsstandes von Guderian vor, der sich auf seinem Befehlspanzer befindet.* Die Angriffe der Franzosen werden von gepanzerten Einheiten und der Luftwaffe zurückgeworfen. Sie haben die Vorwärtsbewegung Guderians in keiner Weise aufhalten können.

Am 18. Mai wird die Oise überschritten und Saint Quentin besetzt. Am 20. Mai besetzen die Panzer Guderians die Stadt Amiens, und am selben Abend erreichen sie Abbeville und das Meer. Im Zuge seines Vormarsches hat Guderian noch Brückenköpfe über die Somme bei Péronne, Amiens und Abbeville errichten können, die die Franzosen trotz Einsatzes erheblicher Mittel nicht eindrücken können. In Abbeville versickern die Gegenattacken der 4. Panzerdivision de Gaulles und der 2. Panzerdivision in den deutschen Minenfeldern und vor der Panzerabwehrfront der 8,8-Zentimeter-Flak-Kanonen, die hier zum erstenmal zur Panzerabwehr eingesetzt werden.

Der von Manstein erfundene »Sichelschnitt« hat geradezu verblüffend gut funktioniert. Die französischen Nordarmeen, hart be-

---

* Dieser Gegenangriff des damaligen Oberst de Gaulle, an dessen Abwehr ich persönlich beteiligt war, war der einzige aller französischen Angriffe gegen den Durchbruch bei Sedan und den Vorstoß zur Küste, der nach Richtung, Ort und Zeit taktisch richtig angesetzt war. Hätte hier ein Panzerkorps – einen solchen Großverband gab es bei den Franzosen nicht – und nicht nur eine schwache neuaufgestellte Division angegriffen, hätte das äußerst gefährlich werden können.

drängt von den Divisionen Reichenaus und Küchlers, mußten sich hinter die Schelde zurückziehen und sind nun eingeschlossen, sitzen in der Falle. In den kommenden Tagen wird das Tempo der Wehrmacht noch schwindelerregender. Guderian hat sich nach Norden gewandt und besetzt Calais und Boulogne. Auf diese Weise schneidet er das englische Expeditionskorps von seinen logistischen Basen ab. Die anderen Panzerkorps stoßen gegen Arras und Lille vor.

Dann aber gibt es den einzigen ernsten Zwischenfall dieses Feldzuges. Im Süden von Arras zieht General Gort, der Chef des englischen Expeditionskorps, zwei Infanteriedivisionen, eine Panzerbrigade und einige französische Einheiten zu einem Gegenstoß von Norden nach Süden zusammen, der die »Panzerstraße« Guderians und Rommels zum Meer abschneiden soll. Die 7. Panzerdivision wird im Marsch überrascht und hart bedrängt. Rommel muß persönlich einschreiten, um die Moral seiner Männer zu stützen. Er entwickelt eine Methode, die ihm später in Afrika von Nutzen sein wird: den raschen Aufbau einer Panzerabwehrfront mit 8,8-Zentimeter-Flak-Kanonen. So bricht er den Schwung der englischen Panzerattacken und packt die Briten mit eigenen Panzern in der Flanke. Am Abend des Tages gibt Gort auf und zieht sich nach Arras zurück.

Am 24. Mai mittags haben die Panzer Guderians Brückenköpfe über das Flüßchen Aa geworfen, 20 Kilometer vor Dünkirchen, dem letzten Hafen der Alliierten an der Kanalküste. Da kommt der berühmte Befehl Hitlers, die Panzer anzuhalten, ein Befehl, gegen den Brauchitsch und Halder vehement protestieren.

Seit mehr als einem halben Jahrhundert wird über den Entschluß Hitlers gerätselt. Einerseits sei Hitler nur auf eine Anweisung Rundstedts eingegangen, die von einem fast 14tägigen unaufhaltsamen Gewaltmarsch quer durch Nordfrankreich stark mitgenommenen Panzerverbände zu einem Überholungshalt zu stoppen. Auch habe er gefürchtet, die Panzer könnten in die berühmten flandrischen Sümpfe geraten, die der Freiwillige Hitler im Ersten Weltkrieg am eigenen Leib erlebt hatte. Rundstedt habe dafür plädiert, die Panzer im Süden der Front zusammenzufassen, um einerseits gegen Gegenangriffe aus der Tiefe Frankreichs gewappnet zu sein, sie andererseits für den entscheidenden Stoß über die Somme und die Aisne gegen den letzten Widerstand der französischen Armee bereitzuhaben.

Nach einer anderen Version hätte Hitler der Luftwaffe eine Chance geben und Göring einen Gefallen tun wollen, mit dem Auftrag an die Piloten, die Alliierten an der Verschiffung zu hindern und sie auf zusammengedrängtem Raum vernichtend zu treffen. Diese Version kann sich auf eine Bemerkung Jodls stützen, der gesagt haben soll: »Der Krieg ist gewonnen, er muß jetzt nur noch beendet werden. Dazu braucht man keine Panzer. Das kann die Luftwaffe machen, zu einem sehr viel günstigeren Preis.«
Letzte, sozusagen politische Erklärung für den Haltebefehl: Hitler habe England eine Demütigung ersparen und es für einen Verständigungsfrieden nach der Niederlage Frankreichs geneigt machen wollen.[2]
Zwei weitere Ereignisse machen den Fall noch mysteriöser. Der Haltebefehl wird schon am 26. Mai widerrufen, was nicht für einen politischen Hintergrund spricht. Schließlich wird Hitler während des Rußlandfeldzuges zu seiner Umgebung sagen: »Göring hatte mir versichert, daß die Luftwaffe die Arbeit alleine machen könnte. Aber nach Dünkirchen sah er die Dinge etwas anders.« Möglicherweise hat Hitler die Idee, England zu schonen, erst nach der gelungenen Einschiffung der Briten in Dünkirchen geäußert, um eine ursprüngliche, rein militärische Entscheidung nachträglich politisch zu rechtfertigen.*
In seinen Memoiren hat Guderian den Befehl bedauert. Er habe ihn daran gehindert, einen vollständigen Sieg zu erringen. Liest man seine Korrespondenz und hört man auf seine Bemerkungen zu seiner Umgebung, so war er vielleicht gar nicht so unglücklich,

---

* Hier ist Masson der neuere deutsche Forschungsstand nicht bekannt, der in dem 1995 im Oldenbourg Verlag erschienenen Buch von Karl-Heinz Frieser, »Blitzkrieg-Legende«, festgehalten wird, welches exakt und gut belegt den Verlauf der deutschen Offensive wiedergibt. Der »Haltebefehl« wird auf den Seiten 368 bis 376 behandelt. Hitler hat nicht diesen Befehl Rundstedt gegen dessen Willen »aufgezwungen«, wie es Rundstedt selbst, Liddell Hart und andere später behauptet haben. Die damaligen Vorgänge hier näher darzustellen, würde zu weit führen. Es sei nur gesagt, daß alle von Masson aufgeführten Erklärungen bei dem Entschluß Hitlers eine Rolle gespielt haben. Hitlers Denken traf sich mit dem Rundstedts, und als er dies feststellte, sanktionierte er durch seinen Befehl gewissermaßen das, was Rundstedt schon eingeleitet hatte, nämlich das Anhalten des Angriffs. Interessanterweise sieht Masson nicht die entscheidende Bedeutung des durch den Haltebefehl ermöglichten »Wunders von Dünkirchen« für den ganzen Zweiten Weltkrieg, nämlich die Rettung der britischen Armee.

seine Besatzungen nicht in für Panzer ungünstiges Gelände schicken zu müssen.[3] Auf jeden Fall ist es am 26. Mai, dem Tag des Gegenbefehls, schon zu spät für einen Angriff. Trotz der Kapitulation der belgischen Armee am 27. Mai, die weitere deutsche Kräfte freisetzt, stoßen die Deutschen auf einen gut organisierten alliierten Widerstand und können die Einschiffung der Briten und der Franzosen nicht verhindern.

Der zweite Akt des Feldzuges, genannt »Rot«, kann beginnen. Schon am 26. Mai hat eine Umgruppierung der deutschen Streitkräfte begonnen. Sie stehen jetzt mit ihrem Hauptteil dem Rest der französischen Armeen gegenüber. Von Bock hat vier Armeen seiner Heeresgruppe B hinter der Somme zusammengezogen. Zu seiner Linken, hinter der Aisne, Rundstedt mit drei Armeen. Die beiden haben die Panzerdivisionen, zehn an der Zahl, zu gleichen Teilen untereinander aufgeteilt. Im ganzen bietet die Wehrmacht für »Rot« 125 Divisionen auf. Die zehn Panzerdivisionen haben ihre Bestände total aufgefüllt und verfügen zusammen über 2500 Panzer. Der französische Generalissimus Weygand kann ihnen nur 60 Divisionen mit 1500 Panzern entgegenstellen.

Der Angriff bei General von Bock beginnt am 5. Juni aus den Brückenköpfen oder den nicht gesprengten Eisenbahnbrücken entlang der Somme heraus. Drei Tage lang muß sich die Infanterie gegen einen äußerst zähen Gegner vorarbeiten, ohne großen Geländegewinn machen zu können. Die französische 5. Kolonialdivision verteidigt jede Höhe, jeden Wald, jedes Dorf. Pakriegel und das Feuer leichter französischer Artillerie machen den Deutschen den Angriff zur Hölle. Die Verluste sind hoch. Rommels Grenadiere bleiben vor den Dörfern Hangest und Quesnoy-sur-Airelles im Feuer schwerer Artillerie liegen.

Aber am nächsten Morgen gelingt es den Panzern, sich zwischen die feindlichen Widerstandsnester zu schieben und diese von hinten aufzurollen. Hoths Panzerkorps hebelt die 10. französische Armee aus ihren Höhenstellungen. Rommels 7. Panzerdivision erreicht Forges-les-Caux, während die 5. Panzerdivision in die ersten Häuser von Rouen eindringt. In der Nacht zum 9. Juni erreichen Rommels Panzer ebenfalls die Seine bei Elbeuf, können aber die Sprengung der Brücken nicht verhindern.

Bock wittert einen durchschlagenden Erfolg und macht sich an die Einschließung des 10. französischen Armeekorps unter General Ihler und der 5. britischen Division des Generals Fortune, der

letzten großen Einheit der Briten, die nach Dünkirchen noch auf französischem Boden kämpft. Die alliierten Streitkräfte sind auf der Caux-Hochebene mit dem Rücken zum Meer zusammengedrängt und versuchen verzweifelt, an einem neuen Dünkirchen vorbeizukommen.
Am Abend des 10. Juni hat Rommel Fécamp eingeschlossen. Seine Artillerie hält den Hafen unter Feuer. Zwei britische Zerstörer werden am Einlaufen gehindert und müssen umkehren. Am nächsten Morgen stehen die Panzer auf den hohen Küstenklippen oberhalb von Saint Valéry. General Fortune leistet erbitterten Widerstand. Er hofft auf die Dunkelheit der Nacht, um seine Truppen einschiffen zu können. Aber es gibt kein zweites Wunder von Dünkirchen. Dicker Nebel hindert die Schiffe am Einlaufen. Am 11. Juni müssen die Eingeschlossenen kapitulieren. Die 7. Panzerdivision macht reiche Beute: 50000 Gefangene, darunter zwölf Generäle, an ihrer Spitze die beiden Kommandierenden Ihler und Fortune, 58 Panzer, 100 Kanonen, 368 Kraftfahrzeuge, 1000 Lastkraftwagen.
Am 9. Juni sind die drei Armeen der Heeresgruppe A von Rundstedts angetreten. Auch sie stoßen auf erbitterten Widerstand. Der Ausbruch aus den engen Brückenköpfen entlang der Aisne gestaltet sich schwierig und verlustreich. Die Deutschen müssen heftige Gegenangriffe französischer Panzer abwehren, die glücklicherweise nicht von Infanterie begleitet sind. Guderian muß sich höchstpersönlich mit Hilfe einer erbeuteten 4,7-Zentimeter-Pak der Bedrohung durch einen französischen B2-Panzer, den damals stärkstbewaffneten und bestgepanzerten Kampfwagen der Welt, erwehren. Drei Tage brauchen die Angreifer, um den Widerstand zu brechen, dann ziehen sich die Franzosen in die Hügel der Champagne zurück.

Nach den Durchbrüchen an Somme und Aisne können die deutschen Truppen wieder zum Bewegungskrieg übergehen. Sie gehen fächerartig in drei Stoßgruppen vor. Kleist geht ostwärts an Paris vorbei und nimmt die Seine-Brücken von Nogent und Rumilly im Südosten von Paris in Besitz. Am 14. Juni marschieren die Deutschen in Paris ein, eine von ihren Einwohnern verlassene Metropole, die schon am 10. Juni zur »offenen Stadt« erklärt worden war. Eine Infanteriedivision marschiert unter grauem und regnerischem Himmel die Champs-Élysées hinunter.

Kleist setzt seinen Vormarsch fort in Richtung Zentralmassiv und Rhone-Tal.
Der wichtigste Auftrag ist den beiden Panzergruppen Hoth und Guderian übertragen worden.* Hoth stößt über die untere Seine, dreht nach Westen ein in Richtung Kanal- und Atlantikhäfen, um Frankreich vom Meer und von britischen Bundesgenossen zu trennen.
Die Bewegung geht in äußerst schnellem Tempo vor sich. Die deutschen Marschkolonnen überholen ständig die flüchtenden Kolonnen eines erschöpften und demoralisierten Gegners, der sich willenlos entwaffnen läßt und erleichtert den Rückmarsch in die Gefangenschaft antritt. Rommels 7. Panzerdivision verdient sich in diesen Tagen den Namen »Gespensterdivision«. Sie durcheilt die Normandie und die Cotentin-Halbinsel und legt an einem einzigen Tag allein 260 Kilometer zurück.
Am 18. Juni steht Rommel vor Cherbourg, das sich am nächsten Morgen ergibt. 30 000 Mann gehen in Gefangenschaft, unter ihnen der Hafenpräfekt, Admiral Le Bigot, und der Kommandierende der Nordstreitkräfte der Marine, Admiral Abrial.
Am gleichen Tage wird der Kriegshafen Brest besetzt. Am 21. Juni ist Lorient an der Reihe, wo der Hafenkommandant, Admiral de Penfentenyo, mit einem Karabiner in der Hand, einen Widerstand zu organisieren versucht. Am 23. Juni erreichen die deutschen Vorausabteilungen La Pallice und Rochefort, machen überall Gefangene. Überall bietet sich ihnen das gleiche Schauspiel: leere Kais, selbstversenkte Schiffe in den Hafenbecken, brennende Treibstofflager. Alle seetüchtigen Schiffe sind noch rechtzeitig nach Nordafrika oder England entkommen.
Dem französischen Schlachtschiff »Jean Bart« gelingt in der Nacht zum 19. Juni eine aufsehenerregende Flucht aus dem Hafen von Saint Nazaire. Ein Luftwaffenangriff hat dem in der Werft liegenden und noch nicht in Dienst gestellten Schiff nur wenig anhaben können, und so gelingt ihm das Auslaufen vor der Nase der Deutschen in Richtung Casablanca. Aber den Deutschen fällt eine intakte Werft mit wertvollsten Ausrüstungsgegen-

---

* Nicht beide Panzergruppen stießen über die untere Seine vor, sondern nur Hoth. Die Panzergruppe Guderian griff von Rethel über das Plateau von Langres an, stieß bis zur Schweizer Grenze und Belfort durch, so daß die ganze Maginotlinie in ihrem Rücken abgeschnitten war.

ständen in die Hände, die von der Kriegsmarine sofort genutzt werden können.
Währenddessen stößt das XIX. Panzerkorps Guderians in Gewaltmärschen durch das obere Marne-Tal nach Ostfrankreich vor, in seinem Elan beflügelt durch eine Sonderanweisung des Führers: »Das Heer muß es als seine Ehre ansehen, so schnell wie möglich die alten Reichslande bis zu einer Linie Verdun – Toul – Belfort zurückzugewinnen.« Das bedeutet nicht weniger als eine Rückkehr zu den Westgrenzen des Deutschen Reiches von vor 1648.
Guderian trifft bei seinem Vorstürmen zum Jura auf fast keinen Widerstand. Am 15. Juni ist er in Langres, am 17. Juni in Pontarlier. Das OKH kann nicht glauben, daß er so schnell vorangekommen ist. »Irrtum muß vorliegen. Sind Sie nicht in Pontailler-sur-Saône?« – »Kein Irrtum«, funkt Guderian zurück. »Bin persönlich in Pontarlier an der Schweizer Grenze.« In den darauffolgenden Tagen stoßen seine gepanzerten Vorausabteilungen nach Besançon und Belfort vor, kommen bei Charmes, Epinal und Remiremont bis an die Vogesen, vollenden damit die Einschließung der französischen Ostarmeen.
Weiter nördlich hat die Armee des Generalobersten Busch Verdun genommen, nicht ohne sich heftige Gefechte mit französischen Verteidigern am Toten Mann und an der Höhe 304 geliefert zu haben. Eine Sondermeldung aus dem Führer-Hauptquartier verkündet die Einnahme der berühmten Festung, die von den Truppen des deutschen Kronprinzen im Jahre 1916 nie genommen werden konnte.
Inzwischen ist auch die Heeresgruppe C des Generalobersten von Leeb, die seit dem 10. Mai Gewehr bei Fuß zwischen Saar und Schweizer Grenze steht, mit ihren 24 Divisionen zum Frontalangriff auf die Maginotlinie angetreten. Die Offensive wird von der Armee von Witzleben an der Saar eröffnet. Im Gegensatz zur bisherigen Feldzugsführung treten hier nur Infanteriedivisionen, ohne Unterstützung durch Panzer oder Fallschirmjäger an, aber sie können auf starke Artillerie und Bomberverbände bauen.
Der deutsche Angriff wendet sich gegen eine vermeintliche Schwachstelle des Maginotpanzers. Der Angriffsstreifen der Infanteriebataillone ist eine Ebene voller Teiche und Sümpfe, nur an den Rändern verwehren Befestigungsanlagen den Einbruch. Aber die Franzosen haben die Schwierigkeiten des Terrains

durch Überschwemmungen erhöht, haben gutgetarnte MG-Bunker, verbunden durch Feldstellungen, eingebaut. Der Angriff läuft unter dem Stichwort »Tiger«. Witzleben hat massiv Artillerie auffahren lassen: 200 Batterien Feldhaubitzen, 27 Batterien 21-Zentimeter-Mörser, 16 Eisenbahngeschütze vom Kaliber 28 Zentimeter.

Gleichzeitig mit der Artillerievorbereitung läuft ein intensiver Luftangriff. Aber die deutschen Stoßtrupps treffen auf erbitterten Widerstand des französischen 20. Armeekorps unter General Hubert. Am Abend sind sie nicht weiter als einige hundert Meter in die französischen Stellungen eingedrungen, und die Verluste sind erheblich. Witzlebens Generalstabschef, General Hilpert, muß das Scheitern des Angriffs eingestehen. »Insgesamt war der Angriff kein Erfolg. Auf der ganzen Front kam es zu keinem nennenswerten Durchbruch. Abgesehen von örtlichen Einbrüchen kamen wir nicht voran.« Dennoch fällt die Entscheidung am nächsten Morgen. Generalissimus Weygand hat angesichts der katastrophalen Entwicklung der Lage in der Champagne seinen Festungstruppen den Befehl zum Rückzug gegeben.

Das deutsche Oberkommando nutzt die Situation und unternimmt Angriffe auf einige besonders gut gerüstete und noch besetzte Werke der Maginotlinie. Die Pioniere erproben neue Methoden des Bunkerknackens. Sie wurden 1938/39 an tschechischen Befestigungen in den Sudeten eingeübt, die nach französischem Muster angelegt worden waren. Aber trotz massiver Stuka-Angriffe und schweren Artilleriefeuers aus den 28-Zentimeter-Geschützen müssen die Angriffstruppen vor den von Spezialbaufirmen in den zwanziger Jahren angelegten Großanlagen schwere Verluste hinnehmen. Pioniere, die auf die Dächer der Bunker gelangen konnten, fallen unter dem Kreuzfeuer benachbarter Anlagen. Die Großwerke von Fermont, Latiremont, Hochwald und Schonenbourg weisen alle Angriffe ab. Erst Anfang Juli kapitulieren sie ehrenhaft, auf ausdrücklichen Befehl der französischen Regierung in Vichy.

Bei kleineren Werken, die erst ab 1935 von militärischen Bautrupps errichtet und schwächer bewaffnet wurden, haben die Deutschen mehr Glück. Hier gelingt den Stoßtrupps aber auch erst nach Stukavorbereitung und direktem Beschuß der Schießscharten durch 8,8-Zentimeter-Flak der Einbruch, den Pioniere durch Sprengung der Luftschächte und Ausräuchern der Insassen vollenden. So ergeben sich die Werke Kerfent, Banmusch, Haut Poirier und Welshoff.

Der Angriff der Heeresgruppe C beschränkt sich nicht auf Lothringen. Er bezieht auch das linke Ufer des Oberrheins und das Elsaß ein. Im Gegensatz zur fest verankerten Meinung der französischen Bevölkerung, die sich von einer leichtfertigen Vorkriegspropaganda hat täuschen lassen, ist die Maginotlinie hier am schwächsten ausgebaut. Es gibt entlang des Rheins nur etwa 100 kleinere Werke ohne jede Artillerie. Der Angriff beginnt am 15. Juni mit direktem Beschuß aus Panzerabwehr- und Flugabwehrgeschützen vom rechten Rheinufer aus auf die Schießscharten und Beobachtungstürme der Verteidiger.

Die Infanterie geht anschließend im Schutz künstlichen Nebels mit Sturmbooten über den Rhein. In weniger als zwei Tagen ist der Durchbruch gelungen. Die Deutschen durchstoßen die schwachen Befestigungsanlagen und brechen in die elsässische Ebene ein, gewinnen im Handumdrehen den Fuß der Vogesen und gehen gegen die Vogesenpässe vor. Von allen Seiten angegriffen, legen die französischen Ostarmeen am 22. Juni die Waffen nieder. Die Deutschen machen mehr als 300 000 Gefangene.

Als am 25. Juni der Waffenstillstand eintritt, stehen die deutschen Vorausabteilungen an den Pforten von Bordeaux, Limoges, Clermont-Ferrand und Saint Étienne. Sie stehen südlich von Lyon und erreichen Valence und Grenoble. Seit Marschall Pétain am 17. Juni bei der deutschen Reichsregierung um einen Waffenstillstand ersucht hat, ist aller zusammenhängender Widerstand aufgegeben worden. Die Deutschen müssen nur noch sporadische Gegenwehr, die meist, wie bei Saumur und nördlich von Lyon, der Ehre halber geleistet wird, niederkämpfen. Schon am 15. Juni hatte die französische Regierung alle Städte von mehr als 30 000 Einwohnern als »offen« erklärt, was den Zusammenbruch der Moral der Truppen zur Folge hatte. In den letzten zehn Tagen des Feldzuges war die französische Armee nur noch eine willenlose, demoralisierte Masse, verschwommen in ein fast ebenso großes Heer von einer Million Flüchtlingen. »Die Schlacht verwandelte sich zunehmend in eine fortschreitende Besetzung des Landes«, konstatiert Rommel.

Alles in allem haben die Deutschen eine brillante Kampagne geliefert, die seit mehr als 50 Jahren eines der großen Modelle der Kriegskunst darstellt. In einem Zeitraum von sechs Wochen hat die Wehrmacht die niederländische und die belgische Armee zur

Kapitulation gezwungen, das britische Expeditionskorps vom Kontinent verjagt, die 95 Divisionen des französischen Heeres in Stücke geschlagen, unübersehbare Beute und zwei Millionen Gefangene gemacht, von denen eineinhalb Millionen nach Deutschland überführt werden.

Gleichzeitig sichert sich das Reich eine beherrschende geostrategische Situation in Europa. Es kontrolliert von nun an die europäischen Küsten vom Nordkap bis zur spanischen Grenze. Der Traum des Admirals Wegener ist in Erfüllung gegangen. Für diese spektakulären Ergebnisse hat Deutschland einen relativ bescheidenen Preis entrichten müssen: 27 000 Gefallene, 15 000 Vermißte, 700 Panzer und 1500 Flugzeuge. Der Krieg wird wieder »frisch-fröhlich«.

Der Triumph ist nicht auf eine irgendwie geartete zahlenmäßige Überlegenheit zurückzuführen, wie das hartnäckig das französische Oberkommando glaubte, das lange Zeit von einer Stärke von 200 Divisionen beim deutschen Heer ausging. Mit 135 großen Einheiten verfügte die Wehrmacht am 10. Mai über keinerlei Überlegenheit. Auch stellte sie nicht 7500, sondern nur 3500 Panzer zum Angriff bereit, gegen 3500 auf alliierter Seite, auch nicht 5500 Flugzeuge, sondern kaum 3000. Ihre einzige Überlegenheit beruhte auf ihren modernen Bomberverbänden und auf einer revolutionären taktischen Konzeption, die auf den drei Elementen Überraschung, Schwerpunktbildung und Schnelligkeit beruhte.

Für Hitler ist der glückliche Ausgang des Feldzuges ein großer persönlicher Erfolg, der seinen politischen Instinkt und seine strategische wie taktische Begabung einmal mehr allen vor Augen führt.* Die Ereignisse haben mehr als bestätigt, was er monatelang vor seinen skeptischen Generälen zu sagen nicht müde wurde. Die französische Armee von 1940 ist nicht mehr die von 1914/18. Sie ist demoralisiert und mit den Nerven fertig, Ebenbild eines dem Verfall entgegentaumelnden Landes, hilflos dem ersten brutalen und kühnen Stoß ausgeliefert.

Der Stoß durch die Ardennen und der Durchbruch durch das Zentrum der französischen Verteidigungsanlagen an der Maas war die

---

* Der Sieg im Frankreichfeldzug und daß er den Manstein-Plan gegen den anfangs skeptischen Halder und andere Generäle durchgesetzt hatte, bewirkte in Hitler den Glauben an sich selbst als Feldherr, den er im Polenfeldzug noch nicht hatte. Er bewirkte auch bei Offizieren wie Soldaten die Überzeugung, daß der Führer es immer richtig mache, die bei vielen fast bis Kriegsende vorhielt.

große strategische Überraschung. Sie ermöglichte es, das gesetzte Ziel früher als erwartet zu erreichen und den vollständigen Sieg zu sichern, ein Ziel, das wesentlich weiter gesetzt war als im ursprünglichen Feldzugsplan vom Herbst 1939. Ganz wie Hitler es vorausgesagt hatte, konnten die in Polen gemachten Erfahrungen voll auf den westlichen Kriegsschauplatz angewandt werden. Einmal mehr kann er sich beglückwünschen, seinen zögerlichen Generälen die von Guderian erfundene Doktrin des Gebrauchs des Instruments Flugzeug/Panzer aufgezwungen zu haben.

Allen drei Abschnitten des Feldzuges – der Schlacht im Norden, dem Durchbruch durch die Weygand-Linie, der Besetzung West-, Ost- und Südfrankreichs – ist eines gemeinsam: Sie wurden durch die optimale Ausnutzung der Kombination Flugzeug/Panzer gewonnen. Die Initiative blieb durchgehend bei den gepanzerten Verbänden, die Fehler des Gegners auszunutzen wußten und diesem, einmal aus dem Gleichgewicht gebracht, keine Zeit ließen, sich wiederzufinden und zu reagieren. Guderians Theorien sind somit glänzend bestätigt worden und werden allen feindlichen Armeen als Muster dienen, selbst wenn diese nach dem Erfolg der Deutschen in Polen zunächst skeptisch hinsichtlich einer Wiederholung des Erfolges geblieben waren.

Die Nachrichtenverbindungen und der Funksprechverkehr haben zur Wirksamkeit der Kombination Panzer und Flugzeug beigetragen. So hat man nur mit Staunen der Umgruppierung der Verbände der Wehrmacht nach dem 26. Mai zusehen können, der Schwenkung aller Panzerkorps aus der Ost-West- in eine Nord-Süd-Richtung zwischen Dünkirchen und den Brückenköpfen an Somme und Aisne, vergleichbar etwa einem Flottenmanöver auf hoher See, ohne daß auch nur die geringste Unordnung oder Verzögerung eingetreten wäre. Die alten Frontkämpfer von 1914/18 – wie Ernst Jünger, der an der Spitze seines Infanteriebataillons ganz Nordfrankreich durchmißt, ohne ein einziges Mal auf einen Gegner zu treffen – können nur mit Verblüffung feststellen, daß der Fluch der starren Fronten mit ihren Schützengräben gebannt ist.

Die hohen Stäbe haben den ganzen Feldzug über bemerkenswert gut funktioniert und den Truppenführern die größtmögliche Freiheit in der Ausführung ihrer Aufträge gelassen. Nur Reserveeinheiten, aus Veteranen des Ersten Weltkriegs zusammengesetzt, mangelt es zuweilen an natürlichem Schwung. Panzerbesatzungen aber, Fallschirmjäger, aktive Infanteriedivisionen und die Piloten

der Bomber- und Jagdverbände der Luftwaffe haben einen Elan, einen Biß, eine Entschlossenheit an den Tag gelegt, die den Gegnern nur größte Hochachtung abnötigen konnten. Mit Verblüffung haben französische Offiziere, die deutsche Panzerbesatzungen gefangennehmen konnten, festgestellt, daß diese seit Tagen nicht geschlafen und nichts gegessen hatten, ohne deshalb zu kämpfen aufgehört zu haben. Militärs und Bevölkerung der Franzosen haben auch die korrekte Haltung der jungen Wehrmachtangehörigen dem besiegten und besetzten Feind gegenüber gelobt, und sie staunten über den kameradschaftlichen Ton, der bei den Siegern zwischen Offizieren und Mannschaften herrschte.
Lassen wir einen Zeugen zu Wort kommen, Professor Pierre Benaerts, Frontkämpfer von 1914/18 und 1940 dem großen französischen Generalstab zugeteilt, der so weit geht, eine Parallele zwischen den deutschen Soldaten von 1940 und dem Kämpfer der französischen Freiheitsarmee von 1793 zu ziehen: »Und das sind die hervorstechenden Merkmale dieser neuen deutschen Armee: revolutionäre Begeisterung, verzehrender Glaube, nationale Verklärung und eine Opferbereitschaft, wie wir sie nur bei den französischen Revolutionsarmeen finden können. Bemerkenswerter Zusammenhalt zwischen Offizieren und Mannschaften, eiserne Disziplin, die aber niemanden daran hindert, stolz und frei aufzutreten. Das alles hat nichts mehr mit der Karikatur eines plumpen deutschen Soldaten, Befehlsempfängers ohne eigene Initiative, zu tun. Man kann angesichts dieses Krieges zwischen ›Revolutionären‹ und ›Konservativen‹ nicht umhin, einen Vergleich zu ziehen zu den jungen Armeen unserer Revolution, die in einem einzigen unwiderstehlichen Schwung die veralteten und unbeweglichen Truppen Preußens und Österreichs hinwegfegten.«[4]
Den Deutschen bringt der Westfeldzug reiche Ernte an Erfahrungen. Sie erlauben ihnen eine weitere Kampfwertsteigerung der Wehrmacht, auch wenn es scheint, als ob das Oberkommando, wohl wegen des unglaublichen Glücksfalles dieses Sieges, nicht alle Vorteile aus ihm gezogen habe.
Von den Erfahrungen profitieren als erste die Panzertruppen. Die leichten Panzer, Typ I und II, die die größten Verluste gehabt haben, werden schrittweise gegen schwerere ausgetauscht. Die 3,7-Zentimeter-Kampfwagenkanone des Panzers III, des künftigen Standardpanzers, wird durch eine wirksamere Fünf-Zentimeter-Kanone ersetzt.

Hingegen mag verwundern, daß die deutsche Armee nach den oft dramatischen Duellen mit den französischen Panzern vom Typ B 2 nicht zur Entwicklung eines stärkeren Panzertyps als dem Panzer IV übergegangen ist. Auch versteht man nicht, warum die Rüstungsexperten des Reiches den Infanteriedivisionen keine stärkere Panzerabwehr als die 3,7-Zentimeter-Kanone geliefert haben, die sich als unwirksam gegenüber dem britischen Panzer »Mathilda« und einigen französischen Modellen erwiesen hatte.*
Trotz der in Dünkirchen aufgetretenen Verwundbarkeit des Bombers gegenüber dem Jagdflugzeug hat man es auch auf diesem Gebiet an Verbesserungen fehlen lassen. Der Sturzkampfbomber Junkers 87 hat zwar seine materielle wie psychologische Wirksamkeit unter Beweis gestellt. Niemand scheint sich aber Gedanken darüber gemacht zu haben, daß diese Wirksamkeit von einer gut mit leichter Flugabwehr ausgerüsteten Armee schnell in Frage gestellt werden könnte. Die Rüstungsindustrie als ganzes bleibt weiter bei gedrosselter Produktion, als ob Deutschland geradezu dazu »verdammt« wäre, immer nur Blitzkriege zu führen.

So enthält der Westfeldzug 1940 auch seine »perversen Effekte«, die ein oder zwei Jahre später teuer zu stehen kommen sollten. Zunächst herrscht allgemeine Euphorie. Bei OKW und OKH ist man überzeugt, daß die Wehrmacht nach ihrem Triumph über die französische Armee keinen Gegner mehr zu fürchten hat.

Hitler seinerseits ist jetzt überzeugt davon, daß er das Zeug zu einem großen Feldherrn und damit eine unerschütterliche Überlegenheit gegenüber allen seinen Beratern hat. Er glaubt, das Geheimnis des Sieges erraten zu haben. Da ist er mehr denn je versucht, alle Einwände seiner Generäle zurückzuweisen, für deren Kleinmut und mangelnden Entscheidungswillen er eine immer offener zur Schau getragene Verachtung empfindet.

Aber weder Hitler noch das OKW und schon gar nicht das OKH wollen sich eingestehen, daß der schnelle Sieg im Westen erheblich erleichtert wurde durch das Versagen der gegnerischen militärischen Führung. Der französische Generalstab, früh veraltet, hatte es nicht vermocht, die Auswirkungen des Motors und moderner Nachrichtenmittel auf das Schlachtgeschehen zu erkennen und in ein strategisches Kalkül einzubeziehen. Er hatte nur Fehler über Fehler begangen.

---

* Dies sollte sich im Ostfeldzug rächen.

Es ist schon erstaunlich, daß General Gamelin am Vorabend des deutschen Angriffs noch 50 Divisionen, mehr als die Hälfte des gesamten Feldheeres, in der Maginotlinie und an der Rheinfront beließ, gegenüber der Heeresgruppe von Leeb, die nur 17 Divisionen – davon keine einzige aktive – enthielt. Ebenso unverständlich ist, daß Gamelin am 10. Mai ohne Kenntnis der Hauptstoßrichtung der deutschen Offensive sich seiner sämtlichen Reserven entblößte und die 7. Armee in Richtung Holland in Marsch setzte, unter Verzettelung ihrer drei Panzerdivisionen.

Auch muß man sich fragen, warum er bis zum 18. Mai gewartet hat, ehe er dem Befehlshaber im Nordost-Abschnitt, General Georges, den Befehl gab – »ohne mich in die Führung der Operationen einmischen zu wollen« –, einen Zangenangriff gegen den Durchbruchskorridor der Panzerdivisionen Guderians zu führen. Oder warum General Billotte, Oberbefehlshaber der 1. Armee (der besten aller französischen Streitkräfte), sich mit sich überschlagenden Rückzügen auf den Scheldeabschnitt zufriedengab, ohne einen einzigen Angriff in die rechte Flanke Guderians unternommen zu haben.

Ohne Zweifel hat sich die deutsche Armee von 1940 als ein hervorragendes militärisches Instrument erwiesen, vergleichbar nur mit den Legionen Cäsars, dem spanischen Terzio oder der Grande Armée Napoleons. Trotzdem hat der schnelle und glückliche Ausgang der Frankreichkampagne die Deutschen daran gehindert, Bruchstellen in ihrem System zu erkennen, die sich ein Jahr später, bei Beginn des »Unternehmens Barbarossa«, als verhängnisvoll erweisen sollten.

Kommen wir zu einem letzten Punkt. Der blitzartige Sieg im Westen ist ein vernichtender Schlag für die deutsche Widerstandsbewegung. Für die Männer um Brauchitsch und Halder bricht jede Idee eines Putsches zusammen. Die Armee kostet ihren Triumph aus. Sie wird mit Ehren überhäuft. Sie ist wieder die Nummer eins in Staat und Gesellschaft.

Am 19. Juli verleiht Hitler zwölf seiner Generäle die Feldmarschallwürde. Es genügt, einen Blick auf das Foto der Zeremonie zu werfen, um den Ausdruck tiefster Befriedigung und höchsten Glücks in den Gesichtern eines von Witzleben oder von Leeb auf sich wirken zu lassen. Diese Männer sind weit von jedem konspirativen Gedanken entfernt. Dennoch tritt der Widerstand nicht von der Szene ab. Aber er beschränkt sich jetzt auf einige kleine verschworene Kreise.

6
Auf der Suche nach einer Strategie

Nach dem Waffenstillstand in Frankreich macht der Krieg eine Pause. Man fühlt sich in die Zeit des »drôle de guerre«, den »Sitzkrieg« von 1939/40, zurückversetzt. Hitler scheint nach den nervlichen Anspannungen der letzten Wochen eine Entspannung zu benötigen. Er hat mit einigen alten Kameraden aus dem Weltkrieg die Schlachtfelder, auf denen er kämpfte, besucht und Paris am 24. Juni in Begleitung von Albert Speer und Arno Breker einen frühmorgendlichen Blitzbesuch gemacht. Am 30. Juni macht er eine Reise ins Elsaß.

Hitler hofft jetzt nach dem schnellen Sieg über Englands Bundesgenossen auf eine politische Lösung der Auseinandersetzung. Er glaubt, England zu einem Kompromißfrieden mit Deutschland bewegen zu können. Den Krieg im Westen hat er nicht gewollt. Er hatte gehofft, ihn durch den Pakt mit Moskau vermeiden und sich mit England in den letzten Tagen des August über Polen verständigen zu können. Jetzt, wo er Frankreich besiegt und aus dem Weg geworfen hat, will er den Krieg so schnell wie möglich beenden, indem er mit England zu einem Übereinkommen gelangt.

Mit der feierlichen Waffenstillstandszeremonie in Rethondes am 22. Juni ist das erste Ziel erreicht. Frankreich streckt die Waffen. Hitler hat die drakonischen Waffenstillstandsbedingungen des OKW und der Wilhelmstraße verworfen. Er bietet Frankreich einen maßvollen Waffenstillstand an. Der britische Botschafter bezeichnet die Bedingungen am Vortage seiner Abreise aus Bordeaux, dem Sitz der geflüchteten französischen Regierung, als »teuflisch geschickt«. Trotz eines noch nie dagewesenen Desasters läßt der Sieger dem Besiegten eine unbesetzte Zone und die volle Souveränität über das Kolonialreich. Er begnügt sich mit einer Entwaffnung der französischen Kriegsmarine und erklärt feierlich, bei einem Friedensschluß keinerlei Forderung nach Auslieferung französischer Schiffe stellen zu wollen.*

Am 18. Juni hatte Hitler in München auch Mussolini dazu bewegen können, diesen milden Bedingungen zuzustimmen. Der verfolgte Zweck ist erreicht. Die neue Regierung des Marschalls

* Die Sicht, die der Franzose Masson hier über Hitler und seine Politik gegenüber dem besiegten Frankreich entwickelt, ist für deutsche Augen sehr interessant und jedenfalls unbefangen. Danach zeigte Hitler gegen OKW und Auswärtiges Amt anscheinend eine fast »bismarckische« Mäßigung, einmal und nie wieder.

Pétain unterzeichnet in Rethondes und Rom die Waffenstillstandsabkommen, deren Bedingungen ihr »unerhofft« vorkommen.

England ist isoliert. Es muß einen neuen Kriegsschauplatz im Mittelmeer eröffnen und sieht sich der Gefahr einer Invasion seitens einer Wehrmacht ausgesetzt, die Westeuropas Küsten auf ganzer Länge beherrscht. Alle Zeugen jener Tage sind frappiert von der Ausgeglichenheit und Milde eines Hitler, der wahre staatsmännische Eigenschaften offenbart. Schon am 21. Mai, dem Tag der Ankunft der Panzer an der Kanalküste, zeigen sich Halder und Jodl von Hitlers Friedenswillen überrascht. »Wir werden Kontakt zu den Engländern auf der Grundlage einer Teilung der Welt zwischen uns beiden suchen«, verkündet Hitler. »Die Engländer können sofort einen Sonderfrieden haben, wenn sie uns unsere Kolonien zurückgeben.«

Im Hinblick auf einen neuen internationalen Ausgleich spricht Hitler am 28. Mai von einer Begrenzung der deutschen Streitkräfte auf 120 Divisionen, davon 30 gepanzert und motorisiert, und wenige Tage später verkündet er bereits die Auflösung von 35 großen deutschen Verbänden.

Hitlers Mäßigung äußert sich auch in einem Interview, das er am 13. Juni dem amerikanischen Journalisten Karl von Wiegand, dem Korrespondenten des »New York Journal-American«, gibt. Unter den Blättern der einflußreichen Hearst-Gruppe gilt die Zeitung als die bei weitem isolationistischste. Hitler gibt sich jovial. Er lobt die Monroe-Doktrin und die Außenpolitik Washingtons, die darin besteht, sich nicht in einen Konflikt auf dem europäischen Kontinent einzumischen. »Ich sage daher: Amerika den Amerikanern, Europa den Europäern!«[1]

Seine Auffassung zu den in Amerika so weitverbreiteten Nachrichten und Meldungen über eine angebliche deutsche fünfte Kolonne faßt er folgendermaßen zusammen: »Ich kann mir unter der sogenannten fünften Kolonne gar nichts denken, weil diese Kolonne außer in den Gehirnen von Phantasten oder als ein von gewissenloser Propaganda für durchsichtige Zwecke erfundenes Schreckgespenst nicht existiert … Unsere Gegner werden diesen Krieg verlieren, nicht weil sie eine fünfte Kolonne, sondern weil sie korrupte, gewissenlose oder geistig beschränkte Politiker haben. Sie werden ihn verlieren, weil ihre militärische Organisation schlecht, ihre Kriegsführung wahrhaft miserabel ist. Deutschland wird diesen Krieg gewinnen, weil das deutsche Volk weiß, daß seine Sache gerecht ist, weil die deutsche militärische Organisation und Führung die bessere ist und weil wir die beste Armee und die beste Ausrüstung haben ...«

Hitler fügt hinzu, daß er keineswegs beabsichtigte, das britische Imperium zu zerschlagen. »In diesem Krieg wird allerdings etwas vernichtet werden, nämlich eine kapitalistische Clique, die für ihre niederträchtigen persönlichen Interessen bereit war und ist, Millionen von Menschen vernichten zu lassen. Aber dies wird – davon bin ich überzeugt – gar nicht von uns, sondern von ihren eigenen Völkern getan werden.«

Am 18. Juni zeigt sich in München Graf Ciano, der Außenminister Italiens, vom Führer ebenso beeindruckt: »Nach allem, was er sagt, will er so schnell wie möglich Schluß machen mit diesem Krieg. Hitler erinnert mich an einen Spieler, der einen großen Coup gelandet hat und jetzt ohne weiteres Risiko vom Tisch aufstehen will. Heute spricht er mit einer Zurückhaltung und einer Umsicht, die nach einem solchen Sieg wirklich nur erstaunen können. Man kann mich gewiß nicht übertriebener Zuneigung zu ihm bezichtigen, aber heute hat er mich wirklich beeindruckt.«[2]

In der Nacht zum 24. Juni, dem Beginn der Waffenruhe im Westen, gibt Hitler sich noch einmal vor seiner Umgebung dem Sinnieren hin. »Der Krieg im Westen ist beendet. Frankreich ist besiegt, und mit England werden wir bald zu einer Verständigung kommen. Es bleibt uns dann nur noch die Abrechnung mit dem Osten. Aber da stoßen wir auf weltweite Probleme, wie unsere Beziehungen zu Japan oder unser Verhalten im Kräfteverhältnis im Pazifik. Das aber wird uns in frühestens zehn Jahren erst beschäftigen. Jetzt haben wir erst einmal alle Hände voll mit dem zu tun, was wir bisher in Europa erreicht haben.«[3]

Ein Memorandum Jodls vom 30. Juni unter dem Titel »Die Fortsetzung des Krieges gegen England« gibt die Gedanken des Führers wieder: »Der deutsche Endsieg über England ist nur mehr eine Frage der Zeit. Feindliche Angriffsoperationen größeren Stils sind nicht mehr möglich. Deutschland kann also ein Kampfverfahren wählen, das die eigenen Kräfte schont und Risiken vermeidet.« Und Jodl unterstreicht im Text den Satz: »Am Anfang muß der Kampf gegen die englische Luftwaffe stehen ...

Eine Landung in England kann erst ins Auge gefaßt werden, wenn die Luftherrschaft durch die deutsche Luftwaffe erkämpft ist ...

Da England nicht mehr um den Sieg, sondern nur mehr um die Erhaltung seiner Stellung in der Welt kämpfen kann, wird es aller Voraussicht nach zum Frieden geneigt sein, wenn es erfährt, daß es dieses Ziel jetzt noch relativ billig erreichen kann.«[4]

Hitler ist ziemlich gut über die Stimmung in der britischen Führungsschicht unterrichtet. Gleich nach der Niederlage Frankreichs versucht er, einen Keil zu treiben zwischen »den Kriegstreiber« Churchill und einige andere Persönlichkeiten wie Lord Halifax, den Außenminister, oder Butler, den Staatssekretär im Foreign Office, die beide die Ansicht vertreten, vor der Fortsetzung eines Kampfes mit ungewissem Ausgang zumindest die deutschen Friedensbedingungen zu prüfen. Zwischen dem 26. und dem 28. Juni kommt es in dieser Angelegenheit zu einer scharfen Spannung zwischen Churchill und Halifax.

Hitler versucht es mit einer Kontaktaufnahme über Schweden, die Schweiz und den Vatikan. Er bereitet sich außerdem auf eine große öffentliche Erklärung vor. Erst am 9. Juli kommt er nach Berlin zurück, wo ihm die Bevölkerung, traditionell skeptisch und aufmüpfig, einen begeisterten Empfang bereitet. Der Führer ist nicht nur ein Glückspilz, er ist auch noch ein Mann des Friedens. Berlin erlebt einen »Tag des Dankes«, dessen Höhepunkt ein eindrucksvoller Marsch der siegreichen Truppen durch das Brandenburger Tor ist.

Dann zieht sich Hitler zehn Tage auf seinen »Berghof« am Obersalzberg bei Berchtesgaden zurück, wo er »nachdenken« will. Am 19. Juli kommt er nach Berlin zurück und hält seine große Rede vor dem Reichstag. In Zehntausenden von Exemplaren werfen Flugzeuge der Luftwaffe den Text der Rede gleichzeitig über Südengland ab. Zur allgemeinen Überraschung ist die Rede erstaunlich maßvoll, zumindest für einen Mann wie Hitler.

Natürlich kann es sich der Führer nicht verkneifen, über die »blutrünstige jüdisch-kapitalistische Kriegshetzerclique« herzuziehen, die »Vergiftung der Völker durch das internationale Judentum« zu brandmarken oder Polen als eine »Eiterbeule«, als »aufgeblasene Vogelscheuche« zu beschimpfen. Auch »Mister Churchill« wird von ihm beschuldigt, zum Krieg zu treiben und nichts weiter zu sein als ein »dilettantischer, mit Blut beschmierter Agitator«.

Hitler will Churchill, in dem er seinen gefährlichsten Gegner erkannt hat, isolieren und vom Volk trennen. Daher wendet er sich direkt an die britische Bevölkerung. Mit keinem Wort erwähnt er

den Sieg über Frankreich. Er bietet einen Verständigungsfrieden an, ohne näher auf die Bedingungen eines solchen Friedens oder die Behandlung der besiegten und okkupierten europäischen Staaten einzugehen. Die Vereinigten Staaten erwähnt er nicht, zeigt sich aber befriedigt von der Haltung der Sowjetunion.
»Meine Absicht war es nicht, Krieg zu führen«, erklärt er, »sondern einen neuen Sozialstaat von höchster Kultur aufzubauen. Jedes Jahr dieses Krieges beraubt mich dieser Arbeit. Und die Ursachen dieses Raubes sind lächerliche Nullen … Mister Churchill hat es soeben wieder erklärt, daß er den Krieg will …
Ich bin mir nun darüber im klaren, daß aus dieser unserer einmal kommenden Antwort namenloses Leid und Unglück über die Menschen hereinbrechen wird. Natürlich nicht über Herrn Churchill, denn er wird ja dann sicherlich in Kanada sitzen, dort, wohin man ja das Vermögen und die Kinder der vornehmsten Kriegsinteressenten schon gebracht hat. Aber es wird für Millionen anderer Menschen ein großes Leid entstehen. Und Herr Churchill sollte mir dieses Mal vielleicht ausnahmsweise glauben, wenn ich als Prophet jetzt folgendes ausspreche:
Es wird dadurch ein großes Weltreich zerstört werden. Ein Weltreich, das zu vernichten oder auch nur zu schädigen niemals meine Absicht war. Allein ich bin mir darüber im klaren, daß die Fortführung dieses Kampfes nur mit der vollständigen Zertrümmerung des einen der beiden Kämpfenden enden wird. Mister Churchill mag glauben, daß dies Deutschland ist. Ich weiß, es wird England sein.
In dieser Stunde fühle ich mich verpflichtet, vor meinem Gewissen noch einmal einen Appell an die Vernunft auch in England zu richten. Ich glaube dies tun zu können, weil ich ja nicht als Besiegter um etwas bitte, sondern als Sieger nur für die Vernunft spreche. Ich sehe keinen Grund, der zur Fortführung dieses Kampfes zwingen könnte …
Herr Churchill mag nun diese meine Erklärung wieder abtun mit dem Geschrei, daß dies nur die Ausgeburt meiner Angst sei und meines Zweifels am Endsieg. Ich habe dann eben jedenfalls mein Gewissen erleichtert gegenüber den kommenden Dingen.«
Einige Tage später trifft die für das Reich enttäuschende Antwort der Briten ein. Halifax hat sein Zögern überwunden und sich zu einer öffentlichen Ablehnung der deutschen Vorschläge entschlossen. Churchill hat die Oberhand behalten und es vermieden,

sich auf ein ungewisses Terrain neuer Verhandlungen zu begeben, an deren Ende nur ein neues München stehen konnte.

Getreu der britischen Maxime vom Gleichgewicht der Kräfte konnte Churchill sich nicht mit einer deutschen Hegemonie auf dem Kontinent abfinden, einer Situation, mit der England sich weder zu Zeiten Ludwigs XIV. noch Napoleons noch Wilhelms II. abfinden konnte. Im übrigen ist sich der britische Premierminister völlig im klaren über den perversen und verderblichen Charakter des Nationalsozialismus, dessen Doktrin, selbst wenn sie sich in Europa immer schneller auszubreiten beginnt, nicht mit den Ideen einer parlamentarischen Demokratie in Einklang zu bringen ist, der sich Churchill zutiefst verbunden fühlt.

Churchill bietet sich hier auch Gelegenheit, sich für eine Reihe von Rückschlägen zu revanchieren, an denen seine Karriere nicht gerade arm ist. Zu zeigen, daß er das Zeug zu einem großen Feldherrn hat, trotz des Fiaskos an den Dardanellen im Ersten Weltkrieg, der Panne des Norwegenunternehmens, für das er sich seit Oktober 1939 eingesetzt hatte, trotz des Mißlingens des Einsatzes britischer Truppen an der Seite Frankreichs auf dem Kontinent, den er, im Vertrauen auf die Stärke der französischen Armee, seit Beginn der dreißiger Jahre gepredigt hatte.

Ende Juli 1940 hat Churchill seine Position weitgehend gefestigt. Seine Ernennung zum Premierminister am 10. Mai war im »Establishment« und in der konservativen Partei, ja selbst bei Hofe mit Skepsis aufgenommen worden. Man hätte ihm Lord Halifax vorgezogen. Churchill gilt als unzuverlässig, impulsiv, als Gefangener seiner ausufernden und nicht immer glücklichen Obsessionen. Seine erste Rede am 14. Mai mit dem berühmt gewordenen Blut-Schweiß-und-Tränen-Satz, und seine zweite am 20. Juni, wo er den Briten ihre »finest hour«, ihre glorreichste Stunde, voraussagt, stoßen noch auf weitverbreitete Skepsis. Der Mann setzt sich erst durch nach dem Unternehmen »Catapult« gegen den französischen Kriegshafen Mers-el-Kebir, wo ein Teil der französischen Kriegsflotte lag. Mit vollem Recht kann Churchill später behaupten, daß das »Drama des 3. Juli dem britischen Volk vor Augen führte, daß es sich in eine riesige Kriegsmaschine verwandeln und den Kampf bis zum Ende durchstehen wollte«.

In der Tat bringt das Unterhaus Churchill am Tage danach Ovationen dar, denen sich auch die Tories anschließen. Von nun an hat er das volle Vertrauen und die Zuneigung der englischen Mittel-

und sogar der Arbeiterklasse, die in »good old Winnie« den charismatischen Chef sieht, der das Zeug hat, sie zum Sieg zu führen. Zwei gute Nachrichten bestärken den britischen Premierminister noch in seinem Willen, durchzuhalten und jeden Kompromiß von sich zu weisen: Die Verhandlungen mit den Vereinigten Staaten über die Überlassung von 50 älteren US-Zerstörern sind zu einem guten Abschluß gekommen. Churchill kann daraus den Schluß ziehen, daß Roosevelt von nun an hinter ihm stehen wird. Die Vereinigten Staaten werden Großbritannien in die Lage versetzen, allen Gefahren zu widerstehen.

Die zweite gute Nachricht kommt vom Abhördienst der britischen Armee in Bletchley Park. Sie betrifft die Stärke der deutschen Luftwaffe. Im Gegensatz zu den Schlußfolgerungen, die man aus dem Frankreichfeldzug gezogen hat, kann diese nicht, wie geschätzt, 5500, sondern höchstens nur 2500 Flugzeuge einsetzen. Mit 800 Jagdflugzeugen müßte das »Fighter Command«, das Oberkommando der britischen Jagdwaffe, in der Lage sein, allen Bedrohungen zu begegnen. Das Spiel kann gewagt werden. In der sich anbahnenden Auseinandersetzung gibt es nun seriöse Aussicht auf Erfolg.

Halifax' Antwort überrascht Hitler nur teilweise. Das mangelnde Echo auf die Kontakte in Schweden und in der Schweiz hatte ihn schon skeptisch hinsichtlich der Möglichkeit einer Verständigung werden lassen. Noch vor der Bekanntgabe des offiziellen Echos auf seine Rede vom 19. Juli hat Hitler daher, eher widerwillig, eine Landung in England ins Auge gefaßt.

Zweimal, am 11. und am 13. Juli, bespricht sich Hitler mit seinen Generälen darüber. Halder hat den Eindruck, daß der Führer »sich immer noch fragt, warum England nicht bereit ist, den Weg zum Frieden zu beschreiten«. Am 16. Juli endlich ergeht Hitlers Weisung Nummer 16 für die »Vorbereitung einer Landungsoperation gegen England«. Das Stichwort: »Seelöwe«. Die Weisung besagt folgendes: »Da England, trotz seiner militärisch aussichtslosen Lage, noch keine Anzeichen einer Verständigungsbereitschaft zu erkennen gibt, habe ich mich entschlossen, eine Landungsoperation gegen England vorzubereiten und, wenn nötig, durchzuführen.

Zweck dieser Operation ist es, das englische Mutterland als Basis für die Fortführung des Krieges gegen Deutschland auszuschalten und, wenn es erforderlich werden sollte, in vollem Umfang zu besetzen.

... Die Landung muß sich in Form eines überraschenden Überganges in breiter Front etwa von Ramsgate bis in die Gegend westlich der Insel Wight vollziehen, wobei Teilen der Luftwaffe die Rolle der Artillerie, Teilen der Kriegsmarine die Rolle der Pioniere zufallen wird ...«

Raeder setzt diesem Plan sofort energischen Widerstand entgegen. Er hält ihn für viel zu ehrgeizig angelegt und bei so kurzer Vorbereitungszeit für undurchführbar. Alle Vorbereitungen müssen nämlich bis Mitte August abgeschlossen sein. Man einigt sich schließlich auf eine unabdingbare Voraussetzung: Die Luftwaffe muß vor Beginn der Operation die Luftüberlegenheit über dem Kanal und über Südostengland hergestellt haben.

Göring und sein Generalstab arbeiten Anfang August einen Operationsplan mit dem Codenamen »Adlertag« aus. Danach muß die Oberhand über die britische Luftwaffe binnen eines Monats errungen sein. Die Luftwaffe stellt hierfür 2300 Maschinen bereit, 1300 Kampfflugzeuge, davon 280 Stukas, und 800 Jagdflugzeuge. Diese Streitmacht ist in drei Luftflotten gegliedert. Luftflotte 2 als die größte wird von Kesselring kommandiert und ist in Belgien und entlang der französischen Kanalküste stationiert. Westlich von ihr, in der Normandie und in der Bretagne, liegt die Luftflotte 3 unter dem Kommando von Sperrle. Die Luftflotte 5 des Generals Stumpff nimmt den Raum von Südnorwegen bis Dänemark ein. Sie soll Ablenkungsangriffe auf Schottland und Northhumberland fliegen.

Auf der Gegenseite bietet das Fighter Command des Luftmarschalls Dowding 700 Jagdflugzeuge auf. Sie sind in vier Gruppen gegliedert. Die 11. Gruppe unter dem Befehl von General Park soll London und dic Südostküste schützen und verfügt dazu über die stärksten Kräfte. Die 12. Gruppe unter General Leigh Mallory deckt das Industriegebiet der Midlands ab, während die Gruppen 13 und 10 Englands Nordwesten und Südwesten schützen sollen. Die Jagdverbände bilden ein Ganzes mit einem bisher einmaligen Abwehrsystem, bestehend aus Beobachtungstürmen, Radarketten und Befehlsständen. Die Deutschen wissen um dieses System, unterschätzen es aber offensichtlich erheblich.

Luftwaffe und Royal Air Force sind sich schon vor Beginn der Luftschlacht begegnet. Die Deutschen hatten dabei die Luftherrschaft über die französische Kanalküste errungen, die Küstenschiffahrt im Kanal unterbunden und die Royal Navy gezwungen, ihre Verbände nach Schottland zu verlegen. Das Ergebnis mußte

allerdings teuer bezahlt werden: 220 Flugzeuge wurden abgeschossen, dagegen nur knapp 100 der Engländer.
Die eigentliche »Schlacht um England« beginnt am 13. August, dem »Adlertag«. Sie wird sich in drei Phasen abspielen. Bis zum 24. August folgt Göring den in Polen und Frankreich gemachten Erfahrungen. Die Kampffliegerverbände greifen feindliche Radarstationen und Flugplätze an, während die Jagdverbände ihnen die Jagdflugzeuge der RAF vom Hals halten.
Dieser Taktik ist nur ein halber Erfolg beschieden. Die englische Jagdabwehr konzentriert ihre Angriffe auf die Bomber und fügt ihnen erhebliche Verluste zu. Besonders schlecht geht es den aus Norwegen anfliegenden Verbänden, die von den Jagdgruppen 11 und 12 in die Mangel genommen werden. Die Stukas erweisen sich nicht annähernd als so wirkungsvoll wie während der vorhergehenden Feldzüge und müssen für die geplante Landung in England aufgehoben werden. Der zweimotorige Zerstörer Me 110 schließlich erweist sich als wenig wendig und wird in die Reserve zurückgenommen.
Ab 24. August wendet die Luftwaffe eine neue Taktik an. Diese wird zur härtesten und kritischsten Phase der »Schlacht um England« für die Royal Air Force führen: Deutsche Bombergruppen greifen jetzt massiv unter starkem Jagdschutz Rüstungsbetriebe und Fliegerhorste des Fighter Command an. Basen wie Banston oder Biggin Hill werden Tag und Nacht bombardiert und unbenutzbar gemacht.
Die englischen Jagdgruppen müssen sich auf Ausweichbasen im Norden von London zurückziehen. Anfang September hat die Luftwaffe praktisch die Lufthoheit über Kent und Sussex errungen. Die Verluste werden ausgeglichener. Vom 24. August bis zum 6. September verliert die Luftwaffe 225 Maschinen, die RAF 185. Der Verlust an Flugzeugen ist für die Royal Air Force nicht das Problem. Es mangelt ihr nicht an Maschinen. Die britische Industrie liefert ihr monatlich 470 aus, gegenüber nur 200, die die Luftwaffe erhält. Dafür werden ihr die Flugzeugführer knapp. Das britische Oberkommando muß Piloten von den Seeluftstreitkräften, vom Bomber Command, von der Küstenfliegerei abzweigen. Die Jagdpiloten sind im Dauereinsatz, in beunruhigendem Maß werden Erschöpfungszustände erkennbar.
Die deutsche Luftwaffenführung ist sicher, daß der Sieg nahe ist. Nach ihrer Einschätzung verfügt die RAF nur noch über 300 Flug-

zeuge. In Wirklichkeit haben die Briten das Doppelte. Der Luftwaffenstab beschließt, den Schwerpunkt der Angriffe auf London zu verlegen. Die Gründe für diesen abermaligen Taktikwechsel sind nicht klar. Er könnte die Folge der ersten Angriffe der RAF auf Berlin in den Nächten des 24., 27. und 28. August sein.
Göring scheint sich der Theorien des italienischen Luftkriegsspezialisten Douhet zu erinnern und durch massive Angriffe auf die britische Hauptstadt die Entscheidung erzwingen zu wollen. Die Zerrüttung des politischen und wirtschaftlichen Lebens soll den Zusammenbruch Großbritanniens nach sich ziehen. Der Reichsmarschall glaubt immer noch, einen alleinigen Sieg in den Lüften erringen und damit ein Landeunternehmen überflüssig machen zu können.
Diese dritte Phase beginnt am 7. September mit einem Tag- und einem Nachtangriff auf London, die beide erfolgreich verlaufen. Das Fighter Command hat sich in dem Glauben, die Angriffe gälten den Fliegerhorsten im Norden Londons, täuschen lassen und nicht wirklich eingegriffen. Docks entlang der Themse, Ölraffinerien, das Arsenal von Woolwitch erleiden schwere Zerstörungen. Die ärmeren Wohnviertel im Londoner Osten werden weithin verwüstet. Man zählt über 300 Tote und 1400 Verletzte. Ähnliche verheerende Angriffe erfolgen am 9., 11. und 14. September.
Aber am 15. September muß die Luftwaffe eine erste empfindliche Niederlage einstecken. Ihre Bomberverbände werden von der britischen Jagdwaffe gleich nach Überfliegen der Kanalküste angegriffen und auseinandergetrieben. 50 Bomber, und nicht 183, wie von den Briten behauptet, werden an diesem Tage abgeschossen. Die englischen Verluste betragen nur 26 Maschinen.
Letztlich erweist sich die Verlegung des Schwerpunktes der Angriffe auf London als schwerer Fehler. Sie erlaubt dem Fighter Command, die zerstörten Flugbasen und Befehlsstellen wieder instand zu setzen und die Abwehr noch zu verstärken. Die Perspektive der Erringung der Luftherrschaft über Südengland rückt in immer weitere Ferne. Am 17. September entscheidet sich Hitler für den Stopp des »Unternehmens Seelöwe« und dessen Verschiebung auf das Frühjahr 1941.*

---

* Diese Entscheidung muß schon früher gefallen sein. Ende August wurden bereits zwei für »Seelöwe« vorgesehene Panzerdivisionen, die 1. und die 6., nach Ostpreußen verlegt.

Die »Schlacht um England« endet also mit einem unbestreitbaren britischen Erfolg. England hat seine Marne-Schlacht gewonnen. Auf beiden Seiten sind die Verluste hoch. Den Verlusten der RAF von 1000 Maschinen für die Zeit vom 1. Juli bis zum 15. September stehen 1750 der Luftwaffe gegenüber. Schon nach relativ kurzer Zeit kann die Royal Air Force ihre Verluste wieder wettmachen, aber auch die Luftwaffe erreicht zu Beginn des Jahres 1941 ihre alte Stärke. Bis in das Jahr 1944 hinein bleibt sie ein unentbehrliches und beachtliches Kampfinstrument.

Immerhin haben die Luftwaffe und das Dritte Reich ihren ersten empfindlichen Rückschlag hinnehmen müssen. Als Gründe dafür lassen sich mangelnde Mittel und taktische Fehler anführen. Im Glauben, die britische Jagdwaffe sei am Ende, haben die Deutschen viel zu früh ihre Angriffe auf die britischen Radarstellungen eingestellt. Ihre Kampfflugzeuge waren nur mittelschweren Typs und konnten keine große Bombenlast mitschleppen. Der Jäger Me 109 hatte wenig Aktionsradius und konnte sich nur etwa zehn Minuten lang im Luftraum über London aufhalten.

Das Scheitern von »Adlertag« wirft zwei Fragen auf: Selbst wenn die Luftwaffe keinerlei Fehler begangen hätte, wäre es ihr unmöglich gewesen, die Entscheidung ganz alleine herbeizuführen. Im Licht der Lehren des Luftkrieges muß gesagt werden, daß auch die strategischen Bomberverbände der Anglo-Amerikaner, die über unvergleichlich viel größere Mittel verfügten, in ihrer Offensive gegen das Reich zwischen 1942 und 1944 nicht viel glücklicher waren. Die Erfahrung wird lehren, daß massive Formationen viermotoriger, mit starken Maschinenwaffen bestückter Bomber nur dann erfolgreich tief im feindlichen Hinterland operieren können, wenn sie von starken Jagdverbänden mit großem Aktionsradius begleitet werden.

Die zweite Frage ist, ob die Unfähigkeit der Luftwaffe, die Luftherrschaft über dem Landungsraum herzustellen, der einzige Grund für die Verschiebung des »Unternehmens Seelöwe« war. Man darf das bezweifeln. Von Anfang an hatte Raeder stärkste Bedenken gegen den von Jodl und Halder ausgearbeiteten Plan geäußert. Nach seiner Ansicht mußte die Landung auf einem engen Streifen im Bereich des Pas-de-Calais erfolgen und von stärkster Luft- und Artillerieunterstützung – Geschütze vom Kaliber 28 und 38 Zentimeter – getragen sein. Gleichzeitig wäre stärkster Flak-Schutz für die Absprunghäfen erforderlich gewesen.

Diese Einwände waren auf vollkommenes Unverständnis bei den Chefs von OKW und OKH gestoßen. Halder wollte partout nicht von seiner vorgefaßten Idee abgehen, daß es sich bei dem Unternehmen um nicht mehr als den Übergang über einen etwas breiteren Fluß handeln würde, die Landeabschnitte also so breit wie möglich angelegt sein müßten, um den Gegner zu einer Verzettelung seiner Kräfte zu zwingen und das Eindringen in die Tiefe des englischen Raums durch schwach verteidigte Zonen hindurch zu erleichtern.

Die Verantwortlichen im OKW waren auch unfähig, einer weiteren Forderung Raeders zuzustimmen: Die Gewässer des Landungsstreifens waren zunächst von Minen zu säubern, an ihren Flanken aber von einem sehr dichten doppelten Minengürtel zu sichern. Die Kriegsmarine konnte dies mit ihren begrenzten Mitteln nicht alleine sicherstellen. Nur die Luftwaffe wäre in der Lage gewesen, durch Abwurf Minengürtel in den Flanken anzulegen. Jedenfalls war Mitte September keine einzige dieser Bedingungen erfüllt. Zerstörer und Schnellboote der Briten durchfuhren unbehelligt den Kanal und attackierten deutsche Minensuchboote. Leichtere Einheiten der Royal Navy beschossen mit ihren Schiffsgeschützen sogar die für ein Landungsunternehmen in Frage kommenden Häfen Cherbourg, Calais, Boulogne-sur-Mer und Ostende, in dem die Deutschen bereits Landungsboote für ihr amphibisches Unternehmen zusammengezogen hatten. Am 4. September griffen Flugzeuge des Bomber Command massiv Schiffsversammlungen zwischen Le Havre und Ostende an und zerstörten 200 von rund 1200 deutschen Landekähnen.

Ein anderer Punkt, dessen Bedeutung vom deutschen Oberkommando nicht richtig erkannt wurde, war das Nichtvorhandensein von speziellen Landungsbooten.* Statt dessen gab es eine Armada von allen möglichen Transportmitteln wie Schleppern, Fischerbooten und sogar Rheinkähnen. Die Verantwortlichen der Kriegsmarine stießen damit auf dieselbe Dürftigkeit der Mittel wie der Herzog von Alba im Jahre 1588 oder Napoleon im Jahre 1805. Es hätte außerordentlich guter Wetterbedingungen und eines ruhigen Meeres bedurft, um das Wagnis eingehen zu können.

* Dies blieb dem deutschen Oberkommando nicht verborgen, wurde aber falsch eingeschätzt. Die Marine glaubte, mit Behelfsbooten, Schiffen und Fähren, die aus ganz Deutschland zusammengezogen wurden, den Transport über den Kanal bewältigen zu können.

Wieder einmal muß gesagt werden, daß Hitler im Gegensatz zu seinen Generälen diese Schwierigkeiten durchaus gesehen hat. Schon am 14. August äußerte er seine Skepsis gegenüber einem solchen Unternehmen. Es ist kein Zufall, wenn er schon zu diesem Zeitpunkt einen Angriff auf Rußland ins Auge faßte, in dem er das einzige Mittel sah, England zu entmutigen und doch noch zum Einlenken zu bewegen. Für ihn und seine Erfahrung als Politiker und Kriegsherr hatte das ganze »Unternehmen Seelöwe« einen kapitalen Geburtsfehler: Es entbehrte jeglichen Überraschungseffekts.

Der Verzicht auf das »Unternehmen Seelöwe« ging schließlich über in einen lang anhaltenden Zweikampf in den Lüften und auf den Meeren. Der Angriff auf London setzte sich in der zweiten Septemberhälfte fort. Aus der Schlacht um England ist das geworden, was die Engländer später den »Blitz« nennen werden.

Tagesangriffe werden immer seltener, mit Ausnahme von kurzen Raids kleiner Jagdbomberverbände gegen die Städte von Kent und Sussex, die je nach dem Zwang, die Radaranlagen zu umgehen, im Hoch- oder im Tiefflug erfolgen. Am Morgen des 15. Oktober richtet sich ein Angriff dreier Jagdbomber-Gruppen auf London, der schwere Schäden im Waterloo-Viertel und im Bereich des London-Tower verursacht.

Die Luftwaffe hat ihre Operationen jetzt auf Nachtangriffe umgestellt. Vom 7. bis zum 13. November wird London fast jede Nacht angegriffen. Die Angriffe weiten sich aus auf die Industriestädte der Midlands und die Häfen der Westküste wie Bristol, Cardiff und Liverpool. Die Unternehmen erweisen sich als »wirtschaftlich«, denn es gibt wenig Flak, und die britische Nachtjagd steckt noch in den Anfängen.

Der taktische Schwenk der Deutschen hat auch mit den neuen technischen Errungenschaften wie dem Funkleitsystem zu tun, von dem die Luftwaffe jetzt profitiert. Am Anfang benutzen die Bomberbesatzungen noch ein sehr einfaches Gerät, das »Knickebein«, das aber rasch von den Briten gestört wird. Im Herbst 1940 wird ein neues Gerät eingeführt, das von den Besatzungen des Elitegeschwaders KG 100 entwickelte »X-Gerät«. Über dem Zielgebiet angekommen, löst das Gerät automatisch den Abwurf von Markierungsbrandbomben aus. Die nachfolgenden Bomberbesatzungen brauchen sich nur noch nach dem Schein der ausgelösten Brände zu richten.

KG 100 erringt seinen größten Erfolg am 14. November 1940 mit seinem Angriff auf Coventry. Die Kampfgruppen, aus drei verschiedenen Richtungen anfliegend, können in Ruhe ihre Bomben auf die weit im Stadtgebiet verstreut liegenden rund 50 Fabriken der englischen Flugindustrie abwerfen, die schwer beschädigt werden. Die deutschen Verluste sind gering. Nur zwei Maschinen fehlen nach der Rückkehr beim Appell.

Britische Gegenmaßnahmen erlauben es der Luftwaffe in den nächsten Wochen nicht, den Erfolg von Coventry zu wiederholen. Ein rasch entwickeltes neues Orientierungsgerät, das Y-Gerät, ermöglicht wieder präzise nächtliche Bombenabwürfe. Die allerletzten deutschen Luftangriffe auf England erfolgen im Mai 1941, mit einem Angriff am 3. auf Liverpool und am 10., dem Gedenktag des Beginns des Westfeldzuges, auf London. Ein großer Teil der City steht in Flammen. Für die deutsche Luftwaffe bedeutet dieser Angriff eine Art Abschiedsveranstaltung. Die Verlegung des Gros der Luftwaffe in den Osten in Vorbereitung des Angriffs auf Rußland setzt dem »Blitz« ein Ende. London kehrt wieder zu »ruhigen Nächten« zurück.

Nur einige sorgfältig ausgewählte Kampf- und Jagdverbände bleiben in Frankreich und Norwegen stationiert. Sie haben nur noch abschreckende Funktion. Aus Furcht vor der Wiederaufnahme der Angriffe sind die Briten zu einer ständigen Verbesserung ihrer Abwehrmaßnahmen, insbesondere ihrer Tag- und ihrer Nachtjagdwaffe, gezwungen.

Auch die Nachtoffensive der Luftwaffe endet also mit einem Mißerfolg und dem Verlust von 50 000 Mann fliegendem Personal. Trotz schwerer Schläge, die viele Zerstörungen und den Tod von über 50 000 Menschen auf britischer Seite verursachten, haben die Luftstreitkräfte des Reiches weder die britische Wirtschaft desorganisieren noch die Widerstandskraft der Bevölkerung brechen können. Später haben Spezialisten der Luftwaffe vorgeworfen, keinen geeigneten Bombertyp entworfen und bestimmte wichtige Punktziele außer acht gelassen zu haben.

Aber diese Kritik ruft Skepsis hervor. Trotz immer größeren Einsatzes schwerer viermotoriger Bomber vom Typ Lancaster war dem Bomber Command bei seinen Luftangriffen auf Deutschland zwischen 1941 und 1944 kein größerer Erfolg beschieden. Die technischen Entwicklungen der Zeit genügten nicht, um Zerstörungen großer Punktziele wie E-Werke oder Verschiebebahnhöfe zu garantieren. Und die Terrorangriffe haben die Moral der Deutschen nicht gebrochen.

Trotz ihres Scheiterns bleibt die Luftwaffe von 1941 eine Streitkraft von Bedeutung. Ohne über größere Bombertypen zu verfügen, hat sie den modernen Luftkrieg und das strategische Bombardement entwickelt. Sie hat alle Techniken angewandt, die man später anderswo finden wird: konzentrierter Tagesangriff, funkgeleitete Nachtangriffe, Zielmarkierung durch »Christbäume«, Mischung aus Spreng- und Brandbomben, Ausrüstung von Jagdflugzeugen und Jagdbombern mit Zusatztanks zur Erhöhung des Aktionsradius. Die Angelsachsen haben diese Methoden später aufgenommen und weiterentwickelt.

Gleichzeitig liefert die Kriegsmarine im Atlantik, hauptsächlich auf die U-Boot-Waffe gestützt, den von Admiral Raeder so genannten »Tonnagekrieg«, der zum Ziel hat, Großbritannien langsam von jeder Versorgung abzuschnüren. Mit dem Sturz Frankreichs verfügt sie endlich über die von Admiral Wegener verlangte »operative Plattform« für einen solchen Krieg. Vom Sommer 1940 an können die Deutschen die Häfen Brest, Lorient, Saint Nazaire und La Pallice nutzen. Von den Flughäfen der Bretagne aus kann die Luftwaffe die südwestliche englische Küste kontrollieren und die westlichen Seewege Großbritanniens mit Minen sperren.

Getreu dem Konzept Raeders wird der Kampf zunächst von Überwasserschiffen getragen. Den ganzen Winter 1940/41 über operieren das Panzerschiff »Admiral Scheer«, der schwere Kreuzer »Hipper«, die Schlachtkreuzer »Scharnhorst« und »Gneisenau« im Atlantik und kehren, nachdem sie fast 250 000 Tonnen feindlichen Schiffsraums versenkt haben, in ihre Ausfallhäfen in Frankreich und Deutschland zurück. Vom Frühjahr 1941 an aber sind die im französischen Brest stationierten Einheiten trotz verstärkter Flugabwehr, des Gebrauchs von künstlichem Nebel und eigenen Jagdschutzes wiederholt Angriffen des britischen Bomber Command ausgesetzt und werden mehrfach schwer beschädigt.

Raeders Plan, alle großen Einheiten zum Mai 1941 im Atlantik zu versammeln, wird durch diese »Störungen« vereitelt. Hinzu kommt, daß das Schlachtschiff »Tirpitz« seine Versuchsfahrten noch nicht abgeschlossen hat. So beschränkt sich diese Konzentration, die der britischen Home Fleet mit ihren nicht immer modernen Schiffen ernste Probleme auferlegt hätte, letztlich auf das

Schlachtschiff »Bismarck« (42000 Tonnen) und den schweren Kreuzer »Prinz Eugen« (13500 Tonnen).

Ihr Auftritt ist kurz und bewegt. Beim Ausbruch aus der dänischen Meerenge wird der »Verband Bismarck«, der unter dem Kommando des Admirals Lütjens steht, am 22. Mai von zwei Linienschiffen des britischen Admirals Holland entdeckt. In einem kurzen Schlagabtausch gelingt es der »Bismarck«, den Schlachtkreuzer »Hood«, Stolz der Royal Navy, zu versenken und die »Prince of Wales« so schwer zu beschädigen, daß sie den Kampf abbrechen muß. Die Atlantikpassage ist für die Deutschen frei. In Großbritannien und der Welt ruft das Ereignis beträchtliche Erregung hervor.

Die »Bismarck« ist nur leicht beschädigt. Da sie über nicht genügend Treibstoff verfügt, nimmt sie Kurs auf Saint Nazaire. Zwei Tage lang verliert die britische Admiralität jede Spur von ihr. Am 25. Mai wird sie von einem britischen Seeaufklärer wiederentdeckt. Bei Einbruch der Nacht vom Torpedo einer »Swordfish« des Flugzeugträgers »Arc Royal« getroffen und steuerlos geworden, kommt es am nächsten Morgen zum letzten Treffen mit überlegenen Kräften der Home Fleet, an dessen Ende die »Bismarck« 400 Seemeilen westlich von Brest untergeht.

Einen Monat später trifft es die »Lützow«. Aus Versehen wird das Panzerschiff vor der Küste Norwegens vom Torpedo eines deutschen Flugzeugs getroffen und schwer beschädigt. Im Oktober muß die »Admiral Scheer« ein Auslaufen in den Atlantik wegen Maschinenschadens abbrechen.

Nur ein paar gutgetarnte und stark bewaffnete Kaperschiffe können, von Bordeaux aus in den Südatlantik und den Indischen Ozean auslaufend, bis 1943 Erfolge erzielen. Acht oder zehn von ihnen gehen unter, nachdem sie etwa 800000 Tonnen feindlichen Schiffsraums versenkt haben, fast das Doppelte der »Strecke« der großen Einheiten.

Bis in das Frühjahr 1941 hinein ist es die Luftwaffe, die die besten Ergebnisse in der »Schlacht der Verbindungen« erzielt, denn sie bombardiert Häfen, Docks und Werften voll von beschädigten Schiffen an der englischen Küste. Neben der in der Bretagne stationierten Luftflotte 3 gibt es die »Kampfgruppe 40«, die mit dem einzigen deutschen viermotorigen Bomber, der von einer Passagiermaschine in ein Kampfflugzeug verwandelten »Focke Wulf 2000 Condor«, ausgerüstet ist. Die »Condors« starten in Bordeaux-

Merignac, Stavanger oder Trondheim, kontrollieren weite Räume des Atlantiks, signalisieren den U-Booten feindliche Geleitzüge und zögern nicht, diese selbst anzugreifen.
So kann die erste Staffel der KG 40 spektakuläre Erfolge erzielen. Hauptmann Bernhard Jope liefert die Erklärung. »Die Geleitzüge, selbst die größten unter ihnen, verfügten über praktisch keinerlei Luftabwehr. Wir führten nur sehr wenig Bomben an Bord mit, aber beim Anflug in niedrigster Höhe war praktisch jeder Abwurf ein Volltreffer.« In nur drei Monaten, von Januar bis März 1941, versenkte die KG 40 86 Schiffe mit einer Gesamttonnage von 390 000 Tonnen.
Ab Sommer 1941 setzen eine verbesserte Luftabwehr der Geleitschiffe und die Mitgabe von »Cam-Ships«, die ein Jagdflugzeug mitführen und es katapultieren können, diesem leichten Treiben der »Condors« ein Ende. Diese begnügen sich von nun an mit der Rolle des maritimen Fernaufklärers. Die Luftwaffe beginnt mit der großen Verlegung nach Osten und überläßt den U-Booten das atlantische Feld.
Am Ende des Frühjahrs 1941 wird die »Schlacht im Atlantik« alleinige Angelegenheit der U-Boot-Waffe. Aber diese verfügt, auch wenn ihr Aktionsradius durch Nutzung der französischen Atlantikhäfen erheblich erweitert wurde, noch über zuwenig Boote, um die Schwäche des britischen Geleitschutzsystems, die im Mangel an Zerstörern besteht, nutzen und größere Erfolge erzielen zu können. 1940 sind nur zehn bis zwölf Boote gleichzeitig im Einsatz.
Dönitz' »Rudeltaktik« bewährt sich. Im September 1940 schicken fünf U-Boote zwölf Schiffe eines aus Halifax kommenden Geleitzuges auf den Grund. Vom 17. bis zum 20. Oktober greifen neun U-Boote die Geleitzüge SC 7 und HX 79 an und versenken 32 von 79 Schiffen ohne eigene Verluste.
Vom Sommer 1941 an erhöht sich die Zahl der eingesetzten Boote erheblich, aber die Zahl der Versenkungen steigt nicht in derselben Proportion. Während der zweiten Jahreshälfte 1941 bewegen sich die Tonnagezahlen zwischen 60 000 und 220 000. Die Gesamtjahresbilanz 1941 ist schließlich um einiges geringer als die des Vorjahres.
Das mittelmäßige Ergebnis ist die Folge des verbesserten Geleitschutzes und der besseren U-Boot-Bekämpfung der Briten. Auch kann die Admiralty jetzt den Funkverkehr der Deutschen ent-

schlüsseln und so die Geleitzüge an den lauernden Rudeln des Admirals Dönitz vorbeileiten.
Das Ergebnis leidet auch unter dem immer stärkeren Auftreten der amerikanischen Marine in einem »nicht erklärten« Krieg. Die amerikanische Neutralitätszone ist zu Beginn des Konflikts auf den 26. Längengrad vorverlegt worden. Das zwingt die U-Boote, ihre Angriffe auf die östliche Hälfte des Atlantiks zu beschränken, wo die Engländer ihre Abwehrmittel verdichten können. Ab Frühjahr 1941 häufen sich auch Anzeichen einer amerikanischen Intervention.
Roosevelt hat nicht nur einem Großbritannien am Rande des Bankrotts ein großzügiges Pacht- und Leihabkommen gewährt, am 10. April 1941 stellt er Grönland unter den Schutz der USA. Am 7. Juli lösen amerikanische Truppen die britische Besatzung auf Island ab.
Im September folgt ein weiterer, äußerst bedenklicher Schritt. Schiffe der US-Navy begleiten von nun an die alliierten Geleitzüge im Nordatlantik. Dieser Beschluß hat ernste Folgen. Am 17. Oktober beschädigt ein U-Boot den US-Zerstörer »Kearney« schwer. Am 31. Oktober wird die »Reuben James« versenkt. Zur gleichen Zeit sichert eine amerikanische »Task Force«, bestehend aus einem Flugzeugträger und zwei Kreuzern, die dänischen Ostsee-Ausgänge, durch die normalerweise deutsche Schiffe auslaufen müssen. Wäre die »Admiral Scheer« nicht Opfer eines Maschinenschadens geworden, hätte man mehr als einen Monat vor Pearl Harbor einem ersten deutsch-amerikanischen Seegefecht beiwohnen können. Trotz wütender Reaktionen von Raeder und Dönitz hört Hitler nicht auf, seine Admirale zu äußerster Vorsicht anzuhalten. Er weigert sich, auf amerikanische Provokationen einzugehen, und weist jede Idee eines Konflikts mit den Vereinigten Staaten vor der Bereinigung des sowjetischen Problems weit von sich.
Hitler will sich vorläufig auf die diplomatische Waffe verlassen. In dieser Perspektive liegt der am 27. September 1940 abgeschlossene Drei-Mächte-Pakt zwischen Berlin, Rom und Tokio. Bei aller defensiven Ausrichtung des Paktes ist er eine Warnung an die USA. Sollte Washington es wagen, den entscheidenden Schritt zu tun und gegen Deutschland in den Krieg einzutreten, wird es auf die japanische Seestreitmacht im Pazifik treffen. Umgekehrt riefe ein amerikanischer Angriff auf Japan eine Antwort des Dritten

Reiches hervor. Am Rande des Abkommens lädt Hitler immerhin seinen japanischen Verbündeten zu einem Angriff auf Malaysia und Singapur ein, die außerhalb des Aktionsradius der amerikanischen Pazifikflotte liegen. Das wäre ein Mittel zur teilweisen Lösung des britischen Problems.

Die Aufmerksamkeit Hitlers, des OKW und des OKH wendet sich jetzt dem Mittelmeer zu. Raeder äußert die Überzeugung, daß eine Ausschaltung Großbritanniens aus dem »Binnenmeer« entscheidende Auswirkungen auf den Konflikt haben könnte. Vorschläge, motorisierte Einheiten nach Libyen zu senden und einen Vorstoß auf Ägypten und den Suezkanal zu unternehmen, stoßen auf italienische Einwände. Mussolini will sich das »Monopol« des Krieges im Mittelmeerraum nicht nehmen lassen, wo er eine Art Parallelkrieg zu dem des Reiches führen möchte.

Einen Vorschlag Jodls für eine Großoperation zum Mittleren Osten und zum Suezkanal durch die Türkei hindurch lehnt Hitler ab. Ein solcher Einsatz würde enorme logistische Mittel erfordern und möglicherweise die Türkei auf den Plan rufen. Auch der ambivalenten Haltung der Sowjetunion wegen wäre eine solche Operation wenig wünschenswert. Hitler lehnt auch einen anderen Plan seiner Admirale ab: die Besetzung der portugiesischen Inselgruppen im Atlantik, der Kapverdischen Inseln und der Azoren.[5] Unter Zuhilfenahme des Überraschungseffektes wäre eine solche Besetzung möglich. Aber es würden sich unlösbare Versorgungsprobleme ergeben. Eine amerikanische Intervention, die Hitler auf jeden Fall vermeiden möchte, wäre ebenfalls nicht auszuschließen.

Schließlich gibt Hitler seine Zustimmung zu einem Angriff auf Gibraltar, Plan »Felix«, zusammen mit Spanien und unter Zuhilfenahme eventueller französischer Unterstützung zur See. Hitler war sehr beeindruckt von der Haltung der französischen Marine in Mers-el-Kebir und Dakar, wo die Engländer im Verein mit den Truppen des unbesetzten Frankreich des Generals de Gaulle einen Gewaltstreich gegen die französische Flotte unternommen hatten. Er hatte ein großes Vertrauen in den französischen Vichy-Admiral Darlan.

Bei einem Treffen in Hendaye an der spanisch-französischen Grenze am 23. Oktober bringt Franco bei aller oberflächlichen Begeisterung für den Plan »Felix« starke Bedenken gegen einen Kriegseintritt an der Seite der Achsenmächte zum Ausdruck.

Außerdem fordert er als Lohn für ein Mitmachen Marokko und einen Teil Algeriens. Ein solches Ansinnen, das zu einer Auflösung des französischen Nordafrika führen würde, lehnt Hitler sofort ab. Der Ausgang der Gespräche setzt den guten spanisch-deutschen Beziehungen noch kein Ende. Trotz einer energischen Anmahnung wird es aber Franco im Februar 1941 endgültig ablehnen, an dem Unternehmen teilzunehmen. Ein deutscher Sieg erscheint ihm noch in weiter Ferne, und er steht unter starkem Druck der Engländer und Amerikaner, die ihm mit einer Blockade und der Besetzung der spanischen Atlantikinseln drohen.

Auf dem Rückweg von Hendaye trifft sich Hitler in Montoire mit Pétain und Laval. Der Marschall zeigt sich äußerst zurückhaltend – Frankreich ist nicht in der Lage, am Krieg teilzunehmen. Außerdem würde eine französische Intervention erhebliche Kompensationen und den Abschluß eines neuen Waffenstillstandsvertrages nach sich ziehen, in dem dann Fragen wie die der Besatzungskosten, der Demarkationslinie zwischen dem besetzten und dem unbesetzten Frankreich, der Zukunft Elsaß-Lothringens, der verbotenen Küstenzonen und der Kriegsgefangenen neu verhandelt werden müßten.

Letztlich sind es die italienischen Rückschläge und Mißerfolge, die Hitler zum Eingreifen im Mittelmeerraum zwingen. Trotz mehrerer dringlicher Warnungen Deutschlands greift Mussolini am 28. Oktober Griechenland an. Bei einer Begegnung am selben Tage in Florenz muß Hitler sich Mussolini beugen. Er beglückwünscht ihn sogar zu seiner Initiative. Aber die Sache geht, schlecht vorbereitet und mit zu wenig Truppen durchgeführt, praktisch von Anfang an schief. Schlimmer noch: Am 14. November tritt die griechische Armee zum Gegenangriff an und wirft die Italiener auf Albanien zurück. Eine Katastrophe kann nur im letzten Augenblick durch Entsendung massiver Verstärkungen vermieden werden.

Die ungestüme Initiative Mussolinis verändert schlagartig die strategische Situation im Balkan. Trotz der bedachten Zurückhaltung des Diktators Metaxas nutzt Churchill die Gelegenheit, wieder auf griechischem Boden Fuß zu fassen. Er würde es begrüßen, wenn er die Türkei und Jugoslawien zu einem Eingreifen gegen die Achse bewegen könnte. Britische Truppen landen in Kreta und auf der Dodekanes-Insel Leros, Staffeln der Royal Air Force nehmen Fliegerhorste auf dem Peloponnes in Besitz.

Hitler ist, und sei es nur, um die Ehre seines italienischen Verbündeten zu retten und das britische Auftreten auf dem Balkan zu kontern, zum Eingreifen gezwungen. Er ordnet die Vorbereitung eines Unternehmens »Marita« zur Besetzung Griechenlands nördlich des Ägäischen Meeres an. Die Ausarbeitung des Planes entfaltet eine intensive diplomatische Tätigkeit, denn das Reich muß die Genehmigung zum Durchmarsch deutscher Truppen durch Ungarn, Rumänien und Bulgarien erlangen. Das deutsche Eingreifen wird um so zwingender, als Churchill Anfang März ein britisches Expeditionskorps von 50 000 Mann nach Griechenland entsendet. Der Beginn von »Marita« wird auf den 28. März festgesetzt. Es ist die Jahreszeit, zu der die Straßen im Norden Griechenlands wieder passierbar werden.

Inzwischen ist die Wehrmacht bereits in Einsätze im Mittelmeerraum verwickelt, und zwar wiederum infolge italienischer Rückschläge. Am 11. November 1940 wird eine britische Flotteneinheit um den Flugzeugträger »Illustrious« herum einen äußerst erfolgreichen nächtlichen Angriff auf den italienischen Kriegshafen von Tarent durchführen. Bei nur geringstem eigenen Verlust von zwei Flugzeugen können die Briten drei auf der flachen Reede vor Anker liegende italienische Kreuzer versenken. Einer der drei wird niemals wieder flottgemacht werden. Die beiden anderen benötigen sechs Monate zu ihrer Wiederherstellung. Als Folge dieser Katastrophe zieht sich die italienische Kriegsmarine auf Neapel und La Spezia zurück, unter Aufgabe aller operativen Möglichkeiten im zentralen Mittelmeer.

Am 9. Dezember unternimmt der britische General Wavell in Nordafrika mit einem 35 000 Mann starken motorisierten Armeekorps einen begrenzten Vorstoß gegen die italienische Armee. In weniger als zwei Monaten ist diese in völliger Auflösung. Sie verliert 400 Panzer und 13 000 Gefangene. Nur eine Entsendung von Teilen des Wavellschen Korps nach Griechenland verhindert eine völlige britische Besetzung Libyens. Vor dem Ausmaß dieses neuen Desasters muß sich Mussolini zur Bitte um militärische Hilfe Deutschlands herablassen, die er sechs Monate vorher noch stolz von sich gewiesen hatte. Das Eingreifen der Wehrmacht beschränkt sich zunächst auf die Entsendung der Luftflotte 10 nach Sizilien im Januar 1941. Die Luftwaffe zeigt sofort ihre Wirksamkeit, indem sie schon am 10. Januar den von einer starken »Task Force H« geschützten britischen Geleitzug »Excess« auf dem Weg von Gibraltar nach Malta und den Hafen Piräus angreift.

Das Schlachtschiff »Warspite« und der Flugzeugträger »Illustrious« werden schwer beschädigt. Am Tag darauf erwischt es die Kreuzer »Southampton« (versenkt) und »Gloucester« (schwer beschädigt). Auch wenn die vier Frachtschiffe den Pyräus unbeschadet erreichen können, entschließt sich die britische Admiralität dennoch, die gefährliche Mittelmeerroute aufzugeben und die Versorgung der Streitkräfte in Ägypten und im Vorderen Orient auf die viel längere Route um das Kap zu verlegen. Nach diesem Erfolg konzentriert die Luftflotte 10 ihre Angriffe auf Malta, das nun keine Bedrohung für die Nachschublinie Tarent—Tripolis mehr darstellt.

Die Aktion der Wehrmacht im Mittelmeer schließt auch die Entsendung eines kleinen Kontingents nach Libyen ein, aus dem später einmal das Afrikakorps werden soll. So landen im Februar 1941 in Tripolis die 5. leichte Division und Teile der 15. Panzerdivision. Auf Hitlers persönlichen Wunsch wird mit der Führung der Truppe der in Frankreich an der Spitze seiner 7. Panzerdivision berühmt gewordene General Rommel beauftragt.

Es ist der Ausgangspunkt eines einmaligen Siegeszuges von zwei Jahren, der den Namen Rommel zu einer Legende werden lassen soll. Theoretisch dem italienischen Oberkommando unterstellt, ist Rommel praktisch fast vollkommen selbständig. In Afrika trifft er auf einen Kriegsschauplatz, der seinen Fähigkeiten entspricht und sich mit seinen ausgedehnten steinigen Hochplateaus hervorragend für weit ausgreifende Panzeroperationen eignet.

Kaum angekommen, geht Rommel persönlich auf Erkundung. Am Steuerknüppel eines »Fieseler Storch«, einer äußerst wendigen kleinen Kuriermaschine, die auf einem Gelände von der Größe eines Fußballfeldes starten und landen kann, bewaffnet mit seiner unzertrennlichen Leica, inspiziert er die britischen Stellungen. Entgegen den Ratschlägen des OKW zur Zurückhaltung und bei völliger Ahnungslosigkeit der Briten, die keine gegnerische Aktion vor dem Mai erwarten, greift Rommel am 24. März an.

Der Erfolg stellt sich sofort ein. Die Engländer werden aus El Agheila geworfen. In ihrem Rücken bedroht, ziehen sie sich auf El Gazala, dann Sollum, schließlich auf den Halfaya-Paß, die Pforte zu Ägypten, zurück. Die Cyrenaika ist in weniger als drei Wochen zurückerobert worden. Allerdings können die Deutschen Tobruk

nicht nehmen, wo ihnen die 8. Australische Division, über das Meer versorgt, acht Monate erbitterten Widerstand leistet.
Mit zwei oder drei Panzerdivisionen Verstärkung würde Rommel jetzt gerne weiter auf Kairo und den Suezkanal vorstoßen. Aus Berlin reist General Paulus an und erläutert ihm die weiteren Pläne des OKW. Im Hinblick auf den bevorstehenden Angriff auf die Sowjetunion benötigt das deutsche Heer alle verfügbaren Kräfte. Weitere Verlegungen von Truppen nach Nordafrika würde außerdem erhebliche Mengen Schiffsraum benötigen, dessen Schutz die italienische Marine nicht hinreichend garantieren kann. Jagdschutz für ein solches Unternehmen stünde ebenfalls nicht zur Verfügung, da das Gros der Luftwaffe auf den Balkan verlegt worden ist.
So muß Rommel sich mit einer Stabilisierung seiner Front begnügen. Er hat seinen Auftrag erfüllt, die Lage wiederhergestellt und einen der Achse unzuträglichen Zusammenbruch des italienischen Verbündeten verhindert. Afrika kann nur ein zweitrangiger Kriegsschauplatz bleiben.
Zu diesem Zeitpunkt hat die Wehrmacht einen Beweis mehr für ihre unglaubliche operative Beweglichkeit geliefert. Der Balkanfeldzug ist mit einem schnellen Erfolg beendet worden, trotz eines tapferen Gegners, trotz schwierigsten Geländes, eines völlig ungenügenden Straßennetzes und – trotz Improvisation in letzter Minute.
Ursprünglich war die Operation »Marita« nur für den griechischen Schauplatz vorgesehen gewesen, dann aber auf Jugoslawien ausgedehnt worden. Am 25. März hat sich die Regierung in Belgrad für einen Beitritt zum Dreierpakt bereit erklärt und eine Beteiligung am Angriff auf Griechenland in Aussicht gestellt, gegen die Überlassung von Saloniki und die Zusage, daß jugoslawisches Gebiet nicht von deutschen Truppen betreten werden dürfe. 48 Stunden später stürzt ein von den Briten angezettelter Militärputsch den jugoslawischen Prinzregenten. Die neue Regierung kündigt das Abkommen mit Berlin auf und unterzeichnet im gleichen Zuge ein Freundschaftsabkommen mit Moskau.
Hitler ist wütend und befiehlt der militärischen Führung die Einbeziehung Jugoslawiens in die Operation »Marita«. In wenigen Tagen wirft das OKH die bisherige Angriffsdisposition um. Die SS-Division »Das Reich« wird von Bulgarien nach Rumänien in den Raum Temesvar verlegt. Eine neu aufgestellte 12. Armee un-

ter dem Befehl des Generalobersten von Weichs wird in Kärnten und Ungarn zusammengezogen.
Der Angriff auf Jugoslawien erfolgt am 6. April mit einem Donnerschlag. Unter dem Stichwort »Strafgericht« zerstören zwei Bomberwellen der Luftwaffe das Stadtzentrum von Belgrad. Mehrere tausend Zivilpersonen werden getötet, die zivilen und militärischen Kommandostellen lahmgelegt. Der Angriff hinterläßt auf dem ganzen Balkan stärksten Eindruck.
Gleichzeitig stoßen drei gepanzerte Marschkolonnen konzentriert aus Bulgarien, Rumänien und Ungarn auf Belgrad vor, das schon am 12. April besetzt wird. Eine zweite Bewegung, von Einheiten der 12. Armee getragen, zielt auf Agram, das von der 4. jugoslawischen Armee verteidigt wird. Diese ist jedoch nach dem Abfall ihrer kroatischen Truppenteile in völliger Auflösung. Am 10. April rücken die Deutschen in Agram ein, wo sie als Befreier begrüßt werden. Tags darauf verkündet Kroatien seine Unabhängigkeit, gefolgt am 12. April von Slowenien.
Das jugoslawische Oberkommando hofft nun, ein Reduit im Kern des serbischen Berglandes errichten zu können. Aber der weitere Vormarsch der Deutschen auf Sarajevo vereitelt das Manöver. So legen am 14. April die jugoslawischen Truppen nach nur zwölf Tagen Widerstand die Waffen nieder. 1915 hatten die Serben der deutsch-österreichischen und der bulgarischen Armee zwei Monate lang Widerstand geleistet und sich mit Resten bei winterlicher Kälte durch das montenegrinische Bergland zur Adria durchschlagen können, wo sie von der französischen Kriegsmarine nach Korfu evakuiert wurden.
Am Ende des jugoslawischen Feldzuges steht der Ausgang der Schlacht um Griechenland bereits fest. Auf verblüffende Weise haben die Deutschen eine Entscheidungsschwäche des griechischen Oberkommandos, das sich nicht zur Räumung Mazedoniens durchringen kann, ausgenützt. Die Griechen verteidigen mit der aus 14 Divisionen bestehenden 1. Armee die albanische Front gegen die Italiener, mit sechs Divisionen der 2. Armee decken sie die mazedonische Hauptstadt Saloniki, gestützt auf die Metaxas-Linie. Das britische Expeditionskorps des Generals Wilson versucht, mit zwei Divisionen und einer Panzerbrigade die Lücke zwischen den beiden griechischen Armeen zu schließen und Thessalien zu verteidigen, angelehnt an den Berg Vermion.
Der deutsche Vorstoß auf Saloniki beginnt am 6. April. Mit star-

ker Artillerie- und Stuka-Unterstützung können Gebirgsjäger die Metaxas-Linie nehmen, während die 2. Panzerdivision die griechischen Stellungen westlich umfaßt. Die Stadt Saloniki wird am 9. April genommen, tags darauf kapituliert die 2. griechische Armee. Während der Kämpfe um Saloniki haben zwei Panzerdivisionen und zwei motorisierte Infanteriedivisionen Südjugoslawien durchquert und am 9. April die Enge von Monastir erreicht, den von den Australiern verteidigten Klidi-Paß überschritten und am darauffolgenden Tage Joanina besetzt. Der 1. griechischen Armee, die viel zu spät einen Rückzugsbefehl erhält, ist durch den Vorstoß deutscher Truppen in Thessalien der Rückweg abgeschnitten. Auch sie muß am 20. April kapitulieren. Zur Wut der Italiener ergibt sie sich aber den Deutschen.

Auch Wilsons Expeditionskorps ist jetzt von Einschließung bedroht und kann nur noch hinhaltenden Widerstand an den Thermopylen leisten. Die Briten müssen sich unter ständiger Bombardierung durch die Luftwaffe auf Piräus und den Peloponnes zurückziehen. Am 27. April marschieren die Deutschen in Athen ein. Luftlandeverbände nehmen am selben Tage den Isthmus von Korinth in Besitz und vollenden damit die Niederlage der alliierten Truppen.

Immerhin kann die Royal Navy 45 000 des ursprünglich 60 000 Mann starken britischen Kontingents evakuieren. Trotzdem ergibt sich ein zweites Dünkirchen, denn die Briten müssen ihr gesamtes Material zurücklassen. Deutsche Truppen, aus Thrazien kommend, besetzen die der türkischen Küste vorgelagerten griechischen Ägäis-Inseln Samothrake, Lemnos, Mytilene und Chios. In weniger als drei Wochen haben die deutschen Streitkräfte in bewährter enger Zusammenarbeit zwischen Panzern, Infanterie und Luftwaffe jeden Widerstand gebrochen, dem Blitzkrieg ein neues Kapitel hinzugefügt und die Briten zum zweiten Male in diesem Kriege vom europäischen Kontinent verjagt.

Der Feldzug endet mit einem spektakulären Abschlußeffekt, der einer staunenden Welt einmal mehr die scheinbar unerschöpflichen Möglichkeiten der Wehrmacht vor Augen führt. General Student kann Hitler noch vor Beendigung der Kämpfe auf dem Balkan von der Möglichkeit überzeugen, Kreta aus der Luft zu erobern und damit den britischen Seestreitkräften im östlichen Mittelmeer einen schweren Schlag zuzufügen.

Am 14. Mai beginnt die Luftwaffe von oberflächlich hergerichteten Feldflugplätzen in Südgriechenland aus die britischen Positionen auf der Insel zu bombardieren. Sechs Tage später landen Fallschirmjäger und Lastensegler in der Nähe der drei wichtigsten Flugplätze der Insel: Maleme, Rethymno und Heraklion. Ihre Einnahme würde die Einrichtung einer Luftbrücke und die Herbeiführung einer Gebirgsdivision als Verstärkung ermöglichen.

Die Sache droht jedoch vollkommen schiefzugehen. Der neuseeländische General Freyberg verfügt über 30 000 Mann bestens ausgebildeter Truppen. Er hat den Funkverkehr der Luftwaffe abhören können und ist genau über den Beginn der Operation und deren Ziele unterrichtet. Während des ersten Tages erleiden die deutschen Fallschirmjäger schwere Verluste und können ihre Angriffsziele nicht erreichen. Student läßt trotzdem nicht locker. Er entsendet Verstärkungen dahin, wo die Lage am günstigsten erscheint.

Am 21. können die Deutschen den Flugplatz Maleme nehmen. Die ersten Ju 52 landen unter dem Feuer der britischen Artillerie. In den folgenden Tagen zeichnet sich trotz schwerer Verluste der Erfolg ab. Unaufhörlichen deutschen Bombardements ausgesetzt, verlieren die britischen Truppen die Moral, und Freyberg sieht sich zur Einschiffung seiner Soldaten in den südlichen Häfen der Insel gezwungen.

Die Räumung von Kreta erlaubt der Luftwaffe einen neuen Erfolg. Sie kann einer nur schwach von Flak und Jagdschutz gesicherten »Mediterranean Fleet« schwere Verluste zufügen. Drei Kreuzer und sechs Zerstörer werden versenkt, der Flugzeugträger »Formidable«, zwei Schlachtschiffe und sechs Kreuzer werden schwer beschädigt. Die Royal Navy kann nur einen Erfolg verbuchen, die Zerstörung eines aus griechischen Fischerbooten bestehenden deutschen Geleitzuges, der deutsche Gebirgsjäger nach Kreta bringen sollte.

Auch wenn die deutschen Luftlandetruppen schwere Verluste haben hinnehmen müssen – Tote, Verwundete und Vermißte machen 25 Prozent der Gefechtsstärke aus –, so stellt die Einnahme Kretas nach dem Enterverfahren trotz der britischen Seehoheit in dem Gebiet eine der erstaunlichsten Episoden des Krieges dar. Die deutschen Luftstreitkräfte verfügten jetzt über eine bemerkenswerte strategische Basis, von der aus sie das ganze östliche Mittelmeer kontrollieren können. Sie können jetzt den Ölhafen Haifa, den Suezkanal und Alexandria angreifen, ebenso die für

Malta bestimmten Geleitzüge, und sie können ab 1942 Rommels Angriff auf Ägypten aus der Luft unterstützen. Diese Möglichkeiten hätten noch stärker genutzt werden können, wenn die in diesem Raum stationierten Einheiten der Luftwaffe nicht ständig zugunsten der Ostfront ausgedünnt worden wären.

Der Balkanfeldzug und die Einnahme Kretas stellen gleichwohl Hitlers letzten großen Triumph in diesem Kriege dar. Der Einfluß des Reiches dehnt sich nun über den gesamten südosteuropäischen Raum aus. Jugoslawien hat sich in seine Einzelbestandteile aufgelöst. Außer den territorialen Vorteilen, die sich aus dieser Situation für Deutschland, Italien und Ungarn ergeben, sind aus der Konkursmasse drei neue Staaten hervorgegangen, gestützt auf ethnische und religiöse Kriterien: das wiederauferstandene Montenegro, das Kroatien des Ante Pavelitsch und das Serbien des Generals Neditsch. Auch in Athen formiert sich unter dem General Tsolokoghlon eine der Achse zugeneigte Regierung. Bulgarien wird für seine Bündnistreue mit einem 1919 verlorengegangenen Zugang zur Ägäis belohnt. Die Türkei, von den deutschen Erfolgen beeindruckt, wahrt dem Reich gegenüber eine wohlwollende Neutralität.

Der Balkanfeldzug hat auch einen neuen Beweis geliefert, daß sich die Briten nicht länger auf dem Kontinent behaupten können. Im 18. Monat des Krieges hat Großbritannien in Griechenland nur 60 000 Mann und 180 Flugzeuge zum Einsatz bringen können. Seine Position im östlichen Mittelmeer ist von nun an bedroht. Man kann jetzt eine Ausweitung des deutschen Einflusses im Nahen Osten und ein engeres Zusammengehen mit Frankreich nicht mehr ausschließen.

Am 2. April hat General Rachid Ali im Irak einen Staatsstreich vollzogen mit dem Ziel, die britische Vormundschaft abzuschütteln. Nach längerem Zögern entschließt sich Hitler, dem neuen Regime militärische Hilfe gegen die von Basra auf Bagdad vorrückenden britischen Truppen zu leisten. Aber die deutsche Hilfe kann nur auf dem Luftwege erfolgen, und die deutschen Maschinen sind auf Zwischenlandungen in der französischen Levante angewiesen. Am 6. Mai gibt Vichy seine Zustimmung, gegen gewisse Verbesserungen des Waffenstillstandsabkommens von 1940. Am 11. Mai landen die ersten Maschinen der Luftbrücke, getarnt unter den Kokarden der irakischen Luftwaffe, auf den Flugplätzen Syriens. Aber ihre Intervention kommt zu spät

und ist zu dürftig, als daß sie den Zusammenbruch des Regimes Rachid Ali verhindern könnte. Mit britischer Unterstützung wird der Emir Abdullah wieder auf dem Thron installiert.
Die schwankende Haltung Vichys veranlaßt die britische Regierung zu einem Vorgehen gegen Syrien und den Libanon, wobei auch Truppen des »Freien Frankreich« des Generals de Gaulle zum Einsatz kommen sollen. Die Operation beginnt am 7. Juni und stößt auf unerwarteten Widerstand der Truppen des Marschalls Pétain. Göring bietet Vichy deutsche Luftwaffenunterstützung an. Aber Darlan schlägt sie nach langem Bedenken und gewiß aus allgemein politischen Gründen aus. Er verzichtet auch auf die Entsendung einer Flotteneinheit aus Toulon, die wiederum auf deutschen Jagdschutz angewiesen wäre. Die Kampagne der Levante endet am 14. Juni mit dem Abkommen von Saint-Jean-de-l'Acre, das vorsieht, daß die Vichy-Truppen abziehen, aber Syrien und der Libanon bei Frankreich verbleiben.
Die kurze levantinische Episode ist vom Versuch einer Annäherung zwischen Frankreich und dem Reich gekennzeichnet. Darlan fürchtet, daß Großbritannien nach seinen jüngsten Rückschlägen zu einem Kompromißfrieden mit dem Reich geneigt sein könnte, der auf dem Rücken Frankreichs ausgetragen würde. Er hat daher, immer unter der Bedingung einer Abänderung des Waffenstillstandsabkommens, eine Mitarbeit am Kampf gegen England in Aussicht gestellt, die auf einige aktive Flotteneinheiten und Heeresdivisionen beschränkt ist.
Der Vorschlag führt zu einer Unterredung Darlans und Hitlers am 13. Mai in Berchtesgaden, der Gespräche mit Militärs folgen. Die Unterredungen münden am 28. Mai in das »Pariser Abkommen«, unterzeichnet von Otto Abetz, deutscher Botschafter in Paris, und Admiral Darlan. In ihm wird die technische französische Hilfe für die Luftwaffe in Syrien bestätigt. Außerdem können Geleitzüge der Achse, um britischen Luftangriffen aus Malta zu entgehen, die Straße von Bizerta und das osttunesische Eisenbahnnetz für die Versorgung ihrer Truppen in Libyen benutzen. Dakar kann ferner eventuell von deutschen U-Booten und Flugzeugen für die Schlacht im Atlantik genutzt werden. Im Gegenzug für dieses Entgegenkommen werden Deutschland und Italien Frankreich »politische Kompensationen« gewähren.
Das Abkommen bleibt nur ein Stück Papier. Sofort stößt es auf scharfe Zurückweisung des Generals Weygand, Delegierter der

Vichy-Regierung in Nordafrika, sowie der Gouverneure in den französischen Kolonien, vor allem aber bei Hitler selbst, trotz Insistierens von Keitel, Jodl und Raeder, die alle für eine Allianz mit Frankreich eintreten. Der Führer fürchtet einen allgemeinen Abfall des französischen Kolonialreiches vom Mutterland. Die Beteiligung der französischen Marine am Krieg im Mittelmeer würde große Probleme ihrer Versorgung mit Treibstoff schaffen. Die von Vichy verlangten Konzessionen, insbesondere hinsichtlich der Beibehaltung der französischen Kolonien, stünden italienischen Forderungen entgegen. Hitler kommt zu dem Schluß, daß Deutschland nicht seinen Verbündeten wechseln kann.[6]

Letzten Endes glaubt Hitler im Gegensatz zum OKW und zur Kriegsmarine nicht, daß der Kriegsschauplatz Mittelmeer den Krieg aus dem Schwebezustand reißen kann, in den er versunken ist. Die Schwäche ist auf beiden Seiten: Deutschland kann nicht in Großbritannien Fuß fassen, und England ist unfähig, größere Aktionen auf dem Kontinent zu unternehmen. Hitler ist überzeugt, daß die Entscheidung für das Reich im Osten fallen muß. Eine Zusammenarbeit mit Frankreich ist eine Option für später, wenn erst einmal das Unternehmen »Barbarossa«, der Angriff auf die Sowjetunion, ausgeführt worden ist.

7
»Barbarossa«

Am 22. Juni 1941 »hält«, wie Hitler selbst sagt, »die Welt den Atem an«. Fast auf den Tag genau 130 Jahre nach der Armee Napoleons tritt die Wehrmacht im Osten zu ihrem Unternehmen »Barbarossa« an. Am Unternehmen beteiligt sind auch Finnland und Rumänien, die ihre 1940 verlorenen Gebiete zurückgewinnen möchten.

Eine der größten Schlachten der Geschichte beginnt. Entgegen der Überzeugung des deutschen Oberkommandos wird diese Schlacht in einen Abnützungskrieg ausarten und zum Grab der Wehrmacht, ja zur Hauptursache ihres Untergangs werden. Der Ausgang des Zweiten Weltkriegs und das Schicksal des Dritten Reiches werden sich im Osten entscheiden.

Gleich nach dem Sturz Frankreichs im Juli 1940 hat Hitler noch für dasselbe Jahr einen Angriff auf die Sowjetunion ins Auge gefaßt. Jodl ist aus logistischen Gründen dagegen. Die Verlegung der Masse des deutschen Heeres nach Osten würde mindestens vier Monate in Anspruch nehmen.

Man hat sich viele Fragen über die Gründe gestellt, die Hitler bewogen haben mögen, eine zweite Front zu eröffnen, kaum daß der Krieg gegen England begonnen hatte, trotz aller bis dahin gegebenen Zusagen und unter Verletzung des deutsch-sowjetischen Paktes. Auf den ersten Blick könnte man den Grund in »Mein Kampf« finden und in dem Willen sehen, nicht gerade die Welt, wie manchmal behauptet wird, aber Europa zu beherrschen.

Nach der Errichtung Großdeutschlands mit dem Anschluß Österreichs und der Zerschlagung der Tschechoslowakei und Polens, nach der Ausschaltung der französischen Bedrohung sei Hitler versucht gewesen, im Osten den Lebensraum zu erobern, den er zum Überleben des deutschen Volkes und zur Festigung des Reiches als Großmacht zu brauchen glaubte.

Der Führer sei auch irritiert, ja beunruhigt gewesen durch das Verhalten der UdSSR nach dem Ende des Frankreichfeldzuges. Stalin hatte nicht gezögert, die baltischen Staaten zu annektieren und sich Bessarabien, ja sogar die nördliche Bukowina einzuverleiben, die ihm im Moskauer Pakt vom 23. August 1939 nicht zugeschlagen worden war.

Selbst wenn diese Annektionen den vereinbarten Einflußzonen in etwa entsprechen, so stellen sie doch eine ernste Bedrohung der Ostsee dar, und diese ist für Deutschland wegen der schwedischen Erzlieferungen und der Ausbildung der Kriegsmarine von strategischer Bedeutung. Eine zweite Bedrohung lastet auf dem rumänischen Öl, das jetzt im Aktionsradius der roten Luftwaffe liegt und ebenfalls von erheblicher Bedeutung für die deutsche Kriegswirtschaft ist.

Die endgültige Entscheidung für einen Angriff im Osten fällt nach der Unterredung zwischen Hitler und Molotow am 13. November 1940 in Berlin. Mit äußerster Entschiedenheit, ja Brutalität weist der sowjetische Außenkommissar seinen Gesprächspartner auf die sowjetischen Sicherheitszonen im Westen hin und schließt selbst die Perspektive einer Expansion der UdSSR in Richtung Indischer Ozean und Persischer Golf nicht aus. Bestandteil der westlichen Sicherheitszonen Rußlands seien Finnland und die Ostsee mit ihren dänischen Engen, deren Internationalisierung Molotow vorschlägt. Hinzu kämen Bulgarien, Rumänien, ja Jugoslawien sowie die Überlassung eines Hafens an den Dardanellen. Diese Unterhaltung mit dem darauffolgenden Notenwechsel zwischen den beiden Hauptstädten deutet klar auf den Zusammenprall zweier Imperialisten hin.

Trotz dieser Enthüllung sowjetischer Ambitionen scheinen Hitler und seine Umgebung einen sowjetischen Präventivkrieg gegen das Reich nicht befürchtet zu haben. Das Argument taucht erst am 22. Juni als Propagandathema auf, um die Auslösung des Angriffs der Wehrmacht gegen den »europäischen Störenfried« zu rechtfertigen.

Es erscheint auch nicht in den Papieren zur Vorbereitung von »Barbarossa«. Nichtsdestoweniger ist die mit Dokumenten und logischen Argumenten vorgebrachte These des sowjetischen Dissidenten Suworow in seinem Buch »Der Eisbrecher« von Interesse, daß Stalin für Anfang Juli 1941 eine Offensive im Westen vorbereitet habe. Die Deutschen wären den Sowjets somit nur um einige Tage zuvorgekommen.[1]*

---

* Zu dieser sehr wichtigen Frage gibt es seit Suworows Buch, das 1989 erschien, neue Forschungsergebnisse und Erkenntnisse, die seine These stützen, mit Unterschieden vor allem bezüglich des Zeitpunktes einer sowjetischen Offensive, die offensichtlich Masson nicht bekannt waren. Dies mag daran liegen, daß diese Arbeiten von vier Historikern bisher in der westlichen Geschichtsschreibung kaum wahrgenommen wurden und Interesse gefunden haben. Bereits vor Suworow hatte sich der Österreicher Ernst Topitsch mit »Stalins Krieg« und den sowjetischen Strategien befaßt und dazu noch 1993 eine wesentlich erweiterte Arbeit vorgelegt. Werner Maser kam 1994, Walter Post

Unter Hintanstellung aller Interpretationen scheinen Betrachtungen zum Lebensraum und zur sowjetischen Expansionspolitik nur eine zweitrangige Rolle in Hitlers Überlegungen gespielt zu haben. Mit seinem schon im Sommer 1940 gefaßten Entschluß zu einer Offensive im Osten zielt er im wesentlichen auf England, nachdem er erkannt hat, daß eine Landung auf englischem Boden keine Aussicht auf Erfolg haben würde. Mit der Niederschlagung der Sowjetunion in einem kurzen Feldzug hofft er, den Gegner seines letzten potentiellen Verbündeten auf dem Festland berauben, entmutigen und endlich an den Verhandlungstisch zwingen zu können. Man stößt hier auf das Kalkül Napoleons von 1812. Die Idee findet sich in den Aufzeichnungen Halders, wo unter dem 13. Juli 1940 notiert ist: »Er sieht ebenso wie wir die Lösung

---

1995 und zuletzt Joachim Hoffmann 1995 in »Stalins Vernichtungskrieg 1941–1945« in genauer und sorgfältiger Auswertung zahlreicher bisher nicht erschlossener sowjetischer Quellen und Literatur zu dem gleichen Ergebnis: Stalin hat 1941 einen Angriff auf Deutschland vorbereitet, der Aufmarsch der Streitkräfte dazu war am 22. Juni 1941 weit vorangeschritten. Ob Stalin tatsächlich schon 1941 angreifen wollte oder überhaupt konnte, wie Post und Hoffmann es annehmen, läßt sich heute wohl noch nicht einwandfrei belegen, ist aber nicht von der Hand zu weisen.

Rein militärisch-generalstabsmäßig auf seine operative Struktur hin betrachtet, war der sowjetische Aufmarsch im Süd- und im Mittelabschnitt offensiv und fast abgeschlossen. Im Nordabschnitt war er noch nicht ganz so weit und nicht klar erkennbar offensiv. Man weiß aber heute, daß hier zunächst nicht angegriffen werden sollte. Ein Defensivaufmarsch hätte in allen drei Abschnitten ganz anders aussehen müssen. Aufgrund der bis heute vorliegenden Erkenntnisse kann man sagen, daß Stalin einen Angriff größten Ausmaßes auf Deutschland vorbereitet hat und daß dieser vielleicht 1941, sicher aber ab 1942 so vorbereitet gewesen wäre, daß er jederzeit ausgelöst werden konnte, wenn und wann immer Stalin den Zeitpunkt für gegeben erachtete. Daß die deutsche journalistische und historische Publizistik von diesen Ergebnissen wissenschaftlicher Arbeiten bisher kaum Notiz genommen hat, ist interessant. Es bleibt abzuwarten und zu hoffen, daß weitere Forschung, insbesondere auch in sowjetischen Archiven, diese Frage weiter klären wird. In Rußland, anders als in Deutschland, hat Suworows Buch bereits großes Aufsehen erregt, eine Millionenauflage erreicht und eine seit 1993 andauernde lebhafte Auseinandersetzung unter der neueren, nicht mehr sowjetischen Historikergeneration in Gang gesetzt. Sie ist zu dem Ergebnis gekommen, daß Suworows These von einem sowjetischen Angriffsplan mit im Juli 1941 abzuschließendem Aufmarsch ernst zu nehmen ist. Kürzlich ist hierzu ein noch nicht übersetztes Buch erschienen, das von den Historikern Bordjugow und Neweshin herausgegeben ist. Es stellt in wissenschaftlichen Beiträgen die Auseinandersetzung seit 1993 unter dem Titel »Plante Stalin einen Angriffskrieg gegen Hitler?« dar. Schon die vorliegenden Erkenntnisse relativieren das bisherige Geschichtsbild.

der Frage darin, daß England noch eine Hoffnung auf Rußland hat.« Tags darauf fügt er hinzu: »Der Zusammenbruch Rußlands dürfte England dazu bringen, den Kampf aufzugeben.«[2]
Am 31. Juli 1940 kündigt Hitler auf dem Obersalzberg vor Jodl, Brauchitsch und Halder den Beginn der Luftangriffe auf England an und fügt laut Halder hinzu: »Wenn Ergebnis des Luftkrieges nicht befriedigt, dann wird Vorbereitung angehalten.« Dann schneidet er das sowjetische Problem an. Nach den Aufzeichnungen Halders sagt er: »Englands Hoffnung ist Rußland und Amerika. Wenn Hoffnung auf Rußland wegfällt, fällt auch Amerika weg, weil Wegfall Rußlands eine Aufwertung Japans in Ostasien in ungeheurem Maß verfolgt (!) Rußland ostasiatischer Degen Englands und Amerikas gegen Japan. Hier für England unangenehmer Wind. Japaner haben ihr Programm wie Rußland, das vor Kriegsende noch erledigt werden soll.
Der russische Siegesfilm über russischen Krieg! Rußland Faktor, auf den England am meisten setzt. Irgend etwas ist in London geschehen! Die Engländer waren schon ganz down, nun sind sie wieder aufgerichtet. Abgehörte Gespräche. Rußland unangenehm berührt von schneller Entwicklung der westeuropäischen Lage.
Rußland braucht England nie mehr sagen, als daß es Deutschland nicht groß haben will, dann hofft Engländer wie ein Ertrinkender, daß in 6–8 Monaten die Sache ganz anders sein wird. Ist aber Rußland zerschlagen, dann ist Englands letzte Hoffnung getilgt. Der Herr Europas und des Balkans ist dann Deutschland.
Entschluß: Im Zuge dieser Auseinandersetzung muß Rußland erledigt werden. Frühjahr 41. Je schneller wir Rußland zerschlagen, um so besser. Operation hat nur Sinn, wenn wir Staat in einem Zug schwer zerschlagen.«[3]
Jedenfalls ist schon im Sommer 1940 eine Offensivplanung in OKW und OKH in Gang gesetzt worden. Ein erster Entwurf aus der Feder des Generals Marcks sieht einen Hauptstoß in Richtung Moskau vor, gefolgt von einem Einschwenken der gepanzerten und motorisierten Verbände nach Süden, mit dem Ziel, im Zusammenwirken mit einer auf Kiew vorstoßenden Heeresgruppe die in der Ost-Ukraine massierten sowjetischen Truppen einzuschließen. Ein Angriff in Richtung Baltikum ist nur als Zusatzmanöver zur Deckung der linken Flanke des Gros der deutschen Streitkräfte vorgesehen.
Dieser erste Plan, von OKH und Hitler akzeptiert und überarbei-

tet, fließt in die am 18. Dezember 1940 festgelegte Endversion von »Barbarossa« ein. Zwei Heeresgruppen werden nördlich der Pripjet-Sümpfe angreifen. Die stärkste der beiden soll, aus Polen hervorbrechend, die sowjetischen Truppenkonzentrationen in Weißrußland zertrümmern. Sie soll dann ihre schnellen Elemente an die aus Ostpreußen vorstoßende Heeresgruppe zur Vernichtung der sowjetischen Streitkräfte in den baltischen Staaten und zur Eroberung von Kronstadt und Leningrad abgeben.
Erst dann soll die Heeresgruppe Mitte unter Sammlung aller ihrer Kräfte den Stoß auf Moskau, »wichtigster Verkehrs- und Nachrichtenknotenpunkt und Zentrum der Rüstungsindustrie«, fortsetzen. Die südlich der Pripjet-Sümpfe angreifende Heeresgruppe stößt auf Kiew und zerstört die im Dnjepr-Bogen versammelten Streitkräfte der Roten Armee.
Gleichzeitig hat ein Gebirgsjägerkorps unter General Dietl und in Verbindung mit finnischen Streitkräften den Auftrag, die Region Petsamo zu decken und die Eisenbahnlinie nach Murmansk zu unterbrechen. Das Gros der finnischen Armee soll das Maximum sowjetischer Truppen beiderseits des Ladoga-Sees binden und so den Angriff auf Leningrad stützen. Im äußersten Süden soll eine deutsch-rumänische Heeresgruppe die rumänischen Erdölfelder decken und die sowjetischen Streitkräfte westlich des Dnjestr ausschalten.
In seiner Endfassung zielt »Barbarossa« auf die Zerstörung des Gros der Roten Armee westlich der Dwina und des Dnjepr sowie auf die Besetzung des Baltikums und Leningrads. Nach Erfüllung dieses Plans gilt es, Moskau zu nehmen und bis zu einer Linie Archangelsk–Astrachan vorzustoßen.
»Barbarossa« sieht also drei Heeresgruppen vor: Heeresgruppe Nord unter dem Kommando des Generals von Leeb besteht aus sieben Infanteriedivisionen plus drei Panzerdivisionen des Generals Hoepner. Heeresgruppe Mitte unter von Bock ist mit 42 Infanterie- und neun Panzerdivisionen, die in zwei Panzerkorps unter Hoth und Guderian gegliedert sind, die bei weitem stärkste. Heeresgruppe Süd unter von Rundstedt verfügt über 33 Infanteriedivisionen und fünf Panzerdivisionen unter dem Kommando des Generals von Kleist. Später sollen 15 rumänische, zwei ungarische und zwei italienische Divisionen hinzukommen.
Insgesamt setzt das OKH also 153 Divisionen ein, darunter 17 gepanzerte und 13 motorisierte, unterstützt von gut 30 Verbänden

der Verbündeten. Die Zahl allein macht es aber nicht. Bei näherem Betrachten ist sie an Infanteriedivisionen kaum größer als vor dem Frankreichfeldzug von 1940 und deutlich schwächer in bezug auf die zur Verfügung stehenden Luftstreitkräfte. Ein Drittel der deutschen Armee befindet sich im Westen und in Nordafrika. Die Luftwaffe muß starke Kräfte in Skandinavien, am Ärmelkanal und im Mittelmeer belassen. Diese Amputierung wiegt um so schwerer, als die Zahl der Luftwaffenmaschinen seit Frühjahr 1940 kaum zugenommen hat.

So kann man im Osten zunächst nur 2800 Maschinen einsetzen, gegenüber 3500 zu Beginn des Westfeldzuges. Diese Maschinen sind in vier Luftflotten gegliedert. Luftflotte 1, mit 250 Maschinen die schwächste, untersteht der Heeresgruppe von Leeb. Die Luftflotten 2 und 3 unterstützen mit 1700 Maschinen die Heeresgruppe Mitte. Luftflotte 4 steht mit 750 Flugzeugen bei der Heeresgruppe Süd von Rundstedts.

Einzig bei den gepanzerten Verbänden ist das Ostheer stärker als das Westheer von 1940. Die 17 Panzerdivisionen können 3500 Panzer statt der 2700 von vor einem Jahr zum Einsatz bringen. Die Panzerdivisionen sind überholt worden und verfügen jetzt nur noch über ein Panzerregiment mit zwei oder drei Abteilungen von je 50 bis 70 Panzern. Die Panzertypen I und II sind als zu schwach ausgesondert worden, die Masse der Kompanien verfügt über die Typen III und IV, ersterer ausgerüstet mit einer neuen 5-Zentimeter-KWK. Die Panzerabwehr der Divisionen ist durch Aufstellung von Sturmgeschütz-Abteilungen verstärkt worden. Auch tschechische Panzer vom Typ Skoda mit 4,7-Zentimeter-Kanonen finden Verwendung.

Dank der reichlichen »Kriegsbeute« im Westen konnte auch die Zahl der motorisierten Infanteriedivisionen deutlich erhöht werden. Nur der Lkw-Park ist noch mit aus verschiedensten Modellen von bis zu zehn Marken zusammengesetzt, was bald nahezu unüberwindliche Instandsetzungsprobleme mit sich bringen wird.

Im Gegensatz zu ihrer nach dem Kriege vorgebrachten Behauptung empfindet die hohe Generalität in OKW und OKH keinerlei Hemmungen und noch weniger düstere Vorahnungen. Der Bruch des deutsch-sowjetischen Paktes von 1939 hat sie trotz der Lehren Bismarcks nicht wesentlich beeindruckt. Der Angriff auf die Sowjetunion reiht sich ein in die traditionelle deutsche Politik des »Drangs nach Osten«, den Ludendorff gegen Ende des Ersten

Weltkriegs in die Tat umgesetzt hatte, als nach dem Frieden von Brest-Litowsk sich der deutsche Einfluß in Osteuropa bis in die baltischen Staaten, nach Weißrußland, die Ukraine, die Krim, ja bis zum Fluß Kuban ausdehnte.

Die deutschen Generäle haben sich von den wenig erfolgreichen Auftritten der Roten Armee in Polen und Finnland täuschen lassen. Sie tendieren zu einer Unterschätzung des Gegners, sowohl hinsichtlich seiner Truppenstärken wie seiner Ausrüstung und Bewaffnung. Sie setzen dafür in ihren Berechnungen ein Maximum von 180 Divisionen (später auf finnischen Einspruch auf 220 erhöht), 5000 Panzern und 5000 Flugzeugen, davon die meisten veraltet, an.* In einer ersten »Barbarossa«-Studie hatte von Brauchitsch noch 80 deutsche Divisionen für genügend zur Herbeiführung einer raschen Entscheidung erachtet. Es bedurfte der ganzen Überzeugungskraft des Führers, um die Zahl der Verbände auf das Doppelte zu bringen.

Das OKH stützt sich übrigens vornehmlich auf die eher optimistischen Berichte der Abwehr, des von Admiral Canaris geleiteten Nachrichtendienstes der Wehrmacht, als auf die des SD, des Nachrichtendienstes des Reichssicherheitshauptamtes (RSHA), die der Wahrheit sehr viel näher kommen.

Nur Guderian äußert gewisse Bedenken. In Anbetracht der Größe der sowjetischen Rüstungsindustrie und aufgrund der Besuche, die er selbst im Jahre 1934 in sowjetischen Panzerfabriken gemacht hat, schätzt er die Zahl der Kampfwagen der Roten Armee auf 17000. Die Schätzung kommt der Realität – 20000 – sehr nahe. Seine Warnungen stoßen indes auf allgemeine Skepsis und sind, wie er selbst sagt, nicht geeignet, Euphorie zu verbreiten. Im Gegensatz zu einer weitverbreiteten Meinung gibt sich auch Hitler selbst am Vorabend der Offensive eher besorgt. Rußland läßt ihn an den »Fliegenden Holländer« denken. »Der Beginn eines Krieges«, sagt er, »ist immer wie das Aufstoßen einer Tür zu einem dunklen Raum. Man weiß nie, was sich darin verbirgt.«[4]

Andere Einwände betreffen die allgemeine Kriegführung. Admi-

---

* Wie man heute weiß, war diese Unterschätzung – auch in bezug auf den Kampfwert der sowjetischen Truppen – sehr groß. Über die französische Armee hatte man, wie sich bei dem Feldzug herausstellte, sehr genau Bescheid gewußt, über die Rote Armee sehr schlecht und ungenau. Die Russen haben sich vor dem Krieg und später als Meister der Täuschung und Tarnung erwiesen.

ral Raeder gibt zu bedenken, daß die Eröffnung einer neuen Front im Widerspruch steht zu einer vom Führer im Frühsommer 1940 gegebenen Zusage, die Hauptanstrengungen der Kriegswirtschaft jetzt auf die Kriegsmarine zu richten. Zufrieden zeigt er sich allerdings, daß die Besetzung der baltischen Länder und Leningrads aus der Ostsee ein »deutsches Meer« machen und der Kriegsmarine die Nutzung des Hafens von Kronstadt ermöglichen wird.

Auch Göring hält nicht mit Bedenken zurück, vor allem gegen Hitlers Zweifrontenkrieg. Seine Luftwaffe, fügt er hinzu, sei die einzige Teilstreitkraft, die seit September 1939 keine einzige Pause gehabt habe. Aber all das fegt Hitler beiseite: Der Krieg im Osten sei nur ein Zwischenakt und würde in drei bis vier Monaten beendet sein.

Einverständnis signalisiert Jeschonnek, der Generalstabschef der Luftwaffe. Die Luftstreitkräfte werden endlich wieder zu ihrer eigentlichen Aufgabe zurückfinden, der Zusammenarbeit mit den Panzern und motorisierten Verbänden. Auch der Chef des Wehrwirtschafts- und Rüstungsamtes, General Thomas, bisher den strategischen Initiativen Hitlers gegenüber eher ablehnend eingestellt, zeigt sich zufrieden. Die Eroberung weiter Gebiete im Osten wird die Versorgung Deutschlands mit Lebensmitteln und Rohstoffen auf lange Zeit sicherstellen.

Der von Hitler angekündigten »ideologischen Kriegführung« gegenüber scheinen die Generäle keine allzu starken Bedenken empfunden zu haben. Für den Führer wird der Krieg, der nun beginnt, die entscheidende Auseinandersetzung zwischen Bolschewismus und Nationalsozialismus sein, ein Kampf auf Leben und Tod. Der alte Ehrenkodex der Soldaten ist außer Kraft gesetzt.

Unter dem Vorwand, daß die UdSSR die Konvention von Genf für eine humane Kriegführung nicht unterschrieben habe, ordnet Hitler die sofortige Erschießung aller politischen Kommissare der Roten Armee und der Mitglieder der kommunistischen Partei an. Während von Bock und Guderian die Anweisung mißachten zu wollen scheinen, erheben Generäle wie Manstein oder Reichenau keinerlei Einwände.

Die erste Phase der Kämpfe scheint den Optimisten recht zu geben. Die Truppen von Leeb stoßen, als Befreier begrüßt, tief in das Baltikum vor. Die Heeresgruppe Mitte des Generals von Bock wirft die in Weißrußland stationierten sowjetischen Truppen zurück. Die Panzergruppen Hoth und Guderian vollführen, gemeinsam mit der Luftwaffe, spektakuläre Einkesselungen in den

Räumen Bialystok, Minsk und Smolensk, das am 15. Juli besetzt wird. Mehr als 300 000 Kriegsgefangene und enorme Mengen an Ausrüstung fallen den Deutschen in die Hände. Allein die 17. Panzerdivision vernichtet 502 sowjetische Panzer.
Die Luftwaffe hat binnen vier Tagen die Luftherrschaft erringen können und spielt bei diesen raschen Anfangserfolgen eine entscheidende Rolle. Mehr als 3500 Flugzeuge sind abgeschossen oder am Boden zerstört worden. Mit vollem Erfolg wendet man erneut die bewährten Rezepte von Polen und Frankreich an: direkte Bodenunterstützung aus der Luft durch Jäger und Stukas, Angriffe von Kampfflugzeugen auf die rückwärtigen Verbindungen des Gegners. Halder kann sich schon am 3. Juli nicht einer gewissen Freude enthalten. Der Ablauf des Feldzuges entspricht voll und ganz den großen Linien der Planung. »Im Ganzen kann man aber schon jetzt sagen, daß der Auftrag, die Masse des russischen Heeres vorwärts Dwina und Dnjepr zu schlagen, erfüllt ist. Ich halte die Aussage eines gefangenen russischen Kommandierenden Generals für richtig, daß wir ostwärts von Dwina und Dnjepr nur noch mit Teilkräften zu rechnen haben, die allein stärkenmäßig nicht in der Lage sind, die deutschen Operationen noch entscheidend zu hindern. Es ist wohl nicht zuviel gesagt, wenn ich behaupte, daß der Feldzug gegen Rußland innerhalb von 14 Tagen gewonnen wurde. Natürlich ist er damit noch nicht beendet. Die Weite des Raumes und die Härte des mit allen Mitteln geführten Widerstandes werden uns noch viele Wochen beanspruchen.«[5]
Zu ersten Reibungen kommt es am 15. Juli. Der Vormarsch stockt mehrere Wochen lang. Man hat diese Pause mit einem strategischen Disput zwischen Hitler und seinen Generälen zu erklären versucht.* Der Führer sei für die weiteren Stoßrichtungen Leningrad und Ukraine eingetreten, während OKW und OKH die Fortsetzung des Hauptstoßes auf Moskau verlangt hätten. Diese hätte nach Ansicht der Generäle die Vernichtung der vor Smolensk konzentrierten letzten Reserven der Roten Armee und die Ausschaltung des Nervenzentrums der Sowjetunion zur Folge und wäre daher unabdingbar.
In Wahrheit ist der Sachverhalt komplexer. Was man schon in Polen und in Frankreich beobachten konnte, ist auch hier in Rußland eingetreten. Trotz Gewaltmärschen von 30 bis 40 Kilometern pro Tag

* Dieser Disput hat wirklich eine ganz wesentliche Rolle gespielt.

kann die Infanterie den gepanzerten Verbänden nicht folgen und den eingeschlossenen Feind nicht aufreiben.* Viele sowjetische Soldaten entkommen so der Gefangennahme und fliehen in die undurchdringlichen Wälder, wo sie die ersten, schon ab Herbst 1941 bemerkbar werdenden Partisaneneinheiten bilden. Der Kessel von Smolensk, schon Mitte Juli geschlossen, kann erst am 10. August bereinigt werden. Auch das Verhalten der sowjetischen Soldaten irritiert und ist nicht mit dem der französischen und britischen Kombattanten zu vergleichen. Einige Einheiten ergeben sich schon beim ersten Feuerwechsel, andere schlagen sich verzweifelt bis zum Tode. Der deutsche Vormarsch stößt auch auf ungeheure, so nicht vorhergesehene logistische Probleme. Rußlands Straßennetz ist vollkommen unzureichend, es gibt – außer einigen großen Achsen wie der Autobahn Minsk–Smolensk–Moskau – keine asphaltierten Straßen. Panzer und Fahrzeuge wirbeln Wolken von Staub auf, die den Motoren zusetzen. Jedes kleine Gewitter verwandelt den Boden in Schmierseife. Nach einem Marsch von 650 Kilometern müssen Hunderte von Panzern und Kfz infolge von Pannen stillgelegt werden. Die französischen Beute-Lkws erweisen sich als erheblich pannenanfälliger als ihre deutschen »Kollegen«. Bei den Infanteriedivisionen gehen Tausende von Pferden an Krankheit und Erschöpfung zugrunde.
Bei ihrem Rückzug haben die sowjetischen Einheiten das Eisenbahnnetz ausgiebig zerstört. Sie begnügen sich nicht, wie die Polen und die Franzosen, mit der Sprengung von Brücken, sondern zerstören auch Weichen, Stellwerke, Wasserpumpen und Verbindungskabel. Die deutschen Pioniere haben große Mühe, das sowjetische Gleisnetz auf die europäische Breite von 1,44 Metern umzunageln.
Das Nachschubproblem – Treibstoff, Lebensmittel und Munition – erweist sich als fast unlösbar. Guderian klagt über mangelnden Ersatz von Panzern und Motoren, aber Hitler hält jeden Panzer, der vom Fließband läuft, für die Aufstellung neuer Panzerdivisionen in Deutschland zurück. Für die Luftwaffe stellen sich diesel-

* Dies und das folgend Geschilderte hat dazu beigetragen, die unmittelbare Fortsetzung der Offensive zu verhindern. Daß man aber erst Anfang Oktober gegen Moskau antrat, lag wesentlich an dem Zwischenstoß in die Ukraine, den Hitler in erster Linie aus wirtschaftlichen Überlegungen heraus wollte, die bei ihm immer eine gewichtige Rolle spielten.

ben Versorgungsprobleme. Hinzu kommen immer behelfsmäßigere Feldflugplätze, je weiter das deutsche Heer nach Osten vordringt.
Übrigens versteift sich der Widerstand der Roten Armee trotz enormer Verluste ab Mitte Juli an allen Fronten. Nach ihrem raschen Vorstoß durch das Baltikum werden die Truppen von Leeb am Wolchow aufgehalten, weniger als 150 Kilometer von Leningrad entfernt, und müssen erbitterte Kämpfe am Peipus- und am Ilmensee bestehen.
Im Süden müssen sich die 6. Armee Reichenaus und die Panzer von Kleists, schon am Stadtrand von Kiew, immer noch mit den hartnäckig kämpfenden Sowjets im Dnjeprbogen herumschlagen. Erst Anfang August kommt es zu einer größeren Einkesselung bei Uman. Die Beute ist nicht unerheblich, aber wesentlich geringer als bei den großen Kesselschlachten in Weißrußland: weniger als 100 000 Gefangene.
Bei der Heeresgruppe Mitte gibt es vor Smolensk erste heftige Gegenangriffe der Truppen Timoschenkos. Guderian kann nur mit Mühe das große Straßenkreuz von Roslawl-Jelnja in seinen Besitz nehmen. Er macht 35 000 Gefangene, aber nur nach sehr harten Kämpfen. Der deutsche Vormarsch verlangsamt sich und erlaubt dem sowjetischen Oberkommando, zur Generalmobilmachung zu schreiten und neue Armeen aus dem Boden zu stampfen.
Man kann nicht umhin festzustellen, daß OKW und OKH sich über das Potential der Roten Armee und die Widerstandsfähigkeit des sowjetischen Soldaten groben Fehleinschätzungen hingegeben haben. Am 11. August muß Halder seinen Optimismus zurückschrauben. »Die Lage zeigt immer klarer, daß wir die enorme Kraft Rußlands unterschätzt haben. Rußland hat sich sehr sorgfältig und mit der ganzen Stärke eines totalitären Landes auf diesen Krieg vorbereitet …
Diese Feststellung gilt sowohl für die Organisation wie für die Wirtschaft, das Transportwesen und die Zahl der Infanteriedivisionen. Bisher haben wir 360 identifiziert. Diese Divisionen können nach Bewaffnung und Ausrüstung nicht mit den unseren verglichen werden, sie sind auch mittelmäßig befehligt. Aber sie sind nun mal da, und wenn wir ein Dutzend von ihnen zerschlagen, sind gleich wieder zwölf neue da.«[6] Der Roten Armee wachsen, einer Hydra gleich, immer wieder neue Köpfe. Jede vernichtete Division wird sofort ersetzt. Unaufhörlich kommen neue Waffen zum

Einsatz, wie die schweren Panzer KW I und T 34. Auch Hitler läßt in dieser Situation Nervosität erkennen.

In Gegenwart der Generäle von Bock und Hoth macht er vor Guderian am 4. August ein erstaunliches Bekenntnis: »Wenn ich gewußt hätte, daß die Panzerzahlen der Russen, die Sie in Ihrem Buch erwähnt haben, tatsächlich stimmen, dann hätte ich – glaube ich – diesen Krieg nicht angefangen.« Am 25. August gibt er sich seinem Bundesgenossen Mussolini gegenüber in Rastenburg in Ostpreußen noch pessimistischer: »Zum ersten Mal seit Beginn des Krieges hat die Abwehr nicht funktioniert. Man hat mich nicht unterrichtet, daß Rußland über eine in jeder Hinsicht perfekt ausgerüstete Armee verfügt, die zum größten Teil aus fanatischen Männern besteht, die sich trotz großer Unterschiede in ihren Rängen mit blinder Wut schlagen. Die bolschewistische Armee kann im großen als aus zwei großen Massen bestehend bezeichnet werden: Die eine, die größere, besteht aus Bauernsöhnen, die sich mit stumpfer Ergebenheit schlagen, die andere mehrheitlich aus Arbeitern, die das marxistische Gift in den Adern haben und fanatisch kämpfen. Aus gegenteiligen Gründen schlagen sich aber alle bis zum letzten Mann. Die einen aus barbarischer Sturheit, die anderen, weil sie vom mystischen Fanatismus des Kommunismus getrieben sind.«[7]

Mitte August muß man sich endlich zu einem Entschluß durchringen. Ein weiteres Vorgehen auf einer immer breiter werdenden Front ist nicht mehr möglich. Eine Hauptstoßrichtung muß gefunden werden. Der Disput zwischen Hitler und seinen Generälen nimmt erbitterte Formen an. Alle militärischen Führer sind für einen Stoß auf Moskau, sobald die Angriffsdivisionen wieder voll aufgefüllt sind. Hoth und Guderian setzen dafür zwei bis drei Wochen an.

Aber der Vorschlag stößt auf starke Gegenwehr Hitlers. Jodl berichtet, daß der Führer eine tiefe Abneigung dagegen empfunden habe, alles auf die Karte Moskau zu setzen. Später haben einige behauptet, das Schicksal der Großen Armee von 1812 habe in ihm diese Aversion gegen eine Einnahme Moskaus hervorgerufen. Auch andere Gründe mögen ausschlaggebend gewesen sein. Der Führer ist skeptisch, was den Erfolg der bisherigen Kesselschlachten angeht. Die Ausräumung der Kessel kostet Zeit und erlaubt es der sowjetischen Heeresführung mit ihren immensen Menschenreserven, immer neue starke Abwehrlinien aufzurichten. Er zieht

kleinere Operationen mit begrenzten taktischen oder wirtschaftlichen Zielen vor.
Auch will er an »Barbarossa« festhalten und gibt der Vernichtung der sowjetischen Streitkräfte an der Nordfront und der Einnahme oder zumindest Einschließung Leningrads den Vorzug. So gibt er der Panzergruppe Hoth den Auftrag, zur Heeresgruppe von Leeb zu stoßen. Das ermöglicht von Leeb die Einnahme des Wolchow-Abschnittes und die Annäherung an Leningrad, wo der sowjetische General Schukow in aller Eile einen Verteidigungsgürtel aufbaut.
Mitte September ist Schlüsselburg genommen und damit die Einschließung Leningrads vollendet. Trotz unaufhörlicher Bombenangriffe der Luftflotte von Richthofen aber widersteht die Stadt allen Angriffen, deren Schlagkraft auch abnimmt, nachdem die Panzer Hoths wieder an den Mittelabschnitt zurückbeordert worden sind.* Leeb muß sich endgültig zur Belagerung der Stadt entschließen, nachdem die Finnen südlich von Wiborg nicht weiter vorrücken wollen und Hitler die Einnahme Leningrads in Straßenkämpfen verbietet.
Der General setzt auf den Hunger der Bevölkerung und die Wirkung seiner Artillerie, um die Kapitulation der Stadt erzwingen zu können. Die Einnahme von Tichwin im Osten von Leningrad, durch die die Bahnlinie Leningrad–Moskau unterbrochen wird, soll dieses Resultat beschleunigen.
Trotz dieses Teilerfolges kann Hitler sich immer noch nicht zum Angriff auf Moskau entschließen. Er richtet sein Augenmerk auf die Ukraine, denn er will die UdSSR zunächst einer wichtigen wirtschaftlichen Basis berauben. Schon Mussolini hat er gesagt, daß er nicht an eine Beendigung des Feldzuges vor dem Winter glaubt. Der Zusammenbruch der Sowjetunion wird erst für 1942 erwartet.
Am 23. August findet der große Disput zwischen Hitler und seinen Generälen ein Ende. Vor den versammelten Chefs des OKH und trotz einer Warnung Brauchitschs wagt es Guderian, das »Tabu«-Thema Moskau noch einmal aufs Tapet zu bringen. Der Führer fragt ihn: »Glauben Sie, daß Ihre Truppen trotz der Anstrengun-

---

* Auch die zur Heeresgruppe Nord gehörende Panzergruppe Hoepner, die am Stadtrand von Leningrad in einem aussichtsreichen Angriff von Hitler angehalten worden war, wurde Mitte September in den Mittelabschnitt verlegt.

gen, die sie bisher auf sich genommen haben, noch einmal zu einer großen Leistung fähig sind?« Ohne Zögern kommt die Antwort: »Ja, mein Führer, wenn man ihnen ein großes Ziel vor Augen stellt.« Hitler: »Sie meinen Moskau?«[8]

Noch einmal kommt es zu einer hitzigen Debatte. Staunend über so viel Kühnheit, hören die Generäle, wie Guderian erneut alle Argumente vorbringt, die für das Vortragen eines Angriffs im Zentrum der Front sprechen. Moskau, sagt der General, ist die politische Mitte der UdSSR, der wichtigste Eisenbahnknotenpunkt, Kreuzungspunkt aller Verbindungslinien Rußlands, eine der größten Rüstungszentralen des Landes.

Hitler hört ihm aufmerksam zu, bleibt aber unerschütterlich. »Meine Generäle verstehen nichts von einer wirtschaftlichen Kriegsführung«, sagt er. Die Rohstoffquellen der Ukraine seien unabdingbar für die Fortsetzung des Krieges. Die Inbesitznahme der Krim und der Küste des Schwarzen Meeres garantiere die Offenhaltung der rumänischen Ölzufuhr. An der Offensive nach Süden, so Hitler, führe kein Weg vorbei.

Guderian muß nachgeben und einmal mehr bedauern, daß keiner es wagt, den Mund aufzumachen und eine Entscheidung des Führers zumindest zu bezweifeln. Am Ende der Konferenz bittet er lediglich, bei der beginnenden Offensive alle Kräfte seiner Panzergruppe in seiner Hand behalten zu können. Der Bitte wird entsprochen. In Wahrheit wird dies indes nur teilweise der Fall sein.

Die Ironie der Geschichte will es, daß die Offensive in Richtung Ukraine zum größten Sieg des Panzerführers Guderian führen wird. In einem Gewaltmarsch über abenteuerliche, von ständigen Gewitterregen völlig grundlos gewordene Wege legen seine Divisionen in 14 Tagen 300 Kilometer in Richtung Süden zurück. Am 16. September treffen sie östlich von Kiew auf die Vorausabteilungen der Panzergruppe Kleist, die den Dnjepr in Höhe von Tscherkassy überschritten hat.

Mehrere sowjetische Armeen, die viel zu spät ihren Rückzugsbefehl erhalten haben, sitzen in der Falle. Die Kämpfe zur Bereinigung des Kessels dauern bis zum 23. September und sind außerordentlich hart. Die Deutschen machen mehr als 600 000 Gefangene, viel mehr als in den Schlachten von Minsk und Smolensk. Die Beute ist immens. Die Heeresgruppe Rundstedt dringt nun auf breiter Front über den Dnjepr vor, stößt auf Charkow und Rostow am Don, während die Armee von Manstein auf die Krim vorrückt, die Halbinsel Kertsch besetzt und mit der Belagerung von Sewastopol beginnt.

Das Ausmaß des Sieges in der Ukraine, das alle Beteiligten einschließlich Guderian überrascht, rechtfertigt in gewisser Weise die Konzeptionen Hitlers. Es wäre sträflicher Leichtsinn gewesen, einen weiteren Vorstoß auf das 350 Kilometer entfernte Moskau zu machen, ohne die erhebliche Bedrohung einer Streitmacht von nahezu 800 000 Mann in der rechten Flanke der Heeresgruppe von Bock auszuschalten.

Nach diesem ungeheuren Erfolg beschließen Hitler und das OKH in schöner Einigkeit, nun die letzte Offensive auf die Hauptstadt der UdSSR in Gang zu setzen. Es gilt, sie vor Einbruch der großen Kälte zu beenden, die dort nicht vor Januar eintritt.

Bock verfügt für das Unternehmen »Taifun« über 44 Infanteriedivisionen und drei Panzerkorps mit 14 Panzer- und acht motorisierten Infanteriedivisionen. Allerdings ist kaum eine dieser Divisionen voll aufgefüllt. Bei den Panzerdivisionen fehlt es an 50 Prozent der Panzer, die Fehlzahl an Lkws liegt noch höher. Zwei Luftflotten unterstützen die Offensive.

Der Angriff beginnt am 30. September bei strahlendem Herbstwetter. Guderians Panzergruppe 2, aus der Ukraine zurück, greift am rechten Flügel einer 350 Kilometer breiten Front an. Sie soll über Brjansk, Orel und Tula vorstoßen und Moskau von Süden berennen. Zwei Tage später treten die Panzergruppen von Hoth und Hoepner beiderseits der Autobahn Smolensk–Wjasma an.

Noch einmal findet das deutsche Heer zum Tempo der Blitzkriege zurück. Die sowjetischen Stellungen, seit mehr als zwei Monaten laufend verstärkt, werden eingedrückt. Am 8. Oktober vereinigen sich die Panzerverbände von Hoth und Hoepner, nach einem Marsch von 150 Kilometer von Süden und Norden kommend, hinter Wjasma zu einem neuen Kessel. Diesmal sind vier sowjetische Armeen eingeschlossen. Schukow, von Stalin zur Verteidigung der Hauptstadt nach Moskau beordert, muß später eingestehen, daß »in diesem Augenblick alle Wege nach Moskau offen waren«.

Auch Guderians Panzer haben ein Wunder an Marschleistung vollbracht und weitere zwei sowjetische Armeen im Raum Brjansk eingeschlossen. Am 9. Oktober rücken die Panzer der 4. Panzerdivision in Orel ein und rufen ein unbeschreibliches Durcheinander hervor. Die Straßenbahnen verkehren noch. Riesige Kisten mit für den Abtransport nach Osten bestimmten Maschinenteilen blockieren die Trottoirs der Straßen, die zum Bahnhof führen.

In knapp einer Woche ist das gesamte vorgelagerte Verteidigungssystem Moskaus in Stücke geschlagen. Die Infanteriedivisionen versuchen nun nach klassischem Muster, die von den Panzern gebildeten Kessel zu säubern. Mehrere hunderttausend Mann, die eingeschlossen sind, versuchen jetzt auszubrechen. Am 18. Oktober ist der Erfolg, selbst wenn mehrere tausend Sowjets ausbrechen und später Banden bilden können, total und steht kaum hinter dem einen Monat vorher errungenen Sieg in der Ukraine zurück. Die Deutschen zählen nahezu 700 000 Gefangene, 1242 erbeutete Panzer und mehr als 5400 Geschütze. Der Reichspressechef, Dr. Dietrich, glaubt, das Ende des Rußlandfeldzuges ankündigen zu können.

Die Straße nach Moskau ist frei. Aber Schukow reagiert geschickt. Er beordert seine letzten Reserven in den Norden und den Süden der Hauptstadt, in die Abschnitte Kalinin und Tula, unter gleichzeitiger Verstärkung des Abschnittes von Moschaisk. Diese Maßnahme des Gegners veranlaßt von Brauchitsch, auf den Vorschlag Bocks, die Panzergruppe Hoth in die zwischen der oberen Wolga und der Autobahn Wjasma–Moschaisk entstandene Lücke zum direkten Stoß auf Moskau zu werfen, zu verzichten und statt dessen die Umfassung der Stadt im Norden und im Süden anzuordnen.

Das Manöver scheint funktionieren zu können. Im Süden kann Guderian nach Abwehr eines heftigen Gegenangriffes russischer T 34-Panzer den Stadtrand von Tula erreichen. Im Norden gelingt es der Panzergruppe Hoth, Kalinin zu nehmen und bis zum »Moskauer Meer«, einer Stauung der Wolga, vorzudringen. In der Mitte nehmen Infanterieeinheiten Moschaisk und Kaluga. Mitte Oktober sind die vordersten Teile der deutschen Armee nur noch 70 Kilometer von Moskau entfernt. Noch ein paar Tage, und die Panzer werden in die Stadt einrücken können.

Erst später werden die Deutschen erfahren, welche Wirkung die Einnahme von Kalinin und Moschaisk ausgeübt hat. Moskau wird von einer wahren Panik ergriffen. Die Behörden und das diplomatische Korps erhalten Befehl, sich nach Kuibyschew abzusetzen. Verängstigte Massen nehmen die Züge im Sturm. Es kommt zu ersten Plünderungen. Die allgegenwärtige Miliz taucht unter. Ein politischer Zusammenbruch scheint nicht mehr weit entfernt zu sein. Aber das System findet wieder zu sich selbst. Stalin beschließt, im

Kreml zu bleiben und mit Schukow zusammen die Verteidigung der Stadt zu organisieren. Am 19. Oktober wird das Kriegsrecht ausgerufen, eine Sperrstunde eingeführt, werden Militärgerichte gebildet. In dem Augenblick, in dem der entscheidende Sieg in Sicht zu sein scheint, läßt die deutsche Umklammerung nach, verliert sie an Intensität. Plötzlich wird die Wehrmacht brutal vom russischen Herbst gelähmt, von der »Rasputitza«, der »Jahreszeit der schlechten Straßen«, eingeholt. Das bis dahin schöne, fast sommerliche Wetter wechselt mit Urgewalt am 8. Oktober. Das Thermometer fällt zunächst. Die Nächte werden eisig. Regen, durchsetzt mit Schnee, strömt hernieder, läßt Bäche über die Ufer treten, verwandelt die Wege in erbärmliche Schlammlöcher.
So sieht sich die deutsche Armee vor den Toren von Moskau von heute auf morgen durch den Schlamm an den Boden gefesselt.* Die Panzer müssen ihren Vormarsch stoppen. Treibstoff, Verpflegung und Munition kommen nicht mehr nach vorne. Ganze Lastwagenkolonnen stecken bis zu den Achsen im Schlamm. Panzer müssen die Radfahrzeuge schleppen. Das einzige Hilfsmittel sind die russischen Panjewagen und die nicht kleinzukriegenden kleinen russischen Panjepferde.
General Bayerlein hat die Unbilden seiner Panzereinheit im Norden von Moschaisk geschildert: »Nach unaufhörlichen Regenfällen war das Gelände grundlos geworden. Ab und an fror es, dann taute es wieder. Die große Straße Rusa–Woronowo war schlimmer als ein schlechter Waldweg geworden. Die Panzer kamen in diesem klebrigen Brei von Tonerde nur noch im Schrittempo weiter. Die Radfahrzeuge versanken hoffnungslos im Schlamm. Unsere Pioniere mußten einen 15 Kilometer langen Knüppeldamm bauen, aber auch auf ihm kamen nur Kettenfahrzeuge weiter.
Die eisigen ersten Frostnächte setzten die Truppe einer Tortur aus. Bunkerbauen war in dem aufgeweichten und mit Wasser vollgesogenen Boden unmöglich. Die wenigen Holzhäuser waren vom Gegner bis zum Grund niedergebrannt worden. Die Nachschubschwierigkeiten nahmen ungeahnte Ausmaße an. Um unsere Motoren bei guter Betriebstemperatur zu halten, verbrauchten wir ungeheure Mengen von Benzin. Der ständige Kampf in den Wäl-

* Diese Schlammperiode, ein den Deutschen unbekanntes Phänomen, und der dadurch hervorgerufene Zeitverlust waren nicht die ausschließliche, aber eine wesentliche Ursache für die spätere Niederlage vor Moskau.

dern ließ unseren Munitionsvorrat rapide schmelzen. Da es mehrere Tage lang keinerlei warme Mahlzeit gab, bekamen immer mehr Soldaten Durchfall und Darmgrippe.«
Auch die Luftwaffe muß ihre Aktivitäten immer mehr einschränken. Der miserable Zustand der primitiv hergerichteten Feldflugplätze verbietet jeden Start. Die Frontflugzahlen gehen von 1000 auf 250 am Tag zurück. Hinzu kommt, daß die Luftflotte 2 komplett in den Mittelmeerraum verlegt wird.
Mehr als drei Wochen lang treten die Divisionen von Rundstedts auf der Stelle, von zähem Schlamm festgehalten. Armeeoberkommando und Partei in Moskau wissen diese unerwartete Pause zu nutzen. Mehr als 250 000 Männer und Frauen werden zum Bau von Feldbefestigungen ausgehoben. Die riesigen Wälder vor Moskau erweisen sich als das beste Panzerhindernis, denn sie beschränken jedes Vorrücken auf einige wenige, leicht zu sperrende Achsen. Überall entstehen gesicherte Sperren, Minengürtel, gutgetarnte Pakriegel. Vom deutschen Spion Sorge in Tokio über die japanischen Absichten unterrichtet, befreit von der Sorge um einen Angriff auf Sibirien, kann Schukow vier Divisionen und mehrere Panzerbrigaden von den fernöstlichen Küstenregionen nach Moskau verlegen lassen.
Schukow kann sich auch auf ein intaktes Hinterland stützen, auf ausgebaute Flugplätze, ein gutes und dichtes Straßen- und Eisenbahnnetz, während die Deutschen in einem weitgehend zerstörten Gebiet operieren, in dem der Feind die Politik der »verbrannten Erde« angewandt hat. Die sowjetische Luftwaffe, mit neuen Maschinen ausgerüstet, macht sich mit Vehemenz und auf unangenehme Weise bemerkbar. Tag für Tag schaffen 100 bis 120 Züge Verstärkungen und Material für die Rote Armee heran, während von Bock nur über höchstens 20 Züge pro Tag verfügen kann.
Im OKH und im Hauptquartier der Heeresgruppe von Bock macht sich Angst breit. Das Phantom der »Großen Armee« Napoleons geht um. »Viele von uns begannen, die Memoiren Caulaincourts zu lesen«, vermerkt General Blumentritt, »seinen fürchterlichen Bericht über den Rückzug von 1812.* Das Buch übte

* Hier sei mir eine persönliche Bemerkung erlaubt. Ich hatte das Buch, als es gerade erschienen war, also kurz vor dem Beginn des Rußlandfeldzuges, gelesen und war ebenso beeindruckt wie erstaunt, daß die Goebbels-Zensur es freigegeben hatte, und dann noch zu diesem Zeitpunkt.

auf uns alle in diesem kritischen Moment von 1941 einen starken Einfluß aus. Noch heute sehe ich Kluge, im Schlamm watend, zwischen seinem Quartier und dem Stabsbüro, wo er die Karten studierte, das Buch Caulaincourts unter dem Arm.« Für von Brauchitsch und Halder ist es nicht einfach, sich vor Hitler so kurz vor dem Ziel geschlagen zu geben, nachdem sie bisher so energisch für einen Sturm auf Moskau eingetreten waren. Man kann jedenfalls nicht in den erreichten Positionen verharren, wenn man auf jedes weitere Vordringen verzichtet. Dann ist es schon besser, sich auf die Ausgangspositionen vom 12. Oktober zurückzuziehen.

Am 12. November kommt es in Orscha zu einer Konferenz der Chefs aller drei Heeresgruppen unter dem Vorsitz Halders. Es gibt starke Bedenken gegen eine Wiederaufnahme der Offensive. Der Chef der Panzerarmee Guderians, von Liebenstein, drückt es so aus: »Wir sind nicht mehr im Mai, und wir kämpfen nicht mehr in Frankreich.« Aber Halder setzt sich durch. Die Wiederaufnahme des Angriffs wird beschlossen. Moskau muß von Osten eingeschlossen werden, koste es, was es wolle, und sei es nur, um den »Wunsch des Führers« zu erfüllen, wie Halder, immer bereit, seine Verantwortung auf andere abzuwälzen, hinzufügt. Da die Kälte von Tag zu Tag zunimmt, erscheint das Unternehmen durchführbar. Der Schnee schmilzt nicht mehr, der Schlamm wird fest, die Straßen überziehen sich mit einer soliden Eisdecke. Panzer und Lastwagen können wieder fahren. Bock glaubt, bei vier Wochen kalten Wetters sein Ziel erreichen zu können.

Vier Tage nach der Konferenz von Orscha, am 16. November, tritt das deutsche Ostheer wieder zum Angriff auf Moskau an, »unter einem merkwürdig kristallenen, weder blauen noch grauen Himmel, der sehr hell, aber bar jeder Wärme und Poesie ist«, wie ein Teilnehmer bemerkt. Im Norden nimmt die Panzergruppe von General Reinhardt, der Hoth abgelöst hat, am 23. November die Stadt Klin. Zwei Tage später fällt Istra, und die 6. Panzerdivision kann zwei Brückenköpfe jenseits des Wolga-Don-Kanals errichten. Die nördliche Klaue der Zange ist nur noch 40 Kilometer von Moskau entfernt. Im Süden macht die Panzerarmee Guderians noch einmal eine gewaltige Anstrengung. Sie kann Tula nicht nehmen, umgeht es aber südlich und stößt auf die Oka vor. Da die Lastwagen nicht folgen können und es an gepanzerten Mannschaftstransportwagen mangelt, werden die Grenadiere auf die Panzer verladen.

Ende November lastet also eine neue Bedrohung auf Moskau. Aber der deutsche Vormarsch wird wieder gebremst, von immer heftigerem Widerstand der Roten Armee und dem stärker werdenden Frost. Das Thermometer fällt mit jedem Tag mehr. Von minus 20 Grad auf minus 25 Grad, dann minus 30 Grad Celsius. Am 23. November mißt man minus 35 Grad, und es weht ein eisiger Schneesturm.

Das hat niemand vorausgesehen. Nur die Luftwaffe und die Waffen-SS verfügen über eine einigermaßen entsprechende Winterausrüstung. Für die Masse der Wehrmacht gibt es weder warme Kleidung noch Frostschutzmittel für die Fahrzeuge, noch die geeigneten Schmieröle für Waffen und Optiken. Der Nachschub bleibt jetzt im Schnee stecken, die Lager sind leer. Neben den ständigen Darmbeschwerden erleiden die Soldaten jetzt erste Erfrierungen, die bald zwei Drittel aller Ausfälle ausmachen werden.

»Nur wer die endlosen Weiten der russischen Schneeflächen in diesem Winter unseres Unheils gesehen hat«, schreibt Guderian, »über welche der eisige Wind strich und jede Unebenheit des Bodens verwehte, nur wer Stunden um Stunden durchs Niemandsland gefahren ist, um dann auf dünne, nur zu dünne Sicherungen schlecht gekleideter, schlecht ernährter Männer zu treffen, wer im Gegensatz hierzu die vorzüglich für den Winter gerüsteten, gut genährten frischen Sibirier gesehen hat, kann die nun folgenden ernsten Ereignisse richtig beurteilen.«[9]

Am 1. Dezember kommt der Angriff zum Erliegen. Bei polarer Kälte funktionieren die Waffen nicht mehr, friert das synthetische Benzin, wird das Öl steif, bröckelt der Gummi von den Laufketten der Panzer. Kein Motor will mehr anspringen. Brot muß mit der Axt zerschlagen werden. An diesem Tage meldet von Bock dem OKH: »Der Angriff wird … begrenzten Geländegewinn bringen, … eine operative Auswirkung aber wird er schwerlich haben. … Der Angriff erscheint somit ohne Sinn und Ziel, zumal der Zeitpunkt sehr nahe rückt, in dem die Kraft der Truppe erschöpft ist.«

Trotzdem kommt es am 2. und 3. Dezember zu einer letzten Anstrengung. Bei sibirischen Temperaturen können einige der Panzer Reinhardts in die nördlichen Vororte von Moskau eindringen. Sie stoßen sogar bis zur Endhaltestelle der Moskauer Straßenbahn vor. Im Westen kommen die Truppen von Kluges ebenfalls bis zum Stadtrand. Einige Deutsche behaupten noch heute, damals mit dem Fernglas die Kuppeln der Kremlkirche haben ausmachen zu können.

Aber die deutschen Truppen befinden sich überall in einer äußerst heiklen Lage bei weit ausgedehnten Fronten, und diese Schwäche nutzt das sowjetische Oberkommando auf bewundernswerte Weise zu einer Gegenoffensive. Sie beginnt zunächst im Süden der Front. Rundstedt muß Rostow am Don räumen und sich auf den Mius zurückziehen. Die Sowjets erobern anschließend die Halbinsel Kertsch zurück und zwingen von Manstein, die Belagerung von Sewastopol aufzugeben. Auch im Norden kommt es zum Gegenangriff. Zwar können die sowjetischen Truppen Leningrad nicht entlasten, aber sie erobern Tischwin zurück und ermöglichen so eine Teilversorgung der Stadt über Land.

Der Hauptgegenstoß aber erfolgt in der Mitte der Front.* Im Morgengrauen des 6. Dezember setzt Schukow seine Sturmbataillone auf die deutschen Angriffsspitzen um Moskau an. Für eine ausgeblutete Armee, die in wenigen Tagen über 110 000 Ausfälle durch Erfrierungen hatte, ist der Schlag fürchterlich. Hoepner und Reinhardt, völlig überrascht, müssen Klin, Kalinin und Wolokolamsk räumen. Im Süden muß Guderian fast alles eroberte Gebiet wieder abgeben. Die Sowjets entsetzen Tula und erobern Kaluga zurück. Der deutsche Rückzug geht unter unvorstellbaren Bedingungen vor sich. Fast alles schwere Material, Geschütze, Lastwagen, Mannschaftstransportwagen und Panzer, meist ohne Benzin oder in Reparatur, werden zurückgelassen. In sechs Tagen erbeuten die Sowjets 400 Panzer und 300 Geschütze. Am 16. Dezember hat die Panzerarmee Guderian noch ganze 40 Panzer fahrbereit, gegen 1500 beim Einmarsch in Rußland. Die 7. Panzerdivision bei Reinhardt hat überhaupt keine Panzer mehr und kann nur noch 200 kampfbereite Panzergrenadiere einsetzen.

Die deutsche Armee scheint vor der Auflösung zu stehen, vor einem Desaster, das sich nur noch mit dem der Truppen Napoleons von 1812 vergleichen läßt. Die Moral der Truppe bricht zusam-

* Dabei waren auch sibirische Divisionen eingesetzt, die im August in Marsch gesetzt worden und mit letzten Teilen am Tag vor Beginn der sowjetischen Offensive an der Front angekommen waren.

men.* Es gibt erste ungeordnete Rückzüge. Im OKH lösen die ständigen Hiobsbotschaften von der Front eine panikartige Stimmung aus. Von Brauchitsch, kaum von einer Herzattacke im November genesen, verfällt nahezu in Depressionen. Er steht nicht mehr vom Bett auf und bittet den Führer um Entlassung, die dieser aber mit dem Hinweis ablehnt, »Wichtigeres zu tun zu haben«. Der Befehlshaber der Heeresgruppe Mitte, von Bock, ebenfalls krank, läßt sich nur noch drei oder vier Stunden am Tag blicken.
Im Augenblick, wo sich der »Wind der Beresina« erhebt, sehen die führenden Männer des deutschen Heeres ihr Heil nur noch im Rückzug, ohne zu wissen, wo dieser zum Stehen kommen soll. Die Optimisten treten für den Rückfall in die Ausgangsstellungen des 12. Oktober ein, andere schlagen die polnische Ostgrenze vor. Auch Guderian verfällt dem allgemeinen Pessimismus.
Vor diesem weitverbreiteten Defätismus, vor diesem drohenden völligen Verfall bewahrt nur Hitler, das muß gesagt werden, einen klaren Kopf und eine unbezwingbare Energie. Über die Köpfe von Brauchitsch, Halder und sämtlichen Heeresgruppen hinweg, erläßt er am 16. Dezember seinen berühmten »Haltebefehl«, den Befehl zum Aushalten an Ort und Stelle.** »Die geringste Zurücknahme der Front muß mitten im Winter, bei eingeschränkter

* Diese Feststellung geht fehl. Im Gegenteil, es ist erstaunlich, daß die Moral der Truppe nicht zusammenbrach (wie ich aus eigener Erfahrung während des ganzen Rückzugs weiß), von einigen kleineren begrenzten Fällen abgesehen. Wäre die Moral tatsächlich zusammengebrochen, hätte niemals der Rückzug in im ganzen erfolgreichen Widerstand kämpfend durchgeführt werden können.

** Daran, daß Hitler mit diesem Haltebefehl das Richtige und Notwendige getan hat, kann kein Zweifel bestehen. Das weiträumige operative Absetzen in einem Zuge, was das OKH – generalstabsschulmäßig an sich richtig – wollte, hätte unter den abnormen und deutscherseits vorher nie erfahrenen Verhältnissen dieses Winters 1941/42 und bei der durch den Angriff auf Moskau kräftemäßig völlig überforderten Truppe zur katastrophalen Auflösung geführt. Das hat Hitler verhindert. Und doch hatte dieser Entschluß auch verhängnisvolle Folgen, bei Hitler selbst. So wie der von ihm 1940 durchgesetzte Manstein-Plan durch seinen grandiosen Erfolg in Hitler den Glauben an sich selbst als Feldherr bewirkt hat, so schuf der Erfolg des Haltebefehls im Winter 1941/42 in ihm die immer sturer werdende und bis Kriegsende vorhaltende Überzeugung, daß in der Verteidigung starres Halten das richtige und beste Mittel sei. Das war es nur dieses eine Mal unter den ganz besonderen Kampf- und Witterungsbedingungen der Schlacht um Moskau, später nie mehr.

Beweglichkeit, ungenügender Winterausrüstung und dem Fehlen ausgebauter rückwärtiger Stellungen zu den schwersten Folgen führen«, heißt es in der Begründung.

Andere Anweisungen folgen: »Jeder größere Rückzug ist verboten. Er wird immer mit dem Verlust von schweren Waffen und Ausrüstung verbunden sein. Unter der persönlichen Verantwortung der höheren Truppenführer und aller Offiziere werden die Soldaten ihre Stellungen mit Entschlossenheit halten, ohne Rücksicht auf Einbrüche des Gegners in den Flanken oder im Hinterland der Front. Nur diese Kampfesweise wird es erlauben, die notwendige Zeit zur Heranführung von Verstärkungen aus dem Westen und aus der Heimat zu gewinnen.«

Am 19. Dezember nimmt Hitler endlich das Rücktrittsgesuch von Brauchitschs an, beläßt aber Halder in seiner Stellung als Generalstabschef und Keitel als Chef des OKW. Am selben Tage erläßt er einen Tagesbefehl an Wehrmacht und Waffen-SS: »Der Kampf um die Freiheit unseres Volkes zur Sicherung seiner Existenzbedingungen für die Zukunft, zur Beseitigung der Möglichkeit, uns alle 20 oder 25 Jahre unter einem neuen Vorwand, aber im tiefsten Grunde stets aus den gleichen jüdisch-kapitalistischen Interessen heraus mit Krieg zu überziehen, geht seinem Höhe- und Wendepunkt entgegen ...*

Die Vorbereitungen zur sofortigen Wiederaufnahme des offensiven Kampfes im Frühjahr bis zur endgültigen Vernichtung des Gegners im Osten müssen unvermittelt getroffen werden. Die Einleitung entscheidender anderer Kriegsmaßnahmen steht bevor. Diese Aufgaben erfordern es, daß Wehrmacht und Heimat zur höchsten Leistung angespannt und zum gemeinsamen Einsatz gebracht werden. Der hauptsächlichste Träger des Kampfes der Wehrmacht aber ist das Heer.

Ich habe mich daher unter diesen Umständen heute entschlossen, als Oberster Befehlshaber der deutschen Wehrmacht die Führung des Heeres selbst zu übernehmen.

Soldaten! Ich kenne den Krieg schon aus den vier Jahren des gewaltigen Ringens im Westen 1914/18. Ich habe den Schrecken fast

* Dieser Tagesbefehl wirkte außerordentlich auf die Soldaten und die untere Führung. Das kann ich aus eigener Erfahrung sagen. Meine Division hatte damals den Befehl, den schrittweisen Rückzug eines ganzen Armeekorps zu decken.

aller großen Materialschlachten als einfacher Soldat selbst miterlebt. Zweimal wurde ich verwundet und drohte endlich zu erblinden. Mir ist daher nichts fremd, was auch euch quält, euch belastet und bedrückt. Allein ich habe nach vier Jahren Krieg in keiner Sekunde an der Wiedererhebung meines Volkes gezweifelt und es mit meinem fanatischen Willen als einfacher deutscher Soldat fertiggebracht, die ganze deutsche Nation nach mehr als 15jähriger Arbeit zusammenzuschließen und von dem Todesurteil von Versailles zu befreien.

Meine Soldaten! Ihr werdet es daher verstehen: daß mein Herz ganz euch gehört, daß mein Wille und meine Arbeit unbeirrbar der Größe meines und eures Volkes dienen, daß mein Verstand und meine Entschlußkraft aber nur die Vernichtung des Gegners kennen, d. h. die siegreiche Beendigung dieses Krieges. Was ich für euch tun kann, meine Soldaten des Heeres und der Waffen-SS, in der Fürsorge und in der Führung wird geschehen. Was ihr für mich tun könnt und tun werdet, das weiß ich: Mir in Treue und Gehorsam folgen bis zur endgültigen Rettung des Reiches und damit unseres deutschen Volkes. Der Herrgott aber wird den Sieg seinen tapferen Soldaten nicht verweigern!«

Am 20. Dezember kommt Guderian mit dem Flugzeug nach Rastenburg ins Führerhauptquartier. Selbst zum äußersten niedergeschlagen, ersucht er Hitler, von seinem Durchhaltebefehl abzulassen, den er für verhängnisvoll hält. Aber Hitler bleibt unerschütterlich. Er untersagt der 2. Panzerarmee jegliches Zurückweichen. Ein solches könne die Truppe nur demoralisieren, in ungeordnetes Ausreißen ausarten und den Verlust allen schweren Materials nach sich ziehen. 80 Kilometer weiter westlich sei es im übrigen genauso kalt.[10]

»Ihr müßt euch im Boden festkrallen, jeden Quadratmeter Boden verteidigen«, sagt Hitler. »Festkrallen im Boden geht nicht«, antwortet Guderian. »Er ist ein bis eineinhalb Meter tief gefroren, da kommt man mit unserem einfachen Schanzzeug nicht hinein.« Darauf Hitler: »Macht euch Krater mit euren schweren Feldhaubitzen, das haben wir im letzten Krieg in Flandern auch so gemacht.«

Guderian gibt zurück, daß er dafür keine Munition übrig hat und daß eine 15-Zentimeter-Granate in einem einen Meter tief gefrorenen Boden nur einen lächerlichen Krater hinterläßt. Er besteht darauf, daß der Übergang zu einem Stellungskrieg im Winter auf ungeeignetem Gelände enorme Verluste verursachen und »die Blüte unserer Offiziere und Mannschaften nebst den für sie bestimmten Reserven dahinraffen« würde. – »Glauben Sie«, antwortet Hitler, »daß die Grenadiere Friedrichs des Großen gerne gestorben sind? Sie wollten auch leben, aber der König hatte das Recht, das Opfer ihres Lebens von ihnen zu verlangen. Ich bin der Ansicht, daß ich genauso das Recht habe, von jedem einzelnen Soldaten das höchste Opfer zu verlangen.«

Aber Guderian gibt sich noch nicht geschlagen. »Die mir erteilten Weisungen werden Verluste verursachen, die in keinem Zusammenhang mit dem erwarteten Erfolg stehen. Ich darf darauf hinweisen, daß es nicht der Gegner ist, der uns die blutigsten Verluste zugefügt hat, sondern das Ausmaß der Kälte, das uns zweimal mehr Ausfälle brachte als das Feuer des Feindes. Wer die Feldlazarette voller Männer mit Erfrierungen gesehen hat, weiß, was das bedeutet.«

»Ich weiß«, antwortet Hitler, »daß Sie sich persönlich sehr verausgabt haben und immer bei der vordersten Truppe waren. Ich erkenne das an. Aber Sie sind zu nahe bei den Ereignissen. Sie lassen sich zu sehr von den Leiden der Soldaten beeindrucken. Sie haben zuviel Mitleid mit ihnen. Sie müssen mehr Abstand zu den Dingen gewinnen, glauben Sie mir, von weitem sieht man die Dinge schärfer.«

Ende Dezember bricht plötzlich etwas mildere Witterung ein. Das ermöglicht es, den Befehl Hitlers durchzuführen. Die Truppe igelt sich ein, verteidigt größere Ortschaften, Dörfer, Kolchosen. Widerstand bis zum letzten Mann und bis zur letzten Patrone, lautet jetzt die Parole. Luftwaffe und Panzer müssen die Igel versorgen und im Notfall freikämpfen. Schließlich gelingt es, die Katastrophe einzudämmen. Die Einheiten bleiben in ihren Stellungen; Rückzüge, da wo sie unabwendbar sind, betragen nicht mehr als 150 bis 200 Kilometer.

Die Versteifung des Widerstandes wird durch Heranführung von Reserven begünstigt, selbst wenn dies oft unter chaotischen Improvisationen geschieht. Im Gegensatz zum Frankreichfeldzug ist die Wehrmacht praktisch ohne Bildung nennenswerter Reserven in Rußland eingerückt. Das Ersatzheer in der Heimat, dessen Aufgabe die Ausbildung von Rekruten und Reservisten ist, muß nun in aller Eile ein gutes Hundert »Marschbataillone« aufstellen und eilends an die Front in Marsch setzen, ohne daß deren Ausbildung auch nur annähernd beendet ist. Zu diesen 250000 Mann gesellen sich Einheiten zur Aufrechterhaltung der Ordnung im Hinterland, die ohne großen militärischen Wert sind. Jede der 23 im Westen stationierten Divisionen muß zusätzlich je ein Bataillon nach Osten abstellen.

Diese Einheiten kommen in nicht sehr gutem Zustand an der Front an. Meist haben sie erschöpfende, lange Fußmärsche durch die russische Schneewüste hinter sich, sind ungenügend ausgerüstet und haben keinerlei Winterbekleidung. Ein Soldat beschreibt die Situation so: »Unser Bataillon ist ohne jede Artillerie und ohne eine einzige Pak in die Frontlücke geworfen worden. Die Russen griffen uns sofort mit schweren Panzern und Massen von Infanterie an, wir mußten zurückgehen. Unsere MGs schossen bei der Kälte nicht mehr, und unsere Munition ging rasch zu Ende. Einen ganzen Tag lang waren wir so in einem Dorf eingeschlossen. In der Nacht versuchten wir einen irrsinnigen Ausbruch, und siehe da, er gelang …

Die ganze Front bricht in 20 Kilometer Breite ein. Überall gingen Leute zurück. Die Offiziere, die Pistole in der Hand, versuchten vergebens, die Panik aufzuhalten. Wir wurden Zeugen von Szenen, die wir bisher beim Russen nicht gesehen hatten, und nur sehr wenig bei den Franzosen. Ganze Kolonnen von Soldaten gingen nach rückwärts, und überall ließen sie Helme, Gasmasken, Ausrüstungsgegenstände auf dem Schnee zurück.«[11]

Nach einigen unerfreulichen Vorkommnissen muß eine größere Zahl höherer Befehlshaber ausgetauscht werden. Für geringfügiges Ausweichen vor dem Feind werden fast 35 Generäle ihrer Kommandos enthoben. Zu den namhaftesten Opfern dieser Entlassungswelle zählen von Bock und von Rundstedt, wenn auch nur einige Zeit lang. Sogar Hoepner und Guderian müssen gehen. Letzterer aufgrund eines gehässigen Berichts seines Oberkommandierenden von Kluge, der zum Nachfolger von Bocks bestimmt worden ist. Diese Entlassung entfesselt einen tödlichen Haß zwischen den beiden Männern, der sich 1943 in einem im letzten Moment abgebrochenen Duell entlädt.

Die Wiederherstellung einer durchgehenden Front dauert den ganzen, unbarmherzig kalten Winter hindurch an, und sie bleibt weithin nur Stückwerk. Die stärksten sowjetischen Angriffe geschehen im Donez-Becken, bei Isjum, an der Leningrad-Front und im Mittelabschnitt. Im Februar 1942 kann die Rote Armee tief in

Richtung Smolensk durchstoßen. Aber die Angelpunkte der deutschen Front, Rschew, Wjasma und Orel, halten allen Angriffen stand.

Von Panzern unterstützte Gegenangriffe können immer wieder verlorengegangenes Gelände wiedergewinnen, die sowjetischen Angriffsspitzen zurückdrängen. Die Luftwaffe kann ihre täglichen Frontflüge erneut auf die Zahl 1000 steigern und den Bodentruppen häufiger Entlastung bringen.

Die Russen versuchen nun die Waldai-Höhen zurückzuerobern und damit einen Keil zwischen die Heeresgruppen Nord und Mitte zu treiben. In der Stadt Cholm schließen sie eine Brigade ein, und bei Demjansk gelingt ihnen die Einschließung dreier Armeekorps mit 100 000 Mann. Zum ersten Mal in der Kriegsgeschichte werden diese Kessel aus der Luft versorgt.

Da keine Flugplätze vorhanden sind, muß die Versorgung der Eingeschlossenen per Lastensegler erfolgen. 3,7-Zentimeter-Pak, Lebensmittel, Munition und Medikamente werden so eingeflogen. Bei Demjansk hingegen gibt es eine echte Luftbrücke. Im Takt von 100 bis 150 Einflügen pro Tag werden täglich im Durchschnitt 275 Tonnen Güter herbeigeschafft. 15 500 Mann Verstärkung kommen ebenfalls an. 22 000 Verwundete werden ausgeflogen, 265 Transportflugzeuge gehen verloren. Im Mai 1942 werden die Überlebenden der beiden Kessel, total erschöpft, endlich von Panzerkräften entsetzt.[12]

Alle diese Schlachten spielen sich bei sibirischer Kälte ab, bei fast ständigen Schneestürmen, die den Kämpfern unvorstellbare Leiden auferlegen. Léon Degrelle, der damalige Kommandeur der SS-Freiwilligen-Brigade »Wallonie«, vertraut seinem Tagebuch an: »Überall brüllender Sturm, ringsum brüllender Feind. Die Stellungen bestanden aus Eisblöcken. Die Befehle waren unmißverständlich: ›Keinen Meter zurück.‹ Die Leiden waren unsagbar, unbeschreiblich …«[13]

Mit dem plötzlichen Einsetzen des Frühlings, mit der schnellen Schneeschmelze, die abermals alle Gewässer über die Ufer treten läßt und jede Bewegung hemmt, ist die Krise überwunden. Ein Desaster konnte vermieden werden. Zwei Erklärungen bieten sich für das »Wunder« an: zunächst die außergewöhnliche Entschlossenheit Hitlers, die es ermöglichte, drei Hindernisse zu überwinden: die Kopflosigkeit der höchsten militärischen Führung, die Kraft der Roten Armee und die moralisch bedrückende Erinnerung an die

»Große Armee« von 1812. Als zweites muß genannt werden die Opferbereitschaft des deutschen Soldaten, der sich im Osten sein Ruhmesblatt erworben und gezeigt hat, daß er in nichts hinter den Kämpfern des Krieges von 1914/18 zurückstand.

Der deutschen Armee kamen aber auch Mißgeschicke der Sowjets entgegen. Stalin hatte zwar ebenfalls Kühnheit und Angriffsgeist gezeigt. Aber er hatte den Fehler begangen, an allen Fronten zugleich anzugreifen, seine Streitkräfte damit zu verzetteln und es an einer Hauptstoßrichtung fehlen zu lassen. Die sowjetische militärische Doktrin blieb noch erstaunlich primitiv, gekennzeichnet von massiven, nur ungenügend von Artillerie und Panzern unterstützten Infanterieangriffen.

Diese Taktik läßt fatal an die schlimmsten Fehler von 1914/18 denken, die zu unübersehbaren Hekatomben von Toten führt. Viele Fotos, von deutschen Stellungen aus aufgenommen, zeigen ganze Wälle von Leichen, niedergemäht vom Feuer automatischer Waffen, dazwischen die ausgebrannten Wracks abgeschossener Panzer. Zum deutschen Feuer gesellten sich eine Kälte, die den sowjetischen Soldaten nicht weniger leiden ließ als den deutschen, und eine heftige Typhusepidemie am Ende des Winters.

Man täusche sich nicht: Auch wenn die Wehrmacht die Winterkrise überwunden hat, so war es nicht mehr als ein Abwehrerfolg. Zum ersten Mal seit 1939 ist der Blitzkrieg an seine Grenzen gestoßen. Die Deutschen haben im Osten einen Gegner vor sich, der sich mit keinem ihrer früheren in Polen oder Frankreich vergleichen läßt. Und sie stehen in einem Kampf, dessen Ausgang ungewiß ist.

Drei Gründe lassen sich für diesen ersten großen Rückschlag anführen. Zunächst die Unermeßlichkeit Rußlands, zu der ein frühzeitiger Winter hinzukommt mit Kältegraden, wie man sie seit 100 Jahren nicht mehr erlebt hat. Die Härte dieses Winters, die einer lähmenden Schlammperiode folgte, hatte verheerende Auswirkungen auf eine Armee, die weit von ihren Basen, unter miserablen Wegebedingungen und den vom Gegner angerichteten Zerstörungen zu operieren hatte.

Der Rückschlag erklärt sich zum zweiten aus einer verhängnisvollen Fehleinschätzung des Gegners. Ihren ganzen langen Weg lang hatten die Deutschen mit Erstaunen die Fähigkeit der Roten Armee, aus unerschöpflichen Reserven an Menschen und Material heraus Verluste auszugleichen und wieder auf die Füße zu kommen, bemerken können. Nach mehreren Fünfjahresplänen stand eines fest: Die UdSSR war zu einer einzigen riesigen Waffenfabrik geworden.

Schließlich haben die Deutschen ihre Ansicht über den Stand der sowjetischen Rüstung revidieren müssen. Je länger der Feldzug dauerte, desto häufiger sahen sie sich neuem, verbessertem Material des Gegners gegenüber. Der Jäger La 7, der Jagdbomber Stormowik, die schweren Panzertypen KW I und vor allem T 34, schließlich die Flächenfeuerwaffe Katjuscha, von den Landsern »Stalinorgel« genannt, waren ständige Beweise einer sich rasch entwickelnden sowjetischen Rüstungsindustrie.

Der letzte und schmerzlichste Grund zum winterlichen Rückschlag: das ständige Fehlen der Mittel. Die Elitetruppen, die die Siege in den vorhergehenden Feldzügen entschieden hatten, waren auf einem Kriegsschauplatz, der Mitte Oktober eine Million Quadratkilometer umfaßte, stumpf geworden. Um den Stoß auf Moskau zu sichern, mußten nach der Schlacht von Smolensk die Panzerkorps vom Mittel- zum Nordabschnitt, dann vom Nord- zum Südabschnitt und schließlich wieder zur Mitte verschoben werden.

Den besten Einheiten der Luftwaffe, wie etwa der Luftflotte Richthofen, ging es nicht besser. Das alles verursachte Pausen von mehreren Wochen an mehreren Frontabschnitten, die dem Gegner Zeit zum Sammeln ließen, und es verursachte verheerenden Materialverschleiß bei den betroffenen Truppen. Nur die taktische Überlegenheit der Wehrmacht und der hohe Grad an Erfahrungen aus den vorhergehenden Jahren bei Offizier und Mann konnten die ersten deutschen Siege sichern.

Auch warf »Barbarossa« eine alte Streitfrage auf. Nach eingehenden Studien der Feldzüge Karls XII. und Napoleons war Clausewitz zu der Überzeugung gelangt, daß Rußland weder durch die Zerschlagung seiner Armeen noch durch die Besetzung seiner Hauptstädte, sondern nur durch einen inneren Zusammenbruch besiegt werden könne. Ein solcher Zusammenbruch drohte der Sowjetunion im Oktober 1941. Aber das Regime konnte sich behaupten und alle Energien der Bevölkerung mit der zündenden Parole vom »Großen Vaterländischen Krieg« zum äußersten Widerstand bündeln.

Im Frühjahr 1942 ist das Ostheer mit der Armee der vorhergehenden Jahre nicht mehr zu vergleichen. Nicht ohne Entsetzen muß Halder am 25. März 1942 feststellen, daß die Verluste in den bisherigen acht Monaten der Kampagne ohne die Zahl der Erkrankungen mehr als eine Million betragen, davon 32000 Offiziere. Das ist ein Drittel der Mannschaftsstärke zu Beginn der Operation am 22. Juni 1941 und mehr als das Zehnfache der Verluste im Frankreichfeldzug.

Von 162 Divisionen sind nur noch höchstens elf in der Lage, Angriffsoperationen einzuleiten. 47 sind nur noch begrenzt operativ verwendbar. Der Rest, d. h. die große Masse, ist nur noch zu statischer Kriegsführung fähig. Die Verluste der Panzer betragen 3500. Nur noch 142 Kampfwagen sind einsatzfähig. Die Luftwaffe hat 1941 an allen Fronten zusammen 5000 Flugzeuge verloren, davon 60 Prozent in Rußland. Einige Geschwader haben nur noch 45, manche lediglich 25 Prozent ihrer Sollstärke.

Die Wehrmacht ist nicht mehr auf ihrem Niveau von 1941. Die Zäsur zwischen »Eliten« und »Milizen« ist noch schärfer geworden. Um den Preis einer gewaltigen Anstrengung können Panzer- und motorisierte Divisionen, können Waffen-SS-Einheiten, können auch einige alte aktive Infanteriedivisionen wieder zu ihrer ursprünglichen vollen Stärke anwachsen, aber die restlichen zwei Drittel des Ostheeres werden niemals wieder ihre Sollstärken erreichen, werden permanent an Unterführermangel und ständig unter dem Fehlen von Transportmitteln leiden müssen.

Das Gros der Wehrmacht in Rußland richtet sich von nun an auf die Defensive ein.* Die besten Einheiten werden 1942 noch einmal blitzkriegartig zum Angriff antreten, im Süden der Ostfront, in Richtung Kaukasus und Wolga. Im Norden und in der Mitte dagegen wird der Krieg zurückkehren zum Stellungskrieg von 1914/18, mit seinen Schützengräben, Unterständen, Stacheldrahthindernissen, Minenfeldern und Panzergräben, wenngleich dieses Defensivsystem wegen der riesigen Ausdehnung der Front und der geschwächten Mannschaftsstärken niemals die Dichte der Westfront im Ersten Weltkrieg erreichen wird.

Ein großer Teil der Armee ist verurteilt zu Behelfsmaßnahmen,

---

* Moskau war die Wende, nicht erst Stalingrad, wie es meist gesehen wird. Nach Moskau hat Hitler, hat die Wehrmacht nie wieder die Gesamtinitiative bekommen. Sie konnte 1942 nur noch auf einem Drittel der Front angreifen (die Stalingrad-Operation) und 1943 nur noch an einem begrenzten Abschnitt bei Kursk (Operation Zitadelle). Die Niederlage hier war der Beginn des Endes, die Initiative ging endgültig verloren.

ständigen Requirierungen von Pferden, Vieh, landwirtschaftlichem Gerät, Zivilpersonen, ja Kriegsgefangenen, die in Hilfswillige (»Hiwis«) verwandelt werden.

Für Hitler hält der Ostfeldzug noch weitere »perverse Auswirkungen« bereit. Der Erfolg der winterlichen Abwehrschlacht verstärkt in ihm seinen Glauben an sein militärisches Genie und läßt seine Verachtung für die »charakterlosen« Generäle noch wachsen. Für den Führer summiert sich die Kunst der Kriegsführung, von weniger wichtigen taktischen Gegebenheiten abgesehen, in der charakterlichen Größe des Chefs und in dem Durchhaltevermögen der Soldaten.

Während sich die Ostfront stabilisiert, kommt auf dem Nebenkriegsschauplatz Nordafrika die Front ebenfalls zum Stehen. Die 8. britische Armee hatte sich im Sommer 1941 bedeutend verstärken können. Sie verfügte über 680 Panzer gegenüber nur 380 der Gegner, über 1000 Flugzeuge gegenüber nur 320 der Achsen-Streitkräfte. Am 18. November hatte General Cunningham die Operation »Crusader« ausgelöst mit dem Ziel, Tobruk zu entsetzen und die Cyreneika zurückzuerobern. Aber dank der taktischen Geschicklichkeit Rommels war dieser erste Versuch gescheitert.

Wütend hatte Churchill daraufhin Cunningham durch Ritchie ablösen lassen, und die 8. Armee war unter ihrem neuen Kommandeur zum zweiten Angriff angetreten, der diesmal von Erfolg gekrönt war. Um der Einschließung zu entgehen, hatte Rommel auf seine Ausgangsposition bei El Aghaila zurückgehen müssen, wo er am 31. Dezember eingetroffen war. Hauptursache des Rommelschen Rückzugs waren die schleppende Versorgung wegen überdehnter Nachschubwege und unaufhörliche Angriffe britischer Seestreitkräfte aus Malta auf die deutsch-italienischen Geleitzüge im Mittelmeer.

Das OKW mußte fürchten, daß Rommel bis nach Tunesien zurückgeworfen werden könnte. Diese Befürchtungen lagen den letzten deutsch-französischen Besprechungen in Berlin zwischen General Juin und Göring zugrunde. Darlan hatte bereits akzeptiert, daß französische Streitkräfte in Südtunesien mit Rommel zusammenarbeiten könnten. Außerdem sollten französische Flotteneinheiten aus Toulon Geleitschutz für die Konvois der Achse übernehmen.

Die Abmachungen kamen nicht zum Tragen. Am 21. Januar geht

Rommel wieder zur Offensive über und wirft die Briten bis Ain Gazala, 80 Kilometer vor Tobruk, zurück. Das konnte er tun, weil inzwischen die Nachschublinien nach Italien durch Verstärkungen auf See und in der Luft sicherer geworden waren.

Entgegen der Überzeugung von Dönitz, man müsse alle U-Boote im Nordatlantik zusammenziehen, setzt Raeder die Entsendung von 20 Booten ins Mittelmeer durch. Die Maßnahme zeigt sofort Wirkung. Am 13. November 1941 torpediert U 81 den Flugzeugträger »Arc Royal«, der tags darauf in Sicht von Gibraltar sinkt. Am 25. November kann U 331 vor Sollum das Panzerschiff »Barham« versenken.

Diese beiden Verluste sind der Anfang einer Serie schrecklicher Rückschläge für die Mediterranean Fleet. Am 18. Dezember trifft die vor Malta operierende »Force K« auf ein von den Italienern gelegtes Minenfeld vor der Küste Tripolitaniens. Der Kreuzer »Neptune« und ein Zerstörer sinken, zwei andere Kreuzer werden schwer beschädigt. Mit äußerster Kühnheit dringen am selben Tage drei italienische Schnellboote in die Reede des britischen Kriegshafens Alexandria ein und bringen Sprengladungen an den Kielen der Schlachtschiffe »Queen Elizabeth« und »Valiant« sowie eines Öltankers an. Alle drei Schiffe sinken im seichten Wasser der Reede, bleiben aber monatelang unbrauchbar, was die britische Mittelmeerflotte mit einem Schlag ihrer Flugzeugträger und Schlachtschiffe beraubt.

Gleichzeitig erlaubt die Verlegung der Luftflotte 2 von der Ostfront zum Mittelmeer der Achse, die Luftherrschaft zurückzugewinnen. Ihr Kommandeur Kesselring wird zum Oberbefehlshaber des nordafrikanischen Kriegsschauplatzes ernannt. Seine erste Maßnahme: Dauerbombardierungen Maltas und die Abschneidung der Insel von jedem Nachschub.

Während der zweiten Schlacht in der Syrte kann die Luftflotte 2 am 23. März 1942 die wieder einmal nicht vorhandene italienische Kriegsmarine ersetzen und einen britischen Konvoi auf dem Wege von Alexandria nach Malta stoppen. Stukas versenken zwei große Schlachtschiffe, zwei weitere werden im Eingang des Hafens von Malta versenkt. Nur 5000 der 26 000 Tonnen Fracht des Geleitzuges erreichen den Bestimmungsort. Im April 1942 kommt es zu einem Höhepunkt im Kampf um Malta. Drei Zerstörer, drei U-Boote und mehrere andere Schiffe werden versenkt. Der Hafen ist für die Royal Navy unbrauchbar geworden.

Die Wehrmacht kann noch einmal einen Sieg im Mittelmeerraum davontragen, aber auf Kosten des Abzugs von Streitkräften auf anderen Kriegsschauplätzen. Die Verlegung von U-Booten in das Seegebiet östlich von Gibraltar schwächt die deutsche Atlantikfront. Der Abzug der Luftflotte 2 von der Ostfront entzieht der schwer ringenden Heeresgruppe Mitte vor Moskau ihre dringend benötigte Luftunterstützung. Es ist evident, daß die Wehrmacht an die Grenzen ihrer Mittel gestoßen ist und über keinerlei strategische Reserven mehr verfügt.

Die deutschen Hoffnungen in Rußland und Nordafrika aber fallen zusammen mit einer neuen kritischen Phase des Krieges. Dieser ist, nach dem Angriff der Japaner auf Pearl Harbor und der Kriegserklärung des Deutschen Reiches an die Vereinigten Staaten von Amerika, zum Weltkrieg geworden.

Diese deutsche Initiative scheint nicht von zwingender Notwendigkeit geboten zu sein. In seiner Rede vom 8. Dezember vor dem Kongreß ist Roosevelt, nach einer scharfen Verurteilung des »Tages der Infamie« (Angriff auf Pearl Harbor, Anm. d. Übers.), hinsichtlich Deutschland sehr vage geblieben. Aus Furcht vor einem Bruch der nationalen Einstimmigkeit will er keinen Konflikt mit den Achsenmächten riskieren.

Obwohl Ribbentrop den Japanern Zusicherungen gemacht hat, behält sich Hitler zwei Tage Bedenkzeit vor. Erst am 11. Dezember erklärt er den USA den Krieg. Den Ausschlag geben zwei Ereignisse: Am 5. Dezember veröffentlicht die »Chicago Tribune« ein bisher geheimgehaltenes »Victory Program«, bestimmt für die isolationistische Fraktion des Senats, die nicht aufhört, die »Kriegstreibereien« des Präsidenten zu brandmarken. Das Programm enthüllt in Hitlers Augen, daß Amerika sich auf einen Krieg gegen Deutschland vorbereitet.

Das zweite auslösende Element ist der Nachdruck, mit dem Raeder auf einen Krieg mit den USA drängt. Raeder sieht jetzt die Möglichkeit eines rigorosen Seekrieges im Verein mit Japan gegen die anglo-amerikanischen Mächte. Der Großadmiral unterstreicht, daß »alle im Plan der ›Chicago Tribune‹ enthaltenen Kalküle für einen Kriegseintritt der USA durch die jüngsten Ereignisse überholt seien. Daß ein ›Krieg der beiden Ozeane‹ mit den dazu notwendigen Flotten frühestens in zwei bis drei Jahren möglich sei, daß dagegen jetzt die USA über keinerlei Heer verfügten und ihre gigantische Rüstungsmaschinerie noch nicht angeworfen hätten.« Ein sofortiger Krieg käme in den Augen des Admirals den Amerikanern also sehr ungelegen.[14] Bei einer sofortigen Kriegserklärung an die USA könnten dagegen die U-Boote im Atlantik endlich richtig operieren, ohne Rücksicht auf neutrale Zonen und langwierige Identifizierungsprobleme.

Ein Krieg mit Amerika ist so oder so unvermeidlich, und der Termin erscheint günstig. Am 11. Dezember hat Hitler noch nicht das ganze Ausmaß der am 6. Dezember ausgelösten sowjetischen Gegenoffensive erkannt. Ist sie nicht nur das letzte Aufbäumen eines bereits geschlagenen Gegners? Wie dem auch sei: Das Reich befindet sich jetzt in einem Konflikt mit den beiden größten Seemächten, ohne die kontinentale Konsolidierung erreicht zu haben, die es ihm erlauben würde, seine ganzen Anstrengungen auf den Kampf zur See und in der Luft zu richten.

8
An den Pforten Asiens

Das Jahr 1942 ist für die Wehrmacht in gewisser Weise ein Paradoxon. Gegen eine ungeheure Koalition, in der sich von nun an Großbritannien, die USA und die Sowjetunion zusammenfinden, kann das Reich noch einmal eindrucksvolle Siege erringen, verknüpft mit den Namen Alexandrien, Wolga und Kaukasus. Die deutschen Streitkräfte haben immer noch eine phänomenale taktische Überlegenheit.

Die Schlacht im Atlantik erlebt ihren Höhepunkt. Den Voraussagen Raeders und Dönitz' entsprechend können die U-Boote nach dem Kriegseintritt der USA ohne Begrenzung durch neutrale Zonen operieren, die gegnerischen Geleitschutzkräfte zu den äußersten Anspannungen zwingen und ihre größten Erfolge seit Beginn des Krieges erzielen.

Im Januar 1942 startet die Kriegsmarine mit zehn Fern-U-Booten vom Typ IXC vor der amerikanischen Ostküste die Operation »Paukenschlag«. In dieser Zone treffen die U-Boote noch auf ideale Einsatzbedingungen. Der Seeverkehr rollt hier wie im Frieden ab. Unter Mißachtung der britischen Lehren will die an Zerstörern arme US-Navy von einem Geleitzugsystem nichts wissen, begnügt sich mit gelegentlichen Patrouillen auf ihren Routen, was sich schnell als vollkommen ungenügend erweist. In vier Monaten schicken die U-Boote nahezu zwei Millionen Tonnen Tanker-Schiffsraum auf den Grund des Meeres und stören damit erheblich das Anlaufen der amerikanischen Kriegswirtschaft.

Nebenher operieren Boote in der Karibik, auch hier mit Erfolg, besonders vor den Ölhäfen der Küste Venezuelas. Erst im Sommer können die Betroffenen reagieren und ein zusammenhängendes Geleitzugsystem aufbauen. Das setzt den »fetten Monaten« der U-Boot-Kapitäne ein Ende und zwingt Dönitz zu einer neuen Dislozierung seiner Kräfte. Der Kampf konzentriert sich jetzt auf die Nordatlantik-Routen, und zwar da, wo die feindliche Luftwaffe nicht zuschlagen kann. Die Geleitzüge, ständigen Angriffen von Rudeln von 20 bis 30 Booten ausgesetzt, erleiden schwerste Verluste.

1942 wird zum schwarzen Jahr der alliierten Schiffahrt. Mehr als sechs Millionen Tonnen Schiffsraum werden versenkt, mehr als in allen vorhergehenden Kriegsjahren zusammen. Der »Tonnagekrieg« beschränkt sich nicht allein auf den Nordatlantik. Auch der Süden des Ozeans ist betroffen, das Seegebiet um das Kap der Guten Hoffnung, ja die Eingänge zum Indischen Ozean. Hier jagen Kaperkreuzer und Fern-U-Boote die alliierten Versorgungsschiffe.

Auch die Arktis ist betroffen. Als Antwort auf die Einführung von alliierten Geleitzügen auf der Murmansk-Route zur Versorgung der Sowjetunion hat die Kriegsmarine eine starke gemischte Flotte in Nordnorwegen zusammengezogen. Dem Konzept Raeders entsprechend besteht sie aus großen Schlachtschiffen wie »Tirpitz«, »Scharnhorst« oder »Lützow«, denen U-Boote und Luftwaffenverbände zugeordnet sind. Ende Mai können die Deutschen einen ersten großen Erfolg verbuchen, der von den langen Polarnächten begünstigt wird. Am 25. Mai wird der alliierte Konvoi PQ 16, vier Tage nach seinem Auslaufen aus Island, von Marineflugzeugen ausgemacht und schwer von U-Booten und Kampfflugzeugen attackiert. Von 35 Frachtschiffen werden acht versenkt, mehrere andere schwer beschädigt.

Dem darauffolgenden Geleitzug PQ 17 geht es noch schlechter. Den Deutschen ist das Glück hold. Einem abgebrochenen Auslaufen der »Tirpitz« folgt eine Entscheidung der britischen Admiralität, die noch lange kontrovers diskutiert werden wird. Sie weist die britischen Geleitschutzschiffe an, in aller Eile nach Westen zu fahren und den Geleitzug aufzulösen. U-Boote und Flieger stürzen sich auf die wehrlosen Schiffe und richten ein Massaker unter ihnen an. 23 von 36 Frachtern werden versenkt.

Dieses Desaster veranlaßt die britische Marineleitung, alle weiteren Murmansk-Konvois unter Ignorieren sowjetischer Proteste bis zum Herbst auszusetzen. Trotz verstärkten Schutzes können die Deutschen dem Geleitzug PQ 18 Ende September noch einmal einen schweren Schlag versetzen. 23 von 41 Frachtern gehen unter. So liefert das Jahr 1942 einen neuen Beweis für die Wirksamkeit der U-Boot- und der Luftwaffe. Nicht so für die großen Überwasserschiffe der Kriegsmarine, selbst wenn es am Anfang ganz gut für sie aussieht. Im Januar 1942 hat Raeder seine Streitkräfte umdisponiert. Sie sollen jetzt in der Nordsee operieren. Das gilt für die beiden Schlachtkreuzer »Scharnhorst« und »Gneisenau« sowie für den schweren Kreuzer »Prinz Eugen«. Ihre bisherige Basis ist der französische Kriegshafen Brest, der immer häufiger störenden Angriffen der Royal Air Force ausgesetzt ist. Die Verlegung der drei Schiffe, die Operation »Cerberus«, beginnt am Abend des 11. Februar und steht unter dem Kommando des Admirals Ciliax. Der Weg soll durch den Ärmelkanal führen und von

250 Jagdflugzeugen der Luftwaffe gedeckt werden. Zeitgleich damit sollen die Radaranlagen entlang der englischen Südküste ausgeschaltet werden. Das Unternehmen wird von einem unerwarteten Erfolg gekrönt sein. »Scharnhorst«, »Gneisenau« und »Prinz Eugen« werden erst am Mittag des 12. Februar entdeckt, als sie schon in der Höhe von Dover sind. Mit Hilfe ihrer eigenen Luftabwehr, des hervorragenden Jagdschutzes und ihrer Schiffsartillerie können sie alle Angriffe britischer Torpedoflugzeuge, Zerstörer und Schnellboote abwehren und erreichen bei einfallender Nacht die Nordsee.

Dieser Durchbruch durch den Ärmelkanal bei hellichtem Tage stürzt Großbritannien in beträchtliche Aufregung. Aber der Erfolg der Deutschen ist nur ein halber. In Höhe der Friesischen Inseln laufen die beiden Schlachtkreuzer auf magnetische Minen und werden schwer beschädigt. Die »Scharnhorst« muß mehrere Monate ins Dock, und die »Gneisenau« wird, von Grund auf überholt und mit neuer Artillerie ausgerüstet, bis zum Kriegsende nie mehr zum Einsatz kommen. Raeder muß auch auf den Bau des Flugzeugträgers »Graf Zeppelin« verzichten, den er zur Bildung einer »Task Force« nach englischem Vorbild vorgesehen hatte.

Die in Nordnorwegen außerhalb der Reichweite der britischen Luftwaffe aufgestellte Kampfgruppe um die »Tirpitz« herum wird die in sie gesetzten Hoffnungen nie erfüllen. Die in Scapa Flow versammelte Masse der britischen »Home Fleet«, verstärkt durch ein Schlachtschiff und einen schweren Kreuzer der US-Navy, verbietet den schwachen deutschen Einheiten jedes Auslaufen. Der Entschluß, die Murmansk-Geleitzüge über Wasser anzugreifen, wird nie mehr gefaßt.*

Das Jahr 1942 endet sogar mit einer ausgesprochenen Demütigung der Kriegsmarine. Am 31. Dezember sollen die beiden schweren Kreuzer »Scheer« und »Hipper« einen Geleitzug in der Barentssee angreifen. Zwei leichte Kreuzer des britischen Geleitschutzes nehmen den Kampf auf und beschädigen die beiden deutschen Schiffe. Diese wagen nicht, den Angriff fortzusetzen, und ziehen sich auf ihre Basis zurück. Der Zwischenfall wird ernste Auswirkungen auf die weiteren Unternehmungen der Kriegsmarine haben.

* Einmal doch, und zwar mit dem Vorstoß der »Scharnhorst« im Dezember 1943 ins Nordmeer, die dabei verlorenging.

Für die deutschen Einheiten im Mittelmeerraum scheint das Jahr 1942 unter einem günstigeren Stern zu stehen. Die Verlegung von U-Booten, Schnellbooten und einer ganzen Luftflotte unter dem Kommando von Kesselring hatte den Deutschen eine zumindest vorübergehende Überlegenheit zur See und in der Luft beschert und ihnen erlaubt, Malta zu neutralisieren. OKW und der neue Oberbefehlshaber Kesselring stellen jetzt, zusammen mit dem italienischen Oberkommando, einen sehr viel ehrgeizigeren Plan auf. Demnach sollen die deutsch-italienischen Bodentruppen zunächst eine Offensive beginnen mit dem Ziel, Tobruk zu nehmen und die 8. britische Armee auf die ägyptische Grenze zurückzuwerfen. Danach soll das Unternehmen »Herkules« gestartet werden. Ziel: die Einnahme Maltas. Geplant ist eine deutsch-italienische Luftlandeoperation unter dem Kommando von Student, dem Sieger von Kreta, unterstützt durch eine Landung von See her. Sobald die Hypothek aufgehoben ist, die auf den Nachschublinien lastet, soll Rommel seinen Angriff bis Kairo und zum Suezkanal fortsetzen.

Der erste Akt gelingt über alle Maßen schnell und gut. Rommel ist den Briten zuvorgekommen und hat seinen 560 Panzern, davon 240 italienische, am 20. Mai einen Angriff auf 60 Kilometer Breite auf die britischen Stellungen zwischen Ain Gazala und Bir Hakeim befohlen. Im Norden und in der Mitte unternehmen die Italiener einen Scheinangriff, der den größten Teil der englischen Kräfte binden soll. Gleichzeitig soll das 20. italienische Korps im äußersten Süden Bir Hakeim nehmen, das von Freien Franzosen unter dem Kommando des Generals König gehalten wird.

Trotz starker Luftunterstützung stößt das 20. italienische Korps auf unerwarteten Widerstand der Franzosen, dem Rommel Anerkennung zollt. Dieser Widerstand verhindert das geplante Umfassungsmanöver des inzwischen zur »Panzerarmee Afrika« avancierten Afrikakorps. Rommel muß eine konfuse Schlacht in »umgekehrter Front« mitten im britischen Verteidigungs-Dispositiv führen. Der Rückzug der Franzosen aus Bir Hakeim in der Nacht zum 12. Juni erlaubt ihm einen Ausbruch aus dem »Kessel«, in den er sich eingeschlossen sah, und das Aufrollen der britischen Stellungen von hinten.

Am 14. Juni beschließt Auchinleck den Rückzug auf die ägyptische Grenze. Aber er hinterläßt, wie schon ein Jahr zuvor, eine starke Garnison in Tobruk. Sie soll die rückwärtigen Verbindungen der Achsenmächte bedrohen und verhindern, daß diese über

Tobruk mit Schiffen versorgt werden. Die Rechnung geht nicht auf. Mit unvergleichlichem Schneid improvisiert Rommel einen Angriff auf Tobruk und kann die Festung am 21. Juni, massiv von Stukas unterstützt, nehmen. Er macht 33 000 Kriegsgefangene und erbeutet kostbare 10 000 Kubikmeter Benzin. Zwei Tage darauf steht er an der ägyptischen Grenze.

Rommel ist auf dem Höhepunkt seines Ruhms. Er verkörpert den Idealtyp des Soldaten des Dritten Reiches. Hitler verleiht ihm die Würde des Feldmarschalls. Sein Ruf ist bei Freund und Feind gleich groß. Nur bei seinesgleichen schlägt die Begeisterung schließlich in Neid um. Bei den übrigen Heerführern nennt man ihn »die Hummel«. Größer ist die Ehrfurcht beim Gegner. General Auchinleck verfaßt eine Note an alle seine Untergebenen, die nicht der Pikanterie entbehrt: »Die Tatsache, daß unser Freund Rommel für unsere Truppe zu einer Art Zauberer oder Beelzebub geworden ist, stellt eine nicht geringe Gefahr dar. Man spricht viel zuviel von ihm. Auch wenn er unbestreitbar sehr energisch und fähig ist, so ist er keineswegs ein Übermensch. Und selbst wenn er das wäre, so wäre es äußerst bedauerlich, wenn unsere Truppen ihm übernatürliche Kräfte zumessen würden.

Ich erwarte, daß Sie mit allen Ihnen zur Verfügung stehenden Mitteln dazu beitragen, die Idee, Rommel sei mehr als ein ganz gewöhnlicher deutscher General, aus den Köpfen zu verbannen. Es ist besonders wichtig, daß bei der Erwähnung unseres Gegners in Libyen nie der Name Rommel fällt. Wir haben von ›den Deutschen, den Achsenmächten, dem Gegner‹ zu sprechen und uns nicht von Rommel hypnotisieren zu lassen. Wachen Sie bitte über die sofortige Ausführung dieses Befehls bei allen Truppenteilen. Alle Befehlshaber müssen begreifen, daß es sich hier um ein psychologisches Problem von höchster Wichtigkeit handelt.«[1]

Auf der Suche nach einer Rechtfertigung für ihre Niederlage kommen die Briten auf allerlei Argumente. Das Afrikakorps sei eine Truppe aus Freiwilligen, aus ausgesuchten Soldaten, die alle vom fanatischen Glauben an den Nationalsozialismus beseelt seien. Nichts daran ist wahr. Die vier Divisionen, aus denen das Afrikakorps auf seinem Höhepunkt besteht, die 15. und die 21. Panzerdivision, die 90. Panzergrenadierdivision und die 161. Infanteriedivision sind alle aus völlig normal eingezogenen Mannschaften zusammengesetzt, die sich in nichts von denen anderer deutscher motorisierter Divisionen unterscheiden.

Es sind vielmehr die traditionellen Merkmale des deutschen Soldaten, die diese Männer auszeichnen, als da sind das Zusammengehörigkeitsgefühl, der Kampfgeist, das sichere Gespür für die optimale Ausnutzung des Geländes, die Initiativkraft und die perfekte Beherrschung der Waffen. Britischen Behauptungen gegenüber, die 8. Armee sei aus Elementen aus Großbritannien und dem Commonwealth und damit sehr heterogen zusammengesetzt, kann Rommel geltend machen, daß seine Truppe auch nicht gerade durch Homogenität glänzt. Unter seinem Befehl stehen italienische Verbände, die nicht immer von hohem Kampfgeist beseelt, mittelmäßig geführt und sehr schlecht ausgerüstet sind.
Bis in den Sommer 1942 hinein ist die Panzerarmee Afrika ihren Gegnern eindeutig überlegen. Das liegt an der besseren Qualität der Panzer, deren Bestückung die britischen mit ihren 40-Millimeter-Kanonen nichts entgegenzusetzen haben, an der exzellenten Zusammenarbeit zwischen Panzern und Infanterie, die man im gegnerischen Lager nicht kennt, und an der Wirksamkeit der taktischen Luftunterstützung durch deutsche Schlachtflieger, die bei der RAF ihresgleichen sucht. Schließlich verfügt die Afrikaarmee von Beginn an über hervorragende Generäle, wie Rommels Stabschef Bayerlein oder die Divisionskommandeure von Esebeck und von Ravenstein. Auch die Nachrichtenmittel und der Chiffrierdienst sind von ausgezeichneter Qualität.
Der Erfolg der Achsenmächte in Afrika ist gleichwohl ohne die außergewöhnliche Persönlichkeit Rommels nicht denkbar. Was er schon als Divisionskommandeur 1940 in Frankreich gezeigt hatte, bewährt sich hier auf einem dazu geeigneten Terrain erneut: das virtuose Gespür des Mannes für den großräumigen Bewegungskrieg. Hier kann Rommel im Überfluß schwelgen. Kein Wasserlauf, kein Wald hält den Vormarsch seiner Panzer und seiner motorisierten Einheiten auf.
Rommel ist auch der absolute Herr über seine Streitkräfte. Er braucht auf keine Nachbarn Rücksicht zu nehmen. Seine linke Flanke wird vom Meer gedeckt, so kann er seinem Gespür für weitausgreifende Umfassungsmanöver die Zügel schießen lassen, den »sechsten Sinn« nutzen, der aus ihm einen der Meister der modernen Kriegsführung gemacht hat.
An Bord eines Volkswagens oder seines Kommando-Kfz »Mammouth«, das er von den Engländern erbeutet hat, durch Funk und Sprechfunk mit seinem Stab verbunden, durchstreift er ohne Un-

terlaß das Schlachtfeld und ist meistens ganz vorn zu finden. Damit unterscheidet er sich vollkommen von den Methoden seiner britischen Gegner, die es vorziehen, von festen Kommandoständen aus weit hinter der Front ihre Truppen zu leiten.
Aber Rommel macht auch unbestreitbar einen Fehler. Er schlägt alle Warnungen des OKW in den Wind und will nichts von den Nachschubschwierigkeiten wissen, die ihm aus der Luft oder von See her drohen. Der Nachschub ist nicht seine Sache, glaubt er. Und er hat nichts als Verachtung für die, wie er sagt, Bürooffiziere des OKW vom Schlag eines Keitel oder Jodl.
Aber gerade diese Schwäche macht sich nach der triumphalen Einnahme von Tobruk bemerkbar. Am 26. Juni übergeht er in Sidi Barrani die Einwände Kesselrings und besteht auf Verfolgung der im Rückzug befindlichen 8. Armee. Er will sie ganz zerschlagen und auf Kairo vorrücken. Er verlangt von Kesselring die Aufgabe des Unternehmens »Herkules«.
Rommel kann sich auf Mussolini und vor allem auf Hitler stützen, der gegenüber dem Wert der italienischen Unterstützung immer skeptisch eingestellt war. Dem Chef der Luftlandetruppen Student gegenüber läßt sich der Führer so aus: »Hören Sie, was ich Ihnen sagen werde: Das Geschwader von Malta wird anrücken, und dann das von Alexandria. Und dann werden die Italiener, durch Funk alarmiert, sich nach Sizilien absetzen mit ihren Kriegs- und ihren Frachtschiffen, und Sie werden mit Ihren Fallschirmjägern allein sein!«
Rommel nützt das grüne Licht des OKW und setzt sich mit rasantem Tempo wieder in Richtung Osten in Marsch. Am 29. Juni ist er in Marsa Matruk, am 1. Juli vor El Alamein, 100 Kilometer von Alexandria entfernt, wo Auchinleck seine Streitkräfte zusammengezogen hat. Aber nach einem Gewaltmarsch von 750 Kilometern hat Rommel nur noch 40 Panzer, 6000 Mann Infanterie und eine Handvoll Flugzeuge, die wegen der immer größer werdenden Entfernungen zu ihren Feldflugplätzen nur noch wenig Luftunterstützung gewähren können.
Gleichwohl löst sein Erscheinen in der Nähe des Nildeltas beträchtlichen Wirbel in Ägypten aus. Die britische Mittelmeerflotte verläßt Alexandria und zieht sich in das Rote Meer zurück. In den Stäben in Kairo werden die Archive verbrannt. Das »Feuerwerk« dauert allerdings nur kurze Zeit. Die Engländer klammern sich, jetzt nahe ihrer Versorgungsbasen, in El Alamein fest,

auf ihrer linken Flanke begünstigt von der schwer zugänglichen El Kantara-Senke. Montgomery übernimmt die Führung der 8. Armee. Trotzdem verliert Rommel nicht seinen Optimismus. Sobald seine Truppen wieder voll versorgt sind, will er die Offensive neu aufnehmen. Er hofft, Kairo in sechs Tagen erreichen zu können.

Das Hauptaugenmerk muß sich in diesem Sommer 1942 auf die Ostfront richten. Die deutsche Armee konzentriert hier mit 179 Divisionen und zwei Dritteln ihrer Luftstreitkräfte das Gros ihrer Kräfte. Zwischen dem Einsatz in Rußland und dem in Nordafrika kann es keinen Vergleich geben.

Sofort nach Überwindung der Winterkrise haben Hitler und das OKW die großen Linien des Feldzuges 1942 festgelegt. Halder und die Mehrzahl seiner Kollegen geben einer defensiven Kriegsführung den Vorzug, die sich auf eine Abwehr sowjetischer Angriffe beschränken und die Zeit zu einer kompletten Auffüllung der vom Feldzug 1941 schwer mitgenommenen Einheiten nutzen soll. Hitler weist diese Perspektive von sich. Deutschland kann sich keine Wartezeit erlauben. Die Sowjetunion muß endgültig im Jahre 1942 niedergeworfen werden, ehe die Anglo-Amerikaner in der Lage sein werden, eine direkte Aktion gegen das europäische Festland zu starten, eine Offensive, mit der wahrscheinlich 1943 zu rechnen sein wird.

Allerdings wollen weder Hitler noch das OKH einen neuen Angriff auf Moskau wagen. Alle haben diese Stadt noch in finsterster Erinnerung. Außerdem hat der Gegner inzwischen beträchtliche Kräfte um seine Hauptstadt herum versammelt. Der Stoß soll daher im Süden der Ostfront geführt werden. Reichen die Kräfte? Trotz großer Anstrengungen bei Auffüllung und Reorganisation der Divisionen ist man weit davon entfernt, alle Verluste aus der Winterschlacht ausgeglichen zu haben. Ein ganzer Jahrgang ist vorzeitig einberufen worden. Aber die Einheiten haben dennoch ihre Sollstärken nicht erreicht. Nur ein Drittel der 179 Divisionen hat die Fähigkeit zu einer Offensive. Statt neun haben die meisten Infanterieregimenter nur sieben Bataillone. Es fehlen 300 000 Mann. So wird das deutsche Oberkommando den ganzen Sommer und Herbst 1942 über immer dringendere Appelle an die Satelliten des Reiches, Italien, Rumänien, Ungarn, die Slowakei und Kroatien, richten müssen, ihm Kontingente zur Verfügung zu stellen. Deren Unterstützung erhöht sich schließlich von

26 auf 37 Divisionen, von allerdings sehr unterschiedlichem Kampfwert.
Speerspitze der deutschen Armee 1942 bleiben die Panzerverbände. Die Panzerdivision bleibt größtenteils dem Modell von 1941 treu: zwei bis drei Panzerabteilungen von je 50 Panzern, manchmal eine Sturmgeschütz-Abteilung, zwei Grenadierregimenter auf gepanzerten Kettenfahrzeugen (MTW) plus Luft- und Panzerabwehr sowie Pioniere. Eine voll aufgefüllte Panzerdivision verfügt demnach über 150 Panzer und 40 Sturmgeschütze. Der Mannschaftsbestand beträgt 17 000 Mann.
Infolge der Knappheit an Material und Menschen, unter der die deutsche Armee zu diesem Zeitpunkt zu leiden hat, beläuft sich die Zahl der im Osten eingesetzten Panzerdivisionen zu Beginn der zweiten großen Offensive auf 19 von insgesamt 27. Die Zahl an Panzern ist der zu Beginn des Unternehmens »Barbarossa« am 22. Juni 1941 vergleichbar: 3300 Panzer. Allerdings verschleiert diese Stagnation einen wichtigen Punkt: Das Material der Panzerwaffe ist von unvergleichlich höherer Qualität als ein Jahr zuvor.
1941 hatten die Deutschen bei ihrem Vormarsch in Rußland zwei unangenehme Überraschungen hinnehmen müssen. Einmal die enorme Zahl der sowjetischen Kampfwagen, fast 20 000 alles in allem, die es der Roten Armee erlaubten, ihre erdrückenden Verluste in den Kesselschlachten immer wieder auszugleichen. Dies auch unter dem Umstand, daß die Masse der Sowjetpanzer den deutschen an Leistung und Kampfkraft erheblich unterlegen war und ihre Besatzungen nicht annähernd über die Erfahrung der deutschen Panzersoldaten verfügten.
Gleichzeitig aber, und hier lag die zweite Überraschung, konnten sich die Sowjets auf eine schnell wachsende Zahl zweier hervorragender Panzer stützen: den schwer manövrierbaren, 56 Tonnen schweren KW I mit einer 7,6-Zentimeter-Kanone, und den ausgezeichneten T 34, der als einer der besten Panzer des Zweiten Weltkriegs in Erinnerung bleiben wird. 30 Tonnen Gewicht, gut gepanzert und profiliert, schnell, beweglich, mit breiten Ketten auch im sumpfigen Gelände voll geländegängig, bewaffnet mit der guten 7,6-Zentimeter-Kanone von hoher Anfangsgeschwindigkeit der Geschosse, ausgerüstet mit einem Dieselmotor, der die Gefahr eines Motorbrandes mindert.
Die ersten Begegnungen der Panzer mit dem T 34 hatten zu Be-

ginn der Schlacht um Moskau stattgefunden.* Der Schock war enorm, die deutschen Verluste entsprechend hoch. Es galt eine niederschmetternde Feststellung zu treffen: Der neue sowjetische Panzertyp war den Standardtypen der deutschen Panzerdivisionen, den Panzern III und IV, eindeutig überlegen, und er ließ den Infanteristen mit ihren kleinen 3,7-Zentimeter-Panzerabwehrgeschützen nicht die geringste Chance.

In aller Eile reist eine Kommission aus Deutschland an, um die erbeuteten T 34 zu untersuchen. Ergebnis: Die Entwicklung eines gänzlich neuen Panzertyps, der dem T 34 ebenbürtig oder überlegen sein soll, wird in Auftrag gegeben. Die Arbeiten bringen schließlich zwei neue Typen hervor, den Tiger und den Panther. Der Tiger ist ein Monstrum von 56 Tonnen Gewicht, versehen mit einer Panzerung, die keine gegnerische Waffe mehr zu fürchten braucht, und der hervorragenden 8,8-Zentimeter-Kanone, die eine zehn Zentimeter dicke schräge Panzerplatte auf 1000 Meter durchschlägt. Aber der Tiger ist schwer beweglich und hat, bei enormem Spritverbrauch, nur einen sehr knappen Aktionsradius. Die ersten Tiger tauchen im Herbst 1942 in Tunis und an der Ostfront auf. Sie werden nicht in die Panzerdivisionen integriert, sondern bilden eigene »schwere« Panzerabteilungen, die als Heeresreserve an Schwerpunkten eingesetzt werden sollen.

Der Panther dagegen soll zum neuen Standardpanzer der deutschen Panzerdivisionen werden. Er ist die Antwort auf den T 34. Auch er wiegt 30 Tonnen, ist schnell, gut gepanzert und günstig profiliert. Er wird alle in ihn gesetzten Erwartungen erfüllen, um so mehr, als er eine sehr gute 7,5-Zentimeter-Kanone mit langem Rohr besitzt, welches den Geschossen eine hohe V 0 (Anfangsgeschwindigkeit) verleiht und die Pantherkanone denen aller Panzertypen der übrigen kriegführenden Mächte überlegen macht. Kinderkrankheiten und Produktionsprobleme allerdings verzögern die Ankunft des Panthers an der Front bis in den Sommer 1943 hinein.

Mit der Verzögerung der Einführung der neuen Modelle sieht sich die Panzerwaffe genötigt, die alten Modelle III und IV aufzurü-

* Die allerersten Begegnungen mit dem T 34, von dessen Fertigung und Existenz die deutsche Seite nichts wußte, ereigneten sich bereits im September 1941 vor Leningrad. Auch gab es da schon in zunächst geringen Zahlen die Fünf-Zentimeter-Pak, die jedoch kaum Schaden anrichten konnte.

sten. Der 20 Tonnen schwere Panzer III, der zu Beginn des Rußlandfeldzuges seine alte KWK 3,5 gegen eine Fünf-Zentimeter-Kanone getauscht hatte, wird jetzt mit einer Fünf-Zentimeter-Kanone/lang mit erheblich verbesserter V 0 ausgerüstet, die ihm bis zu seiner Außerdienststellung im September 1942 mehr Chancen gegen den T 34 einräumt. Außerdem verstärkt man ihm die Frontpanzerung. Auch der Panzer IV wird stärker gepanzert, und seine 7,5-Zentimeter-Kanone/kurz wird gegen eine längere ausgetauscht. Später erhält der Panzer IV die neue 7,5-Zentimeter-Kanone des Panther. Diese Verjüngungskuren bewirken, daß der Panzer IV der einzige deutsche Kampfwagen ist, der, seit 1939 im Dienst, den ganzen Krieg durchgehalten und noch 1944/45 sehr gute Dienste geleistet hat.

Auch die Ausrüstung der Panzerdivisionen mit Sturmgeschützen wird erheblich verbessert. Sie alle haben das Chassis des Panzers III, tragen aber Kanonen von 7,5 oder 7,6 Zentimetern mit hoher Anfangsgeschwindigkeit. Ab 1942 werden große Serien von Sturmgeschützen zur Basisausstattung der künftigen Panzergrenadierdivisionen des Heeres und der Waffen-SS produziert. Bei den Infanteriedivisionen übernehmen sie die Rolle der Panzerabwehr. Ferner wird der Bau von gepanzerten Mannschaftstransportwagen (MTW) forciert, die mit schweren Maschinengewehren oder einer Zwei-Zentimeter-Flak armiert sind und die Grenadiere in die Lage versetzen, die Panzer bei ihrem Angriff zu begleiten und feindliche Widerstandsnester vom fahrenden Wagen aus niederzukämpfen.

Im Verlauf der Sommeroffensive 1942 operieren die Panzer im Verband eines Panzerkorps oder einer Panzerarmee, in der mehrere Panzerdivisionen, Panzergrenadierdivisionen oder Infanteriedivisionen zu enger Kooperation zusammengefaßt sind. Diese Art von Formation ergibt sich aus der Notwendigkeit, den immer stärker werdenden Widerstand des sowjetischen Soldaten, der jedes Dorf, jede Geländefalte, jede Schlucht verteidigt, zu brechen. Zwischen Donez und Don, am Kuban und im Vorfeld des Kaukasus gehen diese Verbände als »Motpulks« in der riesigen Steppe vor, eine Art wandernde Karrees, die nach allen Richtungen hin kämpfen. Diese Motpulks jagen die sowjetischen Panzerbrigaden vor sich her und bleiben auf ihrem Weg zur Wolga und zum Terek allen gegnerischen Panzerverbänden überlegen. Getreu der seit Herbst 1939 befolgten Taktik werden die Panzer auch hier von

Schlachtflugzeugen der Luftflotte 4 unterstützt, die von den Landsern »unsere fliegende Artillerie« genannt werden.[2]
Aber man soll sich keiner Täuschung hingeben. Diese Generalüberholung der schnellen deutschen gepanzerten Verbände geschieht auf Kosten der Masse der übrigen Divisionen des Ostheeres. Erinnern wir uns daran, daß ein gutes Hundert von ihnen jedes Transportmittel entbehren muß. Diese Divisionen verteidigen eine statische Front von Leningrad bis zur Ukraine, sind schlecht ausgerüstet und haben viel zuwenig kriegserfahrene Offiziere und Unteroffiziere. Die Luftwaffe dagegen hat große Anstrengungen zur Auffüllung ihrer Geschwader unternommen und kann nun 2500 Maschinen bereitstellen, davon 1700 an der Südhälfte der Front, ebenso viele wie im Jahr 1941.
Einer zwar krisengeschüttelten, aber in ständiger technischer und taktischer Anpassung befindlichen deutschen militärischen Streitkraft gegenüber steht eine Rote Armee, die völlig andere Züge aufweist. Dank der unerschöpflichen demographischen Reserven der Sowjetunion mangelt es ihr nicht an Nachwuchs. Trotz schrecklicher Verluste beträgt der Mannschaftsbestand der sowjetischen Armee Ende 1942 mehr als sechs Millionen Mann und damit mehr als das Doppelte der deutschen Verbände und der ihrer Verbündeten.
Die großen Rüstungswerke im Ural und in Westsibirien sowie die aus dem europäischen Rußland nach Osten verlegten Fabriken liefern ganz bestimmtes Material in großen Mengen. So erhält die Rote Armee im Herbst 1942 Massen an Infanteriewaffen, Panzer, Geschütze und Flugzeuge, zu denen noch massive anglo-amerikanische Waffenlieferungen kommen.*
Dennoch ergeben sich Lücken bei der Ausrüstung, insbesondere im Sommer 1942. Was den Einsatz der Panzer angeht, so bleiben die Sowjets den Panzerbrigaden aus etwa 50 KW 1 oder T 34 treu, die quasi autonom operieren und auf Unterstützung durch Panzerabwehr, Flugabwehr und Pioniere verzichten müssen. Eine der großen Schwächen ist die ungenügende Motorisierung der begleitenden Infanterie. Meist müssen die Schützen, die den Panzern

---

* Es waren nicht so sehr die Waffenlieferungen, die nur relativ massiv waren, als vielmehr amerikanische Lkws in großen Mengen für die Beweglichmachung der sowjetischen Infanterie und die Logistik, welche die wirkungsvollste Hilfe waren.

folgen sollen, auf einfachen Lastwagen ohne Panzerschutz Platz nehmen oder, wenn auch diese fehlen, wie in Trauben auf den Panzern aufsitzen. Auch in der Taktik erweisen sich die Rotarmisten immer wieder als verblüffend ungeschickt. Ihre Panzerbrigaden, die bei Charkow oder zwischen Donez und Don operieren, erleiden Rückschläge, weil sie nicht in der Lage sind, die Verbindung mit der Infanterie zu halten, auf jeglichen Flankenschutz verzichten und dank der Überlegenheit der deutschen Jäger über keinerlei Luftaufklärung verfügen.

Hitlers den »Fall Blau« betreffende Weisung Nr. 41 vom 5. April 1942 weist die Heeresgruppen der Südfront an, die Einschließung der im großen Donbogen befindlichen gegnerischen Kräfte herbeizuführen. Dazu soll der nördliche Flügel, bestehend aus der 1. Panzerarmee Hoth und der 6. Armee Paulus, aus dem Raum Kursk und Charkow auf Woronesch stoßen und dann entlang des Dons bis zur Region Stalingrad vorgehen, wo er sich mit dem aus den Räumen Rostow und Woroschilowgrad stoßenden Südflügel, bestehend aus der 17. Armee und der 4. Panzerarmee, vereinigen soll.

Bei Gelingen der Operation würden die zwischen Donez und Don stehenden Kräfte Timoschenkos eingekesselt werden, und man könnte damit wieder an die großen Erfolge des vorhergehenden Jahres anknüpfen. Nach dieser ersten Phase sollen die deutschen Verbände unter Hinzuziehung der alliierten rumänischen, ungarischen und italienischen Truppen eine Abwehrfront entlang des Dons bis zum Wolgaknie bei Stalingrad bilden und dann weiter nach Süden in Richtung Kaukasus und Kaspisches Meer stoßen.*

»Fall Blau« verfolgt neben der Vernichtung großer sowjetischer Heeresteile auch ein wirtschaftliches Ziel. Man will die Sowjetunion der reichen Weizenböden des Kubangebietes und der Ölquellen des Kaukasus berauben, die damals den größten Teil ihrer in Ausbeutung befindlichen Erdölreserven ausmachen. Noch vor Beginn der Offensive soll die 11. Armee von Manstein auf der Krim die Halbinsel Kertsch zurückerobern und die Festung Sewastopol nehmen.

---

* Daß Hitler diese Planung während der Operation umstieß (siehe Seite 221), nämlich nach gewonnener Schlacht zunächst eine Abwehrfront entlang des Don zu bilden, sondern statt dessen gleichzeitig mit dem Angriff auf Stalingrad eine ganze Heeresgruppe zum Stoß auf die Ölfelder von Baku und auf den Kaukasus ansetzte, führte zur Katastrophe von Stalingrad. Dieser Entschluß war der größte und folgenschwerste operative Fehler Hitlers.

Dieser Auftakt führt zu einem vollen Erfolg. Vom 8. bis zum 26. Mai braucht Manstein, um unter Zusammenfassung all seiner Kräfte die gesamte Halbinsel Kertsch zu »säubern«. 170 000 Kriegsgefangene, 250 Panzer und über 1100 Geschütze fallen den Soldaten in die Hände. Gestützt auf diesen Erfolg, nimmt sich Manstein jetzt Sewastopol vor. Auf den ersten Blick erscheint die Aufgabe fast unlösbar. Die sowjetische Garnison ist acht Infanteriedivisionen und drei Marinebrigaden stark. Im Laufe des Winters ist die Festungsbesatzung über See um weitere 90 000 Mann verstärkt worden. Das äußerst zerschnittene, von Schluchten durchlaufene Gelände begünstigt die in drei Linien tief gestaffelte gegnerische Verteidigung. Außerdem ist die Front mit Forts gespickt, denen die deutschen Soldaten die Namen Gorki, Molotow, GPU, Tscheka, Sibirien, Stalin, Wolga und Ural gegeben haben.

Manstein hat zwei Armeekorps, also acht Divisionen, für den Angriff bereitgestellt. Dieser soll von einem Bombardement des 8. Fliegerkorps Richthofen und einer Artillerievorbereitung eingeleitet werden, an der sich 1300 Geschütze beteiligen. Unter diesen befinden sich wahre Monster, wie die Mörser »Gamma« mit einem Kaliber von 42,7 Zentimetern, »Karl« (61,5 Zentimeter) oder die enorme »Dora«, ein Mörser auf Eisenbahnschienen von 80 Zentimetern Kaliber, der nahezu fünf Tonnen schwere Geschosse 45 Kilometer weit verschießen kann. Eines dieser Geschosse wird in der Bucht von Sewernaja ein sowjetisches Munitionsdepot in die Luft fliegen lassen, das 25 Meter tief im Felsboden liegt.

Nach fünftägiger Feuervorbereitung beginnt der Angriff am 12. Juni. Er wird bis in den Juli hinein dauern und von unerhört heftigen Kämpfen, drückender Hitze und dem Pestgeruch von Tausenden von Toten begleitet sein. Vorgetragen wird er entlang zweier Achsen: im Süden in Richtung Sapun-Berg und Chersones-Halbinsel; im Norden, vom Belbek-Tal aus, in Richtung Sewernaja-Bucht. Hier erfolgt der Hauptstoß. Am 26. Juni ist die erste Verteidigungsstellung durchstoßen. Die Deutschen stehen an der Swernaja-Bucht. In der Nacht darauf überwinden Stoßtrupps überraschend die Bucht auf Sturmbooten und dringen in die Vororte von Sewastopol vor. Auf dem linken Flügel wird der Sapun-Berg genommen.

Damit ist das Schicksal der Festung besiegelt. Der letzte Widerstand wird durch heftigen Beschuß gebrochen. Am 2. Juli dringen

die Deutschen in die Stadt ein. Zwei Tage später finden die letzten Kämpfe auf der Halbinsel Chersones nach Einnahme des Forts Maxim Gorki ein Ende. Die sowjetische Schwarzmeerflotte kann nur einen Teil der Festungsbesatzung evakuieren. 90 000 Mann fallen den Deutschen als Gefangene in die Hände, dazu erhebliche Mengen Kriegsmaterial.
Während die Deutschen sich auf ihren zweiten Marsch nach Osten vorbereiten, sind die Sowjets nicht untätig geblieben. Die von Wassiliewski geleitete Stavka, der große Generalstab der Roten Armee, hat in enger Zusammenarbeit mit Stalin die großen Linien der Operationen für 1942 festgelegt. Priorität hat die Verteidigung Moskaus, die von Offensivstößen gegen bedrohliche deutsche Frontvorstöße, vor allem den von Rschew, verstärkt werden soll. Eine große Operation im Süden ist ebenfalls vorgesehen. Hier sollen Timoschenkos Kräfte Charkow wieder erobern, das Donez-Becken säubern und, wenn möglich, die Deutschen zum Dnjepr zurückwerfen.
So ist es die Rote Armee, die als erste losschlägt. Am 12. Mai greifen Timoschenkos Panzerkeile im Abschnitt der 6. Armee an, werfen sie zurück und führen sogar ein Umfassungsmanöver im Norden und im Süden in Richtung Charkow aus. Einige Tage lang können sie vordringen, dann aber stoßen sie auf eine heftige deutsche Gegenattacke. Von Bock hat das ganze Gewicht seiner 1. Panzerarmee gegen den Südflügel Timoschenkos angesetzt, während gleichzeitig die 6. Armee den sowjetischen Keil im Norden eindrückt. Das Manöver führt zur Einkesselung der Masse der Kräfte Timoschenkos, dem Stalin viel zu spät die Lösung und den Rückzug nach Osten erlaubt hat. Die Deutschen machen 240 000 Gefangene und erbeuten 1200 Panzer und 2000 Geschütze.
Nach dem Krieg wird die sowjetische Kriegsgeschichtsschreibung diskret kritisieren, daß die Operation zu wenig Rücksicht auf die noch nicht voll entwickelte Offensivkapazität der Roten Armee genommen und die starken deutschen Truppenkonzentrationen in diesem Raum außer acht gelassen habe. Der Vorstoß auf Charkow hat jedenfalls die sowjetischen Reserven an der Südfront beträchtlich geschwächt und den Deutschen damit die Auslösung des »Falls Blau« wesentlich erleichtert.
Die große deutsche Offensive beginnt einen Monat nach dem Scheitern der Timoschenko-Offensive. Die beiden südlichen Hee-

resgruppen vereinigen 88 Divisionen, davon zehn Panzerdivisionen, und acht Panzergrenadierdivisionen unter Einschluß zweier Divisionen der Waffen-SS. Eine eindrucksvolle Masse, die indes einer Korrektur bedarf. Von den 65 Infanteriedivisionen sind 26 ungarischer, italienischer und rumänischer Nationalität. Sie halten einen Vergleich mit den deutschen Divisionen nicht aus. Ein Qualitätsmanko, dessen Ausmaß sich auf dramatische Weise im Herbst erweisen wird.

Der Weisung des 5. April folgend, entwickelt sich die Offensive progressiv von Norden nach Süden. Als erste tritt an die Heeresgruppe B von Bock mit der 4. Panzerarmee und der 6. Armee, beauftragt mit der Wegnahme von Woronesch und der darauf folgenden Südost-Schwenkung entlang des Dons bis zur Vereinigung mit den Kräften der von Charkow kommenden Heeresgruppe A von List und der Einkesselung der zwischen Donez und Don stehenden sowjetischen Truppen.

Wieder einmal sind die Anfangserfolge vielversprechend. Vor Kursk wird die sowjetische Front eingedrückt, die Panzer entwickeln wieder ihren gekonnten Stil und fächern weit in die Steppe aus. Woronesch ist am 3. Juli erreicht. Im Süden drückt die 1. Panzerarmee die russische Front vor Isjum ein und erreicht Tschestkowo. Aber die vorgesehene Einkesselung des Gros der gegnerischen Kräfte im Verbund mit der 4. Panzerarmee kommt nicht zustande. Von Bock macht unter Mißachtung der allerdings etwas unklaren Weisung den Fehler, sich in Straßenkämpfen in Woronesch zu verzetteln, was ihn seinen Posten und die Ablösung durch Generalfeldmarschall von Weichs kostet.

Die 1. Panzerarmee hat sich inzwischen gegen Millerowo und Kamensk gewandt und versucht ein zweites Umfassungsmanöver im Verein mit der 17. Armee, die Rostow angreift. Die große Stadt am Don hat sich in eine Festung verwandelt und wird fanatisch von Infanterie und Sondereinheiten des NKWD verteidigt. Zur Unterstützung des Manövers der 1. Panzerarmee befiehlt Hitler persönlich der 4. Panzerarmee, ihren Marsch auf Stalingrad abzubrechen, die Stadt der 6. Armee zu überlassen und statt dessen sich dem unteren Don zuzuwenden. Diese Initiative bewirkt ein gewaltiges Durcheinander von motorisierten Verbänden am Donufer und stört erheblich die Bewegung der 1. Panzerarmee. Dennoch kann diese den Fall Rostows herbeiführen, was den Deutschen die Pforten zum Kaukasus öffnet.

Am 23. Juli ist die Situation für die Deutschen also nur teilweise befriedigend. Die Panzer haben wieder einmal ihre eklatante Überlegenheit über die sowjetischen Formationen bewiesen, den Raum zwischen Donez und Don in Windeseile durchschritten und den großen Donbogen besetzt. Aber das geplante Einkesselungsmanöver hat mit einigen wenigen zehntausend Gefangenen nur ein enttäuschendes Ergebnis gebracht, und das Abbiegen der 4. Panzerarmee in Richtung Simljanskaja hat die Neutralisierung Stalingrads erst einmal auf die lange Bank geschoben. In der Tat haben auf einer Sitzung am 13. Juli im Kreml die sowjetischen Heerführer Stalin überzeugen können, die vorher begangenen Irrtümer nicht zu wiederholen und die sowjetischen Armeen um jeden Preis aus der tödlichen Umklammerung im Donbogen zu lösen. In Ungewißheit über die weiteren Absichten der deutschen Manöver muß sich die Rote Armee, so die Empfehlung, hinter den Don zurückziehen und die Eckpfeiler Woronesch und Stalingrad gegen ein eventuelles Überraschungsmanöver der Deutschen auf Moskau halten. Im Süden muß man Rostow so lange wie möglich halten und, wenn unvermeidlich, den Rückzug bis zum Kaukasus offenhalten. Die Sowjetunion muß mit Zeit und Raum spielen können.

Diese Neuorientierung der sowjetischen Strategie wird weder vom deutschen Oberkommando noch von Hitler bemerkt.* Für den Führer ist das »Verschwinden« der Roten Armee, sind die schwachen Gefangenenzahlen und das planlose Benehmen einiger eingekesselter feindlicher Einheiten typische Zerfallserscheinungen. »Der Russe ist erledigt«, gefällt er sich zu wiederholen,

---

* Der Chef der Operationsabteilung, General Heusinger, war der einzige, der dieses Verschwinden als eine planmäßige Bewegung vermutete. Um für diese Beurteilung sichere Unterlagen zu bekommen, mit denen er Halder überzeugen und durch ihn Hitler von der Änderung seiner Weisung abbringen wollte, schickte er mich zur Heeresgruppe B, um an Ort und Stelle die dortige Sicht der Lage festzustellen. Ich flog in knapp drei Tagen die ganze Front bis Rostow ab und sprach mit dem Heeresgruppenstab, mit den Armeekorps und Divisionsstäben. Mein Gesamteindruck war, daß die Rote Armee sich planmäßig und geordnet abgesetzt und der Einschließung entzogen hatte. Als ich dies in der Nacht nach meiner Rückkehr Halder vortrug und hinzufügte, daß diese beträchtlichen Kräfte irgendwann und irgendwo wieder vor der Heeresgruppe auftauchen würden, glaubte er mir dies nicht. Er hielt mir vor, ich hätte mich von örtlichen Eindrücken »überwältigen« lassen. Halder gab seinen sowieso nur zögernden Widerstand gegen Hitlers Entschluß auf.

und zuweilen ist Halder, der Chef des Generalstabes, nicht weit davon entfernt, ihm zuzustimmen. Ein letzter kühner und entschlossener Stoß müßte jetzt den endgültigen Zusammenbruch herbeiführen.

Am 23. Juli ersetzt die Weisung 45 die bisher gültige Weisung 41 für die Fortsetzung der Operation »Braunschweig«. Die Heeresgruppe B wird auf die 6. Armee des Generals Paulus und die Einheiten der rumänischen, italienischen und ungarischen Verbündeten reduziert. Ihr Auftrag: Verteidigung entlang des Dons und Einnahme Stalingrads. Die Heeresgruppe A von List umfaßt jetzt die 17. Armee, die 1. Panzerarmee und die ihr eigens von Hitler zugewiesene 4. Panzerarmee. Auftrag: Stoß nach Süden, Besetzung der Schwarzmeerküste bis Tuapse, Verriegelung der Kaukasuszugänge, Einnahme der Ölquellen von Maikop, Grosny und Baku. So hat der Feldzug 1942 jetzt zwei Stoßrichtungen, eine zielt auf Stalingrad, die andere auf den Kaukasus.

Der Verlauf der ersten Wochen scheint Hitler recht zu geben – trotz der beiden auseinanderstrebenden Achsen der neuen Offensive. Der Vormarsch der Heeresgruppe A ist offenbar unaufhaltsam. Nach der Einnahme Rostows stoßen die Deutschen über eine intakt gebliebene Eisenbahnbrücke über den Don und weiter in Richtung Kuban. Krasnodar wird am 13. August genommen. Noworossisk folgt am 10. September. Gebirgstruppen können nach harten Kämpfen im nordwestlichen Kaukasus die wichtigsten Gebirgspässe nehmen und stoßen weiter auf Tuapse und Suchumi. Am 21. August besteigt eine Gebirgsjägereinheit unter dem Befehl des Hauptmanns Groth bei eisiger Kälte und Schneesturm den Elbrus, die höchste Erhebung des Kaukasus, und hißt in 5000 Metern Höhe die Reichskriegsflagge.

Im Osten kommen die Panzereinheiten schnell voran. Nach Durchschreiten von Proletarskaja sind die Panzer am 5. August in Stawropol, dann in Mineralnaja Wodi und Piatigorsk. Vor ihnen liegt jetzt die alte grusinische Heerstraße über den Kaukasus. Über sie geht es weiter in Richtung Ordschonikidse, das frühere Wladikawkas, und bis zum Terek, an dem ein Brückenkopf errichtet wird. Noch weiter ostwärts besetzt die 16. motorisierte Infanteriedivision Elista, die Hauptstadt der Kalmückensteppe, ehe sie kühne Fernspähtrupps bis zu den Toren Astrachans und zur Eisenbahnlinie entlang des Westufers des Kaspischen Meeres ansetzt.

Léon Degrelle, der Kommandeur der »Brigade Wallonie« der Waffen-SS, hat von diesem Vorstoß eine bemerkenswerte Beschreibung geliefert: »Eine strahlende Sonne scheint vom Himmel. Auf kilometerweite Entfernung können wir vor uns liegende Ortschaften an den Rauchsäulen erkennen, die über ihnen stehen. Man hätte glauben können, daß sie brannten. In Wirklichkeit war es der Staub, den ganze Wellen von Panzern aufgewirbelt hatten und der jetzt vom Wirbelwind in die Lüfte getragen wurde ... Kradmelder wie aus einem surrealistischen Film tauchten aus Staubwolken auf, die Gesichter wie geschminkt, und überbrachten neue Karten. Auf Sonder-Lastwagen laufend neu gedruckt in dem Maße, in dem die Offensive vorrückte ... Wir hatten kaum Verluste. Tausende von roten Soldaten, die wir überholten, stolperten teilnahmslos vor sich hin ... Für ein Glas Wasser hätten sie nur zu gerne Stalin, Kalinin, Molotow und zehn andere Herren gleichen Ranges hergegeben.«[3]

Aber der Sieg ist noch weit. Ab der Monatswende August/September verlangsamt sich der Vormarsch der Heeresgruppe A und kommt schließlich ganz zum Stehen. Nach 700 Kilometern Luftlinie Marsches von Rostow machen sich ernsthafte Nachschubschwierigkeiten bemerkbar. Die Luftwaffe muß die ohne Treibstoff gestoppten Panzerspitzen aus der Luft versorgen. In einigen Fällen werden Benzinfässer auf Kamelrücken nach vorne gebracht. An den Kaukasusrändern und entlang des Tereks versteift sich der sowjetische Widerstand. Wieder einmal stoßen die deutschen Divisionen auf eine Rote Armee, die, zum soundsovielten Male, aus der Asche aufersteht.

»Wir waren 1000 Kilometer weit vorgerückt«, wird Degrelle später schreiben, »und standen an den Pforten Asiens ... In Wirklichkeit aber waren wir nirgendwo angekommen. Wir hatten Boden in Besitz genommen, aber wir hatten den Gegner nicht an der Gurgel gepackt. Der war vor uns zurückgewichen, ehe er in unsere Netze ging. Er war wie vom Erdboden verschwunden. Wir glaubten sogar, er existiere gar nicht mehr. Er sollte sich erst wieder in den Boden festkrallen, wenn wir beinahe am Ende unseres langen Weges angelangt sein würden, weit weg von unserer Ausgangsposition und nur noch ganz schwach an Zahl. Der Sommer neigte sich jetzt dem Ende zu. Da erst zeigte sich der Russe wieder, genau in dem Moment, in dem die ersten Herbstregen in großen Sturzbächen herniederrauschten.«[4]

Zu Beginn des Herbstes treten die deutschen Truppen überall auf der Stelle, vor Tuapse, vor Suchumi, zehn Kilometer vor Ordschonikidse und vor Mosdok. In Winniza in der Ukraine, wohin Hitler sein Hauptquartier von Rastenburg verlegt hat, läßt die Verlangsamung der Operationen die Spannung steigen. Hitler ist nervös. Er hat den Sieg, den totalen Sieg vor Augen, aber er fühlt, wie er schwindet, und er weiß, daß die Zeit gegen ihn arbeitet. Hitler, außer sich, entläßt schließlich Halder und ersetzt ihn durch Zeitzler, von dem es heißt, er sei unterwürfiger und außerdem ein überzeugter Nationalsozialist.* Hitler beschließt außerdem, persönlich die Führung der Heeresgruppe A zu übernehmen. Trotz aller Anstrengungen gelingt es ihm nicht, noch im Oktober die Offensive wieder voranzutreiben und in Richtung Grosny und Schwarzes Meer voranzukommen.

List hat seine Aufträge korrekt ausgeführt. Die Krise der Kaukasusarmee ist nicht auf Führungsfehler, sondern auf den vermehrten sowjetischen Widerstand gegen die zu schwachen deutschen Kräfte zurückzuführen. Es mangelt oft nur an ein paar Panzern hier, ein paar Bataillonen dort, um die Entscheidung zu erringen. Aber die Mittel fehlen eben. Die Offensive in Richtung Erdöl leidet unter der Weisung 45 und den unglücklichen Entscheidungen von Ende Juli. Die 11. Armee, die Sewastopol genommen hatte, sollte über die Meerenge von Kertsch gehen und der 17. Armee zu Hilfe kommen. Statt dessen war sie, unter Zurücklassung zweier Divisionen, nach Leningrad beordert worden. Nach der Einnahme von Rostow und der Überschreitung des Dons waren zwei Waffen-SS-Divisionen in der Annahme einer alliierten Landung nach Westen und zwei Panzerdivisionen in den Mittelabschnitt verlegt worden. Vor allem aber

---

* Ich habe den Wechsel und seine Vorgeschichte in Winniza miterlebt. Der von Masson angegebene Grund war nur der letzte Anstoß für Hitler. Die Spannung zwischen ihm und Halder war immer mehr gewachsen, wodurch Halder seinen sowieso nicht großen Einfluß verloren hatte. Ende August gab es während des Lagevortrags eine äußerst heftige Auseinandersetzung zwischen beiden, die mit einem Halder persönlich beleidigenden Ausbruch Hitlers endete. Halder zog jedoch die Konsequenz nicht, die jeder der Zeugen des Vorfalls für richtig und notwendig hielt, nämlich von sich aus zu gehen.
Zeitzler war nicht unterwürfig und kein Nationalsozialist, wohl aber von Hitler überzeugt und daher zunächst bereit, ihm zu folgen. Das änderte sich bald, und Zeitzler hat späterhin viel härter und zäher als jemals Halder gegen Hitlers operative Auffassungen und Planungen gekämpft, wenn er sie für falsch hielt.

hatte man am 30. Juli der Heeresgruppe A die gesamte 4. Panzerarmee und das Fliegerkorps Richthofen genommen und sie, an der Seite der 6. Armee, nach Stalingrad in Marsch gesetzt.
Die Wehrmacht muß im Herbst 1942 mit den Folgen einer in zwei Stoßrichtungen vorgetragenen Doppeloffensive fertig werden. Der Rückzug nach Süden hat der Roten Armee die Einkesselung erspart und ihr die Bildung neuer Reserven erlaubt, während ihr Gegner immer längere Versorgungslinien in Kauf nehmen und den Kampf in zunehmend schwierigerem Gelände führen muß. Unmerklich ist die Kaukasusfront auf den zweiten Rang verdrängt worden, während alle Aufmerksamkeit jetzt auf die reservenfressende Schlacht um die Wolga gerichtet wird.
Stalingrad gehört, wie Guadalcanal und Cassino, zu den großen Abnützungsschlachten des Zweiten Weltkriegs. Gemessen an der Höhe der Verluste und dem Umfang der eingesetzten Mittel erinnert sie an Verdun. Da aber hört der Vergleich auf. Stalingrad bietet ein besonderes, ein einmaliges Bild in der Kriegsgeschichte. Es war eine Schlacht um eine Stadt, aufgesplittert in viele kleine Schlachten und um Straßenzüge und Stadtviertel, bei der Panzer und Flugzeuge nur noch eine sehr geringe Rolle spielten und die seit drei Jahren praktizierten Regeln der Blitzkriege keine Anwendung mehr fanden.
Bei der Ausarbeitung des »Falls Blau« hatte Stalingrad zunächst nur eine zweitrangige Rolle gespielt. Vorgesehen war die Einschließung der sowjetischen Kräfte zwischen Donez und Don durch die Vereinigung der beiden Heeresgruppen A und B in Höhe des Wolgaknies. Bei der Einrichtung einer Abwehrfront von Woronesch südostwärts entlang des Don, der der Marsch nach Süden folgen sollte, hatte das OKH nicht zwingend die Einnahme der Stadt im Auge. Stalingrad sollte äußerstenfalls durch Artillerie und Luftwaffe in Schach gehalten werden.
Immerhin aber stellt die Einnahme von Stalingrad im Zuge der Manöver im Raum Donez/Don eines der Angriffsziele der Heeresgruppe B dar, und das deutsche Oberkommando verpaßt eine einmalige Gelegenheit, die Stadt im Handstreich zu nehmen, da ihre Verteidigung noch gar nicht richtig organisiert ist. In der Tat stellt die Stavka erst am 12. Juli eine »Stalingrad-Front« auf, nachdem sie endlich begriffen hat, daß die Hauptstoßrichtung der Deutschen nicht von Woronesch nach Moskau, sondern in den Süden, auf Wolga und Kaukasus zielt.

Ein entschlossener Vorstoß der beweglichen Elemente der 6. Armee und der 4. Panzerarmee, immerhin sechs Panzerdivisionen und drei motorisierte Infanteriedivisionen, unterstützt von einigen Infanteriedivisionen, hätte um den 20. Juli herum die dünnen sowjetischen Verteidigungslinien vor Stalingrad selbst unter Anrechnung der von Tschuikow herangeführten Reserven durchbrechen und die Stadt nehmen können. Aber der Schwenk der 4. Panzerarmee bei Simjanskaja in Richtung unterer Don läßt die Gelegenheit vorübergehen. Die 4. Panzerarmee gehört von nun an zur Heeresgruppe A, und Stalingrad wird allein der 6. Armee von General Paulus überlassen.
Zunächst tritt die 6. Armee, die über ein Panzerkorps mit drei Panzerdivisionen verfügt, auf der Stelle. Paulus kann mehrere sowjetische Brückenköpfe entlang des Dons nicht eindrücken, und es bedarf langer und heftiger Kämpfe zur »Säuberung« des Donbogens, bevor man den Fluß bei Kalatsch überschreiten kann. Hitler revidiert seine Direktive und unterstellt die 4. Panzerarmee am 30. Juli wieder der Heeresgruppe B. Hoth steht jetzt wieder rechts von Paulus.
Aber es dauert bis zum 19. August, ehe die beiden Generäle, nunmehr auf Zusammenarbeit angewiesen, in der Lage sind, einen koordinierten Angriff mit massiver Unterstützung der Luftflotte 4 gegen die Stadt zu führen. Tief gestaffelte sowjetische Verteidigungsstellungen machen das Vordringen schwierig. Hoth und Paulus können nur langsam an die ersten Vororte von Stalingrad herankommen. Am Abend des 23. August gelingt der 6. Armee ein kleiner Einbruch, und einige Einheiten erreichen das Wolgaufer im Norden der Stadt. Aber das Zögern des OKH hat der sowjetischen Führung genug Zeit gegeben, ihre Truppen wieder in die Hand zu bekommen und die Stadt zur Verteidigung einzurichten, mit zwei Armeen, der 6. von Tschuikow und der 64. von Schumilow. Jetzt kann nur noch ein organisierter Großangriff das riesige Häusermeer entlang der Wolga nehmen.
Für die Sowjets hat der Name Stalingrad einen ganz besonderen Klang. Hier hatte Stalin unweit des damaligen Zarizin im Jahre 1919 an einer der größten Schlachten der jungen »Roten Armee« gegen die Truppen des »weißen« Generals Denikin teilgenommen. Der Herr des Kreml hatte sich nicht damit begnügt, der Stadt fortan seinen Namen zu geben. Er machte aus Stalingrad im Laufe der ersten Fünfjahrespläne eine riesige neue Stadt, zugleich Industriezentrum, Umschlagplatz an der Wolga und Experimentierfeld eines revolutionären neuen Urbanismus.

Im Jahre 1941 zählt der Komplex Stalingrad 500000 Einwohner und zieht sich auf 35 Kilometer Länge am rechten Wolgaufer entlang. Parks und Wohnviertel wechseln mit riesigen Fabriken, wie »Djerschinski«, einem Traktorenwerk, oder den beiden Rüstungswerken »Barrikade« und »Roter Oktober«.

Die Sowjets stehen mit dem Rücken zur Wolga. Aber sie sind fest entschlossen, die Stadt zu verteidigen und dabei alle Vorteile ihrer riesigen Ausdehnung mit ihren immer wieder zu sperrenden großen Transversalen zu nutzen, Häuserviertel in Festungen zu verwandeln, sogenannte Todesfallen zu schaffen, in denen jede Straße, jedes Haus vermint oder mit Sprengladungen gespickt ist. Sie bilden Sonderstoßtrupps für den Häuserkampf, die mit leichten Schnellfeuerwaffen ausgestattet sind und taktisch selbständig operieren können. Da die Versorgung nur über den Fluß kommen kann, stellen sie eine Flotte von Lastkähnen zusammen, die nur nachts auslaufen dürfen, um der Bombardierung und dem Artilleriefeuer der Deutschen zu entgehen.

Ende August/Anfang September hätte das OKH noch auf einen Großangriff verzichten und sich mit der Neutralisierung der Stadt begnügen können, gestützt auf die Überlegenheit der Luftwaffe. Dies um so mehr, als die pausenlosen Bombardierungen der Stadt zwar weitere Ruinenfelder verursacht und schwere Verluste unter einer nicht evakuierten Zivilbevölkerung hervorgerufen haben, den Willen der Verteidiger, ihre Stadt nun erst recht zu halten, aber nur noch verstärkten.

Aber Stalingrad übt bereits eine Faszination auf das deutsche Oberkommando und besonders auf Hitler aus, der seiner Erwartung Ausdruck gibt, daß die Operationen »zu einem guten Ende« kommen mögen.* Das OKH wird nun die Speerspitze – seine gepanzerten Streitkräfte, die eigentlich für den weitgefächerten

---

* Eine Faszination hat Stalingrad nur auf Hitler ausgeübt, aber ganz und gar nicht auf den Generalstab des Heeres im OKH. Für diesen wurde es allmählich zu einem immer größer werdenden Gegenstand der Sorge, ja zu einem Alptraum. Aber Hitler war eben der Oberbefehlshaber des Heeres und das OKH nur sein Stab, der letzten Endes seine Befehle in operatives Handeln umsetzen mußte. Wie das damals, nicht etwa nachträglich, aussah, mag meine Tagebucheintragung vom 1. Februar 1943 zeigen: »All unsere Niederlagen sind nur durch die Führung bestimmt. Unter dem Motto ›Zu spät‹ hat die Sturheit gesiegt, und wir haben uns selbst drei Heeresgruppen zertrümmert. Um nicht vor Wut den Verstand zu verlieren, flüchtet man sich in Resignation.«

Kampf in offener Steppe vorgesehen sind – ansetzen und in blinden Straßenkämpfen abnutzen. Hoth und Paulus teilen sich die Aufgabe. Während die 4. Panzerarmee sich den Südteil der Stadt vornimmt, attackiert die 6. Armee das Zentrum und den Norden. Allgemeine Richtung: der Hauptbahnhof, die großen Fabriken, die immensen Wohnblocks für die Fabrikarbeiter.
Als Antwort auf die Taktik der Russen unternehmen die Deutschen viele kleine Einzelangriffe auf engsten Angriffsstreifen mit massiver Infanterie unter dem Schutz kleiner Rudel von 30 bis 40 Panzern. Die Angriffe werden von intensiven Bombenwürfen und Trommelfeuer der Artillerie vorbereitet. Bei der Besonderheit des Geländes – Trümmer eingestürzter Häuser, Stahlträger zerstörter Fabriken, aus ihren Verankerungen gerissene Werkzeugmaschinen, eingesackten Straßendecken – verzetteln sich die Angriffe. Die Russen reagieren, indem sie versuchen, die Panzer von der Infanterie zu trennen und jeden Gegner einzeln zu erledigen.
Unter dem furiosen Abwehrfeuer der Verteidiger müssen die deutschen Infanteristen in Deckung gehen, ehe sie sich entschlossen vorgetragener Gegenangriffe erwehren müssen, die meist im Nahkampf von Mann zu Mann enden. Die Panzer, sich selbst überlassen, fahren meist auf Minen und werden von Molotowcocktails und Panzerbüchsen aus den Kellerlöchern außer Gefecht gesetzt.
Ein Offizier der 14. Panzerdivision schreibt: »Es war ein unheimlicher, zermürbender Kampf auf und unter der Erde, in den Trümmern, Kellern, Kanälen der großen Stadt und der Industriewerke. Mann gegen Mann. Panzer kletterten über Berge von Schutt und Schrott, krochen kreischend durch chaotisch zerstörte Werkhallen und schossen aus nächster Distanz in verschütteten Straßen und engen Fabrikhöfen.«[5]
Um dem vernichtenden Feuer der Stukas oder der Artillerie zu entgehen, entwickelten die Sowjets eine neue Taktik: Sie klebten so eng wie möglich an den Positionen des Gegners. Das zahlte sich aus. Ende Oktober veranlaßt die Führung die Einstellung der Bombenangriffe und der massiven Artillerievorbereitung, um die eigene Truppe nicht zu gefährden. General Doerr hat die Problematik des Kampfes um Stalingrad in einigen Zeilen treffend geschildert: »Um jedes Haus, jedes Fabriklager, jedes Wasserschloß, jeden Bahnsteig, jede Mauer, jeden Keller, jedes Ruinengrundstück mußte eine grimmige Schlacht geschlagen werden, die an

Heftigkeit alle Schlachten des Ersten Weltkrieges übertraf. Die Stellungen berührten sich oft, und trotz Artilleriefeuers und Stukas war es praktisch nie möglich, uns aus dem Nahkampf zu lösen. Die Russen waren uns eindeutig überlegen in der Ausnützung des Geländes und in der Tarnung, und sie hatten eine große Erfahrung im Straßenkampf.«

Die Verteidigung Stalingrads hätte ohne die Aufrechterhaltung einer Versorgungslinie nicht fortgesetzt werden können. Die Deutschen hatten im Norden der Stadt die Wolga erreicht und konnten von dort aus den Schiffsverkehr auf dem Strom unterbinden, was die Sowjets dazu zwang, immer größere Teile ihres Nachschubs über die Eisenbahnlinie Moskau–Saratow–Astrachan zu leiten. Aber sie behalten auch die Kontrolle über das gesamte linke Wolgaufer, und so können sie, dem deutschen Feuer trotzend – auch bei Nacht bestreichen die Deutschen den von »Christbäumen« erleuchteten Strom –, eine ganze Armada von Lastkähnen und Fähren mit Verstärkungen und Nachschub auf das rechte Ufer bringen. Was die Priorität der Versorgungsgüter angeht, so ist ihre Reihenfolge interessant: 1. Munition, 2. Wodka, 3. Verpflegung.

»Die Zeit der großangelegten Operationen war endgültig vorüber«, schreibt General Doerr. »Der Krieg hatte die unendliche Steppe gegen die jäh abfallenden, von Schluchten durchschnittenen Ufer der Wolga, gegen die Industrieviertel von Stalingrad getauscht. Er tobte jetzt in einer von Betonklötzen, Eisenträgern und Steinen übersäten Mondlandschaft. Man zählte nicht mehr nach Kilometern, sondern nach Metern, im Hauptquartier hing nur noch eine einzige Karte, die der Stadt Stalingrad.«[6]

Mitte Oktober ist Paulus entschlossen, massiv loszuschlagen und die wichtigsten Bastionen der Roten Armee zu nehmen, die drei Mammutwerke »Dsjerschinskij«, »Barrikade« und »Roter Oktober« sowie die dazugehörigen Satellitensiedlungen. Die Stoßtrupps werden durch Polizeibataillone und Sonderpioniertruppen mit gestreckten Sprengladungen und Flammenwerfern verstärkt. Drei Wochen lang erreichen die Kämpfe in Fabrikhallen, Kanalanlagen, Kellern und Stockwerken einen noch nie dagewesenen Grad an Grausamkeit.

»Stalingrad ist keine Stadt mehr«, schreibt ein deutscher Soldat. »Tagsüber liegt sie unter einer dichten Rauchdecke aus riesigen Feuersbrünsten. Wenn die Nacht hereinbricht, eine von diesen Nächten voller Brände, Schreie und Blut, werfen sich die Hunde in die Wasser der Wolga und versuchen verzweifelt, ans andere Ufer zu kommen. Die Nächte von Stalingrad haben sie um die Vernunft gebracht. Die Tiere wollen dieser Hölle entkommen. Nicht einmal die härtesten Steine können das aushalten. Nur die Menschen bringen es fertig, sich daran zu gewöhnen.«[7]

Anfang November können die Deutschen endlich von der Annahme ausgehen, daß sie den größten Teil der Stadt in Händen haben. Sie halten das von Leichen übersäte »Roter Oktober« und fast ganz »Barrikade«. In »Dsjerschinskij« befinden sich nur noch drei sowjetische Widerstandsnester. Entlang des Wolgaufers halten die Russen noch einige wenige Brückenköpfe von 300 bis 500 Metern Durchmesser. Das deutsche Oberkommando glaubt, das Gros der Roten Armee aufgerieben zu haben. Paulus bereitet sich auf einen letzten Stoß vor.

In Wahrheit sind es die Angreifer, die sich aufgerieben haben. Mitte November haben die beiden Armee-Oberkommandierenden Paulus und Hoth zusammen noch ganze 200 Panzer, die meisten von ihnen kleine tschechische Skoda mit 3,7-Zentimeter-Kanonen. Die Panzerdivisionen brauchen dringend eine Auffrischung. Die Infanteriedivisionen sind fast alle auf Regimentsstärke zusammengeschrumpft. Die Erschöpfung fällt zusammen mit einem immer dünner werdenden Nachschub. Die rückwärtigen Dienste, Eisenbahn- und Straßenbautrupps, haben es nicht geschafft, die Zerstörungen der Herbstoffensive zu beheben oder neue Schienenwege anzulegen. Die Situation ist um so bedrohlicher, als sich die Sowjets auf eine Gegenoffensive vorbereiten und sich im Norden, Westen und Süden, an den Flanken und im Rücken der 6. Armee, ein unheilschwangeres Gewitter zusammenbraut.

Die Wehrmacht sieht sich im Herbst 1942 nicht mehr in der Lage, eine Entscheidung herbeizuführen – trotz ihrer großen Anfangserfolge. Die Ursachen des Scheiterns sind vielfältiger Natur. Zuerst muß der grundlegende Irrtum aufgeführt werden, die 4. Panzerarmee Ende Juli zum unteren Don umgeleitet zu haben, während sie leicht eine noch kaum zur Verteidigung eingerichtete Stadt Stalingrad hätte nehmen können.

Zum zweiten hat Hitler sich nicht der Faszination Stalingrads entziehen können. Er fühlte sich genötigt, den Fehdehandschuh aufzugreifen, den Stalin ihm an der Wolga vor die Füße geworfen hatte. Auch hoffte er, der Heeresgruppe List bei ihrem Vormarsch zum Kaukasus und zum Schwarzen Meer durch die Einnahme der

Stadt voranhelfen zu können, indem er das Gros der sowjetischen Streitkräfte auf sie zog. Ferner glaubte er, die Moral von Armee und Bevölkerung der Sowjetunion definitiv brechen und die allgemeine Auflösung vollenden zu können, die sich bei der Einnahme Rostows gezeigt hatte. Der Fall Stalingrads konnte in seinen Augen nur eine weltweite Wirkung haben und den Zusammenbruch der Sowjetunion beschleunigen.

Aber die Gunst der Stunde war ihm bereits entglitten. Gewiß hatte die Rote Armee im Juli einen ernsten Schwächeanfall zu bewältigen, der von großer Entmutigung in der Bevölkerung begleitet war. Aber Ende August/Anfang September war die Krise überwunden. Partei und politische Führung des Landes hatten die Lage wieder unter Kontrolle.

Schließlich darf man bei der Aufzählung der Fehler nicht das Fehlen mitreißenden Angriffsschwungs und taktischen Fingerspitzengefühls bei Paulus, der hier sein erstes wahres Truppenkommando ausübte, aus den Augen lassen. Sein Vormarsch zur Wolga war von äußerster Behutsamkeit, wenn nicht Furcht gekennzeichnet. Bei der Schlacht um Stalingrad greift er frontal die bestausgebauten sowjetischen Stellungen an, anstatt zu versuchen, dem Gegner durch Vorgehen entlang des Flußufers und Sperrung des Flusses durch Feuer die Zufuhr abzuschneiden.

Der Kardinalfehler der deutschen Führung ist die sträfliche Unterschätzung der Mittel des Gegners. Einmal mehr hat die deutsche Abwehr das enorme menschliche und materielle Potential der Roten Armee nicht genügend in Rechnung gestellt. Die sowjetische Führung konnte, nachdem sie reichlich spät die wahre Stoßrichtung der Deutschen (nicht Moskau, sondern Wolga und Kaukasus) erkannt hatte, unter Nutzung ihrer Truppenmassierung im Raum Moskau eine Abwehrfront am Kaukasus aufbauen, Stalingrad verteidigen und noch dazu mächtige Offensiven im Mittelabschnitt der Front und vor Leningrad einleiten.

An der Nordfront kann Mansteins 1. Armee gerade noch den Zusammenbruch der 19. Armee vor Schlüsselburg aufhalten, aber er muß auf einen Angriff auf Leningrad verzichten. Im Mittelabschnitt bei Rschew erleidet die 9. Armee Models schwere Verluste in ständigen schweren Abwehrkämpfen. Ein deutscher Gegenangriff auf Sukiwitschi wird Mitte August blutig abgeschlagen. Die Lage kann erst nach Eintreffen zweier Panzerdivisionen von der Südfront wieder hergestellt werden. Letztlich ist es die viel bean-

standete Entscheidung Hitlers von Ende Juli, Truppen aus der Südfront zu lösen und zur Verstärkung an andere Abschnitte zu werfen, die oft Schlimmstes verhütet.
Wieder ist es, wie schon ein Jahr zuvor, vor allem der Mangel an Mitteln, der es der Wehrmacht verbietet, eine Entscheidung zu erzwingen. Derselbe Grund muß zur Erklärung der prekären Lage der beiden Heeresgruppen A und B im Süden herangezogen werden. Beide kämpfen entlang immer weiter auseinandergezogener, immer mehr gedehnter, beiderseits von Stalingrad und entlang des Dons nur noch von den Truppen der Verbündeten gehaltener Fronten.
In Nordafrika sieht es nicht viel besser aus. Zweimal im Laufe des Sommers, vom 2. zum 20. Juli und vom 31. August zum 7. September, hat Rommel die britischen Stellungen vor der ägyptischen Grenze zu durchbrechen versucht. Getreu seiner Methode greift er auf der ganzen Front an und versucht gleichzeitig ein Umgehungsmanöver im Süden, wo er die Durchgänge von Alem und Alfa besetzt. Zweimal scheitern die Offensiven. Rommel, gesundheitlich angeschlagen und müde von einem langen Aufenthalt in Afrika, gibt sein Kommando ab und tritt einen Erholungsurlaub in Deutschland an.
Grund für die Rückschläge sind auch schwere Pannen bei der Funkaufklärung der gegnerischen Absichten. So gerät fast die gesamte Funkhorchkompanie der Nachrichtenabteilung der Panzerarmee Afrika in britische Gefangenschaft. Der neue amerikanische Militärattaché in Kairo hat ein neues Chiffriergerät mitgebracht, das die Deutschen nicht mehr knacken können. Mit der Luftunterstützung hapert es ebenfalls überall. Die Luftwaffe vor Kairo wird durch ständige Abstellungen nach Malta oder an die Ostfront geschwächt.
Malta ist Ende Juli nach großen Bemühungen der Royal Navy wieder zu neuen Offensiven fähig. Vom 12. bis zum 16. Juni 1942 laufen die Operationen »Harpoon« und »Vigorous«. Zwei stark geschützte Geleitzüge, gleichzeitig aus Gibraltar und Alexandria ausgelaufen, versuchen die Insel neu zu versorgen. »Vigorous« stößt auf italienische Flotteneinheiten, die ihn mit Flugzeugen und Schnellbooten angreifen, und muß kehrtmachen. »Harpoon« dagegen, von einer Streitmacht aus einem Schlachtschiff, zwei Flugzeugträgern, vier Kreuzern und 17 Zerstörern beschützt, kommt durch und bringt 15 000 Tonnen Nachschub auf die Insel.
Zwei Monate später startet ein zweiter Versuch. Von Gibraltar läuft

der Geleitzug »Pedestal« bestehend aus 14 Frachtern, die von einer Eskorte von zwei Schlachtschiffen, vier Flugzeugträgern, sieben Kreuzern und 27 Zerstörern geschützt werden. Deutsche und Italiener schicken ihnen U-Boote, Schnellboote und Flugzeuge entgegen, die verheerend unter den britischen Schiffen wüten. U 73 torpediert den Flugzeugträger »Eagle«. Zwei Kreuzer, ein Zerstörer und neun Frachter werden versenkt. Die Italiener feiern bereits die »vittoria del mezz' agosto«. Aber der Sieg ist unvollständig. Vier Frachter und ein Öltanker kommen durch und sichern den Vorrat der Insel an Treibstoff und Munition für drei Monate.
Nun kann Malta dem Konvoi der Achsenmächte auf der Versorgungsroute von Tarent nach Nordafrika schwere Verluste beibringen. Zur Versorgung des Afrikakorps hat die Luftwaffe eine Luftbrücke von Griechenland nach Bengasi eingerichtet. Rommel erhält so 40 000 Mann Verstärkung, darunter die 164. Infanteriedivision und die 22. Fallschirmjägerbrigade, die ursprünglich für den Angriff auf Malta vorgesehen war, sowie 40 Tonnen Material.
Aber die 8. Armee, jetzt unter dem Kommando von Montgomery, kommt viel schneller zu Kräften und findet eine neue Offensivkapazität, die der der Achsenmächte weit überlegen ist. Kesselring hat recht, wenn er behauptet, daß die Aufgabe des Angriffs auf Malta dem Nordafrika-Unternehmen einen »tödlichen Schlag« versetzt hat. Ob in Rußland oder in Ägypten – überall stehen in diesem Herbst 1942 die deutschen Räder still. Die Wehrmacht ist zwar an den Pforten Asiens angekommen, aber sie ist an beiden Fronten in keiner Weise in der Lage, einen Angriff vorzutragen.
Das Elend ist die Verzettelung der Kräfte. Um gegen eine eventuelle feindliche Landung am Ärmelkanal gewappnet zu sein, müssen 30 kampfstarke Divisionen in Westeuropa Gewehr bei Fuß stehen, darunter einige Eliteeinheiten wie die 6. oder die 7. Panzerdivision oder die »Leibstandarte-SS Adolf Hitler«. Die alliierte Reaktion 1942 beläuft sich auf das »Jubilee« genannte tollkühne Unternehmen von Dieppe am 19. August, das aber mit einem Sieg der Wehrmacht endete. Die bei der Landung eingesetzte kanadische Division verliert 60 Prozent ihres Mannschaftsbestandes, die RAF muß den Verlust von 106 Maschinen beklagen, das Doppelte der Verluste der Luftwaffe. Das Vorhandensein einer potentiellen zweiten Front trägt gleichwohl zu einer Schwächung der Kapazität der deutschen Armee auf allen Hauptkriegsschauplätzen bei.

9
Der Wind der Beresina

Im Herbst 1942 sieht sich die Wehrmacht zum erstenmal in diesem Kriege mit einer Niederlage konfrontiert, ohne daß sie, wie noch im Winter 1941 vor Moskau, widrige klimatische Verhältnisse geltend machen kann. Das erste große »Knistern im Gebälk« erfolgt fast gleichzeitig in Afrika und in Rußland.

Den ganzen September und die erste Hälfte des Oktobers über hat sich die britische 8. Armee vor El Alamein laufend verstärkt. Montgomery verfügt schließlich über 200 000 Mann, 1300 Panzer, davon 250 aus den USA gekommene »Sherman«, 900 Geschütze und mehr als 1500 Flugzeuge. Die Italiener und die Deutschen können ihm nur knapp 100 000 Mann, weniger als 500 Panzer, davon 200 deutsche, und 300 Flugzeuge entgegenstellen.

Die britische Offensive beginnt am 23. Oktober mit einem gewaltigen Feuerschlag der Artillerie, der dem Trommelfeuer des Ersten Weltkriegs in nichts nachsteht. Montgomery hält seine Panzer zunächst in Reserve. Er greift auf der ganzen Frontbreite mit Infanterie an, was den Gegner zwingt, seine Kräfte zu verzetteln und Einbruchsstellen mit seinen schwachen Panzerreserven abzuriegeln.

Einen Tag nach Beginn des Angriffs kehrt Rommel auf Bitten Hitlers nach Afrika zurück, obwohl seine Gesundheit noch nicht wiederhergestellt ist. Die Lage, die sich ihm bietet, ist alles andere als rosig. Trotzdem können die Achsenstreitkräfte eine Woche lang energisch Widerstand leisten. Die Briten müssen schwere Verluste hinnehmen.

Die Überraschung der Schlacht kommt in der Nacht vom 1. auf den 2. November. Montgomery startet sein Unternehmen »Supercharge« und läßt seine Panzer vorrücken. Es kommt zu einer heftigen Panzerschlacht, in der die Briten schließlich die Oberhand behalten. Am 4. November wird das 20. italienische Korps völlig zertrümmert, ein gewaltiges Loch wird in das Abwehrsystem der Achse gerissen. Trotz der strengen Weisung Hitlers, Abwehrstellungen zu halten, entschließt sich Rommel zu einem allgemeinen Rückzug.

Er opfert dabei die nicht beweglichen italienischen Einheiten, nutzt geschickt das Zögern Montgomerys, legt überall Minenfelder und kann so das Gros der Panzerarmee »Afrika« retten, selbst wenn ihm am Schluß nur noch ein Dutzend Panzer bleiben. Dank gut funktionierender Treibstoffversorgung aus der Luft kann Rommel seine Truppe um 2500 Kilometer zurücknehmen, wobei

er ihr zweimal eine Ruhepause gönnt: einmal vom 28. November bis zum 13. Dezember in El Aghaila, zum zweitenmal vom 26. Dezember bis zum 16. Januar 1943 in Wadi Zenzem. Im Gegensatz aber zu früheren Jahren versucht Rommel nirgendwo mehr, eine zusammenhängende Abwehrfront aufzubauen.
Dieser kaum unterbrochene Rückzug bis zur tunesischen Grenze ist nicht nur vom Mangel an Mitteln und der ungewissen Versorgung bedingt. Er erklärt sich hauptsächlich aus der Landung der Alliierten in Afrika am 8. November 1942. Sie bedeutet eine schwere Bedrohung der rückwärtigen Verbindungen des Feldmarschalls.
Diese Operation »Torch« genannte Landung ist vor allem eine amerikanische. Beteiligt sind 100 000 Mann, die von einer riesigen Armada geschützt werden. Landeorte sind Casablanca, Oran und Algier. Die französischen Vichy-Truppen leisten zunächst Widerstand, vor allem in Marokko. Die zufällige Anwesenheit des Admirals Darlan in Algier erlaubt es dem US-Oberbefehlshaber General Clark, einen Waffenstillstand zu erreichen, zunächst für den Landekopf Algier, ab 10. November für ganz Nordafrika.
Für das deutsche Oberkommando ist »Torch« eine bittere Überraschung. Abwehr und italienische Aufklärungsdienste haben zwar einen aus England kommenden und für Gibraltar bestimmten Konvoi erkannt und verfolgt. Aber ein gleichzeitig von der amerikanischen Südstaatenküste kommender Geleitzug in Richtung Marokko ist vollkommen unentdeckt geblieben. Das OKW hatte die Schiffskonzentration bei Gibraltar für einen schon einmal im Sommer gemachten Versuch der Versorgung Maltas oder schlimmerenfalls für die Vorbereitung eines Landeunternehmens in der Kleinen Syrte im Rücken Rommels gehalten. Nach der dreifachen Landung am 8. November aber muß Göring zugeben, daß man es hier mit dem ersten Erfolg der Alliierten seit Beginn des Krieges zu tun hat.
Die überraschten Deutschen reagieren mit gewohnter Entschlußkraft und Schnelligkeit und ziehen die Italiener mit. Der am 10. November in Algier zwischen Darlan und Clark geschlossene Waffenstillstand schließt alle Erwartungen einer militärischen Zusammenarbeit mit den Franzosen, über die kurz in Berlin nachgedacht worden war, aus. Am gleichen Tage sind Hitler und Ciano in München zusammen und beschließen, schon am nächsten Tage den unbesetzten Teil Frankreichs zu besetzen und einen Brücken-

kopf in Tunesien zu bilden. Laval, den man am Vorabend nach München bestellt hatte, wird am Abend des 10. November vor vollendete Tatsachen gestellt. Man läßt den ersten Punkt (Besetzung ganz Frankreichs) im dunkeln und zwingt ihn zur Annahme des zweiten Punktes.[1]

Am 11. November marschieren deutsche Truppen, entsprechend einem seit zwei Jahren vorbereiteten Plan »Attila«, in das unbesetzte Frankreich ein, ohne auf Widerstand der Vichy-Armee zu stoßen. Am nächsten Tag erreichen sie die Mittelmeerküste. Marschall Pétain begnügt sich mit einem Protest. Man hat ihm die Angelegenheit nicht als einen Bruch des Waffenstillstandsvertrages dargestellt, sondern als eine Operation zur Unterstützung der Franzosen gegen eine mögliche englisch-amerikanische Landung an der Mittelmeerküste.

Hinsichtlich der französischen Flotte verhält sich Hitler zunächst abwartend. Er ermächtigt Raeder mit dem französischen Marine-Staatssekretär in Vichy, Admiral Auphan, ein »Gentlemen's Agreement« zu treffen. Eine »verbotene Zone« rund um den Kriegshafen Toulon herum wird festgesetzt, und die Franzosen verpflichten sich, keinerlei feindselige Akte gegen die Streitkräfte der Achse zu unternehmen.

Zur gleichen Zeit setzen Italiener und Deutsche ihren Fuß auf tunesischen Boden. Dabei profitieren sie geschickt vom Zögern der französischen Verantwortlichen, die sich nicht recht auskennen, weil sie widersprüchliche Anweisungen sowohl aus Vichy wie aus Algier bekommen. Der französische Kommandierende, General Barré, begnügt sich damit, seine Truppen auf den mitteltunesischen Gebirgskamm zurückzuziehen, während sich der Generalresident Esteva und der Flottenkommandeur Admiral Derrien nach symbolischem Protest mit der Ankunft der Achsentruppen abfinden.

Ab 9. November landen deutsche Transportflugzeuge in El Aouina und nehmen den Flugplatz in Besitz. Zwei Tage später kommen die ersten Schiffe in Bizerta an, nachdem sie die ungenügend gesperrte Hafeneinfahrt überwunden haben. Mehrere italienische Bataillone unter dem Befehl des Generals Messe werden ausgeladen. Hinzu kommen von deutscher Seite die Panzerdivision »Hermann Göring«, die 10. Panzerdivision und die 334. Infanteriedivision. Das deutsche Kontingent steht unter dem Kommando des Generals von Arnim.

Das Unternehmen profitiert dabei von dem extrem langsamen Vordringen der alliierten Truppen von Algier her. Erst am 22. November kommt eine britische gepanzerte Kolonne bis auf 20 Kilometer an Tunis heran, wird aber von den Deutschen sofort zurückgeworfen.

Die Achsenkräfte können auch von einer totalen Luftüberlegenheit profitieren, die bis in den Februar hinein dauern wird. In Rekordgeschwindigkeit hat die Luftwaffe eine neue Luftstreitmacht zusammengestellt, die aus Nordnorwegen, Frankreich und dem Balkan zusammengetrommelt wurde. Sie kann die gutausgebauten Flugplätze im Norden Tunesiens nutzen, während die alliierten Luftstreitkräfte auf notdürftig hergerichtete, immer wieder von Gewitterregen überschwemmte Feldflugplätze im Osten Algeriens angewiesen sind. Von Sizilien und Sardinien aus unternimmt die Luftwaffe außerdem erfolgreiche Angriffe gegen alliierte Konvois vor Algier, Bône und Bougie.

Ende November sind die deutsch-italienischen Verbände Herren über fast ganz Tunesien und bereiten sich auf die Aufnahme der von Libyen kommenden Truppen Rommels vor. Die Achse hat so einen soliden Brückenkopf zum Schutz der Südflanke der von der deutschen Propaganda bereits so genannten »Festung Europa« aufgebaut.

Hitler hat sich zu diesem Zeitpunkt bereits entschlossen, sich von der Hypothek zu lösen, die die französische Flotte in Toulon für seine Aktionen in Nordafrika darstellt. Nachdem am 13. November Admiral Darlan in Algier ins alliierte Lager übergewechselt ist, die Waffen gegen die Achse wieder aufnehmen will und der französische Generalgouverneur in Westafrika, General Boisson, denselben Schritt vollzogen hat, hat er keinerlei Vertrauen mehr in die Franzosen. Er verlangt jetzt von ihnen, daß sie die »verbotene Zone« um Toulon räumen, und gibt gleichzeitig dem SS-General Hausser den Befehl, die Hafenstadt zu nehmen und die dort liegenden französischen Kriegsschiffe zu entwaffnen. Für den Fall eines Widerstandes wird der Stadt ein verheerendes Luftbombardement durch die Kampfflugzeuge der Luftflotte 3 des Generals Sperrle angedroht.

Das Unternehmen beginnt in der Nacht zum 27. November. In dem Moment, da die Deutschen am Hafenbecken auftauchen, gibt der Kommandant des französischen Mittelmeergeschwaders, Admiral de Laborde, einen Befehl zur Selbstversenkung, der sofort ausgeführt wird. Der Akt betrifft 250000 Tonnen Schiffsraum, ein Drittel der französischen Flotte von 1939. Als Hitler davon erfährt, zeigt er sich zufrieden. Wenige Tage vorher hatte er Mussolini mitgeteilt, er glaube nicht daran, daß die Schiffe erbeutet werden könnten. Er wollte im übrigen die französische Flotte Italien überlassen.[2]

Im selben Moment, in dem das Reich eine ernste Krise im Mittelmeerraum abwenden kann, und sei es nur provisorisch, bricht eine andere Krise sehr viel schwereren Ausmaßes mit dem äußerst heftigen Großangriff der Sowjets auf die in Stalingrad kämpfende 6. Armee des Generals Paulus über die Ostfront herein. Das geschieht nur elf Tage nach der Rede Adolf Hitlers in einem Münchner Bierkeller aus Anlaß des 18. Jahrestages des Putsches von 1923: »Ich wollte zur Wolga kommen, und zwar an einer bestimmten Stelle, an einer bestimmten Stadt. Zufälligerweise trägt sie den Namen von Stalin selber. Aber denken Sie nur nicht, daß ich aus diesem Grunde dorthin marschiert bin – sie könnte auch ganz anders heißen –, sondern weil dort ein ganz wichtiger Punkt ist.

Dort schneidet man nämlich 30 Millionen Tonnen Verkehr ab, darunter fast 9 Millionen Tonnen Ölverkehr. Dort floß der ganze Weizen aus diesen gewaltigen Gebieten der Ukraine, des Kubangebietes, zusammen, um nach Norden transportiert zu werden. Dort ist das Manganerz befördert worden; dort war ein gigantischer Umschlagplatz. Den wollte ich nehmen und – wissen Sie – wir sind bescheiden, wir haben ihn nämlich!«

Trotz dieses wenig überzeugenden Plädoyers muß Hitler zugestanden werden, daß er die alleinige Verantwortung für die Katastrophe der 6. Armee übernommen hat. Am 6. Februar 1943 erklärt er Manstein gegenüber im Führerhauptquartier: »Für Stalingrad trage ich allein die Verantwortung! Ich könnte vielleicht sagen, daß Göring mir ein unzutreffendes Bild über die Möglichkeiten der Versorgung durch die Luftwaffe gegeben hat, und damit zum mindesten einen Teil der Verantwortung auf ihn abwälzen. Aber er ist mein von mir selbst bestimmter Nachfolger, und deshalb kann ich ihn nicht mit der Verantwortung für Stalingrad belasten.«[3]

Der Gedanke an eine Gegenoffensive von beiden Seiten Stalingrads beginnt im August in der Stavka Form anzunehmen. Er präzisiert sich im September/Oktober. Der neue Oberbefehlshaber der »Stalingrader Front«, General Jeremenko, und sein politischer Hauptkommissar, Nikita Chruschtschow, haben später die Vaterschaft für die Idee in Anspruch genommen, während die Generäle Schukow und Wassiliewski der Stavka das Verdienst zuweisen. Auf jeden Fall ist es Stalin persönlich, der die Vorarbeiten überwacht und die großen Linien festlegt: Einschließung der 6. Armee durch einen Zangenangriff im Süden und Norden von Stalingrad. Mit der Ausführung werden beauftragt: Schukow, Wassiliewski (der Chef der Stavka) und Woronow, der große Spezialist der sowjetischen Artillerie.

Zwei Tatsachen sprechen für einen Erfolg des Unternehmens: Es gibt noch sowjetische Brückenköpfe auf dem Westufer des Dons, die die Deutschen nie beseitigen konnten, und die Donfront beiderseits von Stalingrad wird von der 3. und 4. rumänischen Armee gehalten, deren Kampfwert dem der großen deutschen Verbände nicht vergleichbar ist. Seit dem Sommer sind die Kontingente der Verbündeten mit der Sicherung der Flanken der 6. Armee betraut. Die italienischen, ungarischen und rumänischen Alliierten haben aus politischen Gründen darauf bestanden, daß ihre nationalen Kontingente autonom operieren und nicht in den Verband der deutschen Heeresgruppen aufgenommen werden.*

Diese Maßnahme hat eine verheerende Schwächung der Flanken der 6. Armee zur Folge. Die »Verbündeten-Armeen« leiden unter mangelnder Ausbildung ihrer Soldaten und schlechter, meist veralteter Bewaffnung und Ausrüstung. Sie verfügen über keine wirklichen gepanzerten Verbände. Die Panzerabwehr der rumänischen Divisionen basiert noch auf der kleinen 3,7-Zentimeter-Kanone, die keinerlei Wirkung auf sowjetische Panzer mehr zeigt. Allerdings muß gesagt werden, daß die Deutschen wiederholten dringenden Bitten des Marschalls Antonescu, ihm modernere Fünf-Zentimeter-Kanonen zu liefern, nicht nachgekommen sind.

Drei sowjetische »Fronten« sind an dieser Offensive beteiligt, die auf insgesamt 400 Kilometer Breite vorgetragen werden wird:

* Die Absicht des OKH war gewesen, die verbündeten Truppen möglichst divisionsweise, wenigstens aber korpsweise zwischen deutsche Verbände einzugliedern, wobei diese die Funktion von »Korsettstangen« gehabt hätten. Dieses Prinzip hätte vermutlich den raschen, dicht aufeinanderfolgenden Zusammenbruch der vier verbündeten Armeen bei der sowjetischen Offensive im Herbst/Winter 1942 wenn nicht verhindert, so doch in tragbaren Ausmaßen gehalten.

die »Südwest-Front« des Generals Watutin, die »Don-Front« Rokossowskis und die »Stalingrad-Front« von Jeremenko. Sie bestehen aus zehn Armeen mit insgesamt 60 Divisionen sowie mehreren gepanzerten und motorisierten Brigaden, die in dieser Form zum erstenmal auftreten. Die Rote Armee hat für diese Schlacht ein Viertel ihrer gesamten Infanterie, die Hälfte ihrer Flugzeuge und 60 Prozent ihrer Panzer eingesetzt, alles in allem eine Streitmacht, die der des Gegners an Qualität und Quantität weit überlegen ist.

Im Gegensatz zu den Behauptungen Keitels und Jodls im fernen OKW hatte das allein für die Ostfront verantwortliche OKH schon im Oktober die ungeheure Gefahr erkannt, die sich da aufbaute. Die Organe der Feindaufklärung der Heeresgruppe B und der 6. Armee hatten laufende Verstärkungen in den Brückenköpfen entlang des Dons und den Bau mehrerer Pontonbrücken über den Fluß durch sowjetische Pioniere gemeldet. Auch die Massierung großer feindlicher Verbände beiderseits Stalingrads war bemerkt worden.

Zeitzler empfiehlt daher von Anfang November an das Zurücknehmen der 6. Armee hinter den Donbogen. Der Vorschlag wird von Hitler abgelehnt mit der Begründung, daß ein Rückzug katastrophale Folgen auf die Moral der Truppe haben würde. Der Führer empfiehlt statt dessen eine Verstärkung der verbündeten Truppen durch deutsche Luftwaffen-Felddivisionen und die Bereitstellung von Eingreifreserven hinter der Front der rumänischen Armeen. Aber die laufende Ausdünnung der in Stalingrad eingesetzten Teile erlaubt das Aufstellen strategischer Reserven nicht mehr. Alles, was man mit Mühe zusammenbringen kann, ist schließlich eine Infanteriedivision und das XXXXVIII. Panzerkorps, das nur noch über 84 Panzer verfügt.

Unter solch vorteilhaften Auspizien bricht die sowjetische Offensive am 19. November aus den Brückenköpfen am Don los – begünstigt durch dichten Nebel, der der Luftwaffe mehrere Tage lang jedes Eingreifen untersagt. Nach sehr heftiger Artillerievorbereitung – die sowjetische Geschützdichte beträgt 60 bis 70 Rohre pro Kilometer – überschwemmen von Panzern unterstützte sowjetische Infanterieeinheiten die rumänischen Stellungen. Schon am Nachmittag gehen die Panzerkorps zum Angriff in die Tiefe über, schließen ganze rumänische Divisionen ein und stürmen weiter zum Donbogen. Am Tage darauf folgt der zweite Schlag.

Zwei Armeen durchbrechen im Süden Stalingrads die Front der 4. rumänischen Armee zwischen dem Tsatsa- und dem Bartmantsack-See und stürmen zum Don weiter. Schon zeichnet sich die Schließung der sowjetischen Zange ab.
Die Entscheidung wird in weniger als vier Tagen herbeigeführt sein. Gelähmt durch den Nebel, die Unterbrechung aller Nachrichtenmittel und das Fehlen von Gerät, sieht sich die deutsche Führung außerstande, irgendwie zu reagieren. Die Lage wird immer unübersichtlicher und schließlich konfus. Der entscheidende Tag ist der 23. November. Die beiden rumänischen Armeen sind buchstäblich zertrümmert, fünf eingekesselte Divisionen strecken, den Rücken zum Don, die Waffen. Das XXXXVIII. Panzerkorps kann sich, nach dem vergeblichen Versuch, den Rumänen zu Hilfe zu eilen, der Umklammerung gerade noch entziehen und flieht unter Zurücklassen fast des gesamten Materials nach Westen. Am selben Tage um 16.00 Uhr kann das 4. sowjetische Panzerkorps die Donbrücke von Kalatsch nehmen, über die die gesamte Versorgung der 6. Armee läuft, und die Verbindung zum südlichen Teil der Klammer herstellen.
Die deutschen Pioniere an der Brücke haben Auftrag, diese sofort zu sprengen, wenn feindliche Truppen sich nähern. Aber die Sowjets gebrauchen eine List. An der Spitze ihrer Kolonne fahren fünf erbeutete deutsche Panzerspähwagen, versehen mit dem taktischen Zeichen der 17. Panzerdivision. Angefüllt mit Infanteristen der Roten Armee, tauchen die Panzer mitten in der Nacht, den Vorschriften in der deutschen Armee folgend mit voll eingeschalteten Scheinwerfern, vor der Brücke auf. Der Chef der Pioniere läßt sich täuschen und gibt die Straßensperren frei. Die sowjetische Kolonne fährt auf die Brücke und hält an. Abgesprungene Infanteristen machen die deutschen Pioniere mit Maschinenpistolen nieder oder nehmen sie gefangen. Ein paar Stunden später kann die kleine Abteilung nahe Sowietsky auf dem linken Donufer Kontakt mit der Vorausabteilung des 4. Panzerkorps der »Stalingrad-Front« aufnehmen und gleichzeitig die Bahnlinie Stalingrad–Woroschilowsk unterbrechen, letzte Nabelschnur der nun völlig eingeschlossenen 6. Armee zur Außenwelt.
Sofort nach diesem geglückten Unternehmen geht die sowjetische Führung daran, einen weiteren Gürtel um die 6. Armee zu legen und gleichzeitig eine solide Front nach Westen zur Abwehr eventueller deutscher Entlastungsangriffe aufzubauen. Das Manöver

vollzieht sich in den darauffolgenden Tagen mit der Ankunft frischer Truppen entlang von Don und Tschir, verstärkt durch gepanzerte Verbände und den Aufbau einer starken Panzerabwehrfront nach Westen, mit mehr als 1000 Geschützen. Binnen einer Woche ist alles an Ort und Stelle, und die Stavka kann sich jetzt einem konzentrierten Angriff auf die 6. Armee zuwenden.
Trotz der vielen Vorwarnungen ist man im OKH nach dem Bruch der Don-Wolga-Front wie vom Donnerschlag gerührt. Seinem Temperament entsprechend weigert sich Hitler aber erneut, einen Rückzug der 6. Armee ins Auge zu fassen, und befiehlt ihr am 22. November, im Westen von Stalingrad einen Igel von 40 Kilometer Breite und 60 Kilometer Länge zu bilden, der die beiden Flugplätze Gumrak und Pitomnik einschließen soll. Tags darauf erbittet Paulus, gestützt auf die Zustimmung aller seiner Korps- und Divisionskommandeure sowie des Chefs der Heeresgruppe B, die Erlaubnis, nach Westen ausbrechen zu dürfen. Er führt das Fehlen an Winterbekleidung und die äußerste Knappheit an Munition, Verpflegung und Treibstoff auf. Gleichzeitig untersagt er sämtliche weiteren Angriffsaktionen gegen die noch im Kessel befindlichen sowjetischen Verteidigungsnester und gliedert seine besten Truppen, vor allem die noch verbliebenen Panzertruppen, für einen Ausbruch in den Westen der Stadt um.
Generalstabschef Zeitzler unterstützt Paulus' Bitte mit dem ganzen Gewicht seiner Autorität. Am 24. November um 2.00 Uhr morgens ist es fast so weit, daß er den Führer umstimmen kann, nachdem er ihm erklärt hat, daß ein Verbleib der 6. Armee an Ort und Stelle nur zu ihrer Zerstörung führen kann und ein Durchbruch nach Westen angesichts des noch schwachen sowjetischen Einschließungsrings durchaus möglich erscheint. Schon scheint Zeitzler sich durchgesetzt zu haben, da ändert Hitler plötzlich am 24. November um 6.00 Uhr morgens noch einmal seine Meinung, oder vielmehr beharrt er plötzlich erneut starrsinnig auf seinem Befehl zum Aushalten der 6. Armee in ihren Stellungen.
Ausschlaggebend für diese Meinungsänderung ist Göring. Nach Einschaltung seines Generalstabschefs Jeschonnek versichert der Reichsmarschall, daß die Luftwaffe, genau wie vor einem Jahr in Cholm und Demjansk, wo sie den ganzen Winter hindurch mehr als 100 000 Mann aus der Luft versorgen konnte, auch diesmal in der Lage sei, den Kessel von Stalingrad zu versorgen, und zwar unter Einsatz all ihrer Mittel in Höhe von 500 Tonnen Gütern pro

Tag. Diese offensichtlich durch solide Argumente gestützte Versicherung ist es, die im Morgengrauen des 24. November zu Hitlers Entscheidung führt und damit das Schicksal der 6. Armee besiegelt.*

Das selbstsichere Auftreten der Luftwaffe erfolgt in einem Augenblick, da Hitler schon an einen Entsatz Stalingrads durch eine starke Konzentration von Panzern denkt. Am selben Tage ruft er Generalfeldmarschall von Manstein, den Sieger von Sewastopol, von der Leningrad-Front zurück. Er überträgt ihm die Führung der neu aufgestellten »Heeresgruppe Don« mit dem Auftrag, die 6. Armee freizukämpfen. Aber der Feldmarschall braucht 14 Tage, um seine Heeresgruppe zusammenzubringen aus den Resten der 4. Panzerarmee Hoths, der aus dem Mittelabschnitt herangeführten 23. Panzerdivision und der im Eiltransport aus Frankreich geholten 6. Panzerdivision. Manstein kann nur 300 Panzer zusammenbringen, nur die 6. Panzerdivision ist mit 200 Panzern und Sturmgeschützen vollständig aufgefüllt.

Mit seinem bewährten Sinn für Taktik, der sich ein Jahr später, im Sommer 1943, noch einmal zeigen wird, bricht Manstein am 12. Dezember von Kotelnikow zum Angriff auf die Flanke der »Stalingrader Front« auf, den schwächsten Punkt des sowjetischen Einschließungsrings um Stalingrad. Trotz seiner relativ schwachen Kräfte – von der Stavka immerhin auf 500 Panzer veranschlagt – wirft die unter dem Stichwort »Wintergewitter« geführte Offensive die 51. sowjetische Armee aus ihren Stellungen und durchbricht den Sperriegel am Fluß Aksai. Die Heftigkeit des Angriffs veranlaßt die sowjetische Führung zum sofortigen Abbruch des geplanten Angriffs auf Stalingrad und zur Heranführung dreier Panzer- und mechanisierter Korps, um der aus Süden kommenden Gefahr begegnen zu können.

Aber diese Verstärkungen können den Vormarsch der Heeresgruppe Don nicht aufhalten. Am 20. Dezember erreichen deren

---

* Das Verbleiben der 6. Armee in Stalingrad hatte einen positiven Effekt – es band sehr starke russische Kräfte. Operativen Sinn hätte es aber nur dann gehabt, wenn sofort der Rückzug der Heeresgruppe A aus dem Kaukasus befohlen und der Ausbruch der 6. Armee aus der Einschließung von vornherein für den Moment geplant worden wäre, zu dem die ganze Heeresgruppe A den Entsatzangriff führen konnte. Diesen Sinn wollte oder konnte Hitler nicht erkennen. Er übernahm sogar ganz ausdrücklich die Verantwortung für das Belassen der 6. Armee in Stalingrad.

Spitzen den Fluß Myschkoja, hinter dem sich der sowjetische Widerstand versteift. Manstein ist an dieser Stelle nur noch 45 Kilometer vom Stalingrader Kessel entfernt. Vor dem unerwarteten Hindernis aber muß der Feldmarschall auf der Stelle treten. Er fürchtet auch um seine sehr ausgedehnten Flanken. Obwohl er alle Vollmachten des OKH hat und über eine Sonder-Lkw-Kolonne mit ausreichendem Proviant verfügt, entschließt sich Manstein, Paulus um einen energischen Ausbruch in Richtung seiner Heeresgruppe zu ersuchen, dem er selbst mit einem letzten verzweifelten Versuch entgegenkommen werde. Manstein muß Paulus ein zweites Mal autoritär und mit allem Nachdruck auffordern, den Ausbruch zu versuchen. Aber der Befehlshaber der 6. Armee zögert, beruft sich auf Nachschub-, vor allem Spritmangel, schließlich auf den Willen des Führers und kann sich am Ende nicht zu einem Durchbruch entschließen, der große Teile seiner Armee noch hätte retten können.[4]*

Manstein sieht sich gezwungen, sein Vorhaben aufzugeben. Es ist Heiligabend 1942. Inzwischen haben die Sowjets am 16. Dezember ihren zweiten großen Angriff auf Stalingrad gestartet, mit der »Front Woronesch« und der »Front Südwest«. Diesmal schlagen sie die italienische, die ungarische und Reste der 3. rumänischen Armee in Stücke. Das deutsche Oberkommando muß nun, nach dem Abbrechen großer Teile der bisherigen Südfront, schnellstens eine neue Verteidigungslinie entlang des Donez und des unteren Don aufbauen, um den immer noch am Kaukasus stehenden Verbänden der Heeresgruppe A den Rückzug über Rostow zu er-

---

* Masson gibt hier die Auffassung von Manstein wieder. Diese deckt sich teilweise nicht ganz mit dem tatsächlichen Geschehen, und außerdem hatte Manstein nicht »alle« Vollmachten. Dies hier zu schildern, würde zu weit führen.

Nur eines sei gesagt: Der entscheidende Tag war der 19. Dezember 1942, als es klar war, daß der Entsatzangriff nicht mehr weiterkommen konnte. Zeitzler hatte mittags erreicht, daß Hitler grundsätzlich bereit war, zwar nicht den vollständigen Ausbruch zu genehmigen, aber einen Angriff der 6. Armee zur Herstellung einer Verbindung mit den Spitzen der Panzergruppe Hoth. Hitler wollte nur noch wissen, wie weit Paulus glaubte, aus eigener Kraft kommen zu können. Zeitzler fragte an, am Abend kam die Antwort: »Sicher 10, vielleicht 30 km.« Daraufhin verbot Hitler den Ausbruchsangriff. Als Heusinger und ich dies erfuhren, sagte Heusinger zu mir: »Ich wollte, Paulus wäre ein Yorck und handelte ohne Rücksicht auf seinen Kopf. Aber er ist keiner!« Alle Funksprüche zwischen OKH und Paulus sind durch meine Hand gegangen.

möglichen. Ende Dezember ist die neue deutsche Südfront fast 400 Kilometer von Stalingrad entfernt. Das Schicksal der 6. Armee ist jetzt endgültig besiegelt, um so mehr, als über die Luftbrücke in den kommenden 67 Tagen statt der versprochenen 500 nur höchstens 100 Tonnen pro Tag den Kessel erreichen.

Immerhin hat die Luftwaffe unter dem Befehl des Chefs der Luftflotte 4, General von Richthofen, der später von Feldmarschall Milch als »Koordinator« der Luftbrücke abgelöst wird, eine beachtliche Versorgungsflotte zusammengestellt: 230 Junkers 52 und Junkers 86, 190 Heinkel 111 und Heinkel 177 sowie einige viermotorige Focke-Wulf »Condor 200«, die aus Bordeaux-Mérignac kommen, wo sie bisher an der Schlacht um den Atlantik teilnahmen. Hinzu kommen einige Maschinen aus den Lufttransportfliegerschulen, so daß die Gesamtzahl der zur Versorgung Stalingrads eingesetzten Maschinen, abgesehen von technischen Ausfällen, fast 850 beträgt.

Trotz dieser eindrucksvollen Zahl und trotz des Vorhandenseins von zwei Flugplätzen im Kessel, Gumrak und Pitomnik, bleibt das Ergebnis nicht nur unbefriedigend, sondern auch ungenügend und nicht vergleichbar mit der Aktion aus dem Winter zuvor. Am erfolgreichsten ist die Luftbrücke zwischen dem 18. und dem 23. Dezember, aber die angepeilte Tonnage von 300 Tonnen pro Tag wird nur einmal erreicht, am 19. Dezember. Die 6. Armee hatte ursprünglich 500 Tonnen pro Tag als Minimum angegeben. Ende Dezember/Anfang Januar bewegen sich die täglichen Lieferungen nur noch wenige Tage lang um die 200 Tonnen!

Diese katastrophale Bilanz, die das Ende der 6. Armee beschleunigt, hat mehrere Gründe, die die Luftwaffenführung nicht voraussehen wollte oder konnte. Die Wetterlage in der Gegend des Donbogens und der unteren Wolga wird im Winter von häufiger Bildung dichten Bodennebels bestimmt, was die Deutschen überraschte. Mehrere Male, so am 24. und 25. Dezember und am 2. und 3. Januar, können die Flugzeuge Gumrak oder Pitomnik nicht anfliegen oder gar nicht starten.

Der andere Grund ist der Ausfall mehrerer Plätze, von denen die Versorgungsflüge gestartet werden, durch die zweite sowjetische Offensive vom 16. Dezember. Nach der Wegnahme von Oblivskaja dringen die sowjetischen Panzer auf Morosowskaja vor, von wo aus die meisten Maschinen starteten. In totaler Konfusion können von insgesamt 180 Maschinen nur 124 vor der Ankunft der sowjetischen Panzer in die Luft kommen, die anderen werden zusammengeschossen oder stoßen beim Alarmstart zusammen. Anfang Januar müssen alle im Donbogen gelegenen Flugplätze aufgegeben werden. Die neuen Basen liegen jetzt westlich des Dnjepr. Das verdoppelt fast die Distanz und verringert die Zahl der Flüge. Vorher lag Pitomnik 200 Kilometer entfernt, jetzt sind es 300 bis 400 Kilometer.

Die Besatzungen müssen neuerdings auch mit gegnerischen Aktionen rechnen, die es im Winter vorher nicht gegeben hatte. Bei schönem Wetter versuchen sowjetische Jagdflugzeuge die Junkers und Heinkels – meist auf dem Anflug – in den engen Flugschneisen von Pitomnik abzufangen, die ihnen durch Funkpeilung vorgegeben sind. Beim Anflug auf den Landeplatz erzielt die sowjetische Flugabwehr – zunehmend beim Engerwerden des Kessels – immer höhere Abschußzahlen.

Anfang Januar liegt Pitomnik bereits im Schußbereich des Gegners. Oft landen die Flugzeuge zwischen den Einschlägen der sowjetischen Artilleriegranaten, auch wenn sie immer häufiger nur nachts fliegen. Nach dem Fall des Flugplatzes am 14. Januar müssen sich die Transportflieger auf Gumrak zurückziehen, einen sehr viel kleineren und schlechter ausgerüsteten Platz, der ebenfalls schon unter feindlichem Feuer liegt. Gumrak fällt sechs Tage später, am 22. Januar, und das ist das Ende der Luftbrücke. Bis zum 2. Februar setzt die Luftwaffe ihre Versorgung jedoch durch Abwurf von Ladungen fort und bringt es sogar fertig, Ende Januar die tägliche Fracht noch auf über 100 Tonnen steigern zu können. Trotz der unbestritten großen Leistungen ist die Luftwaffe bei der Versorgung der 6. Armee aus der Luft letztlich tragisch gescheitert. Sie hat das qualvolle Sterben der Armee nur hinausgezögert, nachdem sie Hitler in seiner Überzeugung bestärkt hatte, er könne der Armee einen Durchhaltebefehl geben. Der aufopfernde und tapfere Einsatz der beteiligten Besatzungen steht damit nicht in Frage. Am Tage der Kapitulation der Armee betrugen die Verluste der Luftwaffe immerhin 488 Maschinen. Um diesen Preis, das sei ausdrücklich erwähnt, wurden 42 000 Verwundete ausgeflogen und damit vor Gefangenschaft oder Tod bewahrt.

Die letzten Wochen sind nur noch eine lange Agonie. Am 8. Januar bieten die Sowjets Paulus eine ehrenvolle Übergabe und die Versicherung an, daß die Gefangenen und Verwundeten gut behandelt werden würden. Das Angebot wird zurückgewiesen, und

es beginnt der letzte Ansturm, der trotz der Ungleichheit der Kräfte noch drei Wochen lang dauern wird. Die »Don-Front« Rokossowskis setzt zur Vernichtung der 6. Armee sieben Armeen mit nahezu 300 000 Mann ein, unterstützt von vier Panzerbrigaden, 55 schweren Artillerieregimentern und sechs Batterien Raketenwerfern. In der Luft sind die Sowjets Alleinherrscher. Im Kessel kann Paulus ihnen nur noch 190 000 Mann entgegenstellen, darunter einige rumänische und kroatische Resteinheiten. Seine Truppen haben keine Winterbekleidung, keinen Treibstoff, müssen Munition sparen und essen nur noch Hungerrationen. Trotzdem bricht der Widerstand nicht zusammen.
Hinter einer Feuerwalze aus mehr als 7000 Rohren gehen die sowjetischen Infanteristen langsam und methodisch vor. Unter dem Druck von drei Armeen müssen sich die Deutschen am 13. Januar hinter die stark eingeschnittene Schlucht des Rossoschka-Baches zurückziehen, die sie nicht mehr halten können. An den folgenden Tagen wird der Angriff fortgesetzt. Am 17. Januar ist der Kessel um die Hälfte eingedrückt. Der schwerste Schlag ist der Verlust von Pitomnik. Vom 20. Januar ab müssen sich die Reste der 6. Armee, nach der Aufgabe des letzten Flugplatzes Gumrak, auf die Trümmer der Stadt zurückziehen, die sie unter so vielen Opfern einst genommen hatten. Am Ende ihrer Kräfte, ohne Munition, schneidender Kälte ausgesetzt, bricht die Moral der letzten deutschen Einheiten schließlich zusammen. Am 22. Januar strecken zwei Divisionen die Waffen. An diesem Tage können die Angreifer, zusammen mit den heroisch kämpfenden Truppen Tschuikows in den letzten Nestern entlang des rechten Wolgaufers, den Kessel in zwei Teile zerschneiden, die nun sehr schnell zusammengedrückt werden. Endlich können die Sowjets am 31. Januar Paulus, am Vortage noch zum Feldmarschall ernannt, und die meisten Offiziere seines Stabes gefangennehmen. Die letzten Kämpfe enden am 2. Februar 1943 mit der Kapitulation der im Norden der Stadt eingesetzten letzten Teile der Armee. So endet eine Schlacht der Giganten, fünf Monate nachdem sie begonnen hatte, mit einem blendenden Sieg der Sowjets. Von den 220 000 Mann der 6. Armee konnten 42 000 ausgeflogen werden, 95 000 fanden den Tod, 90 000 gingen in die Gefangenschaft, aus der nur 8000 nach dem Ende des Krieges in die Heimat zurückkehrten.
Es ist eine Niederlage ohne Beispiel. Sie versetzt dem Ruf der Unbesiegbarkeit der deutschen Armee einen schweren Schlag. Drei

Gründe können dafür angeführt werden. Hitlers Starrköpfigkeit, mit der er der 6. Armee das Aushalten befahl, die überzogenen Versprechungen der Luftwaffenführung und schließlich die Charakterschwäche eines General Paulus, der es weder wagte, die Befehle Hitlers zu mißachten, noch den Mut fand, auf die Beschwörungen Mansteins einzugehen.

Noch während der Kämpfe um Stalingrad hat Hitler sich entschließen müssen, der Heeresgruppe A das Absetzen von Kaukasus und Kuban zu befehlen, wenn sie nicht dasselbe Schicksal erleiden sollte wie die 6. Armee. Der Rückzug vollzieht sich zwischen dem 1. Januar und dem 2. Februar 1943 und führt über Rostow in Richtung Donez und über die Taman-Halbinsel, auf der Hitler einen Brückenkopf in Erwartung späterer offensiver Operationen in den Rücken des Gegners installieren möchte.

Zum Zeitpunkt der Kapitulation der 6. Armee ist die Lage an der Südfront noch kritisch. Drei sowjetische Armeen beginnen einen Angriff auf den Raum nördlich Kursk in Richtung Woroschilowgrad. Offensichtlich will die Stavka einen Bruch zwischen der Heeresgruppe B und der Heeresgruppe Don des Generals Manstein herbeiführen, die deutschen Streitkräfte zwischen Don und Donez vernichten, ihre Reste auf die Krim zurückwerfen und gleichzeitig Smolensk und Kiew bedrohen. Im Norden findet gleichzeitig ein neuer Versuch statt, Leningrad zu entsetzen.

Der sowjetische Angriff auf die Südfront beginnt am 29. Januar. Am 9. Februar fallen Kursk und Bjelgorod. Am 16. Februar wird Charkow eingenommen. Zwischen der Heeresgruppe B und Manstein klafft eine Lücke von 150 Kilometern.

Aber vom 19. Februar an kann Manstein mit den Resten der 1. und der 4. Panzerarmee und in Verbindung mit dem SS-Panzerkorps die Lage bereinigen. Er nutzt die abenteuerliche Dehnung der Vormarschlinien der zum Dnjeprbogen stürmenden sowjetischen Armeen und greift in der tiefen Flanke an. Die Sowjets, vollkommen überrascht, lassen 25 000 Tote und 600 zerstörte Panzer auf dem Schlachtfeld zurück.

Manstein kann wieder auf massive Unterstützung der Luftwaffe bauen, die bis zu 1000 Einsätze pro Tag fliegt. Am 8. März startet er eine zweite Offensive, wirft die Sowjets 150 Kilometer zurück und erobert Bjelgorod und Charkow. Nur das Ende März einsetzende Tauwetter hindert den Feldmarschall daran, auch den Frontbogen bei Kursk zu bereinigen. Dieser bleibt bestehen und bildet eine ernste Gefahr für die Heeresgruppen Mitte und Süd. Die Front stabilisiert sich wieder da, wo sie im Juni 1942 verlief. Beide Gegner sind erschöpft und benötigen dringend eine Atempause. Diese wird schließlich länger als drei Monate dauern und Deutschen wie Sowjets erlauben, ihre Kräfte wiederherzustellen. Am Ende des Winters 1942/43 scheint das Reich die doppelte Krise des Herbstes in Rußland und im Mittelmeerraum bewältigt zu haben.

Die Wiederherstellung der Lage kann indes eine Polemik nicht zum Schweigen bringen, die bis heute andauert. Man könnte sich fragen, ob der Widerstand der 6. Armee von Nutzen war, ob es nicht besser gewesen wäre, wenn sie Anfang Januar kapituliert und damit ihren total erschöpften, erfrorenen, unter Hungerrationen leidenden Männern unerhörte Leiden und Verluste erspart hätte, die letzten Endes drei Fünftel ihrer ursprünglichen Stärke betrugen. Ist dieser unerhörte Leidensweg nicht allein auf die unsinnige und kriminelle Hybris Hitlers zurückzuführen, der einen hoffnungslosen Widerstand auch dann noch befahl, als jede Möglichkeit einer Entsetzung oder nur Versorgung bereits geschwunden war? Auf diese schmerzhafte Frage ist die Antwort der Deutschen eindeutig: Es war das Opfer der 6. Armee, das den Zusammenbruch der gesamten Südfront verhinderte und Manstein die siegreiche Gegenoffensive erlaubte.

Manstein selbst hat die Weigerung des Generals Paulus, auf das Übergabeangebot der Sowjets am 8. Januar einzugehen, so kommentiert: »Die Armee konnte noch kämpfen, wenn auch der Kampf für sie selbst auf die Länge aussichtslos war. Ihr Aushalten war für die Lage des Südflügels von entscheidender Bedeutung. Jeder Tag, an dem sie die feindlichen Kräfte noch festhalten konnte, war ausschlaggebend für das Schicksal der Ostfront. Man möge nicht jetzt nachträglich sagen, daß der Krieg doch verloren gegangen sei, daß sein beschleunigtes Ende unendliches Leid erspart haben würde. Das ist nachträgliche Weisheit. In jenen Tagen war es noch keineswegs sicher, daß Deutschland den Krieg militärisch verlieren mußte. Ein militärisches Remis, das auch ein politisches hätte erreichbar erscheinen lassen, lag noch durchaus im Bereich der Möglichkeit, wenn es gelang, irgendwie die Lage auf dem Südflügel der Ostfront wiederherzustellen, was schließlich ja auch gelungen ist. Für diesen Erfolg aber war der weitere Kampf der 6. Armee, das Festhalten der ihr gegenüberstehenden Feindkräfte, solange für die Armee überhaupt noch eine Widerstandsmöglichkeit bestand, die dringendste Voraussetzung. Es war die harte Notwendigkeit des Krieges, die die oberste Führung dazu zwingen mußte, auch noch dies letzte Opfer von der tapferen Truppe zu fordern.«[5]

Die Truppen des Generals Paulus haben bis Anfang Februar immerhin sieben Armeen mit fast 300 000 Mann gebunden, die dabei schwere, von den Sowjets selbst mit 50 000 bezifferte Verluste, wahrscheinlich aber mehr, hinnehmen mußten. Wer das Schicksal kennt, das deutsche Kriegsgefangene in der Sowjetunion erleiden mußten, weiß, daß die Soldaten der 6. Armee so oder so verdammt waren.

10
Siegreiche Abwehrschlachten

Die Wiederherstellung der Front am Ende des Winters ist kein Anlaß für Illusionen. Das Echo auf die Katastrophe von Stalingrad ist in der ganzen Welt enorm. Zum erstenmal in der militärischen Geschichte Deutschlands kapitulierte eine ganze Armee, und das Ereignis hat um so mehr Aufmerksamkeit gefunden, als Paulus noch am Vorabend seiner Kapitulation von Hitler persönlich zum Generalfeldmarschall befördert worden war.

Das Regime in Deutschland versucht gar nicht erst, den Umfang der Niederlage zu vertuschen. Die Bevölkerung hat der Agonie der 6. Armee in Rundfunk und Presse in einer geradezu wagnerianischen Inszenierung beiwohnen können. Am Tage nach der Kapitulation erscheinen die Zeitungen mit schwarzem Trauerrand. In den Kirchen werden Gedenkgottesdienste für die gefallenen Soldaten gehalten. Goebbels entfaltet sein sicheres Gespür für die Massenpsychologie. In Stalingrad sieht er die Gelegenheit, einen Aufstand der Herzen zu provozieren und das Volk für einen Krieg zu mobilisieren, der jetzt nur noch absolut sein kann. Am 18. Februar hält er in Berlin seine berühmte Rede über den »totalen Krieg«, von dem er zu sagen wagt, daß er nur kurz sein werde. Hitler ordnet im gleichen Moment die Vollmobilisierung der deutschen Wirtschaft an und ernennt Albert Speer zu seinem Rüstungsminister mit allen Vollmachten.

Im Schatten dieser Total-Mobilmachung bewirkt Stalingrad ein Wiederaufleben des Widerstandes gegen Hitler und sein Regime. Er war, wie erinnerlich, nach dem Sieg über Frankreich in einen Dämmerschlaf verfallen. Aber schon Ende 1940, nach dem Scheitern der Hitlerschen Bemühungen um einen Kompromiß mit England und eine Beilegung des Konflikts, war er wieder aktiv geworden. Die Verschwörung gewinnt neue Kraft nach dem Scheitern von »Barbarossa« vor Moskau und nun nach dem Fall von Stalingrad.

Der harte Kern aus den Anfängen um Goerdeler existiert immer noch: die Generäle Beck, Witzleben, Hoepner, die Diplomaten Schulenburg, von Hassell, einige frühere aktive Politiker wie die Sozialisten Leber und Leuschner. Alle diese Männer sind sich einig in dem Gedanken, daß Hitler mehr denn je beseitigt und eine politische Lösung des Konflikts gefunden werden muß. Trotz aller gesellschaftlichen Unterschiede zwischen ihnen sind sie ebenfalls einig darüber, die Monarchie wiederherzustellen und einem Prinzen von Preußen, Enkel Kaiser Wilhelms II., die Krone anzutragen.

Wenn auch die Ergebnisse der ersten, über Stockholm getroffenen Kontakte zu London enttäuschend waren, so hoffen alle noch, daß bei einem Wechsel des Regimes in Deutschland die in Casablanca unter den Alliierten beschlossene »bedingungslose Übergabe« abgemildert werden könnte. Man will auf einen Verhandlungsfrieden mit den Westmächten hinaus auf der Basis der Grenzen von 1938, vielleicht sogar 1939, und auf eine Wiederherstellung der deutsch-polnischen Grenze von 1913.

Luftwaffe und Kriegsmarine sind an der Verschwörung nicht beteiligt. Um so mehr breitet sie sich im Heer aus, dessen Mitwirkung bei einem Putsch unerläßlich ist. Die Kontakte erfassen schließlich fast alle großen Befehlszentren. Im Westen das Hauptquartier des Befehlshabers in Frankreich, General Karl-Heinrich von Stülpnagel in Paris und das Hauptquartier des Befehlshabers in Belgien, General von Falkenhausen in Brüssel. Der Chef der Abwehr, Admiral Canaris, beteiligt sich zwar nicht direkt an der Vorbereitung des Staatsstreiches, aber er deckt seinen Untergebenen General Oster, den Chef der Zentralabteilung der Abwehr, der mit dem Juristen von Dohnanyi und Offizieren wie Freytag-Loringhoven und Gehre zusammenarbeitet.

Die von Oster geknüpften Kontakte laufen zum »Kreisauer Kreis« des Grafen Moltke, einem ein wenig akademischen Zirkel, und zum Ökumenischen Rat der Evangelischen Kirche, wo Pastor Dietrich Bonhoeffer der Kontaktmann seines Schwagers Oster ist. Eingebunden sind auch militärische Dienststellen, sowohl im innersten Kreis des Führerhauptquartiers wie beim Ersatzheer des Generals Fromm. Berührt ist auch der Stab der Heeresgruppe Mitte im Osten, wo General von Tresckow, Stabschef des Oberbefehlshabers Kluge, die Fäden in der Hand hält.

Die Teilnahme Tresckows ist ein großer Trumpf für den Widerstand. Sie gleicht gewissermaßen das Nichtmitmachen von führenden Militärs wie Guderian oder Manstein aus, die jeder für sich andere Gründe für ihr Handeln anführen. Der erste hat nur Verachtung für Beck, den er für einen Angsthasen und ewigen Zauderer hält. Für den zweiten ist ein Staatsstreich mitten im Krieg nichts anderes als Hochverrat. Kluge dagegen ist trotz der Gunst, in der er beim Führer steht, offen für die Argumente seines Stabschefs und zu einer Verhaftung Hitlers, ja sogar einem Attentat auf ihn bereit. Sein Hauptquartier in Smolensk wird zu einem der wichtigsten Zentren der Verschwörung.

Die Konspiration beschränkt sich also nicht auf einige politische Zirkel oder eine Handvoll alter und verbrauchter Generäle wie Beck und Witzleben. Sie hat sich auf einen großen Teil der militärischen Führungsebene ausgedehnt und schließt nicht nur Generäle, sondern immer mehr jüngere Offiziere ein. Sie verschont auch nicht den engsten Kreis um Hitler selbst, mit dem Generalquartiermeister General Wagner, dem Chef des Fernmeldewesens, Generalleutnant Fellgiebel, oder dem Oberst von Roenne, der zeitweise zur Generalstabsabteilung »Fremde Heere Ost« gehört hatte.

Es entbehrt nicht der Ironie, daß alle diese hohen militärischen Kader die Ankunft des Nationalsozialismus mit Zustimmung begrüßt haben, als ein Instrument zur Wiederaufrichtung Deutschlands. Abkühlung und schließlich Abkehr machen sich erst ab 1938 bemerkbar, bei denen, die einen allgemeinen Konflikt fürchten und glauben, daß das Reich darauf nicht vorbereitet ist. Oder ab 1941, nach den ersten Niederlagen und vor allem nach dem Wissen um die Verbrechen der Einsatzgruppen im Hinterland der Ostfront. Für diese Offiziere, in der Mehrzahl Abkömmlinge alter preußischer Familien, geht es nicht nur um die Zukunft Deutschlands, sondern auch um die Ehre der Armee.*

Zu Beginn des Jahres 1943 bekommt das Komplott eine andere Dimension. In Smolensk sind Tresckow und seine Freunde zum Handeln entschlossen. Am 13. März scheitert der Versuch, Hitler bei einem Besuch im Hauptquartier der Heeresgruppe zu verhaften. Aber Hauptmann von Schlabrendorff gelingt es, zwei Zeitzünderbomben in das Flugzeug des Führers zu schmuggeln. Die Explosion soll eine halbe Stunde nach dem Start der Maschine erfolgen. Aber die Maschine landet wie vorgesehen zwei Stunden später in Rastenburg. Die Zeitzünder haben nicht funktioniert. Schlabrendorff kann die beiden Bomben wieder an sich bringen.

In den folgenden Monaten gibt es zwei weitere Attentatsversuche, beide auf Betreiben des Generals Stieff, Chef der Organisationsabteilung im OKH. Ein junger Offizier, Axel von dem Bussche,

---

* Von den namentlich Genannten gehörte nur Fellgiebel zum engeren Kreis des OKW um Hitler, zum engsten bestimmt nicht. »Enthusiasmus« dürfte nur für wenige gelten, Zustimmung und Hoffnung für viele. Zu den Gründen der »Abkühlung« und schließlich »Abkehr« muß einer hinzugefügt werden, der immer mehr an Gewicht gewann: die zunehmende Erkenntnis über das Böse im NS-System und Hitler selbst.

will sich anläßlich der Vorführung neuer Winterausrüstung mit Hitler in die Luft sprengen. Das Unternehmen scheitert, weil ein Fliegerangriff den Zug mit den Uniformen in Berlin in Brand gesetzt hat. Etwas später versucht Christoph von Gersdorff, Hitler bei der Besichtigung sowjetischer Beutewaffen im Berliner Zeughaus mit einer Bombe umzubringen. Aber er kann bei dem allgemeinen Gedränge nicht an ihn herankommen und entledigt sich auf der Toilette seines Sprengstoffs.[1]

Nach diesen vergeblichen Versuchen verlegt sich das Zentrum der Verschwörung in die Berliner Befehlsstelle des Kommandeurs des Ersatzheeres, General Fromm, und zwar in dem Augenblick, in dem Oberst Claus Graf von Stauffenberg dort die Stelle des Stabschefs übernimmt.

Nach dem Desaster von Stalingrad ist nicht überall Niedergeschlagenheit verbreitet. Sie existiert nicht bei der Mehrheit der Fronttruppen, für die die Kapitulation der 6. Armee ein schmerzliches Ereignis ist, das nicht über den Ausgang des Krieges entscheidet. Manstein und Guderian, letzterer wieder in die Gunst des Führers aufgenommen und mit der Inspektion der Panzerwaffe betraut, haben jedenfalls festes Vertrauen in das Potential des Reiches und die Kapazität der Wehrmacht, wieder zu neuen Kräften zu kommen.

Aber eine neue Strategie ist jetzt gefragt. Sie soll auf den Konferenzen des April 1943 in Schloß Klessheim bei Salzburg erarbeitet werden, zu denen Hitler alle Führer der Satellitenstaaten, allen voran Mussolini, seinen ihm immer noch liebsten Verbündeten, geladen hat. Der Führer ist bemüht, seinen Gästen Mut einzuflößen, von ihnen einen höheren Beitrag zum Kampf gegen die Feinde des neuen Europa zu erzielen.[2]

Mussolini ist beunruhigt. Er weiß sehr genau, daß Italien das nächste Ziel alliierter Angriffe sein wird, und ersucht daher Hitler, eine politische Karte im Osten zu spielen. Ciano hat in seinem Auftrag offiziöse Kontakte zu den Engländern und den Amerikanern aufgenommen, deren Ergebnis war, daß von seiten der großen Demokratien nichts Gutes zu erwarten ist. So fordert er den Führer zu einem zweiten Brest-Litowsk auf, zum Versuch, sich von diesem östlichen Kriegsschauplatz zu befreien, der die besten Kräfte der Wehrmacht verschleißt, und statt dessen alle seine Mittel zur Verteidigung des westlichen und südlichen Europa einzusetzen.

Aber Hitler weicht aus. Es hat im vergangenen Winter Kontakte zu Moskau gegeben, die über die sowjetische Botschaft in Stockholm liefen. Der Führer hat von diesem Kontakt sogar dem japanischen Botschafter in Berlin gegenüber, General Oshima, vertraulich gesprochen. Die Haltung des Kreml ist kompromißlos. Angesichts der jüngsten Erfolge der Roten Armee kann von einem neuen Brest-Litowsk, von einem Diktatfrieden durch das Reich, keine Rede mehr sein. Deutschland muß alle besetzten Gebiete der Sowjetunion räumen und auf die Grenze vom 22. Juni 1941 zurückgehen.[3]

Solche Bedingungen scheiden nach zwei Jahren überaus verlustreichen Ringens im Osten aus. Es gibt auch keinerlei Vertrauen mehr zwischen Deutschland und der Sowjetunion. Für Stalin stellt sich ein solcher Vertrag nur als eine Pause dar, an deren Ende die Deutschen den Kampf wiederaufnehmen würden. Die Wehrmacht ihrerseits sähe sich gezwungen, entlang einer nach Westen zurückgeworfenen Ostgrenze Deutschlands erhebliche Truppenkontingente stationieren zu müssen.

Hitlers Strategie für 1943 ruht jetzt daher auf drei Pfeilern:

1. Halten des Brückenkopfes Tunesien so lange wie möglich.
2. Wiederaufnahme eines erweiterten U-Boot-Krieges.
3. Begrenzter Angriff gegen die Rote Armee.

Ein deutscher Sieg würde einen Rückgriff auf die von Mussolini präzisierte politische Lösung ermöglichen und Bedingungen für einen Verbleib deutscher Truppen in den baltischen Staaten sowie in Teilen Weißrußlands und in der Ukraine schaffen.

Alle drei Visionen werden letzten Endes in ein militärisches Fiasko münden. Das erste tritt in Tunesien ein. Im Januar haben die Achsenstreitkräfte dort noch die Initiative und können das gesamte Land kontrollieren.

Noch verfügen die deutsch-italienischen Streitkräfte über die Luftherrschaft und hegen die Hoffnung, den Sieg davontragen und ganz Nordafrika wieder zurückerobern zu können. Von Arnim versucht zunächst, die französischen Truppen bei Ousseltine einzuschließen, die nur knapp dem Manöver entkommen können. Auch Rommel greift an. Er nützt die Schwäche Montgomerys, der nach 2500 Kilometer Vormarsch jetzt Nachschubprobleme hat, und attackiert mit der Masse seiner Panzer das 2. Korps der Amerikaner unter General Fredenhall, das hinter dem Hauptgebirgskamm jenseits des Fain-Passes steht. Die Amerikaner werden überrascht und müssen zurückgehen, wobei sie 180 Panzer und 3000 Gefangene einbüßen.

Das alliierte Oberkommando muß jetzt einen Bruch und ein Aufrollen der Front bis nach Algerien fürchten. Die Deutschen setzen ihren Vormarsch fort bis Sbida und Tadla und können erst durch britische Panzer und den massiven Einsatz von Jagdbombern gestoppt werden.

Ende Februar versucht Rommel, jetzt zum Oberbefehlshaber aller Achsentruppen in Tunesien ernannt, einen Überraschungsangriff gegen die 8. Armee aus der Mareth-Linie heraus. Aber die Engländer haben aufgepaßt und vereiteln das Manöver. Rommel verliert über 50 Panzer. Am Tage danach wird der Feldmarschall nach Deutschland zurückgerufen und gibt sein Kommando an von Arnim ab.

Nun gehen Patton und Montgomery zur Offensive über. Die 8. Armee erleidet zunächst vor der Mareth-Linie eine schwere Abfuhr. Aber die Neuseeländer und die Freien Franzosen des Generals Leclerc können die deutschen Stellungen umgehen und die Achsentruppen hinter den Akari-Fluß im Norden von Gabes zurückwerfen. Anfang April nehmen Montgomery und Patton die Offensive wieder auf und zwingen die deutsch-italienischen Verbände zum Rückzug auf eine Linie Enfidaville—Takrouna im Norden Tunesiens.

Nicht mehr lange, und die Hoffnung Hitlers und des OKW, man könne sich an den tunesischen Brückenkopf klammern, wird zusammenbrechen. Jetzt haben die alliierten Flieger, von Flugplätzen in Algerien und Südtunesien aus operierend, die totale Luftherrschaft. Unaufhörliche Bombenteppiche auf die Flugplätze der Gegend von Bizerta zwingen die Luftstreitkräfte der Achse, sich nach Sizilien zurückzuziehen. Zusätzlich ist Tunesien von Malta und den algerischen Häfen aus einer totalen Seeblockade ausgesetzt. Der Versuch einer Luftbrücke der Luftwaffe scheitert nach Verlust von 177 Transportflugzeugen praktisch vom ersten Tage an.

Ohne Treibstoff und Munition, gegen eine erdrückende Überlegenheit an Material, können die Achsentruppen am Ende einen konzentrischen Angriff aller alliierten Armeen nicht mehr abwehren und ergeben sich am 13. Mai. 115 000 Italiener und 95 000 Deutsche marschieren in die Gefangenschaft.

Dies ist ein schwerer Schlag für die Achse. Die Wehrmacht verliert

in dieser Operation zehn Eliteeinheiten, darunter drei Panzerdivisionen. Der Verlust ist um so schmerzlicher, als Hitler es trotz der Warnungen Guderians versäumt hat, alle Panzerspezialisten ausfliegen zu lassen. Nun schwebt eine drohende Wolke über Sizilien, Sardinien, dem Balkan. Die Anglo-Amerikaner stehen vor der Festung Europa und an der schwächsten Stelle der Festungsmauer.
Fast im gleichen Moment gibt es Hiobsmeldungen von einer anderen Front. Die Atlantikschlacht ist im Begriff zu kippen. Die ersten Monate von 1943 waren noch hoffnungsvoll, die Resultate fast so gut wie die des Jahres 1942. Beschränkt auf den Nordatlantik haben die U-Boote trotz äußerst ungünstiger Wetterbedingungen im Januar 200 000, im Februar 300 000 Tonnen versenken können. Der beste Monat bei weitem war der März mit der größten Geleitzugschlacht aller Zeiten.
Zwischen dem 6. und dem 11. März attackieren 27 U-Boote den Konvoi SC 121 und versenken ohne eigene Verluste zwölf Schiffe. Vom 6. zum 30. März stürzen sich die drei Rudel »Raubgraf«, »Stürmer« und »Dränger« mit 39 Booten auf die Geleitzüge SC 122 und HX 229 und versenken 27 Schiffe unter Verlust nur eines Bootes.
Damit sind in einem einzigen Monat mehr als 500 000 Tonnen versenkt worden, unter Einbeziehung der Versenkungsziffern im Mittelmeer und im Indischen Ozean sogar 650 000 Tonnen. Nach dem Siege muß die britische Admiralität erkennen, daß die Deutschen ihrem Ziel, der Unterbrechung der alliierten Schiffahrt zwischen der Alten und der Neuen Welt, nie so nah waren wie in diesen ersten 20 Tagen des Monats März 1943.
Aber die Wende der Schlacht ist nahe. Bereits im April lassen die Erfolge nach. Trotz unablässiger Attacken können die Rudel nur 250 000 Tonnen versenken. 14 U-Boote gehen verloren. Die Mai-Resultate sind noch düsterer. Vom 6. zum 10. Mai können drei Rudel mit der Rekordzahl von 60 Booten nur zwölf Schiffe versenken, gegen einen Verlust von sieben Booten. Am Ende des Monats sind 34 U-Boote verlorengegangen, und die versenkte feindliche Tonnage kommt auf nur knapp 150 000 Tonnen. Vor der wachsenden Zahl gegnerischer Mittel muß Dönitz vorübergehend aufgeben und seine Boote in den mittleren Atlantik zurückbeordern.
Im September 1943 unternimmt der Großadmiral einen letzten Versuch, der aber auch nicht von Erfolg gekrönt ist. Die Attacken richten sich gegen den Nordatlantik oder gegen die Gibraltar-

Straße. Die Gruppe Leuthen kann acht Schiffe, davon drei Zerstörer, versenken, aber sie verliert dabei sieben Boote. Die Ergebnisse der kommenden Wochen sind noch enttäuschender, nachdem die Alliierten die Biskaya systematisch durch Schiffe und Flugzeuge gesperrt haben.

In der zweiten Jahreshälfte 1943 sind insgesamt 107 U-Boote verlorengegangen. Diesem Verlust stehen nur magere 300 000 Tonnen versenkten feindlichen Schiffsraums gegenüber. Dönitz muß sich eingestehen, daß die Schlacht im Atlantik zumindest für den Augenblick verloren ist. Die Hauptkampflinie im Westen ist zusammengebrochen.

Eine letzte Hoffnung richtet sich auf die geplante Großoffensive an der Ostfront mit dem Ziel, der Roten Armee einen entscheidenden Stoß zu versetzen und zu einer politischen Lösung des Konflikts zu kommen. Die Operation beginnt am 5. Juli und setzt fast 40 Divisionen in Marsch. Absicht der deutschen Führung ist es, die sowjetischen Truppenmassierungen im »Kursker Bogen« in einer gigantischen Zangenbewegung von Nord und Süd einzukesseln und zu vernichten. In weniger als acht Tagen nach Beginn des Angriffs muß Hitler den Befehl zur Einstellung geben. Trotz beträchtlicher Opfer ist das Ziel nicht erreicht worden. Im Norden hat die 9. Armee Models nur in einer Tiefe von zehn bis zwölf Kilometern in die sowjetischen Verteidigungsstellungen eindringen können. Manstein hatte im Süden etwas mehr Glück. Seine Panzer können 30 bis 35 Kilometer Geländegewinn machen. Aber auch der Oberbefehlshaber der Südfront kann keinen strategischen Durchbruch erzielen.

Welches sind die Gründe für das Scheitern? Die Überraschung ist nicht gelungen. Das deckungslose Gelände war dafür nicht geeignet, und die von den Deutschen erfundenen Listen – wie der Tausch der schwarzen Uniformen der Panzerbesatzungen gegen das Feldgrau der Infanterie oder die plötzliche Reise des Feldmarschalls Manstein nach Bukarest am Vorabend der Offensive – haben den exzellenten sowjetischen Nachrichtendienst nicht täuschen können. Die sowjetische Führung wußte nicht nur Bescheid über die Abschnitte, in denen die Deutschen angreifen würden, sondern auch über den Angriffstermin – »zwischen dem 3. und dem 5. Juli«, hatte Chruschtschow, Delegierter der Stavka, dem General Watutin gemeldet. Im Morgengrauen des 5. Juli eröffnet die sowjetische Artillerie das Feuer auf die deutschen Truppen-

konzentrationen, kommt damit dem deutschen Feuerschlag zuvor und verzögert den deutschen Angriff um zwei bis drei Stunden. Haarscharf kommt die Luftwaffe an einer Katastrophe vorbei, da zum gleichen Zeitpunkt sowjetische Schlachtflieger die deutschen Flugplätze angreifen. Nur eine Serie von Alarmstarts kann das Schlimmste verhüten.
Die sowjetische Führung, seit April über die deutschen Absichten unterrichtet, ist zur Schlacht entschlossen. Unter Nutzung der deutschen Unentschlossenheit haben die Sowjets seit drei Monaten die im Kursk-Bogen stehenden Fronten Woronesch und Zentrum (Watutim und Rokossowski) durch Elitetruppen verstärkt. Als Reserve steht die 5. Panzerarmee Konjews bereit, um an kritischen Punkten des Schlachtfeldes zu intervenieren. Die Russen haben außerdem ein raffiniertes Abwehrsystem von 25 Kilometern Tiefe aufgebaut, gespickt mit Minenfeldern, Panzergräben, befestigten Dörfern und eingegrabenen Panzern zur Panzerabwehr – das Ganze meisterhaft getarnt.
Dem deutschen Oberkommando sind die Tiefe der Verteidigungsstellungen und die Präsenz von Elitetruppen des Gegners nicht unbemerkt geblieben. Das Unternehmen »Zitadelle« ist daher umgebaut worden. Im März hatte Manstein schon die Idee gehabt, den Kursker Bogen gleich nach der Wiedereinnahme von Charkow anzugreifen. Nur das plötzliche Tauwetter und die Versteifung des feindlichen Widerstandes hatten ihn davon abgehalten. Es ging ihm im Grunde nur um eine Verkürzung der deutschen Front und eine bessere Anbindung seiner Heeresgruppe an die Heeresgruppe Mitte.
Im weiteren Verlauf des Frühjahrs hatte Generalstabschef Zeitzler, unterstützt von Keitel, Manstein und Kluge, die Idee einer Offensive wieder aufgegriffen. Am Ende des Winters hatte die deutsche Armee das Gesetz des Handelns erneut an sich gerissen. Der Kursker Bogen bot sich als ideale Gelegenheit an, den sowjetischen Streitkräften einen schweren Schlag zuzufügen, und sei es um den Preis einer Entblößung weiter Teile der übrigen Ostfront. Manstein will noch wesentlich weiter gehen. Er sucht die entscheidende Auseinandersetzung mit dem Gegner. Sein Vorschlag: radikale Frontverkürzung durch Aufgabe des Orel-Bogens und des schwer zu verteidigenden Donez-Beckens bei langsamem Zurückweichen auf den Dnjepr im Falle einer sowjetischen Offensive an der Südfront. Absicht: konzentrischer Angriff im Um-

kehrverfahren der im Raum Charkow stationierten Panzerkräfte von Nord nach Süd zur Vernichtung der zu weit vorgeprellten gegnerischen Kräfte. Mansteins Idee, die von der siegreichen Panzerschlacht bei Charkow vom Februar/März 1943 inspiriert ist, stößt indes bei Hitler, Keitel und Zeitzler auf lebhaften Protest.[4]

Erst auf einer Konferenz in München am 3. und 4. Mai wird das Prinzip eines Zangenangriffs auf den Kursker Bogen ernsthaft diskutiert. Die anwesenden Heeresgruppen- und Armeechefs der Ostfront nehmen den Plan mit großem Interesse auf und glauben, daß ein Angriff im Raum Kursk das Gros der sowjetischen Streitkräfte, »die organische Streitkraft des Gegners« vernichten könnte – eine Neuauflage der Schlacht von Cannae. Endlich würde man der eigentlichen Hauptstreitmacht des Gegners entgegentreten können, anstatt sich mit der Erreichung weitgesteckter wirtschaftlicher Ziele abmühen zu müssen. Manstein, Kluge und die Luftwaffenchefs bestehen sogar auf einem sofortigen Losschlagen noch im Monat Mai, um dem Russen keine Zeit für Zuführung von Verstärkungen zu lassen.

Jodl, Guderian und Model sind dagegen in München weitaus vorsichtiger. Sie sind beunruhigt über die Verstärkung der sowjetischen Verbände im Inneren des Kursker Bogens und die immer deutlicher werdenden gegnerischen Angriffsvorbereitungen an anderen Frontabschnitten, wie bei Charkow, am mittleren Donez oder im Mius-Abschnitt. An allen genannten Punkten stehen außerdem starke gepanzerte Verbände des Gegners als Reserve bereit.

Model malt ein recht düsteres Bild von den sowjetischen Abwehrmaßnahmen im »Bogen«. Nach seiner Ansicht rechnet der Gegner mit einem deutschen Angriff. Also müsse die Taktik geändert werden – und Guderian, einig mit Speer, warnt vor einem zu frühen Einsatz des neuen Materials bei den Panzern. Er erklärt, »daß der Angriff zwecklos wäre, unsere soeben vollzogene Auffrischung an der Ostfront würde bei einem Angriff nach dem Vorschlag des Generalstabschefs durch die mit Sicherheit entstehenden, schweren Verluste an Panzern wieder zerschlagen; wir seien nicht in der Lage, die Ostfront im Laufe des Jahres 1943 noch einmal aufzufrischen, und müßten vielmehr daran denken, nun die Westfront mit neuzeitlichen Panzern zu versehen, um der 1944 mit Sicherheit zu erwartenden Landung der Westmächte mit beweglichen Reserven entgegentreten zu können.«

Guderians und Models Einwände machen einen starken Eindruck auf Hitler, der nun trotz Zustimmung zum Prinzip eines Angriffs weder einen Entschluß fassen noch einen Termin nennen will. Einige Tage später kommt Guderian in Berlin noch einmal auf die Sache zu sprechen. »Warum wollen Sie unbedingt noch in diesem Jahr im Osten angreifen?« fragt er Keitel. – »Aus politischen Gründen ...« – »Glauben Sie, daß ein Mensch auf der Welt weiß, wo Kursk liegt? Ich wiederhole meine Frage ...« – »Sie haben vollkommen recht«, wirft Hitler ein. »Der Gedanke an einen solchen Angriff macht mir jedesmal Bauchschmerzen, wenn ich daran denke.«[5]

Hitler verharrt mehrere Wochen lang in abwartender Haltung. Das von Kluge und Manstein für günstig gehaltene Datum des 15. Mai läßt er verstreichen. Der ganze Juni geht noch dahin, ohne daß Hitler sich zu einem Befehl für die Ausführung von »Zitadelle« entschließen kann.

Er hat seine Gründe. Die Situation auf dem Mittelmeer-Kriegsschauplatz bleibt besorgniserregend, und er erwartet eine alliierte Initiative in Italien oder auf dem Balkan. Hitler will auch sicher sein, daß seine Angriffstruppen ihre volle Stärke erreicht und das bestmögliche Material erhalten haben. Seine Hoffnungen auf einen Durchbruch durch die sowjetischen Stellungen setzt er in die erhöhte Zahl der »Tiger«-Panzer und die Zuführung des 67 Tonnen schweren Panzerjägers »Ferdinand«. Auch der »Panther« soll erst seine Kinderkrankheiten überwinden. Die lange Wartezeit von Mai bis Juli erlaubt schließlich eine Verdoppelung der Stärke der Panzerdivisionen und ihrer Ausrüstung mit Panzertypen, die denen der Sowjets eindeutig überlegen sind. Auch wird die Zeit genutzt zu Bereinigungsangriffen im rückwärtigen Partisanengebiet in der Ukraine und in Weißrußland, wo sich die Zahl der gegen Bahnlinien gerichteten Sabotageakte immer unangenehmer bemerkbar macht.

Natürlich nutzen auch die Russen das deutsche Zögern zur Stärkung ihres Defensivsystems. Alles in allem kann Liddel Hart beigepflichtet werden, wenn er sagt, daß Hitler zwischen der Wahl des Termins und der Berücksichtigung des Kräfteverhältnisses entscheiden muß.

Erst am 3. Juli teilt Hitler seinen Generälen in Rastenburg seinen Entschluß für die Auslösung von »Zitadelle« mit. Der kritische Zeitpunkt im Mittelmeer ist vorüber, Deutschland verfügt jetzt über genügend Streitkräfte in Italien und auf dem Balkan, um einer alliierten Initiative begegnen zu können. Manstein und Zeitzler haben ihn überzeugen können, daß man nicht ewig auf eine russische Offensive warten könne, die vielleicht erst im Winter oder nach Eröffnung einer zweiten Front erfolgen werde. Politische Überlegungen spielen bei dem Entschluß auch ihre Rolle. Ein großer Sieg würde das seit Stalingrad erschütterte Vertrauen der Verbündeten wiederherstellen, und die deutsche Öffentlichkeit wartet wie in jedem Sommer darauf, daß die Wehrmacht im Osten wieder zur Initiative schreitet.

Hitler weiß, sosehr man das Gegenteil anzunehmen geneigt ist, sehr genau, daß der Ausgang der Schlacht ungewiß ist. Vor seiner Umgebung vergleicht er die Situation des Jahres 1943 mit den Krisen, die Deutschland in den Jahren 1936, 1938 und 1940 durchzustehen hatte.[6]

Wenn die Offensive Erfolg hat und der Durchbruch gelingt, werden die besten Einheiten des Feindes vernichtet sein, und man wird der Roten Armee das Rückgrat gebrochen haben. Wenn dagegen alles schiefgeht ... Hitler, Manstein und Model hatten eine Trostlösung parat: Die russischen Truppen werden geschwächt und die Vorbereitungen des Gegners auf eine große Sommeroffensive nachhaltig gestört. »Zitadelle« verschafft der deutschen Armee Luft und erlaubt ihr, einer Krise im Mittelmeer zu begegnen. Wie dem auch sei, am 5. Juli wird mit der Schlacht auf beiden Seiten gerechnet. Es wird die Schlacht zweier in etwa gleich starker, zu allem entschlossener, bis an die Zähne hochgerüsteter Heerscharen sein. Der deutsche Aufmarsch ist imponierend: 40 Divisionen, davon 17 gepanzerte, stehen auf engstem Angriffsstreifen bereit. Das Beste, was die Ostfront aufzubieten hat. Das müßte genügen für einen Durchbruch. In der Luft werden 1700 Maschinen der Luftwaffe – zum letztenmal eine solche Masse – den Panzern den Weg bahnen. Sieht man näher hin und zieht man Vergleiche, so erweist sich der Waffengang für die Deutschen als außerordentlich riskant. An der Nordflanke des Kursker Bogens steht Models 9. Armee mit 27 Divisionen, davon sechs gepanzerte und eine motorisierte. Das macht 270 000 Mann, 3500 Geschütze und 1200 Panzer. Sie sollen die feindlichen Stellungen entlang der Straßen- und Bahnlinie Orel–Kursk durchstoßen. Ihr gegenüber steht die »Zentralfront« Rokossowskis mit der 13. Armee, der 2. Panzerarmee und zwei Panzerkorps, dem 9. und dem 19.

Am Südflügel des Bogens steht Manstein mit 16 Divisionen, die sich auf die 4. Panzerarmee Hoths (fünf Panzerdivisionen, davon drei Waffen-SS-Divisionen, eine motorisierte Infanteriedivision und zwei Infanteriedivisionen) und die »Armeegruppe Kempf« (vier Infanteriedivisionen und drei Panzerdivisionen) verteilen. Manstein bringt damit 280 000 Mann, 2500 Geschütze und 1500 Panzer auf. Aber sein Gegner Watutin verfügt in seiner »Woronesch-Front« über die 40. Armee sowie die 6. und die 7. Garde-Armee, verstärkt durch die 1. Panzerarmee sowie das 5. und das 2. Gardepanzerkorps.
Und dahinter steht die »Steppenfront« Konjews bereit, die eigene Truppe im Fall eines ungünstigen Ausgangs der Schlacht aufzunehmen und, zusammen mit der 5. Garde-Panzerarmee, zum Gegenangriff auf einen ausgelaugten Feind anzutreten.
Im Morgengrauen des 5. Juli beginnt eine der spektakulärsten Schlachten aller Zeiten. Vor den sowjetischen Fronten »Zentrum« und »Woronesch« stoßen 600 000 Deutsche mit 2700 Panzern auf zahlreiche und solide eingegrabene sowjetische Truppen. Im Inneren des Bogens hat das sowjetische Oberkommando 40 Prozent seiner Verbände und aller seiner gepanzerten Truppen, d. h. fast 4500 von insgesamt 7000 an der gesamten Front eingesetzten Panzern versammelt. Die russische Überlegenheit ist erdrückend an Panzerzahlen, an Infanterie (54 Divisionen) und vor allem an Artillerie. Das deutsche Oberkommando verfügt über eine gewisse Überlegenheit an Truppen und Material nur in den Spitzen der Hauptangriffsstreifen, die aber kompensiert wird von der enormen Tiefe des gegnerischen Abwehrsystems.
Kein Wunder, daß sich die Herzen der Chefs und der Soldaten bei Freund und Feind zusammenkrampfen vor einem solchen Treffen, das praktisch über den Ausgang des Krieges entscheiden wird. In Moskau zeigt sich starke Unruhe unter der Bevölkerung bei Bekanntgabe des Beginns der Auseinandersetzung. Den deutschen Truppen bringt ein Tagesbefehl Hitlers die Bedeutung der Schlacht nahe. »Soldaten des Reiches! Ihr nehmt am heutigen Tage teil an einer Offensive von höchster Wichtigkeit. Von ihrem Ergebnis kann das Schicksal des ganzen Krieges abhängen. Besser als irgend etwas sonst wird euer Sieg der Welt zeigen, daß jeder Widerstand gegen die Macht der deutschen Armee vergebens ist.«
In Deutschland selbst spricht die Goebbelsche Propaganda nur

von einer »defensiven Gegenoffensive«, die dazu bestimmt sei, die Angriffsvorbereitungen des Gegners zu zerschlagen.

Models 9. Armee kann trotz hoher Verluste die sowjetischen Stellungen nicht überwinden. Die Panzer gehen zwar in starken, von der Luftwaffe unterstützten Angriffskeilen gegen die Frontvorsprünge der Sowjets vor, können sie aber nur eindrücken, nicht durchbrechen. An der Spitze sollen Tiger, unterstützt von den schweren Panzerjägern »Ferdinand« mit ihren langen 8,8-Zentimeter-Kanonen, den Durchbruch erzwingen. Hinter ihnen sollen die Panther und die Panzer IV, gefolgt von Panzergrenadieren, die feindlichen Grabenstellungen aufrollen und die Flanken gegen Gegenangriffe sichern. Unter schmerzlichen Verlusten können die Panzerverbände am 6., 7. und 8. Juli die vordersten feindlichen Stellungen durchbrechen und in die zweiten eindringen. Die befestigten Dörfer Ponyri und Olschowatka können vorübergehend genommen werden. Aber am 8. Juli wirft ein von Panzern der 2. sowjetischen Panzerarmee und des 9. Panzerkorps getragener Gegenstoß die deutschen Angriffsspitzen wieder zurück. Einen Tag später ist der Angriffsschwung der 9. Armee Models gebrochen. Die größte Eindringtiefe der deutschen Spitzen betrug an einer Stelle lediglich zwölf Kilometer ...

Die schweren Panzerabteilungen und überschweren Panzerjäger »Ferdinand« haben zwar in das feindliche Stellungssystem eindringen können, mußten aber überall Widerstandsnester der Infanterie intakt zurücklassen. Der taktische Einsatz der »Ferdinands« im Nahkampf war ein kompletter Fehlschlag. Einmal in die feindlichen Infanteriestellungen eingedrungen, waren diese Mastodonten, ohne eigene Infanterie und ohne Schnellfeuerwaffen zur Nahabwehr, gezwungen, wie Guderian schreibt, »mit Kanonen auf Spatzen zu schießen«. Guderian weiter: »Sie konnten die feindlichen MG-Nester dabei nicht ausschalten, was der Infanterie das Vorankommen und das Aufschließen auf die Panzer erschwerte. Einmal in der feindlichen Artilleriestellung angekommen, waren sie allein. Trotz heldenhaften Kampfes und unerhörter Opfer waren die Infanteristen der Division Weidling nicht in der Lage, den Erfolg der Panzer zu nutzen.«[7]

Den mittleren Panzerverbänden geht es nicht besser. Sie stoßen auf hervorragend getarnte, sich gegenseitig mit Flankenfeuer deckende Pakriegel, durchsetzt mit Schützennestern. Model hofft, die Offensive am 12. Juli wiederaufnehmen zu können. Da aber beginnt die sowjetische Gegenoffensive gegen den deutschen Frontvorsprung von Orel ...

Bei Manstein im Süden sind die Ergebnisse etwas ermutigender, aber nicht entscheidend. Die Deutschen greifen mit zwei Angriffsspitzen an. Die 4. Panzerarmee mit den SS-Divisionen »Reich«, »Totenkopf« und »Leibstandarte Adolf Hitler« stößt auf Obojan und Kursk. Von Bjelgorod aus geht die »Armeegruppe Kempf« auf Korotscha vor. Unter Zusammenfassung aller Kräfte gelingt es den beiden Keilen, 35 bzw. zehn Kilometer weit voranzukommen.

Rudel, der erfolgreichste Kriegsflieger des Zweiten Weltkrieges, ist mit seinen Stukas dabei. Er fragt sich beim Anblick des Schlachtfeldes von oben herab, ob die deutschen Kräfte zum Durchbruch ausreichen werden: »Unter uns toben bei diesen Operationen große Panzergefechte. Ein Bild, wie wir es seit 1941 nur selten zu sehen bekommen haben. Auf freien Flächen stehen sich die Panzermengen gegenüber, dahinter hat sich die gegnerische Panzerabwehr mit ihren Kanonen getarnt aufgestellt. Teilweise sind auch Panzer als solche eingegraben, besonders dann, wenn sie bewegungsunfähig sind, aber ansonsten noch ihre Kampfkraft besitzen. Mengenmäßig stehen die Sowjets wie immer turmhoch über uns, qualitativ jedoch erkennt man sofort die Überlegenheit unserer Panzer und Sturmgeschütze. Zum ersten Male werden in größeren Verbänden unsere Tigerpanzer eingesetzt, sie überragen alles, was bisher in der Panzerwaffe dagewesen ist. Unsere sämtlichen Panzertypen sind immer wesentlich schneller am Schuß und schießen genauer. Dies beruht zum größten Teil auf der besseren Qualität der Waffen, den Ausschlag aber geben die Menschen, die diese Waffen führen.

Gefährlicher für unsere Panzer ist die sowjetische schwere und überschwere Abwehrkanone, die in jedem wichtigen Punkte des Kampfraumes auftaucht. Da die Russen Meister der Tarnung sind, ist dic Pak nur schwer zu erkennen und zu bekämpfen ...«[8]

Am 9. Juli hat die 4. Armee unter hohen Opfern einen Keil in die sowjetischen Linien treiben können und kann nun wieder im offenen Gelände operieren, nachdem sie der 1. sowjetischen Garde-Panzerarmee schwere Verluste zugefügt hat. Der 10. und der 11. Juli werden sehr kritisch für die sowjetische Führung. Am 10. Juli hat Hoth den Vorstoß seiner 4. Armee auf Obojan in Richtung Osten abgedreht, um jetzt auf Prochorowka zu drücken. Gleichzeitig hat die »Armeegruppe Kempf« ihren Angriff auf die 69. Armee verstärkt. Wenn sich die beiden Arme der deutschen Zange schließen, sitzt das ganze 48. Armeekorps der 69. Armee in der Fall und die Woronesch-Front ist durchbrochen. Die starken Panzerkonzentrationen aus der Armeegruppe Kempf und dem SS-Panzerkorps der 4. Armee können auch alle eventuellen Gegenangriffe der 5. sowjetischen Panzerarmee abwehren, die sich im Raum Prokorowka abzuzeichnen beginnen. Danach wird man, so die deutsche Führung, den Stoß in Richtung Südosten um Kursk wiederaufnehmen können.

Das neue deutsche Manöver entwickelt sich am 11. Juli mit beunruhigender Geschwindigkeit und veranlaßt die sowjetische Führung, ihre strategische Reserve vorzeitig und ohne Artillerievorbereitung einzusetzen. Der Angriff der 5. Garde-Panzerarmee beginnt am 12. Juli morgens südöstlich von Prokorowka und prallt mit unerhörter Wucht auf das SS-Panzerkorps.

Der Zusammenprall wird zum »Ereignis« der Schlacht von Kursk. Die 5. Panzerarmee ist am 6. Juli in Marsch gesetzt worden und hat in vier Tagen 400 Kilometer zurückgelegt. Seit dem 9. Juli abends steht sie zum Eingreifen bereit. Vor einer solchen geballten Panzermacht – 45 Kampfwagen auf einen Kilometer – müssen die Deutschen in die Knie gehen. Es kommt zu einem unvorstellbaren Gemenge unter einer Glocke von Rauch und Staub. 700 deutsche Panzer und Sturmgeschütze müssen sich einer vielfachen Übermacht erwehren. Es ist die größte Panzerschlacht des Krieges, ein gnadenloses Duell.*

Ein deutscher Teilnehmer an der Begegnung wird später schreiben: »Wir standen einer noch nie erlebten Massierung feindlicher Panzer gegenüber, die ganz offensichtlich nicht kleinzukriegen war. Nie zuvor hatte ich wie an diesem Tage das Gefühl, der Masse und der Stärke der Russen erliegen zu müssen. Die Staubwolken über uns hinderten unsere Luftwaffe daran, uns zu helfen. Dutzende von T 34 stießen durch unsere Reihen hindurch und verteilten sich wie Ratten im Hinterland.«[9]

---

* Dieses Duell spielte sich im Raum um Prochorowka ab. Masson stützt sich auf ältere Angaben des sowjetischen Marschalls Rotmistrow, der damals den russischen Angriff führte. Dessen Zahlen treffen nicht zu. Inzwischen ist aufgrund deutscher und russischer Unterlagen in gemeinsamer Forschung das Zahlenverhältnis bei der Panzerschlacht geklärt: Es waren 273 deutsche Panzer, die auf 800 russische stießen, also auf eine mehr als dreifache Überlegenheit.

Der massive Gegenangriff der 5. Panzerarmee bringt das Vordringen des SS-Panzerkorps nach Osten zum Stehen. Aber er erreicht nicht das gesteckte Ziel und kann die deutschen Panzer nicht tödlich treffen. Die sowjetische Führung hat sich gegen zwei deutsche Flankenbedrohungen durchsetzen und mehrere Panzerkorps dazu abzweigen müssen. Am 12. Juli müssen sie einen tief eingedrungenen Angriff der SS-Division »Wiking« aus dem Raum Kotschatowka zurückschlagen und sich gleichzeitig eines Vorstoßes der »Armeegruppe Kempf« erwehren, die dabei ist, die 69. Armee zu werfen und die 5. Panzerarmee aus dem Rücken heraus aufzurollen. Heftige Kämpfe entwickeln sich am 12. und 13. Juli in diesem Sektor und zwingen die Sowjets zum Einsatz der letzten Reserven ihrer »Steppenfront«.
Unter solchen Gegebenheiten versteht man Manstein, wenn er nun versucht ist, den Angriff fortzusetzen und das Gesetz des Handelns in einer noch unentschieden hin und her wabernden Schlacht an sich zu reißen. Die Führung der Heeresgruppe Süd verfügt über eigene Reserven in Höhe von zwei Panzerdivisionen und könnte unter Einsatz auch der letzten Mittel auf das am mittleren Donez stehende XXIV. Panzerkorps mit zwei Panzerdivisionen als strategische Reserve zurückgreifen.
Am 13. Juli unterrichtet Hitler die Generäle Kluge und Manstein in seinem Hauptquartier von seiner Absicht, das Unternehmen »Zitadelle« abzubrechen. Kluge muß eingestehen, daß eine Wiederaufnahme der Offensive durch die 9. Armee Models unmöglich ist. Die von den Sowjets bei Orel erzielten Durchbrüche erfordern den Einsatz von Panzerdivisionen. Im Mittelmeerraum haben die Alliierten ihre erwarteten Operationen wiederaufgenommen. Am 10. Juli sind sie in Sizilien gelandet, wo jeder italienische Widerstand zusammengebrochen ist. Hitler erlaubt Manstein zwar die Fortsetzung der im Gang befindlichen Angriffsoperationen, verbietet ihm aber den Rückgriff auf das am Donez stehende XXIV. Panzerkorps, da dort mit einem sowjetischen Angriff gerechnet werden muß. Zwei neue Beschlüsse beenden am 17. Juli endgültig das Unternehmen »Zitadelle«. Das OKH entzieht der 4. Panzerarmee zwei Panzerdivisionen zum Einsatz bei Orel. Gleichzeitig beordert Hitler das SS-Panzerkorps nach Italien. »Für diesen Auftrag kann ich nicht irgendwelche Divisionen aus der Front ziehen«, sagt er. »Ich brauche politisch zuverlässige Einheiten. ... Das ist eine sehr peinliche Entscheidung, aber ich habe

keine andere Wahl. Da unten kann ich nur zu einem Resultat kommen, wenn eine Elitetruppe, die politisch in Verbindung zum Faschismus steht, da ist. ... Ich brauche einen Magneten, der alles um sich versammelt. Da müssen Einheiten her, denen eine politische Fahne voranweht.«[10]

In den folgenden Tagen müssen Mansteins Truppen unter dem Druck des Gegners das mühsam gewonnene Gelände wieder aufgeben und auf ihre Ausgangspositionen zurückgehen.

Die Sowjets feiern die Schlacht von Kursk als eine ihrer großen Siege in diesem Krieg, und sie haben recht damit. Ihre Armeen haben zwischen dem 5. und dem 17. Juli unzweifelhaft einen großen Defensivsieg errungen. Hitlers, Models und Guderians Bedenken waren berechtigt. Die von Zeitzler, Kluge und Manstein gewollte Schlacht hat zu einem verlustreichen militärischen Scheitern geführt. Das OKH hat schwere Fehler gemacht, durch überzogenes Vertrauen in die eigene Kraft und sträfliches Unterschätzen der Stärke des Gegners.* Es mußte sich am Ende der sowjetischen Führung beugen, die der Schlacht ihren Rhythmus aufzwang und den Feind sich gegen Artillerie und Panzerabwehrriegel totlaufen ließ.

In zehntägigen Kämpfen haben die Deutschen nahezu 40000 Mann verloren, davon die Hälfte bei der Heeresgruppe Süd des Generals Manstein. Die von Guderian mühsam aufgestellten Panzerdivisionen sind schwer mitgenommen worden. Falsch eingesetzt, haben sie sich im Angriff auf starke Feldbefestigungen verbraucht, ehe sie sich des Schocks der sowjetischen Gegenoffensive vom 12. Juli erwehren mußten. Das Schwert der Wehrmacht ist stumpf geworden, das Vertrauen ist erschüttert. Der Mythos, wonach die sowjetische Armee im Sommer immer und überall zu schlagen sei, ist zusammengebrochen.

Wäre das Ergebnis ein anderes gewesen, wenn die Offensive nach Mansteins Wünschen schon im Mai stattgefunden hätte? Nichts

---

* Diese Darstellung ist nur teilweise zutreffend. Hitlers Bedenken waren nur materieller Art, nicht aber gegen das operative Konzept für den Angriff. Deshalb verzögerte er den vom OKH geplanten Termin im Mai. Zeitzler befürwortete den Angriff nur bis Mitte Juni. Von da ab war er dagegen und warnte, von Heusinger unterstützt, unmißverständlich davor. Es waren aber Kluge und Manstein, die darauf bestanden, die Operation durchzuführen. Auf sie trifft Massons Feststellung vom »Sündigen« und vom Überschätzen der eigenen, Unterschätzen der sowjetischen Kraft zu.

spricht dafür. Das russische Verteidigungssystem wäre wahrscheinlich weniger perfektioniert, die Truppen weniger zahlreich gewesen. Aber die Heeresgruppe Süd verfügte damals über nur 668 Panzer und 160 Sturmgeschütze, statt der 1081 bzw. 376, auf die sie zwei Monate später zurückgreifen kann, und es waren die neuen überschweren Panzer, die den, wenn auch bescheidenen, Geländegewinn ermöglichten. Ein deutscher Sieg im Frühjahr 1943 war also wenig wahrscheinlich.* Nichts hätte die sowjetische Führung gehindert, einen verzögernden Rückzug hinzunehmen, der die Kräfte des Gegners abgenutzt und die Front verkürzt hätte.

»Zitadelle« bringt den Deutschen nicht einmal die erhoffte Verschnaufpause. Am 17. Juli glaubt Manstein zu Unrecht, daß die sowjetischen Armeen, stark mitgenommen, eine mehrwöchige Pause zur Wiederherstellung ihrer Kräfte brauchen würden. Da unterschätzt er einmal mehr die unerschöpflichen Reserven des Gegners. Trotz der erlittenen Verluste hat das sowjetische Oberkommando die Vorbereitungen für eine Offensive an der gesamten Front nie unterbrochen. Der Angriff bei Orel ist kein Ablenkungsmanöver zur Entlastung der Zentralfront. Er ist Ausgangspunkt einer Serie von ununterbrochenen Offensiven, die den ganzen Sommer, Herbst und sogar den Winter über andauern und die sowjetischen Armeen von den Steppen der östlichen Ukraine bis zu den Ausläufern der Karpaten tragen werden.

Das Scheitern der deutschen Offensive erlaubt der sowjetischen Führung, zur Ausführung des zweiten Teils ihres Planes zu schreiten. Eine ganze Serie von Rammstößen zwischen Smolensk und dem Asowschen Meer soll die deutsche Front erschüttern, die Reserven des Gegners verzetteln und abnutzen und unter Einsatz aller strategischen Reserven einen entscheidenden Schlag an einer empfindlichen Stelle ermöglichen, vorzugsweise am oberen Donez oder im Raum Charkow. Im Juli 1943 befindet sich die Stavka in einer ähnlichen Situation wie Foch nach dem Scheitern der Ludendorffschen Frühjahrsoffensive 1918. Es bietet sich ihr die Gelegenheit, von der Verwirrung eines erschöpften, von

---

* Wenig wahrscheinlich war der unmittelbare Erfolg im Mai nicht. Schon die Beseitigung des Kursker Bogens wäre ein Gewinn und eine Verbesserung der Frontlinie gewesen, auf die ganze Ostfront bezogen, allerdings ein fast lokales Ereignis.

den letzten Niederlagen moralisch angeschlagenen Gegners zu profitieren.

Am 12. Juli, noch bevor die Schlacht um Kursk beendet ist, nimmt die Rote Armee die Initiative wieder auf und startet eine Offensive gegen Orel. Am 17. Juli greifen sowjetische Truppen die neu aufgestellte 6. Armee am Mius an und versuchen eine Ausweitung des Brückenkopfes über den Donez östlich Isjum. Am 3. August erfolgt ein heftiger Angriff auf den Frontvorsprung von Charkow, und am 7. August beginnt ein weiterer Angriff auf die deutsche Front bei Smolensk, von kleineren Vorstößen am Kuban und im äußersten Norden der Front gar nicht zu sprechen.

Die Häufung dieser Offensiven verunsichert die Deutschen. Sie sind überrascht von dem Umfang der sowjetischen Reserven. Die sowjetische Führung verfügt über ausreichende Massen an Infanterie, unterstützt durch Panzerbrigaden und eine übermächtige Artillerie, um gleichzeitig an mehreren Punkten angreifen zu können. Die Panzerverbände werden dabei schnell von einem Frontabschnitt zum anderen verlegt und können rasch Durchbrüche ausnutzen. Stalin versäumt nicht, seine Alliierten in Teheran darauf hinzuweisen. Bei einem solchen Rhythmus werden die deutschen Reserven überlastet und erschöpfen sich schnell.

Am 15. Juli muß die 4. Armee zwei Panzerdivisionen an die Heeresgruppe Mitte zum Entsatz von Orel abgeben. Das XXIV. Panzerkorps hat alle Mühe, die Angriffe der Sowjets am oberen Donez abzuwehren. Die Gesamtlage an der südlichen Ostfront erfordert auch den Verbleib des SS-Panzerkorps, das unter Abgabe einer Division an den Mius beordert wird, wo die 6. Armee in kritischer Abwehrschlacht steht. Hier erringen die Deutschen ihren letzten Angriffserfolg des Jahres. Die sowjetischen Angriffsspitzen werden in entschlossenem Zupacken über den Mius zurückgeworfen und verlieren 18000 Gefangene, 700 Panzer und 600 Geschütze.

Die deutsche Reaktion kam indes der sowjetischen Führung nur gelegen. Am 2. August wirft sie starke Panzerverbände gegen die stark entblößte Front bei Charkow. Manstein muß erkennen, daß es ein Fehler war, alle seine gepanzerten Reserven in den äußersten Süden verlegt zu haben. Der russische Angriff am Mius war ein Ablenkungsmanöver. Die Hauptangriffe der Sowjets zielen auf Orel, auf den Donez und vor allem auf Charkow.

Die Schlacht von Orel kann als Muster gelten für diese sowjetischen »Abnutzungsschlachten«, die den ganzen Sommer und Herbst über andauern werden. Das sowjetische Oberkommando wendet gegen die dortigen, seit 22 Monaten von den Deutschen gehaltenen Stellungen dieselbe Taktik an wie die Deutschen zu Beginn der Schlacht bei Kursk, allerdings mit erheblich größeren Mitteln. Vom 12. bis zum 15. Juli wird der Frontvorsprung bei Orel systematisch von allen drei Seiten aus angegriffen. In weniger als 48 Stunden können die von Infanterie begleiteten Panzer unter einer Feuerglocke der Artillerie die deutschen Stellungen durchstoßen. Am 16. Juli beträgt die Eindringtiefe der Angriffe an drei Stellen zwischen 25 und 50 Kilometer. Bolschow, Mentsk und Karatschew sind bedroht. Die Deutschen beißen sich an der Oljeschna fest, ihre Panzer führen von Karatschew und Chutynets aus Gegenstöße gegen die Panzer Bagramians. Aber trotz hoher Abschußerfolge bleibt der Druck der sowjetischen Angreifer unwiderstehlich. Mentsk fällt am 20., Bolschow am 29. Juli.

Am 5. August fällt Orel, von Bagramians Panzern bereits westlich umgangen. Die Deutschen geben den Frontbogen von Orel auf, unter Zurücklassung erheblicher Zerstörungen. Ende August stabilisiert sich die deutsche Front vor Brjansk. Aber drei Tage vor dem Fall von Orel hat die Schlacht von Charkow begonnen, die einen Monat lang dauern wird. Auch da wird die deutsche Front in 48 Stunden eingedrückt. Bjelgorod fällt am selben Tage wie Orel. Zwei Tage später, am 7. August, stehen die sowjetischen Panzer 100 Kilometer tief im Hinterland, zeitweise 25 bis 40 Kilometer von ihrer Infanterie getrennt. Die 4. Panzerarmee wird nach Westen zurückgedrückt, die »Armeegruppe Kempf« auf Charkow geworfen. Die Frontlücke zwischen beiden ist 55 Kilometer breit. Am 11. August erreichen sowjetische Panzerspitzen die Bahnlinie Charkow–Poltawa. In den Außenbezirken von Charkow toben bereits Kämpfe.

Das deutsche Oberkommando sieht sich in derselben Situation wie im Februar/März 1943, als seine gesamte Südfront bedroht war. Seine Reaktion ist die gleiche: Es ruft seine leichtsinnigerweise 500 Kilometer weit nach Süden entsandten Reserven zurück und versucht noch einmal, die vorgepreschten sowjetischen Panzerspitzen von ihren rückwärtigen Verbindungen abzuschneiden.

Das III. SS-Panzerkorps und die 3. Panzerdivision greifen zwischen dem 10. und 15. August die Panzer Romistrows an und werfen sie bei Bogodukow circa 20 Kilometer zurück, aber es gelingt nicht, sie vom Gros der Woronesch-Front abzuschneiden. Vier Tage später versuchen bei Aktirka vier deutsche Panzerdivisionen, darunter die Waffen-SS-Division »Das Reich«, dasselbe Manöver. Aber auch hier können sich mehrere sowjetische Panzerverbände der Umzingelung entziehen, obwohl als fünfte Großeinheit die »Leibstandarte Adolf Hitler« von Kotielwa aus in die Kämpfe eingreift.

Die Sowjets sind auf der Hut. Sie geben Gelände auf, lassen sich aber nicht einschließen. Trotz ihrer taktischen Überlegenheit gelingt es den deutschen Panzerdivisionen nur, den Vormarsch des Gegners zu verlangsamen. Auch vor Charkow können sie die Sowjets nicht stoppen. Ihrerseits von Einschließung bedroht, müssen die Verteidiger die Stadt am 23. August nach blutigen Straßenkämpfen aufgeben. Die Räumung der wirtschaftlichen Hauptstadt der Ukraine ist ein zweifacher schwerer Schlag für die deutsche Führung. Einmal mehr steht das militärische Ansehen Deutschlands auf dem Spiel. Mit der Evakuierung der Stadt fallen den Sowjets riesige Mengen an Versorgungsgütern und Material in die Hände, darunter Hunderte von in Reparatur befindlichen Panzern, Sturmgeschützen und Lastwagen. Am Ende des Monats August ist der gesamte Frontvorsprung von Charkow geräumt.

Diese ununterbrochenen Rückzüge verschaffen der deutschen Führung nur äußerst kurze Verschnaufpausen. Während die Schlacht von Charkow ihrem Höhepunkt zustrebt, schlagen die Sowjets bei Smolensk, Brjansk, am Mius und am Isjum-Brückenkopf zu, wo sich die 2. Panzerarmee und die 6. Armee in ermüdenden Gegenstößen aufreiben. Das Prinzip ist immer gleich: Verzettelung der gegnerischen Reserven, Ausdünnung der Front, Durchbruch. So am Mius, am mittleren und oberen Donez. Absicht: Aufrollen der gesamten deutschen Südfront durch einen kühnen Stoß von Norden nach Süden.

Die sowjetische Taktik geht nur teilweise auf. Auf der deutschen Front vor Charkow und bei der 6. Armee lastet eine tödliche Bedrohung. Nach heftigen Auseinandersetzungen erreicht Manstein von Hitler am 15. August die Zustimmung zu einem allgemeinen Rückzug hinter die Dnjepr-Linie. Die fortlaufende Schwächung seiner Reserven – das SS-Panzerkorps ist nun doch nach Italien abgezogen worden, wo sich die Ereignisse überstürzen – erlaubt es ihm nicht mehr, eine zu ausgedünnte Front zu verteidigen, die noch dazu durch ihren Zickzackverlauf sowjetische Vorstöße begünstigt.

Der Rückzug, der das ganze Industriegebiet des Donez aufgibt, geht in guter Ordnung vor sich. Am 7. September wird Stalino geräumt, am 25. September Poltawa. Trotz unaufhörlicher Tieffliegerangriffe gelingt es der sowjetischen Luftwaffe nicht, den Rückzug der deutschen Einheiten über den Dnjeprstrom, der sich auf nur fünf Brücken vollzieht, zu stören. Anfang Oktober ist die Operation abgeschlossen. 200 000 Verwundete konnten evakuiert werden, 2500 Güterzüge haben Material und Verpflegung zurückgebracht. Die deutschen Truppen haben ihren Zusammenhalt gewahrt und hatten Zeit, bei ihrem Rückzug umfangreiche Zerstörungen auf dem linken Dnjeprufer vorzunehmen. Abbrennen von Dörfern und Erntevorräten, systematische Zerstörung aller landwirtschaftlichen und industriellen Anlagen, Unbenutzbarmachung des Schienennetzes durch Einsatz von Schienenwölfen. Weithin haben die Deutschen das Prinzip der »verbrannten Erde« angewandt. Alle jungen Männer mußten mitziehen, während aber auch Tausende von Bauern auf ihren charakteristischen, von Panjepferden gezogenen Wagen freiwillig den deutschen Armeen über den Dnjepr gefolgt sind ...

Gleichzeitig willigt der Führer in die Räumung des Kuban-Brückenkopfes ein, der bisher aufrechterhalten worden war, in der Hoffnung, die Offensive in Richtung Ölfelder des Kaukasus eines Tages wiederaufnehmen zu können. Auch hier vollzieht sich der Rückzug über die Meerenge von Kertsch mit deutscher Gründlichkeit, ohne daß sowjetische Aktionen ihn hätten verhindern können.

Anfang Oktober stehen Mansteins Truppen gut gegliedert hinter dem Dnjepr, von den Pripjet-Sümpfen bis Dnjepropetrowsk. Auf Hitlers Befehl hat die Heeresgruppe Süd in Höhe von Saporoschje einen Brückenkopf auf dem linken Ufer gelassen für den Fall einer Wiederaufnahme der Offensive in Richtung Osten ... Weiter südlich verläuft die deutsche Front nach Melitopol am Asowschen Meer. Mit ihrem Rückzug hat die Heeresgruppe Süd auch eine Frontrücknahme bei der Heeresgruppe Mitte bewirkt, die am 25. September Smolensk aufgegeben hat und jetzt in einer verkürzten Front von Welikije Luki bis Kiew entlang des oberen Dnjepr und des Sotsch steht.

Aber auch der Rückzug hinter den großen Fluß bringt den 37 Infanteriedivisionen und den 17 stark mitgenommenen Panzerdivisionen Mansteins nicht die geringste Ruhepause. Mit Hilfe der Partisanen, die sich überall in den Sumpfwäldern des Flußufers versteckt halten, können die Sowjets ab Anfang Oktober südlich Kiews zwischen Krementschuk und Dnjepropetrowsk mehrere Brückenköpfe auf dem rechten Flußufer errichten. Übrigens ist keiner der vielen deutschen Generäle gehört worden, die seit Ende des Winters auf die Errichtung einer gutausgebauten Auffangstellung hinter dem Dnjepr gedrängt hatten. Die berühmte »Hagen-Linie« existiert nur auf dem Papier. Muß man einmal mehr Hitler beschuldigen, der sich systematisch weigert, eine solche Linie ins Auge zu fassen, da sie die Frontkommandeure nur zu vorzeitigem Ausweichen verleiten würde? In Wahrheit scheinen die Deutschen auf technische Schwierigkeiten gestoßen zu sein, wie das Fehlen von Arbeitskräften mitten in der ukrainischen Erntezeit und die Überlastung der Schienenwege.* Die dafür vorgesehene Organisation Todt war ihrerseits voll mit dem Bau des Atlantikwalls beschäftigt.

Der sowjetische Angriffsschwung kommt im Herbst nicht zum Erlahmen. Die russischen Angriffe werden Anfang Oktober an mehreren Stellen fortgesetzt, immer nach der gleichen, äußerst verlustreichen Methode. Erst geht ein intensives Trommelfeuer auf die deutschen Grabenstellungen und Minenfelder nieder und schafft der Infanterie Breschen. Dann geht die Infanterie vor und wird meist dem deutschen Abwehrfeuer geopfert. Das geht so tagelang und ist außerordentlich blutig. In die schließlich entstandenen Lücken stoßen die Panzerrudel mit aufgesessener Infanterie vor, vereinigen sich an einem verabredeten Punkt im Hinterland und stoßen von da aus fächerförmig weiter. Diese in X-Form vorgetragenen Angriffe kosten zwar Hekatomben von Menschen, aber sie bringen Erfolg und werden von den jungen sowjetischen Kommandeuren in Perfektion beherrscht.

Das also ist die sowjetische Strategie in diesem Herbst 1943. Rammstöße über Rammstöße, die irgendwann zu Durchbrüchen führen. Das Prinzip ist »klotzen statt kleckern«. Die Mittel hierzu sind im Überfluß vorhanden. Im Süden geht es der 6. Armee nicht

* Die »technischen Schwierigkeiten« hätten sich überwinden lassen. Es war allein die ständige Weigerung Hitlers, die den wiederholt geforderten Ausbau eines Ostwalls, in welcher Linie auch immer, verhinderte.

besser, auch sie wird schwer erschüttert. Der Gegner versucht hier, den Dnjepr-Bogen von Süden her einzudrücken und die ganze Südfront zum Einsturz zu bringen. Das Unternehmen ist von Erfolg gekrönt. Einen knappen Monat nach dem Rückzug hinter den Dnjepr sieht Manstein seine gesamten Reserven, darunter fünf aufgefrischte Panzerdivisionen und einige neue, vom OKW zugeführte Panzerverbände, stark angeschlagen und auf einer Front von 700 Kilometern hoffnungslos verzettelt.

Die erste große Krise kommt dann am 19. Oktober. Von ihren Brückenköpfen zwischen Krementschuk und Dnjepropetrowsk aus stoßen die Sowjets auf Kriwoi-Rog und beginnen, es einzuschließen. Manstein kann dank der 1. Panzerarmee, verstärkt durch zwei neue Panzerdivisionen, die Lage noch einmal herstellen. Die Russen weichen zurück, unter Hinterlassung von 10000 Toten, 5000 Gefangenen, 350 Panzern und ebenso vielen Geschützen, können aber einen Brückenkopf auf dem rechten Dnjeprufer behaupten.

Am 28. Oktober wird die 6. Armee mit aller Kraft angegriffen und geht »mit erstaunlicher Geschwindigkeit«, wie Manstein feststellt, über die Nogaische Steppe zurück. Die Russen können jetzt über Nikopol vorgehen und die ganze 1. Panzerarmee aushebeln. Manstein entschließt sich zu einem kühnen Manöver, gestützt auf neue Panzerdivisionen. Er will aus dem Brückenkopf von Nikopol in die Flanke des zum unteren Dnjepr in Richtung Isthmus von Perekop vorgehenden Gegners vorstoßen. Aber noch ehe es dazu kommt, ist die 6. Armee bereits hinter den unteren Flußlauf zurückgegangen und hat damit die Krim entblößt. So bleiben die beiden neuen Panzerdivisionen erst einmal tatenlos im Dnjeprbogen stehen.

Gleichzeitig beginnt eine neue sowjetische Offensive, diesmal nördlich von Kiew, und droht mit der Aushebelung der Heeresgruppe Süd von Norden her. In Eile werden ihr drei Panzerdivisionen entgegengeworfen. Am 3. November ist die deutsche Front durchbrochen, stoßen sowjetische Panzerkräfte ungehindert nach Westen. Nach harten Kämpfen wird Kiew aufgegeben. Die 1. Panzerarmee weicht nach Westen und Südwesten aus. Russische Panzerspitzen tauchen vor Korosten, Schitomir und dem Bahnknotenpunkt Fastow, 60 Kilometer westlich von Kiew, auf.

Berauscht von diesem Erfolg, läßt sich die sowjetische Führung zum erstenmal zum Leichtsinn hinreißen. Sie läßt die Einnahme von Städten melden, die noch weit von den sowjetischen Panzerspitzen entfernt sind. Ihre Kräfte fächern sich jetzt in zwei Richtungen, nach Westen und nach Süden. Die Infanterie kann nicht folgen, und der Nachschub über behelfsmäßige Dnjepr-Brücken, die ständig von der Luftwaffe angegriffen werden, kommt schlecht heran.

Am 15. November faßt Manstein alle seine Reserven mit Ausnahme der im Dnjepr-Bogen stehenden Panzerdivisionen zusammen und greift energisch in Richtung Osten und Nordosten an, überrascht den Gegner, vernichtet mehrere sowjetische Panzerverbände, nimmt Schitomir und Korosten und stößt bis auf 40 Kilometer an Kiew heran. Aber der Angriff kommt zum Stocken, als sich der sowjetische Widerstand versteift und ein plötzliches Tauwetter das flache Land westlich des Dnjepr in ein Schlammeer verwandelt.

Diese energische deutsche Gegenoffensive kennzeichnet das Ende der Kampfhandlungen im Herbst. Sie zeigt den Russen, daß die deutschen Streitkräfte noch gefährlich werden können. Die im November gehegten Hoffnungen des sowjetischen Oberkommandos, daß die Entscheidung gefallen sei, waren verfrüht. Die Vernichtung der deutschen Streitkräfte und das Aufrollen der Südfront werden noch einen hohen Blutzoll fordern.

Der Druck der Roten Armee läßt gleichwohl nicht nach. Er hält den ganzen Winter hindurch an: An der Nordfront können die Sowjets endlich nach einer Belagerung von 900 Tagen Leningrad entsetzen. Küchler und Model sind in der Lage, eine neue Front in der Linie Narwa – Pskow – Polotzk aufzubauen, die sich auf starke natürliche Hindernisse wie den Peipus- und den Ilmensee stützen kann.

Im Süden gelingt es Schukow und Konjew bei Tscherkassy im Januar 1944, zwei deutsche Armeekorps einzukesseln. Die Deutschen können sich jedoch unter hohen Verlusten und nach harten Kämpfen aus der Umklammerung befreien.

Noch weiter südlich, bei Tarnopol, sieht sich die 4. Panzerarmee des Generals Hube von Einschließung bedroht. Die Kämpfe dauern vom 10. März bis zum 10. April. Auch hier gelingt es den deutschen Truppen, nach Westen auszubrechen, aber mit Hilfe einer Luftbrücke und nach Einschreiten eines aus Frankreich herangeführten SS-Panzerkorps.

Als die »Rasputitza«, die Schlammperiode, des Frühjahrs 1944 hereinbricht, haben die Deutschen ein Desaster à la Stalingrad um

Haaresbreite vermeiden können. Den Sowjets ist es weder gelungen, die Südfront zu zertrümmern, noch die 1. Armee von der 4. Panzerarmee zu trennen. Aber die Truppen Mansteins haben die ganze Ukraine aufgeben müssen und sehen sich auf Galizien und die Karpaten zurückgeworfen. Im April und Mai haben die Sowjets auch den letzten deutschen Stützpunkt im Süden Rußlands ausheben können. Am 4. Mai ist die Perekop-Enge durchstoßen und die Krim vom Rest der deutschen Front abgeschnitten. Auf der Halbinsel Kertsch, in Sewastopol und auf der Krim ergeben sich 50 000 deutsche Soldaten. Aber die doppelte Anzahl von ihnen hat über Sewastopol und das Schwarze Meer der Gefangenschaft entgehen können.
Dennoch hat das deutsche Ostheer im Frühjahr 1944 seinen Zusammenhalt wahren können, wenn auch stark erschöpft von mehr als zehn Monate andauernden ununterbrochenen Kampfhandlungen. Die Gesamtmannschaftsstärke ist auf weniger als zweieinhalb Millionen Mann geschrumpft – gegen drei Millionen vor Beginn der Schlacht um Kursk. Diese Schwächung ist nicht nur Beweis der enormen Offensivkapazität der Roten Armee. Sie unterstreicht auch das Knapperwerden der deutschen Mittel an den Gesamtfronten. Ein immer größer werdender Teil der strategischen Reserven der Wehrmacht liegt unbeweglich in Italien, auf dem Balkan und im Westen, in Erwartung neuer Angriffe des Gegners.

11
Neue Fronten

Am Ende des Jahres 1943 bietet die Landkarte des Großdeutschen Reiches ein eindrucksvolles Bild: Die Gesamtfläche der besetzten Gebiete übersteigt bei weitem das Territorium Großdeutschlands. Deutschland hält noch ganz Westeuropa, den gesamten Balken, Polen, die baltischen Staaten und Weißrußland. Allerdings muß sich die Wehrmacht einer immer stärker werdenden Widerstandsbewegung in den besetzten Gebieten erwehren. Bei der ständigen Verstärkung der anglo-amerikanischen Streitkräfte hat sie eine zweite Front in Italien aufbauen müssen, und gleichzeitig sieht sie sich einer wachsenden gegnerischen Luftoffensive gegen das Reichsgebiet ausgesetzt.
Bis in den Sommer 1943 hinein war die Entwicklung auf dem Kriegsschauplatz im Mittelmeer Hauptsorge Hitlers und des OKW. Im Gegensatz zur allgemeinen Erwartung war am 20. Juli jedoch nicht der Balkan, sondern Sizilien das Ziel der erneuten alliierten Offensive. Vom ersten Tage an wurde klar, daß die enormen alliierten Mittel – eine beeindruckende Flotte und zehn verladene Divisionen – bei weitem die eigenen übersteigen würden. Diese bestanden zum Zeitpunkt der Landung nur aus acht entlang der Küste aufgestellten italienischen Divisionen und zwei deutschen Verbänden, der 15. Panzerdivision und der Panzerdivision »Hermann Göring«, eingesetzt in vier Kampfgruppen im Westen und im Osten der Insel. Hinzu kam die totale Luftüberlegenheit der Anglo-Amerikaner. Die Luftwaffe, schon stark geschwächt durch die Luftkämpfe der letzten Wochen, mußte ihre Flugplätze auf Sizilien unter den ständigen alliierten Bombardierungen aufgeben.
Die Alliierten landen am 20. Juli eine erste Welle beiderseits der Halbinsel Passaro. 100 000 Mann, 600 Panzer und 8000 Geschütze gehen an Land. Die deutsch-italienische Reaktion beschränkt sich auf einen Gegenangriff der Division »Hermann Göring«, der indes schnell im feindlichen Artilleriefeuer zusammenbricht.
Schnell erkennen die Generäle Guzzoni, Senger und Etterlin, Hube und Kesselring, daß Aussicht auf erfolgreiche Abwehr der Landung nur in der Konzentration aller Kräfte im Nordosten der Insel, in der Nähe des Ätna und des italienischen Festlandes besteht. Ein spektakulärer Vorstoß Pattons im Westen der Insel über Enna und Palermo erleichtert ihnen die Ausführung dieses Plans.
Über einen Monat lang liefern die beiden deutschen Divisionen, die »Hermann Göring« östlich des Ätna und die 15. Panzerdivi-

sion im Westen, unterstützt von einigen italienischen Einheiten, durch geschickte Anlage von Minenfeldern und Sprengungen einen hinhaltenden Abwehrkampf. Ob in der Catania-Ebene oder entlang der Achse Leonforte – Nicosia – Randazzo, das Vordringen der Briten und Amerikaner erscheint auffallend mühevoll und immer wieder nachhaltig gebremst. Zwischen dem 10. und dem 17. August gehen die Italiener und die Deutschen in vollkommener Ordnung über die Straße von Messina zurück und evakuieren 88000 Mann – davon 40000 Deutsche sowie 100 Geschütze und 50 Panzer.

Es ist Hitler, der aus politischen Gründen entgegen dem Rat von Kesselring und Dönitz den Entschluß zur Räumung Siziliens gefaßt hat. Am 24. Juli ist Mussolini Opfer einer doppelten Konspiration, des Großen Faschistischen Rates und des Königs, geworden. Man hat ihm sämtliche Ämter genommen, ihn verhaftet und zunächst auf die Insel Maddalena, dann auf den Gran Sasso geschafft. Marschall Badoglio ist an seine Stelle getreten. Das faschistische Regime bricht wenige Stunden später zusammen.

Die italienische Krise hat Hitler nicht unvorbereitet getroffen. Seit der Räumung Tunesiens hat er dem Mittelmeerraum sein ganz besonderes Augenmerk gewidmet. Er fürchtet eine alliierte Landung auf dem Balkan, die Deutschland wichtiger Bodenschätze berauben, die Türkei in den Krieg ziehen und den Anglo-Amerikanern erlauben würde, ihre Strategie der der sowjetischen Streitkräfte anzugleichen. So sind 13 Divisionen in den europäischen Südosten dirigiert und dem Befehl Rommels unterstellt worden, der am Vorabend des Sturzes des Duce in Saloniki eintrifft. Hitler läßt auch Italien nicht aus den Augen. Für den Fall eines Zusammenbruchs seines bevorzugten Verbündeten hat er die Aufstellung einer Art Bereitschaftsverbandes, der Heeresgruppe B im Raum München befohlen. Gleichzeitig hat er sechs Divisionen nach Italien in Marsch setzen lassen. Alle diese Maßnahmen erklären die wiederholten Verzögerungen bei Auslösung der Operation »Zitadelle« an der Ostfront.

Die plötzliche Entmachtung Mussolinis hat den Führer gleichwohl überrascht. Am Tage danach, dem 26. Juli, ruft er in Rastenburg Dönitz, Kesselring und Rommel in Gegenwart Keitels und Jodls zusammen. Hitlers erste Reaktion ist, einen Gewaltstreich zu führen und die ganze neue italienische Regierung von einer 100 Kilometer nördlich von Rom stationierten motorisierten Division und einer aus Frankreich herangeführten Fallschirmjägerdivision festsetzen zu lassen.

In die neue italienische Regierung hat Hitler nicht das geringste Vertrauen. »Badoglio«, erklärt er, »hat sofort versichert, daß der Krieg weitergeht und sich nichts ändern werde. Diese Leute da können gar nichts anderes sagen, denn sie führen ja einen Verrat im Schilde. Wir aber müssen auf der Hut sein und uns darauf vorbereiten, blitzschnell zu handeln und die ganze Clique festzusetzen. Morgen schicke ich jemanden da hinunter mit dem Befehl an die 3. motorisierte Infanteriedivision, ohne weitere Umstände in Rom einzumarschieren und die Regierung, den König, diesen ganzen Haufen zu verhaften.«[1]

Hitler hat gar nicht so unrecht. Vom 3. August an sucht Badoglio über Lissabon und Madrid nach geheimen Kontakten zu den Alliierten, trotz seiner Treuebeteuerungen à la »Italien wird sich seiner militärischen Traditionen würdig erweisen« oder »Die italienischste aller Inseln (Sizilien) wird bis zum letzten Atemzug verteidigt werden«. Die Kontakte führen schon einen Monat später zur Unterzeichnung eines ersten Waffenstillstandsabkommens, das praktisch einer bedingungslosen Kapitulation gleichkommt und erste Elemente einer »Cobelligérance«, einer gemeinsamen Kriegsführung, enthält. Eine alliierte Luftlandeoperation im Raum Rom unter Teilnahme italienischer Einheiten ist ebenfalls bereits vorgesehen.

Unter dem Druck seiner Umgebung, vor allem Kesselrings, der an die Ernsthaftigkeit Badoglios glaubt, verzichtet Hitler auf seine Gewaltstreichpläne und begnügt sich mit der fortschreitenden militärischen Besetzung Italiens. Rommel, aus Saloniki zurückgerufen, wird mit der Führung der Heeresgruppe B betraut. Getreu seiner Sorge, an Ort und Stelle über eine »Truppe mit politischer Fahne« zu verfügen, veranlaßt Hitler zusätzlich die Verlegung des SS-Panzerkorps von Rußland nach Italien. In Wahrheit wird nur eine Division verlegt werden, aber es wird die bekannteste sein, die »Leibstandarte Adolf Hitler«.

Der Führer schließt eine Befreiung Mussolinis und die Wiedererrichtung des Faschismus in Italien nicht aus. Aber er will auch gegen jede alliierte Initiative im Zusammenwirken mit italienischen Verbänden gewappnet sein. Eine alliierte Besetzung Sardiniens könnte zum Beispiel Vorspiel zu einer Landung in Südfrankreich oder im Norden von Italien sein. Eine Operation in Kalabrien,

Apulien oder im Raum Rom würde wahrscheinlich zu einem noch schnelleren Resultat führen, nämlich der Ausschaltung aller im südlichen Italien stehenden deutschen Truppen. Folglich gibt Hitler am 5. August den Befehl, Sizilien zu räumen. Stärkere Kräfte in Kalabrien und im Raum Neapel beläßt er nur, um nicht den Verdacht der Regierung Badoglio zu erwecken und ihr einen Vorwand zu einem Überlaufen zum Feind zu geben.
Anfang August werden mehrere Pläne ausgearbeitet. Der erste unter dem Stichwort »Eiche« zielt auf eine Befreiung des Duce, der schon eifrig von Otto Skorzeny, dem Chef einer SS-Spezialeinheit, gesucht wird. Der zweite, genannt »Student«, betrifft die Besetzung Roms und die Wiedereinführung des Faschismus. Die Operationen »Schwarz« und »Achse« schließlich richten sich auf die Neutralisierung der italienischen Armee, die Entwaffnung der Flotte und die Besetzung strategisch wichtiger Punkte auf der Halbinsel. Im Unterschied zu Kesselring, der fest an die Treue der Italiener glaubt, ist Hitler zu diesem Zeitpunkt nicht sicher, daß Italien gehalten werden kann. Nach einer Entwaffnung der italienischen Armee sollten sich daher die deutschen Truppen auf die Alpen oder zumindest auf eine Linie Pisa – Rimini zurückziehen. Jodl und Rommel stimmen vollkommen mit diesem Plan überein. Zunächst kommt jetzt »Achse« zur Ausführung. Die Verbände der Heeresgruppe B, sieben Divisionen, davon zwei Panzerdivisionen, rücken in Norditalien ein. Mitte August halten 18 deutsche Divisionen Italien fest unter Kontrolle. Alle strategischen Objekte, Pässe, Brücken, Bahnhöfe, Flugplätze, Kraftwerke sind besetzt. Hitler hat eine politische Demonstration angeordnet. Alle deutschen Einheiten tragen ein »W Mussolini« (viva Mussolini) auf dem Stahlhelm. Sie sollen mit der Bevölkerung fraternisieren und sich auf faschistische Gruppen stützen, die wieder aus ihren Verstecken herauskommen.
Natürlich ist die Operation den neuen italienischen Behörden nicht verborgen geblieben. Sie sind sehr beunruhigt und verlangen nach einer Erklärung. Diese erfolgt am 6. August in Tarvis. Keitel und Ribbentrop, begleitet von einer bis an die Zähne bewaffneten SS-Garde, treffen mit dem Oberbefehlshaber der italienischen Armee, General Ambrosio, und dem Außenminister Guariglia zusammen. In eisiger Atmosphäre suchen sich Italiener und Deutsche an Doppelzüngigkeit zu überbieten. Während sie einen Monat zuvor noch nach deutschen Verstärkungen verlangt hatten, er-

regen sich die Italiener jetzt über das Einrücken der Verbände der Heeresgruppe B.
Keitel erklärt, daß es sich um eine allgemeine Reserve für den Fall einer alliierten Landung handelt, die in Südfrankreich, auf dem Balkan oder in Italien selbst erwartet werden müsse. Er lehnt einen Vorschlag Ambrosios ab, die zwischen Bordeaux und Athen stehenden 30 italienischen Divisionen zur »Verteidigung des Nationalterritoriums« in die Heimat zurückzuverlegen. Guariglia seinerseits schlägt Ribbentrop vor, gemeinsam eine Anfrage an die Alliierten über die Bedingungen eines Waffenstillstandes zu richten. Dieser Vorschlag läßt schlimmste deutsche Befürchtungen wieder aufleben. Am Ende der Sitzung schlagen die Deutschen eine Zusammenkunft des Königs und Badoglios mit Hitler in Deutschland vor. Die Italiener wittern einen Hinterhalt und lehnen ab.[2]
Nach diesem Treffen in Tarvis sind Hitler und seine Generäle – mit Ausnahme Kesselrings – felsenfest davon überzeugt, daß das Überlaufen der Italiener ins andere Kriegslager nur noch eine Frage von Tagen sei. Sie erhöhen den Besatzungsdruck auf Nord- und Mittelitalien. Am 1. September entschließt sich Hitler, den gordischen Knoten zu durchschlagen. Am 9. September soll der italienischen Regierung ein Ultimatum übermittelt werden. Aber am Vorabend dieses Tages verbreitet der italienische Rundfunk ein Kommuniqué Badoglios: »Die italienische Regierung hat in Erkenntnis dessen, daß ein ungleicher Kampf nicht länger fortgesetzt werden kann, General Eisenhower um einen Waffenstillstand ersucht. Jeder feindliche Akt gegen die anglo-amerikanischen Truppen seitens der italienischen Streitkräfte muß unverzüglich eingestellt werden.« Die Verlautbarung fügt hinzu: »Die Streitkräfte werden allerdings jeden feindlichen Akt anderer Herkunft beantworten.«
Die deutsche Reaktion, sorgfältigst vorbereitet, erfolgt unverzüglich. Die meisten italienischen Einheiten lassen sich ohne jeden Widerstand entwaffnen. Es kommt zu vereinzelten Zwischenfällen, so im französischen Chambéry, in Kephalonien, wo die italienische Garnison niedergemacht wird, in La Spezia und in der Gegend von Rom. In zwei Tagen sind die Deutschen Herren über zwei Drittel des italienischen Territoriums und die Hauptstadt. In der Nacht vom 8. auf den 9. September gelingt es dem König und Badoglio, aus Rom zu entkommen und sich im Hafen von Ortona

nach Brindisi einzuschiffen. Mehr als 700 000 italienische Soldaten sind gefangengenommen worden und werden nach Deutschland transportiert. Keine Demonstration der Bevölkerung, kein Streik haben die Deutschen dabei gestört, überall war von seiten der Italiener eine Art furchtsame Neutralität zu bemerken. »Der Duce wird als letzter Römer in die Geschichte eingehen«, schreibt Goebbels, »aber hinter seiner starken Persönlichkeit wird ein Volk von Zigeunern unaufhaltsam seiner Verwesung entgegengehen.«
Nur einige Flugzeuge und die Mehrzahl der Schiffe können dem deutschen Zugriff entkommen. Auf Befehl des Marineministers, Raffaele de Courten, läuft das Geschwader von Tarent aus und entkommt nach Malta, wo es sich dem alliierten Oberbefehl unterstellt. Admiral Bergamini, der Befehlshaber des Geschwaders von La Spezia, will sich einer solchen Demütigung entziehen. Er läuft aus und versucht, nach Spanien zu entkommen. Am 9. September wird das italienische Geschwader nordwestlich von Maddalena entdeckt, zunächst von den Alliierten, dann von der deutschen Luftwaffe bombardiert. Dieser deutsche Angriff ist ein großes Novum. Zwei ferngelenkte Gleitbomben, Vorläufer der Luft-See-Raketen unserer Tage, treffen das Admiralsschiff »Roma«, das mit Admiral Bergamini und der gesamten Mannschaft in einer riesigen Explosion untergeht. Auch das Schlachtschiff »Vittorio« wird schwer getroffen. Der Rest des Geschwaders kann, unter Hissen der schwarzen Fahne der Ergebung, in Richtung Malta davonkommen.
Am 11. September kann ein inzwischen desillusionierter Kesselring verkünden, daß fast das gesamte italienische Gebiet unter deutscher militärischer Verwaltung stehe. Dönitz kann seine Bewunderung für die Umsicht und Entschlußkraft Hitlers nicht verbergen. »Die enorme Ausstrahlungskraft des Führers, sein unerschütterliches Vertrauen, seine langfristige Voraussicht der italienischen Entwicklungen haben gezeigt, wie unbedeutend wir alle im Vergleich zu ihm sind, wie sehr unsere Erkenntnis Stückwerk bleibt. Jeder, der glaubt, es besser machen zu können als er, ist ein Dummkopf.«[3]
Ein aufsehenerregendes Ereignis beweist zusätzlich die perfekte Kontrolle der Deutschen über Italien, die Befreiung Mussolinis. Die Aktion ist von Hitler schon am 26. Juli angeordnet und unter die Leitung von zwei Männern gestellt worden: Otto Skorzeny ist mit der Aufklärung des Verstecks des Duce, dessen Befreiung und

Überstellung an Hitler beauftragt. General Student, Chef der Luftlandetruppen, obliegt die taktische Durchführung des Unternehmens.

Eine erste Unternehmung gegen die Insel Santa Maddalena muß abgebrochen werden, da Mussolini inzwischen in das Hotel »Viletta« auf den Hängen des Gran Sasso, durch eine Seilbahn mit dem Tal verbunden, verlegt worden ist. Skorzeny hat den neuen Aufenthaltsort schnell erfahren können. Die Aktion wird jetzt in zwei Schüben ablaufen: Major Mors wird mit zwei auf Lastwagen verladenen, von Panzerspähwagen begleiteten Fallschirmjägerkompanien die Talstation der Seilbahn besetzen. Gleichzeitig werden eine Fallschirmjägerkompanie unter dem Befehl des Oberleutnants von Berlepsch und ein 18köpfiges Sonderkommando der SS unter Skorzeny auf zwölf Lastenseglern vor dem Hotel landen.

Alles läuft am 12. September im großen ganzen wie vorgesehen ab. Während Mors nach kurzem Kampf die Talstation besetzen kann, landen acht Lastensegler, darunter der von Skorzeny, vor dem Hotel. In wenigen Minuten erzwingen die Fallschirmjäger und SS-Männer die Kapitulation der Carabinieri, ohne einen Schuß abgegeben zu haben. Mussolini ist frei. Er wird von Major Mors in Empfang genommen, der mit der Seilbahn vom Tal hochgekommen ist. Er setzt Mussolini und Skorzeny in einen »Fieseler Storch«, der nach einem abenteuerlichen Abheben beide nach Rom bringt. Der ehemalige Duce wird dann nach Wien gebracht, wo ihn Hitler erwartet. Dem Führer gelingt es, Mussolini zur Übernahme des Postens eines Chefs einer »Sozial-Faschistischen Republik« in Nord- und Mittelitalien zu überreden. Eingerichtet in Salò an den Ufern des Gardasees, wird diese Republik ein total dem Reich unterworfener Puppenstaat bleiben.

Inzwischen hat Kesselring energisch auf neue alliierte Landungen im Süden zu reagieren begonnen. So hat er den deutschen Streitkräften die Räumung Kalabriens und Apuliens befohlen und damit der 8. Armee Montgomerys Tarent überlassen. Aber er führt Vietinghoff-Scheel, dem Befehlshaber der 10. Armee, alle verfügbaren Reserven zu, um der am 9. September beiderseits Salerno südlich von Neapel gelandeten 6. US-Armee des Generals Clark entgegentreten zu können.

Vietinghoff wirft die 16. Panzerdivision, die 29. Infanteriedivision und die 15. Panzergrenadierdivision in die Schlacht. Die Deutschen nehmen Altavilla und Battipaglia, kommen bis auf einige Kilometer an den Hafen von Salerno heran. Die Luftwaffe setzt alle ihre Mittel ein und fliegt bis zu 250 Einsätze am Tag. Am 13. September scheint der Sieg nahe. General Clark glaubt dem deutschen Druck weichen und seine Truppen wieder auf die Schiffe schicken zu müssen.

Aber in den folgenden Tagen wird der Schwung von Vietinghoffs 10. Armee gebremst. Die Alliierten haben Verstärkungen gelandet. Ihre Luftwaffe einschließlich strategischer Bomber nimmt die deutschen Panzer und Panzergrenadiere unter verheerendes Feuer. Die Deutschen können zwar auch hier ihre neuen Gleitbomben einsetzen und das Schlachtschiff »Warspite« sowie die beiden Kreuzer »Uganda« und »Savannah« außer Gefecht setzen. Aber die überlegene feindliche Schiffsartillerie gibt schließlich den Ausschlag. Am 17. September muß Vietinghoff seinen Truppen den Befehl zum Zurückweichen auf Neapel geben.

Der Rückzug verläuft mustergültig. Vietinghoff baut eine durchgehende Front von Norden nach Süden quer durch die italienische Halbinsel auf, mit dem an die Adria angelehnten LXXVI. Korps (drei Divisionen) und dem an das Tyrrhenische Meer angelehnten XIV. Korps (fünf Divisionen). Die Deutschen können das Nachdrücken der Alliierten durch Legen von Minenfeldern, Sprengung von Brücken und Sperrung der Straßen 13 Tage lang verzögern. Erst am 1. Oktober rückt Clark in Neapel ein. Der Volturno wird eine Woche später erreicht.

Begünstigt von gebirgigem Gelände und ständigen schweren Regenfällen, die die Flüsse über die Ufer treten lassen, können die Deutschen den Gegner drei Monate lang mit geschickt angelegtem hinhaltendem Widerstand aufhalten. Erst Anfang Dezember erreichen die Amerikaner den Garigliano und das Rotundo-Gebirge. Nördlich des Apennin kommen die Briten auch nur langsam voran. Die 8. Armee bleibt vor Sangro hängen und muß dann in zähen Kämpfen ein befestigtes Bergdorf nach dem anderen und schließlich den zu einem Fort ausgebauten Hafen von Ortona nehmen.

Kesselring kann Hitler überzeugen, daß er die Alliierten an der Gustav-Linie aufhalten kann. Diese verläuft von Ortona im Norden bis zur Mündung des Garigliano im Süden und schließt das Monte-Cassino-Massiv und die Arazecca-Berge ein. Hier haben sich schon Franzosen und Spanier im 16. Jahrhundert erbitterte Kämpfe geliefert.

Die Alliierten haben sich vor Ortona so hohe Verluste geholt, daß sie von einem weiteren Vordringen nördlich des Apennin absehen und ihre Hauptanstrengung nun auf die tyrrhenische Seite der Halbinsel verlegen. Clark will den Riegel von Cassino sprengen, denn er versperrt den Zugang zum Liri-Tal und damit den Weg nach Rom. Die Offensive soll durch eine Landung südlich von Rom erleichtert werden. Für die in völliger Unklarheit über die Absicht der Gegner schwebende deutsche Führung wird das eine Reihe von Überraschungen bringen, zugleich aber ihre Fähigkeit zu Reaktion und Improvisation erneut demonstrieren.

Die erste Schlacht um Monte Cassino entbrennt am 18. Januar 1944 mit einem Angriff des 10. britischen Korps entlang der Küste. Die Engländer schaffen es, einen Brückenkopf auf dem rechten Ufer des Garigliano zu errichten. Kesselring muß ihnen zwei im Raum Rom in Reserve gehaltene Divisionen entgegenschicken, um eine Ausweitung des Brückenkopfes zu verhindern.

Die Deutschen können dagegen mit Leichtigkeit einen Versuch der 36. US-Division vereiteln, den Rapido zu überschreiten. Die Amerikaner müssen unter dem heftigen Abwehrfeuer automatischer Waffen und der Artillerie zurückgehen. Weiter nördlich scheitern auch die Stoßtrupps des französischen Expeditionskorps bei einem Angriff auf den Atina.

Die unangenehmste Überraschung ist am 22. Januar die Landung des 6. US-Korps des Generals Lucas bei Anzio. 60 000 Mann und 40 000 Fahrzeuge werden in wenigen Stunden an einem total von Truppen entblößten Küstenabschnitt an Land gesetzt. Aber Kesselring kann von der außerordentlichen Vorsicht seiner Gegner profitieren, die es versäumen, die Albanerberge zu besetzen und die Straßen Nummer 6 und 7 zu sperren, auf denen ihnen Einheiten aus der Gustav-Linie entgegengeworfen werden können. General Westphal, Stabschef Kesselrings, hat später dazu bemerkt: »Die Straße nach Rom war völlig offen, und eine kühne Vorausabteilung hätte in die Stadt einrücken können … Der Gegner hat wahrlich eine erschreckende Passivität an den Tag gelegt.«

Diese Passivität erlaubt es Kesselring, zwei Divisionen von der Garigliano-Front abzuziehen und zusätzliche Einheiten aus Norditalien, Südfrankreich und sogar dem Balkan herbeizuholen. So entsteht eine neue Armee, die 14., unter dem Befehl des Generals von Mackensen. Ende Januar ist diese Armee in der Lage, die feindlichen Angriffe aus dem Landungsbrückenkopf abzuwehren, der inzwischen eine Ausdehnung von 25 Kilometer Breite und zwölf Kilometer Tiefe hat und unter dem Feuer der auf den Albanerbergen in Stellung gegangenen deutschen Geschütze liegt. Auch die Luftwaffe tritt in Aktion. Das Torpedoboot »Spartan« und mehrere Transportkähne werden versenkt.

Anfang Februar fühlt sich Mackensen stark genug, den Versuch einer Beseitigung des Brückenkopfes zu wagen. Er verfügt über zehn Divisionen und eine sehr starke Artillerie. Hitler und das OKW verfolgen die Vorbereitungen mit höchster Spannung. Sie würden der Wirkung auf die Weltöffentlichkeit halber gerne ein zweites Dünkirchen haben.

Dreimal hintereinander, vom 3. bis zum 7., vom 16. bis zum 20. und dann noch einmal am 28. Februar greift Mackensen massiv auf der Straße von Cisterna, dann der von Carroceto an. Jedesmal scheitert er. Wie bei Gela oder bei Salerno werden die Angreifer von der Feldartillerie, der Schiffsartillerie und den Trägerflugzeugen der Amerikaner gestoppt. Die Deutschen müssen das Unternehmen schließlich unter Zurücklassung von fünf Divisionen zur Eindämmung des Landebrückenkopfes abbrechen.

Kesselrings Aufmerksamkeit wird zu diesem Zeitpunkt bereits von der zweiten Cassino-Schlacht in Anspruch genommen. Sie hat am 25. Januar 1944 mit dem Versuch der 24. US-Division, den Rapido zu überschreiten, begonnen. Nach 14 Tagen müssen die Amerikaner unter dem heftigen deutschen Artilleriefeuer in ihre Ausgangspositionen zurückgehen. Weiter nördlich geht es dem französischen Expeditionskorps nicht besser. Zwar können die Franzosen unter großen Opfern den Belvedere erobern, aber ihre Absicht, Cassino im Norden zu umgehen, können sie nicht verwirklichen.

Mitte Februar machen die Deutschen einen neuerlichen Versuch zunichte. Diesmal sind die Angreifer neuseeländische und indische Divisionen des Generals Freyberg. Dieser Angriff wird von einem massiven Luftbombardement vorbereitet, dem das Benediktinerkloster auf dem Monte Cassino zum Opfer fällt. Es war fälschlich von den Alliierten für einen deutschen Artilleriebeobachtungsposten gehalten worden. Die Deutschen verteidigen sich zäh, klammern sich an den Kalvarien- und den Cassino-Berg und an die Trümmer der Stadt Cassino. Ein einen Monat später vorgetragener Direktangriff auf die Stadt durch die Inder scheitert ebenfalls.

Cassino, oft als Verdun des Zweiten Weltkrieges bezeichnet, ist zu einem Mythos geworden. Auch Hitler vergleicht die Abwehrschlacht mit denen des Ersten Weltkrieges, die auch Mann gegen Mann und Material gegen Material geführt wurden. Der Ruf dieser Schlacht beruht auf der erstaunlichen Widerstandskraft der deutschen Gebirgstruppen, der Grenadier- und der Panzergrenadierdivisionen, vor allem aber der 1. Fallschirmjägerdivision des Generals Heidrich, die sich schon bei Ortona hervorgetan hatte.

Der verblüffende Widerstand der Deutschen wird allerdings begünstigt vom Gelände, von den schlechten Wetterbedingungen und durch die Fehler der Alliierten, die mit denen der Deutschen in Stalingrad verglichen werden können. Die Bombenteppiche haben Cassino in eine Trümmerwüste und das Gelände ringsum in eine von Wasser vollgesogene Kraterlandschaft verwandelt, die den Angreifer benachteiligt und den Verteidiger begünstigt.

Der neue Kommandierende General des XIV. Korps, von Senger und Etterlin, führt die Abwehrschlacht mit meisterlicher Hand, indem er das Feuer von Artillerie und Nebelwerfern immer wieder zusammenfaßt, den vorderen Linien unablässig Grenadiere zur Verstärkung zuführt und den Kampf in den Bergen überlegen beherrscht. An dieser Stelle muß gesagt werden, daß die deutschen Infanteristen und Fallschirmjäger hier einen Grad von Opfermut, Widerstandskraft und Kampfbereitschaft gezeigt haben, der auch vom Gegner bewundernd anerkannt wird.

Von Senger und Etterlin sagt später, daß die Fallschirmjäger, gewohnt, sich nach dem Absprung zu sammeln und ohne jeden Rückhalt zu kämpfen, den Bedingungen der Cassino-Schlacht besser angepaßt waren als die übrigen deutschen Kämpfer. »Von einer zusammenhängenden Frontlinie konnte keine Rede mehr sein. Man kämpfte in Schützennestern ohne Anschluß nach rechts, links oder hinten, ohne Kenntnis der Vorgänge an den übrigen, meist engen Abschnitten der Front.

Die einzelnen Widerstandsnester waren nicht nur durch die Bombenangriffe isoliert worden. Die Isolierung ist vielmehr ein Charakteristikum des Häuserkampfes. Erst wogte der Kampf hin und her, bis die neuseeländische Division im Süden der Stadt eindringen und sich dort halten konnte. Aber zwischen den Neuseeländern gab es immer wieder deutsche Widerstandsnester, die entweder gehalten oder im Gegenangriff zurückgenommen worden waren. Das ergab Nahkämpfe von ungekanntem Ausmaß, wobei es vorkam, daß im selben Haus ein Stockwerk von den Verteidigern, das andere von den Angreifern gehalten wurde. Ehe man das Artilleriefeuer auf ein zu stürmendes Haus lenken konnte, mußte man erst sicher sein, daß die eigenen Leute ihr Stockwerk geräumt hatten.«

Mitte März tritt für alle eine Atempause ein. Das alliierte Oberkommando verzichtet zunächst auf weitere Unternehmungen. Die Deutschen haben einen großen Abwehrerfolg errungen, der von ihrer Propaganda dementsprechend ausgeschlachtet wird.

Dieser Kampf ist, laut General F. J. C. Fuller der »absurdeste und strategisch sinnloseste Feldzug des ganzen Krieges«, hat Zehntausenden von Soldaten das Leben gekostet.

Bereits im Herbst 1943 hat die Wehrmacht einen beeindruckenden Erfolg gegen die Engländer im Dodekanes und im Ägäischen Meer erringen können. Bei der Ankündigung der Kapitulation der Regierung Badoglio hatten sich die Briten beeilt, italienisches Territorium da und dort im östlichen Mittelmeer zu besetzen, in der Hoffnung, damit Eindruck auf die Türkei zu machen und sie in den Krieg ziehen zu können. Ab dem 13. September sind sie in Kos, Syma, Leros, Kalymnos, Kastellorizon und Samos gelandet, wo sie von den Italienern begeistert empfangen wurden.

Die deutsche Reaktion ist blitzartig. Von Rhodos aus und mit Unterstützung der Luftwaffe kann General Müller die Insel Kos nehmen, auf der das einzig nutzbare Flugfeld für die Royal Air Force liegt. Anschließend werden bis Mitte Oktober die Inseln Naxos und Syma, dann bis Ende November Leros, Samos und Kastellorizon zurückerobert. Der deutsche Sieg gelingt dank einer Kombination von Schiffs- und Luftlandungen, wobei es gelungen ist, die Luftüberlegenheit zu erringen. In zwei Monaten können die deutschen Flieger sechs Zerstörer und zwei U-Boote versenken. Die Deutschen bleiben somit vorderhand Herren in der Ägäis, kontrollieren die Balkanzugänge und vertiefen noch die Isolierung der Türkei.

Die zweite ernsthafte Bedrohung kommt von den Widerstandsbewegungen in den besetzten Gebieten. Die Entwicklung kann nicht verwundern, betrachtet man die riesige Ausdehnung der Gebiete, in denen deutsche Truppen stehen, und den immer schärfer von Ideologie geprägten Charakter der Auseinandersetzung. Beispiele aus der Antike, aus der Zeit der französischen Revolutionskriege und der Napoleonische Feldzüge gibt es hierfür im Überfluß. Der Guerillakrieg begleitet die meisten Konflikte des 19. Jahrhunderts. Franzosen und Russen haben ihre Erfahrungen in Algerien und im Kaukasus gemacht. Guerillakämpfer fochten bei den Aufständen in Polen und in Griechenland, beim amerikanischen Bürgerkrieg. Im Deutsch-Französischen Krieg von 1870/71 ermutigt die »Regierung der Nationalen Verteidigung« in Paris die »Franc-Tireurs« zwischen Seine und Loire, die deutschen Truppen anzugreifen und damit 120 000 Soldaten zu binden.

Zwei Arten von Partisanenkämpfen haben sich im Laufe der Zeit herausgeschält. Der »kleine Partisanenkrieg«, wie ihn Scharnhorst und vor allem Clausewitz gelehrt haben, ist nur eine Variante des konventionellen Krieges und wird von autonomen, schnell beweglichen, leichten Einheiten im Hinterland des Gegners zu dessen Verunsicherung geführt. 1812 brachten so die Reitertrupps des russischen Generals Davidow die Nachhuteinheiten der Napoleonischen Großen Armee bei ihrem Rückzug durcheinander, zerstörten deren Zusammenhalt und massakrierten die Nachzügler.

Anderer Art ist der »Volkskrieg«, wie ihn die »Chouans« der Vendée gegen die Pariser Revolutionsheere oder die spanischen Guerilleros gegen Napoleon führten. Aber er stößt da an seine Grenzen, wo die Partisaneneinheiten der Verbindung zur Hauptarmee entbehren müssen, über keine eigene Versorgung verfügen oder keinen Halt in der Bevölkerung finden.

Der Erste Weltkrieg ist dagegen fast frei von Partisanenkämpfen gewesen. Die Deutschen sind weder in Belgien noch in Frankreich oder in Polen auf nennenswerten Widerstand gestoßen. Nur in Serbien haben 1916 Partisanen die österreichischen Truppen auf dem Balkan bedrängt. Guerilla gab es dagegen auf den nichteuropäischen Kriegsschauplätzen, so im Vorderen Orient (Lawrence), in den arabischen Ländern gegen die ottomanische Dominanz, oder in Afrika, wo die Askaris des Generals Lettow-Vorbeck erfolgreich gegen die Engländer kämpften.

Nach 1918 erlebt der Krieg aus dem Hintergrund ein letztes Aufflammen mit den deutschen Freikorps in Schlesien und im Baltikum, den weißrussischen Partisanen im Kampf gegen die Bolschewiken oder den Kämpfern des Abd el Krim oder der Drusen gegen die französische Kolonialherrschaft in Marokko oder im Libanon. Der subversive Krieg zeigt sich auch in Irland und Palästina, nimmt dort aber mehr und mehr die Form des Terrorismus an. Nur die Engländer betrachten das Phänomen mit Besorgnis. Die Berufsmilitärs in den übrigen Staaten interessieren sich nicht dafür. Der Guerillakrieg ist nicht Gegenstand des Lehrplans der Kriegsschulen. In Deutschland ist es nur der Militärtheoretiker Erhardt, der ihm eine gewisse Bedeutung zumißt. Die Debatten jener Zeit drehen sich, im Hinblick auf einen neuen Bewegungskrieg, um die künftige Rolle der Panzer und der Flugzeuge.

Trotz des Auftretens von Partisanen im russischen Bürgerkrieg schenken Sowjets und Marxisten der Guerilla wenig Beachtung. Die Motive der Partisanen werden als nationalistisch-konservativ eingestuft. Sie kämpfen, so die marxistischen Theoretiker, aus Furcht vor einer Rückkehr zum Großgrundbesitz oder vor einer Kollektivierung.

Im Kampf um den Umsturz gehört die Führung den revolutionären Proletariern. Das sowjetische militärische Denken basiert wesentlich auf der Schaffung einer Massenarmee, die fest indoktriniert und mit genügend schweren Waffen ausgerüstet ist. Nur ein marxistisch inspiriertes Werk befaßt sich mit dem Problem der subversiven Armee, das des jungen vietnamesischen Revolutionärs Ho Chi Minh.

Der Zweite Weltkrieg wird zu einer spektakulären Wiederbelebung der Theorien des subversiven Krieges führen. Nach dem Sturz Frankreichs setzt Churchill auf eine Kombination von strategischem Bombardement und Guerillakrieg, um Deutschland in die Knie zwingen zu können. Europa muß nach seinen Worten »in Feuer und Blut versinken«. Die »Special Operations Executive« (SOE) wird mit der Durchführung der nötigen Maßnahmen für einen Untergrundkrieg beauftragt.*

Im Unterschied zum Ersten Weltkrieg stehen für eine solche verdeckte Kampfführung unvergleichlich mehr technische Mittel zur Verfügung. Es gibt handliche Handfeuerwaffen, Maschinenpistolen, Bazookas, leicht zu manipulierenden Sprengstoff wie das Pla-

---

* In der ausführlichen Abhandlung Massons über den Partisanenkrieg nimmt natürlich die französische Résistance einen breiten Raum ein, während der ungleich wirkungsvollere und blutigere Partisanenkrieg in Rußland ziemlich summarisch behandelt wird. Den Beurteilungen des Autors kann man nur zustimmen.

stik, Kuriermaschinen, die auf einem Fußballfeld landen können, wie die englische »Lysander«. Weitreichende Funkgeräte können in der Tasche getragen werden. Mit der Entwicklung der modernen Armeen hat sich auch das Operationsgebiet der Partisaneneinheiten erheblich ausgeweitet. Es gibt flächendeckende Nachrichtensysteme, Waffenlager, Munitionsdepots, Benzinlager, selbständig operierende kleinste Sabotage-Trupps.

Der Widerstand braucht eine gewisse Zeit zu seiner Entwicklung. Der britische Geheimdienst hat nach der Niederlage Frankreichs alle Mühe, Verbindung mit den ersten französischen Untergrundkämpfern aufzunehmen. Diese wollen sich zunächst auf das Sammeln von Nachrichten beschränken und scheuen Sabotageakte oder Attentate, die nur blinde Repressalien nach sich ziehen. In den Aufrufen General de Gaulles an die französische Nation vom Juni 1940 findet man keinerlei Aufforderung zum Widerstand. Sie beschränken sich auf die Zurückweisung des Waffenstillstandes und die Ermunterung zur Fortsetzung des Krieges mit konventionellen Mitteln.

Mit dem deutschen Angriff auf die Sowjetunion vom 22. Juni 1941 ändert sich das Bild. Moskau, das ein Klima allgemeiner Unsicherheit erzeugen und das Maximum deutscher Truppen im Westen binden will, gibt der Französischen Kommunistischen Partei Befehl, zur »direkten Aktion« überzugehen. Plötzlich hagelt es in ganz Frankreich Sabotageakte und Attentate. Ihre Absicht ist es, durch ständige Steigerung der Untergrundaktionen eine brutale deutsche Reaktion zu provozieren und damit die Mehrheit der Bevölkerung in den Widerstand abkippen zu lassen.

Der erste Anschlag in Frankreich erfolgt am 20. August 1941 in einer Pariser Metro-Station. Das Opfer ist ein Obermaat der Kriegsmarine. Andere Anschläge folgen, blind zunächst, dann gezielter, wie der Anschlag auf den deutschen Feldkommandanten von Nantes, einen Oberstleutnant, oder der Angriff auf einen hohen Beamten der Wehrmacht in Bordeaux am darauffolgenden Tage.

Die Attentatswelle versetzt die deutschen Verantwortlichen in Frankreich in große Bedrängnis. Ihre Antwort ist zunächst der Rückgriff auf die klassische Methode der Geiselnahme. Verhaftet werden meist bekannte Persönlichkeiten oder Leute, die man der Sympathie für den Marxismus verdächtigt und damit als Helfershelfer Moskaus einstufen kann.

Die Geiselfrage führt zu einer lebhaften Auseinandersetzung zwischen General von Stülpnagel, dem Militärbefehlshaber in Frankreich, und dem OKW. Hitler und Keitel verlangen Massenerschießungen als Reaktion auf die Anschläge. Auf ihren unmittelbaren Befehl hin werden am 22. Oktober 46 Geiseln in Chateaubriand, zwei Tage darauf 50 in Bordeaux füsiliert. Ende November/Anfang Dezember kommen weitere 95 hinzu. Im ganzen kommt es zwischen September 1941 und Mai 1942 zu 471 Exekutionen.

Überzeugt, daß diese Politik nur zum Bruch zwischen den Besatzungsbehörden und der durch die Repressalien empörten französischen Bevölkerung führen kann, schlägt Stülpnagel eine graduelle Anwendung der Vergeltung vor. So könnte man zunächst die Freizügigkeit der Bevölkerung gegenüber durch frühere Schließung der Lokale, Kinos und Theater einschränken, ehe man zu abgestuften Exekutionen schreitet. In einem Brief an Keitel vom 15. Februar 1942 verlangt Stülpnagel nach anderen Maßnahmen als den massenhaften Geiselerschießungen: »Ich glaube, die selbstverständlich notwendige Sühne bei Attentaten gegen deutsche Wehrmacht-Angehörige auf anderem Wege, d. h. durch begrenzte Exekutionen, v. a. durch Abtransport größerer Massen von Kommunisten und Juden nach dem Osten erreichen zu können, da meiner Kenntnis nach viel abschreckender auf die französische Bevölkerung als diese von ihr nicht verstandenen Massenerschießungen.«[4]

Sein Kollege General von Falkenhausen, Militärbefehlshaber in Belgien, hat ähnliche Probleme zu bewältigen. Schließlich diskreditieren die deutschen Maßnahmen auch das Regime von Vichy, das gezwungen ist, sich mit den schlimmsten deutschen Repressalien zu identifizieren, in dem es unter dem Vorwand, seine Unabhängigkeit wahren zu wollen, Sondergerichtshöfe zur Aburteilung von Widerstandskämpfern einrichtet.

Otto von Stülpnagel, des Überhörtwerdens müde, bittet schließlich um seine Ablösung. Der Bitte wird am 17. Februar 1942 stattgegeben. Sein Nachfolger wird sein Vetter Karl-Heinrich von Stülpnagel, später einer der großen Angehörigen des deutschen Widerstandes. Die Ablösung ist Anlaß zu einer Neuordnung der Zuständigkeiten. Der Militärbefehlshaber in Frankreich hat sich in Zukunft nur noch mit Fragen der Infrastruktur der Truppe zu beschäftigen. Der Sicherheitsbereich obliegt von nun an dem

»Sicherheitsdienst« (SD), dem in Frankreich der SS-Brigadeführer und General der Polizei Oberg, assistiert von SS-Oberführer Knochen, vorsteht.

Nach kurzer Einarbeitung erweist sich der SD als sehr viel wirksamer als die Abwehr, der Nachrichtendienst und die Gegenspionage der Wehrmacht. Im Sommer 1942 kann er der französischen Widerstandsbewegung einige schwere Schläge zufügen. Zwei ihrer Chefs, Jean Moulin und der Führer der »Geheimarmee« General Delestraint, werden verhaftet. Dafür kann Oberg, so überraschend es klingt, zusammen mit Stülpnagel in Berlin eine gemäßigtere Politik in der Geiselfrage durchsetzen. Zwischen Juni 1942 und August 1944 übersteigt die Zahl der Exekutierten nicht 254. Offensichtlich bewirken die Empfehlungen eines höheren SS-Führers in Berlin mehr als die eines Wehrmachtsgenerals.

Ab 1943 erreicht der Widerstand eine Steigerung mit dem Auftreten der ersten »Maquis«, so genannt nach dem französischenWort für »Unterholz, Bergwald«. Der landschaftlichen Gegebenheiten wegen gibt es ihn nicht in Holland und nur wenig in Belgien, um so mehr aber in den wenig zugänglichen Regionen Frankreichs, wie den Alpen, dem Morvan-Gebirge und dem Zentralmassiv. Er rekrutiert sich massiv aus jungen Franzosen, die sich weigern, der »Zwangsverpflichtung« zum Arbeitsdienst in Deutschland nachzukommen. Ihre militärische Ausbildung erhalten die jungen »Maquis« von erfahrenen Résistance-Kämpfern.

Erst im Winter 1943/44 beginnt man sich höheren Orts bei den Deutschen mit diesem neuen Phänomen zu beschäftigen, das besonders in Südfrankreich beunruhigenden Umfang annimmt. Man fürchtet einen allgemeinen Volksaufstand, der im Fall einer für das Frühjahr erwarteten alliierten Landung sehr unangenehm werden könnte. So schreitet man zu Bereinigungsaktionen, oft in Verbindung mit der Vichy-treuen französischen Miliz Darlans. Die größte dieser Aktionen umfaßt die Ausschaltung des Maquis im savoyardischen Glière-Massiv im Frühjahr 1944. Die SS-Division »Das Reich«, in Neuaufstellung in Südfrankreich begriffen, unternimmt ähnliche Aktionen im südlichen Zentralmassiv.

Am Ende des Frühjahrs kommt es zu einem Wiederaufflammen der Widerstandsbewegung. In einer Meldung des Oberbefehlshabers West, Generalfeldmarschall von Rundstedt, vom 5. Juni, dem Vortag der alliierten Landung in der Normandie, heißt es: »Auffallendes Wiedererstarken der Widerstandstätigkeit in Südfrankreich, vor allem südlich Clermont-Ferrand und um Limoges... Versammlung bewaffneter Banden nahe Tulle (70 Kilometer südöstlich Limoges) und im Zentralmassiv bei St. Flour (80 Kilometer südlich von Clermont-Ferrand). Starke terroristische Aktivitäten im Département Corrèze. Fortgesetzte Attentate gegen Eisenbahnlinien, nicht verteidigte Orte, Büros der französischen Administration. Plünderungen französischer Arbeiterlager, Diebstahl von Lastwagen und Benzin, Befreiung einer Kolonne französischer Kriegsgefangener nach bewaffnetem Anschlag auf Zug.«[5]

Rundstedt wiederholt seine schon am 10. Februar ergangene Anweisung, die allerhärtesten Gegenmaßnahmen zu ergreifen. Sofortige bewaffnete Antwort auf jeden Anschlag. Abbrennen der Häuser, aus denen geschossen wurde. »Wenn dabei Unschuldige zu Schaden kommen, so ist das zu bedauern, die Schuld liegt aber ausschließlich bei den Terroristen ...«[6]

Indes hat die terroristische Bedrohung wenig Auswirkung auf die Dislozierung der deutschen Truppen. Am Vorabend des 6. Juni haben alle großen Einheiten ihre Positionen entlang der Küsten bezogen. Aber in einem Gebiet von 65000 Quadratkilometern, in dem zweieinhalb Millionen Menschen wohnen und das das Limousin, die Auvergne und einen Teil der Tourraine umfaßt, verfügt die deutsche Führung nur über 5000 Mann Deckungstruppen, zusammengesetzt aus einem Sicherungsregiment, einem Bataillon aus Georgiern und ein paar Hundert Polizisten. Die Garnisonen in den größeren Städten der Region sind nicht stärker als 100 bis 200 Mann.[7]

Sofort nach der alliierten Landung wendet sich das deutsche Oberkommando der Bekämpfung der Widerstandsgruppen in diesem Gebiet zu. Vom 10. bis zum 14. Juni wird der Maquis des Mont Mouchet niedergekämpft. Im Gegensatz zu den Behauptungen einiger Widerstandskämpfer wurde dabei deutscherseits keine Panzerdivision eingesetzt, sondern zehn Kompanien aus russischen Freiwilligen, alles in allem 2000 Mann. Zeitgleich damit erfolgt die Ausschaltung des Maquis von St. Marcet in der Bretagne.

Eine einzige große Einheit, die SS-Panzergrenadierdivision »Das Reich«, beteiligt sich an den Kämpfen gegen den Widerstand. Im Zuge ihres Marsches zur Normandieküste kann sie die in Gueret eingeschlossene deutsche Garnison befreien. Aber sie kommt zu spät in Tulle an, um das Massaker von 40 Angehörigen einer deutschen Sicherungskompanie durch die Maquisards des kommunistischen Obersten Guingoin zu verhindern. Als Repressalie hängen die SS-Leute 99 Geiseln. Ein Bataillon des Regiments »Der Führer« der Division zeichnet sich durch das Massaker von Oradour-sur-Glan aus, dessen Ursachen bis heute nie genau geklärt werden konnten. Eine darüber vom OKW angeordnete Untersuchung verlief im Sande, wie Keitel im Februar 1945 zugeben muß. Der Marsch der Division »Das Reich« zur Front ist nicht, wie immer behauptet wurde, durch diese Aktionen, sondern durch die Sprengung aller Loire-Brücken wesentlich weiter nördlich aufgehalten worden.

Die deutsche Führung kann während der gesamten Kämpfe um die alliierten Landungsbrückenköpfe in der Normandie mit Erleichterung feststellen, daß ihre Befürchtungen übertrieben waren. Es gibt keinen allgemeinen Aufruhr. Die größten Schwierigkeiten rühren von den vielen Sprengungen von Bahnlinien her, die zusammen mit den massiven Luftangriffen der alliierten Bomber auf die rückwärtigen Verbindungen ein fast unlösbares Problem darstellen.

Die Deutschen können von der geringen Kampfstärke der Widerstandsgruppen – 50 000 im Augenblick der alliierten Landung, 100 000 bis 120 000 zwei Monate später – und ihrer schlechten Bewaffnung profitieren. Bei den alliierten Fallschirmabwürfen werden nicht mehr als 100 000 Handfeuerwaffen abgeworfen, von denen nur ein Drittel in die Hände der Partisanen gerät. Auch nutzen die Deutschen die Unstimmigkeiten des Gegners über die anzuwendende Taktik. Während die von der kommunistischen Partei kontrollierten »Franc Tireurs et Partisans« (FTP) für Einzelaktionen kleiner Trupps eintraten, versteifte sich die von den Gaullisten inspirierte »Organisation de Résistance Armée« (ORA) oder die in unzugänglichen Regionen operierende »Geheime Armee« auf die Aufstellung großer Einheiten, die oft ohne gut ausgerüstete Angriffsbasen operierten und relativ leicht zu schlagen waren. Das tragische Ende der Maquisards des Vercors im Juni 1944 ist hierfür ein Beispiel.

Die von General de Gaulle gewählte Strategie erklärt auch die relative Zurückhaltung der Résistance während der Schlacht in der Normandie. De Gaulle dachte an einen Aufstand, aber er sollte erst nach einem Bruch der deutschen Front von den Widerstandsgruppen in Bewegung gesetzt werden. So kommt es denn auch erst nach dem Ende der Kesselschlacht von Falaise zur vollen Entfaltung der Widerstandstätigkeit. Erst auf dem Rückzug in Richtung Reichsgrenzen hatten sich die deutschen Truppen ernsthafter Angriffe aus dem Hinterhalt zu erwehren. Unzählige Marschkolonnen wurden überfallen und dezimiert, kleinere Einheiten ganz aufgerieben, Nachzügler massakriert. Die Kapitulation der Marschgruppe Elster südlich von Orléans, die sich den Amerikanern ergab, kam nur durch das Eingreifen der Résistance zustande. Im ganzen aber hat das Vorhandensein einer bewaffneten Widerstandsbewegung im Westen keinerlei entscheidende Rolle bei der Niederlage der Deutschen im Sommer 1944 gespielt. Nur zwei Prozent der Verluste der Wehrmacht kamen auf ihr Konto. Viel wichtiger war ihr Beitrag zum alliierten Sieg durch die Beschaffung und Weiterleitung von Nachrichten, wenn ihre Rolle auch schwer in ihren Auswirkungen zu beurteilen ist.

Im Osten Europas gibt es ähnliche Aktionen. Nach dem Angriff auf die Sowjetunion werden deutsche Truppen in Polen durch Sabotageakte gegen Nachschublinien behindert. Die Widerständler können rund 100 Züge zum Entgleisen bringen und drei Brücken zerstören. Nach scharfen deutschen Repressalien beschränken sie sich auf die Nachrichtenbeschaffung. Eine vergleichbare Situation herrscht in der Tschechoslowakei vor.

Auf dem Balkan dagegen und in Rußland sieht sich die Wehrmacht mit sehr viel ernsteren Problemen des Guerillakrieges konfrontiert. Nach dem Zusammenbruch Jugoslawiens weigert sich General Mihailowitsch zu kapitulieren. Mit einer Handvoll Soldaten und Offizieren versucht er einen Widerstand in Serbien aufzubauen, nach dem Muster der Tschetniks in ihrem Kampf gegen die ottomanische Vorherrschaft.

Ein paar Wochen später, nach dem Angriff der Deutschen auf die Sowjetunion, organisiert der Generalsekretär der Kommunistischen Partei, Josip Broz, alias Tito, einen zweiten »Maquis«, den er auf Bosnien, Dalmatien und Kroatien auszudehnen sucht. Weitere Widerstandsbewegungen bilden sich in Albanien und Griechenland, in den Bergen des Epirus und Thessaloniens, wo im Sommer 1942 rund 15 000 Partisanen gezählt werden.

Aber die Untergrundkämpfer auf dem Balkan machen den Deutschen zwei Jahre lang nicht allzuviel zu schaffen. Diese überlassen die Bekämpfung der Banden den Italienern. Im Mai 1943 nehmen ein paar deutsche Bataillone am Kampf um Stupeska teil, der mit einer schweren Niederlage für Tito endet und die Bestände des Partisanenführers auf 6000 Mann reduziert. Der größte Rückschlag für die Wehrmacht ist die Sprengung des Viadukts von Gorgopotamus am 25. Oktober 1942, wodurch der Nachschub des in Libyen auf dem Rückzug befindlichen Afrikakorps Rommels schwer beeinträchtigt wird. Aber sie ist nicht das Werk griechischer Partisanen, sondern britischer Fallschirmspringer.

Die italienische Kapitulation vom September 1943 verändert die Situation schlagartig. Überall, in Griechenland und in Jugoslawien, können sich die Partisanen jetzt im Überfluß in den zurückgelassenen Depots der italienischen Armee bedienen und »befreite Gebiete« besetzen. Die Deutschen müssen nun die Aufgabe des früheren Verbündeten übernehmen.

Was den Erfolg der Widerstandsbewegung auf dem Balkan angeht, so ist er nach dem Krieg schwer übertrieben worden. Niemals haben Titos Partisanen 26 deutsche Divisionen gebunden. Diese im europäischen Südosten stationierten Einheiten hatten hauptsächlich den Auftrag, eine eventuelle alliierte Landung auf dem Balkan abzuwehren. Auch haben die Partisanen niemals 600 000 deutsche Soldaten umgebracht, das wäre das Doppelte der jemals in dem dortigen Raum stationierten Truppen der Wehrmacht gewesen.

Der griechische Widerstand umfaßt nie mehr als 15 000 bis 20 000 Mann. Die offizielle Zunahme der Kämpfer Titos von 180 000 am Ende des Jahres 1943 auf 350 000 ein Jahr später erscheint ebenfalls mehr der Phantasie als seriösen Berechnungen anzugehören. Auch die Abwurfzahlen von mehr als 100 000 leichten Waffen durch die Alliierten, von denen die Partisanen bei weitem nicht alle fanden, erscheinen übertrieben.

Die Deutschen profitierten übrigens weitgehend von den Zerwürfnissen unter ihren Gegnern. Zu wiederholten Malen haben sich Tschetniks und Tito-Partisanen, ideologisch völlig verschiedenen Lagern angehörend, erbittert bekämpft, was sie nicht hinderte, jeweils mit den Italienern oder den Deutschen Bündnisse gegen den anderen zu schließen, wie das Djilas nach dem Kriege enthüllte.

Während Mihailowitsch sich auf sein Operationsgebiet in Serbien beschränkte, blieb Tito im Zentrum Bosniens stehen, mit gelegentlichen Einfällen in dalmatinisches oder kroatisches Gebiet.

Im Mai 1944 müssen sich die Partisanen mit englischer Hilfe an die Adriaküste zurückziehen, Tito richtet sein Hauptquartier auf der Insel Vis ein. In Griechenland ist die Situation nicht anders. Auch hier kommt es zu dauernden Zusammenstößen zwischen den kommunistischen ELAS-Partisanen und den gemäßigten der EDES. Im Zuge dieser Kämpfe können die Kommunisten kleinere konkurrierende Partisanenverbände in Sarafis und Psaros vollkommen ausschalten.

Weder die griechischen noch die jugoslawischen Partisanen sind auch in der Lage, den geordneten Rückzug der Heeresgruppe Löhr nach Bosnien im Herbst 1944 zu stören.

Selbst auf dem Höhepunkt der Partisanenbekämpfung 1943/44 hat die deutsche Armee nie mehr als 100 000 Mann eingesetzt, und diese waren aus Polizisten der 4. SS-Polizei-Division oder aus örtlich rekrutierten kroatischen und bosnischen SS-Truppen zusammengesetzt, wie die Brigaden »Kama«, »Handschar« oder »Skanderbeg«. Unterstützt wurden die Deutschen auch von den Ustaschis des Kroaten Ante Pawelitsch.

Die Wehrmacht hat ohne Frage stets die Kontrolle über die großen Verbindungslinien und die großen Städte behalten und die in ihrem Besatzungsbereich liegenden Bodenschätze ausbeuten können. Die Partisanen saßen in den schwer zugänglichen Bergen, in die sich keiner hineinwagte. Außerdem profitierte die Wehrmacht von den unüberwindlichen politischen, ethnischen und religiösen Gegensätzen unter der Bevölkerung, Gegensätze, die bis heute die Verhältnisse auf dem Balkan kennzeichnen.

Nichtsdestoweniger war dieser Kampf von unerhörter Grausamkeit. Gegenseitige Exekutionen von Gefangenen, Massenerschießungen von Geiseln oder kollektive Massaker der Einwohner ganzer Ortschaften, wie die von den Deutschen im jugoslawischen Kragujevac oder im griechischen Klissura angerichteten, waren an der Tagesordnung. Die schlimmsten Verbrechen wurden allerdings unter Jugoslawen oder Griechen selbst nach bester balkanischer Tradition begangen, sei es im Kampf gegen den deutschen Okkupanten, sei es in einem gleichzeitig stattfindenden schrecklichen Bürgerkrieg.

In Rußland stellt sich das Partisanenproblem für die Deutschen anders dar. Auch hier kann sich die Partisanentätigkeit nur langsam entfalten. Vor dem Krieg nicht vorbereitet, muß sie ab Sommer 1941 total improvisiert werden. Am 18. Juli befiehlt das Zen-

tralkomitee der Kommunistischen Partei in Moskau der Roten Armee die Aufstellung von Partisaneneinheiten, die eng mit dem Volkskommissariat des Inneren und dem NKWD zusammenarbeiten sollen.
Aber man kommt damit nicht recht voran. Ende 1941 stehen nur 30 000 Mann bereit, meist Angehörige der regulären Armee, die während der großen Kesselschlachten des Sommers und des Herbstes von ihren Einheiten abgeschnitten wurden. Sie haben sich in die undurchdringlichen Wälder zurückgezogen und sind mehr mit ihrer eigenen Sicherheit als mit offensiver Planung beschäftigt.
Im Laufe des Sommers 1942 wachsen die Partisaneneinheiten auf 80 000 Mann an. Aber Stalin ist nicht zufrieden. Er befiehlt einen neuen organisatorischen Schritt mit der Schaffung eines eigenen Generalstabes mit Sitz in Moskau, die Einrichtung einer Luftbrücke zu den Partisaneneinheiten zur Versorgung mit Funkgeräten, Waffen, Munition und Medikamenten. Er setzt den Partisanen drei Ziele: Bekämpfung des Okkupanten, Kontrolle der Bevölkerung mit Ausmerzung von Kollaborateuren und Verrätern, schließlich Ausschaltung »nationalistischer« Widerstandsbewegungen in Polen und in der Ukraine. 1943 ist die Partisanenarmee bereits 150 000 Mann stark.
Zumindest ebenso sehr wie auf eine patriotische Begeisterung ist diese Entwicklung auf die Fehler der deutschen Besatzungsbehörden zurückzuführen, vor allem in der Ukraine, wo rücksichtslos Zivilisten zum Arbeitseinsatz nach Deutschland verfrachtet werden. Mehr als die Hälfte der Partisanen rekrutiert sich aus den Menschen, die der Zwangsarbeit im Reich entgehen wollen.
Die Ungeschicklichkeiten der Deutschen den nationalen Bestrebungen gegenüber und die Weigerung, den baltischen Ländern oder der Ukraine die volle Unabhängigkeit zu gewähren, führen zur Aufstellung von Partisanenverbänden, die nichts mit den von Moskau dirigierten zu tun haben. Der bei weitem aktivste ist die UPA, die »Ukrainische Aufstandsarmee«, die westlich des Dnjepr operiert und ihren Kampf noch lange nach dem Abzug der Deutschen bis zum Ende der 50er Jahre hinein gegen die Sowjets fortsetzt.
Ab Ende 1942 häufen sich die Überfälle, Hinterhalte, Angriffe auf isolierte deutsche Posten. Die Direktion »Ost« der Deutschen

Reichsbahn meldet eine beunruhigende Zunahme der Anschläge auf das Schienennetz. Von 80 monatlichen Sabotageakten Anfang 1942 wächst die Zahl auf 350 am Jahresende und auf 1000 bis 1500 im Frühjahr 1943.

Sofort nach dem Auftreten der ersten feindlichen Akte im Hinterland reagiert die deutsche Führung mit äußerster Brutalität. Eine Weisung Keitels vom 16. Dezember 1942 ist da unzweideutig: »Erstens: Der Feind verwendet in den Banden fanatische, kommunistisch geschulte Kämpfer, die vor keiner Gewalt zurückschrecken. Mehr als je geht es hier um Sein oder Nichtsein. Dieser Kampf ist nicht mehr mit ritterlicher Haltung oder nach den Regeln der Genfer Konvention über eine konventionelle Kriegsführung zu führen. Wenn wir diesen Kampf gegen die Banden im Osten und im Balkan nicht mit der äußersten Härte führen, werden wir in naher Zukunft über nicht mehr genügend Streitkräfte zur Auslöschung dieser Pest verfügen. Aus diesem Grunde hat die Truppe das Recht und die Pflicht, in diesem Kampf ohne Hemmung alle Mittel einzusetzen, auch gegen Frauen und Kinder, wenn der Erfolg dies erheischt. Jedes Zeigen von Schwäche ist ein Verbrechen gegen das deutsche Volk und gegen den Kämpfer an der Front, der die Folgen dieser Akte der Banditen zu tragen hat und der für Gnade gegenüber Banditen und ihren Komplizen kein Verständnis haben würde. Von diesen Prinzipien ausgehend ist die ›Anweisung zum Kampf gegen die Banden im Osten‹ anzuwenden.

Zweitens: Kein Deutscher, der an Einsätzen gegen Banden teilnimmt, kann für sein Verhalten im Kampf gegen Banden und ihre Komplizen disziplinarisch bestraft werden. Die Führer der im Bandenkampf eingesetzten Einheiten sind beauftragt, diesen Befehl allen Offizieren ihrer Einheiten in verständnisvoller Form mitzuteilen, die Gerichtsoffiziere darüber zu informieren und Sorge zu tragen, daß Urteile, die im Gegensatz zu diesem Befehl stehen, keine Anwendung finden.«[8]

Die angewandten Mittel sind verschiedener Natur. Ab September 1941 müssen alle im Osten eingesetzten Großverbände »Jagdkommandos« in Kompaniestärke aufstellen, die mit leichten Waffen und Funkgeräten ausgerüstet sind. Nachdem sich diese schnell als ungenügend erwiesen haben, stellt man Sicherheitsbataillone auf, dann Felddivisionen der Luftwaffe, schließlich Fremdeinheiten wie die französische Freiwilligenlegion (LVF), SS-Polizeidivi-

sionen oder aus Strafgefangenen rekrutierte Einheiten wie die Brigade Dirlewanger.*
Die Methoden sind immer die gleichen. Es geht nicht nur um die Aushebung von Partisanennestern, sondern vorrangig um die Terrorisierung der Bevölkerung mit dem Ziel, diese von den Partisanen zu trennen. So folgen dem Abbrennen von Dörfern Massenerschießungen von Männern, Frauen und Kindern, Fortjagen von Vieh und Beschlagnahme der Ernte.
Hat der Kampf der Partisanen im Osten irgend etwas Entscheidendes bewirkt?** In einer Rede vom Dezember 1943 an die Gauleiter behauptet Himmler, die Partisanen hätten die Versorgung der Truppe nie ernsthaft gefährdet. Die Behauptung ist zum Teil wahr. Man ist immer wieder überrascht von der Leichtigkeit und dem Tempo, mit dem Großverbände der Wehrmacht von Westen nach Osten und umgekehrt verlegt werden konnten.
Die Behauptung des Generalstabschefs der Partisanenarmee, Ponomarenko, seine Streitkräfte hätten 300 000 Deutsche getötet, 3000 Züge zum Entgleisen gebracht, 3623 Brücken gesprengt, 1 191 Panzer, 1 097 Lastwagen und 825 Munitionsdepots vernichtet, sind von der sowjetischen Kriegsgeschichtsschreibung in toto in Frage gestellt worden. Die Realität erscheint mit 35 000 von den Partisanen Getöteten, davon die Hälfte Deutsche, viel bescheidener.
Die Wirksamkeit der Partisanen war in Wahrheit sehr unterschiedlicher Natur und stark von den Gegebenheiten der Natur abhängig. So war sie schwach in den baltischen Ländern und sogar

* Später kamen russische Verbände der sogenannten Wlassow-Armee dazu. Die Führung dieser Kämpfe hatten die allein Himmler unterstehenden höheren SS- und Polizeiführer, die im ganzen rückwärtigen Gebiet westlich der rückwärtigen Grenze des Front-Operationsgebietes der Heeresgruppen allein zuständig waren. Diese Grenze verlief etwa gleichlaufend der Frontlinie in einem ziemlich geringen Abstand zu dieser. Wehrmachttruppenteile, die aus irgendwelchen Gründen im rückwärtigen Gebiet lagen, waren gehalten, auf Anforderung der höheren SS- und Polizeiführer unter deren Kommando an Aktionen teilzunehmen.

** Entschieden hat der Kampf der Partisanen tatsächlich nichts. Er hat aber immer mehr Kräfte gebunden. Im Juli 1944, als die großen deutschen Rückwärtsbewegungen einsetzten, waren insgesamt Kräfte in Stärke von über 500 000 Mann gebunden. Das entsprach einem Äquivalent von etwa 35 Infanteriedivisionen. Dazu kam die große Unsicherheit auf Straßen und Eisenbahnen, die vielfach Geleitschutz notwendig machte.

in der Ukraine, aber sehr stark in den Wäldern Weißrußlands und in der Umgebung der Pripjet-Sümpfe. Ihre Stärke in dieser Region wird sich erweisen bei Auslösung der Operation »Bagration« am 22. Juni 1944 gegen die Heeresgruppe Mitte. Zwei Tage lang können die Partisanen hier den deutschen Nachschub durch Sprengung der Bahnkörper fast ganz unterbinden. Aber auch diese Tätigkeit war nur ein kleiner Beitrag zu einem sowjetischen Sieg, der auf Überraschung, Überlegenheit der Truppen und der entscheidenden Rolle der sowjetischen Luftwaffe beruhte.

Letztlich waren die Aktionen der Partisanen, bei allem materiellen Schaden und dem Gefühl permanenter Unsicherheit, die sie anrichteten, für die deutsche Armee keineswegs ein entscheidender Faktor der Niederlage.

Eine ungleich ernstere Bedrohung tritt ab Sommer 1943 mit der neuen strategischen Luftoffensive der Alliierten gegen Deutschland in Erscheinung, die mit den vorhergehenden Jahren nichts mehr gemein hat.

Bis zum Beginn des Jahres 1943 hat die Luftwaffenführung dem westlichen Luftkriegsschauplatz nur eine zweitrangige Bedeutung beigemessen. Seit dem Ende der Angriffe gegen England hat die Luftwaffe ihr Hauptaugenmerk auf den mediterranen und den östlichen Kriegsschauplatz gelenkt. Im Westen sind nur noch an Zahl verringerte Bomberverbände stationiert, die, hauptsächlich von Nordnorwegen aus, Minen legen und Jagd auf feindliche Schiffsverbände machen. Drei Jagdgruppen operieren von Belgien und Nordfrankreich aus. Sie verfügen nicht nur über die erfahrensten Flugzeugführer, sondern auch über die besten Maschinen, wie die Messerschmitt 109 G oder die neue Focke-Wulf 190.

1942 hat die Luftwaffe zwei große Erfolge beim Unternehmen »Cerberus« und bei Dieppe verbuchen können. Jagdverbände, die weit im Hinterland stationiert sind, können britischen Bombern bei ihren Tagesangriffen auf industrielle Ziele im besetzten Frankreich herbe Verluste zufügen. 450 englische Flugzeuge werden abgeschossen, gegenüber 150 deutschen Jägern. Tagesangriffe der RAF gegen Ziele in Deutschland verlaufen kaum weniger unglücklich. Ein »Raid« gegen die MAN-Fabrik in Augsburg, wo Dieselaggregate für U-Boote gebaut werden, endet für die RAF mit dem Verlust von fast zwei Dritteln der Maschinen.

Auch die vom Bomber Command organisierten Nachtangriffe auf deutsches Gebiet zeitigen ab Mai 1940 zunächst nur unbedeuten-

de Ergebnisse. Sie richten sich gegen Punktziele wie Kraftwerke, Verschiebebahnhöfe, Anlagen für synthetische Erzeugnisse und zeichnen sich durch extreme Ungenauigkeit aus, wie der Butt-Bericht vom März 1941 darlegt. Nur ein Prozent der Bomben schlägt in einem Umkreis von 8000 Metern um das Ziel herum ein.
Das Bomber Command hält starr an seiner Taktik fest, stößt aber auf eine immer härtere, von General Kammhuber organisierte Abwehr. Da die Flak nicht mehr genügt, baut dieser eine noch bescheidene Nachtjagd auf, die sich zunächst auf eine Zusammenarbeit mit Scheinwerferbatterien über dem Zielgebiet beschränken muß, dann aber über eine erste Radarkette über der Rheinmündung und der Zuiderzee verfügt.
Diese »Kammhuber-Linie« ist ein von der Deutschen Bucht bis Belgien reichender Gürtel von mehreren Abschnitten, im Fliegerjargon »Himmelbetten« genannt, in denen zwei Nachtjäger operieren. Jedes »Himmelbett« wird von einem »Freya«-Frühwarngerät (Reichweite bis zu 150 Kilometer) und zwei »Würzburg«-Führungsgeräten überwacht, von denen eines den feindlichen Bomber, das andere den Nachtjäger erfaßt. Ein Jägerleitoffizier am Boden, der die Bewegungen der beiden Flugzeuge auf einem »Seeburg-Tisch« (Leuchtschirm) verfolgen kann, bringt den Jäger durch laufende Kursangaben an den Bomber heran. In der Endphase erleichtert ein 60-Zentimeter-Bordradar »Liechtenstein« dem Jagdpiloten den Kontakt mit dem Bomber.
Anfang 1942 beginnt sich die britische Luftkriegsstrategie zu ändern. Winston Churchill glaubt an die Möglichkeit, das Bomber Command, dem bereits 40 Prozent der gesamten britischen Kriegsanstrengungen zugewiesen werden, noch erheblich auszubauen, dies auch auf Anraten seines wissenschaftlichen Beraters, des deutschen Emigranten Lindemann. Er neigt auch zur Strategie des neuen Chefs der Bomberwaffe, des Luftmarschalls Harris. Das Präzisionsbombardement wird zugunsten der Flächenbombardierung von Städten aufgegeben. Hilfsinstrument hierfür soll das neue Gee-Gerät sein, eine funknavigatorische Hilfe für die Piloten. Deutschland macht die brutale Erfahrung dieser neuen Terrorstrategie im April 1942 mit zwei verheerenden Angriffen auf Lübeck und Rostock, vor allem aber am 30. Mai mit der Bombardierung von Köln. Die Zerstörungen sind beträchtlich, und man zählt mehr als 500 Tote.
Jeschonnek, der Generalstabschef der Luftwaffe, versucht diesen

»Angriff der 1000 Bomber«, zu denen auch Leitflugzeuge gehören, in einen großen Sieg umzumünzen, denn 40 Angreifer sind abgeschossen worden. Aber Hitler läßt sich nicht täuschen. »Ich verhehle mir nie eine Niederlage, aber ich versuche, Lehren daraus zu ziehen«, sagt er zu seiner Umgebung.[9]

Die Krise geht vorüber. Es gelingt, das Gee-Gerät zu stören, und die RAF kann nun nicht mehr geschlossene Nachtangriffe fliegen. Mehrere Attacken auf Essen sind schwere Niederlagen mit Verlusten von bis zu 200 Maschinen. Die Luftwaffe aber kann aus dem »Fall Köln« keine Lehren ableiten.

Sie verlegt sich auf Vergeltungsangriffe. Die Luftflotte 3 stellt ihre Minenlegerflüge ein und beginnt mit Angriffen auf britische Städte im Süden Englands, wie Exeter, Bath, Norwick, York, Hull, Grimsby und Canterbury, von Hitler in Anspielung auf den berühmten Reiseführer »Baedeker-Angriffe« genannt. Alle diese Städte werden schwer verwüstet.

Die Angriffe werden nach bewährter Methode mit 50 bis 250 Maschinen geflogen: Funknavigation, Zielmarkierung durch »Christbäume«, Mischung aus Spreng- und Brandbomben, Verdichtung der Bombenabwürfe auf die historischen Zentren mit ihren alten Fachwerkhäusern und engen Gassen, in denen sich das Feuer besonders schnell ausbreitet. Die Antwort der britischen Nachtjagd, die seit 1940/41 auf der Hut und erheblich verstärkt ist, ist hart: 250 Bomber werden abgeschossen. Als Folge werden die Angriffe im Juli 1942 eingestellt, nicht zuletzt, weil die Luftwaffe voll an den Fronten im Osten und im Mittelmeerraum beschäftigt ist.

Zu Beginn des Jahres 1943 herrscht noch Optimismus bei den Verantwortlichen des Reiches. Die Auswirkungen des Bombenkrieges haben weder die Position geschwächt noch die Moral der Bevölkerung beeinträchtigt. Die RAF erleidet empfindliche Verluste: Im Verlauf des Jahres 1942 haben Flak und Nachtjagd zusammen 1404 feindliche Maschinen abgeschossen und 2785 schwer beschädigt. Die Luftwaffe schließt allerdings die Augen vor den gigantischen Anstrengungen der englischen und der amerikanischen Rüstungsindustrie, und sie vermerkt nur oberflächlich das Auftauchen erster amerikanischer Bomberströme, die Tagesangriffe auf Ziele an der Peripherie Westeuropas ausführen.

Eine neue Lage tut sich ab März 1943 auf. Die Briten starten eine Offensive gegen das Ruhrgebiet mit den neuen Navigationsgeräten »Gee H« oder »Oboe« oder dem Bordradar »H 2 S«. Bomberwellen von 400 bis 500 Maschinen, demDoppelten der Stärke des Vorjahres, greifen Essen, Dortmund und Duisburg an und hinterlassen schwere Schäden. Aber die Auswirkungen auf die Industrieproduktion bleiben mit weniger als zehn Prozent Ausfällen unbedeutend. Ein Raid auf die Möhne-Talsperre, die man für die Achillesferse des Ruhrgebietes hält, richtet ebenfalls nur Schäden in erträglichen Grenzen an. Und die deutsche Abwehr kann mithalten, kann 872 Maschinen ab- und 2126 flügellahm schießen. Erst nach dem Kriege erfahren die Deutschen, daß die Moral der Besatzungen des Bomber Command zu diesem Zeitpunkt dem Zusammenbruch nahe war.

Der eigentliche Wendepunkt kommt im Sommer. Dreimal hintereinander, am 24., am 27. und am 29. Juli, überzieht die RAF Hamburg mit verheerenden Angriffen. Das Ausmaß der Zerstörung ist fürchterlich. Der Angriff vom 27. löst einen Feuersturm mit Temperaturen von über 1000 Grad aus, man zählt mehr als 40000 Tote. Dieses Resultat wurde mit »windows« erzielt, schmalen Aluminiumstreifen, die in Bündeln zur Erde fallen und die Radars der Luftabwehr blind machen.

Die Zerstörung Hamburgs ruft in Deutschland maßlose Verblüffung hervor. Albert Speer, der »Großmeister« der Rüstungsproduktion, äußert die Ansicht, daß sechs Angriffe dieser Größenordnung genügen würden, um die gesamte Wirtschaft des Reiches lahmzulegen. Man beginnt mit der Evakuierung von Frauen und Kindern aus den Großstädten. Eine zweite Warnung erfolgt am 17. August mit einem Angriff auf das Raketenversuchszentrum von Peenemünde. Auch hier ist die Abwehr vollkommen überfordert.

Zur Bedrohung durch das Bomber Command kommt die in Großbritannien stationierte 8. US-Luftflotte hinzu, die jetzt bei Tage Punktziele in Deutschland wie Werften, Flugzeugfabriken, Kraftwerke oder Bahnknotenpunkte angreift. Insgesamt sind 152 Ziele ausgesucht worden. Zu ihrer Zerstörung stehen 32 Gruppen von viermotorigen Bombern zur Verfügung, zusammen 2200 Maschinen.

Im Juni 1943 gibt es erste Kostproben. Wellen von 200 bis 300 Viermotorigen, von Jagdflugzeugen geschützt, stürzen sich auf Werften in Bremen und Kiel und auf die Anlagen für synthetisches Benzin in Hüls. Ende Juli dringen die Amerikaner tiefer ein, und ohne Jagdschutz. Sie kommen bis Kassel. Am 17. August gibt

es einen ersten Großangriff auf Flugzeug- und Kugellagerfabriken in Regensburg und Schweinfurt. 60 Bomber werden abgeschossen. 25 deutsche Jäger gehen verloren.
Trotz dieses Teilerfolges nimmt sich General Jeschonnek, der Generalstabschef der Luftwaffe, am darauffolgenden Tage das Leben. Seine Strategie war ein Fehlschlag. Man hatte ihn für die Zerstörung Hamburgs und für die Angriffe der amerikanischen Bomber bis ins Innere des Reiches verantwortlich gemacht. Hier wie überall anderswo, an der Ostfront oder im Mittelmeerraum, hat sich die Luftwaffe als unfähig erwiesen, die Luftüberlegenheit zu erringen. Eine vollkommen neue Luftstrategie ist zu entwickeln, in deren Zentrum die Verteidigung des Reichsgebietes stehen muß.

12
Die neue Wehrmacht

Das Jahr 1943 ist für die deutschen Streitkräfte das Jahr der Wende. Nach den ersten schweren Rückschlägen an der Ostfront und im Mittelmeerraum wandelt sich die Wehrmacht grundlegend. Sie ist nicht mehr die der ersten Kriegsjahre. Wenn sie auch an Umfang zugenommen hat, so ist das einstige Instrument des Blitzkrieges in den letzten Jahren immer mehr abgenutzt, jetzt zu einem im wesentlichen defensiven Instrument geworden.

Die Wehrmacht von 1943 zählt 9,5 Millionen Mann, gegenüber fünf Millionen im Jahre 1940 und 7,5 Millionen zu Beginn des Ostfeldzuges. Den bei weitem größten Anteil an den Gesamtstreitkräften hat das Heer mit sieben Millionen. Für die Luftwaffe bleiben zwei Millionen, für die Kriegsmarine 600000. Vier Kriegsjahre haben der Geschlossenheit dieser Armee ihren Stempel aufgedrückt. Von 1939 bis 1941, den Jahren der großen siegreichen Offensiven, hatte sich ein Graben aufgetan zwischen den Eliten – den Panzern, den motorisierten Divisionen und den Fallschirmjägern – und der Masse, der »Miliz« aus Infanterieeinheiten, aktiven sowohl wie Reservedivisionen, die immer mehr Mühe hatten, Verbindung mit den Panzern zu halten.

Dieser Graben ist 1943 noch breiter geworden. Die 280 Divisionen des Heeres (1940 waren es nur 147) teilen sich in mehr als 15 Kategorien. Mehr als zwei Drittel der Großverbände haben nur noch einen relativen operativen Wert. Da sie nicht motorisiert sind und sich mit Pferdekraft bewegen (über eine Million Vierbeiner dienen in der Wehrmacht), nennt man sie »stehende Divisionen«. Sie bekämpfen Partisanen, stehen Wache an einer riesigen Küstenlinie, die von Norwegen bis zum Balkan reicht, oder verteidigen ruhigere Abschnitte an der Ostfront.

Ihr Mannschaftsbestand läßt zu wünschen übrig, denn sie rekrutieren sich aus älteren Reservisten und genesenen Kranken oder Verwundeten. Auch die Kader sind nicht vom Besten. Bewaffnung und Ausrüstung sind mittelmäßig. Sie verfügen über eine veraltete Panzerabwehr und müssen der Zuweisung von großkalibriger Pak, von Sturmgeschützen oder Artillerie auf Selbstfahrlafetten entbehren. In fast 75 Divisionen verfügt nur ein Drittel der Männer über Fronterfahrung.

Zu diesen »stehenden Divisionen« sind die sogenannten Luftwaffen-Feld-Divisionen zu zählen, nicht zu verwechseln mit den Fallschirmjägerdivisionen oder der Panzerdivision »Hermann Göring«, die vor allem auf dem mediterranen Kriegsschauplatz Beweise ihrer vorzüglichen Kampfkraft geliefert haben. Ursprünglich, vor allem in Rußland, als Wachkompanien für Fliegerhorste gedacht, hatte Göring ab 1942 diese tatenlose infanteristische Reserve nicht länger verbergen können und insgesamt vier Luftwaffen-Feld-Divisionen daraus aufstellen lassen. Aber diese Divisionen sind nur mittelmäßig ausgebildet und ausgerüstet, kommen gegen Partisanen zum Einsatz oder verteidigen, oft schlecht, entstehende Frontlücken.

Zu dieser Armee der zweiten Kategorie kommt eine nicht zu verachtende Zahl von fremdländischen Großverbänden hinzu, deren Kampfwert allerdings sehr unterschiedlich ist.[1] Schon 1941 und mehr noch in den folgenden Jahren zieht das Ostheer russische Männer ein, die mehr oder weniger freiwillig dienen. Diese Hiwis (Hilfswillige) werden zunächst als Fahrer, Pferdepfleger, Köche oder Offiziersburschen beschäftigt. Sie tragen eine Armbinde zu ihrem Zivilanzug. Mit der Zeit zieht man ihnen eine Uniform an und bildet aus ihnen Sicherheitskompanien, die gegen Partisanen eingesetzt, aber schließlich zu regulären Großeinheiten, sogar Panzerdivisionen formiert werden. Am Schluß sind sie eine gutausgebildete und von deutschen Offizieren und Unteroffizieren geführte Truppe von 300 000 Mann.

Zu den »Osttruppen« ist auch die ROA (»Russische Befreiungsarmee«) des 1942 mit mehreren Dutzend Offizieren zu den Deutschen übergelaufenen Generals Wlassow zu zählen. Sie wird zunächst bataillonsweise unter deutscher Führung an einigen Abschnitten der Ostfront eingesetzt, nach den Rückschlägen des Jahres 1943 aber auf den Balkan, nach Italien und auch nach Frankreich verlegt. Hitler widersetzt sich dem Druck einiger seiner Generäle. Er glaubt nicht an die Existenz einer wirklichen russischen nationalen Befreiungsarmee an der Seite der Deutschen.

Erst im Herbst 1944 erlaubt man Wlassow, zwei autonome Divisionen aufzustellen. Sie werden gegen die Rote Armee eingesetzt, müssen indes schnell auf tschechisches Gebiet zurückgehen. In der Hoffnung, ihr Überlaufen vergessen machen zu können, gehen sie in den letzten Tagen des Krieges zum tschechischen Widerstand über und kämpfen gegen ihre bisherigen deutschen Kameraden. Die Desertion erspart Wlassow nicht den Tod durch Erschießen in Moskau, seinen Männern nicht jahrelange Haft in Sibirien.

Heer und Waffen-SS haben unterhalb der Ebene einer »Befrei-

ungsarmee« indes mehrere zehntausend Freiwillige, vor allem in der Ukraine, ausgehoben und im Partisanenkampf eingesetzt. 1942 kommt es zur Aufstellung von nationalen Legionen aus Kareliern, Wolga-Tataren und vor allem Kaukasiern. Am Ende hat die deutsche Armee in ihren Reihen sieben Bataillone Georgier, fünf Bataillone Armenier, eine Kalmücken-Einheit, mehrere Freiwilligenverbände aus Aserbaidschanern und Turkestanern sowie zwei Divisionen Kosaken. Nach den Rückzügen 1943/44 werden diese Bataillone in die Wehrmacht überführt und kommen auf dem Balkan und in Frankreich zum Einsatz. Moslemische Kämpfer werden vorrangig in die Waffen-SS-Brigaden integriert.
Ihr Auftreten im Kampf ist, im Osten wie im Westen, sehr unterschiedlicher Natur. Ausgezeichnet im infanteristischen Einsatz, vor allem beim Angriff, geraten sie unter Artilleriebeschuß oder Fliegerangriffen in Panik. Zählt man die 35000 Mann hinzu, die bei der Luftabwehr dienen, so haben am Schluß fast eine Million Angehörige der sowjetischen Völker in der Wehrmacht oder der Waffen-SS gedient.
Der Rest des Heeres von 1943 stellt sich erheblich besser dar. Es gibt 50 gute, teilmotorisierte Infanteriedivisionen von hohem Kampfwert. Die Bewaffnung ist ausgezeichnet: Sturmgewehr, Maschinenpistole, MG 42 mit einer Schußfolge von 1000 pro Minute, Acht-Zentimeter-Granatwerfer. Sie verfügen über äußerst wirksame Nebelwerferbatterien, die man in den anglo-amerikanischen Armeen nicht findet. Die meist motorisierte Panzerabwehr wird immer stärker, das Kaliber der Kanonen immer größer: 5, 7,5 und 8,8 Zentimeter. 1944 kommen perfektionierte Panzernahbekämpfungsmittel hinzu, Panzerfaust und Panzerschreck, die Hohlladungen verschießen. Besser noch für den Panzerkampf ausgerüstet sind die Sturmgeschützabteilungen, die immer mehr Eingang in die Infanteriedivisionen finden.
Die Rekruten dieser Divisionen sind meist junge, hochmotivierte Männer, die von erstklassigen Führern und Unterführern ausgebildet und geführt werden. Aber diese Divisionen leiden unter chronischem Mangel an Infanterie, Folge der immerwährenden Verluste, die immer schwerer auszugleichen sind. Die Normalausstattung einer Infanteriekompanie, 90 Mann, geht auf 70, ja sogar 40 Mann zurück. Mit einem durchschnittlichen Anteil von nur 30 Prozent des Vollbestandes an Infanterie wundert es nicht, wenn Divisionen, die 20 Prozent Verluste erleiden, als »ausgeblutet« gelten.[2]

Speerspitze der deutschen Armee aber bleiben immer noch die Panzer- und motorisierten Infanteriedivisionen, jetzt Panzergrenadierdivisionen genannt. Zu Beginn des Sommers 1943 stehen sie quasi vollkommen erneuert da, nachdem sie vorher im Osten und in Afrika schwerste Verluste hatten hinnehmen müssen.
Drei Panzerdivisionen sind in Stalingrad untergegangen, die 14., die 16. und die 24., drei in Tunesien, die 10., die 21. und die 27. Zwei andere sind im Februar 1943 nach schweren Verlusten im Osten aufgelöst worden. Insgesamt werden davon fünf wieder neu aufgestellt, drei verschwinden für immer, darunter die im Herbst 1940 aufgestellte 18. Panzerdivision.
Zu Beginn der Schlacht um Kursk zählt das deutsche Heer 27 Panzerdivisionen und sieben Panzergrenadierdivisionen. Der Schöpfer der neuen Panzerwaffe ist Guderian. 14 Monate lang war er in Ungnade gefallen. Im Februar 1943 ruft ihn Hitler zurück.[3] Er schlägt ihm den Posten eines Generalinspekteurs der Panzertruppen vor, beauftragt mit dem völligen Neuaufbau der Panzerwaffe, um den man angesichts der Bedeutung, die sowohl Sowjets wie Westalliierte dieser Waffe zumessen, nicht mehr herumkommt.
Guderian nimmt an, allerdings unter gewissen Bedingungen. Er will unter der direkten Verantwortung des Führers stehen, alle gepanzerten Verbände des Heeres, der Waffen-SS und der Luftwaffe unterstellt bekommen und frei sein von Einwirkungen des OKH, des Heeresamtes und der Rüstungsindustrie. Die Bedingungen werden akzeptiert und zum Gegenstand einer schriftlichen Vereinbarung gemacht, die die Rechte und Pflichten des neuen Generalinspekteurs genau festlegt.
Guderian macht sich sofort an die Arbeit, in enger Tuchfühlung mit Speer, der nach Todts Tod zum Obersten Rüstungsbeauftragten des Reiches ernannt worden ist. Die Produktion des Panzers III wird eingestellt. Schwerpunkt der künftigen Produktion werden die Typen Panther und Tiger sein, ausgerüstet mit einer 7,5- und einer 8,8-Zentimeter-Langrohrkanone. Weiter produziert wird eine verbesserte Version des Panzers IV.
Der neue Schwung in der Panzerproduktion schlägt sich in Zahlen nieder. Während 1940 nur 1500 Panzer produziert wurden und diese Zahl im Jahr 1942 auf 4100 stieg, beträgt der Ausstoß für das Jahr 1943 7000 hochwertige neue Panzer.
Guderian scheint eine innere Wandlung vollzogen zu haben. Der Mann des Blitzkrieges wird auf überraschende Weise zum Ver-

fechter des Anti-Blitzkrieges, denn er legt einen zweiten Schwerpunkt seiner Tätigkeit auf die forcierte Produktion einer ausgesprochen defensiven Waffe, des Sturmgeschützes. Im Gegensatz zum Panzer, mit dem es die Kette teilt, hat das Sturmgeschütz keinen Turm, sondern ein starres, nur um wenige Grade bewegbares Geschütz in Kasematten-Lafettierung. Neben einer sehr viel einfacheren Bauweise mit dem Verzicht auf den Turm, hat das Sturmgeschütz den Vorteil, über eine äußerst wirksame Waffe mit hoher Anfangsgeschwindigkeit des Geschosses zu verfügen und damit zum eigentlichen Panzerjäger zu werden. Feindpanzer können auf große Entfernung bekämpft und zerstört werden.
Mit Sturmgeschützen rüsten sich nun in zunehmender Zahl die neu aufgestellten Divisionen der Waffen-SS, die Panzergrenadierdivisionen und einige Infanteriedivisionen aus. Die neue Waffe ersetzt durch ihre hohe Mobilität eine ganze Kompanie gezogener Pak. Aber es gibt eine Lücke in Guderians Vertrag. Der General kann sich nicht über den Waffenstolz der Artillerie hinwegsetzen, der es gelingt, sich die Sturmgeschütz-Waffe zuschlagen zu lassen, bei der ja auch der Ritterkreuzsegen wesentlich höher ausfällt. Unbeschadet dessen sind die Resultate beeindruckend. 1943 werden 6000 Sturmgeschütze oder Artilleriegeschütze auf Selbstfahrlafette produziert. Die Panzerabwehr des deutschen Ostheeres wird damit wesentlich verbessert. Trotz der verheerenden Bombenangriffe sind die Ergebnisse des darauffolgenden Jahres noch besser: 11 000 Sturmgeschütze und 7500 Panzer, davon 400 Tiger II, der wahrscheinlich beste Panzer des Zweiten Weltkrieges.
Guderian stellt weitere Bedingungen: Gepanzerte und motorisierte Verbände dürfen nicht eingesetzt werden, bevor das neue Material nicht vollständig von Kinderkrankheiten geheilt und die Besatzungen voll daran ausgebildet sind. Zu diesem Zweck tritt er für eine Kampfpause an der Ostfront ein. Die neugegründete Panzerwaffe muß, sagt er, zunächst ausweichend auf sowjetische Initiativen antworten.
Seine Ratschläge werden nicht befolgt, und die Schlacht von Kursk wird das Erneuerungswerk schwer kompromittieren. Als Folge der schweren Kämpfe des Sommers und Herbstes an der Ostfront verlieren viele der neuen Panzerdivisionen ihre operative Fähigkeit. Einige werden hinter der Front notdürftig aufgefrischt. Andere werden zur Neuaufstellung nach Frankreich geschickt. So verschwindet die 18. Panzerdivision im September

1943 und die 25. Panzerdivision im Februar 1944, beide im Osten, von der Bildlfläche. Letztere war, entgegen dem Rat Guderians, aus Norwegen herangeführt und viel zu früh eingesetzt, daraufhin von sowjetischen Panzerbrigaden buchstäblich in Stücke geschlagen worden. Im Unterschied zur 18. wird die 25. Panzerdivision allerdings neu aufgestellt.

Zur gleichen Zeit entstehen in Frankreich zwei ganz neue Divisionen, die 116. Panzerdivision und vor allem die Panzerlehrdivision, welche sich aus den Lehrtruppen aller Panzer- und Panzergrenadierschulen zusammensetzt und so zur mächtigsten deutschen Panzerdivision wird. Einige andere Divisionen, wie die 21., sind noch mit französischen Beutepanzern wie dem »Somua« oder dem »B 2« ausgerüstet, Material, das sich als unbrauchbar für den Osten erweist. Erst kurz vor der alliierten Landung in der Normandie wird die 21. Panzerdivision mit deutschem Material ausgerüstet.

Nach dem neuen Kriegsstärkenachweis verfügt die Panzerdivision des Jahres 1943 über zwei Panzergrenadierregimeter auf gepanzerten Mannschaftstransportwagen (MTW), ein Panzerregiment aus zwei Abteilungen à vier Kompanien mit je 22 Panzern, davon die Hälfte Panther, der Rest Panzer IV, ein Artillerieregiment zu vier Batterien 10,5 und 15 Zentimeter, letztere auf Selbstfahrlafette, eine Aufklärungsabteilung, eine Panzerjägerabteilung mit Sturmgeschützen, eine Nachrichtenabteilung und ein Pionierbataillon. Alles in allem eine stattliche Streitmacht von 17 000 Mann, 180 Panzern und 50 Sturmgeschützen.

Die Panzergrenadierdivision hat zwei Regimenter gepanzert verladener Infanterie, eine Panzerjägerabteilung und drei Kompanien zu je 14 Sturmgeschützen, ein Artillerieregiment, eine Aufklärungsabteilung und ein Pionierbataillon. Die Panzergrenadierdivisionen der Waffen-SS haben im Unterschied zur Wehrmacht drei Bataillone je Grenadierregiment sowie häufig eine zusätzliche Panzerjägerabteilung und ein Nebelwerferregiment.

Eines der Charakteristika des Jahres 1943 ist das extrem schnelle Anwachsen der Waffen-SS. Schon vor dem Kriege war die SS ein vielschichtiger, in mehrere Bereiche ausstrahlender Organismus im Staat geworden, der für die parteiinterne Sicherheit, den staatlichen Sicherheitsdienst, die Gesamtheit der Polizei und die paramilitärischen Organisationen zuständig war. Die Waffen-SS tritt erst ab 1940 auf den Plan, mit zunächst vier Regimentern, die sich »Leibstandarte«, »Deutschland«, »Germania« und »Adolf Hitler«

nennen. Alle werden in Frankreich und in Rußland (im Divisionsverband) eingesetzt.

Diese Waffen-SS umfaßt nicht mehr als 80000 Mann und hat sich nicht in die Aufgaben der allgemeinen SS wie Nachrichtendienst, Aufrechterhaltung der Ordnung, Überwachung der Konzentrationslager und rassische Ausrottung einzumischen. Zu jenem Zeitpunkt bleibt Hitler der Zusicherung treu, die er dem Offizierskorps der Wehrmacht gegeben hat: Die Stärke der Waffen-SS soll immer nur fünf Prozent des Umfangs des Heeres betragen. Diese erste Version der Waffen-SS besteht ausschließlich aus Freiwilligen und ist taktisch dem Heer unterstellt. Die Offiziersanwärter erhalten allerdings eine Extra-Ausbildung auf eigenen SS-Offizierschulen, den sogenannten Junkerschulen in Braunschweig und in Bad Tölz. Die Ausbildung ist zugleich ideologisch, physisch und militärisch, und sie ist äußerst hart. Am Ende leistet der junge SS-Junker einen besonderen Eid, der sich von dem der Wehrmachtsoldaten unterscheidet: »Ich schwöre Dir, Adolf Hitler, dem Führer und Kanzler des Reiches, Treue und Tapferkeit. Ich gelobe Dir und den von Dir bestimmten Vorgesetzten Gehorsam bis in den Tod, so wahr mir Gott helfe.«

Trotz der Zurückhaltung Hitlers und der Gegnerschaft des Heeres erfährt die Waffen-SS 1942 eine erste Ausweitung. Ihre Mannschaftsstärke wächst auf 140000 Mann an und umfaßt sechs große Verbände, davon die drei Divisionen »Leibstandarte Adolf Hitler«, »Totenkopf« und »Das Reich«. Schon hat sie den Ruf einer Elitetruppe, der der Wehrmachtgeneral Mackensen »inneres Draufgängertum, fröhliche Unternehmungslust, durch nichts zu erschütternde Krisenfestigkeit, auch wenn es mal schwer oder sehr schwer ist, vorbildlichen Kameradschaftsgeist und wohltuende Bescheidenheit des Führerkorps« bescheinigt.[4]*

---

* Die Waffen-SS war sicher das, was man eine leistungsfähige und gute Truppe nennt. Gesinnungsmäßig war sie NS-indoktriniert. Was weitgehend fehlte und erst allmählich erworben wurde, war das taktische Führungskönnen der Offiziere – mit ein Grund für die besonders hohen Verluste. Was die Divisions- und Korpsstäbe angeht, wurde es vielfach notwendig, Generalstabsoffiziere des Heeres dorthin zu versetzen. Die Waffen-SS war kein Teil der Wehrmacht. Sie hatte ihren eigenen Befehls- und Meldeweg bis hinauf zu Himmler ebenso wie auch für den logistischen und personellen Ersatzbereich. Nur beim Einsatz an der Front waren die Waffen-SS-Verbände rein taktisch Heereskommandostellen unterstellt.

Erst nach Stalingrad beginnt eine immer stürmischere Entwicklung der Waffen-SS. Trotz enormer Verluste verdoppelt sich ihre Stärke mit jedem neuen Jahr. Statt 300 000 am Ende des Jahres 1943 sind es über 600 000 in den beiden letzten Jahren des Krieges. Nach den ersten großen Rückschlägen hat Hitler alle Beschränkungen aufgehoben und Himmler freie Hand gelassen. Den Ausschlag hat die Teilnahme des I. SS-Panzerkorps an Mansteins siegreicher Charkow-Schlacht im Februar und März 1943 gegeben.
Die SS wird zu einer Art Prätorianergarde, die nicht auf ihre politische Couleur verzichtet. Sie ändert auch ihre Rekrutierungsmethoden. Da es nicht mehr genügend Freiwillige gibt, wird ein Teil jedes Jahrgangs trotz des Protestes der Wehrmacht der Waffen-SS zugewiesen. Die Methode stößt auf heftige Proteste der Elternschaft und der Kirchen, was beweist, wie zweifelhaft der Ruf der SS in der deutschen Bevölkerung ist. Man findet einen Kompromiß. Die Rekruten können nach einem Monat Grundausbildung selbst entscheiden, ob sie in der Wehrmacht oder in der Waffen-SS dienen wollen.
Nicht anders als die Wehrmacht beginnt auch die Waffen-SS nun, an mangelnder Homogenität zu leiden. Am Ende des Krieges wird sie über 40 Großverbände mit extrem unterschiedlicher Qualität verfügen. Die bei weitem besten und kampferprobtesten sind die SS-Panzer- und Panzergrenadierdivisionen rein deutscher Zusammensetzung.
Der Waffen-SS gehören auch volksdeutsche Divisionen an, deren Mannschaft aus den ehemals deutschen oder deutschsprachigen Gebieten vor allem Ost- und Südosteuropas stammt. Der Kampfwert dieser »Beute-Germanen« ist sehr unterschiedlich. Eine andere Gruppe sind reine Fremdverbände, die proportional bei der Waffen-SS viel mehr zählen als bei der Wehrmacht. Osteuropäer, Balten, Galizier, Ukrainer, Kroaten, Serben, Bosnier und Albaner werden teils freiwillig, teils zwangsrekrutiert in SS-Divisionen oder Brigaden eingegliedert.* Wie schon erwähnt, stellt Himmler persönlich in Jugoslawien drei mehrheitlich moslemische Brigaden auf, »Handschar«, »Skanderbeg« und »Kama«. Jedes der drei baltischen Länder stellt eine Division. Dasselbe gilt für Galizien und die Ukraine. Am Kriegsende hat die Waffen-SS sogar zwei russische Divisio-

* Es gab auch Verbände aus den besetzten Ländern und die freiwillige »Blaue Division« des neutralen Spanien.

nen. Auch hier gilt: extrem unterschiedlicher Kampfwert. Im Partisanenkampf erweisen sich diese Einheiten als besonders grausam. Sehr viel besserer Art sind die in Westeuropa ausgehobenen Verbände. Sie können sich durchaus mit rein deutschen Einheiten messen. Fast 125 000 junge Männer dienen in ihnen, Dänen, Holländer, Flamen, Wallonen, Skandinavier, Franzosen, Luxemburger und sogar Schweizer.

Der Chef der belgischen Rexisten-Bewegung, Léon Degrelle, dient freiwillig als Regimentskommandeur der »Brigade Wallonie«. Nach dem Krieg hat er versucht, eine Interpretation der Gefühle seiner Freiwilligen zu geben: »Welches auch immer unser Urteil über die Umstände war, die zur Auslösung des Krieges geführt hatten, wie sehr wir auch die Vergangenheit bedauern mochten, wie bitter für uns die fremde Besetzung unserer Vaterländer war, so war doch jeder von uns sich inne, daß jenseits von Zustimmung oder Ablehnung dessen, was sich zwischen 1939 und 1941 in den verschiedenen Ländern Westeuropas ereignet hatte, das Schicksal ganz Europas auf dem Spiele stand. Nur das erklärt die außerordentliche Begeisterung, die unzählige junge Männer zwischen Oslo und Sevilla, zwischen Antwerpen und Budapest erfaßt hatte. Sie alle hatten nicht ihre Eltern verlassen ..., um deutschen Sonderinteressen dienlich zu sein. Sie liefen zu den Fahnen, um 2000 Jahre abendländischer Zivilisation zu verteidigen.«[5]

In Wahrheit scheinen die Motivationen auch anderen Ursprungs gewesen zu sein, besonders wenn man bedenkt, daß die Freiwilligenmeldungen schon vor Beginn des Rußlandfeldzuges eingesetzt hatten. Viele junge Leute hatten sich – aus Orientierungslosigkeit oder Enttäuschung – vom Prestige der Waffen-SS, ihrer Uniform, ihrem Hauch von Abenteuer und den gebotenen hohen Freiwilligenprämien anziehen lassen. Die Waffen-SS spielte in ihren Augen die Rolle der französischen oder spanischen Fremdenlegionen vor dem Kriege.

Verachtung für und Abkehr von den Regierungen ihrer Länder, die 1940 ruhmlos untergegangen sind, spielen ebenfalls eine Rolle. Der größte Zulauf erfolgt in den Jahren 1943 und 1944 von seiten jener, die wegen ihrer Kollaboration mit den deutschen Besatzern das Schlimmste von der Befreiung ihrer Länder durch die Alliierten zu befürchten haben. Viele von ihnen haben vorher die Errichtung eines von Deutschland abhängigen Vasallenregimes totalitären Zuschnitts herbeiführen wollen.

Léon Degrelle kommt nicht umhin, dies zuzugeben. »Ein einheitlicher Wille einte uns alle: Wir wollten unter den 20 anderen Völkern, die zum Kampf herbeigeeilt waren, das unsere mit Eklat repräsentieren, wir wollten aufrecht und ohne Katzbuckelei unsere Pflicht als Europäer im Kampf gegen den tödlichsten Feind Europas tun, wir wollten unserem Land einen Ehrenplatz sichern in der neuen kontinentalen Gemeinschaft, die aus dem Kriege hervorgehen würde, und schließlich die Elitetruppe bilden, die bei unserer Heimkehr am Ende des Konflikts das Regime sozialer Gerechtigkeit errichten würde, von dem wir träumten.«[6]

Himmler ließ seinen Freiwilligen, wie er es selbst formulierte, keine andere Wahl als die totale Subordination unter den Willen des Reiches, im Rahmen eines »neuen Europa«: »Wir erwarten von euch nicht, daß ihr euer Vaterland verleugnet oder irgend etwas tut, was ein stolzer Bursche, der Selbstachtung besitzt und sein Vaterland liebt, nicht tun kann. Wir erwarten von euch nicht, daß ihr aus Opportunismus Deutsche werdet. Wir erwarten von euch, daß ihr euer nationales Ideal einem größeren rassischen und geschichtlichen Ideal unterordnet, dem Germanischen Reich.«[7]

Unter den 38 Großverbänden der Waffen-SS sind auch ein gutes Dutzend Verlegenheitskreationen der letzten Stunde, deren Stärke oft nicht einmal ein Regiment ausmacht. So setzt sich die 32. SS-Panzergrenadierdivision »30. Januar« aus Lagermannschaften und Schulen im böhmisch-mährischen Raum zusammen. Die 35. SS-Polizeigrenadierdivision besteht aus Mitgliedern der Ordnungspolizei, und die 38. SS-Panzergrenadierdivision »Nibelungen« entsteht aus dem Personal der SS-Junkerschulen.* Die 33. Waffen-Grenadierdivision-SS »Charlemagne« wiederum, aufgestellt im Herbst 1944, rekrutiert sich aus den Resten der französischen Freiwilligenlegion, aus französischen Milizionären und Männern der 7. Sturmbrigade, französischen SS-Männern und Freiwilligen der Kriegsmarine. Trotz des Anscheins eines »letzten Aufgebots« schlagen sich die Männer der »Charlemagne« mehr als ehrenhaft.

Das Verhalten der Mehrheit der Waffen-SS-Einheiten hat die Erwartungen erfüllt, die Hitler und Himmler in sie gesetzt hatten.

* Die SS-Polizeidivisionen waren keine »Verlegenheitskreation« zu Kriegsende. Die ersten vier wurden aus der Ordnungspolizei vor Beginn des Rußlandfeldzuges aufgestellt. Die Zahl wuchs dann rasch.

Panzer- und Panzergrenadierdivisionen aus Deutschen, Volksdeutschen oder westeuropäischen Freiwilligen wie die »Wiking« haben im Osten wie im Westen mit unglaublichem Einsatz gekämpft. Ihre Verluste waren überproportional. So oft haben sie kritische Situationen geklärt, daß man sie am Schluß die »Reichsfeuerwehr« nannte. Schließlich haben diese Erster-Klasse-Divisionen ein Drittel aller deutschen Großeinheiten ausgemacht, mehr noch, wenn man ihre operative Qualität in Rechnung stellt.
Vergessen werden dürfen nicht die »Spezialeinheiten« der Waffen-SS, die nach dem Muster der Division »Brandenburg« des Heeres aufgestellt worden waren. Die berühmteste wurde das »Bataillon Friedenthahl«, nahe Berlin stationiert, das eng mit der Schule für Sonderkommandos in Seehof bei Den Haag zusammenarbeitete. Dessen Kommandeur wurde im Jahre 1943 Otto Skorzeny, der sich als Mussolini-Befreier feiern ließ, obwohl der Ruhm dieser fabelhaften Tat, wie man schon lange weiß, den Fallschirmjägern des Generals Student gebührt.
Immerhin geht eine Reihe spektakulärer Handstreiche auf Skorzenys Konto, wie die Gefangennahme des Sohnes von Horthy und die Erstürmung des Burgbergs in Budapest im Herbst 1944, Aktionen, welche Ungarn zwangen, an der Seite Deutschlands im Kriege zu bleiben. Am 20. Juli 1944, nach dem gescheiterten Hitler-Attentat, beteiligte er sich in Berlin an der Niederschlagung des »feigen Hochverrats«. Auch in der Ardennenoffensive taucht er am Ende des Jahres 1944 mit seinen als amerikanische Soldaten verkleideten Freiwilligen auf, die Unordnung ins feindliche Hinterland bringen und den deutschen Vormarsch erleichtern sollen. Diese Operation »Greif« mißlingt zwar, hinterläßt aber einen starken psychologischen Eindruck beim Gegner. Zum Zeitpunkt der Kapitulation befehligt Skorzeny einen aus 16000 deutschen, norwegischen, dänischen, holländischen, belgischen und französischen SS-Männern bestehenden Sonderverband.
Während der letzten Monate des Krieges kämpfen die SS-Divisionen nicht mehr isoliert in eigenen Korps unter dem Befehl von Männern wie Gilles oder Sepp Dietrich, sondern werden, vermischt mit Heeresdivisionen, zu SS-Armeen oder gar Heeresgruppen zusammengefaßt, die von Oberbefehlshabern wie Felix Steiner oder Paul Hausser kommandiert werden. Beide waren vor ihrem Übertritt zur Waffen-SS Offiziere der kaiserlichen Armee oder der Reichswehr.

Es wäre falsch, die Waffen-SS als einen vierten Teil der Wehrmacht neben dem Heer, der Luftwaffe und der Kriegsmarine zu bezeichnen, wie das einige nach dem Kriege getan haben. Selbst wenn ihre Einheiten stets unter der operativen Leitung des OKH und des OKW gestanden haben, so waren sie doch spätestens ab 1944 eine Armee in der Armee. Den ganzen Konflikt über hat die Waffen-SS auf ihre administrative und juristische Unabhängigkeit gepocht. Im Falle von Disziplinarvergehen wurden ihre Angehörigen von besonderen SS-Gerichten und nicht von der Wehrmachtjustiz abgeurteilt. Die Waffen-SS hatte ihre eigene Hierarchie, und ihre Dienstgradbezeichnungen unterschieden sich in allen Rängen von denen der Wehrmacht.

Die Waffen-SS kann auch nicht mit den »Einsatzgruppen« gleichgesetzt werden, denen die Massenliquidierungen im Hinterland der Front oblagen, oder den Sonderkampfgruppen wie denen von Dirlewanger oder Kaminski, die aus Strafgefangenen, Strafbataillons-Angehörigen oder degradierten Offizieren zusammengestellt waren. Diese wurden ausschließlich gegen Partisanen oder zur Niederschlagung von Aufständen wie dem von Warschau im Sommer 1944 eingesetzt.

Das Verhalten einiger Waffen-SS-Einheiten war gleichwohl nicht immer beispielhaft. Schon im Frankreichfeldzug »zeichnen« sich einige von ihnen durch Gefangenenerschießungen »aus«. Bei ihrem Marsch durch das Limousin im Juni 1944 begeht die Division »Das Reich« die Massaker von Tulle und Oradour-sur-Glane. Während der Ardennenoffensive werden von Soldaten der 1. SS-Panzerdivision 71 amerikanische Kriegsgefangene erschossen. Diese Verstöße gegen das Kriegsrecht kommen noch häufiger in Rußland und auf dem Balkan vor. Trotzdem gehen viele Grausamkeiten, die der Waffen-SS zugeschrieben werden, auf das Konto regulärer Einheiten des Heeres.

Nach dem Kriege hat die Waffen-SS ihre Verteidiger gefunden. Guderian selbst scheute sich nicht, das Vorwort für die Erinnerungen des Waffen-SS-Generalobersten Paul Hausser zu schreiben: »›Unsere Ehre heißt Treue.‹ Dies war der Wahlspruch, nach dem die Waffen-SS erzogen wurde und nach dem sie während des Zweiten Weltkriegs gehandelt und gekämpft hat. Sie war treu ihrem Eide und tapfer bis zum Tode. Wer sie im Kampf erlebte, muß dies bezeugen. Sie blieb darüber hinaus nach dem Zusammenbruch, der sie besonders hart traf und mit ungerechten Vorwürfen überhäufte, sich selbst und allen denen treu, die ihrer Pflicht für Deutschland genügt hatten ... Die vorliegende Schrift wird helfen, die Nebel der Lüge und Verleumdung zu zerstreuen, die sich um die Waffen-SS gebildet haben, und dieser tapferen Truppe den Platz an der Seite der Wehrmachtteile zu verschaffen, der ihr gebührt.«[8]

Bundeskanzler Adenauer hat 1953 in einer Rede in Hannover erklärt, daß die Männer der Waffen-SS Soldaten wie alle anderen waren. Der Besuch des Präsidenten Reagan auf dem Soldatenfriedhof von Bitburg im Jahre 1985, auf dem auch Gefallene der Waffen-SS ruhen, hat dagegen heftige Reaktionen in der deutschen und ausländischen Öffentlichkeit ausgelöst.

In den beiden letzten Kriegsjahren zeigen die deutschen Landstreitkräfte ein unübersichtliches Bild. Sie haben ihre Einheitlichkeit verloren, die sie zu Zeiten des Kaiserreiches, der Weimarer Republik, selbst noch der Wehrmacht der ersten Kriegsjahre innehatten. Die »Force de Frappe« wird immer noch von den 32 Panzer- und 14 Panzergrenadierdivisionen des Heeres und der Waffen-SS gebildet. Ihre Ausrüstung, ihre Ausbildung, ihr Kampfwert sind zweifellos bis zuletzt allen vergleichbaren anglo-amerikanischen oder sowjetischen Einheiten eindeutig überlegen gewesen.

Aber die deutsche Armee leidet unter einem unausrottbaren Übel: Sie ist zu unbeweglich. Das völlige Fehlen von Motorisierung bei den Infanteriedivisionen, seien sie nun statisch oder beweglich, erweist sich als eine Katastrophe in dem Augenblick, in dem die Front im Osten zusammenbricht und, 1944/45, wieder in einen Bewegungskrieg übergeht. Dieses Manko wiegt um so schwerer, als die anglo-amerikanischen Streitkräfte voll motorisiert sind und die Rote Armee bei der Motorisierung große Fortschritte macht, nicht zuletzt dank der Hilfe der Alliierten. Ein zweites Handicap für die Deutschen ist die immer schwächer werdende Luftunterstützung.

Denn auch die Luftwaffe muß sich nach der Krise von 1943 einer tiefen Umwandlung unterziehen. Diese Krise war nicht die erste. Schon Ende 1941 hatte es einen Selbstmord in ihren Reihen gegeben. Ernst Udet, der Generalluftzeugmeister, hatte sich eine Kugel in den Kopf geschossen, weil er nicht in der Lage war, die Produktion anzukurbeln und bei der technologischen Entwicklung mitzuhalten. Seinem Nachfolger Milch gelang es, um den

Preis intensiver Rationalisierungen bei den Rohstoffen wie bei den Arbeitskräften die Krise wieder in den Griff zu bekommen. Allein 1942 wurden 15 000 Flugzeuge produziert, gegenüber nur 10 000 für die beiden vorhergehenden Jahre!

Eine zweite Krise stellt sich zu Beginn des Jahres 1943 ein, nach den immensen Verlusten, die das Deutsche Reich im Osten bei der Schlacht um Stalingrad und im Mittelmeerraum bei den Kämpfen um Tunesien erlitten hat. Besonders die Kampfflugzeuge und die Transporter sind betroffen. Aber wieder kommt es zu einer Auffrischung, diesmal in Zusammenarbeit zwischen Milch und Speer, Am Ende des Frühjahres 1943 erreicht die Luftwaffe sogar ihren Produktionshöhepunkt mit einem Ausstoß von 6000 Maschinen, davon die Hälfte Kampfflugzeuge.[9]

Aber die Auffrischung dauert, wie wir schon erwähnt haben, nur kurze Zeit. Der Sommeranfang bringt neue Hekatomben an Verlusten. Von 2400 eingesetzten Maschinen insgesamt im Juli/August 1943 gehen 1000 allein an der Ostfront in den Schlachten um Kursk, Orel und Charkow verloren. In den darauffolgenden Monaten bleibt der Aderlaß immer noch bedrohlich hoch.

Schlimmer noch trifft es die Luftwaffe im Mittelmeerraum. Zwischen November 1942 und März 1943 sind 2400 Maschinen verlorengegangen. Besonders schwer ist die Transportfliegerei betroffen. Ihre Verluste bei der Versorgung des zurückgehenden Afrikakorps in Libyen und des tunesischen Brückenkopfes wiegen um so schwerer, als nach der Sperrung der Seenge von Sizilien durch die alliierten Flotten fast alles auf dem Luftweg zur Truppe befördert werden muß. Am Ende des Frühjahrs gelingt es, noch einmal eine starke Luftflotte von 1300 Flugzeugen in Süditalien zusammenzuziehen. Aber sie ist den alliierten Luftstreitkräften vor und während der Landung in Sizilien hoffnungslos unterlegen. Die Verluste im Luftkampf und auf dem Boden bei den ständigen Bombardierungen der Flugplätze sind hoch. Die Verlustzahlen für Juli und August: 1000 Maschinen. Anfang September verfügt die Luftwaffe nur noch über 800 Flugzeuge und kann, trotz des Einsatzes der neuen Gleitbomben, der Landung der Alliierten bei Salerno keinen ernsthaften Widerstand entgegensetzen. Im Reichsgebiet ist die Situation nach dem Desaster von Hamburg und den ersten Angriffen der strategischen US-Luftwaffe nicht besser. Allein in den Monaten Juli und August gehen 600 Jagdflugzeuge verloren.[10]

Jetzt muß eine Entscheidung fallen. Die Luftwaffe kann nicht mehr an drei Fronten gleichzeitig kämpfen. Eine neue Strategie ist um so notwendiger, als sich die Krise nicht nur aus der ständigen Ausweitung der Fronten ableitet. Ihr Kern liegt woanders: in der orientierungslosen Produktionsplanung, in immer größer werdendem Mangel an Treibstoff und in der überhasteten Ausbildung der Flugzeugführer.

Verantwortlich für diese Malaise ist Hermann Göring. Zu Beginn des Krieges hatte der Reichsmarschall aus der Luftwaffe die stärkste Luftstreitmacht der Erde gemacht und ihre Wirksamkeit in den ersten siegreichen Feldzügen in Polen und Frankreich eindrucksvoll unter Beweis stellen können. Aber nach dem Scheitern der Schlacht um England und den ersten Rückschlägen im Osten befällt Göring Skepsis. Er zweifelt am Endsieg. Nach dem Mißerfolg der Luftbrücke von Stalingrad verliert er auch das Vertrauen des Führers, der ihn allerdings noch nicht zu ersetzen wagt. Der Reichsmarschall nimmt Drogen und verfällt einer schleichenden Schizophrenie. Er zieht sich in sein pompöses Jagdhaus Karinhall in der Schorfheide zurück, legt Phantasieuniformen an und läßt Kunstsammlungen in Europa plündern.

Görings Aufgaben werden von seinen Untergebenen wahrgenommen, wie Udet, das große As des Ersten Weltkriegs, der aber von moderner Technik des Flugzeugbaus wenig versteht und scheitert, oder Jeschonnek, dem Generalstabschef der Luftwaffe. Dieser sieht in der Luftwaffe nur eine Bodenunterstützungswaffe. Er kümmert sich nicht um deren Ausbau, und er sieht nicht, wie die sowjetische Luftwaffe immer mehr aufholt und vor allem die anglo-amerikanische Luftstreitmacht immer bedrohlicher wird.

Milch kann zwar die Produktion steigern, aber gleichzeitig leidet die Luftwaffe an einem rätselhaften, beunruhigenden Handicap: Sie kann in der Technik nicht mithalten. Brillant in ihren Flugzeugtypen zu Kriegsbeginn, die allen gegnerischen Maschinen haushoch überlegen sind, häuft die deutsche Luftfahrtindustrie – oft infolge unglücklicher impulsiver Entschlüsse Udets – von 1941 an Fehler auf Fehler.

So ist sie zum Beispiel unfähig, ein Nachfolgemodell für die Messerschmitt (Me) 110 zu präsentieren. Die 210 ist ein Fiasko, dem erst 1943 durch die Me 410 abgeholfen werden kann. Udets fixe Idee, allen Bombern eine Sturzkampffähigkeit zu verleihen, verzögert die Produktion der Junkers (Ju) 88, mehr noch der Dornier

(Do) 217, um schließlich zu dem katastrophalen Resultat der Heinkel (He) 170 zu führen, von der man sich einen strategischen Bomber erhofft hatte.

Dieses Flugzeug hat vier Motoren in zwei Zellen von je zwei Luftschrauben vorne und hinten, was seine Produktionsreife enorm kompliziert und endlose Kinderkrankheiten mit sich bringt. Vorgesehen für 1941, wird der Bomber erst 1942 frontreif und in der Luftbrücke von Stalingrad eingesetzt. Als strategischer Bomber tritt die neue Version He 177 erst gegen Ende 1943 auf. Die Do 217 ist eine gute Maschine, wird aber nur in kleinen Serien aufgelegt.

Der einzige volle Erfolg dieser Periode ist die Focke-Wulff (FW) 190. Das Jagdflugzeug steckt voller Innovationen und ist zu seiner Zeit allen alliierten Maschinen überlegen. Man baut es in vier Versionen: Abfangjäger, Jagdbomber, Aufklärer und Torpedoflugzeug.

Selbst wenn die Produktion beständig steigt – 14 000 Flugzeuge 1942, 25 000 1943 –, bestehen 80 Prozent des Flugparks aus Maschinen der ersten Kriegsjahre, die allerdings – wie die Me 109, die Ju 87 und 88, die He 111 – ständig verbessert werden.

Infolge eines immer größer werdenden Verschleißes aber wirkt sich diese Produktionssteigerung, die 1944 mit 40 000 Maschinen, vornehmlich Jagdflugzeugen, kulminiert, eigenartigerweise nicht auf die Kampfflugzeugbestände der Luftwaffe aus. Während des ganzen Krieges verharren diese in einer überraschenden Stagnation. 1943/44 bleibt es bei circa 3500 einsatzbereiten Frontmaschinen, das ist die Zahl von 1941.[11]

Der Grund, warum es auch bei einer bedeutenden Steigerung der Zuführung von Frontmaschinen auf jeden Fall zu einem Engpaß gekommen wäre, ist die mangelnde Versorgung mit Treibstoff. Von 1940 bis 1943 betrug die Treibstoffbevorratung bei den Geschwadern nie mehr als zwei bis drei Monate. Mehrere Male, so Ende 1941 und im Sommer 1942, gab es ernsthafte Engpässe. Der immerwährende Vorwurf an die Verantwortlichen des Reiches, sie seien nicht in der Lage gewesen, eine schlagkräftige Luftwaffe mit strategischen Bomberverbänden zu schaffen, hält einer Analyse nicht stand: Diese Expansion war ganz einfach aufgrund der Treibstoffsituation nicht möglich!

Eine merkliche Verbesserung der Situation tritt, nach großen Investitionen in die synthetische Industrie, erst Anfang 1944 ein,

wird aber gleich wieder durch die massiven Bombardierungen der Alliierten zunichte gemacht.
Infolge der angespannten Treibstofflage muß vor allem immer wieder die Ausbildung der Flugzeugführer eingeschränkt werden. Ab 1942 hält die Qualität der Schulung der Nachwuchspiloten in den deutschen Luftkriegsschulen einen Vergleich mit der der englischen oder amerikanischen Piloten nicht mehr aus. Die Zahl der Flugstunden beträgt nur noch die Hälfte. In Krisensituationen, wie während der Stalingrad-Schlacht oder der sowjetischen Sommeroffensive 1943, müssen die Schulen sogar einspringen. Lehrer und Schüler werden an die Front geschickt.
So steckt die Luftwaffe ab Ende 1942 in einer nicht quantitativen, aber qualitativen Dauerkrise. Immerhin gelingt es dem Luftwaffengeneralstab, bis zum Ende des Krieges in jedem Geschwader einen harten Kern von kriegserfahrenen Flugzeugführern zu erhalten.
Der Freitod Jeschonneks führt unter dem Nachfolger Korten zur Definition einer völlig neuen Rolle der Luftwaffe. Der Grundauftrag seit 1939/40, die Unterstützung des Heeres im Erdkampf, tritt nach und nach in den Hintergrund. Er wird in Italien praktisch aufgegeben und an der Ostfront nur noch durch einige wenige Staffeln von He 111, Ju 88, FW 190 und Ju 87 bestritten. Angesichts der immer stärker werdenden leichten Flugabwehr der Sowjets wird aus dem Sturzkampfbomber der glorreichen Jahre die Ju 86/87, ein fliegender Panzerjäger, der die schweren sowjetischen Panzer mit seinen beiden 3,7-Zentimeter-Kanonen aus der Luft knackt.
Die neuen Aufträge der Luftwaffe lauten jetzt: strategisches Bombardement und Verteidigung des Reichsgebietes. Was ersteren angeht, so stellen der Luftwaffenstab und Speer Ende 1943 einen Plan zur Bombardierung von sowjetischen Rüstungs- und Kraftwerken im Ural und an der Wolga auf. Der Plan unterscheidet sich von denen der ersten Kriegsjahre, in denen die Luftwaffe in erster Linie taktische Aufgaben löste und sowjetische Fabriken nur in Frontnähe angriff.
Die Bombardierung Leningrads, Moskaus und Stalingrads, nach dem Muster der Angriffe auf Warschau, Rotterdam oder Belgrad, galt der Desorientierung des Führungsapparates des Gegners und der Zermürbung der Moral der Bevölkerung mit dem Ziel, der Truppe das Vorankommen zu erleichtern. Einen »strategischen

Aspekt« hatten lediglich Angriffe auf Bahnlinien und Knotenpunkte im Hinterland des Gegners. Nur am Vorabend der Schlacht von Kursk hat es einen größeren Angriff gegen Industrieziele der Stadt Gorki gegeben.

In Ausführung des Speer-Plans wird Ende 1943 auf Fliegerhorsten in Weißrußland eine Flotte von 500 Flugzeugen zusammengezogen. Aber diese Flotte wird nie zum Angriff in die Lüfte steigen. Sie wird zunächst ständig durch Abstellungen an kritische Frontabschnitte geschmälert und schließlich ganz aufgelöst, als die siegreiche sowjetische Offensive des Sommers 1944 Weißrußland bedroht.

Im Westen kann sich die Luftwaffe noch einmal gut in Szene setzen. Als Vergeltung für die Angriffe der britischen Luftwaffe auf Berlin wird im Januar 1944 eine aus Ju 88, Do 217 und He 177 zusammengewürfelte Spezialflotte unter dem Befehl des England-Veteranen Major Peltz aufgestellt, die unter dem Kennwort »Steinbock« die britische Hauptstadt angreifen soll. Die Angriffe dauern mit unterschiedlichem Erfolg bis in den März hinein. Mit dem Näherkommen der alliierten Landung verlegt sich ihr Schwerpunkt auf die Häfen der englischen Südküste, in denen die Landungsflotte zusammengezogen wird. Im Visier der deutschen Bomberpiloten sind die Städte Bristol, Portsmouth, Plymouth, Weymouth und Falmouth. Dieser »Baby-Blitz«, wie die Briten das nennen, endet im Juni 1944. Ein entscheidendes Resultat ist nicht erzielt worden. Die Verluste waren empfindlich, und die Angriffe haben den Anlauf der Operation »Overlord« um keinen Tag verzögert. Ihr einziges Verdienst war die Bindung von 1400 britischen Jagdflugzeugen auf dem englischen Festland, die anderswo fehlten.

In der Reichsverteidigung hat die Luftwaffe etwas mehr Glück, zumindest bis zum Beginn des Jahres 1944. Sie unternimmt beachtliche Anstrengungen. Ende 1943 umfaßt die Nachtjagd 700 Maschinen verschiedener Typen, Me 109 und FW 190, Zerstörer Me 110 und 410, Do 217 und Ju 88. Sie sind stark bewaffnet und haben eine neue Taktik entwickelt: die »wilde Sau«. Die Jäger werden in der Nähe des Zieles konzentriert und stürzen sich in Rotten auf die von Flakscheinwerfern beleuchteten feindlichen Bomberflotten. Später wird die »zahme Sau« losgelassen, nachdem neue Radargeräte die Wirkung der »windows« ausgeschaltet haben. In Holland und Norddeutschland stationierte Jäger werden vom Boden aus zu den Bombern geleitet, schieben sich in sie hinein und suchen den Einzelkontakt mit dem Bordradar SN 2, auch »Jagdschloß« genannt. Auch die Flak kann aufstocken: Die Zahl an schweren Flakbatterien mit Kanonen von 8,8, 10,5 und 12,8 Zentimetern steigt von 800 im Jahre 1940 auf 2200 Ende 1943. Dank dieser integrierten und ständig verbesserten Verteidigung kann die Luftwaffe der RAF empfindliche Verluste beibringen. Von Januar 1943 bis März 1944 verliert das Bomber Command fast 6000 Maschinen, die Mehrzahl viermotorige Bomber. Ihren größten Erfolg erringt die Luftwaffe während der Schlacht um Berlin von November 1943 bis März 1944. Harris glaubt damals felsenfest, daß er mit 400 oder 500 Bombern die Zerstörung der Hauptstadt Deutschlands und die Kapitulation des Reiches erzwingen kann. In Wahrheit aber wird es eine Niederlage des Bomber Command geben. Mehr als 1200 Maschinen werden abgeschossen. Berlin wird zwar schwer angeschlagen, aber das Leben geht weiter.

Am 30. März 1943 hat die deutsche Jagdabwehr schon einmal einen Sieg verbuchen können. Bei günstigen Wetterbedingungen – klarer Himmel, weithin sichtbare Kondensstreifen – werden 94 von 795 Bombern bei einem Angriff auf Nürnberg abgeschossen, 59 schwer beschädigt. 82 weitere werden beim Anflug auf Berlin und Essen vom Himmel geholt. Die Moral der Besatzungen der Bomberverbände ist schwer angeschlagen.

Die Alliierten müssen eine Pause einlegen. Die strategischen Bomber begnügen sich mit Störangriffen auf Ziele im Nordwesten Europas in Vorbereitung der alliierten Landung in der Normandie. Die Bilanz für die Luftwaffe ist positiv. Die RAF hat große Verluste zu beklagen, die Moral der deutschen Bevölkerung ist nicht gebrochen, die Wirtschaft liegt nicht am Boden, und die Rüstungsproduktion steigt unaufhörlich an. Aber auch die deutschen Verluste sind erheblich. Im ersten Trimester 1944 sind 15 Prozent des Bestandes der Jagdflugzeugverbände verlorengegangen.

Dem Sieg vom 30. März wird ein zweiter hinzugefügt. Der aufsehenerregendste Erfolg gelingt am 14. Oktober 1943 während eines zweiten Angriffs der strategischen US-Air Force auf die Kugellagerfabriken von Schweinfurt. Von 288 feindlichen Maschinen werden durch Flak und Jäger 62 abgeschossen und 138 schwer beschädigt. Der Prozentsatz an Verlusten steigt damit auf 20, ja 30 Prozent, wenn man nur die Feindmaschinen in Rechnung stellt, die über dem Ziel angekommen sind.

Für das amerikanische Oberkommando ist es eine bittere Lehre. Der Raid hat bewiesen, daß Bomber trotz ihrer starken Bewaffnung im Gegensatz zu den Behauptungen der Experten Angriffe feindlicher Jagdflugzeuge nicht abwehren können. »Fliegende Festungen« und »Liberators« sind noch verwundbarer der Flak gegenüber, wie der Raid der in Italien stationierten 12. Air Force am 1. August 1944 gegen die Ölfelder von Ploesti zeigt. Von 178 teilnehmenden B 24 werden 54 von der Flak abgeschossen, sieben müssen in der Türkei notlanden. Weitreichende Angriffe gegen deutsche Ziele werden jetzt eingestellt, solange es nicht möglich ist, den Bombern Jagdschutz mitzugeben.
Die Luftwaffe verfügt inzwischen über eine eindrucksvolle Jagdabwehr, fast 1000 ein- und 200 zweimotorige (Zerstörer-)Maschinen. Die Maschinen werden immer besser bewaffnet. In ihrer neuesten Version hat die FW 190 jetzt zwei Maschinengewehre und vier Zwei-Zentimeter-Kanonen. Adolf Galland, der »General der Jagdflieger«, hat eine eindrucksvolle Taktik vorgeschrieben. Die Zerstörer verschießen aus großer Entfernung Garben von 21-Zentimeter-Raketen in die Bomberpulks und reißen sie so auseinander. Die einmotorigen Jäger stürzen sich dann auf die Einzelziele.
Der Erfolg von Schweinfurt ruft indes keinerlei Triumphgeschrei in Deutschland hervor. Die Angriffe der 8. US-Air Force im Winter 1943 auf Ziele in Norddeutschland, die im Aktionsradius der begleitenden Jagdflieger liegen und daher »sicher« sind, rufen ungleich größere Verheerungen in der Rüstungsindustrie hervor als die blinden nächtlichen Raids des Bomber Command. Trotz starker Verluste werden die Bomberströme laufend verstärkt und umfassen jetzt 500 bis 600 Maschinen. Die doppelte Zahl wird im Juni 1944 erreicht. Die Eskorte der Jagdflieger beträgt zusätzlich 400 Maschinen. Die Verluste der Luftwaffe schnellen in die Höhe, geraten an die Grenze des Erträglichen. Allein im Jahre 1943 kommen in den Einsätzen über dem Reichsgebiet 3000 deutsche Piloten ums Leben, und das bei einem Durchschnittsaufkommen von Nachwuchspiloten von 2200 pro Jahr.
Hitler und Göring äußern jetzt ihre Besorgnis, aber auch ihre Unzufriedenheit und fordern Vergeltungsangriffe gegen England. Man setzt die Operation »Steinbock« in Gang. In einer Reihe von Besprechungen äußert Göring, daß das deutsche Volk und seine Wehrmacht ihr Vertrauen in die Luftwaffe verloren hätten. Die

Einstellung der Flugzeugführer müsse sich ändern. Sie sollten mehr nationalsozialistische Haltung einnehmen und sich, wie General Galland ihnen mitzuteilen angehalten wird, buchstäblich auf die feindlichen Bomber stürzen.[12]

Bei einem Kontrollflug muß Galland feststellen, daß die Vorwürfe Görings nicht ganz unberechtigt sind. Die von dem Abwehrfeuer der Bomber eingeschüchterten Jagdfliegerpiloten eröffnen das Feuer auf viel zu große Entfernung und schießen daher ungenau ab. Der erfahrene Galland selbst muß sein Herz in beide Hände nehmen, um einen dieser Riesenbomber nach Durchstoßen des Sperrfeuerriegels abzuschießen.[13]

Die Befürchtungen Hitlers und des Luftwaffenstabes sollen bald ihre Bestätigung erfahren. Im Januar 1944 nimmt die 8. US-Air Force ihre Angriffe mit weitaus verbesserten Mitteln wieder auf, mit 1000 Bombern und 700 Jagdflugzeugen. Die B 17 und die B 24 werden über deutschem Gebiet von Jagdflugzeugen mit Zusatztanks begleitet. Das gibt ihnen einen Radius von 500 Meilen (600 Kilometer) rund um die Britischen Inseln herum. Die Lightnings kommen damit bis Berlin – Göring hat später einmal gesagt, daß er den Krieg an dem Tag für verloren gehalten hätte, an dem er zum erstenmal feindliche Jagdflugzeuge am Himmel von Berlin beobachten konnte. Die noch besseren Mustangs haben einen Aktionsradius von 600 Meilen. Der alliierte Jagdschutz deckt damit den Himmel über ganz Westeuropa und über die Mitte des Reiches hinaus bis nach Stettin, Prag und München ab.

Die Amerikaner verfolgen ein doppeltes Ziel. Einmal geht es bei der Operation »Argument«, von der Presse »big week« genannt, darum, die gesamte deutsche Flugzeug- und Motorenindustrie mit einem Schlag zu zerstören. Das Ziel wird nicht erreicht. Die Senkung der Produktion bleibt vorübergehend. Statt 2000 bis 2300 Maschinen im März erreicht der Ausstoß mit 4000 Maschinen im Juli einen neuen Rekord. Das Phänomen erklärt sich aus einer systematischen Dezentralisierung der deutschen Produktion.

Das zweite Ziel der 8. USAF wird erreicht – wenn auch unter enormen Verlusten: die Erringung der Luftherrschaft über dem Reich. 1239 Maschinen gehen verloren, davon 801 für die Jagdwaffe. Der 15. USAF geht es nicht viel besser. 461 Flugzeuge zerstört, davon 263 Jäger. Aber für die Luftwaffe sind das Pyrrhus-Siege. Im Verlauf der mörderischsten Luftschlacht des Zweiten Weltkriegs verliert sie Hunderte von Me 109 und FW 190. Ende

April muß Galland den Verlust von über 1000 Piloten betrauern, darunter eine große Zahl fronterfahrener Asse.[14]
Im Frühjahr 1944 ist die Situation der Luftwaffe wahrhaft tragisch. Sie hat nur noch eine stark geschwächte taktische Streitkraft und muß auf größere Interventionen an der Ostfront und in Italien verzichten. Im Reich hat »big week« eine furchtbare Katastrophe mit sich gebracht, von der es sich nie mehr erholen wird. Trotz einer großen Anstrengung zur Ausbildung von Piloten – 1943 werden 3276 Flugzeugführer den Geschwadern überstellt (gegenüber 1662 ein Jahr zuvor) – kann die Luftwaffe ihre Verluste – nahezu 3000 im Jahre 1943 – nicht mehr ausgleichen. Auch läßt die Qualität der Piloten bei immer kürzer werdender Ausbildungszeit dramatisch nach. Im Juli 1944 haben nur noch die Geschwaderkommodores und Gruppenkommandeure der Luftflotte 3 eine Fronterfahrung von sechs Monaten. Eine weitere kleine Gruppe erreicht mit Mühe drei Monate. Die große Mehrheit der Flugzeugführer verfügt über eine Luftkampferfahrung von acht bis 13 Tagen, und die Hälfte von ihnen wird schon beim ersten Einsatz abgeschossen.
Trotz der laufenden Steigerung der Produktion beginnt es nun auch an Flugzeugen zu mangeln. Der Industrie fällt es immer schwerer, nicht nur mit der Erzeugung von neuen Maschinen, sondern auch der Reparatur von Hunderten von Flugzeugen nachzukommen, die in den Luftkämpfen oder bei den immer häufigeren Angriffen der alliierten Begleitjäger auf Flugplätze am Boden beschädigt wurden. Im Frühjahr 1944 ist die Luftwaffe nicht mehr in der Lage, die Angriffe der amerikanischen Luftstreitkräfte abzuwehren, geschweige denn den offensichtlich bevorstehenden alliierten Landungen entgegentreten zu können.
Ihre einzige Hoffnung ruht auf den Flugzeugbauern und ihren neuen Typen. Auf diesem Gebiet haben die Deutschen jetzt wieder einen großen Vorsprung vor ihren Gegnern. Bestandteil des neuen Arsenals ist bereits die »Vergeltungswaffe«, von der Hitler schon am 8. November 1943 in München zur Feier des Jahrestags seines Putschversuches von 1923 in vagen Andeutungen gesprochen hatte. »Die Stunde der Vergeltung wird kommen! Wenn wir auch im Augenblick Amerika nicht erreichen können, so liegt uns doch, Gott sei Dank, ein Staat greifbar nahe, und an den werden wir uns halten.«[15]
Diese Waffen umfassen zunächst die von der Luftwaffe ent-

wickelte F 26-76 oder V 1 (Vergeltungswaffe 1). Es handelt sich um eine »fliegende Bombe« von 2200 Kilogramm Gewicht, die mittels eines Düsentriebwerks eine Nutzlast von 850 Kilogramm Sprengstoff auf eine Entfernung von 200 Kilometer mit einer Geschwindigkeit von 500 bis 600 Stundenkilometern befördern kann. Diese Geschwindigkeit entspricht der von modernen Jagdflugzeugen jener Zeit. Die V 1 wird auf einer Rampe gezündet, die vorher in die Richtung des Ziels gedreht wurde.
Die zweite Waffe, V 2 genannt, ist eine vom Heer auf dem Raketenversuchsgelände von Peenemünde entwickelte Rakete, genannt A 4, die sehr viel ausgeklügelter ist als die V 1 und als Vorläuferin der ballistischen Raketen angesehen werden muß. Das Geschoß wird beinahe senkrecht gestartet, erreicht eine Höhe von 400 Kilometern und Ziele in einer Entfernung von mehr als 300 Kilometern.
Die Angriffe der V 1 auf England hätten schon im Februar/März 1944 beginnen sollen. Entwicklung und Produktion erweisen sich aber als schwieriger als angenommen. Die alliierten Flieger, über das Vorhandensein solcher Waffen informiert, bombardieren die Startrampen in Nordfrankreich und zwingen die Luftwaffe, bessere Tarnmethoden beim Start zu entwickeln. Der erste Abschuß erfolgt schließlich einige Tage nach der alliierten Landung. Die V 2 wird erst im September operationsbereit sein.
Der deutsche Vorsprung erweist sich auch auf dem Gebiet der Motorenentwicklung, insbesondere bei den revolutionären Düsentriebwerken. Erste Modelle mit dem propellerlosen Flugzeug sollen schon im Frühjahr oder Sommer 1944 flugfähig sein. Drei Prototypen sind im Bau: Die Arado 234 soll ein schneller Bomber für Nachtangriffe auf englische Ziele sein. Die Heinkel 162 ist als Abfangjäger vorgesehen. Das am weitesten entwickelte Flugzeug, die Messerschmitt 262, ist ein zweitmotoriger Jäger mit vier Drei-Zentimeter-Kanonen und 24 R-4-M-Raketen. Seine pfeilförmigen Tragflächen machen ihn 950 Stundenkilometer schnell und damit um etwa 250 Stundenkilometer schneller als das schnellste existierende Propellerflugzeug. Die Me 262 wird Hitler im Mai 1943 vorgestellt. Da die Luftwaffe gerade dabei ist, die Luftschlacht über Deutschland mit konventionellen Jagdflugzeugen in den Griff zu bekommen, entscheidet Hitler, daß die Me 262 als schneller Bomber gebaut werden soll. Das führt zu Produktionsumstellungen und daher Verzögerungen und beraubt die Luftwaffe des

Instruments, mit dem sie der Neuaufnahme der alliierten Luftangriffe im Frühjahr 1944 hätte Herr werden können.
Für die Nahverteidigung wichtiger industrieller Punktziele erfindet die deutsche Luftfahrtindustrie Abfangjäger mit Raketenantrieb, die bis zu 1000 Stundenkilometer erreichen können, wie die Me 163 »Komet« oder die Ba 349 »Natter«. Letztere startete von einem 25 Meter hohen Gerüst fast senkrecht und erreichte in einer Minute eine Einsatzhöhe von 10 000 bis 13 000 Metern. Auf den Reißbrettern der Ingenieure steht auch die Ju 287, ein Großbomber mit vier Triebwerken, die ihm erlauben sollen, vier Tonnen Bombenlast mit einer Geschwindigkeit von 1000 Stundenkilometern bis 1500 Kilometer Entfernung zu transportieren. Schließlich gibt es Pläne für einen transkontinentalen Deltaflügler, die Focke-Wulff 0 3/1025, der bis nach Amerika fliegen soll.
Die Luftwaffe befaßt sich mit dem Bau einer Boden-Luft-Rakete von ungleich höherer Wirkung als die herkömmliche Flak-Artillerie. Bereits fertig erprobte Modelle tragen Namen wie »Schmetterling«, »Wasserfall« oder »Rheintochter«. Sie können zwölf bis 16 Kilometer weit fliegen, tragen Lasten von 100 bis 450 Kilogramm und werden von Radar oder Infrarotstrahlen geleitet. Ihre Wirkung wäre im Herbst 1944 um so beachtlicher gewesen, als die Deutschen zu diesem Zeitpunkt die Führung in der Radarforschung zurückerobert haben, die sie zu Anfang des Krieges besessen hatten.
Sie haben begonnen, mit Funkmeßgeräten im Zentimeter-Wellenbereich zu arbeiten. Die neuen Geräte haben eine Wellenlänge von 2,4 Zentimetern und eine Reichweite von 300 bis 500 Kilometern. Bei der Flak wird das Ortungsgerät »Egerland« eingeführt. Das Rundumgerät »Kulmbach« ist verbunden mit dem halbautomatischen Feuerleitgerät »Marbach«. Die Jagdflugzeuge tauschen das SN-2-Bordradar gegen das Nachtjagdradar »Berlin N 1« oder »N 2«. Verbunden mit dem Visiergerät »Pauke« kann der Jagdfliegerpilot Annäherungsflug an den feindlichen Bomber und Feuereröffnung ausschließlich auf seinem Bildschirm verfolgen.
Mit einem solchen Arsenal von neuen Waffen und Geräten hofft die Luftwaffe, die Luftherrschaft über dem Reichsgebiet wieder zurückzugewinnen und die Bombardierung deutscher Städte verhindern zu können.
Im Jahr 1943 vollzieht sich auch eine Änderung bei der Kriegsmarine. Das von Großadmiral Raeder gesteckte Ziel, die feindlichen

Verbindungslinien mit allen zur Verfügung stehenden Mitteln zu unterbinden, ist definitiv nicht erreicht worden. Schon 1941 hatte es einen Einbruch gegeben, als das Gros der Luftstreitkräfte nach Osten und an das Mittelmeer abgezogen wurde. Die fliegerischen Mittel des Großadmirals für die Atlantikschlacht beschränken sich von da an auf einige wenige Bomberstaffeln zur Minenlegung und die Focke-Wulff-Fernbomber »Condor«.

Im Dezember 1942 sieht sich auch die Überwasserflotte in Frage gestellt, nachdem eine Kampfgruppe, zu der die »Lützow« und die »Admiral Hipper« gehören, sich von ein paar leichten britischen Kreuzern in die Flucht hatte schlagen lassen. Hitler hatte wütend darauf reagiert, zumal er infolge des Ausfalls der Nachrichtenübertragungsmittel der Kriegsmarine von dem Zwischenfall aus englischen Rundfunkmeldungen erfahren hatte.

Als Folge beschließt der Führer, die Großkampfschiffe außer Dienst stellen zu lassen. Ihre Geschütze sollen der Küstenverteidigung zugeführt, ihre Panzerung von der Industrie ausgeschlachtet und ihre Mannschaften zur U-Boot-Waffe versetzt werden.

Hitler hat gute Argumente. Vor einem außerordentlich verunsicherten Raeder läßt er sich verächtlich über die kaiserliche Kriegsflotte aus, die den ganzen Ersten Weltkrieg über tatenlos in den Häfen herumgelegen hatte, bevor sie zum Herd der Revolution wurde. Seit 1939 hatte es bei den Großkampfschiffen nichts als Enttäuschungen gegeben, von der »Graf Spee« bis zur »Bismarck«.[16]

Nur »Scharnhorst« und »Gneisenau« haben 1940/41 einige Erfolge erzielt. Aber infolge der Bedrohung durch britische Bomber haben sie von Brest in die Nordsee verlegt werden müssen, was zwar ein taktisches Meisterstück, strategisch aber ein Fehlschlag war, da beide Schiffe aufgrund der erlittenen Schäden über lange Zeit außer Gefecht gesetzt waren. Allein die »Scharnhorst« war, allerdings erst im Januar 1943, wieder einsatzbereit geworden.

»Tirpitz« und »Lützow«, versteckt im norwegischen Altenfjord, haben keinen einzigen erfolgreichen Geleitzugangriff zu verzeichnen. Die Atlantikschlacht ruht allein auf den Schultern der Flieger- und der U-Boot-Besatzungen. Einziger Vorteil der Existenz der beiden Schiffe: Sie spielen die Rolle einer »vorhandenen Flotte« und binden damit eine nicht unerhebliche feindliche Streitmacht von drei Schlachtschiffen, eines aus der US-Navy und zwei Flugzeugträgern in Scapa Flow.

Alles in allem war die bisherige Aktion der deutschen Großkampfschiffe ein teures und nutzloses Unternehmen. Ungeheure Mengen verbrauchten Treibstoffs, Immobilisierung wichtiger Teile der Jagdwaffe und der Flak-Artillerie zum Schutz der Basen. Dieses weniger positive Bild erklärt auch die Abneigung Görings gegenüber der Kriegsmarine. Sie wird noch verstärkt durch den Umstand, daß die Nachrichtenverbindungen zwischen den Fernaufklärern der Luftwaffe und den U-Booten mehr als mittelmäßig sind. Proportional am erfolgreichsten waren die Kaperschiffe im Südatlantik und im Indischen Ozean, die mit mehr als 800000 Tonnen Gesamttonnage das Doppelte der Schlachtschiffe versenkt haben, allerdings um den Preis hoher Verluste (acht von zehn Schiffen).

Raeder kann sich mit Hitlers Entscheidung nicht abfinden. Er ersucht um seine Versetzung in den Ruhestand, die gewährt wird. Sein Nachfolger wird Dönitz, der ganz auf der Linie von Adolf Hitler zu liegen scheint. Eine erste Maßnahme betrifft die Kreuzer »Hipper« und »Köln«, die veralteten, noch aus dem Versailler Vertrag stammenden Linienschiffe »Schleswig-Holstein« und »Schlesien«, die »Scharnhorst« und schließlich die »Tirpitz« im Herbst 1943. Von den Maßnahmen sind 8000 Matrosen und 250 Seeoffiziere betroffen; von den letzteren werden etwa 100 zur U-Boot-Waffe versetzt.

Aber schon drei Wochen später ändert Dönitz seine Meinung. Er präsentiert einen neuen Abrüstungsplan, der nur noch die beiden alten Linienschiffe sowie die Kreuzer »Hipper«, »Leipzig« und »Köln« betrifft. Die »Gneisenau« wird nicht wieder instand gesetzt, der Bau des Flugzeugträgers »Graf Zeppelin« wird eingestellt. Hitler akzeptiert den Plan. Damit wird das Gros der Überwasser-Seestreitkräfte beibehalten. Dönitz muß versprechen, daß dieser Teil der Flotte künftig etwas mehr Beweise seiner Kampfbereitschaft liefert als bisher.[17]

Die Resultate bleiben bescheiden. Die einzige erfolgreiche Operation ist der Angriff der beiden Schlachtschiffe »Scharnhorst« und »Tirpitz« gegen die alliierte Basis von Spitzbergen vom 6. bis 9. September. Dafür aber wird die »Tirpitz« 14 Tage später von britischen Klein-U-Booten angegriffen und schwer beschädigt. Sie läuft zu einem langen Werftaufenthalt nach Tromsö. Im Sommer 1944 erleidet sie neue Angriffe von seiten mehrerer britischer Flugzeugträger und sinkt unter einem Bombenhagel des Bomber

Command am 12. November. Zwischen dem 24. und 26. Dezember 1943 unternimmt die »Scharnhorst« einen letzten Angriff auf einen alliierten Geleitzug. Sie wird von einer britischen Kampfgruppe unter dem Panzerkreuzer »Duke of York« und mehreren Kreuzern und Zerstörern gestellt. Wie die »Bismarck« sinkt auch die »Scharnhorst« mit wehender Flagge unter den Granaten und Torpedos der Briten. Nur 36 von 1900 Mann Besatzung des Schiffes werden aus dem eisigen Wasser gerettet.

Mehr denn je ruht die Last der Atlantikschlacht jetzt auf den U-Booten. Um Weihnachten 1942 stehen 382 Boote im Dienst. An die 60 sind im Einsatz, 50 auf dem Marsch vom und zum Einsatzort, 100 in den Basen in Ruhe oder in Überholung. 170 Boote dienen zur Ausbildung oder sind Lehrboote an den Schulen. Die von Dönitz zu Anfang des Krieges gesteckten Ziele sind erreicht. Pro Monat werden mehr als 25 Boote produziert, mehr als zehn in Dienst gestellt. Im Frühjahr 1943 scheint der Sieg so nah wie nie zuvor.

Wie aber erklärt sich dann der furchtbare Einbruch, den die U-Boote hinnehmen mußten, binnen nur zwei Monaten nach den großen Erfolgen des Monats März 1943, mit dem Verlust von 50 Booten, fast einem Drittel der im Einsatz befindlichen Einheiten? Wenige Vorgänge des Zweiten Weltkriegs sind so gründlich durchforscht worden wie der Verlauf der Atlantikschlacht.[18] Bis in das Jahr 1943 hinein haben zwei Faktoren die Erfolge der U-Boote bestimmt: Die Boote operierten in Rudeln, sie griffen über Wasser an und waren mit ihren Dieselmotoren schneller als die meisten Begleitzerstörer. So konnten sie diese unter Ausnutzung der Nacht überrumpeln und der Gefahr der Entdeckung durch das ASDIC-Gerät entgehen.

Ihr Hauptoperationsgebiet lag im Zentrum des Nordatlantiks, wo sie einen der schwersten Fehler der alliierten Führung, vor allem der Chefs des Bomber Command, nutzen konnten. Diese hatten sich geweigert, weitreichende viermotorige Bomber zur Überwachung des »Schwarzen Lochs« im Ozean abzustellen, denn sie waren überzeugt, daß die feindlichen U-Boote in den Häfen und Werften und nicht auf offenem Meer vernichtet werden müßten. Die fast das ganze Jahre 1942 über dauernde Bombenoffensive gegen die Produktionsstätten und die betonierten Unterstände der französischen Atlantikbasen hatte letztlich zu einem totalen Scheitern und dem Verlust einer großen Zahl von Bombern geführt.

Das Operieren der U-Boote mitten auf dem Ozean ist in der Tat ein Novum in der Seekriegsgeschichte. Angesichts der Schwierigkeit, einen Geleitzug auf große Entfernung und weit von den Küsten auszumachen, erfolgten die Angriffe bis zuletzt in der Nähe der Heimathäfen bei Ein- oder Ausfahrt, niemals in der Mitte des Ozeans.

Das alliierte Oberkommando hatte für diese Taktik die Erklärung bereit, daß die Deutschen eine Art U-Boot-Sperre auf den Hauptatlantikrouten errichtet hatten. Die Wirklichkeit war anders. Sobald ein einzeln operierendes Boot dank seines ausgezeichneten Hydrophons, das Schiffsbewegungen auf 150 Kilometer Entfernung erfassen konnte, einen Geleitzug im Anmarsch ausmachte, meldete es das durch Funk an die Befehlszentrale von Dönitz. Dieser stellte dann ein Rudel zusammen, das den Befehl zum Angriff erhielt.

Hinzu kam ein Element, das die Engländer erst 1945 entdeckt und bis in die 70er Jahre geheimgehalten haben. Bis zur radikalen Änderung der Codes der Handelsschiffahrt im Juli 1943 waren die Deutschen in der Lage gewesen, 50 bis 80 Prozent der Funksprüche für die Geleitzüge abzufangen. So konnten sie den Marsch eines Konvois durchgehend verfolgen und in aller Ruhe ihre Angriffsvorbereitungen treffen.

Die Rückschläge der Deutschen im Frühjahr 1943 scheinen auf eine Konzentration alliierter Gegenmaßnahmen zurückzuführen zu sein: Bildung von Flugzeugträger-Kampfgruppen zum verstärkten Schutz der Konvois, Verbesserung der Abwehrmittel der Geleitzüge selbst, Schließung des »Schwarzen Lochs« durch ausreichenden Geleitschutz mit viermotorigen Bombern.

Der anglo-amerikanische Erfolg des Frühjahrs 1943 dürfte auch auf verbesserte Ortungsgeräte wie den »Huff-Duff« französischen Ursprungs und die Zentimeterradars zurückgehen. Die Zerstörer verfügen über großkalibrigere Wasserbomben und haben Raketenwerfer am Bug, deren nach vorne gerichtetes Feuer den Einsatz des ASDIC nicht stört.

Das alles aber reicht nicht zu einer Erklärung. Alle diese Mittel stehen schon im März 1943 zur Verfügung, dem Monat, in dem die U-Boote ihren größten Erfolg erringen. Die Niederlage der U-Boote ist wesentlich bedingt durch einen Bruch der Sicherheit der Nachrichtenübertragung, einen alliierten Sieg auf dem Gebiet der elektronischen Abwehr, die eine der größten Schwächen der Ru-

deltaktik auszubeuten weiß: das Übermaß an Funkverkehr zwischen den U-Booten. Das ganze deutsche System ruht auf der Funkverbindung zwischen den U-Booten im Einsatz und den Befehlszentralen in Lorient und in Paris.
Seit Kriegsbeginn benutzt die Kriegsmarine die »Schlüsselmaschine Enigma«, die ähnlich auch in der Luftwaffe und im Heer verwendet wird. Da die Marine keine »diskreten« Nachrichtenmittel wie Telefon oder Telex verwenden kann, ist ihr Gerät etwas höher entwickelt. Auch ihr Enigma hat drei Rotoren, aber sieben statt fünf Trommeln, und es benützt komplizierte Schlüssel je nach Einheiten und Kriegsschauplätzen, die jeweils wieder ihre eigene Gebrauchsanweisung haben, wie Wettercodes, Listen, Verzeichnisse der Abkürzungen.
Trotz aller Vorsichtsmaßnahmen können die Briten in der ersten Jahreshälfte 1941 zum erstenmal das Enigma-Gerät knacken. Bei einem Raid auf die Lofoten im Februar und der Aufbringung des U-Bootes U 110 am 5. Mai 1941 fallen ihnen nicht nur einige intakte Geräte in die Hände, deren Verkabelung sie studieren können, sondern auch die ganze dazugehörige Dokumentation. Das Zentrum von Bletchley Park, zum erstenmal mit amerikanischen Computergeräten namens »bombs« ausgestattet, kann in einem »operativen Zeitraum« eine Reihe von Mitteilungen an die U-Boote entschlüsseln.
Selbst wenn sie in diesem Stadium des Krieges über noch begrenzte Mittel verfügen, so erlaubt diese Dechiffrierung den Briten doch die Erstellung einer neuen Taktik, »Evasion« genannt. Sie verändern den Kurs der Geleitzüge, vermeiden auf diese Weise die Rudel und berauben die deutschen U-Boote eines Erfolges, den man auf etwa 2,5 Millionen Tonnen versenkten Schiffsraums beziffern kann.
Im Februar 1942 führen die Deutschen ein neues Gerät ein, den »Funkschlüssel M 4«, der das Modell »M 3« ersetzt. Die Änderung stürzt die britische Admiralität und Bletchley Park in einen »Blackout«, der bis zum Ende des Jahres dauern wird. Das neue Gerät benutzt nicht, wie fälschlicherweise angenommen, einen vierten Rotor, sondern zwei zusätzliche kleine Trommeln, mit deren Hilfe die Verschlüsselungskombinationen vervielfältigt werden können. Diese Änderung ermöglicht den U-Booten neue große Erfolge im Nordatlantik in der zweiten Jahreshälfte 1942. Hier und an der amerikanischen Ostküste erhöhen sie ihre Jahresbilanz auf 6,5 Millionen Tonnen.

Gegen Ende des Jahres 1942 können die Engländer zum zweitenmal den deutschen Schlüssel knacken. Sie haben stärkere »bombs« entwickelt, und sie haben im Mittelmeer das deutsche U-Boot U 55 aufbringen können, an Bord dessen sie eine Enigma M 4 mitsamt ihrer »Schlüsselanleitung« gefunden haben. Mit zwei Unterbrechungen, im März und im Juli 1943, die mit einer jeweiligen Erhöhung der deutschen Versenkungsziffern einhergehen, wird es bis zum Kriegsende für die Admiralty keinen »Blackout« mehr geben. Das Brechen des Funkverkehrs der U-Boote bedeutet das Ende der Taktik der Rudel, dies um so mehr, als die Deutschen zur gleichen Zeit ihrerseits den englischen Code nicht mehr brechen und damit die Konvois nicht mehr überwachen können.
Die Niederlage im funktechnischen Bereich zieht schwere Verluste an Booten nicht nur im Nordatlantik, sondern auch in der Biskaya nach sich, wo zwei Drittel der Gesamtverluste entstehen. Hier haben die Alliierten ein enges Luftraumüberwachungssystem aufgebaut. Tag und Nacht werden die Boote durch Liberator-Bomber angegriffen, die mit Radar, Scheinwerfern, Splitterbomben und akustischen Torpedos ausgerüstet sind. Auch hier spielt Bletchley Park mit und liefert den Piloten Unterlagen über die Standorte der Boote und ihrer Begleitschiffe, die man dem entschlüsselten Funkverkehr der Deutschen entnommen hat.
Dönitz und sein Stab können bis zum Kriegsende keine Erklärung für diese Umkehr der Situation finden. Das einzige, was sie wissen, ist, daß der Gegner sich von nun an über die Bewegungen eines jeden Bootes im Atlantik oder in der Biskaya im klaren ist.[19] Nach sorgfältiger Analyse kommt man zu der Ansicht, daß eine Entschlüsselung der Nachrichtenverbindungen als Grund ausscheidet. Dönitz ist vielmehr der Überzeugung, daß es einen Verräter in seiner Umgebung gibt, was zu einer unerträglichen Atmosphäre unter seinen Mitarbeitern führt.
Man sucht die Gründe in den schlechten Wetterbedingungen und in der Unerfahrenheit der jungen Kommandanten, aber auch im Zusammenwirken von zwei Faktoren: der Verstärkung der Luftüberwachung und der Einführung eines neuen Spürgeräts. Man fragt sich, ob das Metox, ein neues Zentimeterradar zur Entdeckung von Geleitzügen an Bord der U-Boote, nicht von den englischen Fliegern angepeilt werden kann.
Dönitz denkt an eine ganz andere, strategische Lösung des Problems. Wie sein Vorgänger Raeder will er Hitler dazu bringen, die

ganze Iberische Halbinsel zu besetzen. Das brächte den Vorteil, Gibraltar zu neutralisieren, die alliierten Armeen in Tunesien in Schwierigkeiten zu versetzen und vor allem den U-Booten neue Basen mit verbesserten operativen Möglichkeiten im Atlantik zu verschaffen.[20] Aber Hitler läßt sich aus offensichtlichen, sowohl politischen wie militärischen Gründen, nicht überreden.

Dönitz gibt die Hoffnung nicht auf, den U-Boot-Krieg noch einmal wenden zu können. Was man seinem Vorgänger verweigert hatte, bekommt er: vermehrte Zuteilung von Arbeitskräften und höhere Stahlquoten (45 000 Tonnen plus) zur Erhöhung der Produktion, die von 30 auf 40 Boote pro Monat gesteigert wird. Bis zur Entwicklung einer neuen Rudeltaktik erhalten die Boote erst einmal neue Waffensysteme.

Ab September 1943 werden sie mit einer Zwei-Zentimeter-Vierlings-Flak ausgerüstet. Die Bootstürme werden mit einer neuen synthetischen Masse überzogen, die die Möglichkeit der Entdeckung durch Radar um 30 Prozent verringern soll. Ferner bekommen die Boote neue Zentimeterradars »Hagenuk Wanze« oder »Naxos«, dazu einen Tarnballon »Aphrodite«. Es gibt einen akustischen Torpedo »Zaunkönig« für den Angriff auf Zerstörer. Außerdem werden den Booten zusätzliche Fernaufklärer zugewiesen.

Neue Unternehmungen im September vor Gibraltar und im Nordatlantik bringen nicht die erwarteten Ergebnisse, aber verringern die Verluste, nachdem die Boote bei frühzeitigem Entdecken eines Angreifers rasch genug tauchen können. Im Unterschied zu den vier ersten Kriegsjahren können die Alliierten dank ihrer verbesserten Technik die U-Boote jetzt regelrecht zu Tode hetzen. So wird das U 616 am 17. Mai 1944 nach einer Verfolgung durch acht Flugzeuge und Zerstörer nach drei Tagen zur Strecke gebracht. 107 Boote gehen in der zweiten Jahreshälfte 1943 verloren. Eine letzte deutsche Offensive im Februar 1944 scheitert ebenfalls. Das ist das Ende der U-Boot-Rudel.

Anfang 1944 stellt sich die Lage der Kriegsmarine paradox dar. Die Überwasserflotte ist zwar vorhanden, aber mit Ausnahme der »Tirpitz«, die irgendwo in Norwegen lauert, liegen die Schiffe in Ostseehäfen herum – zu Ausbildungszwecken. Die U-Boot-Flotte dagegen hat eine desto höhere Bedeutung. 409 Boote sind in Dienst, davon 160 auf Feindfahrt. Aber auch sie sind jeder operativen Kapazität beraubt und müssen sich auf »weiche«, weniger verteidigte Sektoren wie den Südatlantik beschränken. Die »vorderste Linie im Westen«, wie Hitler zu sagen beliebt, existiert nicht mehr.

Wenn die deutschen Erfolge der ersten drei Monate angehalten hätten, wäre die ganze alliierte Strategie gelähmt gewesen. Es wäre unmöglich gewesen, die Transporte amerikanischer Truppen nach England sicherzustellen. Daraus folgend hätte die Landung in der Normandie verschoben werden müssen, mit unvorhersehbaren politischen und militärischen Konsequenzen. Zumindest haben die Deutschen dies immer wieder für sich in Anspruch genommen.[21]

Man muß sich an dieser Stelle fragen, was das Oberkommando der Kriegsmarine bewogen hat, eine ganz offensichtlich hoffnungslos gewordene Schlacht trotzdem fortzusetzen. Dönitz, einmal mehr in voller Übereinstimmung mit Hitler, hielt an seiner Überzeugung fest, daß hier beträchtliche alliierte Mittel gebunden anstatt woanders eingesetzt wurden. So wurde der Bau immer neuer und verbesserter Boote forciert fortgesetzt. In den ersten Monaten des Jahres 1943 erhalten sie den Schnorchel, den die niederländische Marine 1934 schon anwandte. Er ermöglicht den Dieselmotoren, ein in Sehrohrtiefe getauchtes Boot dank der Frischluftzufuhr voranzutreiben. 244 Boote dieses VII-C-Typs werden zwischen Mai 1943 und Januar 1945 gebaut. Fachleute bedauerten, daß dieser konventionelle Bootstyp nicht auch mit einem verbesserten Turm zur Erhöhung der Leistung in getauchtem Zustand versehen wurde.[22]

Ab 1941 arbeiten die Forscher der Kriegsmarine an einem Modell, das vom klassischen »Tauchboot« zu einem regelrechten Unterwassermodell führen soll, mit der Fähigkeit zu langen Tauchfahrten auf große Entfernungen und wirksamen Unterwasserangriffen. Die Versuche gelten zunächst dem von Ingenieur Walter entwickelten Peroxydsauerstoff-Antrieb, der bemerkenswerte Leistungen in Tauchfahrt erbringt. Ein Prototyp von 80 Tonnen zeigt mehr als ermutigende Ergebnisse mit Spitzengeschwindigkeiten von bis zu 28 Knoten. Mit voller Unterstützung Hitlers werden im Frühjahr 1942 vier Versuchsboote von je 300 Tonnen auf Kiel gelegt, gleichzeitig Studien zum Bau für zwei Einsatzboote von 320 bzw. 1485 Tonnen vorangetrieben. Alle Typen behalten je zwei Antriebsarten bei: Dieselmotoren für die Überwasser-, Waltermotoren für die Unterwasserfahrt. Noch spricht man nicht vom Schnorchel.

Aber die Entwicklung nimmt längere Zeit als angenommen in Anspruch. Das erste 300-Tonnen-Walter-Boot läuft erst im November 1943 zu Versuchsfahrten aus. Die Serienproduktion kann erst ein ganzes Jahr später aufgenommen werden. Dönitz beschließt daher im April 1943, nach den ersten Anzeichen einer wachsenden alliierten Überlegenheit, den Bau von zwei Typen einer Zwischengeneration, der Boote XXI von 1600 und XXIII von 230 Tonnen.
Dank ihrer doppelten Batterieausstattung und einer sorgfältig verbesserten hydrodynamischen Bootskörperform sind die Typen dem Boot VII-C deutlich überlegen. Das XXI kann in Tauchfahrt zwei Stunden lang mit 16 bis 17 Knoten oder 340 nautische Meilen mit fünf Knoten laufen, statt der 80 Meilen à vier Knoten des VII-C. Mit einem Schnorchel ausgerüstet, hat dieses Boot in Sehrohrtiefe einen Aktionsradius von 17000 Seemeilen bei sechs Knoten Geschwindigkeit. Das ermöglicht ihm, von Deutschland zum Kap der Guten Hoffnung und zurück zu laufen und dort unten drei bis vier Wochen U-Jagd zu machen. Seine Torpedos können aus großer Tiefe abgefeuert werden und suchen sich ihr Ziel mit Hilfe von passiven (hydrophonen) oder aktiven (sonaren) Horchgeräten.
Das U-Boot XXI hat also nicht mehr das Flugzeug zu fürchten, es ist selbst in Tauchfahrt schneller als alle alliierten Begleitschutzschiffe und hat somit alle Chancen, dem U-Boot-Krieg eine neue Wendung zu geben. Auch der Produktionsablauf der Boote entbehrt nicht der Originalität. Auf Anleitung von Speer und des Generalingenieurs Merker werden acht Teilsegmente in den meist unterirdischen Fabriken des Hinterlandes gebaut und dann den Werften zur Endmontage zugeführt. Die Methode führt zu einer Reduzierung der Bauzeit von 460000 auf 300000 Stunden.
Sie sollte auch die Indienststellung des ersten Bootes im April 1944 und die Wiederaufnahme der Offensive mit einer größeren Menge von Booten dieses Typs im Herbst desselben Jahres ermöglichen. Im Grunde ist die Kriegsmarine in derselben Lage wie die Luftwaffe. Auch sie baut auf neue, revolutionäre Mittel zur Wiedererringung der Initiative.

13
Die verhexte Strategie

Sei es im Osten, auf dem westlichen Kriegsschauplatz oder auf dem Balkan – überall gerät die Wehrmacht in äußerste Bedrängnis. Ihre Verluste an Menschen und Material nehmen fürchterliche Ausmaße an. Zum erstenmal seit 1940 wird sie wieder entlang der Grenzen des Reiches kämpfen müssen.

Der Übergang von der Niederlage zur Katastrophe hat nach dem Kriege zu heftiger Diskussion unter Historikern und vor allem den ehemaligen führenden deutschen Militärs geführt. Hitler wird meist allein für alles verantwortlich gemacht. Die Starrköpfigkeit des »Gefreiten-Strategen«, an Ort und Stelle auszuharren und jedes Ausweichen zu untersagen, seine Weigerung, eine dehnbarere Strategie zu akzeptieren, seien die Hauptursachen der militärischen Rückschläge gewesen. Seine Sturheit hätte das Unheil nicht nur beschleunigt, sondern geradezu herausgefordert.

Diese These ist von Halder und in gewisser Weise auch von Manstein unterstützt worden. Wenn die Generäle, alter preußischer Tradition entsprechend, freiere Hand zur Ausfeilung des militärischen Instruments und zu dessen Gebrauch nach ihren Vorstellungen gehabt hätten, hätten sie den Krieg rationeller führen und, wer weiß, gewinnen oder zumindest zu einer Verhandlungslösung treiben können.

Diese Debatte gerät ein bißchen akademisch. Hätte Hitler auf seine Generäle gehört, hätte es nicht eine neue Wehrmacht für den Blitzkrieg gegeben. Der Anschluß hätte nicht stattgefunden, die Tschechoslowakei wäre nicht zerstückelt worden, und es hätte vermutlich gar keinen Krieg gegeben, was gewiß besser für alle Beteiligten gewesen wäre – und am allerbesten für Hitler selbst.

Nach Ausbruch des Konflikts hätte es keinen Norwegenfeldzug gegeben, dem sich das OKH energisch entgegengestemmt hatte. Auch der Sieg im Westen wäre ausgefallen. Es genügt, daran zu erinnern, daß von Brauchitsch und Halder sich nach dem Polenfeldzug für ein Abwarten ausgesprochen hatten und daß sie, gedrängt, einen Angriffsplan vorzulegen, für eine begrenzte Unternehmung

---

Dieses Kapitel ist für den deutschen Leser wohl das interessanteste. Masson läßt in seinem Hitler-Bild, das er in seinem ganzen Buch immer wieder, aber hier besonders verdichtet in einer sehr bemerkenswerten und vielfältig facettierten Weise zeichnet, alles andere außer seinen Qualitäten und seinem Verhalten als »Feldherr« und »Oberster Kriegsherr« außer Betracht. Diese Anmerkungen sind nicht der Ort, sich damit auseinanderzusetzen. Das ist Sache von Historikern.

eingetreten waren, was zu einem durchschlagenden Erfolg nicht gereicht hätte. Es hatte der ganzen Autorität des Führers bedurft, um den Plan eines Angriffs im Zentrum durchzusetzen, der allein einen totalen Sieg nach sich zu ziehen in der Lage war.

Zum Passiv-Saldo des Generalstabs zählt auch, daß er im Juli 1940 nicht alle Folgen einer Landung in England richtig eingeschätzt hatte und sich in ein Abenteuer zu stürzen bereit war, das alle Chancen eines Scheiterns in sich trug. Vermerken wir schließlich, daß er einem Angriff auf die Sowjetunion keinen Widerstand entgegensetzte, aber daß es des ganzen Nachdrucks Hitlers bedurfte, um von Brauchitsch und Halder zu einer erheblichen Verstärkung des vorgesehenen Truppenaufwandes zu veranlassen.

Die Frage ist auch, ob Guderians Vorschlag vom August 1941, mit einer Panzertruppe zuerst Moskau anzugreifen und nicht vorher die westlich des Dnjepr stehenden sowjetischen Streitkräfte zu vernichten, bei den enorm ausgedehnten Flanken eines solchen Vorstoßes nicht zu einem Desaster geführt hätte. Die Sowjetunion war nicht Frankreich, und Moskau war nicht Paris. Guderian hätte es mit einer zur Verteidigung hergerichteten Großstadt zu tun gehabt, und die bisherigen Erfahrungen des Krieges, angefangen mit Warschau, hatten gezeigt, wie wenig Panzer für den Straßenkampf geeignet waren.

In einem Punkt sind sich indes alle einig: Es war Hitler, der mit seiner Energie die deutsche Armee vor Moskau gerettet hat, und dies in einem Augenblick, da das Oberkommando buchstäblich moralisch zusammengebrochen war und nur noch einen Rückzug im Auge hatte, der sich unter den gegebenen Umständen in eine ungeregelte Flucht verwandelt hätte.

Diese paar Bemerkungen stellen eine Schlüsselfrage: Hat Hitler es verdient, in die Reihe der großen militärischen Führer eingereiht zu werden? Von Brauchitsch hat dies in Nürnberg nachdrücklich in Frage gestellt, und Militärhistoriker wie Liddell Hart oder der deutsche Professor Gert Buchheit – »Hitler der Feldherr – Die Zerstörung einer Legende« – kamen zu einem ähnlichen Urteil.

Für jene aber, die den ganzen Krieg über in seiner Nähe weilten, kann die Antwort nur positiv ausfallen. Jodl, einer der besten Köpfe der Wehrmacht, hat bemerkt, man könne Hannibal nicht für einen schlechten Feldherrn halten, weil Karthago letztendlich zerstört wurde. Während des Nürnberger Prozesses haben alle ehemaligen Wehrmachtchefs die außergewöhnlichen Anlagen Hitlers anerkannt. »Der Führer«, erklärte Keitel, »hatte keinerlei militärische Ausbildung erhalten. Aber er hatte die Intuitionen eines Genies. Er hatte sich selbst seine Meinung zu allem gebildet und ausschließlich allein Taktik und Strategie studiert. Wir Generäle standen nicht als seine Lehrer, sondern als seine Schüler vor ihm. Alle Offiziere, die ihn kannten, können bezeugen, daß er über Fragen der Organisation, der Bewaffnung, der Ausrüstung und der Führung aller Truppenteile und – was noch außergewöhnlicher ist – auch der Marine so gut Bescheid wußte, daß es unmöglich war, ihm auf irgendeinem Gebiet auch nur den geringsten Irrtum nachzuweisen. Während all der Jahre, die ich in seinem Hauptquartier verbrachte, habe ich feststellen können, daß er die Nächte dazu nutzte, die großen grundlegenden Werke von Clausewitz, Moltke und Schlieffen zu lesen. Dort hatte er die Kenntnisse und Ideen erworben, die uns immer wieder verblüfften.«[1]

»Seine Führungsmethode«, fügte Göring hinzu, »war folgende: Er gab zunächst allgemeine Anweisungen, hörte sich dann die Ansichten der verschiedenen Kommandierenden Generäle an, koordinierte sie, faßte sie zusammen und kommentierte sie anschließend vor den wichtigsten Generälen. Er fragte um Rat, hörte sich Hinweise an, aber ich möchte betonen, daß alle wesentlichen strategischen Ideen von ihm waren. Er war sehr begabt für die Strategie.«

Auf ganz anderem Gebiet hat auch Dönitz das außerordentliche strategische Talent Hitlers hervorgehoben. Eine aufmerksame Lektüre des Kriegstagebuches der Kriegsmarine zeigt, daß Hitler unter Anweisung von Raeder und Dönitz sehr schnell die Gegebenheiten der Seekriegsführung begriffen hatte und stets dazu fachmännische Fragen stellte. Während der Vorbereitung des Unternehmens »Seelöwe« hatte er – besser als Brauchitsch, Halder und Manstein – die Risiken eingeschätzt, die einer solchen Operation innewohnten, und das selbst für den Fall, daß die Luftwaffe einen Sieg über das Fighter Command davontragen würde.

Guderian, dem niemand Talent und sicheres Urteil absprechen kann, bescheinigt Hitler ebenfalls, das Zeug zu einem Feldherrn gehabt und seine Umgebung stets beherrscht zu haben. Er habe sich ausgekannt, und ohne gut abgestützte Argumente sei es schwer gewesen, ihn von einer Meinung abzubringen.

Für den Erfinder der Panzerwaffe fehlte Hitler allerdings eine solide generalstabsmäßige Schulung. Er hatte auch die Neigung, sich übertrieben für materielle Details zu interessieren. General von Manteuffel, einer der Aufsteiger der Panzerwaffe und nacheinander betraut mit der Führung der 7. Panzerdivision, der Panzerdivision Großdeutschland und schließlich der 5. Armee der Ardennenoffensive, kommt zu einem ähnlichen Urteil. »Hitler hatte eine Menge militärischer Bücher gelesen und sich stets für militärische Vorträge interessiert. Auf diese Weise hatte er seinen Erfahrungen eines einfachen Soldaten im Ersten Weltkrieg eine solide Kenntnis großer Zusammenhänge der Kriegskunst hinzugefügt, wie die Eigenschaften der einzelnen Waffengattungen, die Bedeutung des Geländes, der Wetterlage, des Geisteszustands und der Moral der Truppe. Er hatte ein feines Gespür für die Stimmung der Soldaten. In dieser Hinsicht waren wir nie sehr weit auseinander. Dagegen hatte er überhaupt kein Verständnis für hohe strategische oder taktische Gedankenflüge. Wenn er mit der Führung einer Division noch gerade zurechtkam, so mußte er bei einer Armee vollkommen passen … Er hatte eine große Vorliebe für den Überraschungseffekt, aber es fehlten ihm solide technische Grundkenntnisse, die er für einen wirksamen Einsatz brauchte. Auch konnte er sich an Erfolgszahlen und Mengenangaben berauschen.«[2]

Es bleibt unbestritten, daß Hitler schwere Fehler begangen hat. Zu ihnen gehören die Abänderung des »Falls Blau« im Sommer 1942, die Faszination, die Stalingrad auf ihn ausübte, die Weigerung, ein Ausbrechen der 6. Armee zu akzeptieren, oder sein viel zu langes Festhalten am Brückenkopf Tunesien trotz einer immer bedrückender werdenden Überlegenheit der Alliierten zur See und in der Luft.

Andere Fehler fallen in das Jahr 1944, wie der Gegenangriff bei Mortain am Ende der Normandieschlacht oder die Ardennenoffensive, die die letzten Reserven der deutschen Armee verbrauchte.

Hitler war natürlich nicht der einzige, der während des Krieges folgenschwere Fehler beging. Auch einem Mann wie Churchill sind sie nachzuweisen. Sein Zögern bei der Invasion von Norwegen, deren Initiator er war, seine Intervention in Griechenland, noch ehe der libysche Kriegsschauplatz bereinigt war, die übertriebenen Truppenkonzentrationen in Ägypten auf Kosten der Präsenz im Vorderen Orient waren bedeutende Irrtümer.

Auch dem alliierten Oberkommando muß nach dem Beginn des Angriffs auf Europa schweres Versagen angekreidet werden. Die abwartende Haltung des US-Generals Lucas in Anzio, die es nicht erlaubte, einen kühnen Vorstoß auf Rom unter Nutzung des Überraschungseffekts der Landung vorzunehmen, der für Kesselring verheerend gewesen wäre. Sein Kollege Clark ließ, fasziniert von Rom, die 10. deutsche Armee davonkommen, nachdem der Durchbruch bei Cassino endlich gelungen war. Dasselbe Versagen ereignete sich nach dem Durchbruch durch die deutschen Sperrriegel in der Normandie, wo das Zögern Bradleys und der Disput zwischen Eisenhower und Montgomery den Alliierten einen kompletten Sieg verweigerten.

Auch Stalin kann von gravierenden Fehlleistungen nicht freigesprochen werden. Zu Anfang des Konflikts hat er durch viel zu spät gegebene Rückzugsbefehle in der Ukraine und am Donez schwerste Verluste unter seinen Truppen verursacht. Den ganzen Krieg über und bis in die Jahre 1943/44 hinein hat er stur an der Methode des breitangelegten Generalangriffs festgehalten, anstatt Schwerpunkte zu bilden und die Schwachpunkte beim Gegner zu suchen, was zu ungeheuren Verlusten der Roten Armee führte.

Den ganzen Krieg hindurch wird Hitler Gefangener seines fundamental aggressiven Temperaments bleiben. Noch dazu wird er anfänglich vom Schicksal verwöhnt, von den verblüffenden Erfolgen seiner Unternehmungen vor dem Krieg und den militärischen Siegen, die gegen alle Regeln der klassischen Kriegskunst errungen wurden – in Norwegen, an der Maas bei Sedan, auf Kreta. Daß es ihm gelingt, die Krise vor Moskau 1941 zu meistern, wird ihn in der Überzeugung bestärken, daß ein Durchhalten in aussichtsloser Lage das Kriegsglück wenden kann.

Er ist auch Gefangener seiner eigenen Erfahrungen als Frontsoldat des Ersten Weltkriegs. Auf seinen Kriegseinsatz kann er zu Recht stolz sein. Zweimal verwundet, ist er mit beiden Eisernen Kreuzen ausgezeichnet worden. Kriegsfreiwilliger im hauptsächlich aus jungen Rekruten bestehenden 16. Bayerischen Infanterieregiment, wird er im November 1914 in die Flandernschlacht geworfen. Sein Regiment wird fast aufgerieben. Nach nur einer Woche überleben nur 611 von ursprünglich 3000 Mann. Hitlers Kompanie ist am Schluß nur noch 42 Mann stark. Die Deutschen nennen diese Schlacht später den »Kindermord von Ypern«. Den ganzen Krieg über bleibt Hitler im selben Regiment und immer an der Westfront. Als Melder hat er eine besonders riskante Verwendung. An drei besonders blutigen Schlachten hat er teilgenommen: bei Ypern, an der Somme, bei Arras.

Seine Vorgesetzten behalten ihn als einen besonders tapferen Soldaten in Erinnerung.[3] Sein Regimentskommandeur Oberst Spatany beurteilt ihn als »außergewöhnlich mutig und unerschütterlich standfest ... leuchtendes Beispiel seiner Kameraden ... all das und seine bewundernswerte Bescheidenheit machen ihn besonders beliebt bei Vorgesetzten wie Kameraden«. Für Oberstleutnant Tubeuf war Hitler der ihm am nächsten stehende seiner Untergebenen. »Die Ansichten, die er in unseren Gesprächen äußerte, ließen seine tiefe Liebe zur Natur und ganz allgemein seine grundsätzliche Aufrichtigkeit und Ehrlichkeit erkennen.«

Aus seinen Erfahrungen als »Frontschwein« hat Hitler die Überzeugung mitgenommen, daß Krisen durch eiserne Kampfbereitschaft und zähes Festhalten in der Stellung bewältigt werden können. Jede Aufgabe einer mühsam eroberten Stellung kann die Truppe nur demoralisieren. Grundsätzlich, und nach der Krise von Moskau um so mehr, ist Hitler der Ansicht, daß der Krieg allem voran eine Sache des Willens sei.

Hitler kann, wenn man so sagen darf, mildernde Umstände für sich in Anspruch nehmen, selbst wenn er als Chef eines totalitären Regimes mit alleiniger Entscheidungsgewalt für alles die Verantwortung trägt. Viele seiner Irrtümer sind sozusagen kollektiver Natur. Die Schlacht von Kursk ist einem widerstrebenden, von Zweifeln geplagten Hitler von Zeitzler, Manstein und Model aufgenötigt worden.* Aber sie haben alle immer neue Verschiebungen des Angriffstermins geduldet, in dem Bemühen, erst die Aufstockung ihrer Panzerverbände mit neuem Material abzuwarten.

Als Hitler im August 1943, beunruhigt von der Lage in Italien, eine allgemeine Frontverkürzung im Osten vom Onega-See bis zum Dnjepr und zur Halbinsel Kertsch ins Auge faßt, gibt es einen gewaltigen Tumult. Der Oberbefehlshaber der Nordfront, General

---

* So stimmt das nicht. Den Grundgedanken hatte Hitler akzeptiert, aufnötigen ließ er sich von Personen überhaupt nichts. Als Zeitzler Anfang Juni auf die Operation verzichten wollte, ließ sich Hitler, auf Kluge und Manstein gestützt, nicht darauf ein. Er argumentierte, daß die Initiative ergriffen werden müsse und daß er angesichts der schwierig gewordenen Gesamtlage einen Erfolg brauche.

von Küchler, eilt nach Rastenburg und weist darauf hin, daß die Aufgabe der Belagerung von Leningrad seine Truppen zutiefst demoralisieren würde.
Dönitz pflichtet dem General bei und weist darauf hin, daß eine Aufgabe des von Minen und Stahlnetzen gesperrten Finnischen Meerbusens der sowjetischen Flotte eine Rückkehr in die Ostsee erlauben und die Ausbildung der U-Boot-Besatzungen an neuen Booten gefährden würde. Im Süden würde eine Räumung von Noworossisk und des Kuban-Brückenkopfes verheerende strategische Folgen im Schwarzen Meer nach sich ziehen und die Türkei zum Eintritt in den Krieg gegen das Reich veranlassen. Speer und sein Adlatus Saur treten für die Aufrechterhaltung eines weiten Brückenkopfes um Saporoschje ein, dessen Staubecken die Elektrizitätswerke von Dnjeproges versorgen, von denen wiederum die Stahlwerke von Kriwoi-Rog, die Manganförderung von Nikopol und die Eisenhüttenwerke von Dnjepropetrowsk abhängen, die soeben wieder unter großem Aufwand instand gesetzt wurden. Vor dieser Protestwelle verschiebt Hitler zunächst seine Entscheidung.[4]
Auch der Plan einer Evakuierung der Krim am Ende des Jahres stößt auf äußerste Zurückhaltung. Der Oberbefehlshaber der 17. Armee garantiert Hitler die Verteidigung der Landenge von Perekop. Dönitz unterstreicht noch einmal die Bedeutung des Besitzes der Krim für Rumänien, Bulgarien und die Türkei. Im Falle eines sowjetischen Angriffs könne die Marine den Nachschub für die Halbinsel sichern und gegebenenfalls für eine Evakuierung der Truppe zur Verfügung stehen. In Wirklichkeit werfen sowjetische Sturmtruppen wenig später die deutschen Verteidiger auf Perekop zurück und dringen auf die Krim ein. Schlechten Wetters und ständiger Bombenangriffe wegen gelingt die Evakuierung der Truppen nur teilweise, 50000 Mann gehen in sowjetische Gefangenschaft und besiegeln damit eine der größten Niederlagen an der Ostfront. Im Fall Sizilien allerdings ist es Hitler, der die Räumung der Insel gegen die Meinung von Dönitz und Kesselring erzwingt.
Das Problem der Rückzugsbewegungen ist nie zufriedenstellend gelöst worden, wie General von Senger und Etterlin, den man nicht der Sympathien für Hitler verdächtigen kann, unterstreicht. Jedes Ausweichen zieht unweigerlich ein weiteres nach sich, mit unglücklichsten Auswirkungen auf die Flanken. Der ununterbrochene Rückzug Mansteins im Herbst 1943 an der Südfront in

Richtung Dnjestr und Karpaten entblößt die Heeresgruppe Mitte, zwingt sie zu wiederholten Frontverkürzungen und zur Aufgabe von Smolensk, Gomel und Brjansk. Das Ausweichen Mansteins führt auch zur Isolierung der Krim. Fast immer entspringen solche Rückzüge dem »Kult der guten Auffangstellung«.* Im September 1943 kann Manstein trotz seiner Voraussagen die Dnjepr-Linie nur einige Wochen lang halten. Hinter dem Dnjestr wird es ihm nicht besser gehen. In Italien kann Kesselring, praktisch Alleinherrscher an der gesamten Front, den Durchbruch durch die Gustav-Linie im Mai 1944 nicht verhindern. Zwar kann man sich im Herbst noch einmal auf der Goten-Linie fassen, aber auch sie kann nicht verhindern, daß sein Nachfolger an der Errichtung eines »Alpenreduit« im April 1945 scheitert.

Die Auseinandersetzung um Begriffe wie Frontverkürzung und elastische Verteidigung betrifft wesentlich die Ostfront. Von Senger und Etterlin meint, sie sei falsch geführt worden und habe am Kern vorbeigeführt.** Die deutschen Generäle mit ihrer »kontinentalen Denkweise« hätten nie die Auswirkungen realisiert, welche die anglo-amerikanische Strategie für den westlichen Kriegsschauplatz und damit die gesamte Kriegführung haben würde. Die Alliierten, Herren der Meere, stellten eine permanente Bedrohung für die gesamten europäischen Küstenlinien vom Mittelmeer bis zur Arktis dar. Dieser Druck zog eine Verzettelung der Mittel nach sich. Die Ostfront blieb zwar wichtigste Front, aber sie wurde nach und nach aufgegeben. Zwar blieben ihr 65 Prozent der Großverbände zugewiesen, aber nur die Hälfte der Panzer- und Panzergrenadierdivisionen. Am Ende der fürchterlichen Schlachten des Winters 1943/44, die seine Truppen auf die Karpaten zurückgeworfen hatten, mußte Manstein seinen Memoiren anvertrauen, daß er es kaum hätte besser machen können, »ohne anderswo beträchtliche Risiken in Kauf zu nehmen«.[5]

---

* Das war kein Rückzug, sondern unumgänglicher hinhaltender Widerstand gegen einen weit überlegenen Feind, wie ihn Führung und Truppe nicht besser hätten leisten können. Diese Kampfart stand bei den alliierten Armeen noch nicht in den taktischen Vorschriften. Sie war gedanklich in der Reichswehr entstanden, die im Fall des Falles gegen weit überlegene Gegner hätte kämpfen müssen. Woher Masson den Ausdruck »Kult der guten Auffangstellung« hat, ist nicht ersichtlich. Er könnte von Hitler stammen ...

** Senger und Etterlins Meinung bezieht sich auf die Strategie, wo sie zutrifft, aber nicht auf die Taktik des hinhaltenden Widerstands.

Diese reduzierte Sicht der Befehlshaber an der Ostfront wird noch mehr eingeengt durch die Aufgabenteilung.* Das OKH, oder besser der Generalstab des Heeres, ist ganz auf die Leitung der Operationen an der russischen Front beschränkt. Dem OKW, verantwortlich für alle drei Wehrmachtteile, obliegen alle übrigen Kriegsschauplätze, Mittelmeer, Balkan, die Westfront von Bayonne bis zum Nordkap. Außerdem bestimmt es über die strategischen Reserven und leiht in kritischen Situationen Divisionen an das OKH aus.

Hitler weiß, daß Rückschläge und Niederlagen nicht nur auf die mangelnde Entschlußkraft seiner Generäle und deren Neigung zu Rückzügen zurückzuführen sind. Ähnlich wie Napoleon nach dem Rußlanddesaster oder den Niederlagen in Deutschland im Jahre 1813, neigt auch er dazu, obskure, irrationale Kräfte für seine Rückschläge verantwortlich zu machen. Sein Glück scheint ihn zu verlassen. Sein Stern verblaßt. »Es ist wie verhext«, wiederholt er mehrfach. »Nichts gelingt uns mehr«, gesteht er vor Guderian ein, der ihm nur empfehlen kann, die Methoden zu ändern.

In Wahrheit hat sich die Konjunktur geändert, ohne daß die Deutschen, auf welcher Befehlsebene auch immer, das bemerkt haben.** Das Reich stößt zunächst auf ein eisernes Gesetz, das der

---

* Hier wird eine sehr wichtige Tatsache angesprochen, bei der das wichtigste der politische Hintergrund ist. Diese »Aufgabenteilung« setzte mit dem Norwegenfeldzug ein und wurde systematisch von Hitler weitergeführt, bis es mit Ausnahme der Ostfront zwischen Ostsee und Schwarzem Meer nur noch vom OKW geführte Kriegsschauplätze gab. Diese waren der Zuständigkeit des Chefs des Generalstabes hinsichtlich der operativen Führung entzogen. Für die gesamte Versorgung des Heeres an allen Fronten blieb der Generalquartiermeister der Verantwortliche, der aber diesbezüglich Hitler und nicht dem Chef des Generalstabes unterstand. Alles in allem eine höchst unglückliche Kriegsspitzengliederung. Der Grund dafür war weder irgendeine strategische Notwendigkeit noch organisatorische Zweckmäßigkeit, sondern allein die Entmachtung des Chefs des Generalstabes und des Hitler verhaßten Generalstabes des Heeres, dem er nicht ohne Grund mißtraute.

** Daß »die Deutschen« dies nicht bemerkt hätten, kann man nicht sagen. Es wurde auf allen Ebenen mit Ausnahme der obersten mehr oder weniger bemerkt und darauf hingewiesen. Das ist nachzuweisen. Aber Hitler und das OKW wollten die Bedeutung der »geänderten Konjunktur« in Überschätzung der eigenen Möglichkeiten nicht sehen. Hitler behauptete immer wieder, daß »nationalsozialistischer Geist« im Verein mit soldatischem Können die zahlenmäßige und materielle Unterlegenheit ausgleichen müsse und könne.

großen Zahl. Bis 1941 konnte die deutsche Armee, wenn auch nicht wie im Falle Polens von einer zahlenmäßigen Überlegenheit, so doch von einer Gleichrangigkeit der Kräfte profitieren, wie wir das im Frankreichfeldzug gesehen haben. Eine Unterlegenheit zu Beginn des Ostfeldzuges kann sie durch eine unbestreitbar höhere Manövrierfähigkeit ausgleichen. Diese Faktoren erklären die großen Erfolge in Rußland und in Nordafrika in den Jahren 1941 und 1942. Daß es nicht gelingt, Stalingrad oder El Alamein aus dem Feuer zu reißen, ist dagegen sehr viel weniger auf taktische Fehler als auf die wachsende zahlenmäßige und materielle Überlegenheit der Gegner zurückzuführen.

General Jeremenko stimmt dem, wenn er von den Schlachten an der Wolga und im Kaukasus spricht, zu: »Die deutschen Generäle können uns nicht weismachen, daß sie, hätte Hitler sie nicht zum Versacken in Stalingrad gezwungen, einen Sieg davongetragen und auf jeden Fall den Kaukasus im Herbst 1942 genommen hätten. In Wahrheit liegt der Kern des Problems woanders. Nicht, daß Hitler gleichzeitig Stalingrad und den Kaukasus nehmen wollte, war ihr Unglück, sondern daß er nicht über genügend Truppen verfügte, um zwei Operationen diesen Ausmaßes durchführen zu können. Er hat seiner Armee eine Aufgabe zugewiesen, die über ihre Kräfte ging, weil er den Satelliten und den Alliierten zeigen wollte, wie stark die Wehrmacht war.«

Im nachhinein erscheint es erstaunlich, daß die deutsche Armee mit so geringen Mitteln – ein Dutzend Panzerdivisionen und 30 Infanteriedivisionen, dazu ein paar mittelmäßige verbündete Kontingente – im Sommer 1942 solche Erfolge im Süden Rußlands erringen konnte. Auch die Siege Rommels vor El Gazala und Tobruk müssen bei der Verzettelung der Kräfte im Frühjahr 1942 verblüffen. Auch hier gilt: Nur die überlegene Taktik und der Einsatz des deutschen Soldaten haben derart erstaunliche Leistungen möglich gemacht.

Angesichts der enormen Mittel, über die die Engländer und die Sowjets verfügten, waren beispielsweise Rommels Chancen vor El Alamein oder die des OKH ein Jahr später beim Versuch, den Frontbogen von Kursk einzudrücken, überaus gering. Auch die Luftwaffe mußte sich schließlich den wiedererstarkten sowjetischen Luftstreitkräften und den gleichzeitig auftretenden, weit überlegenen anglo-amerikanischen Bomberverbänden beugen.

Das Gesetz der großen Zahl gilt auch auf einer sehr viel höheren

Ebene. 1943 sieht sich das Großdeutsche Reich mit seinen 100 Millionen Einwohnern, auch wenn man die 70 Millionen seines japanischen Verbündeten hinzuzählen kann, der erdrückenden Überzahl von 200 Millionen Sowjets, 190 Millionen Amerikanern und 50 Millionen Briten ohne die Länder des Commonwealth gegenüber.

Die Wehrmacht muß sich auch mit immer größer werdenden feindlichen Truppenkontingenten auseinandersetzen. Im Osten ist die Rote Armee mit 400 bis 500 Divisionen doppelt so stark wie die deutschen und verbündeten Satellitenarmeen. Auch die Stärke der Anglo-Amerikaner wird immer bedrohlicher. 60 Divisionen stehen im Frühjahr 1944 zum Sprung auf den westeuropäischen Kontinent bereit. Ein Jahr später werden es 100 sein. Der Unterschied fällt noch mehr ins Auge, wenn man weiß, daß die Truppen der Westmächte durchgehend motorisiert sind und auch die motorisierten Verbände der Roten Armee durch das Leih- und Pachtgesetz der USA immer größeren Umfang annehmen.

Dasselbe gilt für die Rüstungen, wo der Abstand trotz Einführung der Kriegswirtschaft in Deutschland im Jahre 1943 immer größer wird. In diesem Jahr produzieren Deutschland und Japan zusammen nur 13000 Panzer, die Alliierten dagegen 50000. Bei der Flugzeugproduktion sind es 42000 gegenüber 140000. Gleiches gilt auch noch für die Produktion von Kraftfahrzeugen für die Streitkräfte und schließlich für die Mannschaftsstärken: 12,5 Millionen Mann der Achsenmächte stehen 23 Millionen ihrer Gegner gegenüber.[6]

Hinzu kommt folgendes: Der Gegner ist durch die deutsche Schule gegangen und hat aus seinen Fehlern gelernt. Er weiß jetzt, wie man Krieg führen muß. Auch das bekommt die Wehrmacht zu spüren. Von Ende 1942 an wird die Rote Armee zunehmend zu einem achtunggebietenden Kampfinstrument. Das jedenfalls antwortet Model auf Hitlers Vorwurf, der deutsche Soldat von 1943 sei nicht mehr der des Jahres 1941. »Mein Führer, der Soldat von 1941 ist tot. Ja, er ist tot, irgendwo in Rußland gefallen. Aber der Soldat, den wir heute haben, ist ebensogut. Zwischen beide geht nicht einmal eine Speckschwarte. Der Unterschied kommt daher, daß der Gegner besser geworden ist.«

Das ist er, auch wenn die Rote Armee vorerst eisern an erschreckend einfältigen Methoden festhält, wie man es im Sommer 1943 vor Orscha im Mittelabschnitt studieren kann. Nach starker

Artillerievorbereitung gehen, unterstützt von ein paar Panzern, mit erstaunlicher Regelmäßigkeit die Infanteristen zum Angriff über, um 9.00 Uhr, zwischen 9.00 und 10.00 Uhr und am Nachmittag zwischen 14.00 und 15.00 Uhr. »Das ging fast auf die Minute«, berichtet der Oberbefehlshaber der 4. Armee, General Heinrici. »Die Russen handelten unter Druck. Sie mußten angreifen, bis sie auf unser Sperrfeuer stießen. Hinter ihnen, Revolver im Anschlag, verboten ihnen Kommissare und Offiziere jedes Zurückweichen. Die russischen Infanteristen waren schlecht ausgebildet, aber sie griffen mit großem Schwung an.« Auf diese Weise konnten neun deutsche Divisionen, gestützt auf 380 Geschütze, an diesem Abschnitt den sowjetischen Angriffswellen furchtbare Verluste zufügen.

Aber auch das sowjetische Oberkommando kommt allmählich zu einer anderen Kampfführung, die den Durchbruch selbst durch die am besten verteidigten Stellungen ermöglicht. Sorgfältige Angriffsvorbereitung, kurzer heftiger Feuerschlag der Artillerie, von Panzerbataillonen begleitete Infanterieangriffe, Durchbruch, Ausfächern in die Tiefe, Aufrollen der feindlichen Front.

Auch die anglo-amerikanische Strategie stützt sich auf die materielle Überlegenheit und setzt Kombinationen von Panzern, Artillerie, taktischer und sogar strategischer Luftwaffe ein. Die Methode ist buchhälterisch, ihre Ausbeutung oft zögerlich. Das langsame Vorankommen ist bedingt durch den Zwang motorisierter Armeen, sich an das Straßennetz zu halten, schließlich durch den sparsameren Umgang mit Menschenleben, über die das alliierte Oberkommando aus ersichtlichen Gründen nicht so freizügig verfügen kann wie das sowjetische System.

So muß sich Deutschland ab 1943 gleich zweier Gegner erwehren. Der gefährlichere ist bei weitem die Sowjetunion, sowohl durch die Qualität ihres Materials als auch durch die Masse der Kämpfenden mit dem unvergleichlichen Opfersinn des russischen Infanteristen, dessen Bereitschaft zum Sterben, wie Sinowjew sagt, höher ist als die Fähigkeit des deutschen Soldaten zu siegen.[7] 1944/45 ist die Rote Armee doppelt so stark wie alle auf dem europäischen Kriegsschauplatz eingesetzten alliierten Streitkräfte zusammengenommen.[8]

Ein paar Zahlen geben einen Einblick in den schrecklich blutigen Charakter des Krieges im Osten. Vom 22. Juni 1941 bis zum März 1945 sind vier Fünftel der deutschen Soldaten an der Ostfront getötet, verwundet oder vermißt worden. Insgesamt 6,5 Millionen Menschen. Bis zur Schlacht in der Normandie waren die deutschen Verluste an allen anderen Fronten, in Afrika oder in Italien, vergleichsweise wesentlich geringer. Vergessen wir nicht, daß die Opfer der Roten Armee an Gefallenen und Gefangenen auf 8,9 Millionen geschätzt werden.[9]

Mit einem anderen Handicap muß die Wehrmacht zurechtkommen: dem Versagen ihres Nachrichtendienstes. Dabei hatte die Abwehr unter Admiral Canaris, hatten der Sicherheitsdienst der Partei unter Heydrich und, nach dessen Ermordung in Prag am 27. Mai 1942, unter Kaltenbrunner zunächst brillante Resultate zu verzeichnen.

Entgegen der Meinung einiger Autoren waren die Beziehungen zwischen Canaris und Heydrich zumindest zu Anfang durchaus herzlicher Natur, zumal auch Heydrich aus der Marine kam und beide zusammen auf dem Kreuzer »Berlin« gedient hatten. Ende 1936 waren die Aufgaben zwischen beiden Diensten verteilt worden. Die Abwehr hatte sich das Monopol der militärischen Nachrichtenbeschaffung und der Kontakte mit den Nachrichtendiensten gewisser ausländischer Staaten wie Finnland, Ungarn, Rumänien und Japan reservieren lassen. Den von Abwehr und Sicherheitsdienst gelieferten Informationen ist ein großer Teil der Erfolge kurz vor und während der ersten Jahre des Krieges zuzuschreiben.

Das Reich verfügt mit dem »Forschungsamt« über eine andere effektive Organisation. Das Amt untersteht Göring und wird von ihm aus Gründen der Tarnung allmählich in die Luftwaffe übernommen. Seine Aufgaben sind das Brechen der diplomatischen Codes, das Abhören von Telefongesprächen, Überwachung des Telegrammverkehrs und der Korrespondenzen sowie das Abhören gegnerischer Radiosendungen. Die Organisation spielt eine wichtige Rolle bei den diplomatisch-militärischen Ereignissen des Jahres 1938. Mehrfach können Hitler und seine Stäbe das diplomatische Spiel ihrer Gegner auf diese Weise genau verfolgen, beispielsweise als die Telefongespräche Beneschs abgehört werden.

Zu Beginn des Krieges können die Deutschen einige wichtige gegnerische Codes knacken und so den Funkverkehr zwischen dem französischen Kriegsministerium und den diversen Armeen oder den Truppen in den Kolonien entschlüsseln. Der Chiffrierdienst der Kriegsmarine, genannt B-Dienst, kann sich sowohl in den französischen als auch in den britischen Marinecode, den »Naval

Cypher« oder den »Naval Code« einschleichen, die beide mit Chiffriertafeln arbeiten. Als der Norwegenfeldzug beginnt, dechiffrieren die Deutschen über 30 bis 50 Prozent der Funksprüche der Admiralität, zu ihrem nicht geringen operativen Vorteil, wie man sehen konnte.

Aber die große Wende kommt nach dem Ende des Frankreichfeldzuges. Der Abwehr gelingt es nicht, in den Vereinigten Staaten Fuß zu fassen. Die von U-Booten abgesetzten Agenten werden fast sofort enttarnt und aufgegriffen. Die Aktivitäten des Admirals Canaris betreffen übrigens zunächst nur die Wirtschaftsspionage und das Gewinnen der Sympathien isolationistischer Kreise mit der Absicht, Einfluß auf die amerikanische Außenpolitik zu gewinnen. Es gab indes ein positives Resultat. Den deutschen Agenten fiel das Schema des berühmten Bombenzielgeräts Norden in die Hände, das bereits in den US-strategischen Bomberverbänden im Dienst war.

Bei den extrem wirksamen Maßnahmen der britischen Gegenspionage MI 5 haben die Agenten des Admirals Canaris auch in Großbritannien von Anfang an keine Chance. Ab September 1939 werden 6000 von ihnen verhaftet, zehnmal mehr nach dem Zusammenbruch Frankreichs. Sie fallen den englischen Überwachern praktisch schon bei der Ankunft in die Hände. Einige werden exekutiert, andere umgedreht. Bis zum Kriegsende werden sie im System »Double Cross« beschäftigt.

Man kann nur erstaunt sein über die Naivität der Abwehr und des SD. Sie haben sich nie darüber gewundert, daß ihre »Agenten« Tausende von Funksprüchen absetzen konnten, ohne von der britischen Gegenspionage entdeckt zu werden. Dies muß um so mehr erstaunen, als die Abwehr über einen eigenen »Funkdienst« verfügte, dessen Funkpeilung von 1940 an schreckliche Verheerungen unter den europäischen, vor allem französischen Widerstandsfunkern anrichtete und ganze Funknetze zerstören konnte.

Auch gegenüber der Sowjetunion versagt die Abwehr vollkommen. Da sie keine Agenten einschmuggeln kann, ist sie auf gelegentliche Berichte von Besuchern wie Guderian oder Ingenieuren der Industrie angewiesen, um sich ein Bild von der militärischen und wirtschaftlichen Macht der Sowjetunion zu machen. Aber dieses Bild ist unvollkommen oder falsch.

Im Verlauf des Krieges werden die Schwierigkeiten nicht geringer. Je stärker die gegnerische Luftwaffe wird, desto geringer wird die Eindringtiefe der deutschen Fernaufklärungsflugzeuge. Ab 1943/44 ist ihnen der Zugang zu den Britischen Inseln praktisch unmöglich. Die Luftwaffenführung muß sich auf nächtliche Aufklärungsflüge beschränken, mit Leuchtbomben und Blitzlichtaufnahmegeräten arbeiten. An der Ostfront sind Bomber und Aufklärer wegen der immer stärker werdenden sowjetischen Luftwaffe auf Jagdschutz angewiesen, was ihren Aktionsradius beträchtlich einschränkt. Die Luftwaffe kann praktisch nur noch in Frontnähe operieren.[10]

Trotz schwerer Schläge durch Abwehr und Sicherheitsdienst wächst das Nachrichtennetz der Widerstandsbewegungen im besetzten Europa – in Polen, der Tschechoslowakei, den Niederlanden, Belgien und Frankreich – beträchtlich. Die Alliierten verfügen permanent über ein extrem genaues Bild der Stationierung aller Wehrmachteinheiten, ihre Bewegungen, manchmal sogar der Absichten der Führung.

Hauptquelle der feindlichen Informationen bleibt indes die Entschlüsselung der mit der »Enigma«-Chiffriermaschine vercodeten Funksprüche. Dies betrifft nicht nur die Kriegsmarine. Ab 1940 ist auch die Luftwaffe, deren Chiffriermethoden weniger rigoros sind als die der Kriegsmarine, enttarnt. Den ganzen Krieg über kann Bletchley Park fast täglich der militärischen und politischen Führung eine Masse von Informationen auf den verschiedensten Gebieten, und natürlich auch dem der operativen Planung, auf den Tisch legen. So ist die anglo-amerikanische Führung im voraus genauestens über fast alle deutschen Unternehmungen unterrichtet. Überraschungen wie die Ardennenoffensive oder der Fehlschlag von Arnheim sind nicht einem Mangel an Nachrichten, sondern deren schlampiger Auswertung zuzuschreiben.

Auch Verrat ist im Spiel. Fest steht, daß die Alliierten von Informationen profitieren konnten, die sowohl von Oberst, später General Oster in der Abwehr als auch von den Generälen Fellgiebel und Wagner im OKW, ersterer Chef des Nachrichtenwesens, sowie von Oberst Roenne, Chef Fremde Heere West im OKH, ausgingen.[11]* Andere Informationen kamen von der »Roten Kapelle«

---

* Aus deutschen Quellen ist nicht bekannt, daß Fellgiebel, Wagner und Roenne Landesverrat begangen hätten. Auch in dem von Masson angegebenen französischen Werk von M. Baumont ist davon nichts zu finden. Hochverrat dagegen verübte jeder, der zum aktiven Widerstand gehörte.

und von Harro Schultze-Boysen, einem zutiefst gegen den Nationalsozialismus eingestellten Luftwaffenoffizier im Reichsluftfahrtministerium in Berlin, der am 31. Mai 1942 verhaftet wird.
Gleichzeitig verliert die Wehrmacht die Schlacht um die wichtigsten Codes. Als im Sommer 1940 die britische Admiralität neue Codes einführt, von den Deutschen u. a. »Frankfurt« genannt, registriert der B-Dienst sofort ein merkliches Zurückgehen seiner Resultate. Von 1943 benutzen die Flotten der USA, Kanadas und Großbritanniens ein neues, der »Enigma« ähnliches Chiffriergerät, und die Abhördienste der Kriegsmarine stoßen in ein Dunkel, das den ganzen Krieg über andauern wird.
Trotzdem gelingt es den Deutschen im März 1940, den dritten gegnerischen Code, den »Merchant Navy Code«, zu knacken und damit der Rudeltaktik der U-Boote zum Durchbruch zu verhelfen. Erst im Juni 1943 haben die Alliierten einen neuen Code, den »Naval Cypher 5« entwickelt, der es den Deutschen wieder unmöglich macht, die Bewegungen der Geleitzüge zu erkennen und diese zu versenken.
Wie schon berichtet, sind für die Wehrmacht auch in Afrika ab 1942 alle großen Nachrichtenquellen versiegt. Noch im Oktober 1941 hatte die Abwehr den Funkverkehr zwischen dem US-Militärattaché in Kairo und Washington mit einer Fülle von Nachrichten über britische Absichten und Truppenbewegungen abfangen können. Durch das Abhören der Funksprüche zwischen dem italienischen Verbindungsoffizier im Stabe Rommels und Rom war die alliierte Abwehr auf dieses »leak« gekommen. Sie wechselte den Code, und die Deutschen saßen im dunkeln.
Das passiert in dem Augenblick, in dem ein australisches Bataillon am 10. Juli 1942 die komplette Funkhorchkompanie des Afrikakorps mit allen ihren Unterlangen gefangennehmen kann. Rommel sieht sich von heute auf morgen seiner sämtlichen Nachrichtenmittel beraubt. Dieses Manko erklärt zum größten Teil sein Scheitern bei dem Versuch, im August 1942 die britischen Stellungen um Alem Halfa zu nehmen.
Eine weitere wertvolle Quelle für Informationen aller Art für Engländer und Amerikaner ist die Vertrauensseligkeit, mit der die Deutschen dem japanischen Botschafter in Berlin, General Oshima, gegenübertreten. Aus dem überwachten Funkverkehr zwischen dem Botschafter und seinem Ministerium in Tokio schöpfen die Alliierten Nachrichten von extremer Wichtigkeit über neue U-

Boote und Düsenjäger, über den Fortgang der Arbeiten am Atlantikwall, über die Maßnahmen des OKW während der Schlacht in der Normandie.[12]

Bis zum Kriegsende beherrscht die Wehrmacht indes das Feld der Dechiffrierung kleiner taktischer Codes, vor allem bei der britischen Armee. Auch zeigt sie sich als Meister bei der Analyse des Funkverkehrs, bei der man nicht nur Frequenzen und Funkspruchaufkommen, sondern Eigenart und Stil der einzelnen Funker nachgeht.

Im Strategiebereich bewegt sich die oberste deutsche Führung allerdings in dichtestem Nebel. Alle ab Ende 1942 von den Alliierten oder den Sowjets ausgelösten Operationen treffen sie jedesmal unvorbereitet und uninformiert, ob es sich um die Einkesselung von Stalingrad, die Landung in Nordafrika oder die amphibischen Unternehmungen in Sizilien und Italien bis hin nach Anzio handelt. Noch im Frühjahr 1944 ist sich das OKW über Ort und Zeit einer alliierten Landung in Westeuropa völlig im unklaren.

Auch schätzen die Deutschen oftmals das Potential des Gegners falsch ein. Sie neigen zu einer Überschätzung der anglo-amerikanischen Kräfte im Mittelmeer und in England. Einige dieser Fehlleistungen werden absichtlich begangen, wie wir später sehen werden. Dagegen unterschätzen sie sträflich immer wieder das sowjetische Potential. »Wir standen einer Hydra gegenüber, der ständig zwei neue Köpfe nachwuchsen, wenn wir einen abgeschlagen hatten.«[13]

Auch Gehlen, Chef Fremde Heere Ost im OKH, dessen Kenntnisse nicht immer auf eigenen Quellen beruhten, hat sich schwere Fehler in der Einschätzung der Truppenverlegungen und der Absichten der Roten Armee zuschulden kommen lassen. Sie sind zum Teil auf die im Laufe der Zeit immer wirksamer werdende Beherrschung der Kunst der »Maskirowka«, der Desinformation des Gegners, durch das sowjetische Oberkommando zurückzuführen. Von 1944 an sind alle Offensiven der Sowjets böse Überraschungen für das OKH gewesen. Sowjetische Angriffsvorbereitungen wurden erst Tage, oft Stunden vor Angriffsbeginn erkannt.[14]

Auch die westlichen Alliierten üben sich in Desinformation und Täuschung. Eine ihrer gelungensten Operationen ist das Unternehmen »Mincemeat«, die Aussetzung des Leichnams des britischen Captain W. Martin vor der spanischen Küste bei Huelva.

Die bei dem Toten – offensichtlich Opfer eines Flugzeugunglücks – gefundenen Papiere werden den Deutschen übermittelt. Sie handeln von einer Landung in Griechenland. Das OKW fällt trotz sorgfältiger Untersuchung der Dokumente auf den Schwindel herein und schickt Truppenverstärkungen auf den Peloponnes, die von Sizilien abgezogen wurden.

Vor der Landung in der Normandie unternimmt die »London Controlling Section« (LCS) ein Täuschungsmanöver größeren Umfangs. Mit einer Reihe von eingeschleusten Nachrichten läßt man das deutsche Oberkommando an Ablenkungslandungen in Norwegen und auf dem Balkan glauben. Auch suggeriert man zwei Landeoperationen in Frankreich, eine in der Normandie, die zweite im Norden der Seine-Mündung.

Am 27. November hält Jodl vor den Gauleitern eine Rede, die zeigt, daß die Wehrmachtführung dank des Versagens der Funkhorchdienste völlig im unklaren über die Absichten des Gegners ist. Die deutsche Armee muß sich auf alle Eventualitäten vorbereiten und ist gezwungen, ihre Kräfte zu verzetteln. So liegen 600 000 Mann in Skandinavien, 1,7 Millionen in Frankreich, 400 000 in Nord- und Mittelitalien, 600 000 auf dem Balkan. Mehr als die Hälfte der darin enthaltenen Divisionen sind von mittelmäßiger Qualität, aber darunter befindet sich auch die Hälfte der besten deutschen Eingreifverbände.

Die Vorwürfe, die die Generäle nach Kriegsende ihrem ehemaligen Kriegsherrn machen, sind weit davon entfernt, zu überzeugen. Die Wehrmacht der beiden letzten Jahre des Krieges befindet sich in der Situation der kaiserlichen Armee am Ende des Ersten Weltkriegs. Sie bleibt ein bemerkenswertes Instrument der Kampfführung, aber sie ist nicht mehr fähig, an zwei Fronten gleichzeitig zu kämpfen.

Wenn die deutschen Heerführer freie Hand gehabt hätten, wären sie wahrscheinlich der schonungsvollen und vorsichtigen Strategie Ludendorffs gegenüber den Angriffen der Alliierten im Sommer 1918 gefolgt. Sie hätten die Pokercoups des Gegenangriffs von Mortain und der Offensive in den Ardennen vermieden. Das Endergebnis wäre das gleiche gewesen. Ohne ein Wunder konnte das Dritte Reich, von allen seinen Verbündeten verlassen und Zielscheibe des Hasses der ganzen Welt, seinem Schicksal nicht mehr entkommen.

Trotzdem muß gesagt werden, daß Hitlers Verhalten am Ende des

Krieges den Sturz in den Abgrund beschleunigt hat. Der »Führer« von 1944/45 ist nicht mehr der vom Anfang des Krieges. Während der ersten drei Jahre ist Hitler im Vollbesitz seiner Kräfte, er meistert die strategischen und technischen Probleme und akzeptiert Einwendungen. Außerdem beweist er Instinkt. Die großen Siege von 1939/40 sind sein Werk.

Die Beziehungen zu seiner Umgebung sind herzlicher Natur, selbst wenn seine Mitarbeiter einen wachsenden Horror haben vor den endlosen Abenden und Nächten, in denen Hitler immer wieder über dieselben Themen monologisiert: die Juden, das Christentum, die Jesuiten, den Bolschewismus, den Ursprung der spartanischen Schubkarre, die Vereinheitlichung der Voltspannung in den E-Netzen oder die Abneigung des Menschen gegen Schlangen, Fledermäuse oder Regenwürmer. Bei diesen endlosen Monologen kommt die ganze wirre und chaotische Kultur des Autodidakten zum Vorschein.

Erste Anzeichen einer Änderung treten nach der Schlacht von Moskau, mehr noch bei der Krise des Sommers 1942 auf, in dem Augenblick, da seine Armeen vor Stalingrad und dem Kaukasus auf der Stelle treten. Jodl hat vor dem Nürnberger Tribunal ausgesagt, Hitler sei in diesen Augenblicken ohne Illusionen gewesen. In seinem Hauptquartier in Winniza in der Ukraine habe er sich zwar gerne noch einmal davon überzeugen wollen, daß »der Russe erledigt« sei. Aber instinktiv fühlt er, daß der Sieg, der »Endsieg«, ihm aus den Händen gleitet. Die einzige Chance, die den Zusammenbruch der Sowjetunion herbeiführen kann, um sich dann den Weltseemächten zuwenden und den Konflikt zu seinen Gunsten entscheiden zu können, schwindet dahin. Er kann nur noch seine Worte vom 29. Mai 1941 wiederholen: »Wie alles auf dieser Welt ist ›Barbarossa‹ ein Vabanquespiel. Wenn ich scheitere, wird sowieso alles verloren sein. Wenn ich Erfolg habe, werde ich eine Situation geschaffen haben, die Großbritannien wahrscheinlich zwingen wird, Frieden zu machen.«[15]

Manchmal hat Hitler vor dem Abgrund, der sich vor ihm auftut, seine Nerven nicht mehr unter Kontrolle. Die Schlagabtäusche mit Halder nehmen zu, gehen bis zum Bruch und bis zur Ablösung durch Zeitzler. Hitler ist sehr ungehalten über den Bericht, den Jodl ihm nach seiner Rückkehr von einer Inspektionsreise an die Kaukasusfront gibt. Dabei hat Feldmarschall List vor Ort nur die Befehle Hitlers wortgetreu ausgeführt. Hitler zieht sich zurück

und nimmt nicht mehr an den Mahlzeiten des Generalstabs teil. Sein Stuhl am Tisch bleibt leer. Stenographen müssen jetzt den Wortlaut jeder Lagebesprechung aufnehmen.
Kein Wunder, denn Hitler duldet keinerlei Widerspruch mehr. Speer schreibt: »Offener Widerspruch in den Lagebesprechungen war in wichtigen Fragen, etwa ab Herbst 1942, nur noch in vorsichtiger Form möglich. Außenstehenden ließ Hitler Einwände eher durchgehen, aus dem Kreis seiner täglichen Umgebung dagegen vertrug er sie nicht ... tauchte im Verlauf der Besprechung ein kontroverser Punkt auf, so bog Hitler meist geschickt ab, indem er die Klärung auf eine anschließende Besprechung verschob. Er ging von der Annahme aus, daß die militärischen Chefs in Anwesenheit ihrer Stabsoffiziere Hemmungen hätten, nachzugeben. Auch mochte er darauf sehen, in einer Einzelbesprechung seine Magie und seine Überredungskunst besser ins Spiel zu bringen.«[16]
Hitlers Zustände nahmen nach Stalingrad zu. Er leidet jetzt an Schlaflosigkeit und an einer Besessenheit für Detailfragen einer Schlacht. Im Februar 1945 sagt er zu einem Feldarzt: »Ich sehe im Dunkeln immer noch Generalstabskarten vor mir, und ich brauche Stunden bis zum Einschlafen. Wenn ich dann das Licht anzünde, könnte ich auf einer Skizze die genaue Position einer jeden Division in Stalingrad aufzeichnen. So geht das stundenlang weiter, bis ich endlich gegen 6.00 oder 7.00 Uhr morgens einschlafe.«
Im Frühsommer 1943 wird Hitler von tiefen Depressionen heimgesucht. Danach ist er ein anderer Mensch. Will er sich selbst etwas vormachen, oder sucht er seine Umgebung zu beeindrucken? Jedenfalls bezeugt Speer, daß ihn sein Glaube an den Endsieg von diesem Augenblick an nie mehr verlassen habe. »In diesen letzten Momenten seines Lebens habe ich ihn einmal die katastrophale Wendung beklagen hören, die die Dinge genommen hatten. Vielleicht hatte er sich selber so lange von seinem Sieg überzeugt, daß er ganz stark daran glaubte. Jedenfalls wurde er, je auswegloser die Katastrophe wurde, der wir entgegeneilten, desto unerschütterlicher und unnachgiebiger in seiner Überzeugung, in allen seinen Entscheidungen recht gehabt zu haben.«[17]
Mit der Zeit nimmt Hitlers Isolierung zu. Verschanzt in Rastenburg, lebt er das Leben eines Einsiedlers in jenem Universum aus Holzbaracken und Kiefernwäldern, von dem Keitel sagte, es sei ein Zwischending zwischen einem Kloster und einem Konzentra-

tionslager gewesen. Sein Umgang beschränkt sich auf seine Sekretärinnen, seine Ordonnanzoffiziere, den Botschafter Hewel, den Chef seiner Parteikanzlei, Martin Bormann, und auf einige gelegentliche Besucher. Aber bis zu seinem Tode hält er täglich zwei Lagebesprechungen ab, die eine am Morgen, die andere am Abend, die meist endlos dauern. Alle Kriegsschauplätze werden behandelt, Abschnitt für Abschnitt, Einheit für Einheit analysiert. Die Operationen der Luftwaffe und der Kriegsmarine werden in einer besonderen Konferenz abgehandelt.

Wegen seiner Schlaflosigkeit gerät der Tagesablauf Hitlers vollkommen durcheinander. Sein Frühstück nimmt er um die Mittagszeit ein, das Mittagessen gegen Abend, und oft gibt es um 2.00 Uhr morgens eine Teestunde. Er bemüht sich dabei um eine »gemütliche Atmosphäre«, zeigt sich umgänglich und herzlich, serviert seinen Sekretärinnen selbst den Kuchen. Vielleicht sucht er nach Entspannung und Ermunterung an diesen meist tödlich langweiligen Abenden.

Andere Arten von Entspannung sucht er in seinen einsamen Spaziergängen mit seiner Schäferhündin Blondie oder im Betrachten von Plänen grandioser Bauten für seine Heimatstadt Linz, aus der eine neue »Perle der Donau« neben Budapest werden soll. Seine besondere Aufmerksamkeit gilt dabei dem Grabmal, das er für sich selbst vorgesehen hat.

Hitler verliert den Kontakt mit der Front und mit der Truppe. Während des Polenfeldzugs hatte er sich mit Rommel noch in die vorderste Linie begeben. Nach dem Frankreichfeldzug besuchte er Frontverbände. Zu Beginn von »Barbarossa« war er mehrere Male bis zu Regiments- und Bataillonsstäben vorgefahren. Gerne zeigte er sich den Soldaten am Fenster seines Sonderzuges.

Dies ändert sich ab Sommer 1942. Bei jedem Halt läßt er die Vorhänge der Fenster schließen, die auf den Bahnsteig hinaus gehen. Am 7. November 1942 erlebt Speer eine solche Szene. »Als wir am späten Abend mit Hitler in seinem palisanderverkleideten Speisesalon an reich gedeckter Tafel saßen, bemerkte zunächst keiner von uns, daß auf dem Nebengeleise ein Güterzug hielt; aus den Viehwagen starrten heruntergekommene, ausgehungerte und zum Teil verwundete deutsche Soldaten, gerade aus dem Osten kommend, auf die Tafelrunde. Auffahrend gewahrte Hitler die düstere Szenerie zwei Meter vor seinem Fenster. Ohne Gruß, ohne überhaupt eine Reaktion zu zeigen, ließ er seinen Diener eiligst die

Rollos herunterziehen. So endete in der zweiten Hälfte des Krieges eine der seltenen Begegnungen Hitlers mit einfachen Frontsoldaten, wie er selber einer gewesen war.«[18]

Hitler, der einstige Frontkämpfer des Ersten Weltkriegs, wendet sich nur noch in Tagesbefehlen oder in seinen immer seltener werdenden Rundfunkansprachen an seine Soldaten. Auch zur Zivilbevölkerung verliert er jeden Kontakt – niemals besucht er eine bombardierte Stadt.

Der Führer altert. Schon im Sommer 1941 treten erste Anzeichen einer Krankheit auf. Die Symptome erklären seine abwesende Haltung während der Auseinandersetzung mit seinen Generälen über die Frage, ob Moskau oder die Ukraine zuerst angegriffen werden sollen. Die Art des Gebrechens ist schwer zu präzisieren. Arteriosklerose, Parkinsonsche Krankheit oder therapeutische Fehlbehandlung seines Leibarztes, Dr. Morell. Jedenfalls sind alle Zeugen frappiert von dem frühzeitigen Altern bei einem erst 53 Jahre alten Mann. Am 20. Februar 1943 ist Guderian, der Hitler seit dem 20. Dezember 1941 nicht mehr gesehen hat, erschüttert über dessen Verwandlung: »Als ich ihn nach der Stalingrad-Katastrophe zum ersten Male nach 14 Monaten der Trennung wiedersah, bemerkte ich die Veränderung seines Zustandes. Die linke Hand zitterte, die Haltung war gebeugt, der Blick starr, die Augen quollen leicht hervor, sie waren glanzlos; die Wangen zeigten rote Flecken. Seine Erregbarkeit hatte zugenommen.«[19]

Trotz seiner Krankheit bewahrt sich Hitler im Jahr 1943 einen klaren Kopf und eine sichere Entschlußkraft. Das zeigt er bei der italienischen Krise. Er sieht Badoglios Verrat richtig voraus und ergreift entschlossen die Maßnahmen, die sicherstellen sollen, daß die italienische Kapitulation gemeistert und jedem alliierten Landungsversuch im Süden der Halbinsel entgegengetreten wird.

Sein Gesundheitszustand wird rapide schlechter. General von Senger und Etterlin beobachtet ihn während einer Verleihung von Auszeichnungen in Rastenburg. »Hitler machte einen schlechten Eindruck. Ich fragte mich, wenn auch wider Willen, wie die jungen Offiziere und Feldwebel um ihn herum reagieren würden. Für sie war dieser Mann mit seinem dämonischen Willen zum Widerstand und zum Untergang, an den das deutsche Volk auf Gedeih und Verderb gefesselt war, immer noch der Halbgott, zu dem sie voller Vertrauen aufschauten und dessen Handschlag ihnen neue Kraft verlieh. Er trug einen schlecht sitzenden braunen Rock mit brauner Krawatte, weißes Hemd und schwarze Hose. Sein Aussehen mit seinem zu kurzen Hals war abstoßender denn je. Die Haut seines Gesichtes war schlaff, seine Gesichtsfarbe blaß und von Schlaflosigkeit gekennzeichnet. Der Blick seiner blauen Augen, der angeblich so viele Leute fasziniert hatte, ging ins Leere, vielleicht wegen der vielen Mittel, die man ihm unablässig verabreichte. Sein Handschlag war schlapp. Sein linker Arm hing leblos und schlotternd herunter. Was zur Not noch eine gewisse Anziehung ausüben konnte, war seine tiefe und melodische Stimme, das Gegenteil zu seinem Gebrüll bei seinen Reden und Tobsuchtsanfällen, und vielleicht auch der kaum verborgene Ausdruck von Müdigkeit und Schwäche, der Mitleid mit ihm hervorrief.«[20]

Die große Wende erfolgt nach dem gescheiterten Attentat vom 20. Juli 1944. Der Führer ist offensichtlich unverletzt davongekommen, aber er ist mit Sicherheit zutiefst seelisch erschüttert. Guderian schreibt: »Seine bereits bestehende Krankheit, welche sich in zunehmendem Zittern der linken Hand und des linken Beines für jedermann sichtbar äußerte, stand nicht mit dem Attentat in Zusammenhang. Schwerwiegender als die körperlichen Auswirkungen machten sich die seelischen bei ihm geltend. Seinem Charakter entsprechend, verwandelte sich sein tief eingewurzeltes Mißtrauen gegen die Menschen im allgemeinen und gegen den Generalstab und die Generäle im besonderen nunmehr in abgrundtiefen Haß. Im Zusammenhang mit seiner Krankheit, die unmerklich zu einer Umwertung der Moralbegriffe im Menschen führt, wurde aus Härte nunmehr Grausamkeit, aus der Neigung zum Bluffen Unwahrhaftigkeit. Er sagte oft die Unwahrheit, ohne es zu bemerken, und setzte von den Menschen voraus, daß sie ihn belogen. Er glaubte niemandem mehr. Die Verhandlungen mit ihm, die schon vorher schwierig genug waren, gestalteten sich nunmehr zu einer Qual, die sich von Monat zu Monat steigerte. Er verlor oft die Selbstbeherrschung und ließ sich in seinen Ausdrücken immer mehr gehen.«[21]

Hitler war tief getroffen von der Treulosigkeit der Männer, denen er sein Vertrauen geschenkt und die er, wie Rommel oder Kluge, mit Ehren und Schenkungen überhäuft hatte. Der Mehrheit seiner Generäle gegenüber zeigt er jetzt eine Verachtung, die sich zu Haß steigert. Der Haß ist alt, aber er ist selektiv. Er wendet sich vorrangig gegen die, die nicht, wie er, im Feuer gestanden und die täglichen Leiden des Frontkämpfers geteilt hatten.

Dieser Personenkreis ist nicht klein in einer Armee, in der es als gute Politik galt, junge Offiziere mit Zukunft oder brillante Köpfe von der Front fernzuhalten. So staunt man, wenn man erfährt, daß Männer wie Brauchitsch, Halder, Rundstedt, Bock, List, ja sogar Guderian den ganzen Ersten Weltkrieg über in Stäben verbracht haben.

Dieser Umstand veranlaßt Hitler immer wieder zu boshaften, ja verletzenden Bemerkungen, von denen Halder ein Lied singen kann. Auch Zeitzler entgeht ihnen nicht. Aber er hält mit seiner Antwort nicht hinter dem Berg. »Was meine Tapferkeit vor dem Feind angeht, so bin ich deswegen zum Leutnant befördert worden«, gibt der neue Generalstabschef, ehemals Infanterieoffizier im Ersten Weltkrieg, zurück. »Ich war drei Jahre lang Kompanieführer und ein Jahr Bataillonsadjutant. Zweimal bin ich verwundet worden. Ich glaube, daß sich mein Fronteinsatz mit dem Ihren messen kann.« Hitler steckt das wortlos ein, aber er wird immer eine gewisse Zurückhaltung gegenüber Zeitzler wahren.

1943 hat er alle großen Chefs aus den ersten Kriegsjahren in die Wüste geschickt, mit Ausnahme Guderians und Rundstedts, die er zurückgeholt hat. Hitler wendet sich vermehrt jüngeren, fronterfahrenen Offizieren zu, wie Schörner, Weichs, Heinrici, Manteuffel, Student oder Model. Model ist 1944 von allen der ihm am nächsten stehende. Er hat alle Eigenschaften, die Hitler bei seinen Generälen sucht: mitreißende Menschenführung, meisterhafte Improvisation, todesverachtenden Mut und das Talent, auch die letzten Reserven zu mobilisieren. Im Gegensatz zu Paulus verübt Model im April 1945 Selbstmord, als seine Armeen im Ruhrkessel kapitulieren müssen.

Speer und Goebbels bezeugen, daß Hitler einen schlechten Arbeitsstil entwickelt hatte. Von Haus aus ein Dilettant, hat er sich mit der doppelten Aufgabe der Staatsführung und der Verantwortung für die Fronten viel zuviel zugemutet. Alle großen Entscheidungen in politischer, wirtschaftlicher und militärischer Hinsicht sind ihm vorbehalten. Er weigert sich standhaft, einen Oberbefehlshaber Ost zu ernennen, der ihm einen Teil der Last und die direkte Verantwortung für die Niederlagen abgenommen hätte.

Hitler schirmt alle Arbeitsbereiche hermetisch untereinander ab. Niemand außer ihm kennt die Gesamtlage. Speer erfährt grundsätzlich nur Dinge im wirtschaftlichen Bereich. Ribbentrops diplomatische Domäne wird mehr und mehr eingeschränkt. Goebbels muß bei seiner Propaganda bleiben. Göring wird nach und nach ausgeschaltet. Die Generäle wiederum dürfen sich nur um den operativen Bereich kümmern. Es gibt keine Ministerrunde mehr und schon gar keinen Kriegsrat, nicht einmal einen Organismus, den man mit der Stavka sowjetischen Stils vergleichen könnte. Dieses Fehlen jeglicher Kommunikation erklärt den Wunsch einiger Generäle nach einer »politischen« Lösung des Konflikts. Sie können nicht ahnen, daß entsprechende Fühlungnahmen längst sowohl im Osten wie im Westen zurückgewiesen worden sind.

Vor den Reichs- und Gauleitern weist Jodl am 27. November 1943 in München auf den »Geist des Umsturzes« hin, der mit Riesenschritten nahe. Er zerstreut jede Illusion von einer Friedenssuche: »Alle Feigen suchen nach einem Ausweg oder, wie sie es nennen, der politischen Lösung. Sie sagen, man muß verhandeln, solange die Substanz noch vorhanden ist, und mit all diesen Schlagworten wird Sturm gelaufen gegen das natürliche Empfinden des Volkes, daß es in diesem Kriege nur Kampf bis zum Letzten gibt ... Gegen diese Welle der feindlichen Propaganda und der Feigheit brauchen Sie mehr als Gewalt. Sie brauchen das Wissen über die wirkliche Lage, und deshalb glaube ich, es verantworten zu können, ein völlig offenes und ungeschminktes Bild über die Lage zu geben. Dies ist keine verbotene Preisgabe von Geheimnissen, sondern das Rüstzeug, das Ihnen vielleicht helfen kann, die Haltung des Volkes zu festigen.«[22]

Die wenig erbauliche Situation von Anfang 1944 gibt dem Kreis um Beck und Goerdeler Auftrieb.* Nach dem Scheitern aller von General Stieff eingefädelten Attentatsversuche des Winters kommen die Verschwörer zu der Überzeugung, daß die Zeit gegen sie arbeitet und daß ein Staatsstreich unbedingt vor einer neuen sowjetischen Offensive im Osten und vor allem vor Eröffnung einer zweiten Front im Westen erfolgen muß, die ihren Handlungsspielraum beträchtlich vermindern würde. Auch ist das Netz der Gestapo dichter geworden, nachdem Moltke, einer der führenden

---

* Die folgende und auch spätere Darstellung des Widerstands und des Attentats vom 20. Juli 1944 ist zwar nicht falsch, aber zu summarisch für das komplexe Geschehen und bedürfte einiger Ergänzungen und Richtigstellungen. Das führte hier zu weit, aber es sei auf die beiden Standardwerke von Peter Hoffmann »Widerstand, Attentat, Staatsstreich« und Joachim Fest »Staatsstreich« hingewiesen.

Köpfe des Kreisauer Kreises, und General Oster verhaftet worden sind.

Tresckow, inzwischen zum General befördert, bleibt an seinem Platz im Hauptquartier Kluges treibende Kraft, aber das Zentrum der Bewegung verlagert sich ins Innere, in den Stab des Befehlshabers des Ersatzheeres, General Fromm. Das Ersatzheer umfaßt neben den Ersatzdivisionen und Ausbildungseinheiten auch die Waffenschulen der Infanterie, der Panzertruppen und der Artillerie. Im Stab des Ersatzheeres befinden sich zwei Männer, die der Verschwörung mit Leib und Seele verschrieben sind: General Olbricht und Fromms Chef des Stabes, Oberst Graf Stauffenberg. Fromm übt ihnen gegenüber allerhöchste Zurückhaltung, aber es scheint, als neige er innerlich einem Putschversuch zu. Der schwäbische Katholik Stauffenberg, getrieben von hohen Idealen, ist in Tunesien schwer verwundet worden. Er hat ein Auge und den rechten Arm verloren, an der linken Hand fehlen ihm drei Finger. Empört über die moralische Verderbtheit des Regimes, überzeugt, daß der Krieg nur noch in eine Katastrophe münden kann, glüht er vor Haß gegen Hitler. Seine Funktion erlaubt ihm, häufige Besuche im Führerhauptquartier abzustatten. So ist er entschlossen, Hitler persönlich zu töten. Da er keine Pistole mehr halten kann, entschließt er sich zur Bombe.

Der Plan sieht vor, daß die Armee nach einem Attentat den Fall »Walküre« auslöst, der offiziell für den Fall innerer Unruhen, wie einen Aufruhr der Fremdarbeiter und Kriegsgefangenen in der Rüstungsindustrie, vorgesehen ist. Mittels der in Marsch gesetzten Einheiten des Ersatzheers hofft man, die wichtigsten Verwaltungszentren, die Rundfunkstationen, die Flugplätze besetzen, die Gauleiter verhaften und die SS neutralisieren zu können. Ähnliche Aktionen sind in Prag, Wien und Paris vorgesehen.

Allerdings sind die Verschwörer untereinander uneins. Julius Leber, Vertreter der Linken und Befürworter eines Staatsstreichs, glaubt nicht mehr, daß Deutschland der »bedingungslosen Kapitulation« entgehen könne. Bis zu seiner Verhaftung hatte Moltke denselben Standpunkt geteilt. Beck, Goerdeler und Stauffenberg dagegen sind der Ansicht ihres Freundes Adam Trott zu Solz vom Auswärtigen Amt, der optimistisch ist und glaubt, daß eine politische Lösung noch erreicht werden könne.

Dabei haben die Fühler, die man überall ausgestreckt hat, bisher nichts ergeben. Moltke hatte schon im Juli 1943 den Anglo-Amerikanern einen auf den Westen beschränkten Waffenstillstand angeboten, der eine Stabilisierung der Front im Osten erleichtern sollte. Im Herbst 1943 macht Canaris dem amerikanischen Marineattaché in Ankara einen ähnlichen Vorschlag. Zwischen Mai 1942 und Juli 1944 unternimmt Trott zu Solz 16 Besuche im Ausland, vor allem in Schweden, die alle dieselbe Demarche zum Inhalt haben. Im April und Mai 1944 kommt es zum erstenmal zu einem direkten Kontakt in Zürich mit Allen W. Dulles, dem Vertreter des amerikanischen Office of Strategic Services (OSS). Trotz des Fehlens jeglicher alliierter Reaktion auf die Vorschläge bleiben Stauffenberg und Goerdeler überzeugt, daß die Amerikaner und vor allem die Engländer an einem starken Deutschland und einer Eindämmung der sowjetischen Expansion in Mitteleuropa interessiert sind. Im Mai 1944 wird dem Amerikaner Dulles sogar ein Vorschlag für eine gemeinsame deutsch-alliierte Aktion vorgelegt.

Der Plan sieht vor, daß nach einer Ausschaltung Hitlers eine einseitige Kapitulation gegenüber den Westmächten erfolgt, die an vier militärische Aktionen gekoppelt sein soll. 1. Landung angloamerikanischer Fallschirmeinheiten im Raum Berlin in Verbindung mit deutschen Truppen, 2. amphibische alliierte Landungen in den Räumen Hamburg und Bremen, 3. Landung in Frankreich, 4. Zurückweichen der Wehrmacht im Westen zur Erleichterung der alliierten Invasion Deutschlands. Die alliierten Bombenangriffe auf Deutschland sollen eingestellt werden. Alle Operationen sollen dazu dienen, eine verkürzte Ostfront zu stärken und zu halten.

Bei ihren Kontakten mit den Alliierten lassen die deutschen Unterhändler indes die verhohlene Drohung einer Übereinkunft mit der Sowjetunion anklingen. Dieser gelinde Erpressungsversuch hat seinen Ursprung im von kommunistischen deutschen Emigranten in der Sowjetunion unter Anstiftung Moskaus gegründeten »Nationalkomitee Freies Deutschland«. Das NKFD hat sich mit dem »Bund Deutscher Offiziere« vereinigt, der im September 1943 auf Initiative einiger Offiziere der in Stalingrad untergegangenen 6. Armee geschaffen wurde und dem General Walter von Seydlitz-Kurzbach, ein Nachfolger des legendären Reitergenerals Friedrichs des Großen, vorsteht.

Im Unterschied zu den Anglo-Amerikanern, die unerschütterlich auf der 1942 in Casablanca vereinbarten bedingungslosen Kapitulation bestehen, zeigen sich die Sowjets gesprächsbereiter und geben sogar Versicherungen über das Schicksal eines künftigen Deutschland ab. Dieses werde nicht geteilt werden und könne über Grenzen verfügen, die über die von 1937 hinausgingen. Die Sowjetunion führe keinen Krieg gegen das deutsche Volk, sondern gegen das Hitler-Regime. Die spätere Entwicklung wird zeigen, daß diese Propaganda als völlig unglaubwürdig aufgenommen wurde, wenn nicht durch die Soldaten, so doch durch eine Reihe von hohen Offizieren der Ostfront.

Für das Dreigestirn Beck, Goerdeler und Stauffenberg steht fest, daß die Drohung eines Sonderfriedens zwischen Deutschland und der Sowjetunion die Westalliierten dazu veranlassen könnte, auf die Vorschläge der Verschwörer einzugehen. Aber sie schreiten nicht zur Tat. Erstaunlicherweise kommt es bis zum Sommer 1944 zu keinem Attentatsversuch, obwohl eine alliierte Landung im Westen allem Anschein nach unmittelbar bevorsteht.

Keiner der ständig mit Hitler zusammentreffenden Verschwörer scheint entschlossen, einen Attentatsversuch zu wagen.* Erst am 1. Juli tritt, mit der Ernennung Stauffenbergs zum Stabschef Fromms, der Zugang zu Hitler hat, das Komplott in eine aktive Phase.

Trotz aller Niederlagen, trotz aller Anzeichen für einen Umschwung im Volk, läßt sich der Führer nicht entmutigen. Ende 1943 ist er kampfbereiter denn je. Noch 18 Monate lang wird er den Kampf fortsetzen und sich Hoffnungen hingeben, die sich alle immer mehr als tragische Illusionen erweisen werden.

Hitler klammert sich an einen Präzedenzfall, den des Preußenkönigs Friedrich II., und macht sich Mut, wenn er das Bild des Königs, das über seinem Schreibtisch hängt, betrachtet. »Sehen Sie sich diese blauen Augen an, diesen stählernen Blick, diese Stirn – was für ein Kopf!« Er liest Carlyles Biographie vom »Alten Fritz«

---

* In dem Kreis um Hitler aus dem OKW, der ständig mit ihm zusammentraf, gab es außer Fellgiebel keine Verschwörer. Die saßen im wesentlichen in Berlin und im Stab der Heeresgruppe Mitte. Das war ja gerade eine der größten Schwierigkeiten. Fellgiebel konnte keinen Alleingang unternehmen und Hitler einfach erschießen, ganz abgesehen davon, daß nur er die notwendige vollständige Nachrichtensperre um die Wolfsschanze veranlassen konnte, was er auch getan hat, obgleich er nach der Explosion sah, daß Hitler überlebt hatte. Ohne Staatsstreich und Entmachtung der SS-Führung, nicht nur in Berlin, hätte das Ganze keinen Sinn gehabt.

und deklamiert die Worte, die der Souverän in den schlimmsten Augenblicken des Siebenjährigen Krieges ausgesprochen haben soll: »Ich bin mit der schönsten Armee, die Europa je gesehen hat, in den Krieg gezogen. Heute befinde ich mich an der Spitze eines verlorenen Haufens. Ich habe keine Führung mehr, meine Generäle sind Dummköpfe, meine Offiziere sind ohne Autorität, meine Soldaten sind demoralisiert.«[23]

Hitler hofft auf eine Wiederholung des »Wunders des Hauses Brandenburg«, den Zerfall der großen Koalition, des widernatürlichen Bündnisses zwischen dem einzigen sozialistischen Staat des Planeten und den zwei größten kapitalistischen Mächten der Welt. Jedes kleinste Zeichen einer Mißstimmung zwischen West und Ost wird sorgfältig analysiert.

Eine andere Hoffnung Hitlers sind die neuen Waffen. Mit ihnen will er die Katastrophe abwenden und die Initiative zurückgewinnen. In den ersten Jahren des Krieges hatte er sein Interesse nur der Ausrüstung des Heeres und der Kriegsmarine zugewandt. Erst gegen Ende 1943 beginnt er sich für Düsenflugzeuge und Raketen zu interessieren. Im Prinzip ist die Einführung der Vergeltungswaffen V 1 und V 2 für Anfang 1944, die der Düsenflugzeuge und neuen U-Boote für den Herbst vorgesehen.

Dönitz, dessen Verhältnis zum Führer immer enger geworden ist, versichert, daß die neuen U-Boot-Typen XXI und XXIII besonders vielversprechend seien. Eine Wiederaufnahme der Atlantikschlacht würde, so sagt er, die chronischen Nachwuchsprobleme der Alliierten erneut verschärfen und ihre gesamte Strategie durcheinanderbringen. Das ist nicht pure Illusion. Aber es wäre notwendig gewesen, daß diese neuen U-Boote in großen Mengen und gleichzeitig in Aktion getreten wären, und tatsächlich spätestens im Herbst 1944.

Bleibt das Problem der Atombombe. Als Hitler im Juni 1944 einen der besten Soldaten des Dritten Reiches, den Stuka-Piloten Hans Rudel, empfängt, kündigt er ihm den baldigen Beginn der Bombardierung Londons mit neuen fliegenden Bomben an, und er läßt einfließen, daß diese Bomben dazu bestimmt seien, eines Tages Sprengköpfe von noch ungeahnter Explosionskraft aufzunehmen … Einige Monate später macht er ähnliche Andeutungen gegenüber Rommel.[24]

Unmittelbar nach der deutschen Kapitulation macht sich eine aus amerikanischen Militärs und Wissenschaftlern zusammengesetzte

Kommission auf die Suche nach deutschen Physikern in der Hoffnung, sich eine genaue Vorstellung von deutschen Fortschritten in der Nuklearforschung machen zu können. Die Überraschung ist groß. Im Gegensatz zu den amerikanischen Befürchtungen, ist die deutsche Wissenschaft noch sehr weit von der Möglichkeit des Baus einer Atombombe entfernt. Sie war nicht über die Grundlagenforschung hinausgekommen und bewegte sich in Richtung auf einen Atomreaktor von schwacher Leistung. In den Augen einiger amerikanischer Forscher war dies ein Beweis, daß die Deutschen das Geheimnis der Bombe nicht lüften konnten.[25]

Die Version der deutschen Physiker ist eine andere. Otto Hahn, Werner Heisenberg oder Carl Friedrich von Weizsäcker und ihre Kollegen wollen einander versprochen haben, einem Mann wie Hitler diese Massenvernichtungswaffe nicht in die Hand zu geben. So hätten sie im Mai 1942 den Vorschlag Speers und Milchs, ihnen unbegrenzte finanzielle Mittel zur Realisierung einer Atombombe zur Verfügung zu stellen, mit der Begründung zurückgewiesen, daß ein industrielles Unterfangen dieser Größenordnung die Möglichkeiten des Reiches übersteigen und auf jeden Fall mehrere Jahre in Anspruch nehmen würde. Ein anderer Grund scheint eine wichtige Rolle gespielt zu haben: die weitverbreitete Überzeugung, daß es keinen Wettbewerb gebe und die Alliierten nicht daran dächten, sich in ein solches Abenteuer zu stürzen.

Die deutschen Wissenschaftler konnten also nach dem Kriege von sich sagen, daß sie sich im Gegensatz zu ihren Kollegen von der gegnerischen Seite auf die friedliche Nutzung des Atoms beschränkt und nur mit dem Bau eines Forschungsreaktors begonnen hätten. Die Erklärung kann nicht völlig überzeugen. Ein Reaktor hätte Plutonium, den Ausgangsstoff für eine Bombe, produzieren oder ein U-Boot antreiben können. Wie man weiß, waren mehrere Marineoffiziere zum Heeres-Waffenamt, in dessen Forschungsabteilung einige Physiker arbeiteten, abgestellt worden, um die Arbeiten an einem neuen Antrieb für die U-Boote voranzutreiben.

Es gibt keine Unterlagen, die Auskunft über den Stand der Arbeiten bei Kriegsende geben könnten. Das erste U-Boot der amerikanischen Marine mit Atomantrieb wird allerdings ein deutsches U-Boot vom Typ XXI sein.[26]

Während man auf die Ankunft der neuen Waffen wartet, wird an einer neuen strategischen Grundkonzeption gearbeitet. Am 3. November 1943, einem Datum, das Beachtung verdient, unterzeichnet Hitler seine letzte Weisung. Diese Weisung Nr. 51 opfert die Ost- zugunsten der Westfront.

»Der harte und verlustreiche Kampf der letzten zweieinhalb Jahre gegen den Bolschewismus hat die Masse unserer militärischen Kräfte und Anstrengungen aufs Äußerste beansprucht. Dies entsprach der Größe der Gefahr und der Gesamtlage. Diese hat sich inzwischen geändert. Die Gefahr im Osten ist geblieben, aber eine größere im Westen zeichnet sich ab: die angelsächsische Landung! Im Osten läßt die Größe des Raumes äußersten Falles einen Bodenverlust auch größeren Ausmaßes zu, ohne den deutschen Lebensnerv tödlich zu treffen.

Anders der Westen! Gelingt dem Feind hier ein Einbruch in unsere Verteidigung in breiter Front, so sind die Folgen in kurzer Zeit unabsehbar. Alle Anzeichen sprechen dafür, daß der Feind spätestens im Frühjahr, vielleicht aber schon früher, zum Angriff gegen die Westfront Europas antreten wird.

Ich kann es daher nicht mehr verantworten, daß der Westen zugunsten anderer Kriegsschauplätze weiter geschwächt wird. Ich habe mich daher entschlossen, seine Abwehrkraft zu verstärken, insbesondere dort, von wo aus wir den Fernkampf gegen England beginnen werden. Denn dort muß und wird der Feind angreifen, dort wird – wenn nicht alles täuscht – die entscheidende Landungsschlacht geschlagen werden.

Mit Fesselungs- und Ablenkungsangriffen an anderen Fronten ist zu rechnen. Aber auch ein Großangriff gegen Dänemark ist nicht ausgeschlossen. Er ist seemännisch schwieriger, aus der Luft weniger wirksam zu unterstützen. Seine politischen und operativen Auswirkungen aber sind beim Gelingen am größten.

Zu Beginn des Kampfes wird die gesamte Angriffskraft des Feindes sich zwangsläufig gegen die Besatzung der Küste richten. Nur stärkster Ausbau, der unter Anspannung aller verfügbaren personellen und materiellen Kräfte der Heimat und der besetzten Gebiete aufs Höchste zu steigern ist, kann in der kurzen noch voraussichtlich verfügbaren Zeit unsere Abwehr an den Küsten stärken.

Die Dänemark und den besetzten Westgebieten in nächster Zeit zufließenden bodenständigen Waffen (s. Pak, unbewegliche, in die Erde einzugrabende Panzer, Küstenartillerie, Landeabwehrgeschütze, Minen usw.) sind schwerpunktmäßig scharf zusammenge-

faßt an den bedrohtesten Küstenabschnitten einzusetzen. Es ist in Kauf zu nehmen, daß dabei die Verteidigungskraft weniger bedrohter Abschnitte in nächster Zeit noch nicht verbessert werden kann.
Erzwingt der Feind trotzdem durch Zusammenfassen seiner Kräfte eine Landung, so muß ihn unser mit größter Wucht geführter Gegenangriff treffen. Es kommt darauf an, durch ausreichende und schnelle Zuführung von Kräften und Material und durch intensive Ausbildung die vorhandenen großen Verbände zu hochwertigen, angriffsfähigen und voll beweglichen Eingreifreserven zu machen, die durch Gegenangriff die Ausweitung einer Landung verhindern und den Feind ins Meer zurückwerfen ...«
Hitler glaubt, noch einmal das Gesetz des Handelns an sich gerissen zu haben. 1940 wollte er mit der Auslösung des Krieges im Westen und der Niederwerfung Frankreichs England zum Friedensschluß zwingen. 1941 verfolgte er mit »Barbarossa« dasselbe Ziel. 1943 wollte er mit dem Angriff auf den Kursker Frontbogen die Sowjetunion entscheidend treffen und an den Verhandlungstisch bringen, um die Hand im Mittelmeer frei zu haben. 1944 zählt er auf eine Abwehr der anglo-amerikanischen Invasion im Westen und eine Neugruppierung seiner besten Kräfte im Osten, um die Sowjetunion zu bezwingen und zum Frieden zu bewegen, während er im Westen mit seinen neuen Waffen Herr der Lage bleiben will. Diese Strategie erinnert fatal an eine Art zweiten Siebenjährigen Krieg.

14
Der unmögliche Siebenjährige Krieg

Hitlers Weisung Nr. 51 hat ganz und gar klassische Züge. Den Schwerpunkt auf den westlichen Kriegsschauplatz zu verlegen, um anschließend das Gros wieder auf den östlichen zu legen, ist mit mehr oder weniger Glück schon von der kaiserlichen Armee im Ersten Weltkrieg praktiziert worden. Mit dem Scheitern dieses Manövers wird das Jahr 1944 für die Wehrmacht ein »annus horribilis« werden.

Von Anfang an steht das Unternehmen unter schlechten Auspizien. Infolge der Erfordernisse können an der Ostfront nur bedingt Truppen abgezogen werden. So werden während des Winters 1943/44 nur ein halbes Dutzend Großverbände aus der Front gezogen und nach Westen verlegt. Am Vorabend des D-Day verfügt Feldmarschall von Rundstedt nur über 59 Divisionen gegenüber 185 an der Ostfront, 55 in Italien und auf dem Balkan und 21 in Skandinavien.

Von den 59 Divisionen gehören 31 zur Kategorie der »statischen«, wenig mobilen, schlecht ausgerüsteten und schlecht geführten Divisionen, die höchstens ausreichen zur Überwachung der Küsten. Die Hauptschlagkraft der Verteidigung im Westen ruht auf 13 motorisierten Infanteriedivisionen, drei Fallschirmjägerdivisionen, einer Panzergrenadier- und neun Panzerdivisionen, zu denen später die beiden vom OKW an das OKH ausgeliehenen Panzerdivisionen des II. SS-Panzerkorps stoßen sollen. Das heißt, daß das OKH von den 46 Panzer- und Panzergrenadierdivisionen des Heeres und der Waffen-SS nur ein Viertel dem Westen zuteilen kann.* Allerdings gehören diese Divisionen zum Besten, das man hat.

Negativ bemerkbar macht sich auch die enorme Schwäche der Luftwaffe. Sie hat nur ganze 300 Maschinen im Westen einsatzbereit, davon die Hälfte Bomber, während ihr mit dem Tag der Landung 700 Jagdflugzeuge der Reichsverteidigung für Abfangjagd und Unterstützung der Bodentruppe zur Verfügung stehen sollten.

---

* Hier hat sich Masson in dem sehr unübersichtlichen Netz der deutschen Kriegsspitzengliederung verfangen (siehe auch Fußnote S. 354). Das OKH, also der Chef des Generalstabes, konnte gar nicht dem Westen Divisionen aus dem Osten zuteilen und schon gar nicht SS-Divisionen. Die Zuteilung von Divisionen, auch von Luftwaffenverbänden, auf die verschiedenen Kriegsschauplätze entschied allein Hitler mit dem OKW.

Was die Kriegsmarine angeht, so erscheint sie hoffnungslos gegen eine gegnerische Armada unterlegen, die aus sieben Schlachtschiffen, 23 Kreuzern, 148 Zerstörern und 350 mit Kanonen und Raketen bestückten Landungsbegleitschiffen bestehen wird. Dönitz hat immerhin vorgesehen, daß U-Boote aus Brest und Lorient sich an der westlichen Kanaleinfahrt auf die Lauer legen sollen. Auch aus Norwegen werden U-Boote herbeigeordert. Die direkte Intervention im Landungsbereich soll von Schnellbooten, Kleinst-U-Booten und Marinefliegern, die Druckminen werfen, gewährleistet werden. Aus Angst vor einer Entdeckung dieser neuen Minenwaffe hat Dönitz auf eine vorzeitige Verlegung dieser Minen verzichtet und sich damit der Möglichkeit begeben, der alliierten Landungsflotte schwere Verluste beizubringen.

Niemand hat im Augenblick eine Ahnung, wo die Landung stattfinden wird. Die Nachrichtendienste der Wehrmacht wissen es nicht, und die Luftwaffe kann kaum noch Aufklärer über englisches Gebiet schicken. Hinzu kommt, daß OKW und OB West von den Alliierten mit Desinformationen über die wahren Landungsabsichten eingedeckt werden, Aktionen, die bereits seit 1943 liefen unter der Codebezeichnung »Bodyguard«, jetzt abgelöst durch »Fortitude«.

Es wird alles unternommen, um die deutschen Verbände zu zerstreuen und zu verhindern, daß deutsche Verstärkungen früher als die Divisionen der Alliierten in der Landungszone eintreffen.

Bombardierungen der Transportwege und Sabotageakte der Résistance werden als ungenügend angesehen. So versucht die »Intox«-Aktion der alliierten Geheimdienste, die Deutschen durch Informationen über Verstärkungen im Mittelmeer an eine Landung in Italien oder auf dem Balkan glauben zu lassen. Auch über eine Landung in Südfrankreich werden Gerüchte ausgestreut.

Im Norden des Kriegsschauplatzes verbreitet »Fortitude« Nachrichten über die Bildung einer alliierten Heeresgruppe in Schottland, die gegen Norwegen und Dänemark operieren soll. In England selbst wird durch Truppenbewegungen, Errichtung von Depots, Ansammlung von Landeschiffen, aber auch durch Verwendung von Doppelagenten des Systems »Double Cross« alles unternommen, um die deutsche Abwehr an einen Schwerpunkt des alliierten Angriffs aus Südostengland heraus gegen das französische Departement Pas de Calais nördlich der Seine-Mündung glauben zu lassen.

Unter dem Stichwort »Fusage« wird ein keineswegs fiktiver, aber nicht mit Truppen ausgestatteter Heeresgruppen-Stab in Kent eingerichtet, der mit dem Hauptquartier Montgomerys in Portsmouth einen regen Funkverkehr aufnimmt. US-General Patton, den die Deutschen gut aus Tunesien und Sizilien kennen und dessen Ankunft in England von Presse und Radio gemeldet wurde, wird als der Oberbefehlshaber dieser neuen Heeresgruppe gehandelt.

Das deutsche Oberkommando fällt auf die diversen Ablenkungsmanöver, soweit sie den Süden und den Südwesten betreffen, nicht herein, bleibt aber vorsichtig: An den 21 Divisionen auf dem Balkan wird nicht gerührt, zehn der 26 in Italien stationierten Divisionen haben die Aufgabe, jede Landung nach dem Beispiel von Anzio entlang besonders verwundbarer Küstenabschnitte zu verhindern, und in Frankreich bleibt die 11. Panzer- und die 17. SS-Panzergrenadierdivision für alle Fälle im Bereich der Gironde-Mündung stationiert.

OKW und OB West sind sich praktisch sicher, daß der Hauptstoß im Bereich der Kanalküste erfolgen wird, mit möglichen Nebenangriffen anderswo, vielleicht in Dänemark, wo sechs Divisionen belassen werden. Aber wo an der Kanalküste? Im April/Mai scheint sich ein Erfolg für die Aktion »Fortitude« einzustellen. Das OKW und der Befehlshaber der aus der 7. und der 15. Armee bestehenden und von der Loire-Mündung bis zur niederländischen Grenze reichenden Heeresgruppe B, Rommel, und der OB West, Rundstedt, neigen jetzt sehr stark zu der Annahme, daß der Angriff nördlich der Seine, zwischen Dieppe und der Schelde-Mündung, kommen wird.

Das alliierte Verwirrspiel hat nicht allein zu dieser Meinungsbildung beigetragen. Nach aller Logik muß eine Landung da erfolgen, wo der Kanal am engsten ist, schon der Luftunterstützung wegen, die dort am massivsten eingreifen kann. Das Pas-de-Calais ist außerdem der kürzeste Weg zur Ruhr und zum Herzen Deutschlands. Im Unterschied zur Normandie gibt es hier keine natürlichen Hindernisse wie die Seine.

Die Überzeugung der beiden Generäle verstärkt sich, zumal die Experten der Kriegsmarine der Ansicht sind, daß eine Landung in der Seine-Bucht wegen der dort vorhandenen Strömungen und Felsenriffe wenig wahrscheinlich ist, wenn auch das Verhalten der feindlichen Luftwaffe für eine Operation in diesem Bereich spricht: Sie zerstört die Seine-Brücken und die Bahnanlagen in Nordfrankreich und in Belgien sowie die Küstenbefestigungen zwischen Dieppe und Ostende.

Die eigene vorgefaßte Meinung und die gegnerische Desinformation bringen Rommel dazu, am 21. Mai öffentlich die Ansicht zu vertreten, daß »die Entdeckung des Hauptquartiers Montgomerys im Süden von London die Bildung des gegnerischen Schwerpunktes im Süden und im Südosten Englands bestätigt«.[1]

Dieser Schlußfolgerung entsprechend hat man die zwischen Seine und Schelde stehende 15. Armee besonders üppig ausgestattet: 27 Divisionen, davon sechs motorisierte Infanteriedivisionen und drei Panzerdivisionen in rückwärtiger Stellung. Die Kanalküste zwischen Le Havre und der Halbinsel Cotentin dagegen ist mit fünf »statischen« Divisionen zweiter Kategorie relativ schwach bewacht. Auch der Atlantikwall ist in diesem Bereich nicht sonderlich stark ausgebaut.

Bei der allgemeinen Erwartung, daß die Landung nur im Pas-de-Calais stattfinden kann, hat man auch Befestigungsarbeiten in der Seine-Bucht eingestellt. Bei der 15. Armee sind 63 Arbeitskommandos mit dem Ausbau der Bunkerstellungen beschäftigt, gegenüber nur 16 in der Normandie, da wo die 7. Armee den Schock empfangen wird.

Auch ist die Dichte der Bunker und der Artilleriewerke bei der 15. Armee dreimal stärker als bei der 7. Armee, wo die Geschützstellungen sogar oben offen sind. Von 17 Batterien sind nur drei oder vier am Morgen des 6. Juni in der Lage, auf die Strände zu wirken. Am Vorabend hatte Rommel noch befohlen, die 15-Zentimeter-Batterien aus dem Küstenbereich ins Hinterland zu verlegen. So stieß das verlustreiche Stoßtruppunternehmen der US-Rangers gegen die Küstenbatterie an der Pointe du Hoc im Morgengrauen des D-Day ins Leere, denn die Geschützbunker waren geräumt. Verglichen mit dem Zustand des Atlantikwalls nördlich der Seine befand sich der Befestigungsbau in der Seine-Bucht noch im Anfangsstadium.

Es gibt allerdings auch Anzeichen, die gegen eine Landung im Pas de Calais sprechen. Nächtliche Aufklärungsflüge haben massive Truppenkonzentrationen westlich der Isle of Wight festgestellt. Die Funkabwehr untersucht daraufhin verstärkt den Funkverkehr der Alliierten und kommt zu dem Ergebnis, daß der Schwerpunkt der anglo-amerikanischen Offensive im Raum Plymouth Portsmouth liege und eine Landung daher zwischen Cherbourg und Caen erfolgen werde.

Diese Information erregt die Aufmerksamkeit Hitlers. Nach dem Kriege werden alle ehemaligen deutschen Heerführer an der Westfront anerkennen müssen, daß Hitler der einzige war, der die Dinge richtig gesehen hatte. Wenn Rundstedt auch nicht völlig überzeugt ist, so ist Rommel in seiner Zuversicht erschüttert und widmet sich jetzt der Verstärkung der Küstenverteidigung in der Normandie. Hitler, einmal mehr von seinem Instinkt geleitet, wittert klar das Täuschungsmanöver.* »Diese ganze Sache, die die Engländer uns da vorführen, sieht mir nach Theater aus«, erklärt er am 6. April. »Die jüngsten Nachrichten über ihre Maßnahmen, ihre Truppenverschiebungen und all das, das würde man normalerweise gar nicht machen. ... Ich werde den Eindruck nicht los, daß die uns was vormachen.«[2]

Am 27. Mai empfängt er den japanischen Botschafter Oshima und teilt ihm mit, daß die Alliierten ihre Angriffsvorbereitungen abgeschlossen haben und jetzt jederzeit mit Entlastungsangriffen in Skandinavien, im Südwesten Frankreichs und im Mittelmeer zu rechnen sei. Die eigentliche Landung allerdings werde in der Normandie oder der Bretagne erfolgen. Die Alliierten würden versuchen, sich Häfen wie Cherbourg oder Brest anzueignen. Dabei wäre eine Landung im Pas-de-Calais nicht auszuschließen.

Hitler ordnet an, die bedrohten Küstenabschnitte besser für die Abwehr zu präparieren. Die Verteidigung der Bretagne wird acht Divisionen übertragen, vier davon von guter Qualität. Das LXXXIV. Korps des Generals Marcks in der Normandie wird durch die 91. Infanteriedivision, ein Fallschirmjäger-Regiment und eine motorisierte Brigade in Saint Lô verstärkt. Die 352. Division wird an die Küste verlegt und übernimmt einen Abschnitt der 716. Infanteriedivision. Die 21. Panzerdivision bezieht Stellung südlich von Caen, während zwei exzellente Einheiten, die 12. SS-Panzerdivision und die Panzerlehrdivision, in den Raum von Dreux/Chartres verlegt werden. Trotzdem bleibt das Verteidigungsdispositiv der Deutschen unausgeglichen. Die stärksten

---

* Hitlers Instinkt war bei größeren Operationen von der Idee her öfter richtig, ließ aber die Abwägungen über deren praktische Durchführbarkeit fast völlig außer acht. In taktischen Situationen versagte dieser Instinkt und führte oft zu falscher Führung.

Truppenkonzentrationen bleiben der 15. Armee im Pas-de-Calais vorbehalten.
Zur totalen Verwirrung in den Köpfen der verantwortlichen Deutschen trägt bei, daß sie wie Hitler glauben, daß ein anderer Großangriff nördlich von Le Havre zu befürchten sei – eine völlige Überschätzung der alliierten Mittel. Eisenhower verfügt nur über 40 Divisionen, davon vier Luftlande-Divisionen. Dagegen mutet ihm die deutsche Abwehr 70 bis 80 Divisionen, davon acht Luftlande-Divisionen, zu. Dieser enorme Unterschied beruht auf den Schätzungen des Obersten Michel oder des Obersten von Roenne im OKW, die in der Absicht gehandelt haben sollen, die zu schwachen Zahlen des Sicherheitsdienstes der SS zu korrigieren oder Zweifel in den Köpfen der Chefs beim OB West aufkommen zu lassen und sie zu veranlassen, sich der Verschwörung Becks und Goerdelers anzuschließen.[3]*
Große Uneinigkeit im Oberkommando besteht auch über den Gebrauch der strategischen Reserven, vor allem der gepanzerten Verbände. Zum Erstaunen von Guderian und Geyr von Schweppenburg, letzterer Befehlshaber der Panzergruppe West, sind die Panzerdivisionen weit auseinandergezogen entlang der Küstenlinie zwischen der holländischen Grenze und Bordeaux stationiert, mit Ausnahme einer Division in Südfrankreich. Von irgendeiner Schwerpunktbildung kann keine Rede sein.
Rommel, der diese Dislozierung angeordnet hat, ist überzeugt, daß die alliierte Luftüberlegenheit jede größere Bewegung untersagt. Er glaubt, daß die Anlandung »an diesem längsten Tag des Krieges« schon auf den Stränden zurückgeworfen werden müsse, und zwar mit Unterstützung der Panzer. »Wer bei der ersten Landungsphase nicht unverzüglich am Feind ist, kommt bei der enormen Luftüberlegenheit des Gegners niemals mehr zum Zuge ... Wenn es bei unserem Kampfauftrag nicht gelingt, die Alliierten auf See abzuwehren oder in den ersten 48 Stunden vom Festlande zu werfen, ist die Invasion geglückt und der Krieg beim Fehlen operativer Reserven und dem totalen Ausfall unserer Kriegsmarine und Luftwaffe verloren.«[4]
Diese Dislozierung der Großverbände ruft lebhafte Einwände bei Rundstedt, Geyr von Schweppenburg und Guderian hervor, der

* Diese Auffassung hat Masson aus dem Buch von Wilmot »La lutte pour l'Europe« übernommen. Sie ist nicht zu belegen.

am 20. April an einem Planspiel beim OB West teilnimmt. Die Erfahrungen von Sizilien, Salerno und Anzio lehren, daß Panzer nicht in Küstennähe eingesetzt werden können, da sie dem Feuer der feindlichen Schiffsartillerie ausgesetzt sind. Die drei Herren wünschen, daß man die gepanzerten Verbände in zwei Gruppierungen in den Wäldern bei Paris unterziehen läßt, von wo sie nördlich und südlich der Seine eingreifen können. Die Märsche sollen bei Nacht oder bei Tage entlang der von der Flak geschützten Marschstraßen erfolgen. Auch sollen die Panzerbesatzungen und Grenadiere im Nachtkampf geschult werden.

Rommel läßt sich nicht von seiner Meinung abbringen. Hitler, um seine Meinung gebeten, zögert mit einer Entscheidung, erkennt aber die Nachteile einer zu großen Verzettelung an. Schließlich schließt er sich einer Kompromißlösung an. Drei Divisionen, die 2., 21. und 116. Panzerdivision, bleiben Rommel direkt unterstellt. Alle anderen bilden eine strategische Reserve unter dem Kommando des OKW. Als Folge davon werden die 12. SS-Panzerdivision und die Panzerlehrdivision in die Normandie verlegt.

Rommels Ideen enthalten Widersprüche. Sie werden bei der Lektüre der Memoiren seines Stabschefs, General Speidel, deutlich. Gegen eine alliierte Landung in der Bretagne oder in der Normandie hatte Rommel mehrere Reaktionen parat: »Gegenangriff, Rückzug auf die auf jeden Fall zu haltende Seine-Linie, Angriff aus Süden und Osten entlang der Seine mit dem Ziel, den Feind in Küstennähe zu vernichten.« Welche Rolle aber sollten in diesem »Kriegsspiel« die unheilbar geschwächten deutschen Luftstreitkräfte spielen?[5]

Die schließlich angenommene Truppendislozierung, Spiegelung mehrerer Denkschulen, enthält alle erdenkbaren Nachteile. Die Panzer bleiben zu weit entfernt von der Küste, um sofort eingreifen zu können, und für den Fall eines massiven Gegenangriffs ist keinerlei Konzentration vorgesehen worden. Das Fehlen einer klaren Doktrin wird eine bedauernswerte Auswirkung auf die Moral der subalternen Offiziere haben und einen Teil der Unentschlossenheit erklären, die sich während der ersten Tage nach der Landung bemerkbar macht.

Am Vorabend des D-Day herrscht äußerstes Unbehagen im Kreis der Offiziere um den Oberbefehlshaber West. Man weiß nichts über den Ort der Landung, man weiß dagegen, daß die Luftwaffe praktisch fast nicht mehr existiert, man weiß, daß die Uneinigkeit über den Einsatz der strategischen Reserven weiterbesteht, und man weiß, daß der Gegner um ein Vielfaches überlegen ist. Dieses stimmt so nicht. Die motorisierten Verbände sind in etwa gleich stark, und der deutschen Annahme, die Alliierten könnten 15 Divisionen an Land werfen, steht in Wirklichkeit nur eine Transportkapazität von fünf Divisionen gegenüber.

Unsicherheit und Unbehagen führen dazu, daß die Anti-Hitler-Verschwörung im Westen weiter Fuß faßt. Nach dem schon lange erfolgten Beitritt der beiden Befehlshaber in Brüssel und Paris, Falkenhausen und Stülpnagel, nähert sich nun auch General Speidel, der im Februar 1944 ernannte Stabschef der Heeresgruppe B, dem Kreis um Beck und Goerdeler. Speidel versucht, Rommel zu gewinnen und besorgt dem Feldmarschall einen Kontakt zu Stülpnagel.

Rommel hat seine afrikanische Grippe nicht ganz auskuriert, außerdem leidet er seelisch immer noch unter der Niederlage von Tunesien. Er ist zu einem Skeptiker geworden. Der Feldmarschall bereitet sich konzentriert auf die »Schlacht um die Strände« vor, aber er glaubt nicht mehr an einen siegreichen Ausgang des Krieges. Wie die meisten Generäle sieht auch er in Hitler den Hauptverantwortlichen für die Niederlage. Auch hat er sich überzeugen lassen, daß ein Hitler an der Spitze Deutschlands ein Hindernis für eine verhandelte Lösung des Konfliktes ist. Seine ersten Kontakte mit dem Widerstand haben Ende 1943 stattgefunden. Gesprächspartner waren General Wagner im Führerhauptquartier und vor allem sein württembergischer Landsmann Dr. Strölin, Oberbürgermeister von Stuttgart. Auch Strölin, einst begeisterter Nationalsozialist, hat seinen Glauben an Hitler verloren.

Aber Rommel ist bisher unentschlossen geblieben, selbst nachdem die Verschwörer in Paris ihm den Posten eines Reichsverwesers nach einem gelungenen Staatsstreich angetragen haben. Bei einem Treffen mit Stülpnagel am 15. Mai in einer Villa bei Paris erklärt er sich zu einer Teilnahme an einem Putsch bereit. Aber er will kein Attentat, das Hitler zu einem Märtyrer machen würde, sondern er zieht es vor, ihn festnehmen und vor Gericht stellen zu lassen.

Der noch etwas zögerliche Beitritt des Feldmarschalls kurz vor der alliierten Landung hatte, wie Speidel bemerkt, auch militärische Folgen. »Aus politischen Überlegungen wünschte Rommel, zwei sichere gepanzerte Verbände in der Hand zu behalten.« Die Absicht könnte erklären, warum Rommel in den Tagen nach der Landung zögerte, die ihm direkt unterstellten beiden Panzerdivisionen 2 und 116 einzusetzen, deren Kommandeure anscheinend der Idee eines Putsches zugeneigt gewesen waren.

Die so lange erwartete Landung beginnt nun endlich in der Nacht vom 5. auf den 6. Juni unter dem Schutz einer imponierenden schwimmenden und fliegenden Armada. Um Mitternacht werden drei Luftlande-Divisionen auf den Flanken des Landekopfes abgesetzt, beiderseits der Dive-Mündung im Westen, auf dem rechten Ufer der Orne im Osten. Ab 5.00 Uhr beginnen die Anlandungen unter einem Trommelfeuer der Schiffsgeschütze und dem Bombenhagel der Bomber. Fünf Divisionen werden, von Westen nach Osten, an Land geworfen. Die Amerikaner fassen Fuß in den Landungsabschnitten »Utah« – im Süden des Cotentin – und »Omaha« – zwischen Vire und Vierville –, die Briten bilden drei Landeköpfe zwischen Bayeux und der Orne, »Gold«, »Juno« und »Sword«.

Schon am Abend steht der Erfolg fest. In »Utah« hat es praktisch keinen Widerstand gegeben. Briten und Kanadier sind, nachdem der Widerstand der 716. Infanteriedivision gebrochen ist, sechs bis acht Kilometer tief ins Hinterland eingedrungen. Vorderste Teile stehen sogar am Stadtrand von Caen. Dramatisch ist dagegen die Situation in »Omaha«, wo sich die 352. Infanteriedivision gut gehalten und den Amerikanern schwerste Verluste beigebracht hat. Bei den Luftlandungen hat es auch schwere Verluste gegeben, aber die Fallschirmjäger und Lastensegler-Besatzungen haben die Stellungen der Deutschen ganz schön durcheinandergebracht.

Für das deutsche Oberkommando ist die Landung eine Überraschung – trotz der langen Vorbereitungszeit des Monats Mai und trotz der abgefangenen unmißverständlichen Funksprüche der französischen Résistance. Die Verteidiger sind verwirrt vom Umfang der gegnerischen Mittel. Die Briten haben Panzer mitgebracht, die in enger Anlehnung an dic Infanterie auf das Räumen von Minen und die Bekämpfung von Bunkern spezialisiert sind. Das Auf-der-Stelle-Treten der Amerikaner in »Omaha« ist auf das Fehlen solcher Kampfwagen zurückzuführen.

Die Überrumpelung der Deutschen gelingt auch infolge der Wetterlage.* Seit dem 3. Juni herrscht ein regulärer Sturm auf dem Kanal, der den alliierten Oberbefehlshaber Eisenhower zwingt, die Landung um 24 Stunden zu verschieben. Das miserable Wetter hat zu einem Nachlassen der Wachsamkeit der Deutschen geführt und die Kriegsmarine veranlaßt, alle Patrouillenfahrten einzustellen.

Am Morgen des 6. Juni ist deshalb keiner der führenden deutschen Generäle auf seinem Posten. Alle sind überzeugt, daß vor dem 15. Juni nichts passieren wird. Rommel ist in Deutschland, wo er Hitler sehen und den Geburtstag seiner Frau feiern will. Der Befehlshaber der 7. Armee, die die Invasionsfront halten soll, hält in Rennes ein Kriegsspiel ab. Sepp Dietrich, Kommandeur der Panzergruppe der Waffen-SS, hat sein Hauptquartier in Rouen für einen Kurzurlaub mit der belgischen Hauptstadt vertauscht.

Durch die Feuervorbereitung der Landung sind fast alle deutschen Nachrichtenverbindungen ausgefallen. Als Rommel am 6. Juni abends in seinem Hauptquartier in La Roche-Guyon bei Paris eintrifft, kann ihm sein Stab kein genaues Bild der Lage vermitteln.

Große Ungewißheit herrscht über den Umfang der alliierten Luftlandungen auf der Halbinsel Cotentin. Die Lage vor der Front der 352. Division wird für geklärt gehalten. Dagegen scheint sich der britische Landekopf östlich der Orne auszuweiten. Deutsche Verstärkungen sind aus dem Raum Lisieux in Richtung Küste unterwegs. Nur ein einziger örtlicher Gegenangriff ist von der 21. Panzerdivision aus dem Raum Caen gegen Luc-sur-Mer angesetzt worden.

Auch in den folgenden Tagen hält die Konfusion an. Ein für den 7. Juni morgens angesetzter Gegenangriff der 21. Panzerdivision und der 12. SS-Panzerdivision westlich Caen in Richtung Küste

---

* Die falsche Einschätzung der Wetterlage auf der deutschen und die richtige Beurteilung auf der alliierten Seite haben eine ganz entscheidende Rolle gespielt. In Vorbereitung der Invasion war die in Grönland errichtete Wetterstation der Wehrmacht von den Amerikanern ausgehoben worden, wodurch eine Vorhersage des Atlantikwetters für die Deutschen äußerst erschwert, für die Alliierten aber möglich war. Daher wußten die Amerikaner, nicht aber die Deutschen, daß es am 6. Juni im Bereich des Kanals für etwa 24 Stunden zu einer »Ruhe im Sturm« kommen würde. Es ist wohl die wichtigste wie schwerste Entscheidung Eisenhowers gewesen, in diesen 24 Stunden die Landung zu wagen.

kommt nicht von der Stelle. Die 21. wird von den Briten vor Lebisey gestoppt, und die 12. SS, aufgehalten durch Luftangriffe und Mangel an Treibstoff, wird auf Carpiquet abgedreht, um einen kanadischen Angriff zurückzuwerfen.

Am 10. Juni wird ein Gegenangriff der Panzerlehrdivision und der 12. SS-Panzerdivision von Anfang an gelähmt durch die Zerstörung der Funk- und Befehlswagen des Generals Geyr von Schweppenburg. Die feindlichen Flieger haben das vorgeschobene Hauptquartier des Kommandeurs der Panzergruppe West durch Knacken des Enigma-Schlüssels orten können. Fast alle Offiziere des Stabes sind getötet oder verwundet worden. Das Kommando wird von Sepp Dietrich übernommen. Die Panzergruppe West wird erst Ende Juni wieder einsatzbereit sein. Aber Geyrs geplanter Offensive der beiden SS-Panzerkorps in Richtung Küste an der Naht zwischen Amerikanern und Briten kommt ein Angriff Montgomerys (Epsom) auf den Odon in Richtung Caen zuvor.

Am 10. Juni haben die Alliierten einen soliden Landekopf auf dem Festland eingerichtet. Montgomery hält die Front vor Caen, während die Amerikaner langsam die Cotentin aufrollen und sich anschicken, Cherbourg zu nehmen.

Der Erfolg der Invasion erklärt sich zunächst aus der Ohnmacht der Kriegsmarine. In der Nacht vom 7. Juni versuchen die in Cherbourg und Le Havre stationierten Schnellboot-Flottillen einen ersten Ausfall gegen die alliierte Landeflotte, ohne großes Ergebnis. Ein massiver Angriff der RAF mit 325 viermotorigen Bombern am 14. Juni auf Le Havre setzt ihren Aktivitäten ein Ende. Tags darauf werden bei einem ähnlichen Angriff auf Boulogne 27 Schnellboote vernichtet.

Auch dem Großeinsatz der U-Boote, befohlen in der Nacht zum 7. Juni, ist kein Glück beschieden. Nur die mit Schnorchel ausgerüsteten Boote können in den westlichen Kanal eindringen. Die anderen, von Flugzeugen entdeckt, müssen sich unter schwersten Verlusten zurückziehen. In Norwegen stationierte Boote, die unter Umrundung der Britischen Insel zum westlichen Kanaleingang stoßen sollen, erfahren das gleiche Schicksal. Fünf von ihnen werden versenkt. Die Verluste, die die im Invasionsbereich eingesetzten U-Boote dem Gegner zufügen konnten, sind kaum erwähnenswert: zwei Korvetten und ein Landungsboot LST.

Auch die in La Pallice in der Vendée stationierten Zerstörer kön-

nen nicht, wie befohlen, Cherbourg anlaufen. Eine Flottille von vier Schiffen wird bei Saint Nazaire von Beaufighter-Flugzeugen des Coastal Command gestellt, dann vor Brest von acht Zerstörern angegriffen und zerstreut. Zwei der Schiffe sinken.
Die von Flugzeugen abgeworfenen magnetischen und akustischen Druckminen erzielen auch wenig Wirkung. Sie werden hauptsächlich vor der Küste des Pas-de-Calais ausgesetzt, wo man immer noch einen zweiten Angriff erwartet, und nicht in der Seine-Bucht. Trotz aller Vorsichtsmaßnahmen, wie dem Abwurf bei Ebbe, können die Briten am 14. Juni mehrere der neuen Minen in ihren Besitz bringen. Fast sofort finden sie ein Gegenmittel: Die Zünder der Minen sprechen bei sehr langsamer Fahrt des Schiffes nicht an. Die wenigen sichtbaren Ergebnisse bleiben ohne Einfluß auf den Ablauf der Operationen.
Der britische Admiral Ramsey, nach dem Kriege mit der Auswertung aller maritimen Aspekte der Landung beauftragt, hat eingestanden, daß ein massiver Einsatz dieser neuen Druckminen verheerende Verluste unter den alliierten Flotten verursacht hätte. Infolge ihrer fixen Idee einer alliierten Landung nördlich der Seine und ihrer übertriebenen Vorsicht, die Minen nicht vor der Landung zu legen, hat sich die Kriegsmarine des letzten Trumpfs begeben, der ihr blieb.
Mit ihren 10000 Flugzeugen haben die Alliierten einen weiteren Vorteil gegenüber der Wehrmacht: Sie beherrschen den Luftraum.* Am Morgen des 6. Juni funktionieren nach wochenlangen Bombardierungen nur noch 30 Prozent des französischen Schienentransports. Auf dem Nordnetz zwischen Paris und der Kanalküste sind es sogar nur noch 25 Prozent. Von 2000 Lokomotiven funktionieren nur noch 500. Tausende von Waggons sind unbrauchbar gemacht worden.
Die Deutschen setzen zahllose Bautrupps ein, aber sie können der Zerstörungen, verstärkt noch durch die Sabotageakte der französischen Résistance, nicht Herr werden. Die Aufgabe wird nicht erleichtert durch die Zerstörung aller Brücken über die Loire und die Seine, ausgenommen die Seine-Brücken von Paris, über die nun auch der Hauptverkehr läuft. Truppentransporte mit der Ei-

* In den ersten 24 Stunden flogen die Alliierten über dem Landungsraum über 3000 Einsätze, wogegen die Luftwaffe nur ganze 93 Jägereinsätze setzen konnte.

senbahn können nur bei Nacht laufen, aber sie müssen große Umwege machen und enden oft auf der Landstraße.
So ergeht es einem Regiment der 275. Infanteriedivision, das bei Nantes in der Bretagne verladen worden ist. Amerikanische Jagdbomber entdecken den Zug in einem kleinen Bahnhof und nehmen ihn mit ihren Bombern und Raketen unter Feuer. Die Infanteristen müssen anschließend zu Fuß nach Saint Lô weitermarschieren. Die SS-Division »Das Reich«, vom südfranzösischen Montauban kommend und von Partisanen im Limousin aufgehalten, muß tagelang am Loire-Ufer warten, bis sie ihre Panzer auf Fähren über den Fluß bringen kann. Das II. SS-Panzerkorps, am 12. Juni in Polen verladen, kommt fünf Tage später in Lothringen an. Die Radfahrzeuge können relativ schnell die Normandie erreichen, aber die Kettenfahrzeuge brauchen länger als eine Woche, bis sie nach mehr als 2000 Kilometern Bahntransport quer durch Europa, oft auf Nebenlinien, an der Front ankommen.
Auch das Straßennetz ist schwer mitgenommen. Schon vor dem 6. Juni sind alle Flußbrücken im Operationsgebiet zerstört worden. Vom Morgengrauen des 6. Juni an werden nun auch alle Straßenkreuzungen vehement bombardiert. Eine große Anzahl lieblicher normannischer Orte, wie Saint Lô, Vire oder Villers-Bocage, werden mitleidlos von Bombenteppichen dem Erdboden gleichgemacht. Die Zerstörungen sind so nachhaltig, daß nicht einmal Kettenfahrzeuge mehr durchkommen.
Auf allen National- und Regionalstraßen werden deutsche Truppen bis zu 100 Kilometer Tiefe hinter der Front pausenlos von alliierten Jagdbombern angegriffen. Die Panzerlehrdivision sieht sich auf ihrem Marsch zur Front zwei Tage lang schwersten Luftangriffen ausgesetzt. »Meine Männer hatten dem Straßenabschnitt Vire – Bény-Bocage am 7. Juni mittags den Namen ›Jabo-Rennstrecke‹ gegeben«, erklärt ihr Kommandeur, Fritz Bayerlein. »Unsere Kraftfahrzeuge waren alle mit Zweigen getarnt und schlichen sich an Hecken und Waldrändern entlang vorwärts. Trotzdem hatte ich am Abend des Tages 40 Tankwagen, 90 Lastkraftwagen, fünf Panzer und 84 andere gepanzerte Kraftfahrzeuge verloren. Für eine nicht eingesetzte Division waren das ganz schöne Verluste.«[6]
Die Luftwaffe befindet sich in tiefer Ohnmacht. Der Weisung des OKW zufolge sind mehrere Staffeln aus dem Reich nach Westen verlegt worden. Aber die Überführungsflüge gehen in größter

Verwirrung vor sich. Da alle größeren Flugplätze von der alliierten Fliegerei zerstört worden sind, müssen die ankommenden Maschinen auf hastig hergerichteten Feldflugplätzen landen. Es gibt keine Werkstatt, keine Nachrichtenverbindung und keine Spritversorgung. Die deutschen Jagd- und Bomberpiloten müssen ihre Aktionen auf den östlichen Teil des Landekopfs beschränken. Sie greifen Caen an und wagen sich bei Nacht zuweilen bis über die Landestrände vor. Aber mit über 1000 abgeschossenen oder am Boden zerstörten Maschinen erleiden sie schwerste Verluste, und das Ergebnis ihrer Flüge ist, wie bei der Kriegsmarine, ohne jeden Einfluß auf den Verlauf der Kampfhandlungen.[7]

Rommel schickt dem OKW am 12. Juni einen Lagebericht, in dem er die erdrückende alliierte Luftüberlegenheit besonders hervorhebt. »Der Gegner verstärkt sich laufend an Land unter dem Schutz mächtiger Luftstreitkräfte. Unsere Luftwaffe und Marine können ihm keinen ernsthaften Widerstand entgegensetzen, vor allem bei Tage. Seine Bodentruppen verstärken sie folglich schneller als unsere Reserven an der Front. Außerordentlich erschwert wird unsere Situation durch den Umstand, daß der Feind unsere Bewegungen praktisch den ganzen Tag über unterbinden kann, während er selbst über sehr mobile Verbände und Luftlandetruppen verfügt. Unsere eigenen Operationen werden erschwert und oft unmöglich gemacht durch die weit überlegene, oft bedrückende feindliche Luftwaffe. Sie übt die totale Luftherrschaft über dem Kampfgebiet und bis zu 100 Kilometer Tiefe im Hinterland aus und unterbindet praktisch jeden Verkehr bei Tage auf ungedeckten Haupt- und Nebenstraßen. Daraus schließt, daß unsere Truppe bei Tage keinerlei Bewegung auf dem Schlachtfeld vollziehen kann, während der Feind über völlige Bewegungsfreiheit verfügt. … Einheiten und Stäbe müssen tagsüber da, wo sie sich finden, in Deckung gehen. Weder die Flak noch unsere Jäger scheinen in der Lage zu sein, die lähmende und zerstörerische Tätigkeit der feindlichen Flugzeuge einzudämmen. Die Truppe verteidigt sich so gut es geht mit ihren Bordmitteln, aber die Munition ist rar und kann nur unter schwierigsten Bedingungen nach vorne gebracht werden.«[8]

Trotz der alliierten Luftüberlegenheit kommen Verstärkungen in der Normandie an, wenn auch sehr verspätet. Auch sie gehören, was erstaunen mag, fast ausschließlich der strategischen Reserve des OKW an. Zu den drei von Anfang an eingesetzten Panzerdivisionen, der 21., der 12. SS und der Panzerlehrdivision, stoßen nach und nach drei andere, die 2. SS (Montauban), die 1. SS (Brüssel), die 2. Panzerdivision (Beauvais) plus die 17. Panzergrenadierdivision. Am 25. Juni werden diese Divisionen durch das II. SS-Panzerkorps aus Polen verstärkt.

Die meisten müssen bei Tage marschieren und werden überstürzt eingesetzt, um den alliierten Landekopf einzudrücken. Hinter ihnen bewegen sich noch einige motorisierte Infanteriedivisionen in Richtung Normandie. Vier kommen aus der Bretagne, eine Luftwaffendivision rückt aus Holland an, später folgen die 277. und die 276. Infanteriedivision, die erste kommt aus dem Baskenland, die zweite von der Mittelmeerküste. Die 15. Armee aber gibt während der ersten drei Wochen des Kampfes nicht eine einzige Einheit ab.

Die Zurückhaltung dieser gesamten Reserven im Norden der Seine, wo die Divisionen dicht gedrängt und in zwei Reihen hintereinander parallel zur Küste stehen, erklärt sich aus der Erwartung einer zweiten alliierten Landung. Rommel schreibt an Rundstedt: »Urteilt man nach den Truppenkonzentrationen des Gegners und nach seinen taktischen und technischen Möglichkeiten, so ist mit einer großräumigen Landung beiderseits des Cap Gris Nez oder zwischen Le Havre und der Somme zu rechnen. Diese neue Landung könnte zeitgleich mit einem Vorstoß aus dem Landekopf in der Normandie erfolgen und Paris zum gemeinsamen Ziel haben.«[9]

Diese Ansicht wird von Keitel, Jodl und Dönitz geteilt. Der Admiral verstärkt nun noch das Verlegen von Minen zwischen Le Havre und Ostende. Jetzt wartet man fast sehnsüchtig auf die Invasion im Norden der Seine. OKW und Rommel rechnen damit, daß der Einsatz der ersten V 1, der endlich in der Nacht zum 13. Juni begonnen hat, die Operation noch beschleunigen könnte. Wenn es gelänge, diese zweite Landung abzuweisen, könnten die restlichen Divisionen der 15. Armee zur Bereinigung des Landekopfes zwischen Orne und Cotentin abgestellt werden.[10]

Weniger als 14 Tage nach dem Beginn von »Overlord« steht es um die Schlacht in der Normandie alles andere als gut für die Wehrmacht. Man hätte die Verwendung der besten Infanteriedivisionen am Landekopf und die Bildung einer starken mobilen gepanzerten Reserve erwarten können. Statt dessen beläßt das deutsche Oberkommando die Masse seiner mobilen Einheiten untätig an den Küsten und setzt in großer Unordnung seine strategische Reserve ein.

Guderian empört sich in seinen Memoiren über die »Verschwendung des einzigen Kampfinstruments, das der deutschen Seite eine unbestreitbare Überlegenheit über den Gegner gesichert« hätte. Er beklagt den widersinnigen Einsatz der Panzer, die man nach verlustreichen Tagesmärschen päckchenweise in den Kampf warf, wo sie in Abwehraktionen verschlissen wurden, wozu sie nicht da waren.

Zehn Tage nach dem D-Day ist Rommel mehr als entmutigt von dem Bild, das er sich von der Lage machen muß. Er glaubt felsenfest an eine zweite Landung und weiß, daß diese das Ende der Heeresgruppe B sein wird. Niedergeschlagen von solcher Aussichtslosigkeit wird er offener für die Erwartungen, die Stülpnagel und Speidel mit seiner Person verbinden.

Vom Temperament her und vielleicht auch aus einem Rest an Gefolgschaftstreue, ist der Feldmarschall aber nach wie vor gegen eine Ermordung Hitlers. Immer noch zieht er vor, ihn anläßlich eines Frontbesuches im Westen verhaften und später aburteilen zu lassen. Auf Drängen Rommels erklärt der Führer sich zu einer Lagebesprechung am 17. Juni in seinem 1940 in Erwartung einer Landung in England gebauten Hauptquartier in Margival bei Soissons bereit.

Speidel behauptet, Rommel habe an diesem Tage die entscheidende Auseinandersetzung geradezu gesucht. Würde Hitler auf seinem Starrsinn beharren und sich jeder politischen Lösung verschließen, wäre die Gelegenheit für eine Festnahme gegeben. Noch ist die Situation günstig. An der Ostfront ist es ruhig, die Westfront hält. Eine Verhandlung mit den Alliierten könnte also auf solider Basis beginnen, wobei die Ankündigung der Einstellung der V-1-Einsätze gegen London als Faustpfand dienen könnte.

Speidel und Jodl haben bezeugt, daß Rommel Hitler ein äußerst ernstes Bild der Lage gezeichnet habe. Zweimal sei er auf einen Verhandlungsfrieden zu sprechen gekommen. Die Antwort aber sei trocken gewesen. »Das geht Sie nichts an. Lassen Sie die politischen Dinge bitte meine Sache sein.« Hitler zeigte sich einmal mehr von seiner überraschendsten Seite, er blieb äußerlich ruhig, gab sich zuversichtlich, ja ermutigend.

Nicht ohne Grund verweigert er sich einem Rückzug hinter die Seine-Linie. Die wenig bewegliche deutsche Armee kann gegen eine vollmotorisierte feindliche Armee keinen Bewegungskrieg führen. Wie die Alliierten, die mit dem Rücken zum Meer kämp-

fen, würden auch die Deutschen mit dem Rücken zu einer unteren Seine, deren Brücken sämtlich gesprengt sind, von jedem Rückzug nach Osten abgeschnitten sein.
Hitler würde zur Not ein Ausweichen bis zur normannischen Schweiz akzeptieren, die nicht mehr im Feuer der feindlichen Schiffsartillerie liegt. Größten Nachdruck legt er auf eine Gegenoffensive der Panzer, die durch das Eintreffen des II. SS-Panzerkorps möglich geworden ist. Er besteht nachdrücklich auf einem Aushalten in den Stellungen um jeden Preis. Der Feind muß bis zum Eintreffen der neuen Düsenbomber-Staffeln in seinem Landekopf blockiert werden. Da auch Hitler von einer zweiten Landung überzeugt ist, kann er keinerlei Unterstützung größeren Ausmaßes zusagen. Am Ende der Konferenz kommt er noch einmal auf die neuen Waffen zu sprechen, »wobei er sich«, notiert Speidel, »in eine merkwürdige Stimmung flüchtet, eine Mischung aus Zynismus und düsterer Vorausahnung«.[11]
Im Gegensatz zu den Behauptungen Speidels und Blumentritts, des Stabschefs des OB West Rundstedt, verläßt Rommel die Besprechung nach dem Urteil des Admirals Ruge »sichtlich beeindruckt«. Wenn sich seine Stimmung »am nächsten Morgen auch wieder etwas geändert hat, so ist er doch optimistischer als zuvor. Die Situation an der Front hat sich stabilisiert, und die V-Waffen werden jetzt massiv gegen England eingesetzt. Er spricht dann von eventuellen Gegensätzen zwischen Engländern und Amerikanern und von den möglichen Schwächen beider Länder.« Der Feldmarschall ist unter dem Eindruck des Führers offensichtlich wankend geworden.
Hätte Rommel unter diesen Umständen den Mut gehabt, Hitler am nächsten Tag in seinem Hauptquartier in La Roche-Guyon festzusetzen? Der Führer hatte einer Begegnung mit den an der Front kommandierenden Generälen zugestimmt. Zweifel sind erlaubt. Rommel brauchte sich die Frage gar nicht mehr zu stellen, denn inzwischen ist Hitler auf Umwegen schon wieder nach Berchtesgaden zurückgekehrt. Wurde er durch den Einschlag einer fehlgeleiteten V 1 in der Nähe seines Hauptquartiers umgestimmt, oder hat ihn einmal mehr sein sagenhafter Instinkt vor einer drohenden Gefahr gewarnt?
Die Konferenz von Margival ist nur ein Zwischenakt im Ablauf der Normandieschlacht. Die strategischen Gegebenheiten ändert sie nicht. Infanterie kommt nach wie vor nur sehr spärlich an der Front

an. Die Panzer werden weiter in der Hauptkampflinie verheizt. Nördlich der Seine bleibt die 15. Armee in ihren Löchern stehen, und das OKW beläßt die 9. Panzerdivision weiter im Raum Bordeaux aus Furcht vor einer Landung in Südwestfrankreich.

Während die Alliierten nicht aufhören, ihren schon fast berstenden Landekopf mit Truppen weiter anzufüllen, müssen die deutschen Soldaten eine Materialschlacht bisher nie gekannten Ausmaßes durchstehen. Bomber und Jagdbomber werden zum Alptraum dieser hartgesottenen, in drei Jahren Rußlandkrieg bewährten Frontsoldaten. Um sich vor deren Feuer zu schützen, erfinden sie immer neue Listen der Tarnung, und sie beschränken ihre Bewegungen auf die kurzen Stunden der Sommernächte.

Zum Luftbombardement kommt das Feuer der alliierten Feldartillerie hinzu, die Munition in Hülle und Fülle hat und ihr Feuer auf engstem Raum zu ungeheurer Dichte steigern kann. Dauernd hängen Artillerie-Feuerleit-Flieger am Himmel, »Iron Tommies« auf der anderen Seite genannt. Sobald eine dieser kleinen Maschinen abgeschossen ist, wird sie von einer anderen ersetzt.

Die Schiffsartillerie kann bis zu 20 Kilometer Tiefe ins Hinterland schießen, womit das Passieren von Brücken, Straßenkreuzungen und Hohlwegen fast unmöglich gemacht wird. Mit Hilfe der fliegenden Beobachter kann sie Panzer- und Truppenansammlungen verhindern. Zwischen dem 11. und dem 18. Juni verschießen die beiden britischen Schlachtschiffe »Nelson« und »Rodney« 224 Schuß 40,6-Zentimeter- und 687 Schuß 15,2-Zentimeter-Granaten. Die »Warspite« unterstützt am 10. und 11. Juni die amerikanischen Erdtruppen vor »Utah« und die britische 50. Division vor »Gold«.

Am 11. Juni muß Rommel eingestehen, daß »die Wirkung des Feuers der schweren Schiffsartillerie die Entfaltung von Infanterie- und Panzerangriffen in der von See her beschossenen Region sehr erschwert«. Das Eingeständnis hat Gewicht. Es erkennt die Theorie der Ansetzung von Gegenangriffen in Küstennähe als irrig an. »Man kann die Feuerkraft einer britischen Division nicht mit der einer sowjetischen Division vergleichen«, bemerkt der I a der 9. SS-Panzerdivision, »denn Artillerie und Tiefflieger geben ersterer eine Feuerunterstützung, wie wir sie in Rußland nie erlebt haben. Wenn unsere Luftwaffe die feindlichen Schiffe daran gehindert hätte, mit solcher Präzision zu schießen, hätten die Anglo-Amerikaner nur Purzelbäume vor uns geschlagen, wie man so sagt. Auf jeden Fall waren es die Jabos und die Artillerie, besonders die schweren Geschütze der Schlachtschiffe, die unsere Gegenangriffe stoppten. Das Schiffsfeuer war verheerend. Wenn einer dieser Koffer neben einem Panther einschlug, genügte der Luftdruck, um solch ein Trumm von 57 Tonnen glatt umzukippen. Unsere Panzer wurden mehr von den Salven der Schiffe als von der feindlichen Infanterie aufgehalten.«[12]

Der deutsche Soldat hat von diesen »Stahlgewittern«, die Bomber und Artillerie auslösten, die nachhaltigste Erinnerung bewahrt. Eine Schilderung verdient festgehalten zu werden. »Hunderte von Geschossen aller Kaliber pflügten die Gärten um, durchlöcherten die Wände des Gutshofes, setzten die Dächer in Flammen, dicke Rauchwolken machten uns das Atmen schwer, reizten unsere Kehle. Wir fingen alle an zu husten. Ein wahres Gewitter aus Stahl ging über die ganze Gegend nieder. Bisher hatten wir das nur einmal gesehen, während der Schlacht von Orel. Und plötzlich hörte das Feuer auf.

In die seltsame Stille, die darauf folgt, dringt Motorengeräusch, das mit unheimlicher Stärke zunimmt. Unterbrochen von Feuerstößen aus Maschinenwaffen, und dann war die Hölle los. Raketenpfeifen mischt sich in den Krach des MG-Feuers, Typhoons greifen uns an, jagen ihre Raketen in unsere Gräben. Dann fallen Bomben. Menschen, Leiber, Waffen, Fahrzeugteile fliegen in die Luft. Bomben mit riesigen Feuerbällen explodieren am Boden. Eine Ewigkeit lang höre ich das Schreien der verwundeten Kameraden, das Brüllen des sterbenden Viehs, dazu das Bersten der Raketen. Als die letzte Maschine verschwunden ist, kommt die feindliche ›lahme Ente‹« – wie der deutsche Landser die Artilleriebeobachter bezeichnete – »und sofort setzt wieder das Trommelfeuer ein.«[13]

Gegen diese Übermacht führt die Wehrmacht in der Normandie länger als zwei Monate einen beispiellosen Abwehrkampf. Im Sektor von Caen bleibt der Geländegewinn der beiden britischen Offensiven »Epsom« und »Charnwood« begrenzt. Caen fällt erst Anfang Juli, einen Monat später als zum vorgesehenen Termin. Der deutsche Widerstand krallt sich im Vorort Vaucelles fest. Ein neuer britischer Vorstoß, »Goodwood« genannt, wird am 17. Juli von drei Panzerdivisionen mit Unterstützung einer strategischen Bomberflotte vorgetragen. Auch er bleibt nach drei Tagen stecken, ein Durchbruch wird nicht erzielt.

Auf der Cotentin haben die Amerikaner am 26. Juni Cherbourg genommen. Die Fortsetzung ihres Angriffs nach Südwesten in Richtung Carentan und Saint Lô bringt wenig Geländegewinn, aber hohe Opfer. In 17 Tagen stößt die 1. amerikanische Armee nur zehn Kilometer weit vor, aber sie hat mehr als 40 000 Mann Verluste.
Die erstaunliche Widerstandsfähigkeit des deutschen Soldaten resultiert auch aus Fehlern der Alliierten. Diesen gelingt es nie, das Eintreffen von Verstärkungen oder das Verschieben von Truppen zu unterbinden. Teilweise ist daran das ungünstige Wetter – der Juni und der Juli waren stark verregnet – schuld, aber auch das Fehlen von Flugplätzen im Landekopf. Außerdem wurde die Zerstörung der Schienenwege zugunsten der Wiederaufnahme des strategischen Bombardements Deutschlands und der Angriffe auf die V-Waffen-Stellungen eingestellt.
Nach anfänglicher Unsicherheit haben sich die Deutschen an die neue Kampfführung gewöhnt. Sie verlegen jetzt nur noch bei Nacht, nutzen die Seine für den Schiffstransport, gehen bei Tage nur entlang stark flakgeschützter und ausgeschilderter Vormarschstraßen vor. Nur der Mangel an Transportkapazität und das ständige Bombardieren engen schließlich die Versorgung der vorne eingesetzten Teile ein. Am Ende der Schlacht beherrschen die Deutschen das Szenario der Truppenverschiebungen in Perfektion. So können die 2. und die 116. Panzerdivision ohne Verlust von einem Ende der Front zum anderen verschieben, ohne vom Gegner entdeckt zu werden.
Auch die Qualität von Material und Mann spielt eine Rolle. Die alliierten Soldaten werden nie begreifen können, warum man ihnen trotz der industriellen Kapazität ihrer Länder nicht Waffen wie das MG 42, die Maschinenpistole 34, den Acht-Zentimeter- oder den Zehn-Zentimeter-Granatwerfer, den Nebelwerfer, die 8,8-Kanone oder Panzer wie den Tiger, den Panther oder den Jagdpanther zur Verfügung stellen kann. Um einen deutschen Panzer zu erledigen, muß man fünf Sherman oder Churchill opfern.
Die Briten haben die ersten Begegnungen mit deutschen Panzern in unangenehmer Erinnerung. Der erste Empfang der Kanadier durch die 12. SS-Division vor Carpiquet und Mesnil-Patry war eisig. Schon am ersten Tage seines Einsatzes erleidet das Queens Own Rifles Regiment ein Drittel aller seiner Verluste auf dem europäischen Kontinent. Der Tiger-Panzer des Sturmbannführers Wittmann bricht wie ein vorsintflutliches Ungeheuer aus einem

Wald bei Villers-Bocage und zerstört binnen weniger Minuten eine Panzerkolonne der britischen 7. Panzerdivision, zwingt die Briten zur Räumung des Ortes. In Rußland hat Wittmann bereits 118 Panzer abgeschossen. Bei Tilly-sur-Seules leistet die Panzerlehrdivision den Briten drei Wochen lang einen derartigen Widerstand, daß sie glauben, die Gespenster der deutschen 90. leichten Division aus ägyptischen Tagen vor sich zu haben.

Die Alliierten werden diese Kämpfe in der Normandie trotz ihrer erdrückenden materiellen Überlegenheit in schlechtester Erinnerung behalten. Besonders hart waren die Nahkämpfe in den »bocages«, den charakteristischen Heckenlandschaften der küstennahen Normandie. Ein englischer Soldat erzählt: »Es war ein Krieg der Hohlwege und der Tausenden von Hecken, der wogenden Weizenfelder, der Kleinstädte und der Dörfer ohne Ende. Der Kampf Straße um Straße, Haus um Haus. Ein dreckiger Krieg. Handgranaten in den Bäumen, Fallen in Schützenlöchern, Minen unter dem Pflaster, da, wo man sie nicht vermutet. Ein Krieg, bei dem man fast ständig im Nahkampf mit dem Gegner war. Ein Krieg im Hühnerhof, denn unser England war ja nur einen Steinwurf weit entfernt.«[14]

Erstaunlich ist, daß die Deutschen sich viel schneller an diese Art Krieg gewöhnt haben als ihre Gegner. »Wir fühlten uns wie zu Hause«, schreibt ein ehemaliger Soldat von der Normandie. »In diesem Land der Hecken, der hohen Mauern, der Hohlwege, wo die Sicht höchstens 100 Meter weit betrug. Wir griffen automatisch zu unseren Feldspaten und buddelten uns so tief wie möglich ein, um Deckung zu haben. Verdeckte Schützenlöcher, perfekte Tarnung, waren uns zur zweiten Natur geworden, wir hatten es darin zur Meisterschaft gebracht. Oft ließen wir die Spähtrupps, die Panzerspähwagen oder die Panzer des Gegners so nahe herankommen, daß wir sie mit unseren ersten Schüssen erledigen konnten. Die Infanteristen fielen, die Panzer brannten, ehe sie unser Feuer erwidern konnten. Unsere Gegner hatten in der Wüste gekämpft und scheuten den Nahkampf. Für uns war das etwas anderes. In Rußland hatten wir fast ständig im Nahkampf kämpfen müssen, hatten den Russen mit der Pistole, mit der Handgranate, ja mit dem Spaten abgewehrt. Wir waren gewöhnt an diese Art von Hexenkessel, an den Waldkampf im dichten Unterholz. Zu Anfang zählten Erfahrung und kaltes Blut viel mehr als die materielle Überlegenheit.«[15]

Die Deutschen wurden auch begünstigt von der wenig draufgängerischen, extrem vorsichtigen und methodischen Art des Vorgehens der Engländer oder der Amerikaner. General Bayerlein, Kommandeur der Panzerlehrdivision, bemerkt: »Der Gegner nutzte selten einen Einbruch durch Verfolgung aus. Der Biß der Briten war nicht sehr scharf. Sie ruhten sich auf ihrer Artillerie und ihren Fliegern aus. Der Gegner zog es vor, Gelände im Spaziergang zu besetzen, als es im Sturm zu nehmen.«
Der Kommandeur der 3. Fallschirmjäger-Division kommt zu demselben Schluß. »Beim kleinsten Widerstand hielt der Gegner an und rief nach der Artillerie. In der Verteidigung war er wenig zäh, wenn er sich nicht auf sichere Artillerie und Granatwerfer verlassen konnte. Bisher haben die britischen Panzerbesatzungen wenig Begeisterung für den Kampf Panzer gegen Panzer gezeigt.«[16]
Ob vor Caen, hinter dem Odon, auf der Cotentin – überall wissen die Deutschen die Vorteile des Geländes, der Bewachsung und der Bebauung zu nutzen. Ihre Verteidigungsstellungen sind oft zwölf bis 15 Kilometer tief. Ihre erste Linie liegt gleich hinter den Feldposten, bestehend aus minengeschützten Gräben mit flankierenden Feuerstellungen. Annäherungsgräben sind ausgeschildert und gegen Feindeinsicht getarnt.[17]
Eine zweite Stellung vier oder fünf Kilometer weiter hinten ist ebenfalls mit Minenfeldern, Stacheldrahthindernissen und flankierenden, mit Pak und schweren Maschinengewehren bestückten Feuerstellungen versehen. Und noch einmal vier oder fünf Kilometer weiter hinten kommt die eigentliche Hauptkampflinie, die meist in Vorderhang- oder Kammstellung liegt, gestützt auf Panzer, Sturmgeschütze, 8,8- oder 10,5-Zentimeter-Kanonen und Nebelwerfer.
Dieses tiefgestaffelte Verteidigungssystem, das mehrfaches Ausweichen erlaubt, erklärt das Scheitern der britischen »Goodwood«-Offensive östlich von Caen am 17. Juli, trotz der schrecklichen Prüfung, die die Verteidiger durch 2000 viermotorige Bomber und Hunderte von Jagdbombern über sich ergehen lassen müssen. Hier eine Schilderung von deutscher Seite: »Das Pfeifen der Bomben und Krachen der Explosionen kündigte den Männern den nahenden Tod an. Dann gab es eine Pause, dann hörten sie wieder den Tod kommen, dann gab es wieder einen Aufschub, und so ging es weiter und weiter. Vielen von uns versagten die Nerven. Einige brachten sich um. Andere wurden wahnsinnig.

Ganze Felder und Bauernhöfe verschwanden spurlos vom Erdboden, ersetzt durch eine Kraterlandschaft, über der ätzender Rauch stand. Panzer brannten überall, andere waren mit Mann und Maus unter der Erde verschwunden. Ein 60 Tonnen schwerer Tiger lag auf dem Rücken. Und die großen schwarzbemalten Bomber flogen weiter über uns hinweg, ganz niedrig, damit sie besser zielen konnten ...«

Trotz dieses vernichtenden Feuersturms finden die Deutschen wieder zu sich selbst. Die britischen Panzer werden von den Tigern und den Panthern, die noch übrig sind, bekämpft, ehe sie in das Feuer der schweren Batterien auf dem Kamm von Bourgebues und der Panzer geraten, die in Hinterhangstellungen lauern. Mehr als 500 britische Panzer werden vernichtet. Auch die Infanterie erleidet schwere Verluste vor den Ortschaften, in denen sich Widerstandsnester halten konnten. Im Verlauf der beiden folgenden Tage löst sich der Kampf in Einzelgefechte auf. Einige Dörfer müssen die Deutschen aufgeben, aber sie klammern sich an den Kamm von Bourgebues; am 20. Juli endet »Goodwood« mit einem neuen deutschen Abwehrerfolg.

Alle diese Abwehrerfolge bleiben aber allmählich durch eine besorgniserregende Abnutzung vergebens. Nach einem Monat sind 100 000 Mann ausgefallen. Nur 6000 rücken nach. 17 Panzer kommen nach vorne anstelle der 225 Totalausfälle. Diese Schwächung nährt die Skepsis der Verantwortlichen, deren Moral schon durch die alliierte Irreführung angeschlagen ist. »Fortitude« spielt seine Rolle perfekt.

Noch am 26. Juni ist Rommel überzeugt von einer zweiten Landung großen Stils nördlich der Seine. »Wir müssen mit einem Stoß auf Paris rechnen, der von nordwestlich Caen ausgeht und mit einer Landung großen Stils zwischen Le Havre und der Somme einhergeht.« Hitler äußert gegenüber Oshima dieselbe Überzeugung. Jeder größere Angriff auf den Landekopf muß der Möglichkeit einer Großoperation im Pas de Calais untergeordnet bleiben. Die Überzeugung hält sich bis in den folgenden Monat hinein. Ein von den Alliierten entzifferter Funkspruch präzisiert, daß ein Gegenangriff erst erfolgen kann, wenn man genau weiß, was die Armee Patton machen wird. Die Tatsache, daß die Alliierten ihre Luftlandetruppen aus dem Landekopf abziehen, scheint die Möglichkeit einer zweiten Landung zu bestätigen.

Diese Ansicht verstärkt sich, da das OKW nach wie vor die verfügbaren alliierten Divisionen grob überschätzt. Am 26. Juni sind 25 Großverbände auf dem Festland gelandet, 21 weitere stehen in Großbritannien bereit, davon sechs noch in der Ausbildung. Eine Schätzung am selben Tag durch den I c der Heeresgruppe B gibt zwischen 27 und 31 Divisionen im Landekopf plus eine große Anzahl von Heerestruppen an und rechnet in Großbritannien noch mit weiteren 67 Divisionen, von denen 57 jederzeit für einen Großeinsatz verfügbar wären. Aufgrund von Angaben der Kriegsmarine täuscht sich der I c auch völlig über die Kapazitäten der alliierten Landeflotte, von der man glaubt, daß sie weitere neun bis 14 Divisionen übersetzen kann, während sie in Wahrheit alle Boote braucht, um die gelandeten Truppen zu versorgen.

Rommel kann unter diesen Umständen nicht mehr an einen Sieg glauben. Er wendet sich jetzt voll der Verschwörung zu. Am 26. Juni, einem nach Speidel entscheidenden Tag, unterrichtet ihn Oberst Finckh von seinem Stab über die Vorbereitung eines neuen Attentats gegen den Führer. Der Feldmarschall zieht weiter eine Verhaftung vor, weist aber den Oberst an, minutiös alle Vorbereitungen für einen Staatsstreich zu treffen. Rundstedt, der Befehlshaber der 7. Armee, Dollmann, und andere Generäle erklären sich mit ihm einverstanden, wenn auch nicht alle voll mitmachen wollen. Zwei höhere Einheitsführer, die Kommandeure der 2. und der 116. Panzerdivision, versichern ihn der absoluten Treue ihrer Truppen, die »bereit sind, gegen die Feinde des Vaterlandes zu marschieren«.[18]

Bevor er handelt, will Rommel noch einmal mit Hitler sprechen. Er sieht ihn am 28. Juni in Berchtesgaden. Diesmal kann der Führer den Marschall nicht überzeugen. Er erwähnt mit keinem Wort eine politische Lösung und wiederholt nur das, was er schon Dönitz sagte: »Wir müssen den Gegner daran hindern, einen Bewegungskrieg zu führen, denn da ist er uns überlegen. ... Alles kommt darauf an, ihn im Landekopf festzunageln, ihm so stark zuzusetzen, daß er die Lust verliert und sich zurückzieht.« Hitler denkt, ohne es zu sagen, an eine Lösung vom Typ Anzio. Das einzige Ergebnis der Besprechung ist die Ablösung Rundstedts durch Kluge, »Persona gratissima« beim Führer laut Guderian. Hitler hofft, daß Kluge auf Rommel aufpaßt und die Leitung der Operationen entschlossen in die Hand nimmt.

Nach der Rückkehr aus Berchtesgaden geht Rommel zu einer Strategie des Abwartens über. Er verstärkt die Front vor Caen, aber er nutzt nicht einmal das Angebot Hitlers, die Front auf die normannische Schweiz und damit aus dem Feuerbereich der Schiffe zurückzunehmen. Er verbietet Geyr einen Gegenangriff mit dem II. SS-Panzerkorps in Richtung Küste. Die 116. Panzerdivision behält er im Norden von Paris, die 2. Panzerdivision zieht er aus der Front.

Guderian fragt sich nach dem Sinn dieser Maßnahmen. »Haben andere Überlegungen, vielleicht politischer Natur, mit der Hintanhaltung dieser Reserven zu tun? Die Frage muß unbeantwortet bleiben.«[19]

Es gibt noch ein anderes Argument, das zu Rommels Entmutigung und zu seiner politischen Entscheidung geführt hat: die nahezu totale Aussichtslosigkeit der Lage an allen anderen Fronten.

15
Die militärische und politische Krise

Drei Wochen nach der anglo-amerikanischen Landung in der Normandie ist Hitlers Plan gescheitert. Die Alliierten sind nicht nur nicht ins Meer zurückgeworfen worden, sie schicken sich an, aus dem Landekopf auszubrechen und die Deutschen aus Frankreich zu vertreiben. Zu diesem Rückschlag gesellen sich andere: In Italien ist Kesselring in vollem Rückzug, im Osten hat die Rote Armee den Mittelabschnitt der Front durchbrochen und steht an der Schwelle zum entscheidenden Sieg. Die Lawine von Niederlagen wird schwerste politische Folgen haben und das Regime an den Rand des Abgrunds bringen.

Der italienische Kriegsschauplatz ist der zuerst betroffene. Hier hat das alliierte Oberkommando am 12. Mai nach dem Rückschlag bei Montecassino und Anzio eine Generaloffensive gegen die deutschen Stellungen begonnen.

Die Anfänge sind nicht ermutigend. Der Cassino-Klosterberg widersteht einmal mehr allen, vor allem von den Polen vorgetragenen Anstürmen. Zum Durchbruch kommt es im Süden, bei den Algeriern und Marokkanern des französischen Generals Juin, die zähe Gebirgskämpfer sind und die deutschen Stellungen über die Aurunci-Berge umgehen können.

Kesselring läßt sich überraschen und muß den Klosterberg aufgeben. Er befiehlt den Rückzug auf die Cäsar-Linie südlich von Rom. Der Befehl kann nicht ausgeführt werden, da die 34. US-Infanteriedivision in Richtung Cisterna durchgebrochen ist und das französische Expeditionskorps die Lepini-Berge erreicht hat.

Der Rückzug Kesselrings folgt der erprobten Methode wiederholter Stopps und kurzer Gegenstöße, wie bei Valmontone, Artena oder den Albino-Bergen. Die Deutschen können Fehler der Gegner nutzen. Der Wunsch General Clarks, als erster in Rom anzukommen, erleichtert das Lösen der 10. Armee.

Nach der Aufgabe von Rom am 4. Juni setzt Kesselring seine geschickte Absetztaktik fort. Wieder legt er Stopps ein, so vom 20. bis zum 30. Juni, an der Trasimener-Linie, dann vor Arreto, bevor er, Mitte August, die Goten-Linie nördlich des Apennin einnimmt. Auf dem ganzen Weg ihres Rückzugs verhalten sich die Deutschen äußerst geschickt. Allerdings ist ihre Lage erleichtert worden durch den Abzug des französischen Expeditionskorps und mehrerer amerikanischer Divisionen aus Italien zur Vorbereitung einer alliierten Landung im Süden Frankreichs.

Die bei weitem schwerste Krise, eine Krise, die Züge eines Desasters trägt, ereignet sich im Osten, am Mittelabschnitt der Ostfront. Das sowjetische Oberkommando hat den 22. Juni, den dritten Jahrestag des Angriffs Hitlers auf die Sowjetunion, zur Auslösung seiner Großoffensive »Bagration« gewählt. Binnen weniger als 48 Stunden ist der Durchbruch erzielt, stoßen die sowjetischen Panzerarmeen in die Tiefe, fächern aus, setzen zu einer riesigen Kesselbewegung in Richtung Minsk an.*

Witebsk fällt am 25. Juni, Bobruisk am 27. Juni, Minsk am 3. Juli. Die Heeresgruppe Mitte ist praktisch zerschlagen. Unter den deutschen Soldaten ist Panik ausgebrochen, viele können sich nicht mehr vom Feind lösen, werden zu Zehntausenden gefangengenommen. 17 deutsche Generäle fallen in die Hand der Sowjets. Trotz seiner gewohnten Energie kann Model, Oberbefehlshaber der Heeresgruppe Mitte, den Vormarsch der Roten Armee nicht stoppen. Die Panzerrudel der Sowjets brechen fächerförmig in drei Richtungen vor: zur baltischen Küste, zur Weichsel, nach Lemberg, das am 27. Juli genommen wird. Die von Guderian aus Galizien herbeigetrommelten Panzerdivisionen – der Generaloberst ist nach dem Attentat des 20. Juli zum Generalstabschef des Heeres ernannt worden** – können vor Warschau das Schlimmste verhüten. Sie fügen der Roten Armee, die wegen der enormen Ausdehnung ihrer Versorgungslinien nach einem Vormarsch von 500 Kilometern Nachschubschwierigkeiten hat, sogar eine empfindliche Schlappe bei. Zur gleichen Zeit kann Feldmarschall Schörner die Sowjets im Baltikum aufhalten und die Heeresgruppe Nord vor dem Schicksal der Heeresgruppe Mitte bewahren.

Das Anhalten der Roten Armee vor der Weichsel hat ohne Zweifel auch politische Gründe. Stalin will es den Deutschen überlassen, den am 1. August vom polnischen General Bor-Komorowsky

---

* Die Heeresgruppe Mitte wurde von der sowjetischen Offensive nicht nach Zeit und Ort, wohl aber von der Stärke völlig überrascht. Die Bereitstellung von zwei Panzerarmeen war von ihr nicht erkannt worden. Dies führte zu einer falschen, viel zu positiven Beurteilung der Lage.

** Zeitzler war am 28. Juni beim Lagevortrag vor Erregung körperlich zusammengebrochen, als Hitler die mehrfach von ihm verlangte großräumige Zurücknahme der Heeresgruppe Mitte ablehnte. Bis zum 20. Juli vertrat ihn der Chef der Operationsabteilung, General Heusinger. Guderian wurde am 20. Juli mit der »Wahrnehmung der Geschäfte« beauftragt und übernahm diese am 21. Juli mittags.

in Warschau ausgelösten Aufstand der »Heimatarmee« niederzuschlagen. Die Deutschen brauchen zwei volle Monate, um mit Artillerie und Fliegerunterstützung die Lage in der polnischen Hauptstadt wiederherzustellen. Die Kämpfe sind äußerst hart und fordern 180 000 Tote. Erst am 30. September legen die letzten Widerstandskämpfer die Waffen nieder. Zur allgemeinen Überraschung scheint Hitler den jetzt offen zutage liegenden Gegensatz zwischen Sowjets und Polen nutzen zu wollen. Er läßt die Gefangenen nicht in Konzentrationslager, sondern in normale Kriegsgefangenenlager einliefern.

Das Desaster in Weißrußland, das an Umfang mit 25 zerschlagenen Divisionen und dem Verlust von 300 000 Mann noch Stalingrad übertrifft, haben mehrere Faktoren herbeigeführt. Zunächst hat das Nachrichtenwesen versagt. Dank außerordentlicher Vorsichtsmaßnahmen der Stavka ist dem deutschen Oberkommando die Vorbereitung der Offensive entgangen. Erst 48 Stunden vor Beginn von »Bagration« werden Hitler und das OKW gewahr, welch ungeheure Gefahr der Heeresgruppe Mitte droht.

Bis dahin war das Oberkommando der festen Überzeugung, die sowjetische Offensive werde aus Galizien losbrechen und, auf ihrer linken Flanke von der Weichsel gedeckt, in Richtung Ostpreußen ziehen, um die beiden Heeresgruppen Mitte und Nord einzukesseln. In dieser Perspektive hatte man die Mehrzahl der gepanzerten und motorisierten Verbände in den Räumen Lemberg und Kowel bereitgehalten. Am 22. Juni aber hatte die Rote Armee die Deutschen auf dem falschen Fuß erwischt.

Wieder einmal hat die Abteilung Gehlen (Fremde Heere Ost) Stärke und operative Fähigkeit der Roten Armee falsch eingeschätzt. Diese entwickelt jetzt taktische Methoden, die nicht alle vom deutschen Blitzkrieg abgeleitet sind, sondern von der Stavka selbst erprobt wurden.

1. Äußerst heftige Artillerievorbereitung zur Zertrümmerung der befestigten Feldstellungen.
2. Durchbruch mit Infanterie und Hunderten von Panzern.
3. Stoß neuer Panzerverbände in die Lücken mit Einkesselung der zerschlagenen feindlichen Armee.

Unter den Massen der eingesetzten Mittel verzetteln sich die deutschen gepanzerten Verbände, die Infanterie wird aufgesplittert, eingeschlossen, zertrümmert.

Zweite Überraschung: Die Luftwaffe, die nur 500 Flugzeuge über dem Mittelabschnitt einsetzen kann, wird von der sowjetischen Luftstreitmacht, bestehend aus mehr als 5000 Maschinen, buchstäblich »vom Himmel geholt«. Zum erstenmal seit Beginn des Rußlandfeldzugs sind die Sowjets Alleinherrscher in der Luft. Ein drittes Element: »Bagration« wurde von wohlorganisierten Partisaneneinheiten im deutschen Hinterland auf ihre Art vorbereitet: Hunderte von Schienenkilometern sind zerstört, für zwei Tage jeder Bahnverkehr unterbrochen.

An dieser Stelle muß man sich fragen, ob der rasche Zusammenbruch der Mittelfront seine Ursachen nicht auch in einer tiefen moralischen Krise der obersten deutschen Führung gehabt hat. Von den 17 gefangengenommenen Generälen treten 16 sofort dem »Nationalkomitee Freies Deutschland« bei. Sie fordern ihre Kameraden auf, das »unnötige Massaker« einzustellen und den »mörderischen Befehlen Hitlers« nicht mehr zu folgen. General Müller vom XXII. AK gibt seinen Soldaten den Befehl, die Waffen niederzulegen. Er versichert ihnen, daß die Sowjets sich verpflichtet haben, die Verwundeten zu versorgen, den Offizieren ihre Säbel zu belassen und den Soldaten das Tragen ihrer Auszeichnungen zu genehmigen. Der Aufruf wird von Radio Moskau wiederholt verbreitet und in Millionen von Flugblättern über der deutschen Front abgeworfen. Paulus, der Besiegte von Stalingrad, verläßt seine Reserve und tritt dem »Nationalkomitee Freies Deutschland« bei.[1]

Die neuen Tatsachen treiben die Verschwörer nur noch zu schnellerem Handeln an. Nach der geglückten Invasion vom 6. Juni scheint Deutschland einer totalen Kapitulation nicht mehr entgehen zu können. Tresckow sagt, daß das Attentat jetzt unternommen werden müsse – »coûte que coûte«. Der General wird zur Symbolfigur des Widerstandes, zum lebenden Beweis dafür, daß es einen deutschen Widerstand gegeben hat, und er wird der Mann sein, der die Ehre der deutschen Armee rettet.

Mit der Stabilisierung der Front in der Normandie flackern neue Hoffnungen auf, daß man doch noch mit dem Westen verhandeln könnte. Die Hoffnungen werden genährt durch neue Kontakte mit Allen Dulles, der die Möglichkeit einer Verhandlung mit den Briten andeutet. Die Amerikaner sollen andererseits ein Interesse an einer möglichst schnellen Beendigung des Konflikts in Europa haben, um ihre Kräfte auf den Pazifik konzentrieren zu können. Stauffenberg sieht hier Ansätze zu einem Gespräch zwischen Soldaten. Er möchte Kontakt zu Eisenhower und Marshall aufnehmen, um unter Ausschaltung der Politik und zwischen den beiden Oberkommandierenden zu einer Einstellung der Kämpfe im Westen zu gelangen.[2]

Die Offensive der Russen am 22. Juni, die einen Zusammenbruch der gesamten Ostfront befürchten läßt, veranlaßt Stauffenberg zu allerschnellstem Handeln. Dreimal, am 7., am 11. und am 15. Juli, kommt er nicht dazu, eine Zeitzünderbombe in Hitlers Besprechungszimmer in Berchtesgaden unterzubringen. Entweder war die Zeit zu kurz, oder es fehlten führende Männer des Regimes, wie Göring oder Himmler, die durch das Attentat ebenfalls beseitigt werden sollten.

In diesem Augenblick können die Verschwörer noch mit der vollen Zustimmung Rommels rechnen, wenn der Feldmarschall sich auch über seine eigene Rolle bei einem Putsch noch ausschweigt. Am 9. Juli erklärt er dem Obersten von Hofacker, einem Vetter Stauffenbergs, noch einmal seine Abneigung gegen ein Attentat. Er will den Führer festnehmen und von einem deutschen Gericht aburteilen lassen. Rommel scheint entschlossen, Stauffenberg zuvorzukommen und Verhandlungen mit Montgomery und Eisenhower über einen Waffenstillstand aufzunehmen.

Nach Einstellung der V-1-Angriffe, Aufgabe der besetzten Westgebiete und Rückzug hinter den Westwall wäre das Reich in der Lage, den Krieg gegen die Sowjetunion fortzusetzen. Die Einstellung der alliierten Bombenangriffe auf das Reichsgebiet hätte ein Umschwenken der Bevölkerung zum Staatsstreich zur Folge.

Rommel ist bereit, das Oberkommando über die Armee zu übernehmen. Im Osten würde die Front auf eine Linie Donau-/Memelmündung entlang der Karpaten, Lembergs und der Weichsel zurückgenommen werden. Nach der Ausschaltung Hitlers würde eine Regierung unter Beck, Goerdeler und Leuschner gebildet werden.

Mit der stillschweigenden Zustimmung des immer noch schwankenden Feldmarschalls von Kluge sondiert Rommel die Einstellung der Frontkommandeure. Alle beurteilen die Lage als extrem ernst, wenn nicht als äußerst verzweifelt. Sogar die Führer der Waffen-SS, wie Paul Hausser, der zum Befehlshaber der 7. Armee ernannt wurde, oder Sepp Dietrich, der Chef der SS-Panzergruppe, sind jetzt äußerst pessimistisch und erklären sich mit Rommels Ansichten einverstanden.*

Infolge dieser Konsultationen ersucht Rommel seinen Oberbefehlshaber Kluge, ein »äußerst dringendes« von ihm verfaßtes Memorandum an den Führer zu richten, in dem darauf hingewiesen wird, daß ein ungleicher und heroischer Kampf seinem Ende entgegengeht. »Ich fühle mich verpflichtet«, schließt Rommel seinen Kluge vorgelegten Appell, »Sie zu bitten, unverzüglich die politischen Konsequenzen dieser Situation zu ziehen. In meiner Eigenschaft als Chef der Heeresgruppe sehe ich es als meine Pflicht an, Ihnen gegenüber dies klar auszusprechen.«

Selbst wenn Speidel das Wort »politisch« aus dem Text streichen läßt, das den Führer außer Fassung bringen könnte, muß man nach dem Sinn einer solchen Denkschrift fragen, die einem wahren Ultimatum gleichkommt. Hat Rommel aus Gewissensgründen Hitler eine letzte Chance lassen wollen, die einzig mögliche Entscheidung zu treffen? Wollte er die Führung des Staatsstreichs an sich reißen und ein Attentat verhindern, das er stets abgelehnt hatte? Niemand vermag es zu sagen.

Denn das Fahrzeug Rommels wird auf dem Rückweg von einer Frontfahrt am 17. Juli von zwei britischen Jagdbombern unter Feuer genommen. Der Marschall wird aus dem umgestürzten Wagen geschleudert und schwer verwundet. Sein Verschwinden ist ein schwerer Schlag für den deutschen Widerstand. Selbst wenn das Projekt einer Verhandlungsaufnahme mit den Alliierten eine Illusion war, so war Rommel der Mann mit der genügend großen Popularität, um den Ausbruch eines Bürgerkrieges nach einem verabscheuten Attentat verhindern zu können.

Es ist schwer abzuschätzen, welche Folgen der Ausfall Rommels für die Verschwörung gehabt hat. Sicher ist, daß Stauffenberg beim Auslösen des Zünders seiner Bombe am 20. Juli ohne jede Illusion war. Er wußte, daß man um eine Kapitulation nicht mehr herumkommen würde. Der einzige Vorteil einer Ausschaltung Hitlers war es, einen aussichtslos gewordenen Kampf zu beenden,

---

* Diese Sondierungen Rommels hatten nicht das Attentat zum Gegenstand, sondern die mit der Denkschrift verlangte Beendigung des Krieges und Rommels Absicht, im Fall der Ablehnung seiner Forderung durch Hitler die Westfront »zu öffnen«.

weitere Opfer zu vermeiden und der Welt das Bild eines »anderen Deutschland« zu bieten.

Die Geschichte des Attentats ist zu bekannt, um sich lange bei ihr aufzuhalten. Stauffenberg ist an diesem Tage wieder einmal zum Vortrag geladen, diesmal in Rastenburg. Die Besprechung findet vor 25 Teilnehmern in einer der hölzernen Lagebaracken des Hauptquartiers statt. Stauffenberg plaziert seine Aktentasche mit der Bombe unter dem Kartentisch. Unter dem Vorwand, ein Telefongespräch führen zu müssen, verläßt er den Raum und beobachtet die Wirkung der Explosion von außen. Die Baracke fliegt in die Luft, Menschen werden herausgeschleudert. Man zählt vier Tote und mehrere Schwerverletzte. Hitler, Keitel und Jodl sind dagegen praktisch unverletzt.

Stauffenberg, überzeugt, daß Hitler tot ist, kann die diversen Sperrkreise passieren und seine Maschine zum Rückflug nach Berlin besteigen, wo er um 15.40 Uhr eintrifft. Niemand erwartet ihn am Flughafen, und er muß sich mit großer Mühe ein Fahrzeug der Luftwaffe zur Fahrt in die Innenstadt besorgen.

In der Bendlerstraße, Sitz des Kriegsministeriums, trifft er auf Beck, Olbricht, Merz von Quirnheim und Hoepner. Witzleben, der den Oberbefehl über die Wehrmacht übernehmen soll, ist noch nicht eingetroffen. Zu seinem Erstaunen muß Stauffenberg feststellen, daß »Walküre« noch nicht ausgelöst worden ist. Der Grund sind Gerüchte, die im Bendlerblock in Umlauf sind: Es habe ein Attentat im Führerhauptquartier gegeben, aber der Führer sei unverletzt. Das Gerücht beruht auf einem rätselvollen Telegramm des Generals Fellgiebel, des Chefs des Nachrichtenverbindungswesens im OKW, von 13.00 Uhr: »Eine schreckliche Nachricht. Glücklicherweise ist der Führer am Leben geblieben.« Die Nachricht wird gegen 16.10 Uhr in einem Telefongespräch von Keitel mit Fromm bestätigt.

Stauffenberg ist empört. Er schwört, daß Hitler tot sei. Er habe gesehen, wie man seinen Leichnam weggetragen habe. Keitel lüge. Die Verschwörer entschließen sich schließlich zur Tat. General Fromm, Befehlshaber des Ersatzheeres, weigert sich, mitzumachen. Olbricht und Merz von Quirnheim setzen ihn in seinem Zimmer fest. Anderen hohen Offizieren, wie dem Oberführer Piffrader, Vertreter Himmlers, oder General von Kortzfleisch, dem Befehlshaber im Wehrkreis III, oder auch Oberst Gläsener, dem Kommandeur der Panzertruppenschule von Krampnitz, geht es nicht besser.

In alle Himmelsrichtungen gehen Befehle hinaus. Ein Fernschreiben ist von Witzleben unterzeichnet. »I. Eine gewissenlose Clique frontfremder Parteiführer hat es unter Ausnutzung dieser Lage versucht, der schwerringenden Front in den Rücken zu fallen und die Macht zu eigennützigen Zwecken an sich zu reißen.
II. In dieser Stunde höchster Gefahr hat die Reichsregierung zur Aufrechterhaltung von Recht und Ordnung den militärischen Ausnahmezustand verhängt und mir zugleich mit dem Oberbefehl über die Wehrmacht die Vollziehende Gewalt übertragen ...«
Eine zweite, von Fromm und Stauffenberg gezeichnete Weisung befiehlt, alle Gauleiter, Reichsstatthalter, Minister, Regierungspräsidenten, Polizeipräsidenten, Beamten der Gestapo, Chefs der SS-Dienste unverzüglich ihrer Ämter zu entheben und festzunehmen. Sie ordnet außerdem die Besetzung der Konzentrationslager und die Festnahme ihrer Kommandanten sowie die »schonungslose Entwaffnung aller Waffen-SS-Einheiten, die sich nicht unterwerfen wollen« an.
Die Verschwörer verfügen über einen einzigen sicheren Trumpf: die Beteiligung des Stadtkommandanten von Berlin, General von Hase, der die Entsendung der Truppen aller Schulen rund um Berlin und der in Berlin stationierten Einheiten, Isolierung des Regierungsviertels und die Festnahme des Propagandaministers Goebbels zugesagt hat. Aber Goebbels kennt bereits den wahren Sachverhalt und kommt seiner Verhaftung zuvor. Er läßt den Kommandeur des Wachregiments, Major Remer, mit Hitler telefonieren. Danach übernimmt Remer nach und nach das Kommando über die von General von Hase auf Berlin in Marsch gesetzten Truppen.
Gegen Ende des Tages ist die Partie für die Verschwörer verloren. Mehrere Male wird über den Rundfunk, den die Putschisten nicht ausschalten konnten, eine unmittelbar bevorstehende Rede des Führers angekündigt. Witzleben, der inzwischen in voller Uniform im Bendlerblock angekommen ist, ist empört über das Fehlen von Truppen. Hoepner übernimmt auf Drängen Stauffenbergs, aber ohne jede Überzeugung und eher widerwillig, den Oberbefehl über das Ersatzheer.
In den Fernmeldebüros des Blocks betreiben junge Offiziere mit nationalsozialistischen Neigungen jetzt offen Sabotage. »Walküre«-Befehle werden nicht mehr durchgegeben. Auf Befehl aus Rastenburg holt General Reinecke, ein überzeugter Nationalsozia-

list, zum Gegenschlag aus. Gruppen von Offizieren stürmen mit vorgehaltener Pistole das Ministerium, verhaften die Insassen der Büros, befreien die von den Verschwörern festgesetzten Offiziere. Stauffenberg wird bei dem Feuerwechsel am Arm verletzt.

Es beginnt ein allgemeines Auseinanderlaufen. Witzleben verschwindet, Hoepner wird verhaftet. Beck versucht, sich zu erschießen, verletzt sich nur, wird erschossen. Fromm, in dem Wunsch, eine mehr als zweideutige Haltung vergessen zu machen, steigert sein feiges zum abscheulichen Verhalten. Er beruft ein Standgericht ein. Olbricht, Stauffenberg, Merz von Quirnheim und von Haeften, Ordonnanzoffizier Stauffenbergs, werden zum Tode verurteilt und unmittelbar darauf im Hof des Gebäudes beim Schein eines Autoscheinwerfers füsiliert. Stauffenberg kann noch rufen: »Es lebe unser heiliges Deutschland!«

Als Hitler sich gegen 1.00 Uhr morgens per Rundfunk an »sein Volk« wendet, ist der Staatsstreich im Reich bereits überall niedergeschlagen. In Wien, Kassel, Breslau und Prag haben die Witzlebenschen Befehle Konfusionen hervorgerufen, nicht mehr. Nur in Paris hat es einen vorübergehenden Erfolg gegeben, als Stülpnagel nach Bekanntwerden des Attentats die Gestapo, die SS, den SD und ihre Chefs, Oberg und Knochen, insgesamt 1200 Mann, festnehmen läßt. Kluge hat er – weder telefonisch noch bei einem Besuch zusammen mit Hofacker in seinem Hauptquartier in La Roche-Guyon – nicht für den Putsch gewinnen können. Kluge will so lange nicht mitmachen, solange »das Schwein«, wie er sagt, nicht tot ist.

Stülpnagel bleibt nur, die festgenommenen SS- und SD-Männer wieder freizulassen, und sei es nur, um ein Blutvergießen zwischen der SS und dem Marine-Wachregiment des Admirals Krancke zu verhindern. Jeder tut so, als habe es ein Mißverständnis gegeben, und man trinkt bis zum Morgengrauen Champagner miteinander. Wenige Tage darauf wird Stülpnagel nach Berlin befohlen. Unterwegs versucht der General, sich in Verdun, wo er 1916 gekämpft hatte, das Leben zu nehmen. Er verletzt sich nur am Kopf, bleibt aber blind. Er wird zum Tode verurteilt und am 30. August gehenkt.

Schon wenige Stunden nach dem Attentat werden Hitler und seine Umgebung sich des Ausmaßes der Angelegenheit bewußt. Es war nicht die Tat eines Einzelgängers, auch nicht der Staatsstreichversuch einer kleinen Gruppe zweitrangiger Politiker oder pensionierter Generäle. Auch nicht das Aufbäumen der alten preußischen oder süddeutschen Aristokratie, wie man aus der Liste der Teilnehmer am Putsch schließen könnte, auf der einige große Namen der deutschen Geschichte stehen wie Moltke, Yorck, Schwerin, Kleist, Schulenburg, Tresckow, Stauffenberg oder Hofacker ... Die Verschwörung beschränkt sich fast ausschließlich auf das OKH. Luftwaffe, Marine und auch das OKW hatten, zum Teil wegen der nationalsozialistischen Neigungen der Offiziere, keinen Nährboden dafür abgegeben. Zeitzler, dessen Haltung undurchsichtig gewesen war, wird sofort von Guderian ersetzt. Andere, direkt dem OKH unterstellte Dienste in Rastenburg, Berlin, Zossen und in den hohen Stäben im Westen werden unter die Lupe genommen.

Die Vergeltung erfolgt mit abschreckender Brutalität. Der Gestapo fällt es nicht schwer, ihre Opfer auszumachen. Die Verschwörer hatten mit entwaffnender Leichtfertigkeit Listen ihrer Sympathisanten geführt, Organisationspläne aufgestellt, ihre geheimen Wünsche und Hoffnungen ihren Tagebüchern anvertraut. Viele solcher Dokumente werden in einem der Panzerschränke des OKH in Zossen gefunden. Mehr als 5000 Personen sind kompromittiert. Wer nicht Selbstmord begangen hat, wird dem Volksgerichtshof überliefert, präsidiert von Freisler, einem ehemaligen Kommunisten, der sich mit Wollust stalinistischer Methoden bedient.

Hitler meidet sorgfältig jede pauschale Verurteilung der Armee. Er verbietet sogar, gegen »das Offizierskorps, die Generalität, den Adel oder das Heer als Ganzes« vorzugehen. Aber er nutzt die Gelegenheit, einen absoluten und definitiven Gehorsam zu verlangen. Himmler übernimmt den Oberbefehl über das Ersatzheer. In den Stäben und Schulen werden nationalsozialistische Führungsoffiziere (NSFO) zur Überwachung der Gesinnung eingesetzt.

Die Subordination der Armee unter das Regime geschieht ohne jede Revolte. Die Armee gibt sich förmlich hin.* Von allen Seiten

---

* Hier überzeichnet Masson sehr. Die Armee, vor allem die Truppe an den kämpfenden Fronten, verstand das Attentat nicht und verurteilte es vielfach, aber sie gab sich dem Regime nicht hin. Das »Offizierskorps« – ganz abgesehen davon, daß es dieses als ein Ganzes schon lange nicht mehr gab – hat nicht vorgeschlagen, die militärische Ehrenbezeigung durch den Hitlergruß zu ersetzen. Das war eine von Keitel aus dem OKW heraus lancierte Einzelaktion, wobei fälschlicherweise vorgegeben wurde, sie ginge vom Offizierskorps aus.

laufen Ergebenheitsadressen und Treueschwüre ein. Von sich aus schlägt das Offizierskorps vor, die traditionelle Ehrenbezeigung durch Handanlegen an die Mütze durch den Hitlergruß zu ersetzen. Rundstedt, Keitel und andere Generäle, darunter Guderian, bilden einen »Ehrenhof«, der die Offiziere, die in den Putschversuch verwickelt waren, aus der Wehrmacht ausstößt. Mit verblüffender Naivität beschuldigt sich die Mehrheit der Verdächtigen ihrer eigenen Fehler und liefert sich so dem Freislerschen Tribunal aus. Der Zweck ist erreicht. Es wird nie mehr die geringste Opposition geben.

Etwa 200 Überführte werden zum Tode verurteilt und durch den Strang hingerichtet. Unter ihnen Goerdeler, Witzleben, Hoepner, Yorck, Stieff, Fellgiebel, Trott zu Solz, Hassell, Hofacker und Moltke. Fromm gewährt man eine Gunst. Er wird erschossen. Am Vorabend der Kapitulation ist die Reihe noch an Bonhoeffer, Oster und Canaris, letzterer Opfer seiner Zwiespältigkeiten.

Andere ziehen den Freitod vor, wie Beck und Tresckow, später auch Kluge. Am 15. August, mitten in der Kesselschlacht von Falaise, wird er aus dem OKW angerufen. Kluge ist nicht zu erreichen. Sein Verschwinden ist verdächtig. Wollte er Kontakte mit amerikanischen Unterhändlern wegen des Waffenstillstandes aufnehmen, oder lag seine vorübergehende Unauffindbarkeit nur am Ausfall seines Funkwagens?[3] Niemand wird je eine Antwort darauf wissen.

Jedenfalls wittert Hitler Verrat. Kluge wird sofort seines Postens enthoben, von Feldmarschall Model ersetzt und nach Deutschland befohlen. Unterwegs nimmt er Gift, im Argonnerwald. An Hitler richtet er vorher ein letztes Schreiben, das nicht der Größe entbehrt und Hitler wortlos an Jodl weiterreicht.

»Wenn Sie diese Zeilen … lesen, bin ich nicht mehr. Ich kann diesen Vorwurf, das Schicksal des Westens durch falsche Maßnahmen besiegelt zu haben, nicht tragen, habe auch keine Mittel, mich zu verteidigen. Ich ziehe mithin die Konsequenzen und begebe mich dahin, wo schon Tausende meiner Kameraden sind. Den Tod habe ich nie gefürchtet. Das Leben hat für mich, der ich auch als Kriegsverbrecher auf der Auslieferungsliste stehe, keine Bedeutung mehr …

Ich weiß es nicht, ob der überall bewährte Feldmarschall Model die Lage noch meistern wird. Ich wünsche es ihm von Herzen. Sollte es aber nicht der Fall sein und Ihre neuen heißersehnten

Kampfmittel, insbes. die der Luftwaffe, nicht durchschlagen, dann, mein Führer, entschließen Sie sich, den Krieg zu beenden. Das deutsche Volk hat so namenlos gelitten, daß es Zeit ist, dem Grauen ein Ende zu machen.
Es muß Wege geben, dieses zu erreichen und vor allem zu erreichen, daß das Reich nicht dem Bolschewismus verfällt.«
Das tragischste Schicksal ist Rommel vorbehalten. Der Feldmarschall, auf Erholungsurlaub in seinem Haus in Herrlingen, ist von einigen der Verschworenen in den Verhören belastet worden. Hitler zögert 14 Tage lang, einen seiner ihm liebsten Soldaten dem Richter auszuliefern. Am 14. Oktober suchen die Generäle Maisel und Burgdorf Rommel in seiner Villa auf und unterrichten ihn, daß er des Hochverrats angeklagt sei, aber daß der Führer ihm aufgrund seiner Verdienste die Gnade gewähre, den Freitod durch Gift oder Pistole zu wählen.
Rommel nimmt den Vorschlag an und besteigt den Wagen der Generäle. Kurze Zeit darauf informieren diese die Familie, der Marschall sei einem Gehirnschlag erlegen. Am 18. Oktober, einem nationalen Trauertag, gibt es ein Staatsbegräbnis in Ulm. Feldmarschall von Rundstedt hält die Totenrede, die mit den Worten endet: »Dieser unermüdliche Kämpfer für Führer und Reich war durchdrungen von den Ideen des Nationalsozialismus, aus denen er alle seine Kraft bezog und die der Motor all seiner Taten waren. Sein Herz gehörte dem Führer.« Erst nach dem Kriege wird man die Wahrheit erfahren.
Die vom 20. Juli ausgehende Krise hat ihre Auswirkungen auf die Führung der Schlacht in der Normandie. Alle Kommandeure der Fronteinheiten haben ein Ergebenheitsschreiben an den Führer gerichtet. Für die Offiziere, die auf seiten des Widerstandes gestanden haben, ist die Enttäuschung unerträglich. Eine Atmosphäre gegenseitiger Verdächtigungen macht sich lähmend in den Stäben breit. Kluge, der sich den Einflüsterungen von Tresckow, Stülpnagel und Rommel nicht verschlossen hatte, fühlt sich besonders beobachtet. Er wird von zunehmender Angst ergriffen und widmet sich nur noch zerstreut seinen Führungsaufgaben. Seine von Natur aus zögerliche Haltung steigert sich zur Untätigkeit.
Guderian urteilt über die Art, wie der Marschall die Operationen leitete, mit schneidender Schärfe. »Herr von Kluge war ein fleißiger Soldat, ein guter Kleintaktiker, aber von der Verwendung der

Panzereinheiten in beweglicher Führung verstand er nichts. Sein Einfluß auf die Führung der Panzerverbände war, wo ich ihn erlebte, hemmend. Er war ein Meister im Zerreißen der Verbände. Kein Wunder daher, daß die Führung im Westen weiterhin an den Symptomen herumflickte, anstatt das Übel an der Wurzel zu packen und mit dem Rest der noch bewegungsfähigen Panzerverbände zum Bewegungskrieg zu schreiten. In frontalen Gegenstößen mit begrenztem Ziel im Bereich der überlegenen feindlichen Schiffsartillerie wurde der Rest an beweglicher Kraft zerrieben.«[4]

Das Oberkommando im Westen bleibt bei seiner Fehleinschätzung der gegnerischen Kräfte und ihrer Absichten. Noch am 24. Juli schätzt Speidel, daß »zwar ein Unternehmen größeren Stils wenig wahrscheinlich, trotzdem aber der Sektor zwischen Seine und Somme besonders bedroht erscheint«. Zu einem Zeitpunkt, zu dem sich die Mehrheit der alliierten Großverbände bereits diesseits des Kanals aufhält, glaubt der Stabschef der Heeresgruppe B, daß 40 Divisionen in der Normandie stehen – was nahezu stimmt –, daß aber weitere 42 sich in England in Reserve befinden. Die in ihrer unerschütterlichen Wartestellung verharrende 15. Armee zweigt nur drei Infanteriedivisionen ab, andere vier Reservedivisionen kommen aus Südfrankreich und aus Skandinavien.

Neben ihrem festen Glauben an eine zweite Landung begehen Kluge und Speidel noch einen anderen Fehler. Sie konzentrieren ihre Aufmerksamkeit auf die britischen Streitkräfte im Sektor Caen und vernachlässigen vollkommen die amerikanische Drohung auf der Cotentin. So sind 14 Divisionen, davon sieben Panzerdivisionen und vier schwere Panzerabteilungen, insgesamt 600 Panzer, gegen 14 britische Divisionen eingesetzt, und nur fünf, davon zwei Panzerdivisionen mit 110 Kampfwagen, gegen 16 US-Divisionen auf der Cotentin, die jederzeit von der 3. Armee Pattons verstärkt werden können.

Dieses Ungleichgewicht der Kräfte erklärt den Durchbruch, den die Amerikaner am 31. Juli bei Avranches erzielen, wiederum unter massivem Einsatz strategischer Bomberverbände. Mit einem bei den anglo-amerikanischen hohen Chefs seltenen Sinn für den Bewegungskrieg nutzt Patton den Durchbruch. Er schickt seine Streitkräfte fächerförmig aus: Das 8. Korps in Richtung Bretagne, das 20. auf Nantes und Angers, das 15. auf Mayenne und Laval mit dem Auftrag, weiter auf Alençon und Le Mans zu stoßen. So entsteht Anfang August eine äußerst bedrohliche Lage für die 7. Armee. Kluge bittet um Zurücknahme der Front auf Dives und Seine.

Am 5. August untersagt Hitler dem Feldmarschall jede Rückzugsbewegung und befiehlt statt dessen die Zusammenfassung aller im Westen verfügbaren Panzerkräfte zu einem Gegenstoß auf Avranches mit dem Ziel, die südlich davon vorgehenden amerikanischen Streitkräfte abzuschneiden. Nur Hitlers Temperament, seine außerordentliche Willensstärke und seine Geschicklichkeit, die Dinge zu dramatisieren, können einen Entschluß rechtfertigen, der endlose Kommentare nach sich ziehen wird.

Hitler hält Jodl gegenüber am 2. August einen Rückzug der 7. Armee und der Truppen nördlich der Loire für nicht durchführbar. Angesichts der Luftüberlegenheit des Gegners, der zerstörten Eisenbahnlinien und Seine-Brücken hätten die wenig beweglichen, meist infanteristischen deutschen Kräfte keinerlei Möglichkeit zur Führung eines Bewegungskrieges. Einem Rückzug nach Osten stelle sich die Seine mit ihren, außer in Paris, völlig zerstörten Brücken entgegen.

Auch der nur teilweise erfolgreiche britische Angriff südlich von Saint Lô – das Angriffsziel, ein Observatorium auf dem Mont Pincon, wurde nicht erreicht – bekräftigt den Entschluß Hitlers zu einem Gegenstoß. Immerhin haben die Briten die Ausgangsbasis des amerikanischen Ausfalls aus der Cotentin erweitern können. Aber es bleibt ein schmaler Schlauch in der Höhe von Avranches, und den will Hitler jetzt durchschneiden.

Der Angriff auf Avranches beginnt in der Nacht zum 7. August mit Teilen von vier Panzerdivisionen, insgesamt 200 Panzerkampfwagen. Bis zum Morgengrauen kommt man gut voran. Mortain wird zurückerobert. Am Abend des 7. August aber steht fest, daß dem Unternehmen kein Erfolg beschieden sein wird. Den Panzern gelingt es nicht, die letzten 30 Kilometer zu nehmen, die sie noch von der Küste trennen. Unabhängig von der offenbaren Unlust des Kommandeurs der 116. Panzerdivision, General von Schwerin, seine Panzer einem Massaker auszusetzen, haben die Alliierten wieder einmal »Enigma« knacken können und sind genauestens über die deutschen Absichten informiert. Die alliierten Jagdbomber haben leichtes Spiel. Der Regen aus ihren Raketen, Kanonen und Maschinengewehren ist so dicht, daß die deutschen Panzerbesatzungen ihn als »unerträglich« bezeichnen.

Die Offensive von Mortain ist gescheitert, und damit die Bedrohung der 7. Armee ungeheuer groß geworden. Sie muß damit rechnen, in einer riesigen Zangenbewegung erdrückt zu werden. Im Norden von den Kanadiern, die Falaise nehmen können, und im Süden vom 15. US-Korps, das in Argentan ankommt. Erst am 16. August entschließt sich Hitler zu einem Rückzugsbefehl. Er ist überzeugt, daß Kluge den Gegenstoß auf Avranches zu früh angesetzt hat, um ihn zu »diskreditieren«.

Aber noch einmal soll sich das operative Können der Deutschen bewähren. Panzer können die Kanadier südlich Falaise stoppen. Ähnlich ergeht es den Amerikanern bei Argentan. Für den Rückzug bleibt jetzt eine Lücke von 20 Kilometer. Er wird von Generalfeldmarschall Model befohlen, der Kluge abgelöst hat, und er vollzieht sich unter einer erneut drohenden Einschließung weiter östlich.

Während sich die Amerikaner der Ortschaft Bourg-Saint-Leonard zehn Kilometer ostwärts von Argentan bemächtigen können, stoßen die Kanadier von Falaise aus auf Trun und Chambois vor. Am 17. August nehmen sie Trun. Die Ausfalltür aus dem Kessel ist nur noch zehn Kilometer breit. Der Leidensweg der 7. Armee beginnt. Fast 100 000 Mann und das Material von sieben Panzerdivisionen sind auf einem Gelände zusammengepreßt, das nur noch 30 Kilometer tief und 15 Kilometer breit ist, voll eingedeckt von der feindlichen Artillerie und von allen Seiten berannt.

Riesige Staus von Panzern, Lastwagen, Fahrzeugen aller Art blockieren die Straßen zwischen Falaise, Argentan und Chambois. Die Luftangriffe reißen nicht ab. Der 19. und der 20. August sind die dramatischsten Tage. Verbände lösen sich auf, die schwächsten unter ihnen verschwinden von der Bildfläche. Auf einigen Straßen richtet das Artilleriefeuer wahre Blutbäder an, trotzdem gelingt es immer wieder Verbänden, mit erstaunlicher Energie den Ausgang offenzuhalten. Reste von Panzereinheiten liefern den Polen und Kanadiern in Trun, Chambois und Saint Lambert erbitterte Kämpfe.

Mehr als die Hälfte der Eingeschlossenen kann durch verschiedene Lücken ausbrechen und über die Dives nach Südosten gelangen, unter Zurücklassung von 10 000 Toten, 30 000 Kriegsgefangenen, von denen die meisten verwundet sind, und 400 Panzern. Nur die kräftigsten und die kühnsten können der Hölle entkommen. Keine einzige Einheit ergibt sich geschlossen dem Feind. Überall

haben sich die Deutschen mit verzweifelter Energie geschlagen. Am 21. August unternimmt die 21. Panzerdivision noch einen letzten Versuch, eingeschlossene Kameraden herauszuhauen.
Auch wenn die Schlacht in der Normandie nicht mit der Katastrophe eines zweiten Stalingrad endet, so ist sie jedoch eine ganz empfindliche Niederlage. Die 7. Armee hat praktisch aufgehört zu existieren. Was in Richtung Seine davonkommt, sind nur noch klägliche Reste einst stolzer Divisionen.
Zum Triumph der Alliierten in der Normandie kommt der Erfolg einer Landung in der Provence, die am 15. August mit einem unglaublichen Luxus an Aufwand bestritten wurde, und zwar da, wo die Mittelmeerküste am schwächsten von nur drei deutschen Divisionen zweiter Kategorie verteidigt wurde. Schon am 16. August gibt das OKW der 19. Armee den Befehl zum Absetzen nach Norden durch die Alpen und das Rhône-Tal. Widerstand wird nur in Marseille und Toulon geleistet, und hauptsächlich durch ausgiebige Zerstörungen der Hafenanlagen.

Im Osten ist die Lage nicht weniger kritisch geworden, trotz der geschickten Taktik Schörners bei der Rückführung seiner Truppen aus dem Baltikum nach Kurland und dem Stoppen der sowjetischen Offensive an der Weichsel. Am 10. Juli löst die Rote Armee einen Großangriff auf Finnland aus, aber die Finnen verteidigen sich geschickt hinhaltend und retten zum zweitenmal ihre Heimat. Die sowjetischen Truppen sind ermüdet. Moskau verschreibt ihnen am 4. September eine Ruhepause, das bewahrt Finnland vor der Besetzung. Die noch im Lande befindlichen deutschen Truppen müssen Finnland räumen. Sie ziehen sich langsam nach Nordnorwegen zurück und zerstören nachhaltig ihren Rückzugsweg.
Nach der Katastrophe in Weißrußland steht der Ostfront nun eine zweite bevor. Sie beginnt am 20. August mit einem überraschenden Angriff der Roten Armee auf Rumänien. Schon nach wenigen Tagen kommt es zum Sturz der Regierung Antonescu, der den Abfall Rumäniens nach sich zieht. Aber Bukarest begnügt sich nicht mit einer Kapitulation. Es erklärt dem Reich den Krieg.
Für die eng mit den rumänischen Einheiten verflochtenen deutschen Truppen ist dieser Seitenwechsel eine Katastrophe. 15 Divisionen sitzen in der Falle, werden von Rumänen und Sowjets gleichzeitig angegriffen und schließlich aufgerieben. General

Friessner gelingt es, die Trümmer seiner Armee nach Ungarn und der Slowakei zurückzunehmen.
Schon schwebt ein neues Damoklesschwert über der Ostfront. Am 28. August erklärt Moskau, um das Maß vollzumachen, Bulgarien den Krieg. Sowjetische Truppen rücken auf bulgarisches Gebiet vor. Diese Kette von Ereignissen veranlaßt den ungarischen Reichsverweser Horthy, Kontakt zur sowjetischen Regierung zu suchen, was eine tödliche Bedrohung für die Heeresgruppe F des Generals von Weichs in Griechenland bedeutet.
Die Bilanz des Jahres 1944 ist also katastrophal für die Wehrmacht. Sie hat enorme Verluste von mehreren hunderttausend Mann erlitten und muß zum erstenmal seit 1939 wieder mit dem Rücken zu den Grenzen des Reiches kämpfen.
Wie konnte es zu einer solchen Situation kommen? Man ist versucht, sie einmal mehr Hitler anzulasten, der den unsinnigen Angriff auf Mortain befohlen hatte. Aber auch ohne diesen wäre die 7. Armee – durch den Vorstoß Pattons – zum Rückzug über den schwierigen Seine-Abschnitt gezwungen gewesen.
Die Übermacht spielt eine entscheidende Rolle. Die Rote Armee ist den deutschen Truppen haushoch an Zahl und Ausrüstung überlegen, selbst wenn die Wehrmacht immer noch zwei Drittel ihrer Gesamtstärke an der russischen Front unterhält. Ende Juli trifft das gleiche auch in der Normandie zu, wo die Deutschen nicht nur zahlenmäßig hoffnungslos unterlegen sind, sondern auch ohne jegliche Luftunterstützung bleiben.
Die Hauptursache der zu Katastrophen ausartenden Niederlagen aber ist im Versagen der Nachrichtenmittel der Wehrmacht zu suchen, selbst wenn die Abwehr im Februar 1944 vom Sicherheitsdienst der SS übernommen wurde. Dieses Versagen war in großem Maße schuld am Zusammenbruch der mittleren Ostfront und der falschen Dislozierung der strategischen Reserven in Galizien. Der Erfolg der Roten Armee in Rumänien ist ebenfalls auf mangelnde Information über die innere Entwicklung des Regimes in Bukarest zurückzuführen.
Die größten Versäumnisse sind indes im Westen begangen worden. Man kann nur staunen über den Erfolg von »Fortitude«. Ursprünglich auf eine Dauer von zehn Tagen angesetzt, hat sich die Täuschungskampagne fast über die gesamte Invasionsphase erstreckt, gekrönt von dem monumentalen Irrtum des deutschen Oberkommandos über die Stärke der alliierten Mittel. Wie weit

eine doppelte Irreführung seitens von Offizieren aus dem Verschwörerkreis vorlag, ist nicht bekannt. Schließlich waren die Deutschen während des ganzen Verlaufs der Schlacht Opfer des Brechens des »Enigma«-Schlüssels, Grund, unter anderen, für die Niederlage von Mortain.

Ohne die Einwirkung von »Fortitude« wäre manches anders gelaufen. Frühzeitig hätten die beweglichen Einheiten der 15. Armee die Front in der Normandie verstärken und den von Geyr von Schweppenburg und Guderian verlangten massiven gepanzerten Gegenangriff ermöglichen können – zumal nach dem Eintreffen des 2. SS-Panzerkorps im Angriffsbereich. Aber eine zusammengeballte energische Gegenoffensive auf den Landekopf Ende Juni hätte unter den besten Bedingungen stattgefunden. Seit dem D-Day waren die Planungen der Alliierten einer großen Ungewißheit unterworfen: den Wetterbedingungen. Ein plötzlicher Nordoststurm auf dem Kanal vom 19. bis 26. Juni hatte schwerste Folgen für sie. Er beeinträchtigte nicht nur die Flugzeuge, sondern zerstörte Hunderte von Landebooten und Lastkähnen, beschädigte den amerikanischen künstlichen Hafen schwer und führte zu Verlusten an Nachschub von bis zu 75 Prozent. Nach einem amerikanischen Bericht über diese Tage fragte sich die alliierte Führung damals, ob sie die Truppen auf dem Kontinent belassen konnte. Unter solchen Umständen hätte ein energischer deutscher Gegenangriff einige Aussicht auf Erfolg haben können.

Selbst wenn die Panzer die Alliierten nicht ins Meer hätten zurückwerfen können, eine Verstärkung des deutschen Drucks auf den Landekopf, der Ende Juli den Sättigungspunkt erreicht hatte, wäre den Alliierten sehr ungelegen gekommen und hätte zu einer Pattsituation wie bei den Dardanellen 1915 mit der Aussicht auf eine Evakuierung in der schlechtesten Jahreszeit führen können. Wie dem auch sei, das Versagen der deutschen Nachrichtendienste hat die Niederlage in der Normandie herbeigeführt. Ohne Frage wirkte sich aber auch eine tiefe politische Krise verheerend auf die Führung der Operationen aus.

16
Fall und Auferstehung

Im August 1944 sieht es so aus, als sei die Wehrmacht am Ende. Im Westen wie im Osten sind die deutschen Armeen in vollem Rückzug, und eine Wendung der Dinge scheint ausgeschlossen. Im westlichen Lager hofft man bereits, daß der Krieg noch vor Weihnachten zu Ende sein wird. Zum maßlosen Erstaunen aller aber werden die Streitkräfte des Reiches sich stabilisieren, den Krieg noch einmal um acht Monate verlängern und im Dezember sogar zu einer großen Gegenoffensive antreten.

Die Szene, die sich im Sommer 1944 bietet, ist gespenstisch. Wenn es auch an der Weichsel zu einer leidlichen Stabilisierung der Front gekommen ist, so bleibt die Lage im Baltikum und auf dem Balkan mit dem Abfall Rumäniens und der undurchsichtigen Haltung Ungarns kritisch. Auch in Italien ist die Zukunft ungewiß. Die 8. britische Armee hat Rimini genommen und die Goten-Linie östlich umgangen. Vor Bologna ist die 5. US-Armee dabei, die deutsche Front zu durchbrechen.

Am ernstesten ist die Lage im Westen. Die Normandieschlacht hat mit einem Debakel geendet. Unterstützt von der französischen Résistance, bauen die Alliierten ihren Sieg aus und führen – Ironie der Geschichte – einen perfekten Blitzkrieg vor. General Leclerc, an der Spitze der französischen 2. Panzerdivision, glaubt »einen umgekehrten Frankreichfeldzug« zu absolvieren. Die Lage ist um so ernster, als das Reich sich nicht, wie im Osten, große Geländeverluste erlauben kann.

Am 31. August überschreitet die 21. Armeegruppe Montgomerys die Seine. 48 Stunden später ist sie in Amiens. Am 3. September wird Brüssel befreit. Tags darauf fällt den Briten der Hafen von Antwerpen fast unversehrt in die Hände, wenn sie es auch leichtsinnig unterlassen, die Schelde-Mündung unter Kontrolle zu bringen.

Der Vormarsch der 12. Armeegruppe Bradleys ist nicht weniger atemberaubend. In der ersten Septemberwoche nehmen die Truppen von Hodges Lüttich und Luxemburg, einige Vorausabteilungen überschreiten bei Aachen die deutsche Grenze. Weiter südlich stürmen die Divisionen der 3. Armee Pattons durch die Champagne, nachdem sie schon am 20. August die Seine beiderseits Paris, bei Montes und Melun, überschritten haben. Sie dringen nach Lothringen vor, überschreiten die Maas. Verdun fällt am 1. September, Nancy eine Woche später. Die Amerikaner bilden zwei Brückenköpfe über die Mosel, um auf Metz und das Saargebiet vorstoßen zu können. Tief im Süden stürmt die Armeegruppe Devers, aus der Provence kommend, nach Norden, nimmt am 3. September Lyon, am 8. September Besançon, am 11. September Dijon, um sich in Langres mit der Armee Pattons zu vereinigen und weiter auf die Vogesen und die Burgundische Pforte bei Belfort vorzudringen.

Zu den Niederlagen im Felde kommt – mit bisher nicht gekannter Heftigkeit – die Wiederaufnahme der strategischen Bombenangriffe auf das Reichsgebiet hinzu. Ende 1944 ist die 8. amerikanische Luftflotte 3800 Flugzeuge stark, gegenüber 1800 zu Beginn des Jahres, die 15. Luftflotte bringt 1500 statt 800 Maschinen auf. Das Bomber Command hat jetzt 1600 Flugzeuge, fast alle viermotorige Bomber. Allein 1944 werden 900000 Tonnen Bomben auf das Reichsgebiet und die noch beim Reich verbliebenen Satellitenländer abgeworfen, gegenüber nur 500000 in allen Jahren zuvor. Im Herbst greifen zunehmend auch taktische mittlere Bomber und Jagdbomber in die Luftschlacht ein. Auf ihr Konto kommen bis zur Kapitulation des Reiches 250000 Tonnen Bomben.

Mehr als die Hälfte der Angriffe des Bomber Command haben deutsche Städte zum Ziel. Aber die RAF operiert zusammen mit der US-Air Force auch gegen die Erdölindustrie. Mehrfach hintereinander werden die 60 größten deutschen Raffinerien und synthetischen Anlagen angegriffen. Andere, unerhört dichte Angriffe betreffen das Nachrichtenübertragungsnetz, die Schiffahrts- und die Eisenbahnlinien.

In einem Augenblick, da alles verloren scheint, zeichnet sich ab Mitte September plötzlich ein Aufbäumen der deutschen Streitkräfte an allen Fronten ab. Zur Verblüffung der Alliierten, die sich schon am Ziel wähnten, geschieht dies als erstes an der Westfront. Hierfür gibt es mehrere Gründe.

Der erste ist die wilde Entschlossenheit Hitlers, dem jede Form von Entmutigung offenbar fremd ist. Seit dem Attentat des 20. Juli ist Hitler überzeugt, daß ihn die Vorsehung beschützt hat. Er glaubt jetzt fest, für eine gerechte Sache zu kämpfen und den Endsieg erringen zu können. Die Rache an seinen politischen Feinden hat ihm Erleichterung verschafft. Die Rückschläge seit 1943 waren nicht auf Fehler zurückzuführen, die er selbst begangen hätte, sondern auf Verrat in den eigenen Reihen. Jetzt wird der deutschen Armee das Glück wieder hold sein.

Das Attentat hat auch seine Bewunderung für Stalin erhöht, dem es durch die reinigenden Prozesse von 1937 gelungen war, das Offizierskorps von Grund auf zu erneuern und jeden künftigen Verrat auszuschließen. Das Attentat erlaubt ihm ferner, seine Generäle, wenn auch spät, mit eiserner Faust unter Kontrolle zu bringen und nicht mehr die geringste Aufmüpfigkeit zu dulden. Das Wort vom »blinden Gehorsam« soll wieder seinen alten Wert erhalten.

Hitlers Befehle nach der Schlacht von Falaise indes haben sich als undurchführbar erwiesen. Der erste vom 20. August hatte das Beziehen einer Linie Seine – Yonne – Kanal von Burgund – Dôle – Schweizer Grenze vorgesehen. Südlich von Paris sollte ein Brückenkopf auf dem Westufer der Seine aufrechterhalten werden.

Der Seine-Übergang Pattons am 20. August und die Befreiung von Paris fünf Tage später führen zu einem neuen Plan. Der Rückzug soll sich jetzt, nach den Plänen des Generals Kitzinger, an der neuen Linie Somme – Aisne – Hochebene von Langres stabilisieren. Aber auch das erweist sich als undurchführbar. Die Gefangennahme des Generals Eberbach, Kommandeur der Panzergruppe West, bei Beauvais, die über alles Erwarten schnellen Vorstöße der beiden Armeegruppen Montgomerys und Bradleys machen den Plan Kitzingers zunichte. Dies um so mehr, als zwischen den beiden deutschen Armeen, der 15. und der 7., nach den getrennten Rückzügen in Richtung belgische Grenze und Reichsgrenze, jetzt eine Lücke von 100 Kilometern klafft. Am 24. August gibt es eine neue Weisung: zu haltende Linie jetzt Schelde-Mündung – vorderste Werke Westwall – Festungsdreieck Metz/Thionville – Vogesen – Burgundische Pforte. Im Unterschied zu den beiden vorhergehenden wird diese Linie gehalten werden können.

Hitler, der Osterfahrung in solchen Dingen hat, weiß, daß ein Sturmmarsch von über 500 Kilometern unausweichliche Schwierigkeiten für die alliierten Armeen mit sich bringen wird. Am 16. August gibt er den Divisionen, die noch an den Küsten Frankreichs stehen und zur völligen Bewegungslosigkeit verdammt sind, Befehl, die von ihnen besetzten Häfen in Festungen zu verwandeln. Diese »Reduits« werden eine große Zahl von alliierten Divisionen binden und den anglo-amerikanischen Streitkräften, die bisher nur über Cherbourg und die künstlichen Kanalhäfen verfügen, die größten Nachschubschwierigkeiten bereiten. Die Häfen dürfen nur nach nachhaltiger Zerstörung ihrer Anlagen aufgegeben werden.

Der Entschluß trägt Früchte und führt zu einem Auseinanderreißen der gegnerischen Streitkräfte. Man kann dies am Beispiel der Bretagne verdeutlichen. Zu Beginn des Durchbruchs bei Avranches faßt die amerikanische Führung noch keinen Schwenk in Richtung Seine ins Auge. Patton befiehlt einem seiner Korps, in die Bretagne vorzustoßen, Brest zu erobern und eine Versorgungsbasis auf der Halbinsel Quiberon einzurichten.
Aber das 8. Korps des Generals Middleton kommt nicht recht vorwärts, was dem deutschen General Fahrmbacher Zeit läßt, die Küstenstädte Saint Malo, Brest, Lorient und Saint Nazaire in Festungen zu verwandeln. General von Aulock kann in Saint Malo die gesamte 83. US-Infanteriedivision auf sich ziehen, die eine regelrechte Belagerung beginnt. Um die Zitadelle, die alten Festungswälle sowie die Küstenbatterien von Cézembre und Dinard sturmreif schießen zu können, greifen die Amerikaner auf Bomber und 20,3-Zentimeter-Artillerie zurück. Aulock kapituliert, nachdem die letzte Munition verschossen ist, am 17. August und hinterläßt eine Ruinenstadt.
Die Einnahme von Brest erweist sich als noch schwieriger. Mit der Verteidigung beauftragt ist der Fallschirmjägergeneral Ramcke. Er verfügt über Teile der 276. Infanteriedivision und seine eigene 2. Fallschirmjägerdivision. Die Verteidigung ist um 75 Stützpunkte herum eingerichtet. Am 25. August können die Deutschen einen ersten Angriff abwehren, der von drei US-Divisionen, unterstützt von Bombern und dem Feuer britischer Schiffe, darunter das Schlachtschiff »Warspite«, geführt wird.
Die Amerikaner sind fast dabei, aufzugeben. Aber Eisenhower, der Antwerpen noch nicht nutzen kann und noch nicht die Schelde-Häfen in Besitz hat, ist für seinen Nachschub dringend auf Brest angewiesen und befiehlt die Einnahme der Stadt um jeden Preis. Patton versucht Middleton Mut zu machen. »Wenn die amerikanische Armee die Griffe des Pfluges gepackt hat, wird die Furche auch bis zum Ende durchgepflügt.«
Die Deutschen leisten drei weitere Wochen Widerstand. Die schwachen Garnisonen der Forts von Keraurox und Montbarey ergeben sich erst nach intensivem Bombardement von Flugzeugen und Schiffen und dem Beschuß von Flammenwerferpanzern. Die Garnison Brest legt erst am 18. September die Waffen nieder. Hafen und Stadt sind so nachhaltig zerstört, daß man sie erst nach dem Krieg wieder aufbaut.

Ähnliche Opfer, wie sie der eigenen Truppe und der Zivilbevölkerung bei der Einnahme von Saint Nazaire oder Lorient abverlangt wurden, hält das alliierte Oberkommando für unverantwortbar. Das gleiche gilt für La Rochelle und den kleinen Hafen von Verdon in der Gironde-Mündung. Mehr als sechs Wochen lang haben die Deutschen 50000 Amerikaner in der Bretagne aufgehalten und ihnen 15000 Mann Verluste beigebracht. Hitlers Haltebefehl für die Atlantikhäfen hat sich doppelt bezahlt gemacht: Statische Einheiten haben vor den Häfen wichtige bewegliche Kräfte gebunden und die Zeit zur Zerstörung der Infrastrukturen genutzt.*
Gegen die Weisung Eisenhowers, zunächst die Schelde-Mündung zu sichern und Antwerpen als Versorgungsbasis herzurichten, widmet Montgomery nach Überschreiten der Seine seine Aktivitäten der Inbesitznahme der Kanalhäfen, der V-Waffen-Anlagen und der schweren Küstenbatterien im Pas de Calais, die Dover und die gleichnamige Straße unter ihrem Feuer halten. Darauf setzt er die ganze kanadische Armee und ein britisches Korps an.
Erstes Angriffsziel ist Le Havre, wo Oberst Wildermuth eine zusammengewürfelte Garnison von 11000 Mann befehligt. Er muß sich mit seinen schwachen Mitteln der Übermacht von zwei Divisionen des 1. britischen Korps, zweier Panzerbrigaden sowie der 79. Panzerdivision erwehren, die mit Spezialpanzern ausgerüstet ist und schon am 6. Juni bei der Landung in der Normandie dabei war.
Zuerst setzt ein vernichtender Bombenangriff ein, bei dem das Bomber Command 10000 Tonnen Bomben abwirft, dann das Feuer der Schiffsartillerie, an dem sich das Schlachtschiff »Warspite«, Kreuzer, Zerstörer sowie Begleitschiffe beteiligen. Der Angriff beginnt am 10. September in der Abenddämmerung, eingeleitet durch einen letzten 5000-Tonnen-Bombenteppich. Scheinwerfer verleihen der Nacht künstliches Vollmondlicht. Die Kämpfe dauern zwei Tage, dann ergibt sich Oberst Wildermuth, schwer verwundet. Auch hier bleiben eine Ruinenstadt und ein Hafen, der vermint und mit Schiffswracks verstopft ist. Die kanadische Armee kann am 25. September Boulogne und am 30. September Calais nehmen, unter Anwendung der gleichen Methoden.

* Zum Unterschied von Hitlers falscher Taktik der »festen Plätze« im Osten hatte das Halten der Atlantikhäfen, die von den Alliierten dringend gebraucht wurden, aufgrund der ganz anderen operativen Situation einen Sinn.

Auf den ersten Blick ist es eine Niederlage der Deutschen, von denen 30 000 Mann in Gefangenschaft ziehen und die die V-1-Abschußrampen aufgeben und schwere Küstenbatterien abbauen müssen. In Wahrheit haben auch hier kleine Divisionen von sehr unterschiedlicher Qualität eine ganze kanadische Armee und ein britisches Korps aufgehalten. Mit Ausnahme des intakt übergebenen Dieppe sind alle Häfen unter dem Bombenhagel und durch Sprengungen zerstört und auf Monate hinaus unbrauchbar gemacht worden. Die Schlacht an der Kanalküste hat den Resten der 15. Armee unter General Zengen (80 000 Mann) den geordneten Rückzug auf Belgien und die Verriegelung der Schelde-Mündung ermöglicht. Eine gute Division, die 64. Infanteriedivision, hält einen soliden Brückenkopf in Breskens, andere Truppen verstärken die Garnison auf der Insel Walcheren und auf der Halbinsel Südbeveland. Wer Antwerpen nutzen möchte, muß nun erst diesen Riegel brechen.

Ein zweiter Faktor erklärt die Konsolidierung der Lage, die sich Mitte September abzeichnet. Die in der Normandieschlacht aufgetretenen Verluste sind weniger katastrophal als befürchtet. Im ganzen waren 29 Divisionen eingesetzt, davon acht der 15. Armee, deren Führung ihre Befürchtung einer zweiten Landung im Pas de Calais schließlich hatte überwinden können. Die meisten dieser Divisionen hatten zum kritischen Zeitpunkt der Schlacht von Falaise noch nicht die Seine überschritten. Jetzt können sie, beinahe frisch, die Amerikaner vor Vernon und Louviers aufhalten.

Zu Beginn der Einkesselung betrugen die Sollstärken der deutschen Divisionen westlich der Seine 320 000 Mann, 45 000 Fahrzeuge und 800 Panzer. Im Licht dieser Zahlen ist es erstaunlich, daß das deutsche Oberkommando die Kraftanstrengung gemeistert hat, 245 000 Mann, 28 000 Kraftfahrzeuge und 135 Panzer über die Seine zurückzubringen. Die Uferwechsel hatten sich, bei Nacht oder im Morgennebel, an 50 Übergangsstellen vollzogen. Das Resultat widerlegt die Schlußfolgerungen der meisten alliierten Werke über die Schlacht, darunter die der unlängst erschienenen.[1]

Der Rückzug der 19. Armee des Generals Wiese aus der Provence hat sich ebenfalls in guter Ordnung vollzogen und nirgendwo die Züge einer Flucht angenommen, von einigen Zwischenfällen abgesehen. In Montélimar haben amerikanische Einheiten, unterstützt von Fliegern und französischen Partisanen, einer Kolonne schwere Verluste zufügen können. Die Vereinigung mit dem LXIV. Korps wiederum, das von der Biskaya kommt, gestaltet sich schwierig, nachdem im Raum Autun die Résistance die Marschkolonnen angegriffen hat. Die Gesamtzahl der deutschen Verluste (Gefangene, Verwundete, Vermißte) für die Zeit vom 6. Juni bis zum 30. November beläuft sich auf 400 000 Mann. In der gleichen Zeit gehen im Osten 840 000 deutsche Soldaten verloren.

Schlimmer verhält es sich mit den Materialverlusten. Tausende von Panzern, Lastwagen und Geschützen mußten aufgegeben werden, weil es Motorpannen gab, der Kraftstoff fehlte oder eine Brücke zusammenbrach. In den beiden Monaten August und September verliert die deutsche Armee an allen Fronten mehr als 3000 Panzer und Sturmgeschütze.

Als Generalfeldmarschall von Rundstedt am 4. September wieder den Oberbefehl über den westlichen Kriegsschauplatz übernimmt, kann er feststellen, daß alle in der Normandieschlacht eingesetzt gewesenen Einheiten auf die Reichsgrenzen zurückgenommen werden konnten, wenn auch in sehr unterschiedlichem Zustand. Von 54 Infanteriedivisionen sind 16 aufgelöst worden oder befinden sich in Auffrischung, 14 gelten als »ausgeblutet« und müssen neu aufgestellt werden, 25 haben ihren Kampfwert behalten können. Unter den elf Panzerdivisionen ist nur eine, die zu spät aus Bordeaux abgerufene 9. Panzerdivision, bei Kämpfen mit den Amerikanern nördlich der Loire bis auf 1000 Mann aufgerieben worden. Sechs andere haben die Hälfte ihres Bestandes eingebüßt. Die vier SS-Panzerdivisionen dagegen haben einen reellen operativen Wert behalten, vor allem die 9. und die 10., die in den Raum von Arnheim in den Niederlanden zurückgenommen wurden.[2]

Stark mitgenommen ist die Luftwaffe. Um den alliierten Sturm durch Frankreich bremsen zu können, sind mehrere Geschwader aus dem Reich abgezogen worden. Aber die schon in der Normandie aufgetretenen Mängel treten auch hier auf. Durch das Fehlen von Nachrichtenmitteln und flakgeschützten Feldflugplätzen werden ihre Maschinen reihenweise am Himmel oder am Boden zerstört. An die 1000 Maschinen gehen verloren. Ihre Wirkung auf die gegnerischen Truppen ist nicht der Rede wert.[3]

In der ersten Septemberhälfte reduziert sich die Verteidigung der Gesamtlänge der westlichen Reichsgrenzen auf etwa 30 Divisionen, wo, wie Model feststellt, das Doppelte erforderlich wäre. Als strategische Reserve stehen immerhin sechs frisch aufgefüllte Panzerdivisionen zur Verfügung. Schwere alliierte Fehler haben den Deutschen den Rückzug erleichtert. Es ist unverständlich, daß die Anglo-Amerikaner mit ihren vollmotorisierten Divisionen und ihrer erdrückenden Luftüberlegenheit nicht in der Lage waren, den Deutschen den Rückweg über die untere Seine zu verlegen.

Immerhin hatten Montgomery und Bradley zu Beginn der Einschließung von Falaise am 13. August vereinbart, daß zwei Armeekorps der Patton-Armee zu diesem Zweck nach Norden und Nordosten, auf Dreux und Vernon, abgedreht werden sollten. Aber Patton konnte Bradley am Tage darauf eine ganz andere Lösung aufdrängen: Er will »im Sturmschritt« weiter nach Osten stoßen, Paris umgehen, weiter auf Lothringen und die Saar stürmen und nach Deutschland eindringen, ehe die Deutschen die Zeit finden, sich zur Verteidigung der Reichsgrenze einzurichten. Patton will offenbar den Krieg ganz alleine gewinnen, wenn er auch einen Moment lang versucht ist, nach dem Übergang über die Seine nach Norden einzuschwenken und die zurückgehenden Deutschen bei Beauvais in der Flanke zu packen.[4]

Was den Deutschen den Rückzug ebenfalls erleichtert, ist ein Disput zwischen Montgomery und Eisenhower, letzterer seit seiner Landung in Frankreich Oberkommandierender aller alliierten Streitkräfte in Europa. Montgomery möchte gerne das Oberkommando über alle Landstreitkräfte haben und die Strategie für die Endphase des Krieges selbst festlegen. Sein Plan: Vorstoß auf enger Front beiderseits der Ardennen auf Reichsgrenze und Ruhr. Der Plan hat zur Voraussetzung, daß ihm ein Teil der 21. Armeegruppe Bradleys unterstellt wird und daß Patton an der Mosel anhält.

Aber Eisenhower ist entschlossen, sich seine Befehlsgewalt nicht nehmen zu lassen. Er bleibt bei seinem Plan eines Vorgehens auf breiter Front unter Einbeziehung der 3. Armee Pattons und der Armeegruppe Devers, die bereits durch die Täler von Rhône und Saône nach Osten stößt. Allerdings läßt sich Eisenhower zu einer großangelegten Luftlande-Operation am unteren Rhein überreden, die es der 2. britischen Armee erlauben soll, die drei Mündungsarme des Flusses zu überschreiten und im Raum Arnheim einen Brückenkopf zu bilden. Dieser könnte in einer späteren Phase Ausgangsbasis für den entscheidenden Stoß auf das

Herz Deutschlands sein, unterstützt von amerikanischen Truppen, die zur gleichen Zeit den mittleren und oberen Rhein überschritten.

Der Streit zwischen den beiden Heerführern erhält Nahrung durch einen unerfreulichen Faktor: die logistischen Schwierigkeiten der alliierten Armeen infolge überdehnter Versorgungswege, der von Hitler angeordneten Zerstörung der französischen Häfen und des kapitalen Fehlers Montgomerys, sich nach der Einnahme von Antwerpen nicht des Schelde-Deltas bemächtigt zu haben. Zur Zerstörung der Häfen kommen hinzu das stark demolierte französische Straßennetz und die kaum noch existenten Bahnlinien, bombardiert von den Alliierten und zerstört von den Deutschen bei ihrem Rückzug. Anfang September ist es offensichtlich, daß die unregelmäßige Versorgung mit Munition und vor allem Treibstoff eine breitangelegte Offensive nicht zuläßt.

Da, wo der französische Widerstand nicht mehr wirksam ist, wird auch das Tempo der deutschen Rückzugsbewegung spürbar geringer. Wegen Kraftstoffengpässen und fehlenden vorgeschobenen Feldflugplätzen lassen die Aktivitäten der alliierten Luftwaffe um 80 Prozent nach. Die Tage werden kürzer, und Ostfrankreich ist reich an Wäldern, in denen die deutschen Truppen Deckung finden.

Die Engpässe der Alliierten sind die eine Seite der deutschen Wiederauferstehung. Die andere Seite sind ein immenser Aufwand an Improvisation und ein Vabanque-Spiel der obersten deutschen Führung. Das OKW kratzt jetzt alle verfügbaren Mittel zusammen und beordert zwei Divisionen aus Italien und Ostpreußen an die Westfront. Hinzu kommen Festungsbataillone, Truppen aus den Schulen, Polizeiverbände. Alle schwere Pak 8,8 Zentimeter und alle von den Laufbändern kommenden Panzer der Augustproduktion werden der Westfront zugewiesen, vor allem die Tiger II und die Jagdpanther. Alles in allem mehr als 1000 Kampfwagen werden, teilweise noch in Testfahrt, in 13 neuen Panzerbrigaden zusammengefaßt.

Überraschend ist auch die Luftwaffe in der Lage, ihren Beitrag zur Aufrichtung zu leisten. In rascher Folge stellt sie sechs neue Fallschirmjäger-Regimenter, teilweise noch in Ausbildung, auf und wirft sie an die Front, wo sie, unter dem Befehl des Siegers von Kreta, General Student, zu einer »1. Fallschirmjäger-Armee«

zusammengefaßt und entlang des Albert-Kanals in Belgien in Stellung gebracht werden. Diese Truppe, meist aus nationalsozialistisch geprägten Jugendlichen gebildet, wird sich mit außerordentlicher Energie schlagen. Gleichzeitig wird in Eile der Westwall zur Verteidigung hergerichtet, dem man seit 1940 keine Beachtung mehr geschenkt hat, dessen Kanonen an den Atlantikwall abgegeben wurden und dessen Geschützverankerungen nicht mehr zu den neuentwickelten Waffen passen.

Und Rundstedt geht ein gefährliches Wagnis ein: Ende September hat er nominal 50 Divisionen zur Reichsverteidigung zur Verfügung, von denen nicht alle voll ausgerüstet sind. Damit kann er nicht die ganze Länge der deutschen Grenzen sichern. So konzentriert er seine Truppen hinter den drei großen Einfallspforten nach Deutschland, Aachen, Metz, Belfort, unter Hinnahme eines beachtlichen Risikos anderswo. Model informiert ihn zum Beispiel, daß der Abschnitt Lüttich – Trier von nur sieben bis acht Bataillonen gehalten wird.

Der Einsatz der ersten neu aufgestellten Panzerbrigaden ist eine Enttäuschung. Es mangelt den Besatzungen noch an Zusammenhalt, das Material ist nicht das beste. Gegenangriffe Manteuffels gegen die Flanken Pattons in Lothringen geraten zur Katastrophe. So wird die 45 Panzer starke 106. Panzerbrigade am 9. September fast ganz aufgerieben. Der 112. Panzerbrigade, einen Tag später gegen die Spitzen der 2. französischen Panzerdivision Leclercs vor Luneville eingesetzt, geht es nicht besser. Nach zehn Tagen hat sie fast alle ihrer 98 Panzer verloren.[5]

Aber die Abwehrriegel entlang der traditionellen Einfallsstraßen halten und bremsen den Vormarsch der alliierten Armeen beträchtlich. Besonders zäh ist der Widerstand der Deutschen vor Metz und Aachen, auch wenn ihre Mittel nicht sonderlich groß sind: 52 Panzer und 200 Geschütze vor Metz, 21 Panzer, 30 Geschütze und 20 Pak vor Aachen. Erstaunlich ist immer noch ihr Kampfwille und ihre Kunst, die Vorteile des Geländes und des Wetters – der Herbst 1944 ist außerordentlich stark verregnet – zu nutzen.

Die deutsche Armee wird sogar – Ironie des Schicksals – noch einen authentischen Abwehrsieg in Arnheim erringen können, den ersten seit Monaten. Das Arnheim-Debakel ist das Werk Montgomerys und Bestandteil des Plans »Market Garden«, der die Einnahme der drei Rheinübergänge in Eindhoven, Nimwegen und

Arnheim durch drei alliierte Luftlandedivisionen, die 82. und 101. US-Division und die 1. britische Division, vorsieht. Ziel ist der Zugang zur Norddeutschen Tiefebene, die Befreiung der Niederlande und die Einnahme der V-2-Stellungen auf niederländischem Gebiet.

Die A-4- oder V-2-Rakete hat inzwischen die V 1 abgelöst. Die ersten neuen Geschosse sind am 9. September auf London niedergegangen und haben eine offizielle Ankündigung des Informationsministers widerlegt, das Bombardement durch die feindlichen fliegenden Bomben haben ein Ende gefunden.

Die Deutschen lassen sich zu Beginn der Operation »Market Garden« am 17. September überraschen. Im Süden nimmt die amerikanische 101. Fallschirmjägerdivision die Brücken über den Wilhelmine-Kanal nahe Eindhoven, ohne auf Widerstand zu stoßen. In der Mitte ist die deutsche Gegenwehr heftiger. Die 82. US-Division hat Mühe, den Übergang über den Rhein in Nimwegen zu erzwingen. Erst nach 48 Stunden erbitterten Kampfes kann sie die Brücken, deren Sprengladungen versagt haben, unversehrt in Besitz nehmen. Eine britische Panzerkolonne stößt über sie hinweg nach Norden vor.

Zu diesem Zeitpunkt haben die Deutschen die Lage in Arnheim bereits unter Kontrolle. Zwar sind die Fallschirmjäger der 1. britischen Division am 17. September gut abgesetzt worden, aber zehn Kilometer von der Brücke entfernt, in der Nähe des Hauptquartiers Models, das dieser schleunigst räumen muß. Models Reaktion ist um so schneller und energischer. Er kann auf die 9. und die 10. SS-Panzerdivision zurückgreifen, die fast voll aufgefrischt sind. Außerdem fällt ihm ein Teil der gegnerischen operativen Pläne in die Hände. Vom 18. September an beginnen die Deutschen die beiden Landezonen, in denen sich die Briten eingeigelt haben, zu isolieren und einzudrücken: die »dropping zone«, in der Verstärkungen landen sollen, und eine Häusergruppe am Nordausgang der Brücke über den Leek.

Das inzwischen schlecht gewordene Wetter begünstigt die Deutschen, denn Verstärkungen können die Alliierten nicht heranführen. Auch verfügen die britischen »Paras« über schlechte Nachrichtenverbindungen und können nicht mit der aus Nimwegen anrückenden Panzereinheit Verbindung aufnehmen. Diese wiederum wird in ihrem Vorrücken auf Arnheim immer wieder aufgehalten. Der Vormarsch der Briten verläuft auf einer einzigen

Asphaltstraße durch die Polder und ist leicht durch Feuer zu sperren.
An der Ostflanke der Landezone haben die Deutschen einen Pak-Riegel aufgebaut. Einheiten der 1. Fallschirmjägerarmee unternehmen Gegenangriffe in Richtung Westen. Teile der 10. SS-Panzerdivision sind mit Fähren über den Rhein gesetzt und beteiligen sich am Kampf gegen die britischen Panzer. Mehrfach wird deren Vormarschstraße unterbrochen. Auch die Luftwaffe greift ein und nimmt die feindlichen Panzerkolonnen unter verheerendes Feuer.
Die ersten britischen Panzer erreichen den Leek erst am Abend des 25. September. Den Fallschirmjägern, die schwere Verluste erlitten haben und ohne Verpflegung und Munition sind, bleibt nur der Ausweg aus dem Kessel nach Süden, über den Rhein. 2000 von ihnen kommen davon. Aber es bleiben 1500 Tote auf dem Schlachtfeld. 6500 Briten gehen in deutsche Gefangenschaft.
Arnheim ist ein unbestrittener Erfolg der Deutschen. Der Zugang zur Norddeutschen Tiefebene ist verriegelt. Mit Hilfe von Verstärkungen aus Einheiten der 15. Armee, die aus Südbeveland anrücken, weiteren aus dem Reich und noch anderen von der 1. Fallschirmjägerarmee Students kann Model jetzt eine solide Abwehrlinie in Zeeland sowie entlang des Leek und des Maas-Schelde-Kanals aufbauen.
In der Folge von Arnheim können die Deutschen den Alliierten einen Abnutzungskrieg auferlegen, der den ganzen Herbst über anhalten wird. Der neue Waffengang beginnt mit der Säuberung des Schelde-Deltas. Aber die 64. Infanteriedivision kann zwei kanadischen Divisionen einen Monat lang im Breskens-Brückenkopf widerstehen, im Feuerhagel der Artillerie und der Flieger. Erst am 2. November kapituliert der Kessel.
Zur gleichen Zeit leistet die 70. Infanteriedivision zwei weiteren kanadischen Divisionen am Eingang der Halbinsel Südbeveland hartnäckigen Widerstand. Breda, Rosendaal und Bergen-op-Zoom fallen erst nach zehn Tagen. Die Deutschen gehen unter dem Schutz von Überschwemmungen auf das Innere der Landenge zurück. Aber die Kanadier überwinden die Wassermassen, umgehen die Stellungen der Deutschen und zwingen die Besatzer am 29. Oktober, sich auf Walcheren zurückzuziehen.
Die 70. Division leistet noch eine weitere Woche Widerstand. Massive alliierte Luftangriffe zerstören die Deiche und setzen die

deutschen Stellungen unter Wasser. Die Männer müssen sich auf Geländestücken, die noch aus dem Wasser ragen, zur Verteidigung einrichten. Das Ende kommt mit zwei Landungen in Westkapelle und Flessingen, begleitet vom Feuer schwerster Artillerie und der Schiffsgeschütze der »Warspite«. Am 3. November hören die Kämpfe auf. General Duser geht mit 2000 seiner Soldaten in die Gefangenschaft.

Aber die Deutschen hatten während der Kämpfe Zeit, den Schelde-Kanal mit Minen und Schiffswracks zu sperren. Erst am 28. November können die ersten Frachtschiffe den Hafen von Antwerpen anlaufen, der sofort unter das Feuer von V-1-Geschossen genommen wird.

Währenddessen kämpft die 5. Panzerarmee des Generals von Manteuffel, bestehend aus fünf Infanteriedivisionen und zwei Panzerdivisionen, um jeden Fußbreit Boden in den Westwallbunkern vor Aachen. Die Stadt selbst fällt erst nach 14tägigem Straßenkampf am 21. Oktober. Auch hier begünstigt die Jahreszeit die Verteidiger. Sturzregen verwandeln die Straßen und Wege in ein Schlammeer, das die feindlichen Panzer aufhält. Die Deutschen benutzen neue Minen, verteidigen sich geschickt im unübersichtlichen Grubengelände rund um Aachen und besonders in dem undurchdringlichen Hürtgenwald, ehe sie hinter die Roer zurückgehen. In zwei Monate langen Kämpfen können die Alliierten nur 13 Kilometer Geländegewinn auf deutschem Gebiet machen.

Auch vor Metz wird erbittert gefochten. In der zweiten Oktoberhälfte kommt es immer wieder zu Gegenangriffen der Panzerbrigaden gegen die amerikanischen Panzerspitzen, die man gerne über die Mosel zurückwerfen möchte. General Balck verteidigt sich äußerst geschickt, obwohl er 250 000 Amerikanern nur 80 000 Mann entgegensetzen kann. Artillerie und Tiefflieger machen ihm zu schaffen, aber auch die Amerikaner erleiden schwere Verluste, behindert gleichfalls durch Dauerregen. Metz fällt erst am 22. November, und Patton braucht noch zehn Tage mehr, um die Saar zu erreichen und da erst einmal liegenzubleiben.

Nur im Süden verläuft nicht alles nach Wunsch. Die 1. französische Armee kann Belfort am 20. November und zwei Tage später Mühlhausen befreien. Ein Vorstoß der 7. US-Armee des Generals Patch verjagt die Deutschen vom Zabernpaß, und so kann die 2. französische Panzerdivision Leclercs am 28. November Straßburg nehmen. General Wiese kann sich allerdings noch zwei Monate lang im Brückenkopf von Colmar behaupten.

Auch an anderen Fronten versteift sich der deutsche Widerstand. Im Baltikum hat Feldmarschall Schörner sich eine Rückzugsstraße im Raum Riga offengehalten und seine Truppen auf die Kurland-Halbinsel überführen können, wo sie, in guten Stellungen, über Luft und See versorgt werden können. Mit äußerster Willensanstrengung schlagen die Deutschen eine sowjetische Offensive gegen Ostpreußen zurück. Dabei erobern sie die Stadt Goldap zurück, wo sie feststellen müssen, daß die gesamte Zivilbevölkerung mit einem bisher ungeahnten Sadismus umgebracht worden ist, Vorgeschmack des Alptraums, den die Bevölkerung der deutschen Ostprovinzen wenige Wochen später erleben wird.
In der Slowakei müssen sich die deutschen Truppen der Partisanen erwehren, können aber einen Versuch der Roten Armee, sich mit diesen zu verbinden, abwehren. Es gelingt auch, die Verbindung zwischen den in Polen stehenden Truppen und den in die pannonische Ebene zurückgeworfenen Einheiten aufrechtzuerhalten. In Ungarn kann Hitler eine Neuauflage des rumänischen Desasters vermeiden. Ein Sondertrupp unter dem Kommando Skorzenys verhaftet Horthy in Budapest in dem Moment, in dem er sich anschickt, die Unterzeichnung eines Waffenstillstandsabkommens mit der Sowjetunion anzukündigen. Der Reichsverweser wird nach Deutschland gebracht und interniert. Szalazi, Chef der faschistisch orientierten Pfeilkreuzler, übernimmt die Regierung, während der Generalstabschef der Armee sich bereit erklärt, den Krieg an der Seite Deutschlands weiterzuführen.
Die Wende der Dinge in Budapest ist Ausgangspunkt eines fanatischen Kampfes, der bis in den März 1945 hinein dauern wird. Hitler richtet ein besonderes Augenmerk auf Ungarn. Das kleine Land hat nicht nur Erdöl, sondern es verriegelt den Zugang zu Wien und dem Süden Deutschlands. Aus politischen Gründen hat auch Stalin Interesse am Donau-Kriegsschauplatz.
Schließlich wehren sich die deutschen Truppen auch auf dem Balkan erbittert gegen die Überfälle der Tito-Partisanen, die mehr und mehr von der Roten Armee unterstützt werden. Belgrad hält bis zum 21. Oktober. Die Kämpfe setzen sich im südlichen Balkan fort. Die Heeresgruppe Weichs räumt nacheinander Griechenland, Albanien und Serbien, um sich schließlich auf Bosnien

zurückzuziehen. Auch in Italien hält die Front. Die Amerikaner haben ihre Angriffe auf Bologna einstellen müssen, und die Briten kommen nördlich von Rimini nicht voran.

Die deutsche Armee, die man zu Beginn des Herbstes schon am Ende glaubte und die dem Gegner um ein Vielfaches unterlegen ist, kann immer wieder Front machen und dem Feind einen mörderischen Abnutzungskrieg aufzwingen. Im Laufe des Herbstes haben die Alliierten an der Westfront den Verlust von 500 000 Mann zu beklagen, doppelt soviel wie in der Normandieschlacht. Die Deutschen nutzen diese lange Periode des Ausweichens zu einer kompletten Erneuerung des Heeres und der Luftwaffe und zur Bildung neuer strategischer Reserven. Dies ist aber nur möglich, weil die Kriegswirtschaft immer noch zu außerordentlichen Leistungen fähig ist. Dank Speer erreicht die Rüstungsproduktion im September 1944 ihren Höhepunkt und kann dieses Niveau bis zum Jahresende beibehalten. Allein in diesem Jahr produziert die deutsche Rüstungsindustrie 40 000 Flugzeuge, in der Mehrzahl einmotorige Jagdmaschinen, und 17 500 Panzer. Auf anderen Sektoren der Rüstung ist das Ergebnis nicht minder staunenswert. Insgesamt beträgt der Produktionszuwachs 30 Prozent im Vergleich zu 1943.

Solche Resultate werfen ein bezeichnendes Licht auf die Wirksamkeit der strategischen Bombardierungen. Die Steigerung der Produktion ist nur möglich gemacht worden durch systematische Dezentralisierung, Verlegung der Produktionsstätten in Grotten und Tunnel, in Kleinstädte oder sogar Dörfer, wo Flugzeugteile und leichte Waffen gefertigt werden, oder an Orte, die nicht mehr im Aktionsradius der alliierten Flugzeuge liegen. Das Zentrum der deutschen Wirtschaft hat sich verlagert. Die Ruhr hat ihre Rolle als Rüstungsschmiede des Reiches an Mitteldeutschland, an Schlesien und Böhmen abgegeben.

Nicht alle Angriffe der Amerikaner und Briten zeitigten so wenig Wirkung. Die Panzerproduktion wird ernsthaft beeinträchtigt. Während in den drei Monaten Juni, Juli und August 1944 2500 Panzer von den Fließbändern laufen, sind es am Ende des Jahres nur noch 1500 in drei Monaten. Der Ausfall wird größtenteils ersetzt durch die Produktion von Sturmgeschützen, die man ebenfalls nach Mitteldeutschland und Schlesien verlagert hat.

Nachteiliger wirkt sich der Produktionsrückgang von Kohle und Stahl aus. Im Laufe des Jahres 1944 fällt die Kohleförderung von

71 auf 45 Millionen Tonnen, die Stahlproduktion von neun auf vier Millionen Tonnen. Amerikanische und britische Bomber-Raids lassen die Erzeugung von Treibstoff im gleichen Zeitraum um 80 Prozent zurückgehen. Die Angriffe auf das Verkehrsnetz erweisen sich ebenfalls als verheerend. Von August bis Dezember 1944 fallen 50 Prozent des Eisenbahn- und 75 Prozent des Schiffsverkehrs aus.

Die Reichsführung versucht den Produktionsausfall durch drakonische Beschneidung des zivilen Verbrauchs, durch Einsatz von Ersatzstoffen wie der Braunkohle für die Befeuerung der Lokomotiven wettzumachen. Auch verfügt sie noch über erhebliche Ersatzteillager und über »schwarze« Kohle- und Benzinreserven ungeahnten Ausmaßes. Des Umfangs dieser »stillen Reserven« wird sich Speer erst bewußt beim großen Rückzug von Soldaten und Zivilisten aus dem Osten im April 1945, angesichts einer unglaublichen Sammlung von Kraftfahrzeugen aller Art, von denen einige aus der Steinzeit stammen.[6] Jedenfalls entbehrt Deutschland bis in die ersten Wochen 1945 hinein nicht der Waffen. Die großen Engpässe in der Versorgung mit Munition und Treibstoff treten erst im Februar/März 1945 auf, nach dem Wegfall Schlesiens und der zunehmenden Zerrüttung des Verkehrsnetzes.

Das Schlüsselproblem im Herbst 1944 ist das des Ersatzes an Mannschaften. Die wieder zur Front stoßenden genesenden Verwundeten und Kranken allein können die Lücken nicht mehr füllen. Himmler, Befehlshaber des Ersatzheeres, und Goebbels, der am 12. Juli zum Reichskommissar für den totalen Krieg ernannt worden ist, schreiten zu einer Massenaushebung. 300 000 Mann werden im September in die Armee gepreßt, 200 000 im Oktober, fast die gleiche Zahl im November. Das Einberufungsalter wird auf 15 Jahre abgesenkt, die Dienstzeit bis ins 55. Lebensjahr hinein verlängert. Die im September und Oktober Einberufenen sind indes nicht alle Kinder oder Greise. Ein großer Teil der Männer ist in den besten Jahren. Sie kommen aus den Dienstleistungsbetrieben, der Industrie, auch der Luftwaffe und der Kriegsmarine, die immer noch überbesetzt sind.

Trotz der fünf Kriegsjahre verfügt Deutschland Ende 1944 immer noch über eine große Reserve an Arbeitskräften. Die Entwicklung der Rüstungsproduktion erklärt sich einmal aus dem Zuwachs an Produktivität – die Werkzeugmaschinenproduktion ist um 50 Prozent gesteigert worden –, zum zweiten aus dem massiven Einsatz von 7,5 Millionen Kriegsgefangenen und Fremdarbeitern. Der Anteil an Frauen beträgt nicht mehr als 45 Prozent, gegenüber 61 Prozent in Großbritannien. In der Verwaltung, in den öffentlichen und privaten Dienstleistungsbetrieben und in den Haushalten arbeiten genauso viele Menschen wie 1939.

Reserven findet man auch in verschiedenen Dienststellen der Wehrmacht, der Waffen-SS, der Organisation Todt, im Arbeitsdienst, die sich alle ihre totale Unabhängigkeit bewahrt haben. Das betrifft auch die Bekleidungsindustrie, das Transportwesen, die Verpflegungswirtschaft.[7] Die Mehrheit der stark gerupften Großverbände der Wehrmacht kann im Herbst 1944 aus diesem Menschenreservoir aufgefüllt und wieder instand gesetzt werden. Hitler glaubt allerdings, daß die allzu stark mitgenommenen Divisionen des Heeres keinen großen Kampfwert mehr haben. Er besteht auf der Aufstellung von 27 neuen, sogenannten Volksgrenadierdivisionen. Nicht alle erfüllen die in sie gesetzten Erwartungen, wie die 352. Division vor »Omaha« am 6. Juni 1944. Die Mannschaftsstärke solcher Divisionen mit einem klassischen Soll von 17 000 erreicht meist nur 12 000, ja manchmal nur 7000 Mann.

Aber diese Schwäche wird ausgeglichen durch eine gute Ausrüstung mit leichten Waffen, wie Maschinengewehr 42, Maschinenpistole, Sturmgewehr. Diese Ausrüstung ist besser als bei den alliierten Verbänden. Zur Panzerabwehr erhalten die Volksgrenadiere Nahkampfwaffen wie Panzerschreck und Panzerfaust, deren Monatsproduktion die Million übersteigt. Die neuen Divisionen erhalten außerdem eine Sturmgeschützabteilung. Dagegen sind die meisten von ihnen schwer beweglich. Die deutsche Armee bleibt eine pferdebespannte, mit einer Sollstärke von 1,1 Millionen Pferden, die jedoch die wahren Bestände um über 200 000 übersteigt.

Der Herbst wird auch für eine Auffrischung der Panzer- und Panzergrenadierdivisionen genutzt. Zwei Panzer- und fünf Panzergrenadierdivisionen werden fast ganz neu aufgestellt. Auch hier müssen Genesene die Ausfälle ersetzen, andere Zuläufe kommen aus der Marine und aus der Luftwaffe. Die Panzerdivision des Winters 1944/45 bleibt in großen Zügen unverändert: zwei Panzerabteilungen zu je 114 bzw. 140 Panzer IV und Panther, eine Sturmgeschützabteilung.

Die angegebenen Sollstärken der Großverbände entsprechen indes bei weitem nicht immer den Ist-Stärken. So hat die 12. SS-Panzerdivision »Hitlerjugend« von den 20500 Mann, über die sie am D-Day verfügte, nach vier Monaten Kampf nur noch 12500 Soldaten. Nach der Auffrischung im Dezember 1944 verfügt sie wieder über 18500 Mann. Ihre Panzerzahl beträgt nur noch 78 statt der 148 vorgesehenen, ausgeglichen allerdings durch Zuführung zweier neuer Sturmgeschützabteilungen. Das Defizit an Lastwagen erreicht zwölf Prozent und sogar 25 Prozent bei den geländegängigen Fahrzeugen.

Zur Verteidigung des »Heimatbodens« wurde durch Führererlaß vom 25. September 1944 eine Truppe aus bisher nicht eingezogenen Männern zwischen 16 und 60 aufgestellt, der »Deutsche Volkssturm«. Die von den Gauleitern Ausgehobenen, das letzte Aufgebot, werden in Bataillonen zusammengefaßt, oft statt mit einer Uniform nur mit einer Armbinde versehen und mit Beutewaffen ausgestattet. Allerdings wird sich der Volkssturmmann unterschiedlich im Kampf bewähren, mit wenig Einsatz im Westen, oft mit letztem Einsatz im Osten gegen die sowjetische Invasion.

Im Gegensatz zu gewissen Darstellungen besteht der Volkssturm nicht ausschließlich aus gekrümmten Greisen und schulranzentragenden Knirpsen. Fotos und Filme zeigen oft rüstige Männer im besten Alter, das Gewehr oder die Panzerfaust geschultert. Junge Leute, seit 1942 in der Hitlerjugend militärisch geschult, entwickeln oft beispielhaften Kampfgeist und schlagen sich mit Opfermut.

Die im Sommer nahezu am Boden liegende Luftwaffe hat im November/Dezember 1944 ebenfalls zu einer überraschenden neuen Stärke zurückgefunden. Das Erstarken ist auf eine außerordentliche Kraftanstrengung der Flugzeugindustrie zurückzuführen, die den Ausstoß großer Zahlen von einmotorigen Jagdflugzeugen erheblich steigern konnte, unter ihnen das neue Modell Focke-Wulf 190 »lange Nase« mit wassergekühltem Motor oder die Messerschmitt 109 K. Beide Typen sind den alliierten Modellen überlegen mit Ausnahme der britischen »Tempest«. Im Januar 1945 kann die Luftwaffe endlich auch die Düsenjägerstaffeln einsetzen, darunter 200 Messerschmitt 262, die sofort zum Schrecken der alliierten Piloten werden. Die Luftkriegsschulen verdoppeln das Tempo der Flugzeugführerausbildung, die begleitet ist von einer intensiven politischen Schulung.

Gleichwohl ist die Luftwaffe nach der Aufgabe Belgiens und der Niederlande ihres Frühwarnsystems im Westen beraubt. Das macht sie noch weniger fähig, sich den massiven Tag- und Nachtangriffen entgegenzuwerfen. Auch der Bombardierung des Verkehrsnetzes, der Beschießung der Züge und der systematischen Zerstörung ihrer Plätze kann sie sich nicht mehr erwehren. Das seit 1942 aufgetretene Problem der zu hastigen Ausbildung der Flugzeugführer erweist sich in der Schlußphase als katastrophal. Die Piloten – noch ohne Routine – können die technischen Vorteile ihrer Maschinen im Luftkampf nicht mehr nutzen.

Es bleiben ihr immerhin 20 bis 30 Prozent erfahrener, ihr Handwerk perfekt beherrschender Flugzeugführer. Sie hat mehr hochdekorierte »Asse« als die alliierten Luftstreitkräfte. Die alliierte Führung muß nach dem Kriege anerkennen, daß ein normal geschulter englischer oder amerikanischer Pilot bei seinem ersten Feindflug keinerlei Chance gegen einen Veteranen der Luftwaffe hatte.[8]

Ende 1944 kann die Luftwaffe noch die eindrucksvolle Zahl von 3500 Jagdflugzeugen einsetzen, davon 1000 Nachtjäger. General Galland verfügt über eine Tagjagd-Streitmacht von 2500 Maschinen und hofft, damit einen »großen Schlag« gegen die amerikanischen Bomberverbände führen zu können. Er rechnet sich aus, daß er unter Hinnahme eines Verlustes von 500 Maschinen und 150 Piloten 500 feindliche viermotorige Bomber und Begleitjäger vom Himmel holen und so der US-Air Force einen vernichtenden materiellen und psychologischen Schock zufügen kann.

Aber der »große Schlag« wird nicht geführt werden. Hitler ist skeptisch. Er will sich die Jagdwaffe für die Offensive aufbewahren, die er in den Ardennen plant. Dafür läßt er die Produktion von Flakgeschützen erhöhen. Die Luftwaffe beschränkt sich nicht auf die Abfangjagd. Im Osten greift sie in den Erdkampf ein. FW 190 und Stukas, bestückt mit einer 3,7-Zentimeter-Kanone, stürzen sich auf die sowjetischen Panzerrudel und bringen ihnen bis zum Kriegsende empfindliche Verluste bei. Im Westen greifen die Ju 87 und 88 bei klaren Nächten alliierte Truppenansammlungen und Marschkolonnen an.

Die Alliierten mußten feststellen, daß die letzte Phase des Krieges für sie die härteste des ganzen Luftkrieges war. Mehrere Nachkriegsuntersuchungen haben ergeben, daß das Verlustverhältnis in den letzten Kriegsmonaten bei 7,5 : 1 zugunsten der Luftwaffe lag.[9]

Die Wirksamkeit der Luftwaffe beruht nicht auf den Jägern und

Bombern allein, sondern am Boden auch auf der Flak. Gegen Kriegsende dienen 900 000 Soldaten in dieser Waffe. Sie ist immer gefährlicher geworden, seitdem sie modernes Feuerleit-Radar und weittragende Kanonen von 12,5 Zentimetern Kaliber einsetzt. Die viermotorigen Bomber müssen durch regelrechte »Flakalleen« fliegen, die ihnen einen hohen Tribut abverlangen. Im letzten Halbjahr 1944 werden 400 amerikanische Bomber von der Abfangjagd abgeschossen. 1000 fallen der Flak zum Opfer.
Zur schweren Flak gesellt sich eine immer besser werdende leichte Flak. Sie schützt mit dicht verteilten Zwei- und 3,7-Zentimeter-Schnellfeuerkanonen Flugplätze, Verschiebebahnhöfe, Depots und Straßenkreuzungen. Je nach Nähe zur Front sind die Transportzüge mit zwei bis drei Flakwagen versehen, die von den alliierten Tieffliegern gefürchtet werden. Die Opfer der leichten Flak im alliierten Lager sind zahlreich, unter den Piloten macht sich eine Psychose breit.
Ende 1944 scheint eine neue Wehrmacht aus der Asche entstanden zu sein. Auf dem Papier zählt sie 260 Divisionen. Aber sie ist heterogener denn je. Zwar zählt sie hervorragende Panzer, Flugzeuge und Handwaffen zu ihrer Ausrüstung, leidet aber unter einer Krise der »Demodernisierung«. Es werden einfach nicht genügend Kraftfahrzeuge produziert, und überall fehlt es an Treibstoff. Folglich gibt es dramatische Lücken in der Kraftfahrzeugausstattung selbst der gepanzerten Verbände. Im letzten Kriegswinter gibt es deutsche Panzerdivisionen, die pferdebespannte Batterien und Radfahrschwadronen hinter sich herschleppen.
Mängel machen sich immer mehr beim Führer- und Unterführerkorps bemerkbar. Der Bestand an aus der Truppe hervorgegangenen Unteroffizieren ist noch gut. Aber auf dem Niveau der Leutnants schlagen sich der Mangel an Zeit zu guter Ausbildung in den Schulen und die fehlende Fronterfahrung dramatisch in den Verlustzahlen nieder. Trotz der hohen Verluste in fünf Kriegsjahren aber bleibt die Moral der Truppe im ganzen erstaunlich hoch.
Zum großen Teil ist die moralische Aufrüstung Goebbels zuzuschreiben, der seine außerordentliche Begabung für die Propaganda entfaltet. Er selbst erkennt an, daß ihm seine Aufgabe dadurch erleichtert wurde, daß keine »Neuauflage« der 14 Punkte Wilsons gemacht wurde. Ganz im Gegenteil, die Alliierten weigern sich, eine Aufweichung oder auch nur eine nähere Auslegung ihrer Forderung nach bedingungsloser Kapitulation zu liefern.

Mehr noch, Goebbels nutzt geschickt den am 24. September in der amerikanischen Presse veröffentlichten »Morgenthau-Bericht«, in dem eine Zerstückelung Deutschlands und seine Verwandlung in ein »Agrar- und Weideland« vorgeschlagen wird. Ebenso im Vorschlag: die Demontage der Ruhr, die Zerstückelung, Demontage und Auslieferung aller nicht von den Bombardierungen getroffenen Industrieanlagen und Materialien, die Demontage der Grubenausrüstungen und die Zerstörung der Kohlenschächte selbst. Goebbels fällt es nicht schwer, den Befürwortern einer »politischen Lösung« nach dem Motto »Ausweichen im Westen, Halten im Osten« ihre Illusionen aus den Köpfen zu treiben. »Ob die Bolschewisten das Reich von Osten oder die Angelsachsen von Westen aus zerstören wollen, ist egal«, erklärt er am 21. Oktober. »Ihr Ziel ist dasselbe: Beide wollen, daß 30 bis 40 Millionen Deutsche vom Erdboden verschwinden.« Der »Völkische Beobachter«, Organ der NSDAP, fügt hinzu: »Unsere Industrie soll so nachhaltig zerstört werden, daß die Hälfte unseres Volkes entweder verhungern oder als Sklavenarbeiter auswandern soll.«[10]
Dies alles geht noch weiter als Versailles, die Reparationen, die Besetzung der Ruhr. Die Gegner des Reiches wollen nicht die Beseitigung des Regimes, sondern die »Auslöschung der Deutschen als Nation und Volk«. Die Wahl ist also zwischen Kampf bis zum Äußersten und Untergang. Die Vernichtung hat schon begonnen. Das deutsche Volk ist Opfer einer doppelten Barbarei. Der überlegten, wissenschaftlichen Barbarei der westlichen Terrorangriffe mit Spreng- und Brandbomben wie dem, der am 11. September 1944 die kleine, gänzlich von Militär und Rüstungsindustrie entblößte Stadt Darmstadt ausgelöscht und 17000 Menschen dem Feuertod überliefert hat, und der primitiven, brutalen Barbarei der Sowjets, die sich bei dem unvorstellbaren Massaker der Zivilbevölkerung in Ostpreußen zeigte.
Ohne Zweifel hat diese Interpretation der gegnerischen Absichten ihre Wirkung auf Bevölkerung und Wehrmacht nicht verfehlt. Mit seiner gewohnten Meisterschaft geht Goebbels noch einen Schritt weiter. Er taucht das deutsche Volk in eine Atmosphäre der Heroisierung des Alltags. Überall finden Paraden statt, der Rundfunk überträgt permanent pathetische Musik von Beethoven, Bruckner und Wagner. Die Ansprachen des Propagandaministers werden zu großen religiösen Feiern, untermalt von Chören. Einem von Prüfungen niedergedrückten Volk erscheint der Reichskommissar für

den totalen Krieg als rächender Engel, der die Nemesis verkündet, die Stunde der Rache.
Infolge ihrer unerwarteten Wiederaufrichtung verfügt die Wehrmacht Ende 1944 über 2000 Flugzeuge und rund 30 Divisionen. Mitte Dezember fühlt sie sich stark genug, in den Ardennen zur Gegenoffensive anzutreten. Die Geschichte der Entscheidung zu dieser Aktion ist nicht weniger überraschend. Denn Hitler hat sie schon am 23. August, einen Tag nach dem Desaster in der Normandie, ins Auge gefaßt und während des Rückzuges der Reste seiner Armeen in allen Einzelheiten geplant.
Am 16. September teilt der Führer Jodl mit, daß nach seiner Überzeugung eine Gegenoffensive nach einer Stabilisierung der Front möglich sein werde. Sie müsse die herbstliche Witterung nutzen, um eine Einwirkung der gegnerischen Luftwaffe soweit wie möglich zu unterbinden. Man könne den anglo-amerikanischen Armeen eine schwere, wenn nicht endgültige Niederlage beibringen. Denn diese operierten auf breiter Front und kämpften, nach der Zerstörung der Kanal- und der Atlantikhäfen, mit wachsenden Versorgungsschwierigkeiten.
Im Laufe der nächsten Wochen präzisiert sich das Projekt »Wacht am Rhein«. »Ich habe einen unverrückbaren Entschluß gefaßt«, verkündet Hitler. »Die Offensive stößt durch die Ardennen und hat Antwerpen zum Ziel.« Der Ausgangspunkt ist voller Bedeutung für die Deutschen und hat den Vorteil, einem schwach verteidigten gegnerischen Frontabschnitt gegenüberzuliegen. In einer verkürzten Neuausgabe des Manövers vom Mai 1940 sollen die deutschen Streitkräfte die Maas überschreiten und an Lüttich vorbei zunächst auf Brüssel, dann auf Antwerpen, den wichtigsten Nachschubhafen der Alliierten, stoßen.
Dem Minister Speer vertraut Hitler seine Hoffnung an, durch einen unerwarteten Sieg zu einer politischen Lösung zu gelangen.* Er glaubt, daß ein erschüttertes Selbstvertrauen die Alliierten einem Verhandlungsfrieden geneigter machen könnte. Sollten sich aber die Westmächte dem versagen, so würde ein Erfolg der Operation einen Aufschub im Westen bringen und es ermögli-

---

* Ob Hitler wirklich an eine politische Lösung gedacht hat, ist zweifelhaft. Jedenfalls war er sich nicht klar darüber, daß es mit *ihm* keine geben würde. Er verkannte, daß der von den Alliierten postulierte »Unconditional Surrender« sich auch auf ihn bezog.

chen, sich auf eine für Januar erwartete sowjetische Offensive vorzubereiten. Außerdem könnten nach einem Erfolg im Westen die Bombardierung Londons mit Düsenbombern und V-2-Raketen und der U-Boot-Krieg mit neuen U-Boot-Typen wiederaufgenommen werden. Das Unternehmen, inzwischen in »Herbstnebel« umbenannt, soll Mitte November anlaufen.[11]

Bei den Verantwortlichen ruft der Plan starke Bedenken hervor. Model schlägt, im Einvernehmen mit Rundstedt, eine weniger ambitiöse, »kleine Lösung« vor: eine Zangenbewegung beiderseits von Aachen, die die amerikanischen Truppen auf die Maas zurückwerfen soll, und die Einnahme von Lüttich, wichtiger Umschlagplatz für den alliierten Nachschub.

Aber Hitler bleibt unbeugsam. Eine kleine Lösung genügt nach seiner Meinung nicht, um die Alliierten an der Richtigkeit ihrer Strategie zweifeln zu lassen. Er akzeptiert nur unwesentliche Abänderungen seines Planes, die Manteuffel ihm vorschlägt. Der Angriff soll nach kurzer, aber heftiger Artillerievorbereitung in der Nacht beginnen. Scheinwerferbatterien werden die Wolken anstrahlen und das Gefechtsfeld erhellen. Die Volksgrenadierdivisionen werden die erste Angriffswelle bilden, die Panzerdivisionen sollen in die Lücken stoßen.

Eine letzte Konferenz vereint die Verantwortlichen am 12. Dezember in Hitlers Hauptquartier Ziegenberg. Zwei Stunden lang spricht der Führer zu seinen Generälen, die, von SS-Männern umgeben, in strammer Haltung vor ihm stehen.

»Was wir an Gegnern heute besitzen, sind die größten Extreme, die überhaupt auf der Erde denkbar sind: ultrakapitalistische Staaten auf der einen Seite und ultramarxistische Staaten auf der anderen Seite; auf der einen Seite ein absterbendes Weltreich, Britannien, auf der anderen Seite eine auf Erbschaft ausgehende Kolonie, die USA. Es sind Staaten, die in ihrer Zielsetzung schon jetzt Tag für Tag aneinandergeraten. Und wer so wie eine Spinne, möchte ich sagen, im Netz sitzend diese Entwicklung verfolgt, der kann sehen, wie von Stunde zu Stunde sich diese Gegensätze mehr und mehr entwickeln. Wenn hier noch ein paar ganz schwere Schläge erfolgen, so kann es jeden Augenblick passieren, daß diese künstlich aufrechterhaltene gemeinsame Front plötzlich mit einem riesigen Donnerschlag zusammenfällt.«[12]

»Herbstnebel« ist minutiös vorbereitet worden. Hitler, der nicht weiß, daß »Enigma« entschlüsselt ist, hat Funkstille angeordnet.

Nur einige Offiziere sind in das Unternehmen eingeweiht. Das Vorziehen der Divisionen in die Ausgangsstellungen soll erst drei Tage vor Beginn der Offensive erfolgen. Die Treibstoffversorgungslager bleiben auf dem rechten Rheinufer.

20 Divisionen, verteilt auf drei Armeen, nehmen teil. Rechts die 6. SS-Panzerarmee Sepp Dietrich mit vier Panzer- und fünf Infanteriedivisionen. Ihr fällt die Hauptaufgabe zu: ausgehend von Monschau und Elsenborn Vorstoß auf Malmédy und Stavelot, Weiterstoß auf Huy an der Maas, Überschreiten des Flusses und weiterer Stoß auf Brüssel und Antwerpen.

In der Mitte die 5. Panzerarmee Manteuffel mit vier Panzer- und fünf Infanteriedivisionen. Auftrag: Einnahme Straßenkreuz St. Vith und Bastogne, Erreichen und Sperren der Maas zwischen Namur und Dinant. Flankenschutz für die 6. Panzerarmee. Im Süden hat die 7. Armee Brandenberger den Auftrag, die Flanke der rechten Nachbarn gegen Gegenstöße aus den Räumen Luxemburg und Arlon zu decken.

Das Unternehmen wird eingeleitet mit massiven Angriffen der Luftwaffe auf die alliierten Flugplätze in Nordfrankreich, Belgien und den Niederlanden. Fallschirmjägereinheiten werden im Norden von Malmédy im Rücken der Amerikaner abgesetzt. Hitler setzt auch auf die Operation »Greif«, die Skorzeny erdacht hat. Sie hat ein doppeltes Ziel: Einnahme der Maas-Brücken vor der 6. Armee durch mit amerikanischen Hoheitszeichen bemalte Panzer und Infiltrierung des feindlichen Hinterlandes durch Sonderkommandos in amerikanischen Uniformen, die Durcheinander unter den feindlichen Soldaten stiften sollen.

Eine Wetterfunkstelle wird auf dem Spitzberg eingerichtet, wo sie bis August 1945 bleiben wird. Im Unterschied zu 1940 hängt diesmal der Erfolg von bedecktem Himmel und so tief wie möglich hängenden Wolken ab. Rundstedt meint, ob die alliierte Luftstreitmacht eingreifen könne oder nicht, entscheide allein über den Ausgang der Offensive.

Drei Ablenkungsangriffe werden den Hauptangriff begleiten. Ein Vorstoß auf Breda in Holland soll die britischen Streitkräfte binden, ein zweiter auf Maastricht soll die Amerikaner vor Aachen beschäftigen. Ein dritter schließlich wird Anfang Januar, von der Saar und vom Brückenkopf Colmar ausgehend, die 3. Armee Patton in die Zange nehmen.

»Herbstnebel« muß mehrfach verschoben werden. Aber am 16.

Dezember geht es endlich los. Vor den angreifenden deutschen Verbänden liegen nur vier US-Divisionen mit einigen Panzerkompanien. Die Überraschung ist perfekt. Die Alliierten brauchen drei Tage, ehe sie begreifen, daß es sich nicht um eine lokale Aktion, sondern um eine großangelegte Offensive handelt.
Von Anfang an aber gibt es Pannen. Bei einem außergewöhnlich tiefen Himmel können die Flugzeuge der Luftwaffe nicht zum großen Schlag auf die alliierten Flugplätze ausholen. Aber die Wetterlage kommt auch den Deutschen zugute, da sie die alliierten Flieger ebenfalls auf dem Boden festhält. Das Luftlande-Unternehmen beginnt am 17. Dezember in totaler Improvisation und endet mit einem Fehlschlag. Oberst von der Heydte kann nur 300 Fallschirmjäger um sich scharen, denen so rasch die Verpflegung ausgeht, daß sie sich nach vier Tagen den Amerikanern ergeben müssen.
Die Volksgrenadiere von Sepp Dietrich können trotz Panzerunterstützung die Höhen von Elsenborn nicht nehmen. Brückensprengungen halten die Panzer auf. Amerikanische Verstärkungen, von der 12. Armee Hodges in Marsch gesetzt, machen ihnen zu schaffen. Nur die Vorausabteilung Peiper kann mit 2000 Mann und 60 Panzern gut vorwärts kommen. Sie nimmt Malmédy und Stavelot und stößt bis zum Tal der Amblève weiter, ehe sie von der 3. US-Panzerdivision gestoppt und zurückgeworfen wird. Während seines Vorstoßes wird Peiper unheilvoll bekannt, weil in seinem Befehlsbereich 70 amerikanische Kriegsgefangene exekutiert werden. Im Süden hat auch Brandenberger kein Glück. Er kann Echternach nicht nehmen, das tapfer von der 4. US-Infanteriedivision und der später hinzustoßenden 10. Panzerdivision, von Patton in Marsch gesetzt, verteidigt wird.
Am besten läuft die Offensive in der Mitte, bei der 5. Armee des Generals Hasso von Manteuffel. Die amerikanischen Stellungen werden eingedrückt. In der Schnee-Eifel werden zwei Regimenter der 106. US-Division, die ohne jede Kriegserfahrung sind, eingekesselt und müssen sich ergeben. Die Deutschen zählen 7000 Gefangene. Für die amerikanische Geschichtsschreibung ist es »der größte Rückschlag, den die US-Army in Europa erlitten hat«.
Erst in St. Vith stößt Manteuffel auf heftigen Widerstand der 7. US-Panzerdivision, die zur Verstärkung eingetroffen ist. Die Umgehung der Stadt im Norden und im Süden gelingt erst am 21. Dezember. Dann aber können die Panzer die Straßenkreuzung

von Houffalize einnehmen und weiter auf Vilsalm und La Roche stoßen. Lüttich ist nicht mehr weit. Im Süden geht es nicht so schnell vorwärts. Die 110. US-Fallschirmjägerdivision, eilends auf Lastwagen aus Reims herbeigekarrt, kommt vor den Deutschen in Bastogne an und richtet die Stadt zur Verteidigung ein. Manteuffel verzichtet auf einen Frontalangriff. Seine Panzer umfahren die Stadt, lassen eine Infanteriedivision zur Einschließung zurück und stoßen weiter in Richtung Maas.

Die Lage entwickelt sich also nicht ganz nach Plan. Ein Anfangserfolg ist unbestritten. Der Angriff hat die Generaloffensive der Alliierten durcheinandergebracht. Die alliierte Führung ist gezwungen, ihr Vorgehen bei Aachen und an der Saar aufzugeben und alle verfügbaren Reserven in die Ardennenschlacht zu werfen. Vier Divisionen der Armee Patton werden in Richtung Bastogne in Marsch gesetzt. Antwerpen dagegen scheint ihnen zunächst nicht gefährdet. Die Offensive auf die obere Roer wird abgebrochen.

Für Model ist der Moment gekommen, auf seine »kleine Lösung« zurückzukommen. Am 24. Dezember schlägt er vor, die westliche Front der Einbruchsstelle vor Dinant zu verstärken und die beiden Panzerarmeen auf die Maas bei Lüttich einzudrehen. Hitler schließt eine solche Möglichkeit nicht aus, aber vorher möchte er Bastogne nehmen und den Angriff auf das Elsaß in Gang kommen lassen, um den südlichen Ausläufer der Westfront zu stärken. Ein erster Angriff auf Bastogne erfolgt in der Nacht zum 25. Dezember. Fast kommt es zum Erfolg. Am Morgen aber geht der Angriff nicht mehr weiter. In Bastogne ist inzwischen, nach wechselvollen Kämpfen mit deutschen Panzergrenadieren, eine verstärkte Panzergruppe der Armee Patton angelangt.

Ein neues Element greift in die Planungen der Deutschen ein. Zu diesem Zeitpunkt verfügen sie, nach Umgehung von St. Vith, über gute Straßen zur Maas hinunter. Drei Panzerdivisionen, die 116., die 2. und die Panzerlehrdivision, rücken jetzt so schnell sie können auf Marche, Dinant und Givet zu. Aber dieser Vormarsch wird vollkommen durcheinandergeraten – wegen des massiven Eingreifens der alliierten Luftwaffe.

Am Heiligen Abend hat sich der Himmel plötzlich aufgehellt. Ein breitangelegtes Hoch richtet sich über Westeuropa ein. Es erlaubt bereits die Versorgung Bastognes aus der Luft. Es erlaubt vor allem den alliierten Jagdflugzeugen und Jagdbombern, sich wie Bienenschwärme auf das »bulge« zu stürzen, wie die Amerikaner die 95 Kilometer tiefe Einbuchtung ihrer Ardennenfront getauft haben. Unter völliger Ausschaltung der deutschen Luftwaffe nehmen die alliierten Flieger die deutschen Marschkolonnen auf den Straßen unter Feuer. Das Drama der Normandie wiederholt sich. Bombenteppiche pflügen die Straßenkreuzungen um, St. Vith, Houffalize, La Roche fallen in Trümmer und machen jede Passage unmöglich. Die Angriffe weiten sich auch auf die Versorgungslager, die Flugplätze und die Bahnhöfe bis weit hinter den Rhein aus.

Das ganze Nachschubsystem bricht zusammen. Die deutschen Panzerspitzen haben bald keine Munition und keinen Treibstoff mehr. Am 25. Dezember wird die 2. Panzerdivision, seit zwei Tagen wegen Spritmangels in Celles auf der Straße nach Dinant blockiert, von der 2. US-Panzerdivision überrascht. Sie verliert in der Begegnung fast alle ihre Panzer und Sturmgeschütze. Panzerlehr- und 9. Panzerdivision erleiden das gleiche Schicksal.

Das Mißgeschick in den Ardennen verhindert indes nicht die Auslösung der Offensive im Elsaß, die zeitgleich mit einem Schlag der Luftwaffe auf die alliierten Flugplätze beginnt. 250 amerikanische Flugzeuge werden zerstört oder beschädigt. Die deutschen Verluste sind ebensohoch. Die zur Ablösung der Divisionen Pattons auf die Südflanke beorderte 7. Armee General Patchs wird geworfen und muß 20 Kilometer weit zurückweichen. Ein Teil des Unterelsaß geht verloren.

Jetzt ist sogar Straßburg bedroht. Vom Brückenkopf Colmar im Süden und von einem neuerrichteten Brückenkopf über den Rhein bei Gersheim im Norden marschieren zwei deutsche Kolonnen auf die elsässische Hauptstadt zu. Eisenhower denkt schon an eine Räumung und einen Rückzug auf die Vogesen. Nach lebhaften Protesten der Franzosen gibt er seinen Rückzugsplan auf. Die 1. französische Armee unter General de Lattre de Tassigny wird in Anlehnung an Patch Straßburg verteidigen. Die Kämpfe dauern drei Wochen lang. Auch vor Bastogne nehmen die Deutschen ihre wütenden Sturmangriffe wieder auf, aber sie können die Stadt nicht einnehmen.

Am 8. Januar entschließt sich Hitler, seinen Truppen den Rückzugsbefehl zu geben. Das Unternehmen wird »deutsch« abgewickelt, d. h. mit Methode, erleichtert durch Schneetreiben und eisige Kälte. Die Amerikaner erleiden dabei ihre schwersten Ver-

luste. Eisenhower gelingt es nicht, die in guter Ordnung zurückgehenden Armeen Dietrich und Manteuffel mit Hilfe des 30. Korps Montgomerys den Rückzug abzuschneiden.
Um den 18. Januar herum kommt die Schlacht zum Erliegen. Beide Seiten haben schwere Verluste erlitten. 80 000 Amerikaner sind gefallen, verwundet oder gefangen. Die deutsche Bilanz ist kaum weniger schmerzlich. Am besten haben die SS-Divisionen den fast fünfwöchigen Kampf bestanden, schwer in Mitleidenschaft gezogen wurden die 2. und die Panzerlehrdivision, die fast ganz neu aufgestellt werden müssen.
Hitlers letzter Coup ist fehlgeschlagen. »Herbstnebel« hat einen kurzen Aufschub gebracht, auf den Verlauf des Krieges hat dies nicht den geringsten Einfluß. Die Konfusion im Lager der Alliierten war enorm. Allgemein haben sich die Truppen bemerkenswert gut geschlagen, aber es gab Einheiten, die flüchteten oder in Panik zurückgingen. Trotz einiger Vorzeichen hat keiner mit einem solchen Angriff gerechnet. Skorzenys Panzer hatten zwar nicht die Maas erreicht, aber seine als »GI« verkleideten Männer hatten beträchtliche Störungen mit ihrem Unternehmen »Greif« verursacht und die Amerikaner vorübergehend eine Entführung Eisenhowers fürchten lassen. Mehrere Tage lang war der alliierte Oberbefehlshaber in seinem Hauptquartier in Versailles buchstäblich in Quarantäne versetzt und von einem Heer von Militärpolizisten bewacht worden.
Eisenhower war gezwungen gewesen, dem heftigen deutschen Angriff alle seine strategischen Reserven entgegenzuwerfen, darunter die 10. Panzerdivision und die beiden Luftlandedivisionen 110 und 82. Mehrfach hatte er auf die 12. Armee Hodges' und die 3. Armee Pattons zurückgreifen und die Offensive vor Aachen und Saarbrücken einstellen müssen. Zum großen Unmut Bradleys hatte er seine Führungsstruktur geändert und Montgomery den Oberbefehl über die amerikanischen Truppen nördlich der Maas abgetreten.
Dieser Befehlsumbau ist Ausgangspunkt einer Krise, die das alliierte Oberkommando am Ende der »battle of the bulge« erfaßte. Eine wenig freundliche Äußerung Montgomerys, wonach der glückliche Ausgang der Schlacht nur auf die Briten zurückzuführen sei, hatte erregte Reaktionen in Washington und einen Wutausbruch Bradleys hervorgerufen. Der US-Stabschef hat die Beleidigung nie vergessen. Eisenhower war nahe daran, Montgo-

mery abzuberufen und durch Marschall Alexander zu ersetzen. Churchill konnte den Zwischenfall gütlich beilegen, nicht zuletzt dank einer Rede im Unterhaus, in der er den Mut der amerikanischen Soldaten lobte.

Eisenhowers Entschluß, Straßburg zu räumen, hatte wiederum eine wütende Reaktion de Gaulles zur Folge. Der französische General und Befreier Frankreichs drohte, den Amerikanern durch Schließung der Häfen und Sperrung der Eisenbahnlinien den Nachschub abzuschneiden. Auch hier mußte Churchill schlichten, indem er den US-Oberbefehlshaber ersuchte, seinen Entschluß rückgängig zu machen.

Hitlers Hoffnungen waren vielleicht nicht ganz unberechtigt, aber sie haben sich nicht erfüllt. Das alliierte Bündnis ist solide und überwindet selbst die ernstesten Krisen. Das Unternehmen »Herbstnebel« hat die Amerikaner, empört über die Exekution ihrer Kriegsgefangenen, nur noch mehr angespornt, den Kampf bis zum Zusammenbruch Deutschlands fortzusetzen. Auch die Allianz zwischen den Westmächten und der Sowjetunion ist nicht erschüttert worden. Die Ardennenoffensive hat für Amerikaner und Engländer lediglich zur Folge, daß ihre Position in Jalta gegenüber Stalin geschwächt ist.

Die letzte Offensive der Wehrmacht hat den Rest ihrer Reserven verbraucht und damit den Sturz des Dritten Reiches beschleunigt. Aber sie stellt noch einmal ein charakteristisches Beispiel für die Strategie Hitlers dar: Wie in Norwegen, im Frankreichfeldzug oder auf Kreta beruhte sie auf dem Überraschungseffekt.*

---

* Überraschung steht keineswegs im Gegensatz zu den Regeln der Kriegskunst. Mit ihr sind zu allen Zeiten große Siege errungen worden. Wenn allerdings eine Angriffsoperation *nur* auf dem Überraschungseffekt beruht, wie die Ardennenoffensive, wo zahlenmäßige Überlegenheit, logistische Stärke, günstiges Gelände und Wetter, Luftüberlegenheit und anderes fehlten, ist das das Gegenteil von Kriegskunst. Der eigentliche Fehler bei der Ardennenoffensive, die allein Hitlers Idee war, lag darin, daß sie überhaupt unternommen wurde.

17
Die letzten Akzente

Nach dem Scheitern der Ardennenoffensive muß der Krieg als verloren angesehen werden. Deutschland hat keinen Initiativ-Spielraum mehr. Jeder weitere Weg erscheint aussichtslos. An allen Ecken und Enden mehren sich die Zeichen einer Auflösung. Trotzdem wird der Kampf noch fünf weitere, nicht enden wollende Monate andauern. Er wird gekennzeichnet sein von den erbittertsten und blutigsten Schlachten des ganzen Krieges. Eine große Zahl Deutscher wird sich, wie Schiffsbrüchige auf einem tosenden Ozean, an ihren immer irrealer werdenden Hoffnungen festklammern.

Unter den massiven und ununterbrochenen Angriffen der alliierten Luftstreitkräfte auf Industrieanlagen und Verkehrswege werden die Zeichen einer Desorganisation von Tag zu Tag beunruhigender. Die Ruhr ist praktisch isoliert, Kohle häuft sich auf den Halden. Die Treibstoffproduktion bricht zusammen, und die Rüstungsfabriken können ihren Ausstoß nicht mehr abtransportieren. Im Februar 1945 muß die Reichsbahn feststellen, daß sie nur noch 28000 betriebsbereite Waggons hat, statt der 136000, über die sie noch sechs Monate zuvor verfügte. Aber 36000 wären nötig, um ein Minimum von Transport aufrechtzuerhalten.

Deutschland ist praktisch bereits in Teile zerschnitten. Im März 1945 braucht ein Brief von Hamburg nach München zwei Wochen. Truppen- oder Materialtransporte müssen, um ans Ziel zu gelangen, trotz der unablässigen Arbeit der Ausbesserungstrupps unglaubliche Umwege hinnehmen.

Jetzt wird auch deutlich, daß die neuen Waffen, sollten sie wirklich existieren, den Gang der Ereignisse nicht mehr umkehren könnten. Die 9000 V-1-Flugbomben, die auf London niedergingen, haben trotz beträchtlicher Schäden – Evakuierung von einer Million Bewohnern, bis zu 15 Prozent Produktionsausfall, 2500 Opfer – das tägliche Leben in der britischen Hauptstadt nicht zum Erliegen gebracht. Auch die 6500 fliegenden Bomben auf Antwerpen haben den Hafenumschlag nicht wesentlich beeinflußt.

Der V-2-Einsatz führte trotz der 1115 Fernraketen, die im Raum London einschlugen, ebenfalls nicht zu einer einschneidenden Wendung. Das bedeutendste Resultat der Vergeltungswaffen war psychologischer Natur: eine fortwährende, unerträgliche nervöse Spannung bei dauerndem Alarmzustand.

Trotz ihrer revolutionären Bauart, trotz des Überraschungseffekts in den Reihen der alliierten Flieger, haben auch die deutschen

Düsenjäger die anglo-amerikanische Luftüberlegenheit nicht ernsthaft in Bedrängnis gebracht. Die Flugplätze der neuen Maschinen, leicht an ihren 3000 Meter langen Asphaltlandestreifen aus der Luft erkennbar, werden permanent angegriffen und zerstört, wie der von Rheine in Westfalen.

Sie sind vor allem an Zahl zu gering. Der Produktionsablauf ist, normal für eine vollkommen neue Konstruktion, zu langsam. Im Januar 1945 verlassen nur 200 Me 262 die Fließbänder. Erst für den Monat Juli ist ein Ausstoß von 600 Stück eingeplant.[1]

Das gleiche trifft auf den Bau der neuen »elektrischen« U-Boote zu. Trotz der Bombardierung der Werften konnten im Dezember 1944 62 Boote vom Typ XXI und 31 Boote vom Typ XXIII an die Kriegsmarine ausgeliefert werden. Bis zum Kriegsende kommen noch einmal 51 bzw. 32 hinzu.

Aber es kommt zu großen Verzögerungen bei der Indienststellung. Die Test- und Ausbildungsfahrten, von Dönitz mit eiserner Faust aufrechterhalten, werden immer schwieriger, da die RAF die westliche Ostsee mit magnetischen Minen gesperrt hat. Im März 1945 kommen sie mit der Besetzung der ostpreußischen Häfen durch die Rote Armee praktisch zum Erliegen. Zwei Boote des Typs XXIII sind im Februar 1945 einsatzbereit. Aber es wird bis zum 30. April dauern, bis das erste Boot des Typs XXI im norwegischen Bergen in See sticht und eine Epoche revolutionärer neuer Angriffs-U-Boote einleitet.[2]

Nicht wenige Männer sind sich im klaren darüber, daß die Katastrophe unmittelbar bevorsteht, unter ihnen der Chef der Gestapo, Kaltenbrunner, der höchste SS- und Polizeiführer in Italien, SS-General Wolf, der über eine Teilkapitulation in Italien, ausgedehnt auf die gesamte Westfront, nachdenkt, oder Speer, der sich mit ähnlichen Gedanken trägt. Alle Berichte des Rüstungsmanagers an den Führer im Frühjahr 1945 enden mit der stereotypen Schlußformel: »Der Krieg ist verloren.«

Andere Würdenträger klammern sich an den Okkultismus. Sie erinnern sich eines Horoskops aus dem Jahre 1940, welches für den Sommer 1945 eine Wiederauferstehung des Reiches nach einer tödlichen Krise voraussagte. Als am 12. April der Tod Roosevelts bekannt wird, stürzt Goebbels strahlenden Gesichts zum Führer und verkündet ihm die Wiederholung des »Wunders des Hauses Brandenburg« nach dem Tod der Zarin Elisabeth.

Aber es gibt auch noch einige, die nicht aufgeben. Sie befinden sich in der höchsten militärischen Führung. Der Krieg geht weiter. Unerschütterlich und mit erstaunlicher Regelmäßigkeit setzen die Offiziere in OKW und OKH ihre Arbeit fort. In fünf Jahren ist ihnen der Krieg zu einer zweiten Natur geworden. Jodl rechnet nach dem Rückzug aus den Ardennen mit einer Stabilisierung der Westfront. Guderian hofft, den neuen Ansturm der Sowjets noch brechen zu können, vorausgesetzt, man überläßt ihm das Gros der beweglichen Streitkräfte. Erst Mitte März wird er an einem positiven Ausgang des Krieges zu zweifeln beginnen und an eine politische Lösung denken.[3]

Zu Beginn des Jahres 1945 stellt die Wehrmacht mit 7,5 Millionen Mann unter Waffen, 40 gepanzerten und motorisierten Divisionen, einer nicht unerheblichen taktischen Luftwaffe und einer ausreichenden Bewaffnung immer noch ein bemerkenswertes Kampfinstrument dar. Vielleicht sogar, ohne in ein Paradox verfallen zu wollen, das beste der Welt. Würde sie alle ihre Kräfte bündeln können, wäre sie nicht nur in der Lage, die Fronten zu halten, sondern an einer Front offensiv zu werden. Aber mit drei Fronten ist sie überfordert. Im Westen und im Osten bleibt die Kampfbereitschaft der Soldaten intakt, wie das die Erbitterung der Kämpfe, die niedrigere Zahl von Kriegsgefangenen und die verschwindend geringe Zahl von Deserteuren beweist.

Aber man macht sich keine Illusionen mehr. Ein Leutnant der 21. Panzerdivision gibt die Stimmung in der Truppe zu Beginn des Jahres 1945 wieder: »Auch der allerletzte Soldat wußte, daß der Krieg verloren war. Natürlich wäre er gerne davongekommen, und der einzige Sinn, den er seinem Kampf noch geben konnte, war, die Landsleute im Osten so lange wie möglich zu schützen. Er empfand Verbitterung darüber, zum ersten Mal in diesem Jahrhundert auf deutschem Boden kämpfen zu müssen. Was ihm blieb, war nur die Treue zu seinen Kameraden und zu seinem Eid. Er wußte, daß der Umsturzversuch des 20. Juli gescheitert war, aber trotz allem hoffte er noch auf eine politische Lösung, ohne sich vorstellen zu können, welche. Auf jeden Fall war es unmöglich, schon aus Gründen der Würde, eine bedingungslose Kapitulation anzunehmen. Was blieb, war der Verzweiflungskampf bis zum Ende.«[4]

Erst ab Januar/Februar 1945 treten bei Luftwaffe und Heer immer mehr Mangelerscheinungen, wie das Fehlen von Ersatzteilen und Munition, auf. Sie zwingen zu einer neuen Umbildung großer Einheiten. In ihrer allerletzten Version vom 15. März 1945 zählt die

Panzerdivision nur noch eine Panzerabteilung und vielleicht eine Sturmgeschützabteilung. In großer Unordnung treten neue Verbände in Erscheinung, meist zusammengestückelt aus ausgebluteten Divisionen. So ist es bei den Panzerdivisionen »Jüterbog«, »Döberitz«, »Holstein« und »Clausewitz«. Andere gehen aus den letzten Lehrtruppen der Schulen hervor, wie die Panzerdivisionen »Donau«, »Franken«, »Krampnitz«, »Ostsee«, »Thüringen«, »Westfalen« oder »Müncheberg«. Auch bei der Waffen-SS kommt es zu ähnlichen Zusammenfassungen.

Die Illusion, es könne doch noch einen günstigen Ausgang geben, kommt durch die Abschottung zustande, hinter der OKW und OKH getrennt voneinander zwei völlig verschiedene Kriege führen.

Ihren Ursprung hat die Trennung in der Debatte um die Kräfteabmessung im Winter 1944/45. Dreimal in dieser Zeit hat Guderian den Führer in Ziegenberg auf die unmittelbar bevorstehende Offensive der Sowjets hingewiesen und eine Verstärkung der Ostfront verlangt. Diese wird aber seit dem Herbst zugunsten des westlichen Kriegsschauplatzes völlig vernachlässigt. Während dem Westen in drei Monaten 2500 Panzer zugeführt werden, erhält die Ostfront nur 1000. 100 mühsam zusammengetrommelte Festungsbataillone werden ebenfalls dem Westen zugeschlagen. Guderian: »Wir bekamen den Rest in der Flasche, den der Westen nicht mehr wollte.« Zwischen Ostpreußen und der Donau hat das OKH nur rund 100 Infanteriedivisionen und 14 Panzer- und Panzergrenadierdivisionen aufzubieten.

Zur Stärkung des am meisten bedrohten Frontabschnitts schlägt Guderian die Räumung Kurlands, Norwegens, Norditaliens und des Balkans vor. Er will auch die überflüssigen beweglichen Divisionen der Westfront zugewiesen haben, wo sich ein Rückzug anbahnt. Der aus Westpreußen stammende Generalstabschef will unbedingt die alten historischen Provinzen des Reiches behalten, darunter Schlesien, wo sich das letzte, noch nicht von der alliierten Luftwaffe erreichte Industriegebiet befindet.

Aber Guderian kommt beim OKW nicht durch. Jodl will einige seiner Räumungsvorschläge akzeptieren, aber er hält fest an der »wiedergefundenen Initiative im Westen«. Auch Hitler läßt sich nicht erweichen. Er behauptet, daß die Ostfront noch nie über so viele Mittel verfügt habe. Auch bezweifelt er die Angaben Gehlens über die Stärke der Sowjetarmee. »Das ist der größte Bluff seit Dschingis-Khan«, versichert er.

Hitler versteift sich auf das, was er für seine eigentliche Stärke hält: die Gesamtführung des Krieges, die große Lage. Wenn man Norditalien aufgebe, sagt er, würden die alliierten Bombenangriffe zunehmen. Die Aufgabe des Balkans mit seinen Chrom- und Bauxitvorkommen und seinem Erdöl in Ungarn wäre verheerend für die deutsche Kriegswirtschaft. In Norwegen und Kurland müsse man bleiben, um den U-Boot-Krieg wiederaufnehmen zu können. Die Kriegsmarine behaupte, der Rückzug der 20 Divisionen in Kurland würde ihr gesamtes schweres Material in Feindeshand fallenlassen.

Hitler gerät immer mehr unter den Einfluß von Dönitz, der ihn in einer zunehmend tragischen Illusion wiegt. Im Laufe der letzten Seekriegslage, die sich am 1. Januar 1945 unter einigermaßen normalen Bedingungen abspielt, gibt Hitler dem Exposé des Großadmirals seine volle Zustimmung.[5]

Im Westen, sagt Dönitz, ließen die Offensiven in den Ardennen und im Elsaß auf ein langes Halten der Front hoffen. Ein Eindämmen des russischen Offensivdrucks im Osten erscheine ebenfalls möglich. Für die geplante Wiederaufnahme des U-Boot-Krieges im März sei die Aufrechterhaltung der Basen in Norwegen und in Nord- und Ostsee unabdingbar.

So bekommt Guderian schließlich nur ganze vier Divisionen zugeteilt. Dafür muß er das 4. SS-Panzerkorps Gille, das bei Warschau steht, an die ungarische Front abgeben, wo seit dem 25. Dezember 130000 Ungarn und Deutsche im belagerten Budapest ausharren. Angesichts solchen Unverständnisses kommt Guderian zu dem Schluß, das Desinteresse Hitlers und Jodls an der Ostfront habe lokalpatriotische Beweggründe. Der Österreicher Hitler und der Bajuware Jodl seien aus Atavismus unempfindlich für das Schicksal der alten Ostprovinzen.

Mit ungeheuerer Gewalt bricht in der Nacht vom 12. auf den 13. Januar der Sturm los. Vier sowjetische »Fronten« oder Heeresgruppen der Marschälle Tscherniakowsky, Rokossowsky, Schukow und Konjew stürzen sich, von Ostpreußen bis zum südlichen Polen, auf die deutschen Verteidigungsstellungen. Die Heeresgruppe Mitte des Generals Reinhardt kann dem Druck standhalten. Aber die Angriffswellen, die aus den vier Weichsel-Brückenköpfen hervorbrechen, drücken die Stellungen der Heeresgruppe A des Generals Harpe ein. Nach erprobter Methode machen sich die Panzerrudel sofort an die Ausnutzung der Ein-

bruchsstellen. Binnen 48 Stunden ist die gesamte deutsche Ostfront im Wanken.
Die zu dünnen Stellungen in Westpreußen werden als erstes zertrümmert und aufgerollt. Die Rote Armee hat aus ihren vorherigen Vorstößen gelernt und meidet Versorgungsengpässe, indem sie täglich nicht mehr als 50 bis 60 Kilometer zurücklegt. Wer sich von den deutschen Truppen der Vernichtung entziehen konnte, geht auf die festen Plätze Thorn, Graudenz und Posen zurück. Nur die gepanzerten Verbände können »wandernde Kessel« bilden und, wie die Kampfgruppe Nehring, auf die Oder zurückgehen, unter Aufgabe fast allen schweren Materials.
Die Vorausabteilungen der ersten weißrussischen Front erreichen am 31. Januar bei Küstrin und Frankfurt die Oder und bilden, über den gefrorenen Fluß gehend, Brückenköpfe auf dem westlichen Ufer. Sie haben in 18 Tagen 500 Kilometer zurückgelegt. Jetzt steht die Rote Armee 80 Kilometer vor Berlin. »Stalin ante portas«, notiert Goebbels' Sekretär in sein Notizbuch. Zur gleichen Zeit hat die 1. Ukrainische Front von General Konjew über Lodz und Krakau Oberschlesien erreicht, Breslau umzingelt und bereits einen Brückenkopf über die Oder errichtet.
In Berlin wurde das Losbrechen der sowjetischen Offensive mit grenzenloser Überraschung zur Kenntnis genommen. Nach 14 Tagen liegt die Hauptstadt jetzt praktisch in der Frontlinie. Am 16. Januar verläßt Hitler endlich Ziegenberg und richtet sein Hauptquartier in dem Bunker unter der Reichskanzlei ein. Zweimal täglich muß Guderian, vom Sitz des OKH in Zossen kommend, an endlosen Konferenzen teilnehmen. Als Tortur empfindet er die »ebenso langen und überflüssigen Vorträge der Vertreter der Luftwaffe und der Kriegsmarine, zweier praktisch nicht mehr zu Unternehmungen fähigen Waffengattungen«.[6]
Die Konferenzen sind gekennzeichnet von immer heftiger werdenden Auftritten zwischen einem Hitler, der den sich unter seinen Füßen auftuenden Abgrund vor Augen hat, und einem Generalstabschef von außergewöhnlich cholerischem Temperament. Mehrfach sieht es zum Entsetzen der Anwesenden so aus, als käme es zu Handgreiflichkeiten zwischen den beiden Männern. Hitler kann nicht umhin, in dem raschen Zusammenbruch der Heeresgruppe A einmal mehr Unfähigkeit oder Verrat der Generäle zu wittern. Harpe wird durch Schörner ersetzt, den man von seinem Posten als Befehlshaber der Heeresgruppe Nord in Kurland

holt. Reinhardt muß seinen Posten mit Rendulic tauschen, der ebenfalls aus Kurland kommt. Eine ganze Reihe von Generälen wird in den nächsten Tagen folgen, was dazu führt, daß, wie Léon Degrelle vermerkt, niemand mehr irgend etwas versteht.

Für Guderian sind diese Entlassungen am laufenden Band nur pathologischer Ausfluß eines »übertriebenen Mißtrauens« gegenüber der Armee. Mißtrauen, das nicht immer als ungerechtfertigt erscheint. In der Tat hat Guderian Mühe, das Verhalten des Generals Hoßbach, Befehlshaber der 4. Armee in Ostpreußen, zu erklären. Am 23. Januar hat Hoßbach kampflos die gut ausgerüstete Festung Lötzen aufgegeben, einen der Angelpunkte der Verteidigung der alten Ostprovinz. Entgegen seinen Instruktionen hat er, anstatt auf Königsberg zurückzugehen und dessen Verteidigung zu stärken, einen Ausbruchsversuch in Richtung untere Weichsel unternommen. Die Frage ist erlaubt, ob der General, ein Mitglied der Verschwörergruppe des 20. Juli und langen Gestapo-Verhören entronnen, nicht in Verbindung zum »Nationalkomitee Freies Deutschland« des Generals Seydlitz stand.*

Schwäche hin oder Verrat her, das Desaster im Osten ist hauptsächlich eine Folge des Ungleichgewichts der Mittel. Die zwei Fronten Schukows und Konjews sind der Heeresgruppe A, später Mitte, an Kräften haushoch überlegen. Gegen die 500 000 Verteidiger können sie 2,5 Millionen Mann aufbringen, und den 500 Panzern der Deutschen stehen 7000 sowjetische gegenüber. 400 deutsche Jäger müssen sich einer Übermacht von 5000 sowjetischen Bombern, Jagdbombern und Jagdflugzeugen erwehren.

Auch Hitlers verheerendes Festhalten an starren Linien ist am Durchbruch der sowjetischen Armee mit schuld. Hitler hatte sich geweigert, ein Ausweichen der vordersten Linien auf die 20 Kilometer dahinter liegende Hauptkampflinie zuzulassen und sie damit dem Feuer der sowjetischen Artillerie zu entziehen. (1918 war die französische Armee einmal einem ähnlichen Mißgeschick aus-

* Hoßbach war kein »Mitglied der Verschwörergruppe«, wenn er auch von Staatsstreichüberlegungen etwas wußte. »Mitglied« ist überhaupt eine irreführende Bezeichnung. Der Widerstand war nicht etwas wie ein geschlossener Verein, dem man beitrat oder nicht. Der Widerstand umfaßte eine Anzahl nicht sehr großer militärischer und ziviler Gruppen, die nur teilweise untereinander in Verbindung standen und sehr unterschiedliche, ja entgegengesetzte politische Auffassungen und Zielsetzungen hatten und nur eines gemeinsam: die Beseitigung Hitlers und des NS-Regimes.

gesetzt.) Am Tage der Ankunft der Roten Armee an der Oder kritisiert Hitler diese Entscheidung als blödsinnig, und man muß ihn anhand der Lagebesprechungsnotizen daran erinnern, daß er es war, der diese Entscheidung getroffen hatte. Der Zusammenbruch der Weichselfront erklärt sich zum einen aus der vorzüglichen sowjetischen Vorbereitung, aber auch aus dem ständigen Mangel an Beweglichkeit der deutschen Divisionen, die dazu verdammt sind, sich in die Festungen zurückzuziehen.

Alles in allem ist die Bilanz niederschmetternd. 30 Divisionen haben sich in nichts aufgelöst oder sind eingekesselt. Unübersehbare Mengen von Material sind verlorengegangen. Es ist die Wiederholung, auf schlimmere Weise, der großen Krise, die die deutsche Armee im Sommer vorher in Weißrußland erfaßt hatte.

Nun muß das OKH eine improvisierte Auffangstellung entlang der Oder aus dem Boden stampfen. Alle im Raum Berlin verfügbaren Einheiten werden an den Fluß geworfen. Die Luftabwehrbatterien rund um die Stadt verwandeln sich in Pak-Riegel mit Front nach Osten. Die Luftwaffe versammelt noch einmal alles, was sie hat, zur Verteidigung der Reichshauptstadt. Die Geschwadergruppe Rudel eilt aus Ungarn herbei und stürzt sich auf die sowjetischen Panzer. Im Anflug auf seinen 13. Panzer des Tages wird der Oberst von der Flak erwischt. Schwer verletzt, kann er seinen Stuka hinter den deutschen Linien landen. Zum Lazarett transportiert, amputiert man ihm das rechte Bein. Sechs Wochen später sitzt er wieder am Knüppel seines Stuka und geht auf Feindflug.

Die Rote Armee legt eine Pause ein, was den Deutschen den Aufbau einer neuen Verteidigungslinie an der Oder erleichtert. Die Sowjets müssen nach 500 Kilometern Vormarsch ihren Nachschub konsolidieren, was ihnen durch plötzliches Tauwetter und die Verwandlung der polnischen Straßen in Schlammwege erschwert wird. Aber sie haben auch Probleme mit der Disziplin ihrer Truppen. Seit diese auf deutschem Boden sind, lassen sich die sowjetischen Soldaten in erschreckendem Maße zu Mord, Plünderung und Vergewaltigung hinreißen. Man muß sie erst wieder in die Hand bekommen.

Schließlich gibt es Bedrohung an den langen Flanken der Fronten Schukows und Konjews. Ein Angriff auf den Kurland-Brückenkopf ist verlustreich fehlgeschlagen. Auch vor Königsberg hat es beträchtliche Verluste gegeben. Einen ganzen Monat lang werden die Sowjets die ostpreußische Hauptstadt nicht mehr angreifen

können. Der Widerstand in Ostpreußen zwingt Rokossowsky, seine Front auf die seines Nachbarn Tscherniakowsky auszurichten. Er greift jetzt in Richtung Elbing an und versucht, Ostpreußen von Westen her zu umfassen.
Offensichtlich will die Stavka erst die empfindlichen Flanken sichern, ehe sie Berlin angreift. Das führt zur erbittertsten und blutigsten Schlacht des ganzen Zweiten Weltkriegs, die sich über zwei endlose Monate lang hinziehen wird. Die Stavka hat richtig entschieden, denn Guderian hat endlich bekommen, was er schon einen Monat vorher verlangt hatte.
Der Schwerpunkt der deutschen Armee verlagert sich einmal mehr nach Osten. Alle mobilen Reserven werden an die Ostfront geworfen, mit Ausnahme der 6. SS-Panzerarmee, die nach Ungarn dirigiert wird. Hitler will unbedingt einen Zusammenbruch der Donaufront vermeiden und die letzten Erdölquellen Ungarns und Österreichs sichern, nachdem die alliierten Bomber fast alle synthetischen Anlagen im Reichsgebiet zerstört haben.
Das Kräfteverhältnis von Ost zu West ist total umgeworfen. 106 Infanteriedivisionen und 33 Panzer- und Panzergrenadierdivisionen stehen jetzt an der Ostfront, während sich die Westfront mit den Resten begnügen muß: 64 Infanteriedivisionen und zwölf, bald nur noch acht Panzerdivisionen.
Die größte Truppenkonzentration befindet sich im Osten von Stettin und bildet die neu aufgestellte Heeresgruppe Weichsel, die besser den Namen Oder verdient hätte. Guderian will, zusammen mit einem Angriff aus dem Raum Glogau, die Vorausabteilungen Schukows in der Flanke packen und ihm den weiteren Vormarsch auf Küstrin verbauen.
Noch sind die Angriffsvorbereitungen im Gange, als der Generalstabschef eine Nachricht erhält, die ihm das Blut in die Schläfen treibt. Hitler hat Himmler zum neuen Oberbefehlshaber der Heeresgruppe Weichsel ernannt. Der Reichsführer SS hatte in der Tat eine Kostprobe seiner militärischen Fähigkeiten als Chef der Heeresgruppe Oberrhein, von der Lauter bis zur Schweizer Grenze, geliefert.
Guderian fragt sich, was Hitler dazu bewogen haben könnte, Himmler einen hohen Posten nach dem anderen anzuvertrauen. Er ist bereits Reichsführer SS, Chef der Polizei und Reichsinnenminister. Er steht außerdem im Verdacht, sich die höchste deutsche Auszeichnung, das »Großkreuz zum Eisernen Kreuz« verlei-

hen zu lassen. Guderians Empörung ist um so größer, als Himmler zu seinem Stabschef den ehemaligen Kommandeur der Panzer-SS-Division »Das Reich«, Lammerding, erkoren hat, der über wenig strategische Erfahrung verfügt.

Nach einer äußerst heftigen Auseinandersetzung akzeptiert Hitler, Lammerding durch den erfahrenen General Wenck zu ersetzen. Nachdem Hitler sich beruhigt hatte, sagte er lächelnd: »Heute hat einmal der Generalstab gewonnen.«[7]

Die Heeresgruppe Weichsel bereitet sich auf das Unternehmen »Sonnenwende« vor. Es soll die letzte große Offensive der deutschen Armee im Osten sein. Aber als es losgehen soll, stehen wieder einmal zuwenig Mittel zur Verfügung. Der Flankenstoß aus dem Raum Glogau heraus wird nicht geführt. »Sonnenwende« beschränkt sich letztlich auf einen begrenzten Angriff zur Stärkung der Verteidigung Hinterpommerns. Angreifen wird die 11. SS-Panzerarmee Steiner, eine eindrucksvolle Mischung aus deutschen und fremdländischen Großverbänden, der 9., der 10. und einer SS-Polizeidivision, der Divisionen »Großdeutschland« und »Holstein«, sowie der SS-Brigaden »Wallonie« und »Niederlande«. Der Angriff beginnt am 15. Februar auf einer Front von 50 Kilometer Breite und profitiert von einem Überraschungseffekt. In Richtung Dölitz und Arnswalde kommt man gut voran. Aber der Gott der Schlachten ist nicht mehr mit der Wehrmacht. Wenck wird bei einem Autounfall ernsthaft verletzt und muß durch General Krebs ersetzt werden, der weniger Erfahrung hat. Zwar haben die Panzerdivisionen, wie Léon Degrelle vermerkt, noch ihren »großen Stil« von einst, aber den Infanteriedivisionen fehlt der Biß und das taktische Geschick, die sie in früheren Feldzügen auszeichneten.[8]

Auch ist, wie Model einmal zu Hitler sagte, der Gegner längst nicht mehr derselbe. Schukow hat sich schnell von seiner Überraschung erholt und trommelt seine Reserven zusammen. Vier Tage nachdem die Panzerdivisionen angetreten waren, müssen sie anhalten und sich in ihren erreichten Positionen verteidigen. Und so ist »Sonnenwende« letztlich ein Fehlschlag.

Die deutsche Armee hat jetzt endgültig ihre Initiative im Osten verloren. Alles, was der Ausfallversuch der Heeresgruppe Weichsel verursachte, ist, daß die Stavka jetzt beschleunigt zur Bereinigung der Lage in Ostpreußen und Pommern übergeht.

Im Süden haben die Truppen Schörners Oberschlesien räumen

müssen, nicht ohne den Sowjets schwerste Verluste an Mann und Material zugefügt zu haben. Ende Februar beginnt das Epos der Belagerung von Breslau, das praktisch bis zur Kapitulation des Reiches dauern wird. Auch in Niederschlesien muß die erste ukrainische Front hohe Verluste hinnehmen. Schörner blockt Konjews Vormarsch an der westlichen Neiße ab und verschanzt sich bis zum Ende im schwer durchdringlichen Industrierevier von Mährisch-Ostrau.

Schörner muß auch die Bahnverbindung Breslau–Berlin freikämpfen und setzt örtliche Gegenangriffe auf Striegau und Lauban an. Die Wiedereroberung Laubans am 1. und 2. März durch das Panzerkorps Nehring, dem es gelingt, die sowjetische 3. Panzerarmee im Überraschungsangriff zu werfen, wird in Deutschland als großer Sieg gefeiert. Goebbels persönlich begibt sich zu Schörner, um ihn zu beglückwünschen, und er überschüttet die beteiligten Truppen, eine Kompanie der Führerbegleitdivision sowie einige Einheiten des Volkssturms und der Hitlerjugend, mit Lob. Dieser Erfolg aber war praktisch der letzte.

Im Norden sind die Kämpfe nicht weniger intensiv. Besonders hartnäckig wird Ostpreußen verteidigt. Tscherniakowsky ist vor Königsberg gescheitert. Aber sein Nachbar Rokossowsky kommt entlang der unteren Weichsel gut auf Elbing voran und schließt die Stadt ein. Damit ist die alte Ostprovinz vom Reich abgetrennt. Den Deutschen bleibt noch Zeit, das Tannenberg-Denkmal zu sprengen und die Särge des Feldmarschalls von Hindenburg und seiner Frau über das Meer nach Westen auszulagern.

Die 4. Armee ist im Kessel von Heiligenbeil eingeschlossen. Sie ergibt sich, fast ganz aufgerieben, nach härtesten 14tägigen Kämpfen am 28. März. Rendulic kann trotz aller Energie einen zweiten Angriff auf Königsberg nicht mehr aufhalten. Die Ruinen der Stadt werden am 10. März aufgegeben. Der Rest der Verteidiger kann sich auf Samland zurückziehen und wird später in Pillau teilweise von der Marine übernommen.

Mit dem Ende des Unternehmens »Sonnenwende« wenden sich Schukow und Rokossowsky der Invasion Pommerns zu. Auch hier stoßen sie auf äußersten Widerstand. Den ganzen März über verteidigen die deutschen Truppen jeden Fußbreit Boden, ehe sie sich auf den befestigten Abschnitt Gotenhafen – Danzig zurückziehen. Der Kriegsmarine gelingt es, viele Soldaten und Flüchtlinge über die Ostsee zu retten. Elbing fällt am 18. März.

Die Heeresgruppe Weichsel, der die 3. Panzerarmee unterstellt war, liefert nun bei Altdamm die letzten Kämpfe um Hinterpommern. Dann muß sie bei Stettin hinter die Oder zurückgehen. Schukow schreitet zur Bereinigung der letzten deutschen Bastionen östlich des Flusses. Der deutsche Widerstand bricht auseinander. Das X. SS-Panzerkorps wird eingeschlossen und bis auf wenige Mann vernichtet. Nur einige wenige erreichen die Ostsee. Kolberg fällt.

Im Lauf dieser zähen Rückzugsschlachten zeigten die Deutschen, daß sie in der Lage sind, alles zu nutzen, was ihnen die Natur bot: Höhenzüge, Wälder, Sümpfe und das ständig zwischen Frost und Tau wechselnde Wetter. Besonders hart war ihr Widerstand im oberschlesischen Industriegebiet, wo sie den sowjetischen Panzern selbst nach Angaben Konjews schwere Verluste zufügen konnten.

Höhepunkte dieser Schlachten sind die Kämpfe um die Festungen, in denen die Verteidiger erstaunliche Beweise ihres Einfallsreichtums geben, so beim Anlegen von Fallen, beim Sperren mit Minen, bei überfallartigen Angriffen durch die Kanalisation in den Rücken des Gegners, beim Verschleiern ihrer Bewegungen durch Anwendung von Blenden. Im Laufe dieser Straßenschlachten bewähren sich Volkssturm und Hitlerjugend, oft nur mit Maschinenpistole und Panzerfaust bewaffnet, als furchtlose Kämpfer. Zwei dieser Belagerungskämpfe verdienen hervorgehoben zu werden.

Die 35000 Verteidiger von Königsberg können einen ersten Ansturm der Sowjets in den Festungsanlagen des 19. Jahrhunderts abwehren. Nach einer Pause von einem Monat nimmt Wassiliewsky, der den im Kampf gefallenen Tscherniakowsky abgelöst hat, am 2. April den Angriff wieder auf. Er verfügt über vier Armeen, eine mächtige Artillerie und 2500 Flugzeuge.

Unter einem Gewitter von Bomben und Granaten fällt Königsberg in Trümmer und Flammen. »Unsere Stellungen sind zertrümmert, die Schützengräben dem Erdboden gleichgemacht, die Schießscharten ausgeschossen, ganze Kompanien sind verschüttet. Es gibt keine Nachrichtenverbindungen mehr. Die Munition ist ausgegangen. Wolken von Rauch hüllen die letzten Überlebenden ein. In den Straßen nur Trümmer, verbrannte Fahrzeuge, Pferdekadaver und Leichenteile.«[9]

Ein Versuch, nach Westen auszubrechen und dabei einige hundert

Zivilisten mitzunehmen, endet im Feuer von Panzern, automatischer Waffen und Stalinorgeln. Wer überlebt, kann nur noch in die brennende Stadt zurückweichen. Tags darauf entschließt sich der Festungskommandant, General Lasch, zur Übergabe. Einige zu allem Entschlossene ziehen es vor, sich im Königsschloß zu verschanzen und mit der Waffe in der Hand zu sterben.
Mehr als 30000 gehen in sowjetische Gefangenschaft. Die Sieger »werfen fast alles, was ihnen in die Hände fällt, aus dem Fenster auf die Straßen, Klaviere, Kücheneinrichtungen, Gemälde, Porzellan. ... Betrunkene Soldaten irren, um sich schießend, durch die Straßen, versuchen, auf Fahrräder zu steigen, fallen aber in den Straßengraben, das Gesicht blutverschmiert. Frauen und junge Mädchen weinen, müssen sich wehren, werden in die Häuser gezerrt, während verlorene Kinder nach ihren Eltern fragen.«
In Breslau übernehmen hintereinander drei Generäle die Führung einer 50000 Mann starken Garnison. Seit dem 15. Februar ist die Stadt, in der noch 80000 Menschen leben, eingeschlossen. Seele des Widerstandes ist der Gauleiter von Niederschlesien, Karl Hanke. Er ist unerbittlich und greift mit eiserner Hand gegen jede Disziplinlosigkeit durch. So läßt er am 28. Januar den stellvertretenden Bürgermeister wegen Defätismus vor den Toren der Stadt erschießen. Mit der Außenwelt bleibt die Stadt durch einen von Matrosen betriebenen Sender verbunden. Ju-52-Transportmaschinen fliegen zwei Bataillone Fallschirmjäger und Nachschub an Munition, Verpflegung und Treibstoff, sogar Post, ein, ehe sie sich auf den Abwurf von Containern beschränken müssen. Das Leben in der Stadt geht irgendwie weiter, und bis zum Ende gibt es sogar Theatervorstellungen. Auch funktioniert noch eine Tabakmanufaktur, die den Verteidigern wertvolle Rauchwaren liefert.
Trotz ständiger Bombenangriffe, die das Stadtzentrum allmählich in Schutt legen, kann die Garnison alle sowjetischen Angriffe abwehren. Der Gegner erleidet im Kampf um Breslau 60000 Mann Verluste. Aufgrund einer gemeinsamen Vorstellung des katholischen Bischofs von Breslau und einiger protestantischer Pastoren erklärt sich General Niehoff schließlich am 6. Mai zur Aufnahme von Übergabeverhandlungen bereit. Die Sowjets nehmen an, halten sich aber nicht an die Vereinbarungen. Die Stadt wird letzten Endes zu 80 Prozent zerstört, die militärischen und zivilen Verluste betragen 6000 Tote und 28000 Verwundete. Breslaus Widerstand hat indes zweieinhalb Monate lang sechs sowjetische Divi-

sionen gebunden und 1,5 Millionen Flüchtlingen das Entkommen nach Westen ermöglicht.
Die Schlacht in Ostpreußen und Pommern enthält ein Kapitel, auf das die deutsche Kriegsmarine noch heute stolz sein kann. Unter Einsatz aller ihrer Mittel hat sie zunächst den Kämpfern an den Küsten der Ostsee Feuerunterstützung von See her gegeben und 325 000 Mann Verstärkung zugeführt. Dann hat sie mehr als zwei Millionen Soldaten, Verwundete und Flüchtlinge evakuiert und vor den anstürmenden Sowjets in Sicherheit gebracht. Die Evakuierung war nicht frei von dramatischen Ereignissen. Am 30. Januar 1945 wird das Passagierschiff »Wilhelm Gustloff«, das bei Kriegsbeginn zum Hilfsbeischiff der Kriegsmarine erklärt wurde, nach der Ausfahrt aus Gotenhafen am Abend um 21.00 Uhr bei tosender See und eisiger Kälte von einem sowjetischen U-Boot torpediert. Von den 6600 Menschen, die an Bord sind, kommen 5400 ums Leben.
Am 12. Februar wird, trotz ihrer eindeutigen Kennzeichnung als Lazarettschiff, die »General von Steuben« von einem Torpedo getroffen. 2680 Verwundete kommen um, nur 630 werden gerettet. Die größte Katastrophe ereignet sich in der Nacht zum 16. April vor der Halbinsel Hela. Die »Goya«, torpediert, reißt 7000 Flüchtlinge und Soldaten in den Tod, nur 165 können geborgen werden. Diese tragischen Vorkommnisse können aber nicht vergessen machen, daß 99 Prozent der an Bord gebrachten Menschen von den Matrosen heil nach Westen gebracht wurden.
Der ganze Kampf um die deutschen Ostprovinzen spielt sich vor einem schaurigen Hintergrund ab, dem Exodus von acht Millionen Menschen, die auf der Flucht vor einer entfesselten sowjetischen Soldateska sind. Was Ostpreußen schon im Herbst 1944 erlebt hatte, war nur ein blasses Vorspiel des Dramas des darauffolgenden Winters. Im Verlauf dieser erschütternden Massenflucht, die sich bei eisigen Temperaturen abspielt, kommen mehr als zwei Millionen Menschen unter unsagbar grausamen Bedingungen ums Leben.
Flüchtlingstrecks werden mit Maschinengewehren zusammengeschossen oder unter Panzerketten zermalmt. Ganze Familien werden in ihren Häusern bei lebendigem Leibe verbrannt. Frauen werden vergewaltigt und an Scheunentoren gekreuzigt. Kinder lebend in Jauchegruben geworfen. Seit der Völkerwanderung hat Europa keinen solchen Auswuchs an Barbarei mehr gekannt.

Dieser mörderische Wahnsinn könnte eine Erklärung finden in den Exzessen, deren sich deutsche Truppen in Rußland schuldig gemacht hatten. Aber die sowjetischen Soldaten wurden auch von höheren Stellen ermutigt, durch flammende Appelle einiger Individuen wie dem Schriftsteller Ilja Ehrenburg, dessen Aufrufe zum Mord in der Truppe weiterverbreitet wurden. Viele Offiziere mußten mehrfach einschreiten, um Einheiten, die jede Selbstkontrolle verloren hatten und nicht einmal mehr zu einem Einsatz taugten, wieder zur Ordnung zurückzubringen. Alliierte Kriegsgefangene, ja sogar Deportierte, zogen es vor, sich nach Westen mitnehmen zu lassen, anstatt ihre »Befreiung« durch die Rote Armee abzuwarten. Das schreckliche Schicksal ihrer ostdeutschen Landsleute hat den Kampfeswillen der deutschen Soldaten nur verstärken können und dem Kampf oft einen erbitterten Charakter verliehen. In allen Berichten über die letzten Kämpfe findet man Spuren von Gefangenenerschießungen, die zum Teil von Folterungen begleitet waren. Bei der Wiedereinnahme von Sagan in Schlesien, wo die Zivilbevölkerung massakriert worden war, haben die Deutschen, außer sich, ihre Gefangenen mit Spaten und Gewehrkolben umgebracht.

In den Ruinen von Striegau finden Angehörige der 208. Infanteriedivision nur noch einen kleinen Rest halb irrsinniger Überlebender der Zivilbevölkerung. »Nach Striegau«, sagt einer der Soldaten, »gab es für uns keinerlei Pardon mehr. Wenn man uns aufforderte, die Disziplin zu wahren, war unsere Antwort stets die gleiche: Nachdem wir Striegau gesehen haben, kann niemand mehr von uns erwarten, daß wir noch Gefangene machen.«[10]

In seinem Tagesbefehl vom April 1945 an seine Truppen vermeidet Hitler jede Erwähnung des Nationalsozialismus. Er ersucht seine Soldaten, nicht den »hohlen Begriff Vaterland«, sondern ihre Familien und Anverwandten zu verteidigen.

Nicht verhindern kann und will er die Auswirkungen einer Disziplin, die nicht mehr eisern, sondern nur noch unmenschlich genannt werden kann. In Ostpreußen macht General Rendulic die Bataillons- und Regimentskommandeure für die Aufgabe jeden Fußbreits Boden verantwortlich. Ein Hauptmann wird füsiliert, weil er ohne Befehl zwei Kilometer weit zurückgegangen war. Im Hinterland sind »fliegende Standgerichte« am Werk, um jeder Auflösung der Disziplin entgegenzuwirken. Jeder unversehrte Mann, der fern von seiner Einheit aufgegriffen wird, wird im

Schnellverfahren abgeurteilt und hingerichtet, meist gehängt. Die Härte macht Schule. In Danzig werden junge Flakhelfer exekutiert, weil sie ihre Eltern besucht hatten. Sonderpatrouillen der SS kämmen das rückwärtige Gebiet nach wirklichen oder vermuteten Deserteuren durch.

Ende März kämpfen östlich von Oder und Neiße nur noch Reste zerschlagener Truppenteile. Der Kampf um die Ostprovinzen ist zu Ende. Auch in Ungarn neigt sich, trotz der Ankunft starker Waffen-SS-Verbände, alles dem Ende zu. Das IV. Panzerkorps kann in den beiden ersten Wochen des Januar Budapest nicht entsetzen. Der Widerstand im Stadtteil Buda auf dem südlichen Donauufer dauert bis zum 13. Februar. 2000 Mann, darunter 785 Deutsche, haben der Gefangennahme entgehen können.

In einer letzten Zusammenfassung aller Kräfte kann das IV. Korps einen sowjetischen Brückenkopf über den Hron eindrücken und damit die Lage vorübergehend stabilisieren. Gleich nach Ankunft aus dem Westen am 6. März wird die 6. SS-Panzerarmee östlich des Balaton-Sees den Sowjets entgegengeworfen, um den Besitz der letzten Erdölquellen zu sichern.

Es kommt zu Anfangserfolgen. Dann setzt Tauwetter ein, das die Bewegungen hemmt. Hinzu kommen heftige Gegenangriffe der Sowjets unter den Generälen Malinowsky und Tolbukin, die erhebliche Reserven mobilisieren können. So kommt es zur letzten großen Panzerschlacht des Zweiten Weltkrieges und zum erstenmal zu einer plötzlichen Krise der Moral bei den SS-Grenadieren. Hitler ist wütend und ordnet an, daß man den Männern dieser Eliteeinheiten, darunter die »Leibstandarte-SS Adolf Hitler«, den Ärmelstreifen mit dem Namen ihrer Division entzieht.

Der Druck der Sowjets nimmt zu. Tolbukin und Malinowsky schicken sich an, auf Wien zu marschieren. Am 6. April erreichen ihre Vorausabteilungen die südöstlichen Vororte der Stadt. Die Straßenkämpfe dauern bis zum 12. April.

Zu diesem Zeitpunkt ist Guderian nicht mehr Generalstabschef des deutschen Heeres. Nach einem letzten, äußerst heftigen Zusammenstoß am 28. März, bei dem es um die Gründe des Scheiterns eines Gegenstoßes gegen einen sowjetischen Brückenkopf bei Küstrin geht, bittet Hitler den General, Urlaub zu nehmen, mit der Aussicht, nach einigen Wochen wieder auf seinen Posten zurückgerufen zu werden. Die beiden Männer werden sich nicht wiedersehen.

General Krebs tritt Guderians Nachfolge an und führt in gewisser Weise gleich eine revolutionäre Änderung ein. Bis zu seiner Ernennung hingen an den Wänden des großen Lagerraums im Hitlerschen Bunker zwei Karten im Maßstab 1 : 300 000, die eine für die Westfront, die andere für die Ostfront. Krebs läßt sie durch eine einzige Karte im Maßstab 1 : 1 000 000 ersetzen, auf der man mit einem Blick das von allen Seiten berannte Reich erfassen kann. Alle Konferenzteilnehmer werden sich bewußt, wie aussichtslos die Lage ist.

Nach dem Abzug aller mobilen Reserven für die Ostfront hat sich die Lage im Westen mit schwindelerregender Geschwindigkeit verschlechtert. Trotz aller Verbissenheit und günstigen Geländes hat sich die 19. Armee des Generals Wiese im Elsaß nicht gegen einen konzentrierten Angriff der französisch-amerikanischen Kräfte halten können. Der Brückenkopf von Colmar muß am 9. Februar geräumt werden. Wieses Truppen können zum großen Teil über die Brücke von Chalambé das rechte Rheinufer erreichen.

Zur gleichen Zeit haben die Briten und Amerikaner mit Angriffen auf die noch links des Rheins stehenden deutschen Truppen begonnen. Die deutsche Armee schlägt ihre letzte zusammenhängende Schlacht. Zwischen dem 3. und dem 11. März zieht sich die 1. Fallschirmjägerarmee im Norden unter zäh hinhaltendem Widerstand gegen die Divisionen Montgomerys auf das rechte Rheinufer zurück, wobei aber 70 000 Mann in britische Gefangenschaft geraten.

Weiter südlich leisten deutsche Truppen zwischen Köln und Koblenz den Amerikanern bis zum 11. März Widerstand, ehe sie über den Rhein zurücksetzen müssen. In der Pfalz muß sich die Heeresgruppe B einem Zangenangriff Pattons beugen. Nachdem der letzte deutsche Soldat das linke Rheinufer aufgegeben hat, braucht sich das OKW keine Illusionen mehr zu machen. Die Westarmeen haben eine irreparable Niederlage erlitten. 60 000 Mann sind entweder gefallen oder verwundet, 250 000 gehen in die Gefangenschaft.

Auch die Rhein-Linie kann nun nicht mehr gehalten werden, um so weniger, als amerikanische Panzerverbände am 7. März die Ludendorff-Brücke in Remagen, deren Sprengladungen nur teilweise funktioniert hatten, nehmen und einen Brückenkopf auf dem rechten Rheinufer errichten konnten.

Der Vorgang hat die dritte Entlassung Rundstedts zur Folge. Hitler ersetzt ihn durch Kesselring, der sich einen guten Ruf als Stratege und Taktiker in Italien erworben hat. Hitler zeichnet ihm bei einem Gespräch im Bunker unter der Reichskanzlei ein optimistisches Bild der Lage. Kesselring müsse, sagt er ihm, unter allen Umständen den Rhein halten und den Brückenkopf von Remagen eindrücken, um den im Osten stehenden Truppen Zeit zu geben, der Roten Armee vor Berlin eine vernichtende Niederlage beizubringen.
Kesselring versucht seinen Auftrag so gut wie möglich auszuführen und setzt Gegenangriffe auf den Remagen-Brückenkopf an. Aber ein Vorstoß von 50 Königstiger-Panzern gegen die amerikanischen Linien zeitigt keinerlei Wirkung. Nun unternimmt man alles, um die Brücke zum Einsturz zu bringen. Nach schweren Artillerietreffern, Tiefangriffen mit Arado-Düsenbombern vom Typ »Hecht«, Einsatz von Kampfschwimmern gegen die Brückenpfeiler und Treffern von V-2-Raketen stürzt am 15. März das Bauwerk endlich in den Fluß. Aber es ist bereits zu spät, denn US-Pioniere haben inzwischen zwei Pontonbrücken über den Rhein gebaut.
Kesselring erkennt, daß er vor einer unlösbaren Aufgabe steht. Auf einer Front von 750 Kilometern verfügt er nur über 70 Divisionen, davon acht Panzerdivisionen, deren jede höchstens noch ein Drittel ihrer Sollstärke hat. Ihm gegenüber die eindrucksvolle Streitmacht Eisenhowers: 83 Divisionen, davon 23 Panzerdivisionen, plus fünf Luftlandedivisionen.
Der bereits genau geplante Rheinübergang wird von einer großen Luftoffensive, genannt »Clarion«, eingeleitet. 10 000 alliierte Flugzeuge sind daran beteiligt. Sie beginnt am 22. Januar und hat vorrangig das Verkehrsnetz und die Transportmittel im Visier. Mehr als 200 Einzelziele stehen auf den Einsatzbefehlen der alliierten Piloten, darunter Verschiebebahnhöfe im Raum Chemnitz, Leipzig, Halle und Gotha, letzte noch halbwegs intakte Bastionen der deutschen Kriegswirtschaft.[11]
Im Unterschied zu früheren Angriffen operieren die Bomber in kleinen Formationen und greifen im Tiefflug an, während sich gleichzeitig Schwärme von Jagdbombern auf die letzten noch fahrenden Züge stürzen. Diese neue Taktik bringt den Rest der deutschen Luftabwehr durcheinander und gibt der Luftwaffe den Todesstoß. Sie hat fürchterliche Verluste und kann »Clarion« nicht im geringsten aufhalten. Der Eisenbahnverkehr kommt praktisch

zum Erliegen. Im Rahmen dieser Offensive vollzieht sich das Drama von Dresden. Unter der kombinierten Aktion von Bomber Command und der 8. US-Air Force geht die bisher fast unversehrte, mit Flüchtlingen verstopfte historische alte Stadt in einem Feuersturm unter.

Zehntausende von Menschen gehen in diesem Inferno zugrunde. Um das Grauen noch zu steigern, nehmen die alliierten Jagdfliegerpiloten auch Flüchtlinge, Ambulanzen und Feuerwehrwagen unter ihr Feuer. Von Goebbels geschickt manipuliert, steigert die Zerstörung Dresdens nur noch den Widerstandswillen eines Volkes, das jetzt überzeugt ist, daß es nur noch die Wahl zwischen Kampf und Untergang hat.

Nun beginnt der Rhein-Übergang, wobei die dünnen deutschen Verteidigungslinien überrannt werden. Eingeleitet wird er durch massive Luftangriffe mit dem Ziel, die Ruhr zu isolieren und westlich einer Linie Bremen – Marburg – Koblenz jede Bewegung in der Luft, auf den Schienen und auf den Straßen zu unterbinden.

Völlig demoralisiert, können die Deutschen einen überraschenden Übergang Pattons bei Oppenheim in der Nacht zum 23. März nicht mehr verhindern. Zwei Tage später rücken die Amerikaner in Frankfurt am Main ein. Im Norden zieht Montgomery eine Schau großen Stils ab. Der Übergang hat eine imposante Ouvertüre: Trommelfeuer aus 3000 Geschützen, Luftangriffe von 2000 Bombern, Absprung von zwei Fallschirmjägerdivisionen. In der Nacht zum 24. März setzen die Erdtruppen über den Fluß. Zwei Tage später stehen, unter Nutzung von zwölf Pontonbrücken, 14 alliierte Divisionen auf dem rechten Rheinufer.

Auf ihrer ganzen Länge bricht nun die deutsche Rheinfront zusammen. Beiderseits Worms geht die 7. Armee Patchs über den Fluß, ist am 28. März in Mannheim. Die benachbarte 1. französische Armee setzt am 31. März zwischen Speyer und Germersheim über.

Die Luftwaffe der Alliierten hat die absolute Luftherrschaft. Tag um Tag greifen Hunderte von Jagdbombern die letzten noch intakten Flugplätze, die letzten noch fahrenden Züge an. Auf den Straßen treffen ihre MG-Garben und Raketen nicht nur militärische Kolonnen, sondern auch Flüchtlingstrecks, die sich entlang den Autobahnen bewegen, isolierte Kraftfahrzeuge, ja Radfahrer. Die deutschen Truppen sind auseinandergerissen, demoralisiert und zu keiner koordinierten Aktion mehr fähig. Das OKW ist machtlos. Da und dort gibt es noch Widerstandsnester. Britische Truppen werden trotz massiver Intervention taktischer Bomberverbände mehrere Tage lang vor den Städten Ibbenbüren, Verden oder Lingen aufgehalten, die von Marinesoldaten und Unteroffiziersschülern verteidigt werden. Die Verteidiger des Harzes halten zehn Tage lang den amerikanischen Vormarsch auf. Mitte April kann ein deutscher Gegenstoß bei Heilbronn sogar eine amerikanische Panzerdivision einschließen, die aus der Luft versorgt werden muß und nur noch nach hinten ausbrechen kann.

So ziehen sich die Kämpfe in Westdeutschland noch einen guten Monat hin. Eisenhower schließt die Ruhr ein und läßt dann Panzerdivisionen in das Innere des Kessels stoßen. Das Manöver hat am 28. April die Kapitulation von 325 000 deutschen Soldaten und den Selbstmord des Feldmarschalls Model zur Folge. Die 9. US-Armee hat am 11. April nach einem überraschend schnellen Vorstoß die Elbe erreicht und zwei Brückenköpfe 80 Kilometer vor Berlin gebildet. Hitler hat inzwischen angeordnet, jeden Widerstand im Westen aufzugeben. Er will das Zusammentreffen zwischen den westlichen Truppen und den Sowjets beschleunigt sehen und hofft auf unvermeidliche Auseinandersetzungen.

Aber zum Erstaunen des deutschen Oberkommandos gehen die Amerikaner nicht weiter vor. Offensichtlich gilt das Gros der alliierten Anstrengungen dem Norden und dem Süden des Reiches. Montgomery geht methodisch nach Norden vor, nimmt Bremen, Hamburg und kommt vor den Sowjets bei Lübeck an der Ostsee an. Amerikaner und Franzosen rücken auf Württemberg, Bayern und Österreich vor. Die 1. französische Armee dringt in den Schwarzwald ein, nimmt Stuttgart und stößt zum Bodensee vor. Die Amerikaner hatten noch harte Kämpfe vor Nürnberg zu bestehen, stehen aber am 27. April in Ulm, Ingolstadt und Regensburg an der Donau, überschreiten den Fluß und sind am 30. April in München. Sie stoßen weiter nach Österreich hinein, wo schnell Innsbruck, Salzburg und Linz genommen werden können.

Weiter östlich überschreitet Patton die tschechoslowakische Grenze. Aufgrund eines Übereinkommens zwischen Eisenhower und dem sowjetischen Oberkommando hält er aber dann auf einer Linie Karlsbad – Pilsen – Budweis an, der Roten Armee die Einnahme Prags und des größten Teil Böhmens überlassend. Auch in Italien bricht der deutsche Widerstand unter einem letzten, am 14. April begonnenen, alliierten Großangriff zusammen. General von Vietinghoff, der den zum OB West ernannten Kesselring abgelöst hat, kann den geplanten Rückzug auf eine Alpenfestung zwischen Gardasee und Etsch nicht mehr bewerkstelligen. Am 23. April überschreiten die Anglo-Amerikaner den Po, besetzen am 26. April Verona und bedrohen den Brennerpaß.

Das Anhalten der 9. Armee an der Elbe ist für viele Deutsche eine bittere Enttäuschung, es setzt allen Hoffnungen, die Amerikaner könnten große Teile Mitteldeutschlands besetzen und vor allem vor den Sowjets in Berlin ankommen, ein Ende. Offensichtlich halten sich die Anglo-Amerikaner strikt an die in Jalta vereinbarten Grenzen der geplanten Besatzungszonen.

Ganz bewußt hat Eisenhower darauf verzichtet, Berlin zu nehmen, was er – ohne Probleme mit den Sowjets heraufzubeschwören – hätte tun können. Der Oberbefehlshaber hält die Hauptstadt des Reiches nicht für ein »militärisches Objekt«, welches das Opfer von 100 000 amerikanischen Soldaten rechtfertigen würde. In Washington ist Marshall genau der gleichen Ansicht. Eisenhower begreift offensichtlich nicht die enorme politische und psychologische Bedeutung der Einnahme der deutschen Hauptstadt – trotz der Beschwörungen Churchills und der Vorhaltungen Bradleys und Pattons. Stalin hat leichtes Spiel.

Zusätzlich ist Eisenhower Opfer einer falschen Vorstellung und des Versagens seiner Geheimdienste. Er ist überzeugt, daß die Deutschen mit äußerster Verzweiflung sich noch einmal in zwei Positionen verteidigen werden: in einer Nordbastion in Norwegen, Dänemark und Schleswig-Holstein und in einer Südbastion in den bayerischen und österreichischen Alpen.

Mehrere Indizien sprechen dafür. Goebbels droht den Alliierten mit dem »Werwolf«, einer mehr fiktiven als realen Organisation, die angeblich zu einem fanatischen Guerillakrieg entschlossen ist, und Hofer, der Gauleiter von Tirol und Vorarlberg, spricht von einer »Alpenfestung«. Dem wird Nachdruck verliehen durch die Verlegung aller SS-Junkerschulen nach Bayern, durch mehr oder weniger phantasievolle Aussagen deutscher Kriegsgefangener, schließlich durch gezielte »Informationen« aus Moskau.

Auch Berichte der 7. US-Armee über die Errichtung von Verpflegungs- und Munitionslagern in den Alpen für 100 000 Mann bestätigen die Annahme eines noch länger anhaltenden deutschen Widerstandes. Manche wollen sogar wissen, es lägen bereits 80 »Jagdkommandos« von jeweils 2000 bis 4000 Mann in den Alpen

auf der Lauer. Es gibt allerdings auch gegenteilige Informationen des US-Geheimdienstes OSS unter Donovan, dessen in Süddeutschland abgesetzte Fallschirmagenten nur von wachsender Desorganisation und schwindendem Widerstandswillen berichtet haben, die aber an dieser Meinung nichts ändern können.[12]
Eisenhowers Entschluß, den er den Sowjets rechtzeitig übermittelt, wird die Wehrmacht veranlassen, den Kampf um Berlin mit letzter Verzweiflung aufzunehmen. Für ihren letzten großen Sturm hat die Rote Armee zwischen Weichselmündung und Neiße drei Fronten gebildet, die von den Generälen Rokossowsky, Schukow und Konjew kommandiert werden. Den Hauptstoß müssen die beiden letztgenannten führen. Stalin hat die beiden Generäle zu einem förmlichen »Wettlauf nach Berlin« aufgefordert. Auch hier sind die Mittel überwältigend: drei Millionen Mann, 6500 Panzer, 42 000 Geschütze und 8500 Flugzeuge.
Zum letzten Kampf kann die Wehrmacht nur vier- bis fünffach unterlegene Truppen aufbieten: die 3. Panzerarmee Manteuffel im Norden, die 9. Armee Busse in der Mitte, die 4. Panzerarmee, zur Heeresgruppe Mitte Schörners gehörend, im Süden. Den 14 Divisionen, 500 Panzern und 700 Kanonen der 9. Armee stehen die 77 Divisionen, 3200 Panzer und 17 000 Geschütze Schukows gegenüber.
Der sowjetische Angriffsplan ist einfach: Durchbrechen der deutschen Oderfront, Einkesselung der 9. und eines Teiles der 4. Panzerarmee, Einschließung Berlins und Einnahme der Stadt – Stadtteil für Stadtteil.
Der Angriff beginnt am 14. April, eingeleitet nach bewährter Methode von einem Trommelfeuer aus 20 000 Rohren. Im Norden kann die 3. Panzerarmee Manteuffels den sowjetischen Vormarsch in Grenzen halten, im Süden hat Konjew die Oder mit Sturmbooten überquert, die Stellungen der 4. Panzerarmee durchbrochen und den Vormarsch nach Norden und Nordwesten aufgenommen. In der Mitte können die Deutschen, verschanzt auf den Seelower Höhen außerhalb der Reichweite der sowjetischen Batterien, dem wütenden Ansturm Schukows drei Tage lang widerstehen.
Erst am 19. April kommt es zum Durchbruch, der sich am Tage darauf ausweitet. Die Lage wird immer hoffnungsloser. Konjew hat die Spree überschritten und stößt auf Jüterbog und Zossen, den Sitz des OKH, während Schukow seinen Vorsprung aufzuholen versucht und Berlin von Norden umfaßt. Zeitgleich damit voll-

zieht sich die Einkesselung der Busseschen 9. Armee und eines Teiles der 4. Panzerarmee.

Am 20. April feiert Hitler seinen letzten, den 56. Geburtstag. Während draußen der Widerstand seiner Armeen zusammenbricht, sind noch einmal alle militärischen Chefs, Keitel, Jodl, Dönitz und Krebs, und alle hohen Würdenträger des Dritten Reiches, Göring, Bormann, Himmler, Goebbels und Speer, im Bunker um ihn versammelt. Auch ein Glückwunschtelegramm Mussolinis trifft ein. Hitler gibt sich jovial und zuversichtlich. Die Sektkorken knallen. Der Führer verläßt für kurze Zeit den Bunker, spricht tröstende Worte zu einer Gruppe junger Leute, deren Eltern in Dresden den Tod gefunden haben, verleiht einige Eiserne Kreuze. Es ist sein letzter Auftritt in der Öffentlichkeit.

Dann geht man auseinander. Dönitz begibt sich in sein neues Hauptquartier in Flensburg, Keitel und Jodl gehen nach Neuruppin, 60 Kilometer nordwestlich von Berlin, wo das OKW untergebracht ist, Göring will zum Obersalzberg, und Himmler läßt sich zu seinem Hauptquartier in Ziethen fahren.

In den darauffolgenden Tagen wird die Lage immer dramatischer: Schukow und Konjew schließen Berlin von Westen ein.

Hitler ist immer noch oberster Kriegsherr. Er behält die zweimaligen täglichen Lagebesprechungen bei und verschiebt seine Armeen auf der Karte. Steiner soll mit einem neu aufgestellten SS-Panzerkorps von Norden auf Berlin stoßen. Die 9. Armee Busses soll sich freikämpfen und einen Weg nach Berlin öffnen. Die größte Hoffnung ruht auf der 12. Armee Wencks, die den Amerikanern an der Elbe gegenübersteht. Sie soll den Gewehr bei Fuß stehenden Amerikanern den Rücken kehren, Konjew in die Flanke packen und auf Berlin stoßen.

Am 24. April stehen Schukows Truppen in den nördlichen Vororten der Hauptstadt. Im Süden nähert sich Konjew dem Flughafen Tempelhof. Gegen heftigen Widerstand der aus Lehrtruppen gebildeten Division »Müncheberg« überschreitet er den Teltow-Kanal. Ein junger Panzeroffizier hält fest: »Unsere Artillerie muß Stellungswechsel nach hinten machen. Es bleibt nur noch wenige Munition. Heulen und Krachen von Stalinorgeln, Schreie der Verwundeten, Dröhnen von Motoren, Tackern der Maschinengewehre – in den Straßen Leichen von Frauen, die es beim Wasserholen erwischt hat. Russische Panzer mit aufgesessener Infanterie gehen auf Tempelhof vor …«[13] Tags darauf erfährt Hitler aus

»neutraler Quelle«, daß sich die 69. US-Infanteriedivision und die 38. russische Infanteriedivision bei Torgau an der Elbe vereinigt haben – begleitet von einer ersten Auseinandersetzung über die Auslegung der Klauseln von Jalta. Ein allerletzter Hoffnungsschimmer …

Am 26. April empfängt Hitler die letzten Besucher aus der Außenwelt. Die Fliegerin Hanna Reitsch, begleitet vom Generalstabschef der Luftwaffe, Greim, landet mit einem Fieseler Storch Unter den Linden, nachdem man Laternenpfähle entfernt und Bombentrichter aufgefüllt hat. Hitler verkündet den beiden seinen unwiderruflichen Entschluß, in Berlin zu bleiben und zu sterben.

Aber am 27. April schwinden auch die letzten Illusionen. Kein Mensch spricht mehr von einem Gegenangriff Steiners, und Wenck hat seinen Marsch auf Berlin angehalten. Die 9. Armee kann sich nicht lösen, versucht aber, nach Westen durchzukommen.

Im Norden gibt die 3. Panzerarmee, vollkommen zerschlagen, den Kampf auf und zieht sich in völliger Auflösung vom Unterlauf der Oder nach Westen zurück. Trotz nachhaltiger Anmahnungen Keitels weigern sich Heinrici und Manteuffel, den Rückzug ihrer Truppen aufzuhalten, über die sie sowieso jede Kontrolle verloren haben.

Im Süden dagegen gelingt Truppen der 9. und der 4. Panzerarmee eine der unglaublichsten Waffentaten während des gesamten Zweiten Weltkrieges. Eingeschlossen von fünf sowjetischen Armeen, ständig bombardiert, behindert von Tausenden von Flüchtlingen, gelingt es ihnen, ihre Angreifer in ihrem Ausweichen nach Westen mit sich zu ziehen. Am 26. April zählt dieser »wandernde Kessel« nur noch 125 000 Mann – die Hälfte der Mannschaften und fast alle Panzer sind zurückgelassen worden. Der Marsch setzt sich die nächsten Tage fort, und am 30. April geschieht ein kleines Wunder. Die Reste der Busseschen 9. Armee stoßen zur 12. Armee Wencks. Es sind nur noch 30 000 Mann. Zusammen mit den 70 000 der Armee Wenck überschreiten sie die amerikanischen Linien.

20 Jahre später hat Marschall Konjew die Lokalitäten dieser Kämpfe aufgesucht: »Ich sah noch Spuren des Kampfes in den Dörfern der Umgebung. Verrostete Helme und Ausrüstungsgegenstände bedeckten den Boden der Wälder. Immer noch nicht konnte man das Wasser eines der Seen benutzen, der sich während der Kämpfe mit Leichen angefüllt hatte … Im ganzen war es

Zeugnis des Mutes der Verzweiflung und der wilden Entschlossenheit derer, die sich heute als Besiegte bezeichnen.«

Der Direktangriff auf Berlin beginnt am 25. April. Zur Verteidigung der schon durch alliierte Bombenangriffe verwüsteten Stadt hat General Weidling nur zusammengewürfelte Truppenteile, Reste der 9. und der 3. Panzerarmee, der Division »Müncheberg«, Polizeieinheiten, Flakhelfer und Volkssturmmänner zur Verfügung. Die Verteidiger richten sich nach klassischem Vorbild hinter Barrikaden, Häuserblocks, verminten Straßen und Gärten ein. 1,7 Millionen Zivilisten sind mit eingeschlossen, ohne Wasser, elektrischen Strom, Lebensmittel, schutzsuchend in Kellern und U-Bahn-Schächten.

500 000 sowjetische Soldaten, unterstützt von Tausenden von Panzern und einer erdrückenden Artillerie, werden in die letzte Schlacht geworfen. Von 25. bis 27. April werden, unter schweren Verlusten für die Panzer, die letzten Vororte gesäubert. Am 28. April beginnt der Kampf um den letzten verteidigten Stadtteil, den Tiergarten und das Regierungsviertel zwischen Spree und Landwehrkanal. Nachdem diese beiden Hindernisse überwunden sind, geht es jetzt um den Potsdamer Platz und das Innenministerium.

Jetzt begreift Hitler endlich, daß alles verloren ist. Er nimmt Abschied von seinen letzten Getreuen, Goebbels, Bormann, Krebs, seinen Adjutanten und seinen Sekretärinnen. Am 29. April verfaßt er sein privates und politisches Testament, bekräftigt die Ausstoßung Görings und Himmlers aus der Partei, des ersteren, weil er das Amt des Führers übernehmen wollte, des zweiten, weil er durch Vermittlung des schwedischen Grafen Bernadotte Verbindung zu den Alliierten aufgenommen hatte. Am 30. April ernennt er den Feldmarschall Schörner zum Oberbefehlshaber des Heeres und Großadmiral Dönitz zu seinem Nachfolger als Staatsoberhaupt und obersten Befehlshaber der Wehrmacht. Am Tag zuvor hatte er Eva Braun geheiratet, die zu ihm in den Bunker gezogen war.

Noch am 29. April hatte Hitler seine übliche Lagebesprechung geleitet. General Weidling meldete ihm die Einnahme des Innenministeriums und teilte ihm mit, daß er die Sicherheit des Bunkers nur noch bis zum 1. Mai garantieren könne. Am Abend fragte der Führer in einem letzten Funkspruch an das OKW: »Wo sind die Spitzen von ›Wenck‹ [12. Armee]?« Keitels Antwort ließ keinen

Zweifel: Alle Entsatzangriffe waren gescheitert. Am Tage darauf, dem 30. April, begehen Hitler und Eva Braun am Nachmittag Selbstmord, während eine sowjetische Division die von 5000 Männern verteidigte Reichskanzlei berennt. Am Abend dieses Tages gegen 22.00 Uhr hissen zwei Soldaten der Roten Armee die Fahne des Sieges auf der Kuppel des Reichstags.

Am 1. Mai unternehmen Goebbels und Krebs eine letzte Demarche beim sowjetischen Oberkommando, um einen Waffenstillstand und die Anerkennung der Regierung Dönitz zu erreichen. Stalins Antwort ist unmißverständlich: Bedingungslose Kapitulation. Goebbels und seine Frau nehmen daraufhin Gift und ziehen ihre Kinder mit in den Tod. Erst am Tage darauf gibt Weidling den hoffnungslosen Kampf auf. Sowjetische Lautsprecherwagen verbreiten den Tagesbefehl General Weidlings an seine Truppen: »Am 30. April hat uns der Führer, dem wir unseren Treueid geschworen haben, verlassen. Auf seinen Befehl hin habt ihr weiter Berlin verteidigt, obwohl der Kampf, ohne schwere Waffen und Munition und unter der eingetretenen Entwicklung, längst unnötig geworden war. Jede weitere Stunde des Kampfes verlängert die unsinnigen Leiden der Bevölkerung und unserer Verwundeten. In Absprache mit dem sowjetischen Oberkommando ersuche ich euch, den Kampf einzustellen.«

Dem Befehl wird weitgehend Folge geleistet. Nur einige Gruppen kämpfen weiter und versuchen verzweifelt, nach Westen auszubrechen. Das gelingt auch einigen, unter ungeheuren Opfern, wie den Resten der Division »Müncheberg«.

Mit der Eroberung Berlins durch die sowjetischen Truppen ist die letzte große Schlacht der deutschen Armee zu Ende, wahrscheinlich die schwerste und grausamste von allen. Es steht fest, daß die Rote Armee beim Kampf um Berlin 300 000 Mann an Toten, Verwundeten und Gefangenen zu beklagen hat. Seit dem 16. Januar haben mehr als 700 000 sowjetische Soldaten in den letzten Kämpfen mit der Wehrmacht den Tod gefunden. Das ist das Doppelte der amerikanischen Verluste an allen Fronten im gesamten Krieg.

Der Krieg ist gleichwohl noch nicht ganz zu Ende. Von Flensburg aus, wo er die letzte Regierung des Deutschen Reiches etabliert hat, versucht Dönitz, noch möglichst viele Flüchtlinge und Soldaten, die noch an der Ostfront kämpfen, in den Westen zu retten. Betroffen sind 1,2 Millionen Menschen: die 600 000 in der Tsche-

choslowakei stehenden Soldaten der Heeresgruppe Schörner, 430 000 in Österreich, 180 000 im Norden Jugoslawiens.
Das Vorhaben gelingt nur teilweise. Eine erste Teilkapitulation, seit zwei Monaten von SS-General Wolf betrieben, erfolgt am 2. Mai in Oberitalien. Am 5. Mai schließt Admiral Friedeburg einen Waffenstillstand mit Montgomery, der die deutschen Truppen in Holland, Norddeutschland und Dänemark betrifft. Er wird auf Norwegen ausgeweitet. An der Elbe nehmen Engländer und Amerikaner die Übergabe von Einheiten oder Einzelpersonen, 200 000 an der Zahl, entgegen, selbst, wenn sie gegen die Russen gekämpft haben.
Dagegen machen die Amerikaner in der Tschechoslowakei ihre Front dicht und lassen keinen deutschen Soldaten durch, der sich der Gefangennahme durch die Sowjets zu entziehen versucht. Am 7. Mai kann Jodl, von Dönitz bevollmächtigt, nur eine allgemeine Kapitulation an allen Fronten erreichen. Dönitz gibt auf und erlaubt die Unterzeichnung. Sie erfolgt am 7. Mai um 2.41 Uhr westeuropäischer Zeit. Im Namen des deutschen Oberkommandos unterzeichnet Jodl in Gegenwart von General Bedell-Smith, dem Stabschef Eisenhowers, und General Susloparow. Der französische General Sevez ist als Zeuge zugegen.
Nach der Unterzeichnung darf Jodl das Wort zu einer Erklärung ergreifen. »Mit dieser Unterschrift sind das deutsche Volk und die deutsche Wehrmacht auf Gnade und Ungnade den Siegern ausgeliefert. Beide haben in diesem Kriege mehr geleistet und erduldet als vielleicht je ein Volk auf der Erde. Ich kann in dieser Stunde nur die Bitte aussprechen, daß die Sieger mit ihnen gnädig verfahren mögen.«
Für die Sowjets ist die Kapitulation von Reims nur eine Präliminarie. Sie bestehen auf einer zweiten Kapitulation, die am 9. Mai um 22.30 Uhr in Berlin erfolgt. Mit preußischer Steifheit unterzeichnet Keitel, eingerahmt von Admiral Friedeburg und dem Luftwaffengeneral Stumpf, von Marschall Schukow und dem britischen Luftmarschall Tedder, neben denen als Zeugen der Amerikaner Spaatz und der Franzose Lattre de Tassigny sitzen, die »Kapitulationserklärung«. Sie beginnt mit den Worten: »1. Wir, die hier Unterzeichneten, handelnd in Vollmacht für und im Namen des Oberkommandos der Deutschen Wehrmacht, erklären hiermit die bedingungslose Kapitulation aller am gegenwärtigen Zeitpunkt unter deutschem Befehl stehenden oder von Deutschland

beherrschten Streitkräfte auf dem Lande, auf der See und in der Luft gleichzeitig gegenüber dem Obersten Befehlshaber der Alliierten Expeditionsstreitkräfte und dem Oberkommando der Roten Armee ...«

Am 9. Mai schwiegen fast an allen europäischen Fronten endlich die Waffen. Lediglich in der Tschechoslowakei, wo Schörner kommandierte und die bedingungslose Kapitulation nicht anerkennen wollte, wurde noch bis zum 11. Mai weitergekämpft. Das einzige, was damit erreicht wurde, war die verschärfte Behandlung der schließlich auch dort überwältigten deutschen Truppen. Der Brückenkopf von Kurland kapituliert am 9. Mai, die letzten deutschen Atlantikfestungen ergeben sich am 9. und 10. Mai. In Jugoslawien legen die letzten deutschen Soldaten erst am 15. Mai die Waffen nieder.

Für Millionen deutscher Offiziere und Soldaten beginnt nun eine neue Prüfung. Es ist die der Gefangenschaft, die oft noch härter ist als die der Kämpfe. Die zynischen Worte der deutschen Frontsoldaten kommen einem in den Sinn: »Kinder, genießt den Krieg, der Friede wird fürchterlich ...«

18
Moral und Politik

Die Kapitulationsakte von Reims und Berlin-Karlshorst sind ein einmaliges Phänomen in der neueren und Zeitgeschichte. Zum erstenmal ist eine große besiegte Nation vollkommen besetzt und total dem Willen des Siegers ausgeliefert worden, sind ihre Streitkräfte in toto vom obersten Kommandierenden bis zum letzten Soldaten in Gefangenschaft gegangen. Hunderttausende von Männern werden in improvisierten Lagern zusammengepfercht oder endlosen Märschen ausgesetzt. Am Tage nach dem Ausklingen der Kämpfe können die Sowjets mit Befriedigung verfolgen, wie sich eine Kolonne Gefangener von 75 Kilometer Länge von Berlin nach Frankfurt an der Oder wälzt.
Die tiefe Hoffnungslosigkeit, die diese Männer ergriffen hat bringt beispielsweise Hans Rudel mit gebrochener Stimme vor den Überlebenden des Geschwaders Immelmann zum Ausdruck: »Kameraden! Nachdem wir so viele Kameraden verloren haben, nachdem so viel deutsches Blut in der Heimat und an den Fronten geflossen ist, hat ein unverständliches Schicksal uns nicht vergönnt, den Krieg zu gewinnen. Die Leistung unserer Soldaten, unseres ganzen Volkes ... ist unvergleichlich groß gewesen. Der Krieg ist verloren. Ich danke euch für die Treue, mit der ihr im Geschwader der Heimat gedient habt.«[1]
Der deutsche Soldat hat von 1939 bis 1945 eine Leistung erbracht, die der seines Vorgängers von 1914 bis 1918 wahrscheinlich noch überlegen ist. Die deutsche Armee hat zwei aufeinanderfolgende, untereinander vollkommen unterschiedliche Kriege geführt. Bis zum Herbst 1941 hat die Wehrmacht einer verblüfften Welt in Polen, Norwegen, Frankreich, auf dem Balkan und in den ersten Monaten des Rußlandfeldzuges alle Spielarten des Blitzkrieges vorgeführt. Von 1943 bis 1945 dagegen hat sie einen fundamental anderen, einen defensiven Krieg geführt, der von gelegentlichen begrenzten Gegenoffensiven unterbrochen war. Dieser zweite Krieg war bei weitem der härteste und der verlustreichste Teil dieses Weltkrieges. Am 31. Mai 1941 hatten die Gesamtverluste der Wehrmacht seit dem 1. September 1939 (Gefallene, Vermißte, Gefangene, unheilbar Verwundete) die Zahl 185 000 nicht überschritten. Ein Jahr später war schon die Zahl 800 000 erreicht, 1 680 000 waren es am 31. Mai 1943, 2 875 000 am 30. September 1944.[2]
Im ganzen betragen die deutschen Verluste an Gefallenen des gesamten Krieges 2 230 000, davon 60 000 bei der Kriegsmarine, 160 000 bei der Luftwaffe, Angehörige der Fla-Artillerie und der

Luftlandetruppen eingeschlossen. Zu dieser erschreckenden Zahl kommt die der Vermißten hinzu, die etwa gleich hoch ist. Sie umfaßt auch die in Gefangenschaft gestorbenen Soldaten, von denen die Mehrzahl in den Lagern des Ostens ums Leben kam. Die militärischen Verluste betrugen damit – unter Einschluß der österreichischen und der elsässischen Wehrmachtangehörigen – 4 000 000 Tote und damit das Doppelte der Zahl des Ersten Weltkrieges. Dies bei einer Bevölkerung, die seit damals von 66 auf 85 Millionen Einwohner gestiegen war.* Hinzugefügt sei, daß die Verluste je nach Kriegsschauplatz sehr unterschiedlich hoch waren. 80 bis 85 Prozent der gefallenen deutschen Soldaten aber sind im Osten ums Leben gekommen. Rußland war das Grab der deutschen Armee.[3]

Der Opfergeist war nicht allein auf das Heer beschränkt. Die Leistungen der Luftwaffe waren bemerkenswert – trotz aller Kritik, die sie sich gefallen lassen muß. Nach dem Urteil ihrer Gegner waren die deutschen Luftstreitkräfte bis zum Ende des Jahres 1943 ein furchteinflößendes Kampfinstrument. Erst ab Frühjahr 1944 gelang es den Anglo-Amerikanern, allmählich die Luftüberlegenheit zu erringen und die Luftwaffe in eine rein defensive Rolle zu drängen. Nichtsdestoweniger konnte sie im Herbst des gleichen Jahres, nachdem sie sich wieder etwas erholt hatte, noch einmal erfolgreich eingreifen. Erst in den letzten Wochen des Krieges mußte sie sich endgültig geschlagen geben.

Zum Zeitpunkt der Kapitulation hat die Luftwaffe immer noch 3500 Flugzeuge, von denen die meisten allerdings wegen Treibstoff- und Ersatzteilmangels oder wegen unbrauchbar gemachter Flugplätze an den Boden gefesselt waren. Vom 1. September 1939 bis zum 28. Februar 1945 hatte sie 44 065 Tote, 28 200 Verwundete und 27 610 Gefangene unter ihrem fliegenden Personal zu beklagen. Erwähnt sei zum Vergleich, daß die strategischen Bomberverbände der Alliierten im Laufe ihrer Offensive gegen Europa durch Jagd- und Fla-Abwehr 40 000 Flugzeuge und 160 000 Mann verloren haben.

Trotz der Schwäche in den ersten Kriegsjahren hat auch die Kriegsmarine eine bemerkenswerte Demonstration ihrer Kampfkraft geliefert. Im Unterschied zur kaiserlichen Hochseeflotte von

---

* Diese Zahlen differieren mit anderen Angaben, aber nicht so sehr, daß sie ein im ganzen falsches Bild gäben.

1914 bis 1918 sind ihre großen Schiffe nicht untätig geblieben, zumindest nicht bis 1942. Immer wieder sind sie im Einsatz gewesen und haben die alliierten Verbindungswege empfindlich gestört.
Trotz des Verlustes großer Schiffe, wie z. B. der »Bismarck« oder der »Scharnhorst«, trotz der massiven Evakuierungen der Ostprovinzen im Winter 1944/45, identifiziert sich die deutsche Seekriegsführung im Zweiten Weltkrieg mit den U-Booten. Auch hier sind zwei Phasen zu unterscheiden, die der großen Erfolge bis 1943 und die der tragischen letzten beiden Jahre des Krieges, die zu einem mörderischen Kampf um »Resultate« führten, die von Mal zu Mal geringer wurden.
Während die U-Boot-Waffe in dreieinhalb Jahren – bei Verlusten von 250 Booten – 12,5 Millionen Tonnen feindlichen Schiffsraums versenkte, kehrte sich das Verhältnis Verlust zu Versenkung in den beiden letzten Jahren des Krieges: 535 Boote gegen nur zwei Millionen Tonnen versenkten Schiffsraums. Dazu noch eine andere Zahl: Von den 45 Booten, die an der großen Geleitzugsschlacht des März 1943 teilgenommen hatten, waren bei der Kapitulation nur noch zwei im Einsatz, drei andere waren durch Schäden manövrierunfähig geworden, ein weiteres hatte sich selbst versenkt. Die 39 anderen Boote waren alle im Kampf untergegangen, die meisten von ihnen mit ihren Besatzungen.
Dies ist ohne Zweifel eine eindrucksvolle Bilanz. Fast 41 000 junge Männer haben in der U-Boot-Waffe gedient. 5000 von ihnen gerieten in Kriegsgefangenschaft, und 29 000 fanden einen oft bitteren Tod. Am 8. Mai 1945 waren noch 255 Boote im Einsatz, fünfmal mehr als im September 1939 – nur ein U-Boot wurde dem Gegner übergeben!
Man kann feststellen, daß die Wehrmacht sich in allen ihren Teilen und an allen Fronten – oft auch unter unsagbar schweren klimatischen Bedingungen – mit einer Hingabe und Ausdauer geschlagen hat, die große Achtung abnötigt. In gewisser Weise hat der Kampf erst aufgehört, als es kein Gelände zum Kämpfen mehr gab. Symptome einer Auflösung, wie sie sich ab 1917 gezeigt hatten, traten in begrenztem Umfang erst in den allerletzten Tagen des Krieges – nach der Bekanntgabe von Hitlers Tod – auf.
Und sie beschränkten sich im wesentlichen auf den westlichen Kriegsschauplatz. Das sowjetische Oberkommando hat nach den schweren letzten Schlachten um die deutschen Ostprovinzen an-

erkannt, daß es bis zur Kapitulation nicht ein einziges Zeichen des Wankens hat feststellen können. Noch in den letzten Tagen des Krieges haben die deutschen Truppen mit dem immer gleichen »Fanatismus« weitergefochten.

Wenn man nach den Gründen dieses außerordentlichen Kampfgeistes fragt, wird immer wieder hingewiesen auf das Gewicht der militärischen Disziplin, den Terror, der von den Feldgendarmen oder den Sonderkommandos der SS ausging, die bis zuletzt hinter der Front am Werk waren. In der Tat übersteigt die Zahl der Hingerichteten – ob mit oder ohne Kriegsgerichtsurteil – die 13 000, während es im Ersten Weltkrieg nur 48 waren. Wahr ist auch, daß die meisten Exekutionen erst am Ende des Krieges erfolgten, im Befehlsbereich unnachgiebiger Befehlshaber wie Rendulic oder Schörner, die allerdings auf direkte Weisung des Führers handelten. Zum Erstaunen seiner Generäle hatte Hitler entsprechende Instruktionen der Preußenkönige Friedrich Wilhelm I. und Friedrich Wilhelm II. aus den Archiven holen lassen, deren Tenor teilweise an Barbarei grenzte, und sie mit den Worten kommentiert: »Wenn man mir vorwirft, ich sei brutal, so kann ich diesen feinen Herren nur die Lektüre dieser Texte empfehlen.«[4]

Auch hat man die »Primärgruppen«, unpolitische verschworene Gemeinschaften von Männern derselben Kompanie, desselben Bataillons oder Regiments, ja derselben Division, angeführt, in denen man sich kannte, zu Hause fühlte, dasselbe Leid teilte und in denen sich der Soldat in erstaunlich kurzer Zeit zu einem richtigen berufsmäßigen Kämpfer entwickelte.

Nicht zu übersehen ist, daß die oberste Führung zur Aufrechterhaltung von Moral und Manneszucht unablässig bemüht war, Perioden des Kampfes Zeiten der Erholung folgen zu lassen: durch Herausziehen ganzer Divisionen aus der Front und deren Verlegung an andere Kriegsschauplätze – und dies bis zur alliierten Landung in der Normandie. Im Juni 1944 hatte die Waffen-SS-Division »Das Reich«, nach schweren Verlusten im Osten, eine Auffrischungsphase von sechs Monaten in Südfrankreich hinter sich, ehe sie an die Landungsfront geworfen wurde.

Dieselbe Praxis bestand für das fliegende Personal der Luftwaffe oder die Besatzungen der U-Boote. Von Frontfahrt zurück, wurden die U-Boot-Männer auf Heimaturlaub geschickt.

Stets gut organisiert waren die Post, die Heranführung und Verteilung von Verpflegung, die für alle, vom Feldmarschall bis zum

Gefreiten, dieselbe war, die Gewährung von Fronturlaub, die Verleihung von Auszeichnungen, die zwar nicht knapp bemessen waren, aber immer verdient schienen und nur Frontkämpfern zugute kamen. In den Ruhestellungen gab es Fronttheater und Soldatenkino, der Rundfunk sendete Schlager und Chansons, allen voran »Lili Marleen«.

Die Einheiten wurden laufend mit dem neuesten Material versorgt. Der Nachschub immer wieder neuer Waffen war ein permanenter Ansporn für den deutschen Soldaten, der nie das Gefühl haben mußte, den Feind mit veraltetem Kriegsgerät bekämpfen zu müssen, ganz im Gegenteil.

Die These von den »Primärgruppen« ist indes ernsthaft in Zweifel gezogen worden, besonders von Omer Bartov in seinem Standardwerk »Hitlers Army«.[5]* Sie war aufgekommen nach Verhören von Hunderten von Kriegsgefangenen durch westliche Verhöroffiziere gleich nach Kriegsende, zu einem Zeitpunkt also, an dem keiner der Verhörten angesichts der Aufdeckung der Greuel des Nationalsozialismus Lust verspürte, sich zu diesem zu bekennen.

Bartov findet nur eine Erklärung für das Durchhaltevermögen des deutschen Soldaten: Es war der Krieg im Osten, der die unermüdliche Kampfbereitschaft dieser Soldaten in jeder auch noch so verzweifelten Lage und bis zum allerletzten Tage anstachelte. Dies um so mehr, als bei den ungeheuer hohen Verlusten – bis zu 200 Prozent bei manchen Einheiten – fast alle Großverbände zerschlagen wurden, und mit ihnen auch die »Primärgruppen«.

Tatsächlich hat der deutsche Soldat nicht nur zwei verschiedene, sondern zwei parallele Kriege geführt, oder zumindest einen und

---

* Masson befaßt sich hier mit dem zweifellos interessanten Buch über die Wehrmacht von Omer Bartov, der ein in den USA lehrender israelischer Militärhistoriker ist. Dieser stellt darin u. a. zwei Thesen auf von dem, was er »Entmodernisierung der Front« und »Zerstörung der Primärgruppen« nennt. Zu beiden Thesen und ihrer einseitigen Hervorhebung ließe sich viel Kritisches sagen. Die von Masson wiedergegebene Erklärung für das Durchhaltevermögen der deutschen Soldaten ist richtig, aber nur eine von mehreren. Es war nicht einfach der Krieg im Osten, sondern der Schutz der Heimat vor dem sowjetischen Bolschewismus, den man recht genau kennengelernt hatte, es war das Pflichtgefühl, das Zusammenstehenwollen in der Einheit, zu der man gehörte und die man nicht im Stich lassen wollte, und es war schließlich das, was Mitterrand in seiner letzten Rede als Präsident Frankreichs am 8. Mai 1995 in Berlin sagte: Der deutsche Soldat kämpfte für sein Vaterland.

einen halben. Der Krieg im Westen beschränkte sich 1940 auf wenige Wochen und flammte wieder auf im Jahre 1944, um nach weniger als einem Jahr mit der Kapitulation zu enden. Der Feldzug in Italien dauerte etwas länger, war aber von langen Pausen unterbrochen und betraf nur wenige Teile der Wehrmacht.

Im Westen spielte sich der Krieg in korrekten Formen ab. Das Gesetz zivilisierter Kriegsführung wurde allgemein geachtet. Der Krieg im Osten dagegen hat fast vier Jahre gedauert. Er hat die Kräfte der Wehrmacht in ihrer Gesamtheit mobilisiert und verbraucht. Es war ein Krieg wie kein anderer, der unauslöschliche Spuren in der Seele des deutschen Soldaten hinterlassen hat. Schon der Einmarsch nach Rußland hinein war ein erster Schock. So wie die Soldaten der »Grande Armée« im Jahre 1812 haben auch die Männer der Wehrmacht eine Welt entdeckt, die von der ihren vollkommen verschieden, eine gänzlich andere war. Eintönige Landschaften, ärmliche, von Ungeziefer infizierte Katen, Städte von trostloser Uniformität, vom Stalinismus für die Arbeiterschaft errichtet. Léon Degrelle schildert uns seine ersten Wahrnehmungen. »Bei Annäherung an die Stadt (Dnjepropetrowsk) waren wir zunächst sehr beeindruckt. Unleugbar hatten die Kommunisten etwas für das Volk getan. War das Elend des Bauern auch groß, so hatten offensichtlich die Arbeiter von den neuen Zeiten profitiert. Aber es stellte sich heraus, daß die Bauten … nichts als ein gigantischer Schwindel waren … Jedes Stockwerk wies eine Reihe von weißgekalkten Wohnungen auf, alle mit einer winzigen Küche, die von mehreren Familien genutzt wurde. Die elektrischen Leitungen hingen lose von der Decke … Meist floß kein Wasser aus den Leitungen …

Hitler hatte ein waghalsiges Unternehmen begonnen. Hunderttausende von zum Wehrdienst einberufenen deutschen Arbeitern hätten hier gefährliche Vergleiche anstellen können, wenn der Bolschewismus wirklich Großes für die Arbeiterklasse getan hätte … Noch nie hatte eine Masse von Arbeitern eine so lehrreiche Studienfahrt unternehmen können. Vier Jahre später wiederholte sich das Ganze, allerdings in umgekehrter Richtung.«[6]

Zeugnisse der großen Überraschung findet man auch in Briefen, die deutsche Soldaten nach Hause schrieben. So schreibt der Gefreite Lämmert: »Bisher hatte ich manchmal den Eindruck, daß unsere Propaganda ein wenig übertrieb. Heute sehe ich, daß sie die Dinge eher zu schön gefärbt hat, denn die Wahrheit ist noch viel schlimmer.« Der Leutnant Wächter meint, daß das, was er in diesem Lande gesehen hat, viel entsetzlicher ist als alles, was er in der Presse lesen konnte. Feldwebel Schimanowski schreibt: »Ich hätte nie geglaubt, daß es so etwas auf Erden gibt.«[7]

Aber der deutsche Soldat trifft auf einen Gegner, wie er ihn bisher nie erlebt hat. Einige seiner Einheiten ergeben sich beim ersten Schuß, andere kämpfen bis zum letzten Mann. Besonders beeindruckend sind die Infanterieangriffe, die an den Ersten Weltkrieg erinnern.

»Niemals werde ich den ersten Massenangriff der sowjetischen Infanterie gleich nach unserer Ankunft an der Front im August 1941 vergessen … Das erste Zeichen des bevorstehenden Angriffs bestand aus einer kurzen Artillerievorbereitung, deren Granaten weit hinter uns einschlugen. In weiter Entfernung tauchten dann Reihen von Männern in braunen Uniformen auf. Die erste Reihe überschritt einen kleinen Bach, gefolgt von einer zweiten etwa 200 Meter dahinter. Eine dritte, eine vierte und eine fünfte folgte, sie quollen buchstäblich aus der Erde hervor …

Wir eröffneten das Feuer auf 600 Meter Entfernung. Die ganze erste Reihe fiel zu Boden, mit Ausnahme einzelner, die weiter vor gingen. Die zweite Reihe kam etwas näher an unsere Mitte heran, erlitt aber auch schwerste Verluste. Die Männer hatten es schwer, voranzukommen, denn sie mußten über die Leichen ihrer Kameraden hinwegsteigen, die vor ihnen gefallen waren. Auf einen Befehl hin setzten sie sich in Laufschritt und stießen ein dunkles, hohl klingendes ›Hurra‹ aus, das kein Ende zu nehmen schien. Unser Feuer hatte schließlich die ersten drei Reihen niedergemäht. Einige wenige robbten noch weiter, versuchten, an ihre Offiziere oder ihre Maschinengewehrschützen heranzukommen.

Das Vorrücken der vierten Reihe war noch langsamer, auch sie wurde aufgehalten von den vielen Leichen, die auf dem Schlachtfeld lagen. Einige unserer Männer, die Gefahr mißachtend, schossen stehend freihändig auf die Angreifer. Die Maschinengewehre wurden heiß, und wir mußten die Läufe wechseln … Eine Stunde später kam der nächste Angriff, wieder von fünf Wellen vorgetragen. Auch sie wurden niedergemäht. Das gleiche widerfuhr einem dritten und einem vierten Angriff. Die Zahl unserer Gegner schien unerschöpflich zu sein. Die Russen wiederholten ihre Angriffe drei Tage lang, und selbst bei Nacht. Dann hörten sie endlich auf und zogen sich zurück, und wir gingen zwei Tage lang vor, ohne auf Widerstand zu stoßen.

Diese Serie von Attacken hatte uns erschöpft, besser, sie hatte uns erschreckt. In den darauffolgenden Herbsttagen begannen wir zu begreifen, daß der Krieg gegen die Sowjetunion viel schwerer als vorausgesehen sein würde. Wir wurden von einem Gefühl der Entmutigung befallen, zu dem sich die Furcht vor dem Ungewissen gesellte.«[8]

Der sowjetische Soldat erweist sich als Meister der Tarnung, des Hinterhalts, des Partisanenkampfes in undurchdringlichem, sumpfigem Waldgelände wie in den Pripjet-Sümpfen. Er scheint von den Gesetzen des Krieges nie gehört zu haben. Auf Befehl Stalins, der entschlossen ist, einen gnadenlosen Krieg zu führen und der Versuchung des Sichergebens von vornherein entgegenzutreten, werden die ersten deutschen Soldaten, die den Sowjets in die Hände fallen, sofort getötet oder unvorstellbar grausam gefoltert. Schon vor Ankunft der »Einsatzgruppen« des Sicherheitsdienstes werden die Deutschen Zeugen schrecklicher Pogrome im Baltikum oder in der Ukraine, wo die Bevölkerung Juden mit Kommunisten gleichsetzt.

Kurzum, der Deutsche trifft auf eine Streitmacht von »Untermenschen«. Für den einfachen Soldaten rechtfertigt diese Feststellung auch »Barbarossa«. Der Feldzug bekräftigt ihn einmal mehr in der Überzeugung, daß der Führer richtig gehandelt hat, als er zur Rettung Deutschlands und der abendländischen Zivilisation vor den Horden der Barbaren, vor der »furia sovjetica«, vor dem jüdisch-bolschewistischen Komplott, einen Präventivkrieg auslöste.

Der Krieg rechtfertigt in seinen Augen auch den Befehl, die Politkommissare, die Mitglieder der kommunistischen Partei und die Juden zu beseitigen, alle zusammen schlimmste Agenten des sowjetischen Systems. Der Befehl wird nach einer Formel Omer Bartovs zu einer »Perversion der Disziplin« gegenüber den Kriegsgefangenen, den Partisanen und den Zivilisten führen, Folge der Aufhebung des traditionellen militärischen Kodex. Alles in allem ist es ein Krieg ohne Mitgefühl, in dem alles erlaubt ist und der, im Falle einer Niederlage, schlimmste Rachegefühle bei den Sowjets hervorrufen wird. Diese Befürchtung wird bis zum Ende anhalten und eine Erklärung liefern für den verzweifelten Widerstand des deutschen Soldaten.

Der Krieg im Osten hat bei vielen Soldaten das Vertrauen in den

Führer noch verstärkt. Er wurde aufgefaßt als ein Kreuzzug zur Verteidigung der abendländischen Zivilisation gegen die Barbarei, und er hat den Antisemitismus beflügelt. Er wurde empfunden als ein unausweichlicher Kampf um Sieg oder Untergang. Ein Offizier faßt dies im Februar 1943 in den Worten zusammen: »Möge Gott dem deutschen Volke die Erhabenheit des Geistes und die nötige Kraft gewähren, um aus ihm das Instrument zu machen, das der Führer braucht, um den Westen vor dem Untergang zu bewahren. Denn was die asiatischen Horden nicht zerstört haben, wird von den Juden vollendet werden, die nur nach Haß und Rache dürsten. An der Front ist das Vertrauen unerschüttert, und wir hoffen, wie Göring es ausdrückte, daß das Glück des Krieges mit der höhersteigenden Sonne wieder auf unserer Seite sein wird.«[9]

Der Krieg stärkt auch den Willen, über sich selbst hinauszuwachsen, wie das ein junger Leutnant nach Stalingrad sagt: »Die Stunde der Prüfung ist gekommen. Wenn wir aushalten, werden wir eine Zukunft haben. Wenn wir nicht widerstehen, werden wir nichts verdient haben, nicht einmal Mitleid.«[10]

Bartovs Interpretation der »Primärgruppen« muß gleichwohl angefochten werden.* Die Höhe der Verluste hat nicht immer zu einer Zerschlagung der »verschworenen Gemeinschaften« geführt. Die Neuaufstellung aufgelöster Verbände ist in den meisten Fällen durch Rückführung genesener Verwundeter in ihre ursprünglichen Einheiten erfolgt. Einige Männer sind nach drei, vier oder mehr Verwundungen wieder an die Front zurückgekehrt. Das Kontingent neuer, junger Soldaten ist oft nur ein Zusatz gewesen, der sich rasch inmitten der »alten« einlebte.

Trotz beträchtlicher Opfer haben viele Großverbände wie »Großdeutschland«, die 2. oder die 7. Panzerdivision oder die meisten SS-Panzerdivisionen bis zum Kriegsende einen Zusammenhalt hohen Grades bewahrt und damit eine bemerkenswerte operative Fähigkeit entwickelt. Andere dagegen, wie die 18. Panzerdivision, aufgestellt im Herbst 1940 und drei Jahre später wieder aufgelöst, zeigten immer eine mittelmäßige, wenn nicht mangelhafte Kampfbereitschaft.

---

* Dem, was Masson gegen Bartovs Interpretation der »Primärgruppen« sagt, ist zuzustimmen. Zur wichtigsten »Primärgruppe« wurden das Regiment und die Division.

Wenn Bartovs These vom überraschenden Kampfgeist der deutschen Soldaten im Osten, vor allem vom Tage der Invasion deutschen Territoriums an, zutrifft, so erklärt sie nicht den ebenso engagierten Widerstand im Westen, der selbst nach Überschreiten des Rheins durch die Alliierten anhielt, und das inmitten einer feindselig gewordenen Bevölkerung.
Ein junger Offizier der Panzerlehrdivision berichtet über die letzten Kämpfe östlich der Weser: »In den Dörfern, die wir durchfuhren, hingen schon weiße Fahnen aus den Fenstern. Man hatte nur noch feindselige oder angsterfüllte Blicke für deutsche Soldaten, mit denen offenbar niemand mehr rechnete. Wir waren lange die Lieblingskinder der Nation gewesen, jetzt waren wir die Ausgestoßenen. Der Ruhm hatte unsere Fahnen seit unendlichen Zeiten verlassen. Aber so geht es nun einmal allen geschlagenen Armeen ...«[11]

Wenden wir uns nun dem politischen Aspekt zu. Das Regime hatte auf erstaunliche Weise die »latente Kampfbereitschaft« eines Volkes zu stimulieren verstanden, das traumatisiert war von der Demütigung, die es in Versailles, bei der Auferlegung der Reparationen und bei der Ruhrbesetzung erlitten hatte. Es war ihm gelungen, eine komplexe Mischung von Sehnsüchten, Ansprüchen und Erwartungen in einer Nation zu nutzen, die zutiefst in ihrer Identität geschädigt war. Seine wirtschaftlichen Erfolge, das Wiedererstarken Deutschlands hatten, besonders in der jüngeren Generation, ein Gefühl des Stolzes und des extremen Selbstvertrauens wachsen lassen, ebenso wie die Bereitschaft, die Weisungen der Partei und das Allgemeinwohl über das eigene Ich zu stellen. Der Devise »Ein Volk, ein Reich, ein Führer« wurde mit Begeisterung Folge geleistet.
Manfred Kehrig hat folgende Erklärung dafür zu liefern versucht: »Man darf nicht die Kraft unterschätzen, die in den deutschen Streitkräften von dem nationalen Konsens, von der Vaterlandsliebe, dem Stolz auf Großdeutschland ausging. Sie kann als Erklärung dienen für den starken Siegeswillen, die enorme Einsatzbereitschaft gerade bei der jungen Generation militärischer Chefs. Ihr Engagement basierte auf der Überzeugung, für eine gerechte Sache zu kämpfen, was von der nazistischen Propagandalüge gefüttert wurde, nach der Kriegserklärung Großbritanniens und Frankreichs seien Reich und Vaterland in Gefahr, und daß es im

Interesse des Volkes liege, dieser Gefahr so schnell wie möglich entgegenzutreten.«[12]

Für die überwiegende Mehrheit der Deutschen ist der Waffengang, der im September 1939 beginnt, nur die Fortsetzung des politischen Kampfes, der mit dem Diktat von Versailles begann. Der Kampf wird Deutschland erlauben, wie eine große Nation im Vollbesitz ihrer Rechte zu leben, und nicht wie ein kleines, eingezwängtes Land, das zu einer zweitrangigen Existenz verurteilt ist. Quelle dieser Überzeugung ist die befremdliche Faszination, die von Hitler ausgeht. Der große Psychoanalytiker C. G. Jung hatte das Phänomen lange vor dem Kriege untersucht. Er beschrieb Hitler als einen »Medizinmann«, der das deutsche Volk von seinen Frustrationen geheilt hatte und in der Lage war, es in die schlimmsten Abenteuer zu führen. Mehrfach nach der Zukunft des Dritten Reiches befragt, konnte Jung nur antworten, daß für den Augenblick nichts zu ändern sei.[13] Die Verzauberung war um so teuflischer, als das deutsche Volk seit dem Ende des 19. Jahrhunderts, nach den Spaniern, den Engländern und den Franzosen, vom Willen zur Macht und zur Hegemonie beherrscht wurde.

Fast bis Kriegsende hielt sich die Zuversicht, daß der Führer, der den wirtschaftlichen Wohlstand herbeigeführt, dem Reich eine führende Position in der Welt verschafft und Frankreich besiegt hatte, auch die seit Stalingrad entstandene Krise bewältigen werde. Diese Gewißheit blieb in den schlimmsten Augenblicken und den verzweifeltsten Umständen erhalten.

Eine Untersuchung der Postsäcke der in Stalingrad eingeschlossenen 4. Panzerarmee brachte zutage, daß noch am 16. Januar 1943 das Vertrauen in Hitler intakt und die Mehrzahl der Männer überzeugt war, daß man sie »so oder so« heraushauen werde. Zur Not könne man Stalingrad als einen der größten Siege des deutschen Volkes ansehen, wie das ein Offizier in einem Brief schreibt: »Die erbarmungslose Schlacht geht weiter. Gott ist mit den Tapferen. Welches auch immer die Absicht der Vorsehung sein mag, wir bitten nur um die Kraft, durchhalten zu können. Später wird man einmal sagen, daß wir in Stalingrad gekämpft haben wie kein anderer Soldat auf der Welt zuvor. Ihr Mütter habt den Auftrag, dieses Vermächtnis an unsere Kinder weiterzugeben.«[14]

Aus einer anderen Untersuchung von 50 000 Briefen der 3. Panzerarmee geht hervor, daß die Nachricht vom Scheitern des Attentats vom 20. Juli 1944 zugleich Zorn und Erleichterung auslöste. Zorn, daß man es gewagt hatte, Hand an den Führer zu legen. Erleichterung darüber, daß man nun die Verräter gefaßt und abgeurteilt hatte und daß Deutschland wieder auf den Weg des Sieges finden würde.

Nach den großen Niederlagen im Westen haben amerikanische Untersuchungen im August und November 1944 ermittelt, daß mehr als zwei Drittel der deutschen Kriegsgefangenen weiter an den Führer und den Endsieg glaubten. Auch nach der fehlgeschlagenen Ardennenoffensive herrschte noch dieser Glaube. Er erlosch erst nach dem Rückzug über den Rhein.

In den allerletzten Wochen macht sich eine Mischung aus Resignation und Optimismus breit. Einige sind gewiß, daß die Niederlage das Ende des deutschen Volkes bedeutet. Andere äußern die Überzeugung, daß die Jahre des Krieges nicht nutzlos gewesen sind. Sie waren eine harte Schule, die es dem deutschen Volk erlaubte, seine Seele zu reinigen.

»Müssen wir uns damit abfinden, unsere Waffen niederzulegen und vernichtet zu werden?« fragt ein junger Soldat am 4. Februar 1945. »Wir müssen auf Gott vertrauen. Er wird das deutsche Volk nicht im Stich lassen und ihm nach diesem schrecklichen Krieg das Weiterleben auf der Erde ermöglichen. Vorerst aber müssen wir weiterkämpfen, bis uns eine bessere Zukunft gewährt wird.«

Für einen anderen ist es »klar, daß sich die allgemeine Lage verschlechtert und es nicht schwer ist, vorauszusagen, daß die Ereignisse seit Jahresbeginn den Höhepunkt des Konfliktes und dessen Ende bringen werden. Für uns gibt es nichts als den Kampf bis zum Ende. Eine Kapitulation würde das Desaster nur noch schlimmer machen ... Solange die Kämpfe andauern, verfügen wir über unzählige und unberechenbare Möglichkeiten.« Wie man die Dinge auch wendet, der Kampf muß weitergehen, und er wird weitergehen.[15]

Andere versinken in eine Art Nihilismus, wie jener Panzerleutnant August Graf Kageneck, der im April 1945 nur noch über eine Handvoll Männer und vier Panzerspähwagen kommandiert. »Die letzte Schlacht erwartete uns im Harz. Das bewaldete Bergmassiv, das seine imposanten Hügel zwischen Weser und Elbe aufragen läßt, ist eine unschätzbare Fluchtburg für geschlagene Armeen. Hier hatten wir uns noch einmal gestellt, um die Meute abzuwarten. In zwei Wochen eines wilden Fechtens mit den Amerikanern, in den Wäldern, den Tälern, den Dörfern und rund um die Talsperren, nahmen wir Abschied vom Krieg. Wir kämpften um jeden Fußbreit Boden, um gar nichts, nicht einmal der Ehre halber. Weder für uns selbst, noch für irgend jemand anderen. Warum schlugen wir uns also? War es, um einen letzten Durst nach Zerstörung zu stillen, den wir in fünf Jahren Krieg nicht hatten stillen können? Wir empfanden ein unsagbares Vergnügen, wenn wir in einer unerklärlichen Wut vier Magazine unserer Zwei-Zentimeter-Kanonen auf ein besetztes Dorf leerten und sahen, wie die aufgeschreckten Amerikaner wie die Hühner durcheinanderliefen.«[16]

Es bedurfte erst des Selbstmords des Führers, um den Schleier zu zerreißen, Volk und Soldaten brutal gewahr werden zu lassen, welche fürchterlichen Verbrechen das Regime begangen hatte. Einige können es nicht glauben, halten es für Propaganda, aber für die große Mehrheit ist es ein furchtbarer Schock.

Das eiserne Durchhaltevermögen des deutschen Soldaten an allen Fronten hat indes auch Kritiker und Ankläger gefunden. Indem sie ihren zähen Widerstand noch während der letzten Monate des Krieges fortsetzte, habe die Wehrmacht einem teuflischen Regime den Aufschub gewährt und damit die Verlängerung des KZ-Systems und des Judenmordes ermöglicht. Dieses Argument ist wenig stichhaltig. Indem sie den Feind an den Grenzen aufhielten, hätten die Generäle der französischen Revolutionsarmeen die Schreckensherrschaft in Paris und den Genozid in der Vendée ermöglicht. Auch indem sie die Deutschen vor Moskau und vor Stalingrad stoppten, haben die sowjetischen Generäle nicht nur dem schlimmsten aller Totalitarismen, sondern auch dem Archipel Gulag das Leben gerettet …

Hingegen kann einen der Vorwurf, den Sir Wheeler Bennett kurz nach dem Krieg in seinem aufsehenerregenden Buch »Nemesis der Macht« dem deutschen Oberkommando gemacht hat, nicht teilnahmslos lassen. Seine Anklage gipfelt in drei Vorwürfen: Der Generalstab sei Komplize der Machtergreifung Hitlers und der Errichtung eines totalitären Regimes gewesen. Durch sein Schweigen habe er die schlimmsten Verbrechen gedeckt. Wenn er schließlich den Mut gehabt hätte, 1943, in einem Moment, da der Krieg sichtlich verloren war, Hitler eine Kapitulation abzutrotzen, hätte er beträchtliche und unnötige Verluste und Zerstörungen vermeiden und das Ende des Dramas beschleunigen können.

Findet man eine Erwiderung auf diese Vorwürfe bei Guderian, Manstein, Dönitz oder Galland oder in den Zeugnissen, die Liddell Hart in seinem Buch »Die deutschen Generale sprechen« zusammengetragen hat? Was sich da herauslesen läßt, ist in der Tat das Bild eines unpolitischen, dem Nationalsozialismus gegenüber feindlich eingestellten Offizierskorps, das nur seine soldatische Pflicht erfüllt habe, und dies in Disziplin und Achtung vor einem legalen, vom Volk breit unterstützten Machtapparat. Im übrigen müsse gelten: Die Regime gehen vorüber, das Vaterland bleibt.

Erst im Moment der Kapitulation seien sich die höheren Offiziere des verbrecherischen Charakters des Regimes bewußt geworden, hätten sie von den Todeslagern und vom Holocaust erfahren. Bis dahin, so ein Wort von Manstein, sei »die andere Seite der nationalsozialistischen Medaille nur ein Nebel von Gerüchten« gewesen.

Lassen wir das gelten. Wie aber erklärt sich dann das völlige Schweigen über das, was sich in den Rüstungsbetrieben, den Arsenalen, im unmittelbaren Hinterland des Frontgebietes im Osten abspielte und was die militärischen Chefs einfach nicht übersehen konnten: die Massaker der Einsatzgruppen, die unmenschlichen Maßnahmen gegen die Partisanen, die Zwangsaushebung von Arbeitskräften, die rücksichtslose Ausbeutung von Fremdarbeitern und Deportierten in den Rüstungsfabriken. Hat man jemals ein Wort des Mitleids gehört über das Leid der sowjetischen Kriegsgefangenen, von denen mindestens 60 Prozent an Hunger, Kälte und Entkräftung zugrunde gegangen sind?

In Wirklichkeit hat das Oberkommando entweder komplizenhaft geschwiegen oder den Maßnahmen gegen die Widerstandsbewegungen auf dem Balkan oder in Rußland, der Auslösung eines Weltanschauungskrieges zwischen dem Nationalsozialismus und dem Bolschewismus, dem Befehl, alle politischen Kommissare und Angehörigen der KPdSU zu beseitigen, zugestimmt.

Wenn einige Generäle wie Bock, Guderian oder Rundstedt solche Anordnungen ignorierten oder sich zumindest weigerten, an speziellen Operationen der Einsatzgruppen teilzunehmen, so haben andere wie Küchler, Hoepner oder Reichenau dabei ohne Zweifel mitgemacht.

Schon am 2. Mai 1941 schreibt Hoepner: »Der Krieg gegen Rußland ist ein wesentlicher Abschnitt im Daseinskampf des deutschen Volkes. Es ist der nackte Kampf der Germanen gegen die Slawen, die Verteidigung der europäischen Kultur gegen moskowitisch-asiatische Überschwemmung, die Abwehr des jüdischen Bolschewismus. Dieser Kampf muß die Zertrümmerung des heutigen Rußland zum Ziele haben und deshalb mit unerhörter Härte geführt werden. Jede Kampfhandlung muß in Anlage und Durchführung von dem eisernen Willen zur erbarmungslosen, völligen Vernichtung des Feindes geleitet sein. Insbesondere gibt es keine Schonung für die Träger des heutigen russisch-bolschewistischen Systems.«[17]

General von Reichenau zeigt sich in einer Weisung vom 2. Oktober 1941 nicht weniger unnachgiebig: »Das wesentliche Ziel des Feldzuges gegen das jüdisch-bolschewistische System ist die völlige Zerschlagung der Machtmittel und die Ausrottung des asiatischen Einflusses im europäischen Kulturkreis. Hierdurch entstehen auch für die Truppe Aufgaben, die über das hergebrachte einseitige Soldatentum hinausgehen. Der Soldat ist im Ostraum nicht nur ein Kämpfer nach den Regeln der Kriegskunst, sondern auch Träger einer unerbittlichen völkischen Idee und der Rächer für alle Bestialitäten, die deutschen und artverwandten Völkern zugefügt wurden.

Deshalb muß der Soldat für die Notwendigkeit der harten, aber gerechten Sühne am jüdischen Untermenschen volles Verständnis haben. Sie hat den weiteren Zweck, Erhebungen im Rücken der Wehrmacht, die erfahrungsgemäß stets von Juden angezettelt werden, zu ersticken.«[18]

Der Tenor einer Weisung Mansteins vom 20. November 1941 ist dem der vorher zitierten nicht unähnlich. Nach der Ermahnung, den Bauern nicht die letzte Kuh wegzunehmen, religiöse Bräuche zu achten und Zurückhaltung gegenüber Kriegsgefangenen zu üben, heißt es weiter: »Seit dem 22.6. steht das deutsche Volk in einem Kampf auf Leben und Tod gegen das bolschewistische System.

Dieser Kampf wird nicht in hergebrachter Form gegen die sowjetische Wehrmacht allein nach europäischen Kriegsregeln geführt. Auch hinter der Front wird weitergekämpft. Partisanen, in Zivil gekleidete Heckenschützen, überfallen einzelne Soldaten und kleinere Trupps und suchen durch Sabotage mit Minen und Höllenmaschinen unseren Nachschub zu stören. Zurückgebliebene Bolschewisten halten durch Terror die vom Bolschewismus befreite Bevölkerung in Unruhe und suchen dadurch die politische und wirtschaftliche Befriedung des Landes zu sabotieren. Ernte

und Fabriken werden zerstört und damit besonders die Stadtbevölkerung rücksichtslos dem Hunger ausgeliefert.
Das Judentum bildet den Mittelsmann zwischen dem Feind im Rücken und den noch kämpfenden Resten der roten Wehrmacht und der roten Führung. Es hält stärker als in Europa alle Schlüsselpunkte der politischen Führung und Verwaltung, des Handels und des Handwerks besetzt und bildet weiter die Zelle für alle Unruhen und möglichen Erhebungen.
Das jüdisch-bolschewistische System muß ein für allemal ausgerottet werden. Nie wieder darf es in unseren europäischen Lebensraum eingreifen.
Der deutsche Soldat hat daher nicht allein die Aufgabe, die militärischen Machtmittel dieses Systems zu zerschlagen, er tritt auch als Träger einer völkischen Idee und Rächer für alle Grausamkeiten, die ihm und dem deutschen Volk zugefügt wurden, auf.
Der Kampf hinter der Front wird noch nicht ernst genug genommen. Aktive Mitarbeit aller Soldaten muß bei der Entwaffnung der Bevölkerung, der Kontrolle und Festnahme aller sich herumtreibenden Soldaten und Zivilisten und der Entfernung der bolschewistischen Symbole gefordert werden. Jede Sabotage muß sofort und mit schärfsten Maßnahmen gesühnt, alle Anzeichen hierfür gemeldet werden.
Die Ernährungslage der Heimat macht es erforderlich, daß sich die Truppe weitgehendst aus dem Lande ernährt und daß darüber hinaus möglichst große Bestände der Heimat zur Verfügung gestellt werden. Besonders in den feindlichen Städten wird ein großer Teil der Bevölkerung hungern müssen. Trotzdem darf aus mißverstandener Menschlichkeit nichts von dem, was die Heimat unter Entbehrungen abgibt, an Gefangene und Bevölkerung – soweit sie nicht im Dienst der deutschen Wehrmacht stehen – verteilt werden.
Für die Notwendigkeit der harten Sühne am Judentum, dem geistigen Träger des bolschewistischen Terrors, muß der Soldat Verständnis aufbringen. Sie ist auch notwendig, um alle Erhebungen, die meist von Juden angezettelt werden, im Keime zu ersticken.«[19]
Auf geradezu aseptische Weise unterrichtet Himmler die oberste militärische Führung zu Beginn des Jahres 1944 über den Genozid. Es geschieht vor 260 höheren Offizieren im Rahmen einer »ideologischen und politischen Schulung« in Posen. Eine ähnliche Unterrichtung findet vor anderen Generälen in Sonthofen statt.

Zwangsarbeit ruft offenbar auch wenig Gewissensbisse hervor. Dönitz bezeugt das, wenn er sagt, die Hauptsache sei, über gute Waffen zu verfügen, »egal, von wem sie hergestellt worden sind«. Proteste waren also die große Seltenheit. Nur ein einziges, allerdings eher schüchternes Beispiel läßt sich anführen, das des Generals Blaskowitz nach dem Ende des Polenfeldzugs und dem Augenblick der Einsetzung des Generalgouvernements in Warschau. Er allein hatte den Mut, sich gegen die Maßnahmen zur Ausschaltung der polnischen Elite, der Priester, Professoren und Intellektuellen zu erheben. Aber es war eine Stimme in der Wüste.

Die Proteste gegen Hitlers Expansionspläne aus den Jahren 1938/39 waren Sache einiger weniger wie Beck, Halder oder Witzleben, und sie betrafen nur den militärisch-operativen Bereich. Die Erarbeitung eines Angriffsplans ab 1938 erscheine verfrüht, hieß es, besser wäre es, etwa fünf Jahre zu warten, bis die Aufrüstung beendet sei.

Wir haben schon dargelegt, daß diese Proteste sich nicht generell gegen Krieg oder Ausschaltung souveräner Staaten wie der Tschechoslowakei oder Polen richteten. Ebenso schwach sind Proteste jeder Art gegen den Angriff auf die Sowjetunion.

Wie jeder Durchschnittsdeutsche hat auch das Offizierskorps und die fast komplette oberste Führung die Machtergreifung Hitlers mit Begeisterung begrüßt, besonders nach der »Nacht der langen Messer«, an deren Zustandekommen die Armee nicht ganz unschuldig war. Der Reinigungsprozeß hatte den Vorteil, die »radikalsten Elemente in der Umgebung des Führers« auszuschalten und der Armee ihre Unabhängigkeit zurückzugeben, ihr den Platz als zweite Säule des Staates neben der Partei zu sichern. Selbst Männer wie Stauffenberg und Tresckow verhehlten nicht ihre Begeisterung beim Anblick des Fackelzuges der SA durch die Straßen Berlins am 30. Januar 1933.

Auch auf die Gefahr, daß ich mich wiederhole: Der Empfang für das neue Regime rührte aus einer tiefen Verachtung für das System von Weimar, das mit der Niederlage, dem Niedergang Deutschlands, der politischen Ohnmacht und dem Klassenkampf identifiziert wurde. Widerwillen gab es auch gegen eine gewisse kosmopolitische, degenerierte Kultur, die als von jüdischem Geist inspiriert empfunden wurde.

Ein Mann wie General von Seeckt, der nur einen scheinbaren Respekt für die Republik zur Schau trägt, weigert sich, an den Feiern zum Tage der Weimarer Verfassung teilzunehmen. Er hat es durchgesetzt, daß die Armee die alten kaiserlichen Farben Schwarz-Weiß-Rot auf ihrer Dienstfahne beibehält. Und er wendet sich gegen die Einführung eines »Ordens für Verdienste um die Republik«.

In den folgenden Jahren üben die Erfolge des Regimes ihre Verführung aus. Die Wirtschaftskrise ist überwunden, die Arbeitslosigkeit beseitigt, die Nürnberger Gesetze garantieren Reinheit der Rasse und des intellektuellen Lebens. Die Wiederaufrüstung gibt der Armee ihre Ehre und ihren Platz in der Nation zurück. Die Offiziere können nicht umhin, den auswärtigen Erfolgen des Regimes zu applaudieren, wie das Dönitz schildert.

»Auf den Kriegsdenkmälern des Ersten Weltkriegs stand oft der Satz: ›Herr, mach uns frei!‹ Wir waren frei geworden. Von dem Erfolg der Saarabstimmung über die Erklärung der Wehrhoheit und die Rheinlandbesetzung bis zum Anschluß Österreichs und des Sudetenlandes ging eine Welle großer außenpolitischer Erfolge. Welcher Patriot, welcher Soldat hätte nach Jahren der Erniedrigung und der Armut einem solchen Aufstieg Deutschlands nicht zugestimmt? Das einige große Deutsche Reich, die Sehnsucht unserer Väter, war Wirklichkeit geworden.«[20]

Der Nationalsozialismus hatte eine Aussöhnung unter den verschiedenen Strömungen der Arbeiterklasse herbeigeführt, eine »Volksgemeinschaft« hergestellt. In den Arsenalen der Marine können die Offiziere wieder auftreten, ohne sich von den Arbeitern beschimpfen lassen zu müssen. Noch im März 1944 erinnert sich Dönitz in einer Ansprache dankbar an diese Zeit. »Was wäre aus unserem Land geworden, wenn der Führer uns nicht unter dem Geleit des Nationalsozialismus geeinigt hätte? In Parteien zerrissen, geschwächt vom Gift des Judentums, dennoch nicht immun dagegen gemacht durch die gesunden Ideen, die heute die unseren sind und von denen wir niemals ablassen werden, wären wir längst unter dem Gewicht des Krieges zusammengebrochen und einer erbarmungslosen Vernichtung durch unsere Feinde ausgeliefert …«[21]

Noch am 9. Mai 1945, einen Tag nach der Kapitulation, wird der Nachfolger des Führers in einer Rede, die das Volk moralisch aufrüsten soll, den Verdiensten des untergegangenen Regimes seine Reverenz erweisen: »Das Wichtigste ist, daß wir über das größte Gut, das uns vom Nationalsozialismus gegeben worden ist, eifersüchtig wachen: unsere Einigkeit. Trotz dem gegenwärtigen militärischen Zusammenbruch ist unser Volk nicht das Deutschland von 1918. Es ist nicht in sich gespalten. Ob wir nun eine andere Form von Nationalsozialismus schaffen oder ob wir uns der uns vom Feind auferlegten Lebensform anpassen wollen, in jedem Fall müssen wir dafür sorgen, daß die uns vom Nationalsozialismus geschenkte Einheit unter allen Umständen erhalten bleibe.«[22]

Abgesehen vom verführerischen Charakter des Regimes mag ein anderer Faktor die Haltung der Armee beeinflußt haben: die konstante Isolierung und schließlich Entmachtung des obersten militärischen Führungsapparates. Es wäre ein schwerer Irrtum, das OKH des Dritten Reiches mit dem Großen Generalstab des kaiserlichen Deutschland gleichzusetzen. Das OKH war Opfer einer allgemeinen Tendenz, die im Zweiten Weltkrieg um sich griff: der des Primats der Politik in der Führung des Krieges.*

General de Gaulle hat diese Tendenz schon 1942 beschrieben: »Glauben Sie nicht, daß dieser totale Krieg der Strategie einen neuen Platz zugewiesen hat? Waren Konflikte früher Sache des Kampfes zwischen Armeen, so bekämpft man sich heute mit den Mühen, dem Blut und der Seele der Völker. Resultiert nicht daraus, daß die Strategen der Moderne nicht mehr, wie einst, Chefs von Armeen, sondern Führer ihrer Völker sind, wie zum Beispiel Churchill, Roosevelt und Stalin oder auch Hitler und Mussolini?«

Ein Hitler, der die Gesamtführung des Krieges und selbst die operative Führung von Armeen ausübt, ist also keine Seltenheit.** Stalin handelt nicht anders. Churchill greift ständig in den Ablauf der Operationen ein. Roosevelt entzieht sich der Versuchung, behält sich aber die Vaterschaft über alle großen strategischen Initiativen vor. Er ist es, der nach Pearl Harbor den Grundsatz des »Germany first« aufstellt. Er ist es, der im Laufe des Sommers 1942 den strategischen Streit zwischen Engländern und Amerikanern schlichtet, indem er eine Landung in Nordafrika durchsetzt, in einem Augenblick, da Marshall und King, außer sich über die Abneigung der Briten gegen eine Landung in Frankreich, eine

* Dieser Satz ist ebenso zutreffend, wie er zwei Seiten hat. Die in einer Demokratie von der militärischen Führung zu fordernde Anerkennung des Primats der Politik hat in einer Diktatur ein anderes Gesicht.

** Hitler, im Unterschied zu den anderen Staatsführern, beschränkte sich nicht auf die operative Führung der obersten Ebene und von Armeen. Er griff in den Einsatz von Divisionen, Regimentern, ja Abteilungen ein.

Umschichtung der amerikanischen Kriegsanstrengungen auf den Pazifik empfehlen, unter Hinterlassung von lediglich Luftstreitkräften auf dem europäischen Kriegsschauplatz. Und wieder ist es Roosevelt, der im Herbst 1943 Churchills Vorschlag einer Operation auf dem Balkan zurückweist und eine Landung in Frankreich für das kommende Jahr festlegt.

In allen kriegführenden Staaten des Zweiten Weltkriegs sind die Generäle nur ausübende Organe der Politik gewesen. Im Unterschied zu ihren großen Vorfahren von 1914/18, Hindenburg, Ludendorff, Kitchener, Joffre und sogar Foch, wurden sie von der Gesamtführung des Krieges ferngehalten.

In Deutschland ist die Degradierung des OKH noch verschärft worden durch die Schaffung eines Generalstabes für alle Wehrmachtteile, das OKW. Hinzu kam, daß Hitler nach der Krise von Moskau im Dezember 1941 die Führung des Heeres selbst übernahm. Die Zuständigkeit des OKH beschränkte sich schließlich auf die Ostfront ohne Finnland und den Balkan. Über die strategischen Reserven hatte es nicht zu entscheiden.

Ebenfalls im Unterschied zum Ersten Weltkrieg ist dem OKH auch jeder Einfluß auf die Unterrichtung der Öffentlichkeit oder die Rüstungspolitik genommen, wobei letztere in Händen von Männern wie Todt, Milch, Speer, am Ende des Konfliktes sogar Goebbels liegt. Auch der Einfluß der SS verdrängt nach und nach das OKH vom Platz, beim Nachrichtenwesen zunächst mit der Übernahme der Abwehr durch den Sicherheitsdienst, auf militärischem Gebiet durch das beträchtliche Anwachsen der Waffen-SS und schließlich durch die Einsetzung Himmlers als Organisator der neu aufzustellenden Volksgrenadierdivisionen und am Ende Befehlshaber der Heeresgruppe Weichsel. Kurzum: Der Zweite Weltkrieg war wirklich der totale Krieg, den Ludendorff angekündigt hatte, aber die Militärs hatten in ihm nicht allzuviel zu sagen.

Auch die Machtfülle in den Händen Hitlers, sanktioniert durch Volksentscheide, trug zur Ausschaltung der Führungsorgane, sei es das OKH oder das OKW, bei.

Mit der Rückkehr zu einer Wehrpflichtarmee wird das alte Offizierskorps der Reichswehr mehr und mehr von jungen Jahrgängen fanatischer nationalsozialistischer Offiziere durchsetzt. Guderian stellt fest: »Im übrigen wurde der Opposition dieses Kreises von Jahr zu Jahr mehr Boden entzogen, denn jeder neue Jahrgang, der zu den Fahnen trat, kam aus der Hitlerjugend und war bereits im Arbeitsdienst und in der Partei auf Hitler verpflichtet worden. Auch das Offizierkorps setzte sich schließlich mehr und mehr aus jungen Nationalsozialisten zusammen.«[23]*

General von Senger und Etterlin hat vermerkt, daß die Politisierung des Offizierskorps nach dem ersten Rußlandwinter deutlich zugenommen habe. »Etwas machte mir die neuen Auswahlprinzipien verdächtig und dämpfte meinen Drang, in den Wettstreit zu treten. Ich hatte den Verdacht, daß trotz des durch die Motorisierung wieder zur Geltung gelangten Bewegungskrieges die operative Begabung der höheren Führer gering veranschlagt wurde. Vielmehr hatte sich schon im ersten Kriegswinter in Rußland ein anderer Typ nach vorn gespielt; der des regime-gläubigen, allzeit optimistischen, draufgängerischen und von politischen Sorgen unbeschwerten Offiziers. Die unbeschwerteren Typen waren erfolgreicher als die anderen. Sie fielen angenehm auf und stiegen daher schneller zu höheren Stellungen auf. Die Schule Becks war unter den Führern oberster Stufe und im Generalstab noch gelegentlich geduldet und vertreten. In der Kategorie der Divisionskommandeure und Korpskommandeure wurde sie immer seltener.«[24]

Gegen Ende des Krieges fand diese Kategorie auch Eingang in die höchsten Dienststellen, die der Armee- oder Heeresgruppenführer, wie Schörner, Rendulic, Weichs, Manteuffel oder Model. Ab Ende 1942 sind alle großen Chefs der Anfangsjahre des Konfliktes, wie Brauchitsch, Halder, Bock, Leeb oder List, ihrer Posten enthoben. Nur Rundstedt hält sich, von Ungnade zu Ungnade, bis zum Ende.

Eine große Zahl dieser neuen Führer hat im Kampf großen persönlichen Mut bewiesen. Am Ende der Schlacht von Falaise kann sich die Mehrzahl der Generäle der Gefangenschaft entziehen. Nur einer von fünf Armeebefehlshabern und nur drei von 15 Divisionskommandeuren ergeben sich. Hausser bricht, schwer verwundet, in einem Panzer aus dem Kessel aus. Meindl, Kommandierender General des 2. Fallschirmkorps, entkommt mit einer Handvoll

---

* Diese von Masson aus dem Buch von Bartov (siehe Anmerkung zu Seite 490) übernommene Feststellung trifft so nicht zu. Sie gilt nur ziemlich begrenzt für die im Lauf des Krieges immer geringer werdende Zahl der aktiven Offiziere, weitgehender aber für Reserveoffiziere, die einen großen Teil der mittleren und jungen Offiziere stellten.

Männern, die Maschinenpistole in der Faust. Ein französischer Zivilist bringt Meyer, Kommandeur der 12. SS-Panzerdivision, in Sicherheit. Die Ergebung Paulus' und seines Generalstabes oder die der 15 Generäle der Heeresgruppe Mitte beim Zusammenbruch in Weißrußland im Juli 1944 bilden Ausnahmen. Von 1400 Generälen des Heeres und der Luftwaffe sind 500 im Laufe des Krieges gefallen oder vermißt. Im Maßstab eines modernen Krieges ist das eine enorm hohe Zahl.[25]

Die Vertreter dieser neuen Generation werden zu politischen Offizieren, nicht nach der Art eines Beck, aber eines Dönitz, der am 15. Februar 1944 vor den Kommandanten der Kriegsmarine erklärt: »Das Offizierskorps muß sich allem voran mit dem nationalsozialistischen Staat solidarisch erklären. Der Offizier ist schlechhtin Verkörperung dieses Staates. Behaupten wollen, daß der Offizier nichts mit der Politik zu tun hat, ist absurd.«[26]

Nicht weniger als die übrige Bevölkerung oder ihre Soldaten waren auch diese Männer Opfer der außergewöhnlichen Ausstrahlung geworden, die von Hitler ausging. Keitel hat den Grad dieser Faszination nie geleugnet. »Die Zusammenarbeit kann man eigentlich nur charakterisieren, wie die zwischen einem hohen militärischen Vorgesetzten und seinem Untergebenen war, mit anderen Worten, die Verhältnisse, wie ich sie immer in meiner Soldatenlaufbahn gegenüber den Befehlshabern innegehabt habe, bei denen ich eine Stabsstellung bekleidete. Aus diesem streng Militärischen und rein dienstlich Soldatischen ist das Verhältnis zwischen Hitler und mir nie herausgekommen. Ich war selbstverständlich berechtigt und verpflichtet, meine Ansichten zu vertreten. Wie schwierig das war, kann nur der beurteilen, der weiß, daß Hitler gewohnt war, schon nach wenigen Worten die ganze weitere Erörterung an sich zu ziehen und damit überhaupt das angeschnittene Thema von seiner Seite aus zu erschöpfen. Es war wohl dann sehr schwer, überhaupt noch über dieses Thema ins Gespräch zu kommen. Ich muß sagen, ich war wohl gewohnt, durch meine vielfachen Stellungen in hohen Stäben mit vorgesetzten Befehlshabern umzugehen, wenn ich mich so ausdrücken darf. Die Verhältnisse, wie sie mir hier entgegengetreten sind, waren mir völlig ungewohnt und überraschten mich und haben mich nicht selten tatsächlich in eine Unsicherheit des Auftretens hineingebracht. Das ist verständlich, wenn man weiß, daß Hitler in seinen soldatischen und militärischen Fragen, wenn ich mich ganz vorsichtig ausdrücken will, ein Mann war mit umfassendsten Reformplänen, denen ich mit einer 37jährigen Tätigkeit als Soldat alter Schule gegenüberstand.«[27]

Im Verlauf des Nürnberger Prozesses erwähnt Dönitz ebenfalls die Suggestivkraft des Führers. »Zu seinem Aufstieg verhalf Hitler die suggestive Kraft seiner zweifellos faszinierend wirkenden Persönlichkeit, die immer wieder sogar Menschen für ihn gewann, welche ihm kritisch gegenüberstanden – jedenfalls dann, wenn sie sich in seiner Nähe befanden und solange dies der Fall war.

Ich selbst habe diesen Einfluß oft empfunden, wobei ich nach zwei Tagen des Aufenthalts im Hauptquartier meistens das Gefühl hatte, mich von der Suggestion durch Hitler wieder absetzen zu müssen, um mich von ihr freizumachen. Er war für mich ferner nicht nur das rechtmäßige, legitim zur Macht gekommene Staatsoberhaupt, dem ich zu gehorchen hatte, der Mann der Politik gegenüber dem Soldaten, ich sah in ihm auch einen Mann von großer Intelligenz und Tatkraft. Das Dämonische seiner Natur durchschaute ich zu spät.«[28]

Am Tage nach seinem ersten Auftritt im Führerhauptquartier stellt Stauffenberg mit Befriedigung fest, daß er immun ist gegen den teuflischen Charme des »Zauberers«.

Ein weiterer Grund für die Isolierung der obersten militärischen Führung ist die massive Zustimmung des ganzen Volkes zu Hitler. Diese Zustimmung erfährt Krisen der Entmutigung nach Stalingrad, nach dem Sturz Mussolinis und dem Rückzug aus Frankreich im Herbst 1944. Es kommt zu Kundgebungen der Opposition in einigen Universitäten, zu Arbeitsniederlegungen oder zu Sabotage-Akten in den Fabriken. Aber alles ist unvergleichbar mit den Massenstreiks und den Aufmärschen des Jahres 1917. In der großen Mehrheit verliert das Volk nicht seinen Glauben an den Endsieg und seine Hoffnung auf eine Wunderlösung. Erst nach der Rhein-Überschreitung der Alliierten im März 1945 bricht dieser Glaube zusammen.

Von Anfang der Machtübernahme an sind auch die führenden Generäle der Reichswehr in Hitlers Bann geschlagen. Blomberg, Reichenau, Küchler, Keitel, Jodl, selbst Fritsch zollen ihm Tribut. Die Faszination behauptet sich selbst in Augenblicken tiefster Verzweiflung. Rommel hat nie ein Attentat auf den Führer gewollt. Guderian verurteilt ein politisches Verbrechen aus seiner christlichen Grundeinstellung heraus. In seinem Abschiedsbrief vor seinem Freitod drückt Kluge noch einmal seine Bewunderung für den Führer aus.

Aus dem Charisma erwächst sklavische Katzbuckelei, die Guderian brandmarkt: »Es wird so viel von Widerstand gegen das Hitler-Regime geredet und geschrieben. Wer von den noch Lebenden, den Rednern und Schreibern, die an Hitler hätten herankommen können, hat denn selber wirklich auch nur ein einziges Mal Widerstand geleistet? Wer hat gewagt, auch nur ein einziges Mal Hitler seine abweichende Ansicht mitzuteilen oder gar Auge in Auge mit dem Diktator auf seiner Meinung zu beharren? Das hätte geschehen müssen! In den Monaten, in welchen ich die Lagevorträge und zahlreiche militärische, technische und politische Besprechungen bei Hitler erlebte, taten das nur sehr wenige Menschen, von denen leider nur die wenigsten noch unter den Lebenden weilen.«[29]

Um das Verhalten der obersten Führung zu würdigen, muß man auch die schnelle Ausbreitung einer nahezu vollkommenen Unempfindlichkeit bedenken, die aus der permanenten Gewöhnung an den Tod herrührte, den Tod an den Fronten, in den bombardierten Städten, an den Orten der Massaker der Zivilbevölkerung. Die Gefühllosigkeit wird auch genährt aus der Politik der Gegner des Reiches, welche nicht das Monopol auf Aggression und Grausamkeit gepachtet hatte. So gesehen war die Anwesenheit sowjetischer Richter in Nürnberg ein Ärgernis.

Die Verletzungen des Völkerrechts durch die UdSSR stehen denen Deutschlands nicht nach, sei es bei den Angriffen gegen Polen und Finnland, der brutalen Annektion der baltischen Staaten mit anschließender Massendeportation oder bei der Kündigung des Nichtangriffspaktes mit Japan. Außer den Deutschen haben auch die Sowjets Regeln der Genfer Konvention mißachtet, der sie übrigens gar nicht erst beigetreten waren, auch kriegsgefangenen Finnen und Japanern gegenüber. Der Fall Katyn wird in Nürnberg nur gestreift. Keiner läßt sich von dem sowjetischen Versuch, die Schuld daran auf die Deutschen abzuwälzen, beeindrucken.

Das Gesetz des Siegers wird auch einigen Angeklagten zugute kommen. Engländer und Amerikaner müssen einräumen, daß sie es waren, die den uneingeschränkten U-Boot-Krieg begonnen hatten. Sie können Dönitz daher nicht wegen »Verletzung der internationalen Regeln für die U-Boot-Kriegführung« verurteilen. Trotzdem wird der Großadmiral zu zehn Jahren Gefängnis wegen

Teilnahme an der Vorbereitung eines Angriffskrieges verurteilt, obwohl er 1939 erst ein einfacher Kapitän zur See war.

Raeder erhält 15 Jahre Gefängnis wegen seiner Planung des Norwegenfeldzuges, zu einem Zeitpunkt, da weder die Richter noch die Weltöffentlichkeit ahnen, daß Churchill eine ähnliche Operation seit Oktober 1938 vorbereitet hatte und daß der deutsche Angriff dem der Alliierten nur um wenige Stunden zuvorgekommen war.

Als letzter Faktor für die Einstellung der Armee ist das Schlüsselproblem der bedingungslosen Kapitulation anzuführen. Ebensosehr wie die vom Regime ausgehende Faszination oder der von Hitler ausgelöste Verzauberungseffekt hat der von den Alliierten im Januar 1943 auf der Konferenz von Casablanca gefaßte Beschluß eine große Wirkung auf das Verhalten sowohl der obersten Führung wie des einfachen Soldaten ausgeübt.

Das Offizierskomplott vom 20. Juli 1944 war schlecht vorbereitet und beruhte auf einer doppelten Illusion. Man glaubte, den Großen Generalstab wiederaufleben zu lassen und ihm seine Entscheidungsbefugnis auf politischem und strategischem Gebiet zurückgeben zu können, und man hoffte, nach einer Beseitigung Hitlers zu einem Friedensschluß oder wenigstens zu einem Separatwaffenstillstand im Westen kommen zu können.

Mit der von Jodl 1943 zurückgewiesenen »politischen Lösung« befassen sich erst spät zum Widerstand gestoßene Männer, wie Rommel oder die beiden Zauderer Kluge und Rundstedt. Letzterer erdreistet sich sogar am 29. Juni 1944, einem von der Entwicklung überforderten und ratlosen Keitel auf die Frage, was nun geschehen solle, zu antworten: »Frieden schließen, ihr Idioten!« In den darauffolgenden Monaten breitet sich der Kreis derer, die an einen Kompromiß mit dem Westen glauben, auf Männer wie das Stuka-As Hans Rudel und sogar Guderian aus. Überzeugt, daß Deutschland im Frühjahr 1945 nicht länger an zwei Fronten kämpfen kann, wendet sich der Generalstabschef des Heeres in seiner Verzweiflung sogar an Himmler mit der Bitte, ob dieser seine Beziehungen im Ausland nicht nutzen könne, um zu einem Abkommen mit den Westmächten zu gelangen.

Aber diese Hoffnungen beruhten auf einer totalen Unkenntnis des wenig vorteilhaften Bildes, das sich die Gegner vom deutschen Offizierskorps gemacht hatten. Während des ganzen Krieges, und sogar vor dessen Ausbruch, waren Anglo-Amerikaner und Sowjets gemeinsam überzeugt, daß OKH und OKW in gleichem Maße wie die nationalsozialistische Partei Anhänger einer Politik der Aggressionen zur Erringung der Herrschaft des Reiches über Europa, ja über die Welt waren. Das Attentat des 20. Juli 1944 konnte an dieser Einstellung nicht das geringste ändern.

Denn diese profunde Überzeugung war unterbaut von historischen Reminiszenzen. Der Große Generalstab erschien den anderen Völkern – seit 1870/71 den Franzosen, nach dem Ersten Weltkrieg den Engländern und Amerikanern – als die Verkörperung des Pangermanismus, als Ausdruck des deutschen Machtwillens, bei aller Bewunderung für seine operativen Qualitäten. Man identifizierte ihn mit den Junkern aus Pommern und Ostpreußen und, weiter zurück in der Geschichte, mit den teutonischen Ordensrittern des Mittelalters.

Als die Deutschen 1918, auf der Basis der 14 Punkte Wilsons, um einen Waffenstillstand nachgesucht hatten, erreichten Engländer und Franzosen beim Präsidenten der Vereinigten Staaten die Zusage, daß ein solcher nur mit einer demokratischen Regierung unter Ausschluß der militärischen Führer und der gekrönten Autokraten des Reiches abgeschlossen werden könne. Bei den Friedensverhandlungen von Versailles stehen die meisten der großen militärischen Chefs, an ihrer Spitze Hindenburg und Ludendorff, auf einer Liste von Kriegsverbrechern, denen den Prozeß zu machen man sich vorbehält. Die Weigerung der Niederlande, Wilhelm II. auszuliefern, torpediert diese Forderung, und die deutsche Regierung verpflichtet sich, die Verantwortlichen selbst abzuurteilen. Die Prozesse beschränken sich schließlich auf die Verurteilung einiger Marineoffiziere, die man der Mißachtung der internationalen Regeln überführt hat.

Wie dem auch sei, bei ihrem Einmarsch in Deutschland im Januar 1945 hängt die Rote Armee Schilder aus, auf denen ganz offensichtlich die »faschistischen Monstren« mit der angeblich in Ostpreußen ansässigen deutschen Offizierskaste gleichgesetzt werden. »Kameraden! Ihr habt die Grenze Ostpreußens erreicht und werdet bald den Boden betreten, der die faschistischen Monstren hervorgebracht hat, diese Bestien, die unsere Städte und Heime zerstört, unsere Söhne und Töchter, unsere Brüder und Schwestern, unsere Frauen und Mütter umgebracht haben. Die schlimmsten dieser Briganten und dieser Nazis kamen aus Ostpreußen. Jahrelang haben sie die Macht in Deutschland ausgeübt und die

Nation in ihren Angriffskriegen und beim Hinmorden anderer Völker angeführt.«[30]

Auf der Konferenz von Jalta akzeptiert Churchill mit Befriedigung die Idee einer Teilung Ostpreußens in einen sowjetischen und einen polnischen Teil, als das beste Mittel, die Wiege des deutschen Militarismus ein für allemal vom Erdboden verschwinden zu lassen.

Die Hoffnungen auf einen Frieden oder eine Waffenruhe gründeten sich noch auf einem anderen Irrtum. Man verkannte die Prinzipien, denen die westlichen Völker folgten. In dem Willen, das deutsche Volk durch Ausmerzung des Nazismus zu regenerieren, war Roosevelt fest entschlossen, den Kampf bis zum vollkommenen Sieg fortzusetzen. Er wollte nicht den Fehler wiederholen, den Wilson 1918 begangen hatte, und einer neuen Dolchstoß-Legende Nahrung geben. Es stand für Roosevelt daher nicht zur Debatte, mit auch nur einem der höheren Offiziere zu verhandeln, die alle mehr oder weniger dem Nationalsozialismus verfallen waren, an ihrer Spitze Beck und Witzleben. Sich mit einem Mann wie Rommel an einen Tisch zu setzen, der Hitlers »right man« und zum Symbol der neuen deutschen Offiziere geworden war, war noch undenkbarer.

Roosevelt mag auch die empörte Reaktion der amerikanischen Presse und Öffentlichkeit auf die Unterzeichnung des Abkommens Clark/Darlan nach der alliierten Landung in Nordafrika im Auge gehabt haben. Sie hatte ihn zu einem Rückzieher und zu der Versicherung genötigt, Darlan – lange Zeit Kollaborateur der Nationalsozialisten in der Vichy-Regierung – sei nur eine »Zwischenlösung«. Auf jeden Fall war eine Infragestellung der mit den Sowjets getroffenen Abkommen aus politischen und strategischen Gründen ausgeschlossen. Die große West-Ost-Allianz sollte ihre Fortsetzung nach dem Konflikt in der UNO finden und zu einer neuen Nachkriegsordnung in der Welt werden.

Sogar ein Stauffenberg gab sich Illusionen hin, wenn er von einem »Pakt unter Soldaten« träumte. Wie konnte er glauben, daß Männer wie Marshall oder Eisenhower mit dem deutschen Oberkommando eine einseitige Waffenruhe im Westen vereinbaren könnten? Auch sie waren vollkommen ihrer politischen Führung unterworfen. Ebenso wiegte sich ein Seydlitz hinsichtlich der Einstellung der UdSSR zum Reich in merkwürdigen Wunschträumen.

Es befremdet, daß die militärischen Chefs nicht die Lehren aus dem Scheitern der Hitlerschen Friedensvorschläge nach dem Polenfeldzug 1939 und dem Frankreichfeldzug 1940 gezogen haben. Ebenso unverständlich ist die Fehlinterpretation der Bedeutung der Casablanca-Proklamation und der Dauerhaftigkeit der Allianz zwischen Anglo-Amerikanern und Sowjets.
Alles in allem ist die deutsche Armee – wie auch das deutsche Volk – einer dreifachen Verdammnis zum Opfer gefallen. Sie verfiel der Faszination eines Diktators, dessen kriminelle Veranlagung aber erst nach dem Kriege zutage trat. Ihre oberste Führung hatte den Notwendigkeiten eines neuen Konzepts der Kriegsführung weichen müssen und war in eine subalterne, rein technische Rolle gedrängt worden. Das OKH von 1939 bis 1945 war nur noch der Schatten des einstigen Großen Generalstabs im Ersten Weltkrieg.
Schließlich sah sich die Armee am Schluß mit dem Rücken an die Wand der bedingungslosen Kapitulation gedrängt. Als Forderung einmalig in der Geschichte, als Problem unlösbar: den schon aussichtslos gewordenen Kampf bis zum Untergang fortsetzen oder sich auf eine entehrende, vielleicht zu frühzeitige Kapitulation einlassen. Eine Entscheidung, wie Guderian es einmal ausdrückte, die an der Tragödie einer Epoche und eines ganzen Volkes gemessen werden mußte.*

* Diese Worte eines französischen Historikers sind bemerkenswert und werden dem Schicksal der Wehrmacht gerecht.

Schlußbetrachtung

Die Geschichte der Wehrmacht ist kurz. Zwischen der kleinen Reichswehr von 100000 Freiwilligen ohne jedes moderne Material vom Anfang der dreißiger Jahre und der Armee der Jahre 1943 bis 1945 mit fast acht Millionen Mann liegen nur etwas mehr als zehn Jahre Zeit. Und trotzdem: Die Wehrmacht des Zweiten Weltkriegs hinterläßt eine unauslöschliche Spur in der Geschichte und die Erinnerung an ein außerordentliches Instrument des Kampfes.

Von 1939 bis 1942 hat die deutsche Armee einer verblüfften Welt alle Facetten des modernen Blitzkrieges vorgeführt und als Modell für die anderen großen Armeen der Welt gedient, die bei den Lehren aus den letzten Jahren des Ersten Weltkriegs stehengeblieben waren, auch wenn es bei ihnen kühne Geister gab wie Fuller, Liddell Hart, de Gaulle oder Tuchatschewsky.

Briten, Amerikaner und Sowjets haben das System der Panzerdivisionen übernommen. Sie haben Luftlandetruppen aufgestellt und eine taktische Luftwaffe entwickelt, die in den Bodenkampf eingreifen oder Ziele im unmittelbaren feindlichen Hinterland angreifen konnte. Im Verlauf der Luftschlacht um England hat die deutsche Luftwaffe Angriffstechniken angewandt, die später in sehr viel größerem Maßstab von Engländern und Amerikanern bei ihren Luftoffensiven auf Deutschland und Japan übernommen wurden. Admiral Dönitz hat den U-Boot-Krieg neu belebt, indem er die Taktik der Rudel erfand. Er hat der U-Boot-Waffe eine Wirksamkeit verliehen, die man überholt glaubte, und die Voraussage der britischen Admiralität Lügen gestraft, die 1937 behauptet hatte, daß die U-Boote Großbritannien nicht mehr dasselbe Probleme verschaffen würden wie 1917.

Trotz der Überlegenheit der technischen Mittel, die sie – von de Gaulle in seinem Appell vom 18. Juni 1940 an die Franzosen prophezeit – ab 1942/43 erworben hatten, waren die Gegner des Dritten Reiches überraschenderweise nicht fähig, das Blitzkriegmodell gegen die deutschen Streitkräfte anzuwenden. Während der letzten beiden Jahre des Konflikts hat die deutsche Armee eine unerwartete Wiedererstarkung bewältigen und einen Defensivkrieg von bemerkenswerter Effizienz führen können. Sie hat die Demonstration geliefert, daß Panzer und Sturmgeschütze exzellente Gegenmittel gegen Panzer sind und daß ein Flugzeug der Blitzkrieg-Ära, der Stuka, ein tödlicher Gegner des Kampfwagens sein kann. Panzerfaust und Panzerschreck in den Händen eines entschlossenen Grenadiers haben ihrem Namen im wortwörtlichen Sinne alle Ehre gemacht. Mehr als 60 Prozent aller in der letzten Phase des Krieges vernichteten Panzer gehen auf ihr Konto.

Während dieser letzten Phase zeigt die deutsche Armee auch eine erstaunliche Beherrschung der Kunst des Nahkampfes, in verdecktem Gelände, im Häuserkampf, unter Anwendung von sorgfältig dosierten Sprengungen und immer komplizierter werdenden Minen. Sie bringt es fertig, weiterzukämpfen, als es längst keine eigene Luftunterstützung mehr gibt und die feindlichen Flugzeuge immer dichter über ihren Linien auftauchen.

Während der ganzen defensiven Periode ist die Wehrmacht ihren Gegnern numerisch unterlegen, was sie nicht hindert, sich die taktische Überlegenheit zu bewahren.

Nach dem Krieg ist der amerikanische Oberst Trevor Dupuy in einer ausführlichen Untersuchung zu dem Ergebnis gekommen, daß »die deutschen Infanteristen ihren britischen und amerikanischen Gegnern immer um 50 Prozent höhere Verluste beibrachten, und das in jeder Situation. Das galt auch für den Fall, daß sie in die Verteidigung gedrängt wurden und, wie meist, unterlegen waren.« Man kommt zu den Ergebnissen, die im Ersten Weltkrieg an der Westfront festgestellt werden konnten.[1]

Die Wirksamkeit der Wehrmacht hängt im Angriff wie in der Verteidigung von der Qualität der Führung ab. Auf allen Ebenen, ob der der Kompanie, des Bataillons, des Regiments oder der Division, wird das »Führerprinzip« angewandt, welches Scharnhorst und Gneisenau zu Beginn des 19. Jahrhunderts in der preußischen Armee eingeführt hatten. War es im Ersten Weltkrieg ein wenig vernachlässigt worden, so fand es diesmal wieder seine volle Anwendung.

Von 1939 bis 1945 führt der Chef seinen Auftrag in eigener Verantwortung durch. Zu Anfang eines Unternehmens eingewiesen, verfügt er über eine breite Marge der Initiative in der Anwendung der Waffen und der Durchführung seines Auftrages. Er muß auf Entwicklungen reagieren können, die zu Beginn des Unternehmens nicht vorhersehbar waren. Zu wiederholten Malen hat diese Form der Führung des Gefechtes mit verbundenen Waffen und einem entschlossenen Offizier in den meist isoliert kämpfenden »Kampfgruppen« ihre beispielhafte Anwendung gefunden.

Wenn es sein muß, wissen höhere Offiziere sich in vorderster Linie am Kampf zu beteiligen. Vergleichbar den großen Reiterfüh-

rern der klassischen Epoche, haben Männer wie Guderian, Rommel, Model oder Manteuffel in ihren gepanzerten Befehlswagen ihre Divisionen an der Spitze geführt.
Denken wir auch an das Auftreten einer »neuen Wehrmacht« am Ende des Krieges. Es manifestiert sich in den fliegenden Bomben, den Düsenjägern, den Luft-Luft- und den Boden-Luft-Raketen, den funkgeleiteten Gleitbomben und den »elektrischen« U-Booten mit Schnorchel.
In seinem Abschlußbericht hebt General Arnold, der Oberbefehlshaber der amerikanischen Luftstreitkräfte, befriedigt den enormen Beitrag hervor, den deutsche Wissenschaftler und Techniker zur Entwicklung moderner Waffen geleistet haben, die in den Entwicklungsbüros gefundenen Dokumente und das in den Arsenalen sichergestellte spitzentechnische Gerät, von dessen Vorhandensein die Alliierten offensichtlich keine Ahnung hatten. »Man findet die unglaublichsten Erfindungen, packt sie zusammen und schickt sie zu Studienzwecken nach Amerika: vom Blindfluggerät zum Autopiloten, von infraroten Wetterinstrumenten bis zum Radar, vom Düsenmotor bis zur Bombenzielvorrichtung, von Schnellfeuer-Fla-Kanonen bis zu automatisch feuernden Bordwaffen, von Kompaß und Kamera bis zum neuen medizinischen Gerät.«[2]
Noch nach dem Kriege wird die Wehrmacht als Modell herangezogen. Der von den Israelis in beispielhafter Weise gewonnene Sechs-Tage-Krieg von 1967 hat sich ganz offensichtlich am Blitzkrieg orientiert, von der sofortigen Erringung der Luftüberlegenheit bis zum rücksichtslosen Einsatz gepanzerter Verbände. Ab 1963 stützt sich die neue Strategie der »Vorne-Verteidigung« der NATO auf eine genaue Untersuchung des Geländes, in dem die Deutschen 1944 in der Normandie ihre tief gestaffelten Verteidigungsstellungen aufgebaut hatten.[3]
Der technologische Durchbruch der Deutschen gegen Ende des Krieges steht am Anfang der militärischen Revolution der zweiten Hälfte des 20. Jahrhunderts, die die breite Einführung von Raketengeschossen aller Art, von Flugzeugen mit Düsen- oder Raketenmotor oder von diesel-elektrisch getriebenen U-Booten mit sich bringt. Dem Durchbruch war nur ein Gebiet verwehrt, das nukleare, mit Ausnahme vielleicht der Studien zu einem atomaren Antrieb von U-Booten. Aber die V-2-Rakete hat das Zeitalter der ballistischen atomaren Abschreckwaffen eingeläutet, und die V1

muß als Vorläufer der konventionellen oder atomaren Marschflugkörper vom Typ Tomahawk angesehen werden.
Trotz dieser schmeichelhaften Aufzählung ihrer Leistungen hat die Wehrmacht eine vernichtende Niederlage, die zweite für Deutschland in nur 25 Jahren, erlitten. Vordergründig gibt es keine Ähnlichkeit zwischen beiden: zwei völlig voneinander verschiedene Regime, eine kaiserliche Monarchie und eine totalitäre Diktatur, und zwei unterschiedliche Führungssysteme. Von 1914 bis 1918 verfügt ein Großer Generalstab in völliger Autonomie nicht nur über die Leitung der Operationen, sondern auch über die allgemeine Führung des Krieges. 25 Jahre später ist die oberste Führung total dem Willen eines Führers unterworfen, der den Krieg alleine gewinnen will.
Trotzdem gibt es Analogien zwischen beiden Desastern. Beide Male erweist sich die deutsche Armee als unfähig, den Hauptgegner auf dem Festland niederzuwerfen: Frankreich im Ersten, die Sowjetunion im Zweiten Weltkrieg. Beide Male auch hat die Kriegsmarine, trotz enormer Anstrengungen zugunsten der U-Boote, die Seemächte nicht entscheidend in ihren Verbindungslinien einschränken können. Die Konsequenzen waren jedesmal verheerend: 1914/18 hat die Beherrschung der Meere den Briten die Entsendung eines Expeditionskorps an die Westfront erlaubt, ehe später amerikanische Truppen zu ihnen stießen. Im zweiten Konflikt waren die Anglo-Amerikaner in der Lage, die 1940 mit dem Sturz Frankreichs »verschwundene« Westfront 1943 wiederherzustellen.
Zwei aufeinanderfolgende Niederlagen im Laufe eines 30jährigen Krieges haben die Doktrin der obersten militärischen Führer Deutschlands ad absurdum geführt, man könne mit einem hervorragend ausgebildeten Generalstab, zusammengesetzt aus fähigen, von hoher Kultur und langjähriger Berufserfahrung geprägten Offizieren, und perfekt ausgebildeten, bewaffneten und geführten Truppen das Gesetz des Handelns an sich reißen und einen vielfach überlegenen Gegner schlagen.
Zur Rechtfertigung ihres jeweiligen Desasters haben die militärischen Führer noch 1918 den Zusammenbruch des Hinterlandes, den »Dolchstoß«, angeführt, und nach 1945 die katastrophalen Eingriffe Hitlers in die operative Planung. In Wahrheit verraten die beiden Katastrophen das Scheitern der Lehren nicht eines Clausewitz, wie zuweilen behauptet wird, sondern das der strate-

gischen Lehren der Generäle Moltke des Älteren und Schlieffen, beide im 20. Jahrhundert zu Vordenkern der Generalstabsoffiziere geworden. Diese Lehren, extrem »terrestrisch« angelegt, waren Konflikten nicht gewachsen, die gleichzeitig gegen die größten Land- und vor allem Seemächte geführt werden mußten. Trotz ihres demographischen und wirtschaftlichen Potentials waren weder das Wilhelminische noch das Hitlersche Deutschland groß genug, um Koalitionen der größten Mächte des Planeten alleine standzuhalten.

Anmerkungen

Von der Reichswehr zur Wehrmacht

1 Benoist-Méchin J., *Histoire de l'armée allemande,* Paris, R. Laffont, Bd. 1, S. 543 ff. (Benoist-Méchin J., *Geschichte der deutschen Militärmacht,* 1918–1946. 3 Bde. Oldenbourg, Hamburg 1965.)
2 Ebd. S. 557.
3 Dulffer J., *Raeder between Hitler and Dönitz,* »Les marines du Dreadnought au nucléaire«, Paris, Service historique de la Marine, 1990, S. 275.
4 Becker J., *la Politique révisionniste du Reich de la mort de Stresemann à l'avènement de Hitler,* »La France et l'Allemagne«, 1932–1936, Paris, CNRS 1980, S. 21 ff.
5 Dulffer J., *Raeder between Hitler and Dönitz,* a.a.O., S. 275.
6 Deist W., *le Problème du rèarmement allemand dans les années 1933–1936,* »La France et l'Allemagne«, 1932–1936, Paris, CNRS, 1980, S. 66.
7 Dulffer J., *Raeder between Hitler and Dönitz,* a.a.O., S. 279.
8 Schreiber G., *Kriegsmarine et marine française,* France-Allemagne, 1936–1939, S. 29 ff.
9 *The Rise and Fall of the German Air Force,* London, Arms and Armour Press, 1983, S. 4 ff.
10 Benoist-Méchin, a.a.O., Bd. 1, S. 797.
11 Dulffer J., *Raeder between Hitler and Dönitz,* a.a.O., S. 288.
12 Dulffer J., *Réarmement et économie du Reich,* France-Allemagne, 1936–1939, S. 20.
13 Ebd., S. 3.
14 Ebd., S. 25.

Gleichschaltung

1 J. Philippon, *la Nuit des Longs Couteaux, histoire d'une intoxication,* Paris, Armand Colin, 1992.
2 Wheeler-Bennett John W., *le Drame de l'armée allemande,* Paris, Gallimard, 1955, S. 268. (Wheeler-Bennett John W., *Nemesis der Macht. Die deutsche Armee in der Politik. 1918–1945.* Düsseldorf 1955.)
3 Ebd., S. 292.
4 Benoist-Méchin J., a.a.O., Bd. 2, S. 29 ff.
5 Steinert M., *Hitler,* Paris, Fayard, 1991, S. 302.

6 Wheeler-Bennett J. W., a.a.O., S. 338.
7 Ebd., S. 340.
8 Benoist-Méchin, a.a.O., Bd. 2, S. 552.
9 Guderian H., *Mémoires d'un soldat,* Paris, Plon, 1958, S. 287. (Guderian Heinz, *Erinnerungen eines Soldaten.* Heidelberg 1951.)

Bluff oder Ernst?

1 Teyssier Cl., *Voyage du général Vuillemin en Allemagne,* 1938, RHA 2/87.
2 Murray W., *Luftwaffe,* Baltimore, The Nautical and Aviation Publishing Company, 1985, S. 30.
3 Vulliez A., *Analyse des conférences navales du Führer,* Paris, 1955, S. 14.
4 Kehrig M., *la Défaite française vue par la Wehrmacht,* »Les armées françaises dans la Seconde Guerre mondiale«, IHCC, 1985, S. 119.
5 Ebd., S. 119.
6 Marril J. M., *la Doctrine militaire française entre les deux guerres,* Revue historique des armées, 3/91.
7 Guderian H., a.a.O., S. 22.
8 Ebd., S. 16.
9 Ebd., S. 12.
10 Rauschning, *Hitler m'a dit,* Paris, Somogy, 1979, S. 35. (Rauschning Hermann, *Gespräche mit Hitler.* Wien, Zürich, New York 1947.)
11 Beaufre, général, *le Drame de 1940,* Paris, 1965, S. 86.
12 *The Rise and Fall of the German Air Force,* a.a.O., S. 42.
13 Vivier Th., *la Naissance de l'arme aéroportée en France,* RHA, 4/92, S. 47.
14 *The Rise and Fall of the German Air Force,* a.a.O., S. 96.
15 Vulliez A., a.a.O., S. 14.
16 Witte W., *la Propagande nazie et la combativité allemande jusqu'en 1936,* »La France et l'Allemagne«, 1932–1936, CNRS, 1980, S. 248.
17 Kehrig W., a.a.O., S. 125.

»Blitzkrieg«

1 Price A., *Luftwaffe,* London, Ballantine, 1969, S. 40.
2 Benoist-Méchin J., a.a.O., Bd. 1, S. 40.
3 Muller K. J., *Historia Spécial,* Mai/Juni 1990, S. 9 ff.
4 Wheeler-Bennett J. W., a.a.O., S. 398.
5 Benaerts P., *Petit Essai sur les causes d'un grand désastre,* 1941, S. 32.
6 Kehrig M., a.a.O., S. 13.

7 Masson Ph., *Moral et propagande,* »Français et Britanniques pendant la drôle de guerre«, Paris, CNRS, 1979, S. 163.
8 Kehrig M., a.a.O., S. 132.
9 Bauer Eddy, *Histoire controversée de la Seconde Guerre mondiale,* Rombaldi, 1966, Bd. 2, S. 49.
10 Manstein Erich von, *Victoires perdues,* Paris, Plon, 1958, S. 66 ff. (Manstein Erich von, *Verlorene Siege.* 36.–41. Tsd. Frankfurt/Main, Bonn 1964.)
11 Kersaudy F., *1940, la guerre du fer,* Paris, Tallandier, 1987, S. 51.
12 Ebd., S. 33 ff.
13 Barjot P., *Histoire de la guerre aéronavale,* Paris, 1961, S. 117.
14 Rohwer J., *The Fateful Decisions: Intelligence, Command and Technical Failure,* Institut for Forsvarsstudier, Oslo, 1990, S. 122.

Sieg im Westen

1 Lukacs J., *le Duel Churchill-Hitler, 10 mai–31 juillet 1940: les 80 jours où se jouent le sort de la guerre,* Paris, R. Laffont, 1992, S. 94. (Lukacs John, Churchill und Hitler: *Der Zweikampf.* 2. Aufl. Stuttgart 1993.)
2 J. Costello, *les 10 Jours qui ont sauvé l'Occident,* Paris, O. Orlan, S. 117 ff.
3 Senger und Etterlin, *Panzer sur l'Europe,* Monaco, 1965, S. 33. (Senger und Etterlin Fridolin von, Krieg in Europa. Köln, Berlin 1960.)
4 Benaerts P., a.a.O., S. 39.

Auf der Suche nach einer Strategie

1 Lukacs J., a.a.O., S. 163.
2 Ciano G., *Carnets,* S. 264. (Ciano Galeazzo Graf, *Tagebücher 1939–1943.* Bern 1947.)
3 Lukacs J., a.a.O., S. 201.
4 Ebd., S. 201.
5 Gruchmann M. L., *les Occasions stratégiques manquées des puissances de l'Axe en Méditerranée,* »La guerre en Méditerranée«, CNRS, 1971.
6 Irving D., *Hitlers War,* Bd. 2, 1939–1942, S. 320. (Irving David, *Hitlers Krieg: die Siege 1939–1942.* München, Berlin 1983.)

»Barbarossa«

1 Souvorov V., *le Brise-Glace,* Paris, Olivier Orban, 1989. (Suworow Viktor, *Der Eisbrecher.* Stuttgart 1989.)
2 Lukacs J., a.a.O., S. 263.

3 Ebd., S. 264.
4 Ebd., S. 284.
5 Halder F., *Kriegstagebuch,* Bd. 3, S. 38. (Halder Franz, *Kriegstagebuch. Tägl. Aufzeichn. d. Chefs d. Generalstabes d. Heeres* 1939–1942. 3 Bde. Stuttgart 1962–1964.)
6 Ebd., S. 170.
7 Brissaud A., *Mussolini,* Paris, Perrin, 1983, Bd. 2, S. 193.
8 Guderian, a.a.O., S. 184.
9 Ebd., S. 238.
10 Ebd., S. 250.
11 Irving D., a.a.O., Bd. 2, S. 368.
12 Beker C., *Raid, altitude 4000,* Paris, 1966, S. 247, und Lucas J., *War on the Eastern Front,* London, 1979, S. 196 ff.
13 Degrelle L., *Hitler pour 1000 ans,* Paris, La Table ronde, 1969, S. 127.
14 Hughes T. et Costello J., *la Bataille de l'Atlantique,* Paris, Albin Michel, 1977, S. 198 ff. (Costello John, Hughes Terry, *Atlantikschlacht.* [B.-L. Tb. Zeitgeschichte 65038] Bergisch Gladbach 1981.)

An den Pforten Asiens

1 Young D., *Rommel,* Paris, 1951, S. 29. (Young Desmond, *Rommel.* Wiesbaden 1950.)
2 Bauer Ed., *la Guerre des blindés,* 2 Bde., Paris, Payot, 1952. (Bauer Eddy, *Der Panzerkrieg.* 2 Bde. Bonn 1965.)
3 Degrelle L., *la Campagne de Russie,* 1941–1945, Paris, 1949, S. 171. (Degrelle Léon, *Die verlorene Legion.* Stuttgart 1952.)
4 Degrelle L., *Hitler pour 1000 ans,* a.a.O., S. 136.
5 Carrell P., *Barbarossa,* Paris, Laffont, 1964, S. 533. (Carell Paul, *Unternehmen Barbarossa.* Frankfurt/Main, Berlin, Wien 1963.)
6 *Historia XXe siècle,* n° 165, S. 1923.
7 *Historia XXe siècle,* a.a.O., S. 1923.

Der Wind der Beresina

1 Deakin F. W., *l'Axe brisé,* Paris, 1964, S. 78 ff. (Deakin Frederick William, *Die brutale Freundschaft.* Köln, Berlin 1964.)
2 Jäckel E., *la France dans l'Europe de Hitler,* Paris, Fayard, 1968, S. 361.
3 Manstein, a.a.O., S. 278.
4 Ebd., S. 255 ff.
5 Ebd., S. 270.

Siegreiche Abwehrschlachten

1 Baumont M., *la Grande Conjuration contre Hitler,* Paris, 1963, S. 34 ff.
2 Deakin F. W., a.a.O., S. 286 ff.
3 Kleist P., *Entre Staline et Hitler,* Paris, Plon, 1953. *Le Monde,* 1. Juni 1989. (Kleist Peter, *Zwischen Hitler und Stalin 1939–1945.* Bonn 1950.)
4 Erikson J., *Koursk, »Decisive battles of XXth century«,* London, 1976, S. 224 ff.
5 Guderian H., a.a.O., S. 296.
6 Manstein, a.a.O., S. 355.
7 Guderian H., a.a.O., S. 298.
8 Rudel Hans, *Pilote de stuka,* Paris, 1951, S. 117.
9 Clark A., *la Guerre à l'Est,* 1941–1945, Paris, 1967, S. 407.
10 Manstein, a.a.O., S. 360.

Neue Fronten

1 *Hitler parle à ses généraux,* Paris, 1964, S. 133.
2 Deakin F. W., a.a.O., S. 522 ff.
3 Vulliez A., a.a.O., S. 102.
4 Jäckel E., a.a.O., S. 279.
5 Ebd., S. 423.
6 Ebd., S. 437.
7 Ebd., S. 457.
8 *Procès de Nuremberg,* Bd. 10, S. 219.
9 Murray, *Luftwaffe,* a.a.O., S. 131.

Die neue Wehrmacht

1 *Dictionnaire de la Seconde Guerre mondiale,* J. Mabire, *Vlassov.*
2 Senger und Etterlin, a.a.O., S. 221.
3 Guderian H., a.a.O., S. 269 ff.
4 Stein G. H., *la Waffen SS,* Paris, 1967, S. 149. (Stein George H., *Geschichte der Waffen-SS.* Düsseldorf 1967.)
5 Degrelle L., *la Campagne de Russie,* a.a.O., S. 22.
6 Ebd., S. 25.
7 Stein, a.a.O., S. 164.
8 Guderian, a.a.O., S. 264.
9 *The Rise and Fall of the German Air Force,* a.a.O., S. 227.
10 Murray W., a.a.O., S. 177.
11 Ebd., S. 286.
12 Ebd., S. 199 und 217.

13 Galland A., *les Premiers et les Derniers,* Paris, 1953, S. 350. (Galland Adolf, *Die Ersten und die Letzten.* Darmstadt 1953.)
14 Ebd., S. 353 ff.
15 Murray W., a.a.O., S. 237.
16 *Führer Conferences on Naval Affairs,* 1939–1945. Annapolis, 1990, S. 306.
17 *Führer Conferences,* a.a.O., S. 310.
18 Rohwer J., *Radio Intelligence in the Battle of the Atlantic,* Military History Symposium of US Air Force, 1988. *The Intelligence Revolution; a Historical Perspective. Allied and Axis Radio-Intelligence in the Battle of the Atlantic.* »Les marines de guerre du Dreadnought au nucléaire«, SHM, 1989.
19 *Führer Conferences on Naval Affairs,* a.a.O., S. 308.
20 Ebd., S. 303.
21 Rohwers Theorie, wonach die alliierte Landung in der Normandie hätte aufgehoben werden müssen, wenn die Tonnageverluste der Alliierten sich das ganze Jahr 1943 über auf dem Niveau der ersten drei Monate dieses Jahres gehalten hätten, wurde von G. Weinberg im *Military History Symposium of US-Air Force* (s. o. S. 189) in Frage gestellt. Aus evidenten allgemein politischen Gründen hätten die Anglo-Amerikaner nicht auf »Overlord« verzichten können und wären eher bereit gewesen, Schiffsraum aus dem Mittelmeer und vor allem dem Pazifik abzuziehen, unter Hinnahme einer Verringerung der Aktivitäten auf diesen beiden Schauplätzen.
22 Rahn W., *The Development of New Types of U-boote in Germany during World War II.* »Les marines de guerre du Dreadnought au nucléaire«, a.a.O., S. 370.

Die verhexte Strategie

1 Cartier R., *Hitler et ses généraux,* Paris, Fayard, 1962, S. 36.
2 *Historia* spécial n° 379 bis, *Hitler et ses généraux,* S. 46.
3 Keegan J., *l'Art du commandement,* Paris, Perrin, 1987, S. 282.
4 Irving D., a.a.O., Bd. 2, S. 565 ff.
5 Manstein, a.a.O., S. 361 und 432.
6 Kennedy P., *The Rise and Fall of the Great Powers,* N. Y. Vintage books, 1989, S. 347. (Kennedy Paul M., *Aufstieg und Fall der großen Mächte.* Frankfurt/Main 1989.)
7 Zinoviev A., *Vivre, la confession d'un robot,* Paris, L'Age d'homme, 1989, S. 211.
8 Wilmot Ch., *la Lutte pour l'Europe,* Paris, 1964, Bd. 3, S. 260 ff. (Wilmot Chester, *Der Kampf um Europa.* Frankfurt/Main 1960.)
9 Blum A., *Pertes démographiques et enjeux de la population dans l'histoire soviétique,* Stratégique, 4/92, S. 202.
10 Murray W., a.a.O., S. 236.

11 Baumont M., a.a.O., S. 34 ff., S. 141 ff.
12 Lewin R., *The American Magic,* N. Y. Penguin Books, 1983.
13 Manstein, a.a.O., S. 364.
14 Glantz D., *Soviet Military Intelligence,* Military History Symposium of US Air Force, a.a.O., S. 123.
15 Lukacs, a.a.O., S. 142.
16 Speer A., *Au cœur du III*^{e} *Reich,* Paris, Fayard, 1971, S. 345. (Speer Albert, *Erinnerungen.* Berlin 1969.)
17 Speer A., a.a.O., S. 414.
18 Ebd., S. 349.
19 Guderian H., a.a.O., S. 274.
20 Senger und Etterlin, a.a.O., S. 234.
21 Guderian H., a.a.O., S. 331.
22 Cartier R., a.a.O., S. 244 ff.
23 Guderian H., a.a.O., S. 403.
24 Rudel H., a.a.O., S. 182.
25 Powers Th., *le Mystère Heisenberg,* Paris, Albin Michel, 1993. (Powers Thomas, *Heisenbergs Krieg. Die Geheimgeschichte der dt. Atombombe.* Hamburg 1993.)
26 Rahn W., a.a.O., S. 368.

Der unmögliche Siebenjährige Krieg

1 Wilmot Ch., a.a.O., Bd. 1, S. 271.
2 Ebd., S. 269.
3 Ebd., S. 254.
4 Speidel H., *Invasion 44,* Paris, 1950, S. 70. (Speidel Hans, *Invasion 1944.* Tübingen, Stuttgart 1949.)
5 Speidel H., a.a.O., S. 66.
6 Wilmot Ch., a.a.O., Bd. 2, S. 107.
7 Murray W., a.a.O., S. 266 ff.
8 Wilmot Ch., a.a.O., Bd. 2, S. 125.
9 Ebd., S. 133.
10 Ebd., S. 130.
11 Speidel H., a.a.O., S. 123.
12 Masson Ph., *la Participation de la marine française aux débarquements de Normandie et de Provence,* Paris, SHM, S. 81.
13 Ebd., S. 81.
14 Ebd., S. 83.
15 Ebd., S. 83.
16 Ebd., S. 83.
17 Delmas J., *Combattants, terrain, concentration de feu,* Normandie 44, Paris, Albin Michel, 1987, S. 85.
18 Speidel H., a.a.O., S. 137.
19 Ruge Al., *Rommel face au débarquement de Normandie, 1944,* Paris, Presses de la Cité, 1960, S. 245.

Die militärische und politische Krise

1 Irving D., a.a.O., Bd. 3, S. 606. Im Laufe des Winters 1943/44 hatte die Seydlitz-Gruppe einen ersten Versuch der Aufforderung zum Überlaufen bei den Generälen Stemmermann, Lieb und Kruse unternommen, unter Einsatz von Offizieren, die sich durch die deutschen Linien geschlichen hatten. Eine Reihe dieser Offiziere wurde festgenommen. Vor ihrer Hinrichtung hatten sie ausgesagt, im Lager von Krasnogorsk einer Gehirnwäsche unterzogen worden zu sein. Seydlitz war es auch gelungen, den Generälen bzw. Feldmarschällen Küchler, Zimmermann, Model und Rundstedt Nachrichten zukommen zu lassen. Diese Unternehmungen veranlaßten den General Schmundt, von den führenden militärischen Chefs einen neuen Treueid auf den Führer zu verlangen.
2 Muller K. J., *le Débarquement allié en Normandie et l'opposition à Hitler an Allemagne,* Normandie 44, a.a.O., S. 257 ff.
3 Baumont M., a.a.O., S. 117 ff.
4 Guderian H., a.a.O., S. 322.

Fall und Auferstehung

1 Dufresne M., *Normandie, août 1944,* RHA 3/1987. *Le Succès allemand sur la Seine,* RHA, 3/1989. Wichtiger Beitrag zum Ende der Schlacht in der Normandie.
2 Bauer E., *Histoire controversée,* a.a.O., S. 177.
3 Murray W., a.a.O., S. 273.
4 Dufresne M., *Normandie 14 août 1944, les décisions qui sauvèrent les armées allemandes,* RHA, 1993/2. Ergänzt die vorhergehenden Schriften.
5 Wilmot Ch., a.a.O., Bd. 3, S. 147.
6 Speer A., a.a.O., S. 659.
7 Ebd., S. 768.
8 Murray W., a.a.O., S. 291.
9 Closterman, *le Grand Cirque,* Paris, 1954, S. 75 ff. (Closterman Pierre, *Die große Arena.* Bern 1951.)
10 Wilmot Ch., a.a.O., Bd. 3, S. 164 ff.
11 Guth E., *la Stratégie allemande,* Normandie 44, a.a.O., S. 33 ff.
12 Wilmot Ch., a.a.O., Bd. 3, S. 203.

Die letzten Akzente

1 Speer A., a.a.O., S. 764.
2 Rahn W., a.a.O., S. 362 ff.
3 Guderian H., a.a.O., S. 420.

4 Duffy Ch., *Red Storm on the Reich,* New York, Maxwell Mac Millan International, 1991, S. 56. (Duffy Christopher, *Der Sturm auf das Reich. Der Vormarsch der Roten Armee 1945.* München 1994.)
5 Vulliez A., a.a.O., S. 121.
6 Guderian H., a.a.O., S. 420.
7 Guderian H., a.a.O., S. 407.
8 Degrelle L., *Campagne de Russie,* a.a.O., S. 414.
9 Duffy Ch., a.a.O., S. 212.
10 Ebd., S. 276.
11 Arnold, général, *Rapport final,* S. 15 ff.
12 Casey W., *The Secret War against Hitler,* London, Simon and Chester, 1989, S. 209 ff.
13 Simons G., *Victoire en Europe,* Time Life, 1982, S. 129. (Simons Gerald, *Die deutsche Kapitulation.* [Time-Life-Bücher] Amsterdam 1982.)

Moral und Politik

1 Rudel H., a.a.O., S. 271.
2 *The Effect of Strategic Bombing on the German War Economy,* S. 207.
3 Müller-Hillebrand Burkhart, *Der Zweifrontenkrieg,* Frankfurt/Main, S. 171 ff., S. 261 ff.
4 Guderian H., a.a.O., S. 399.
5 Bartov Omer, *Hitler's Army,* Oxford Un. Press, 1991, S. 30 ff. (Bartov Omer, *Hitlers Wehrmacht. Soldaten, Fanatismus und die Brutalisierung des Krieges.* Reinbek 1995.)
6 Degrelle L., *Campagne de Russie,* a.a.O., S. 414.
7 Bartov O., a.a.O., S. 163.
8 Lukacs, a.a.O., S. 31.
9 Bartov O., a.a.O., S. 169.
10 Ebd., S. 168.
11 Kageneck August von, *Lieutenant de Panzer,* Paris, Perrin, 1994, S. 187.
12 Kehrig M., a.a.O., S. 125.
13 Jung C. G., *Rencontres et Interviews,* Paris, Buchet-Chastel, 1985, S. 112.
14 Bartov O., a.a.O., S. 167.
15 Ebd., S. 175.
16 Kageneck A. von, a.a.O., S. 188.
17 Bartov O., a.a.O., S. 128.
18 Ebd., S. 129.
19 Vorant J. M., *le Procès de Nuremberg,* Paris, Pluriel, S. 289.
20 Dönitz K., a.a.O., S. 227.
21 Vorant J. M., a.a.O., S. 289.
22 Wheeler-Bennett, a.a.O., S. 572.
23 Bartov O., a.a.O., S. 138.

24 Senger und Etterlin, a.a.O., S. 55.
25 Keegan J., *l'Art du commandement,* Paris, Perrin, 1991, S. 347.
26 Vorant J. M., a.a.O., S. 289.
27 Ebd., S. 177.
28 Ebd., S. 288.
29 Guderian H., a.a.O., S. 338.
30 Duffy Ch., a.a.O., S. 285.

Schlußbetrachtung

1 Hastings Max, *Overlord,* London, Michael Joseph, 1984, S. 207.
2 Arnold, a.a.O., S. 22.
3 Keegan J., *Six Armées en Normandie,* Paris, Albin Michel, 1984, S. 307.

ANHANG

Zeittafel

1933
30. Januar: Hitler Reichskanzler einer »nationalen Regierung«
24. März: Ermächtigungsgesetz
14. Oktober: Austritt Deutschlands aus Völkerbund

1934
30. Juni: Niederschlagung des Röhm-Putschs
2. August: Tod Hindenburgs. Hitler »Führer und Reichskanzler«, zugleich Oberbefehlshaber der Wehrmacht

1935
16. März: Kündigung des Versailler Vertrags, Einführung der allgemeinen Wehrpflicht
18. Juni: Deutsch-englisches Flottenabkommen

1936
7. März: Rheinlandbesetzung
17. Juli: Beginn des spanischen Bürgerkriegs
25. Oktober: Vertrag »Achse Berlin-Rom«
25. November: Antikominternpakt zwischen Deutschland und Japan

1937
5. November: Geheimzusammenkunft in Berlin. Hitler entwickelt seine Kriegspläne (Hoßbach-Bericht)

1938
24. Januar: Blomberg und Fritsch aus der Armee entfernt
4. Februar: Schaffung des Oberkommandos der Wehrmacht (OKW)
30. Mai: Konferenz in Jüterbog. Hitler entwickelt den Plan »Grün« für einen Angriff auf die Tschechoslowakei
Juli/August: Fronde der Generäle
31. August: Halder Nachfolger von Beck als Chef des Generalstabs (OKH)
30. September: Abkommen von München

1939
16. März: Deutsche Truppen rücken in Prag ein. Errichtung des »Protektorats Böhmen und Mähren«

22. Mai: Stahl-Pakt zwischen Berlin und Rom
23. Mai: Hitler kündigt seinen Generälen seine Absicht an, Polen anzugreifen
23. August: Nichtangriffsabkommen mit der UdSSR
1. September: »Fall Weiß«: Deutscher Angriff auf Polen
3. September: Großbritannien und Frankreich erklären Deutschland den Krieg
17. September: Die Sowjetunion greift Polen an
27. September: Warschau kapituliert
6. Oktober: Hitlers Friedensangebot wird von Frankreich und Großbritannien zurückgewiesen
30. November: Die Sowjetunion greift Finnland an

1940

12. März: Friedensvertrag zwischen der Sowjetunion und Finnland
9. April: »Fall Weserübung«: Deutsche Truppen besetzen Dänemark und die wichtigsten norwegischen Häfen
10.–13. April: Schlacht um Narvik
16.–19. April: Alliierte Landungen in Namsos und Adalnes
30. April/1. Mai: Alliierte Einschiffung
10. Mai: »Fall Gelb«: Der Westfeldzug beginnt
Churchill neuer Premierminister
20. Mai: Guderians Panzer erreichen Abbeville und stoßen auf Calais und Boulogne
24. Mai: Anhalten der Panzer an der Aa
28. Mai: Kapitulation der belgischen Armee
3. Juni: Ende der alliierten Einschiffungen in Dünkirchen
5.–10. Juni: Durchbruch durch die französische Front an Somme und Aisne
10. Juni: Italien erklärt Großbritannien und Frankreich den Krieg
14. Juni: Einmarsch der deutschen Truppen in Paris. Durchbruch durch die Maginotlinie
17. Juni: Rücktritt Reynauds. Marschall Pétain wird Ministerpräsident
18. Juni: Appell General de Gaulles an die Franzosen, den Krieg an der Seite Englands fortzusetzen
19. Juni: Fall von Cherbourg und Brest
22. Juni: Unterzeichnung des Waffenstillstands in Rethondes
3. Juli: Bruch zwischen Paris und London. Beginn des Unternehmens »Catapult«
7. August: Gründung des »Nationalkomitees der Freien Franzosen« durch General de Gaulle in London
13. August – 15. September: Luftschlacht um England
17. September: Hitler sagt das Unternehmen »Seelöwe« ab. Beginn der Angriffe der Luftwaffe auf britische Industrieanlagen
23.–25. September: Scheitern einer französisch-britischen Landeoperation vor Dakar
23. Oktober: Treffen Hitler/Franco in Hendaye
24. Oktober: Treffen Hitler/Pétain in Montoire

28. Oktober: Beginn des italienisch-griechischen Krieges
13. November: Treffen Hitler/Molotow in Berlin

1941

6. Februar – März: »Sonnenblume«, OKW-Weisung für den Einsatz in Nordafrika. Entsendung einer Luftflotte nach Sizilien. Landung erster Teile des Afrika-Korps unter Rommel in Libyen. Gleichzeitige Landung britischer Truppen in Griechenland
6.–30. April: Operation »Marita«: Balkanfeldzug. Jugoslawien kapituliert nach acht Tagen, Griechenland nach drei Wochen
20. Mai – 1. Juni: Unternehmen »Merkur«: Einnahme Kretas durch deutsche Luftlandetruppen
22. Juni: »Barbarossa«: Angriff auf die Sowjetunion
Juni – Juli: Kesselschlachten von Minsk und Smolensk. Besetzung der baltischen Länder
August – September: Schlacht in der Ukraine. Eroberung der Krim und Einschließung Leningrads
14. August: Atlantik-Charta
2. Oktober: »Taifun«: Beginn der Schlacht um Moskau
15. Oktober: Einnahme von Moschaisk, 100 km vor Moskau
6. Dezember: Beginn der sowjetischen Gegenoffensive
7. Dezember: Japanischer Angriff auf Pearl Harbor
11. Dezember: Deutschland erklärt den Vereinigten Staaten den Krieg
13. Dezember: Hitler übernimmt das Oberkommando über das Heer
12.–30. Dezember: Rommel wird zur Aufgabe der Belagerung Tobruks gezwungen und muß sich auf die El Aghaila-Stellung zurückziehen

1942

18. Januar: Militärbündnis zwischen Deutschland, Italien und Japan
20. Januar: Wannsee-Konferenz zur »Endlösung« der Judenfrage
5. April: »Blau«: Führerweisung Nr. 41 für die Sommeroffensive
26. Mai – 21. Juni: Rommel siegt in El Gazala, Fall Tobruks, Vormarsch auf den Nil
16.–30. Mai: Scheitern der sowjetischen Offensive in der Ukraine. Vernichtung der Armeen Timoschenkos
30. Mai: Luftangriff auf Köln
7. Juni: Eroberung der Krim und Sewastopols
12.–16. Juni: Unternehmen »Harpoon« und »Vigorous« zur Versorgung von Malta
28. Juni: Beginn des Angriffs deutscher Truppen an der südlichen Ostfront in Richtung Wolga und Kaukasus
19. August: Scheitern eines britisch-kanadischen Angriffs auf Dieppe
31. August – 7. September: Scheitern des Angriffs Rommels auf Alexandrien
September – Oktober: Erste Schlacht um Stalingrad. Die 6. Armee kann einen wesentlichen Teil der Stadt besetzen
23. Oktober – 4. November: Sieg Montgomerys in El Alamein

8. November: Unternehmen »Torch«
11. November: Deutsche und italienische Truppen besetzen den unbesetzten Teil Frankreichs. Errichtung eines Brückenkopfes in Tunesien durch die Achsenstreitkräfte
19.–23. November: Sowjetische Gegenoffensive an der Ostfront. Einschließung der 6. Armee in Stalingrad
27. November: Selbstversenkung der französischen Flotte in Toulon

1943

13.–25 Januar: Konferenz von Casablanca (»Bedingungslose Kapitulation«)
31. Januar – 2. Februar: Kapitulation der 6. Armee in Stalingrad
10. Februar – 20. März: Gegenangriff Mansteins im Donezbecken. Rückeroberung Charkows und Bjelgorods
18. Februar: Goebbels' »totaler Krieg«
13. März: Scheitern eines Attentats auf Hitler in Smolensk
16.–20. März: Geleitzugsschlacht im Nordatlantik
13. Mai: Kapitulation der Achsentruppen in Tunesien
26. Mai: Dönitz bricht die Schlacht im Nordatlantik ab
5.–16. Juli: Schlacht um Kursk
10. Juli: Anglo-amerikanische Landung in Sizilien
25. Juli: Absetzung und Verhaftung Mussolinis
26.–29. Juli: Luftangriff auf Hamburg
August/September: Siegreicher Vorstoß der Roten Armee in der Ukraine. Rückzug der deutschen Truppen hinter den Dnjepr
3.–20. September: Alliierte Landung in Kalabrien und bei Salerno
Oktober/November: Rückzug der deutschen Truppen auf die Gustav-Linie
November: Beginn der Luftoffensive der RAF auf Berlin
10. November: Deutscher Rückzug in der Westukraine. Ende der Belagerung Leningrads
28. November – 2. Dezember: Teheran-Konferenz zwischen Roosevelt, Stalin und Churchill

1944

18.–22. Januar: Erste Schlacht um Monte Cassino
22. Januar: Landung in Anzio und Nettuno
25. Januar – 18. Februar: Zweite Schlacht um Monte Cassino
15.–23. März: Dritte Schlacht um Monte Cassino. Der Feldzug in Italien kommt zum Stehen
März–Mai: Angriffe der US-Air Force gegen die deutsche Rüstungsindustrie. Wiederaufnahme der Angriffe der Luftwaffe gegen London und Süd-England
12.–15. Mai: Wiederaufnahme des alliierten Bewegungskrieges in Italien nach Durchbruch durch Gustav-Linie
4. Juni: Einrücken der Alliierten in Rom
6. Juni: Unternehmen »Overlord«, Landung der Alliierten in der Normandie

10. Juni: Oradour-sur-Glane von deutschen Truppen zerstört
13. Juni: Erster Einsatz der Vergeltungswaffen (V 1) gegen London
22. Juni: Zusammenbruch des Mittelabschnitts der Ostfront. Vorstoß der Roten Armee auf die Weichsel und das Baltikum
27. Juni: Einnahme von Cherbourg
20. Juli: Stauffenbergs Attentat auf Hitler scheitert
25.–31. Juli: Durchbruch bei Avranches
1. August – 30. September: Warschauer Aufstand
15. August: Alliierte Landung in der Provence
20. August: Sturz der Regierung Antonescu und Austritt Rumäniens aus dem Bündnis mit Deutschland. Zurückweichen der Deutschen auf Ungarn
25. August: Befreiung von Paris
8. September: Erster Einsatz der V 2 gegen London
12.–16. September: Konferenz Roosevelt/Churchill in Quebec
Mitte September: Die deutschen Fronten kommen an der Westgrenze des Reiches und in Italien an der Goten-Linie zum Stehen
17.–25. September: Scheitern der Luftlandeoperation »Market Garden« bei Arnheim
21. Oktober: Einnahme Aachens
22. November: Einnahme von Metz
23. November: Einnahme von Straßburg
25. November: Einnahme von Mülhausen
16.–19. Dezember: Ardennenoffensive

1945

1. Januar: Unternehmen »Nordwind« im Elsaß. Höhepunkt der Schlacht um Bastogne
12. Januar – 16. Februar: Sowjetischer Angriff auf die Oder
27. Januar: Einnahme Colmars
4.–11. Februar: Konferenz von Jalta
Februar–April: Schlacht um Ostpreußen, Pommern und Schlesien
23.–31. März: Überschreiten des Rheins durch die alliierten Armeen
9. April – 2. Mai: Durchbruch durch die Goten-Linie in Italien. Kapitulation der deutschen Truppen
21. April – 2. Mai: Schlacht um Berlin
30. April: Selbstmord Hitlers
8./9. Mai: Kapitulationsakte in Reims und Berlin
2. September: Kapitulation Japans. Ende des Zweiten Weltkriegs

Europa 1939

Island
Norwegen
Schweden
Finnland
Est-
land
Lettland
Littauen
UdSSR
Dänemark
Irland
Groß-
britannien
Ost-
preußen
Niederlande
Polen
Belgien
Deutschland
Slowakei
Frankreich
Ungarn
Schweiz
Rumänien
Jugoslawien
Italien
Bulgarien
Spanien
Korsika
Albanien
Türkei
Sardinien
Griechenland
Sizilien
Marokko
Algerien
Malta
Kreta

Polenfeldzug 1939

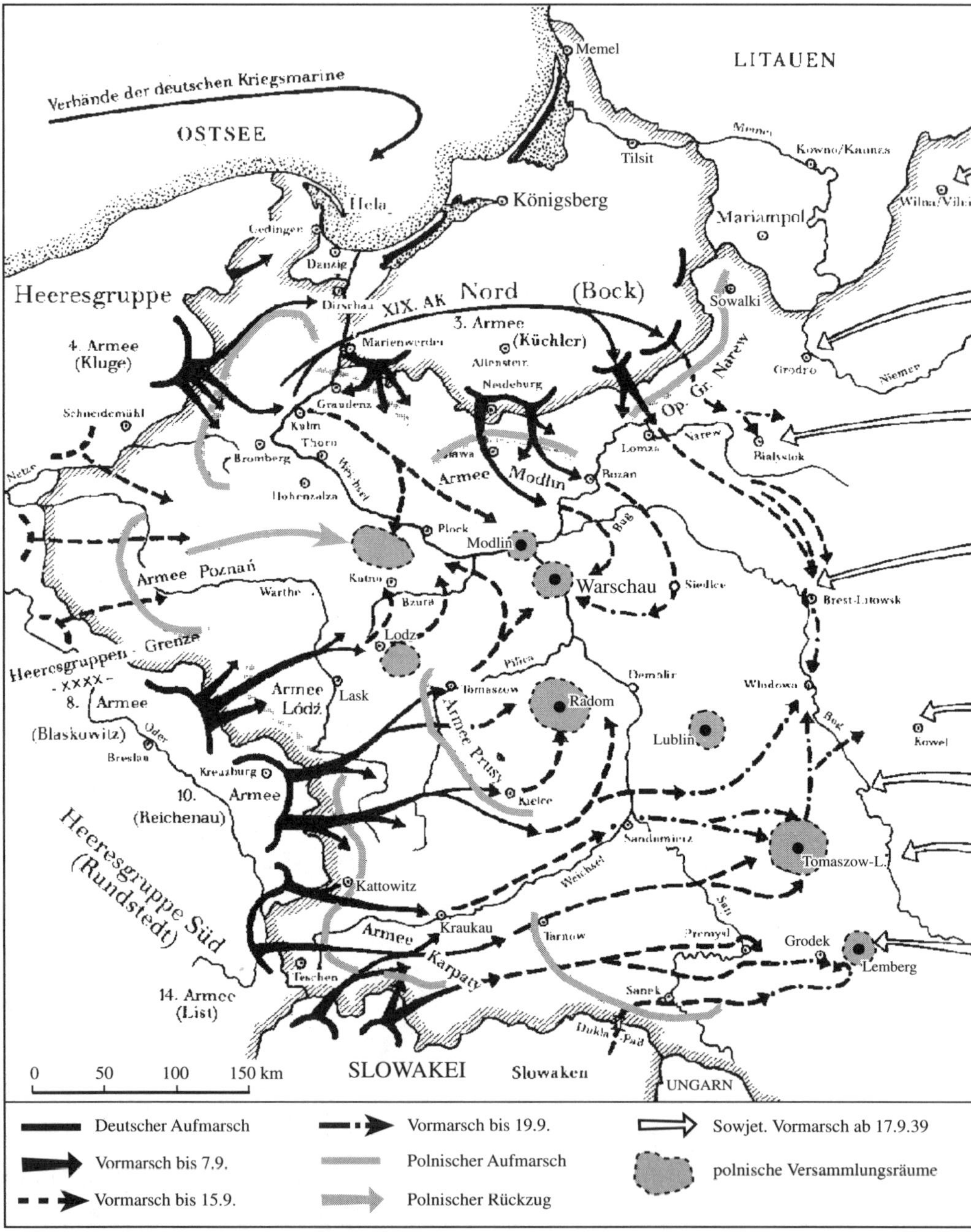

Unternehmen »Weserübung« 1940

Frankreichfeldzug 1940

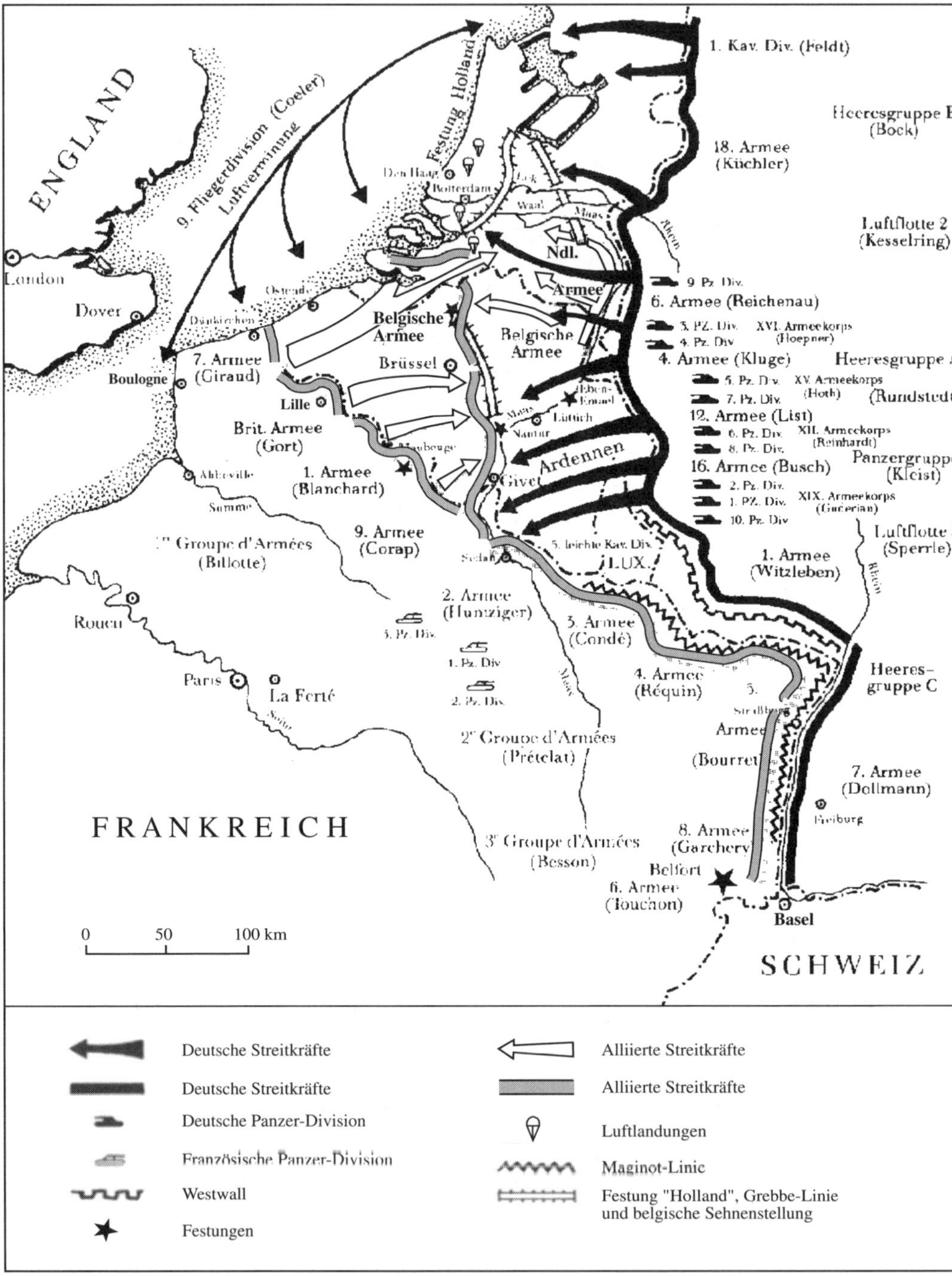

Frankreichfeldzug 1940

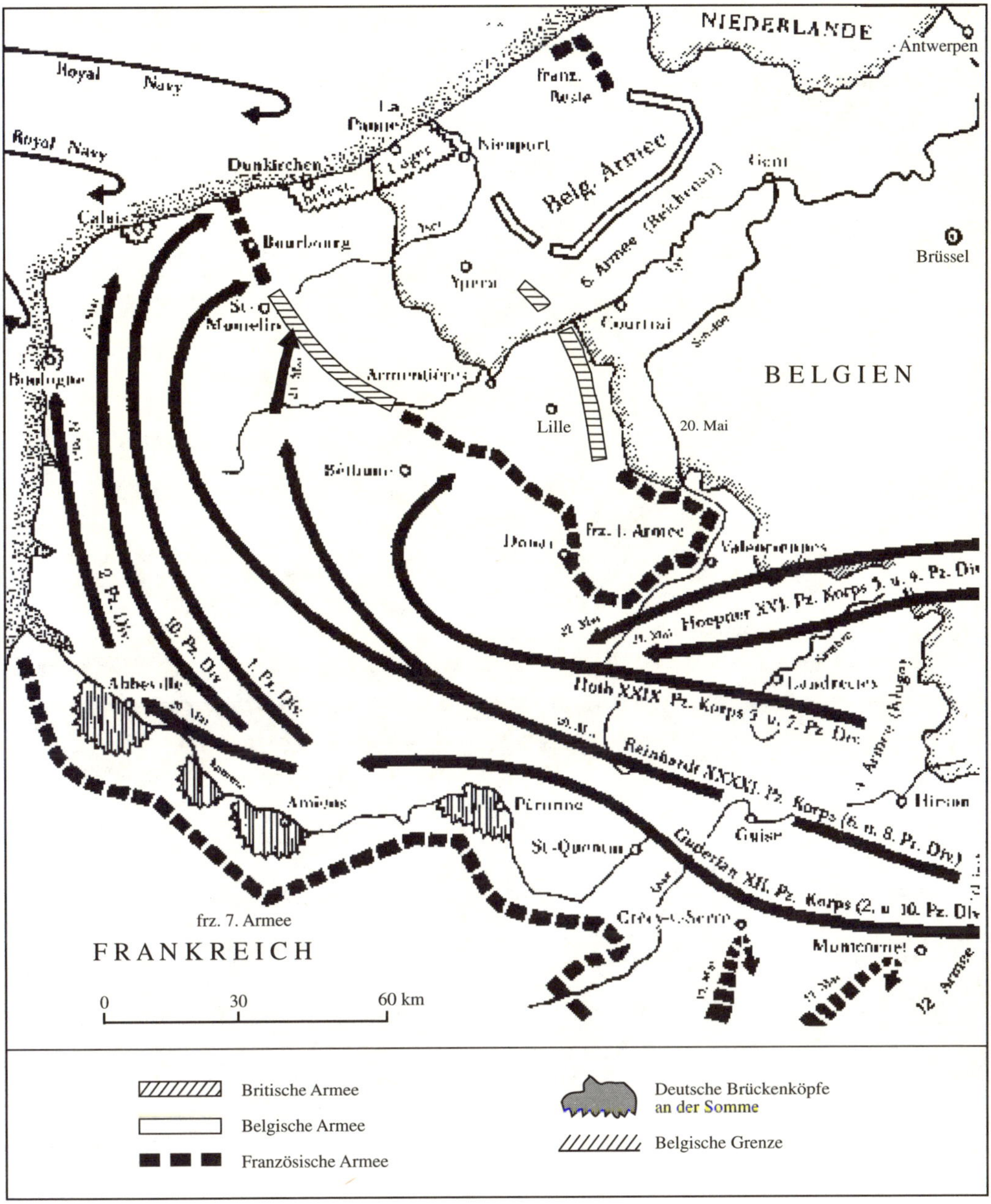

Balkanfeldzug 1941

Unternehmen »Barbarossa« 1941

Rußlandfeldzug 1942

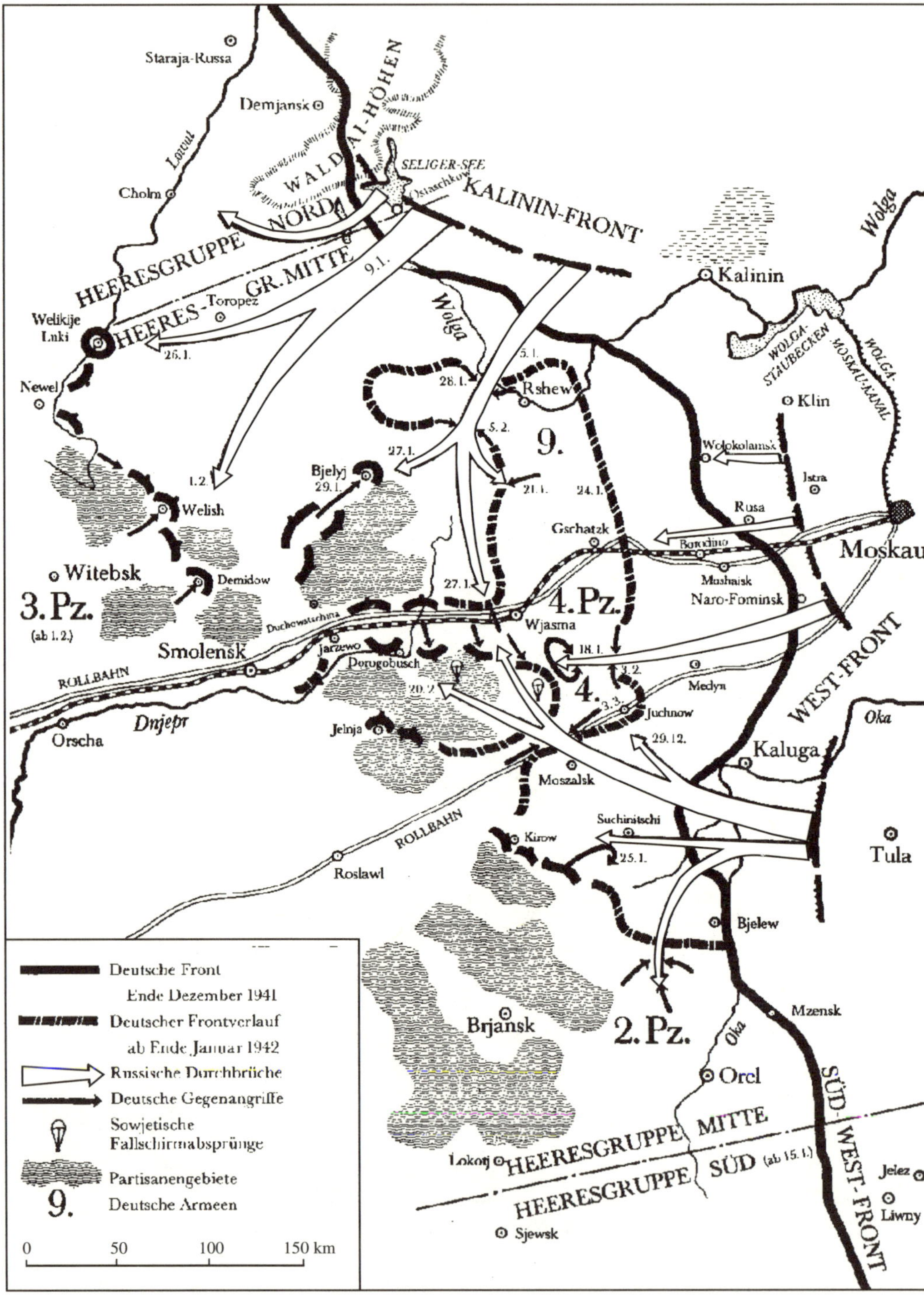

Rußlandfeldzug 1942

Operation »Zitadelle« 1943

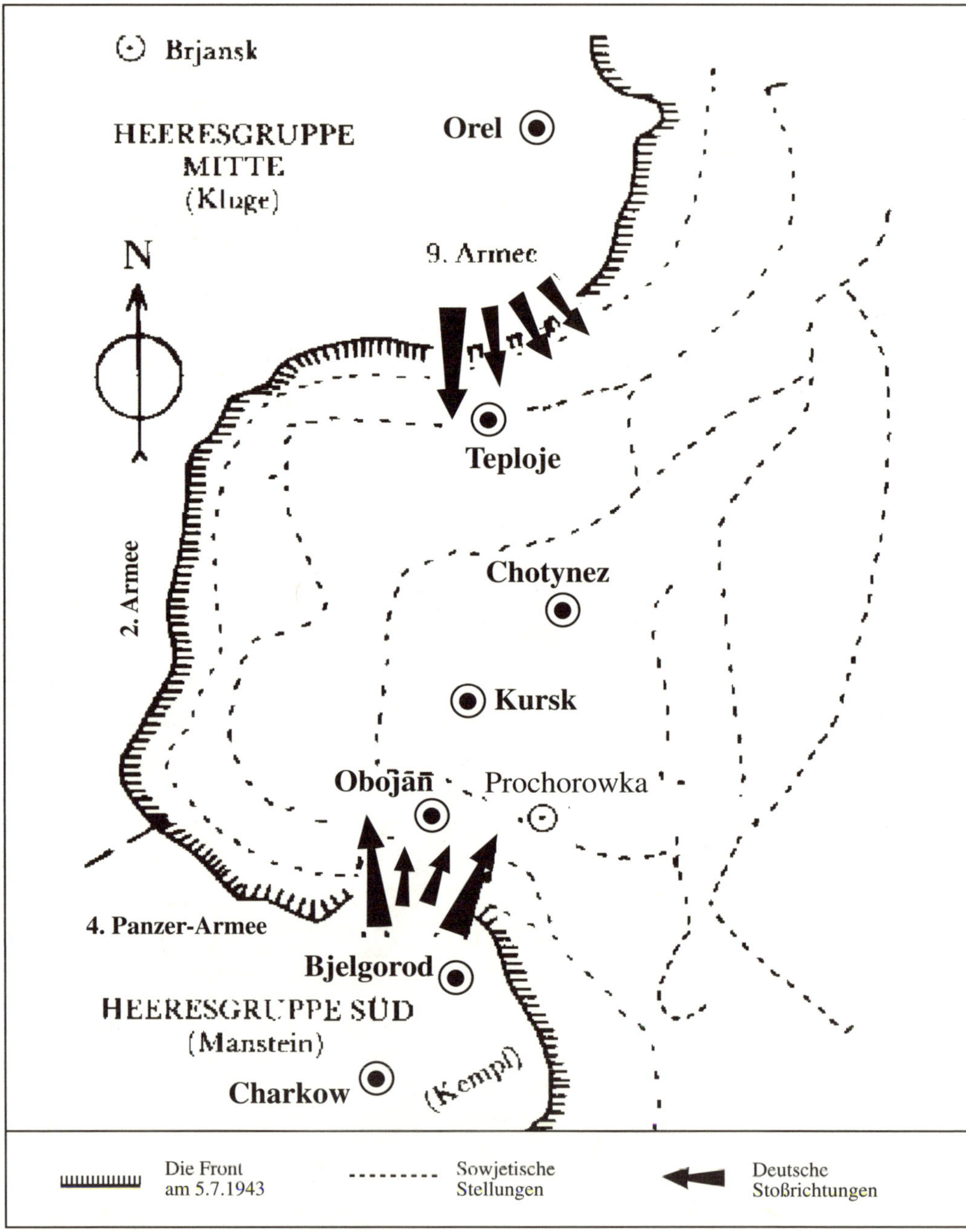

Anglo-amerikanische Landungen 1943

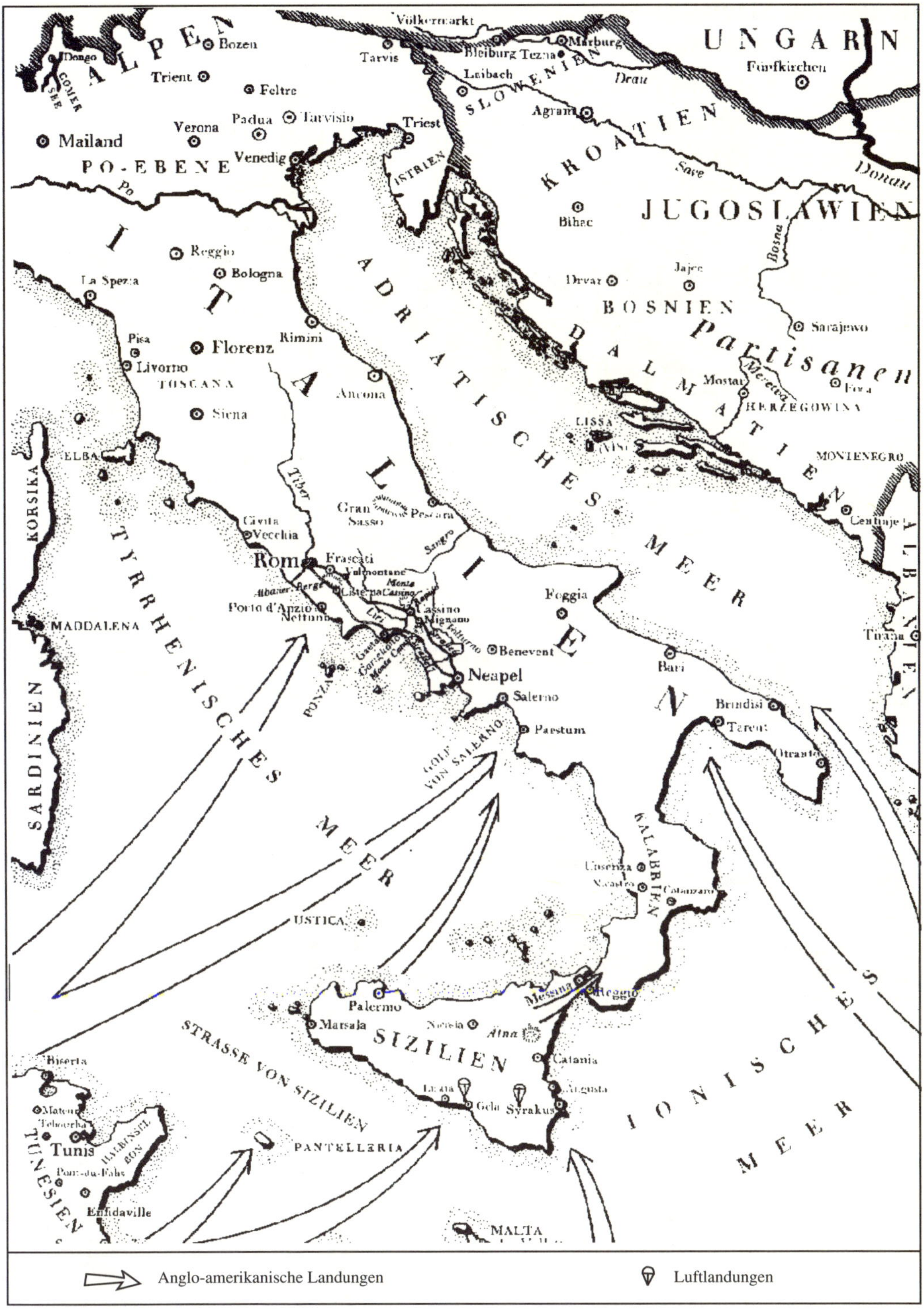

Die Invasion – Aufstellung und Gliederung der alliierten und deutschen Streitkräfte

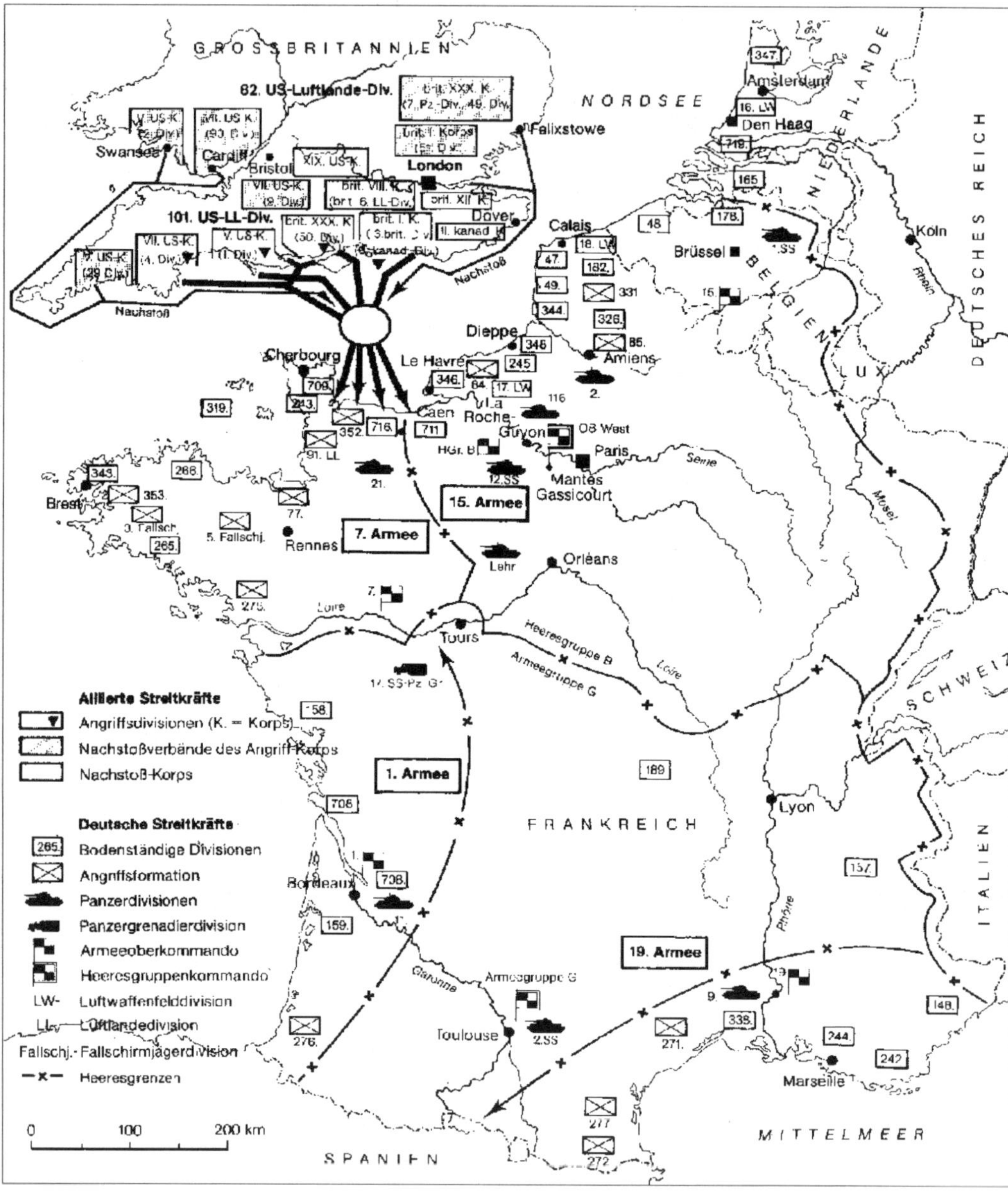

Rußlandfeldzug 1944

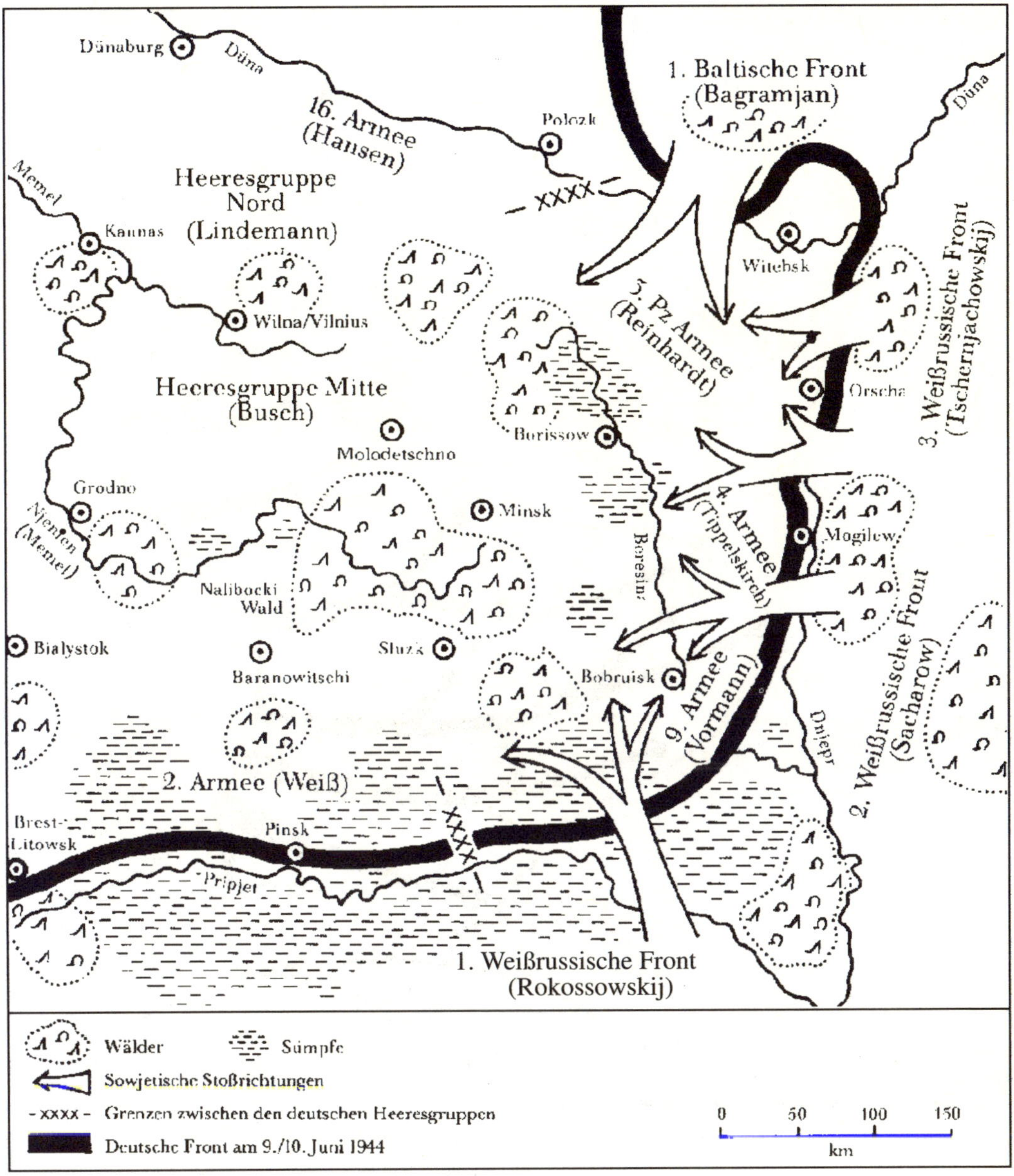

Ardennenoffensive 1944/45

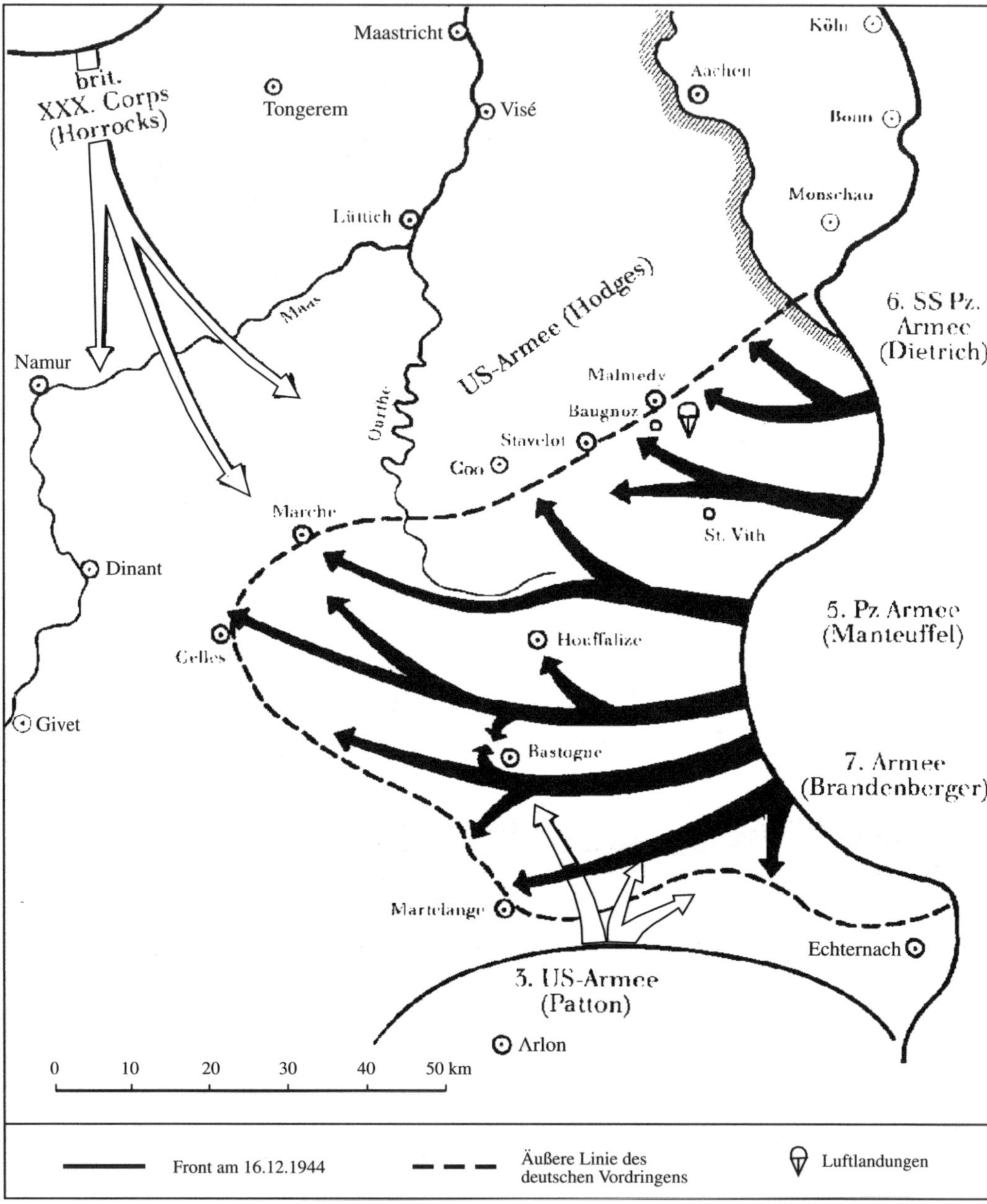

Zusammenbruch 1945

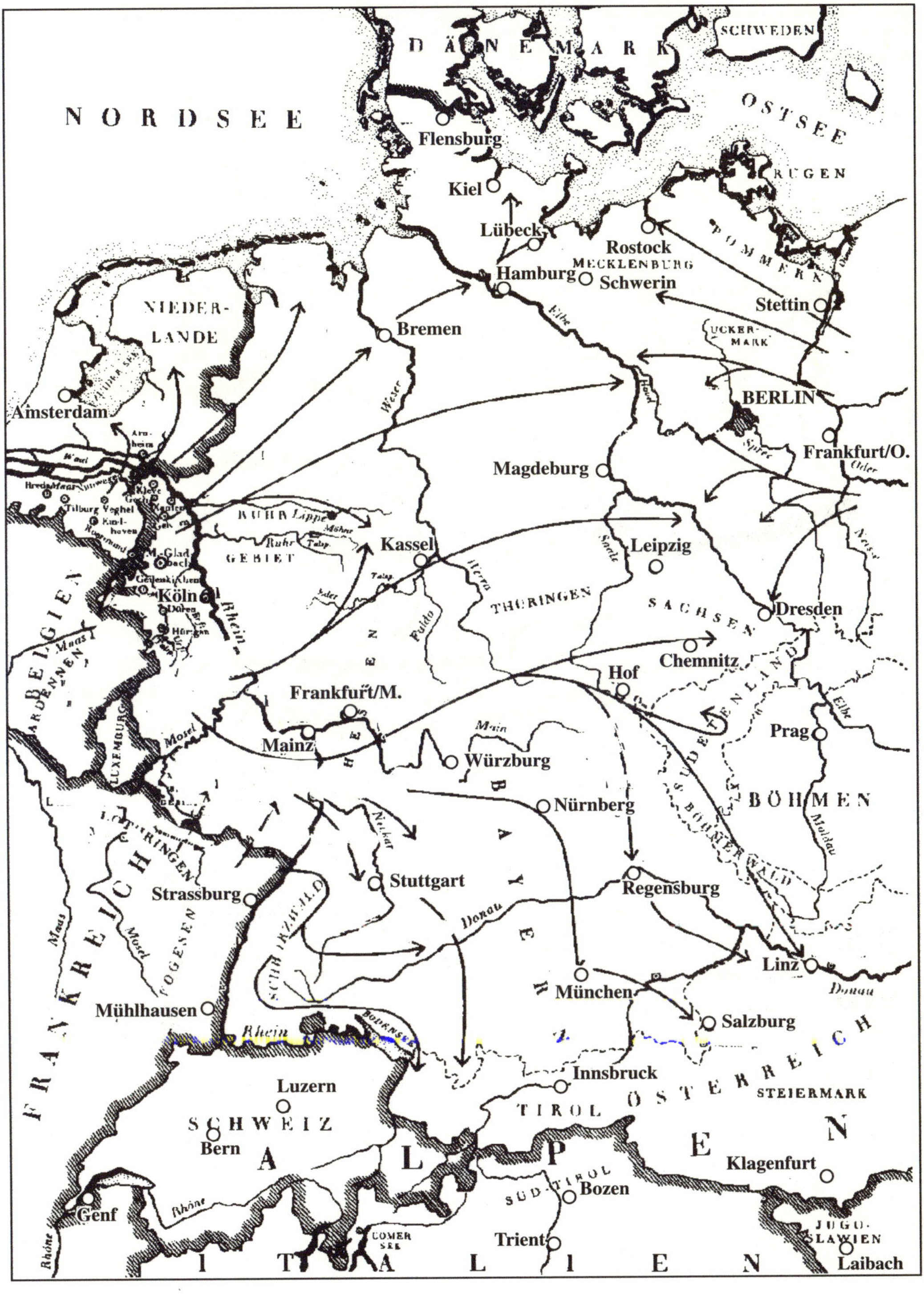

Endkampf 1945

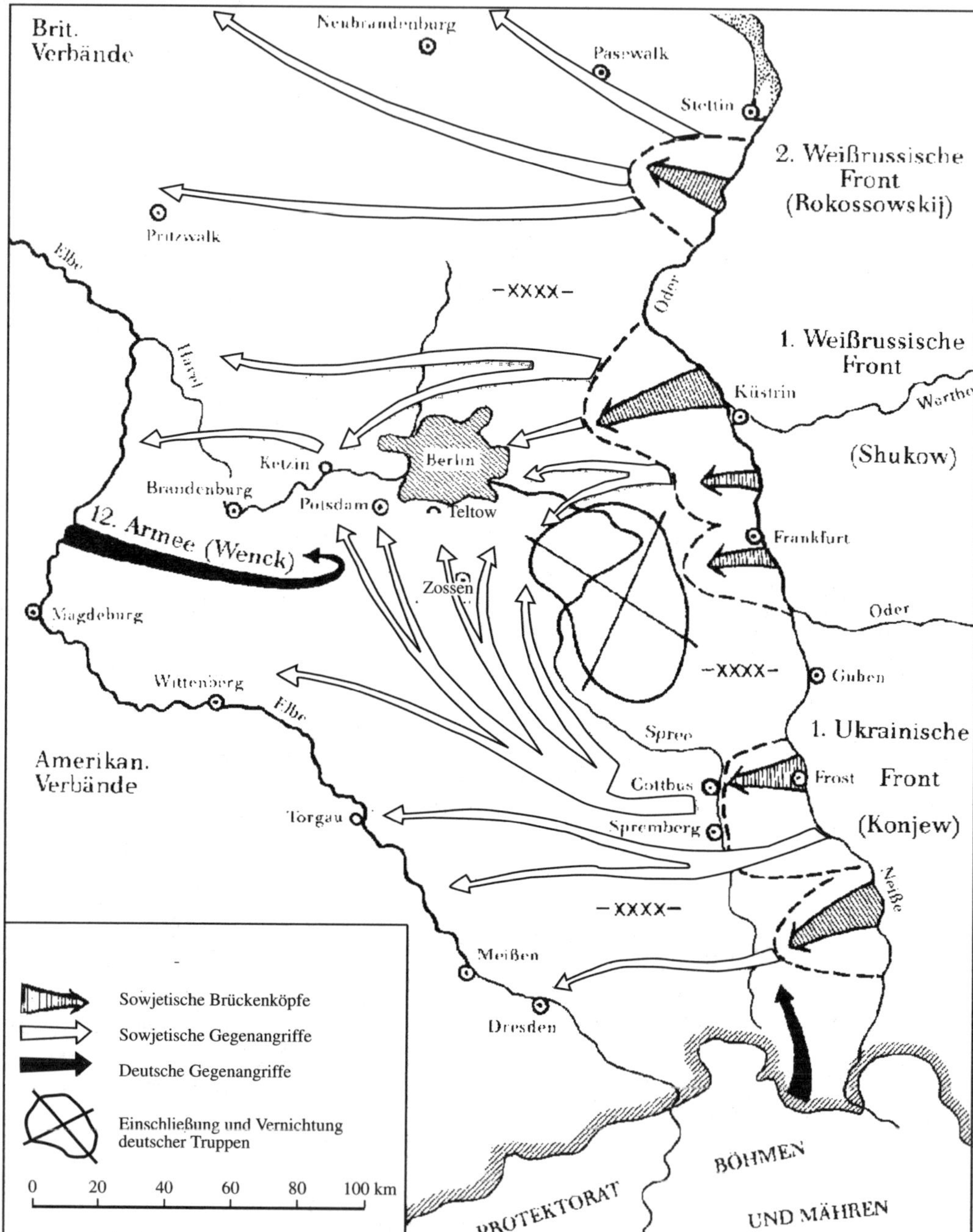

Europa 1945

Island
Irland
Großbritannien
Norwegen
Schweden
Finnland
UdSSR
Dänemark
Niederlande
Belgien
Britische Besatzungszone
Sowjetische Besatzungszone
DEUTSCHLAND
Berlin
Amerikanische Besatzungszone
Franz.
Franz. Bes. Zone
unter poln. Verwaltung
unter poln. Verw.
Danzig
Polen
CURZON LINIE
Tschechoslowakei
Sowj. Bes. Zone
Wien
ÖSTERREICH
Ungarn
Rumänien
Frankreich
Schweiz
Jugoslawien
Bulgarien
Albanien
Griechenland
Italien
Korsika
Sardinien
Balearen
Sizilien
Malta
Portugal
Spanien
Marokko
Algerien

Register